华夏国学经典文库【全文解读本】

王国轩 王秀梅 著

呻吟语正宗 上

经典珍藏

华夏出版社
HUAXIA PUBLISHING HOUSE

图书在版编目（CIP）数据

呻吟语正宗/王国轩编著.—北京：华夏出版社，2014.3
（华夏国学经典文库）
ISBN 978-7-5080-7879-3

Ⅰ.①呻… Ⅱ.①王… Ⅲ.①人生哲学－中国－明代－通俗读物
Ⅳ.①B248.92-49

中国版本图书馆CIP数据核字（2013）第258354号

呻吟语正宗

作　　者	王国轩
责任编辑	刘淑兰
责任印制	刘　洋
出版发行	华夏出版社
经　　销	新华书店
印　　刷	三河市万龙印装有限公司
装　　订	三河市万龙印装有限公司
版　　次	2014年3月北京第1版　2014年3月北京第1次印刷
开　　本	720×1030　1/16开
印　　张	40.25
字　　数	543千字
定　　价	49.80元（上下册）

华夏出版社　地址：北京市东直门外香河园北里4号　邮编：100028
　　　　　　　网址：www.hxph.com.cn　电话：（010）64663331（转）
若发现本版图书有印装质量问题，请与我社营销中心联系调换。

修订本序

吕坤是明代一位奇儒。他因著名的《忧危书》陷入万历朝三大案之一的"妖书案"纠葛之中,却能毫无损伤地摆脱。他曾在中央为官多年,深知为官诀窍,却不肯随波逐流。他曾在地方为官多年,屡经繁巨,但却笔耕不停。他曾历官场磨难,升跌起伏,仍能抱独自立,"我只是我"。

《呻吟语》是一部奇书。奇就奇在用简明的语录形式,纵谈古今天下、身心家国、人情物理,海阔天空,汪洋恣肆,句句都是心底流出,真实自然,感人肺腑,益人智慧。

1981年,我们在校点吕坤全集时,觉得《呻吟语》是一部难得的有价值的书,应该用通俗形式介绍给读者朋友。于是1993年由学苑出版社出版了一个注释本。1996年,又由燕山出版社出版了译注本。此后盗版、抄袭者,时时有之。现在各种《呻吟语》已风行全国,但精品却极为少见。

此次重印,做了不少修订。大体有以下几个方面:对正文标点有误和不够准确的地方做了改正,对原来排版中的脱字和误字也做了补正,增加了少量注文,尤其是对译文做了反复推敲,使其更加准确流畅。对原来未译的少数对联、韵语、座右铭等,也加了译解。原来译文是附在书后的,现分别移置于每则正文之后,阅读起来更为方便。修订后,书名改为《呻吟语正宗》。

这里特别要感谢华夏出版社的陈振宇先生和袁平先生,他们为修订做了不少工作,提出很好的意见,从而使本书更加完善。当然还会遗留下一些错误,诚盼同道和读者不吝赐教。

王国轩　王秀梅
2006年8月18日

译注缘起

在人生的旅途中，如果有几本好书伴随你，会使你终生受益。明人吕坤的《呻吟语》可以称得上是这样一本有益的书。

记得，在纪念孔子诞辰 2540 周年国际儒学学术会议期间，我曾拜访过吉林大学金景芳教授及其助手吕绍纲先生。谈话间，金先生提起我在《烟台大学学报》上发表的关于吕坤的文章，这使我觉得惊奇，因为在此之前，我虽与绍纲先生很熟悉，但同金先生未见过面。接着金先生又谈起他年轻时，家里曾藏有一部木板的《呻吟语》，说着，这位九十高龄的老人就随口背诵了其中的一则："大事难事看担当，逆境顺境看襟度，临喜临怒看涵养，群行群止看识见。"并说，这几句话很有见地。对于老一辈学人，若说能背诵四书五经，我并不感到奇怪，但对《呻吟语》中的话，能从年轻时代铭记至今，则令我惊叹不已。这不能不使人想到《呻吟语》在老一代学人中的影响。

这里我想回忆一下自己接触吕坤著作的经过。十多年前，经历了文化大革命的凄风苦雨后，我个人身心几乎都处于困惫之中。虽然"天行健，君子以自强不息"的历史钟声仍然不时在我心头回响，但疲惫之感也常袭上心来。彷徨间，偶然读到吕坤的著作，引起我很大的兴趣。我被他深邃的智慧所吸引，被他那真诚的同情心所打动，他挺然独立的气概，令我神往，于是决心搜集、整理他的全部著作。在此项工作大体完成以后，我又步入探索吕坤学术思想的旅程，陆续发表了一些研究文章。这些文章涉及到吕坤的生平和著述，气本论的自然观，知行一致的认识论，"万物一体"的学术宗旨，以及批评诸学、熔铸百家的治学精神。还剖析了他的君主论和仕风论，指出他对明代末期君主、仕人的分析批判是深刻的、富有先声意义的。并着力阐明重民思想是吕坤全部政治理念的基线。这些研究，仅仅涉及到吕坤思想的一部分，其他领域尚待深入。

在吕坤的众多著作中,我最喜欢的是《呻吟语》。无病呻吟,自然让人厌倦,而病中的呻吟,则必然是痛苦心声的流露,会引起人们的同情与关注。吕坤认为,世道及人心正患着沉重的疾病,而负有救世责任的讲学家却犯有伪、腐的毛病。伪者,言行不一也;腐者,无实用也。因此必须另辟救治的蹊径。他开出的药方是以求真实用为基点,既有对传统文化中儒释道法思想的吸收和选择,又有他个人人生经验的总结。既要匡正时弊,又要救治人心。"不儒不道不禅,亦儒亦道亦禅",是一个独立的融汇百家的思想体系。这其中许多思想,今天仍有其借鉴意义。此外,《呻吟语》中还含有许多人生智慧和经验,有许多修身、待人处事的原则和方法。如果能站在现代的角度加以总结,定会给我们启发和帮助。老一代学者中,许多人读过此书,并获益匪浅。就我个人而言,也从中吸取了不少的营养,为我从困惫中振起增添了力量。由于上述原因,我产生了把此书注释出来的愿望,以便使更多的朋友读到它、读懂它,从而受到教益。这个想法得到了一些师友的热情支持。

注释工作需要耐心和细心。诠释先秦典籍,常遇到古奥的文字、难以断明的典章制度,困难自然很多。但这些典籍引前人著述少,而可参考的新旧注本较多,这就为注释者提供了方便。而后人,特别是宋明人的著作,文字虽不及先秦的艰深,但语言常有前人典籍的依据,因而注释工作常常需要博览群书、探流溯源,翻检查考,颇费时日。有时查一条出处,要花去几天功夫。至于一些重要的哲学概念、范畴,涉及整个前代学术,就不是一般辞书所能解决,自然需探赜钩玄,斟酌再三。注释工作断断续续地进行着,就这样,1989年10月的一个秋夜,注完了《呻吟语》的最后一章。走出房来,仰视星光灿烂的夜空,似从迷蒙中醒来,心里有说不出的喜悦。可是不久又插入其他工作,初稿便被搁置下来了。直到1990年4月,才着手修改,费时约两月余,整个工作才大体完毕。仲夏,遇到海峡对岸的两位学者,谈及此事,他们说,《呻吟语》是劝人向善的书,在台湾很流行,但无注本,曾有人想注解此书,可至今没有消息。由此可知,整理、注释此书,海内外尚属第一次,必将为海内外学人所关注。后来又按学苑出版社的要求,增加了译文,翻译工作由我妻子王秀梅执笔,遇有疑难,就共同商量,最后由我通读。"筚路蓝缕,以启山林",不当之处,定会有之,期待读者批评指正。译文将由燕山出版社以《呻吟语译注》为名出版。

  本书在译注过程中,得到了学苑出版社郭强先生的支持和帮助,提出了很好的建议,启功先生不顾暑热为本书题写了书签,谨此志谢。

王国轩

1991 年 3 月初稿

1993 年 7 月定稿

目录

前　言 ………………………………………………… 1
凡　例 ………………………………………………… 1
原　序 ………………………………………………… 1

内 篇

卷　一 ………………………………………………… 1
　性　命 ……………………………………………… 1
　存　心 ……………………………………………… 12
　伦　理 ……………………………………………… 47
　谈　道 ……………………………………………… 67
卷　二 ………………………………………………… 129
　修　身 ……………………………………………… 129
　问　学 ……………………………………………… 207
卷　三 ………………………………………………… 240
　应　务 ……………………………………………… 240
　养　生 ……………………………………………… 314

外 篇

卷　四 ………………………………………………… 319
　天　地 ……………………………………………… 319
　世　运 ……………………………………………… 340
　圣　贤 ……………………………………………… 345

品　藻 …………………………………………… 372
卷五
　　　治　道 …………………………………………… 427
卷六
　　　人　情 …………………………………………… 543
　　　物　理 …………………………………………… 556
　　　广　喻 …………………………………………… 561
　　　词　章 …………………………………………… 592

前　　言

《呻吟语》是明代著名思想家吕坤的代表作之一。吕坤（1536—1618），字叔简，号新吾，河南宁陵人。他一生经历了嘉靖、隆庆、万历三朝，分别在陕西、山西、山东及朝廷做官二十余年，六十二岁因上著名的《忧危疏》而遭谗，辞官家居，八十三岁卒于故里。

吕坤生活的时代，明王朝表面虽似稳定，但乱象已萌：皇帝荒怠朝政，肆意聚敛财富，大兴土木，税使四出，市民不堪搜刮骚扰，抗议迭起；农民赋役沉重，无衣无食，一遇荒年，四处流亡；士卒粮饷微薄，常被克扣，长官驱之如奴仆，愤懑至极，每有哗变；朝政怠弛，党派纷争，太监操权，厂卫横行。整个时局如吕坤形容的那样："人心如实炮，火一点烈焰腾天；国事如溃瓜，手一触流液满地。"另一方面，封建经济内部已萌发了资本主义幼芽，但明王朝并没有意识到要助其成长，而是处处捆束它，压榨它，使其步履蹒跚。这就使时代危机愈发深重了。吕坤的著作真切地反映了这一现实。

从学术思潮上看，王学已经取代了朱学的主导地位。王学学者遍布大江南北，其中一部分人主张拓展个性，肯定人欲，具有启蒙色彩。另一部分则务空蹈虚，不切实际，流于狂禅。吕坤主张打破学术禁锢，万响齐鸣；去伪存真，言行一致；为学不主一家，"我只是我"，"不儒不道不禅，亦儒亦道亦禅"，有熔铸百家，抱独自立的气象。他从政措施具体，视万物为一体，至今仍有价值。他深切同情民众，反映人民疾苦的诗文，催人泪下。他每条政治措施，都要纠正吏治的腐败，指出弊端，斥责伪善仕人的心态，真正做到了体用一致，言行相符。他重视人民力量，预感到将爆发大规模的农民起义。

吕坤著作很多，除《呻吟语》外，还有《去伪斋集》、《实政录》等二十余种。内容涉及政治、经济、刑法、军事、水利、行政管理、妇女教育、幼儿启蒙、音韵学、医学及残疾人就业等各个方面。《呻吟语》则是他对宇宙、人性、命运、时事、治道、物理、人情的观察与思考，充满了哲理性，闪烁着智慧之光。它不仅能使人看到明代政治、学术风貌,还可以从中汲取许多有益的经验。如怎样构筑自我,怎样待人,怎样处世,怎样排除烦恼,怎样延长生命,怎样摆脱困境等,如果善于选择、扬弃,一定会从这位八十三岁老人的人生经验中找到许多有益的东西。

一

古往今来,凡是在学术上有创见的人物,往往具有特立独行的品格,求真求实的态度和熔铸百家的精神,吕坤就是这样的人物。他治学不株守前人门户,公然宣布:"我不是道学","我不是仙学","我不是释学","我不是老庄申韩学","我只是我"(《谈道》,《呻吟语》卷一)。"我只是我"突出了吕坤的个性特点,也是他治学独立性的宣言。

在学术上要有独创性,必须坚持"自得",并敢于打破传统和不迷信权威。吕坤反对为学"蹑人家脚跟走"(《问学》,《呻吟语》卷二),甚至也不赞成"跟着数圣人走",强调"各人走各人路"(《品藻》,《呻吟语》卷四),他批评一些学者"循弊规若时王之制,守时套若先圣之经"(《修身》,《呻吟语》卷二)的守旧抱残的行为,高唱"宇宙内几桩大事,学者要挺身独任,让不得人,亦与人计行止不得"(《修身》,《呻吟语》卷二)。中国社会是一个圣化社会,敢于突破圣人迷执的人是不多见的。

吕坤自称"抱独居士",反对"逐波随流"(《谈道》,《呻吟语》卷一)。强调学者必须保持独立人格,坚持自己的主张,"此心果有不可昧之真知,不可强之定见,虽断舌可也,决不可从人言诺"(《存心》,《呻吟语》卷一)。这种坚持真知灼见的可贵精神,使他具有了冲决三教藩篱、批评百家的气概。

(一)力图突破经学藩篱。经学是中华文明的源头,是伟大的思想宝库。但自汉代以来,经学逐步被儒家神圣化,儒家的崇古思想以及受到统治阶级的青睐,使经学具有了神圣性和法律性。唐宋以来,不仅经书,就是经注也往往具有神圣的地位。经学所织成的网,牢牢地束缚着学者的思想。人们的见解稍与经义、经注不同,就可能招致灾祸。正如吕坤所言,疑经者,一人独倡,则会遭到千百人弹射;冲决者,即使有"万喙以张吾军,有一人者出,加以'诋訾先贤,变乱成法'之罪,则万喙短气"(《纲目是正序》,《文集》卷三)。面对这种情况,吕坤毫不畏缩,毅然举起了疑经、正经的旗帜,向经书、经注提出了疑问和批评。他首先把疑问的目光投向了《春秋》。《春秋》自经孔子编定后,就成了代天讨罪之书。吕坤却认为它是明辨是非之作,是非之权,"大于天与君",但握有此重权之人却"循爱憎之情,恣行胸臆,以失万世之真",吕坤认为这就是"私";"舞予夺之文,以趋辟毁誉,以伤万世之公",他认为这就是"懦"。只有公而无私之人,才有追求真理的求实精神,才能坚持真理。但是《春秋》没有完全做到"真"和"公",而是"犹有所徇而私,有所避而懦",因此天下应该对《春秋》"是非其是非而讨之"(以上引文均见《胡传是正序》,《文集》卷三),这就把《春秋》的是非标准变成了批判鞭挞的对象。

吕坤还分析了出现这种情况的原因,他认为孔子是鲁人,《春秋》是鲁史,在以"子为父隐"、"臣为君隐"为直道的时代,对鲁君的善否,孔子不能率性直书。对列国诸侯,孔子和诸侯子孙是同时代人,纪其美恶,也不可能径情直笔,从而使《春秋》不少地方丧失了真实性和公正性(参见《纲目是正序》,《文集》卷三)。吕坤对孔夫子也说了一些解脱之词,但贬低《春秋》之意是不言而喻的。清儒唐甄在《破祟》篇中,也对《春秋》是非标准提出了疑问,引导人们从封建道德教条的束缚中解放出来,是同吕坤思想相通的。

《礼》书在封建时代,是维护等级制度和人际关系的法典,最初虽有规范人的行为,保持社会和谐的作用,但后来却成为压抑人的个性的桎梏。吕坤不可能否定等级制度,也承认礼对人情的检束作用,但在某些方面,他对《三礼》,特别是《仪礼》,发出了责难。他指出,制礼的本意是怕人情的放纵而流于恶,故以礼法约束之,但是由于礼的"仪度繁縻",反而不称人情,甚至使人丧失了真情。遵从这些繁琐的仪度,只能造成"其态近之"的形式主义,实际则是"礼作而忠信亡"。他认为,《仪礼》绝对、繁苛、褊狭、片面和不近人情,结果会导致疏慢礼义、逍遥放恣。他批评宋儒"不察礼之情",使礼更加繁琐化和桎梏化。认为礼书可疑之处甚多。他针对朱熹的《家礼》著《四礼疑》。在该书中,对《家礼》提出了不少批评。如,指出每月朔望日,洒扫斋宿,陈设果肴茶酒的"数祭"是"勤祭典而弃人事"(《四礼疑·通礼》)。又指出丧礼废业是不应该的,他说:"礼云:大功废业……余窃未解焉。士大夫衣食有资,万事可废。农工商贾,八口之家,资以生活……薪水无资,衣食尽废,可乎?"(《四礼疑·丧礼》)《家礼》赞扬亲丧三日不食。吕坤则认为,食不食,应"度身、度亲、度事"而决定之,否则便是不近人情。冠礼规定,妇人称氏而不名。吕坤认为:"草木鸟兽多者数名,未有不名者。妇女亦人也,可不名乎?"(《四礼疑·冠礼》)《家礼》引程伊川主张,"宗子七十犹娶,谓祭必夫妇亲之也"。吕坤认为"天子诸侯七十无再册后选夫人之礼,而况大夫士乎？孀妇既不可娶,少女配以老夫,虑终知敝,情理俱不宜矣"（同上）。老而娶少,是不近情理的,是假祭祀之名而别有他图的丧真行为。他还指出"楔齿含饭"是残忍的表现。礼中还规定,亲亡哀哭要"辟踊"数次,吕坤认为情本自然,规定哭丧时如何动作,是使"男女相率而矫强,必有笑于其旁者"。"情之所极,流其自然,安用文其不及,率天下以失其真哉?"(《四礼疑·丧礼》)"以文饰情",必丧真情。"情本自然",脱离自然,必然出现各种违背常情之事。吕坤批评礼的武器是"自然"和"真情"四字,从自然出发,必然要废除那些不合人情之礼,使压抑的人性得以解放,成为社会发展的积极因素。吕坤在这个方面迈出了一大步。

总之,吕坤主张礼要简,情要真,要自然,反对繁伪做作,这都是他求实去伪思想在礼法上的表现。

宋明时期,朱熹所著《通鉴纲目》,"人拟之《春秋》",具有经典著作的同等意义。"后人奉若菁蔡,噤不敢出一言",具有神圣性。但吕坤却撰写了《纲目是正》,用以纠正朱熹的谬误。他在序中指出：朱子修《纲目》,对历史本应无所忌讳,但他却"宗孔子所讳,以为书法",是"泥其迹而失其义"。《纲目》中"有关于世教略而不书者,有无关于国体可以不书者,有事系纲常不可以人废伦者,有渠魁协从不可以概论决者,有罪坐所由不当理见获者,有舍其重而罪所轻者,有迁怒而加以无罪之罪者,有劫于重大之名而乏南史之直者,有当大书而分书、当分书而大书者,有当附见而特书、当特书而附见者,有好恶之过而予夺不协于中者,厘之共七百七十六则",都应当纠正,但吕坤害怕"有倡无和","干天下僭叛之讥"（以上见《纲目是正序》,《文集》卷三）而自焚其稿,使我们今天无法看到原书全貌。可是这种怀疑精神是值得肯定的。

对于理学家作为重要理论资料的《易》和《中庸》,吕坤持弃之而不顾的态度,他说："不是与诸君不谈奥妙,古今奥妙不似《易》与《中庸》,至今解说二书,不似青天白日,如何又于晦夜添浓云也?"(《谈道》,《呻吟语》卷一）因此吕坤主张,抛开二书,另说一副当说的话,这些话不是独断的,而是开放的,不是闭塞的,而是光明率直的,这才称得起男子汉。

吕坤还提出了"越过六经千圣"的体道方法。他说："默契之妙,越过六经千圣,直与天谈,又不须与天交一语,只对越仰观两心一个耳。"(《问学》,《呻吟语》卷二）体道而不通过六经和圣人,显然是对经书和圣人的不敬。他反对学者"向古人千言万语,陈烂葛藤,钻研穷究",认为这样会"意乱神昏,了不可得"(《谈道》,《呻吟语》卷一)。古人的千言万语,自然包括经书在内,吕坤竟以"陈烂葛藤"称之,反映了他对经书的态度。这种态度,还表现在他用经的方法上。吕坤认为对待经书有两种态度,一种是"穷经",一种是"引经"。穷经者,"因圣人言而探其心,茧丝牛毛,逼真矣,而犹惧其疑似;引经者借圣言而广其义,海阔天空,破界矣,而犹惧其拘泥。故能穷经则理精,能引经则理畅",这里虽然也赞同前者,但对后者更为青睐。他不仅赞赏后者"破界"而"不拘泥"的态度,而且公然提出对经学可以"断本章而取他义"(《经学断取序》,《文集》卷三),他说:"河有定流,吾取以灌园,则南北东西无所决而不可;木有定体,吾取以为器,则楱桶梁栋无所截而不宜。非矫拂也,理本无执用,各有当也。"(同上)这似乎是一种六经注我的办法,虽不科学,但对打破经学教条地位也有一定作用。

吕坤还用突出道的至上性,来破除对历代圣贤的盲目性和迷信,他说:"求道学真传,且高阁百氏诸儒,先看孔孟以前胸次。问治平要旨,只远宗三皇五帝,净洗汉唐而下心肠。"(《存心》,《呻吟语》卷一)他对孔孟以后诸儒也提出责难,他说:

> 汉唐而下议论驳而至理杂,吾师宋儒。宋儒求以明道而多穿凿附会之谈,失平正通达之旨,吾师先圣之言。先圣之言煨于秦火,杂于百家,莠苗朱紫,使后学尊信之而不敢异同,吾师道。苟协诸道而协,则千圣万世无不吻合,何则?道无二也。(《谈道》,《呻吟语》卷一)

汉儒议论驳杂,宋儒穿凿附会,先圣之言杂于百家,良莠难分,而又变成教条,因此,只能以道为师。

吕坤所谓的道,是指"天下古今公共之理",它是至上的,又具有世俗性,"人人都有份的"。吕坤认为"道不自私,圣人不私道",圣人对真理没有垄断权,而"儒者每私之,曰圣人之道",因此,"言必循经,事必稽古,曰卫道",这是千古形成的巨大堤防,无人敢"决之"。对此,他指出:"道无津涯,非圣人之言所能限;事有时势,非圣人之制所能尽。后世苟有明者出,发圣人之所未发,而默契圣人欲言之心;为圣人所未为,而吻合圣人必为之事,此固圣人之深幸而拘儒之所大骇也。"真理是广大无边的,圣人的话怎么能包揽它?世事是随时而变化的,圣人制度怎能穷尽它?他感叹,这样的话"可与通者道,汉唐以来鲜若人矣"(《谈道》,《呻吟语》卷一)。这些话打破了"圣人即真理"的观念,给那些"循经"、"卫道"、"稽古"的"拘儒"猛击了一掌,在当时有振聋发聩的作用。

汉宋以来,许多人奉儒家经典为至宝,吕坤却说:"言语者,圣人之糟粕也,圣人不可言之妙,非言语所能形容。汉宋以来解经诸儒,泥文拘字,破碎牵合,失圣人天然自得之趣,晦天下本然自在之道,不近人情,不合物理,使后世学者无所适从。且其负一世之高名,系千古之众望,遂成百世不刊之典。后学者岂无千虑一得,发前圣之心传而救先儒之小失?然一下笔开喙,腐儒俗士不辨是非,噬指而惊,掩口而笑,且曰:'兹先哲之明训也,安得妄议?'噫!此诚信而好古之义也。泥传离经,勉从强信,是先儒阿意曲从之子也。"这不仅是要打破经学的教条,突出具有客观真理性的"本然自在之道",也是对后世儒者,特别是对朱熹及其后学的讽刺。接着吕坤鲜明地表示:"昔朱子将终,尚改《诚意》注说,使朱子先一年而卒,则《诚意章》必非精到之语,使天假朱子数年,所改宁止《诚意章》哉!"(以上引文均见《词章》,《呻吟语》卷六)这一见解和推论方法是十分可取的。

(二)批评理学。吕坤批评汉儒"粗浅世俗","无见于经"。批评玄学"清空自贤,著色为污,口吻相高,犯手为俗"(《别尔瞻书》,《文集》卷四),其结果,"人废职业,家尚虚无,不止亡晋,又开天下后世登临题咏之祸,长惰漫放肆之风,以至于今"(《品藻》,《呻吟语》卷四)。对于宋学,吕坤也有许多批评,他认为宋儒"泥古","是古非今","局促迂腐"(同上),他指出,"近日学问,不归陆则归朱,不攻陆则攻朱。假设推崇两家,是于陈卷中多添故纸;驳正两家,是于聚讼中起灭官词"(《答姜养冲》,《文集》卷五)。他对宋儒讨论的中心问题,如"无极"、"太极"、理气同异、性命精粗、性善是否等表示厌弃,认为不是"今日急务"。反对"嚼余绪"、"标门户",他说:"假若了悟性命,洞达天人,也只于性理书上添了'某氏曰'一段言语,讲学衙门中多了一宗卷案。后世穷理之人信彼驳此,服此辟彼,百世后汗牛充栋,都是这桩话说,不知于国家之存亡、万姓之生死、身心之邪正,见在得济否?"(《谈道》,《呻吟语》卷一)把理学说成"讲学衙门"的无用卷案,真是绝妙而又形象的比喻。

吕坤特别指出,理学讨论的问题是极其繁琐的,理论原则是难以遵循的。"议论如茧丝牛毛,绳墨如屣橇缘榱。"(《答大宗伯孙月峰》,《文集》卷四)他告诫学者,"学者要入道,且休著宋儒横其胸中"(《品藻》,《呻吟

语》卷四)。并且公然宣布:"宋儒纷纷聚讼语且莫理会,只理会自家,何等简径。"(《修身》,《呻吟语》卷二)

他对朱熹,除上述批评外,还指出朱熹的"圣人生知安行,更无积累之渐"的说法是错误的。认为圣人自有圣人积累,不是一般儒者所能测识的。他还揭示理学家程颢和邵雍的思想根源来自佛老庄列,驳斥周敦颐的"圣人无欲"说,指出"圣人不能无欲,七情中合下有欲"(《圣贤》,《呻吟语》卷四)。欲只有公私之分,而无有无之分,与其说圣人无欲,不如说圣人无私,否则堕入释道二氏之中。

他赞扬张载的"民胞物与"思想,认为"子厚胸中合下有这般著痛著痒心,方说出此等语"。但又指出,不实行这种理论,那只能"是做戏一般,虽是学哭学笑,有甚悲喜"(《治道》,《呻吟语》卷四)。有哭笑而无真情,只是一种伪善行为,仍然不会把民物放在心上。

他对王学的批评远远超过了朱学。他一方面称赞王守仁能任繁艰之任,另一方面批评他的"良知"说是端绪,不是根本,致良知是"芽子上著力"。王学后学邹元标浓于禅味,吕坤作书戒之,在致孙铲的信中,说王守仁门徒周伯时"刻意讲学,尚是傍人脚跟走,无一副自家天趣,替宋儒添卷案"。

王学脱胎禅学,但对儒学,特别是孟子,也是有所承绪的。批评王学,自然要上及孟子。吕坤早在襄垣为县令时,就曾指出孟子自相矛盾处,后来又屡加评断,他指出:"孟子自任太勇,自视太高,而孜孜向学,欿欿自歉之意似不见有……所以,自孟子以来,学问都是登坛说法,直下承当,终日说短道长,谈天论性,看着自家便是圣人,更无分毫可增益处。只这见识,便与圣人作用已自不同,如何到得圣人地位?"(《问学》,《呻吟语》卷二)再比如关于义的问题,吕坤认为:"义,合外内之道也。外无感,则义只是浑然在中之理,见物而裁制之则为义,义不生于物,亦缘物而后见。告子只说义外,故孟子只说义内,各说一边以相驳,故穷年相辩而不服。孟子若说义虽缘外而形,实根吾心而生,物不是义,而处物乃为义也,告子再怎开口?"(《谈道》,《呻吟语》卷一)这是批评孟子的片面性。吕坤的观点,诚然也含有先验的味道,但从内与外、主体与客体等两方面观察问题,实比孟子前进了一步。再如关于"性"的问题。吕坤认为,"性,合理气之道也。理不杂气,则纯粹以精,有善无恶,谓义理之性也。理一杂气,则五行纷糅,有善无恶,所谓气质之性也。诸家所言皆落气质之后之性,孟子所言皆未著气质之先之性,各指一边以相驳,故穷年相辩而不服。孟子若说有善有恶者杂于气质之性,有善无恶者上帝降衷之性,学问之道正要变化那气质之性,完复吾降衷之性,诸家怎开口？"(同上)这就是说孟子在"性"的问题上也陷入了一偏之见,只有合理气为一炉,才能使"性"归于全面。《孟子·告子上》有这样一段记载："公都子问曰:钧是人也,或为大人,或为小人,何也？孟子曰:从其大体为大人,从其小体为小人。曰:钧是人也,或从其大体,或从其小体,何也？曰:耳目之官不思而蔽于物,物交物,则引之而已矣。心之官则思,思则得之,不思则不得也。此天之所与我者,先立乎其大者,则其小者弗能夺也,此为大人而已矣。"吕坤认为,"耳目之官不思而蔽物太株连了",他反问："耳目口鼻四肢有何罪过,尧舜周孔之身都是有的;声色货利可爱可欲有何罪过,尧舜周孔之世都是有的。"声色货利之物,耳目口鼻之官都无罪过,罪过在心,只要"先立乎其大,有了张主,小者都是好奴婢,何小之敢夺？没了窝主,那怕盗贼"？这些批评,说明吕坤看到了感觉器官与精神的关系以及精神对感官的支配作用,承认了声色货利的"可爱可欲"性,这不仅批评了孟子,而且同释道及理学把声色货利看做罪恶之源的观点有很大的不同。

孟子崇古,"祖述尧舜,宪章文武",吕坤反对返古、泥古,认为将天下一切典章文物要返太古之初,是"天下之拙夫愚子"(《治道》,《呻吟语》卷五),主张"因时顺势",反对"返后世而跻之唐虞"(《谈道》,《呻吟语》卷一),这种因时顺势的变革观点和孟子是对立的。

(三)批评释道及诸子。首先介绍他批评释道二教的情况。吕坤在《与总河刘晋川论道脉图》一文中说："来教谓'统宗会元,一亦无著',既云统宗会元,便是一了,当云'归空还虚,一亦无著',然非吾儒之说也。儒道始于一,故曰'易有太极,是生两仪',故诸家驳无极之说,若二氏之学,则一上还有三层,曰无,曰无无,曰无无亦无,岂但'一亦无著'而已哉？"(《文集》卷四)这段话指出了儒释道三者的根本区别。儒家讲一,一即太极,太极即理,理无形而蕴含于气之中,所以要批评无极之说,以免本体归空归虚。而二氏也讲一,但一之上是无,无,无着无落,归于空虚。这是从本体上讨论三者的区别,见解是深刻的。吕坤还从方法论和目的性上论证了三者所讲的"一"的区别,他说："二氏只是守一,吾儒却会用一。"(《谈道》,《呻吟语》卷一)释道为自身守道,儒家为经世用道。在人心、道心,有欲、无欲问题上,吕坤认为："天理人欲,同行异情;道心人心,本同一贯。"而"二氏专留道心去人心,绝百欲为无欲"(《虞廷十六字解》,《文集》卷六)。在吕坤看来,释道是要灭绝一切欲望,而儒家却以合中为圭臬,他问道:"离人心何以见道?无人心何以为道?"他批评"佛老离人心觅道心,故绝情去智,出世离伦"。而"圣人不外人情求天理,故以人治人,因物付物"(同上)。他强调,色财富贵,都是人心,但夫妇相思,道义之馈,以道得富贵等,都是道心,因为合乎中道。这不是绝欲,而是摄欲,以"中"取欲。这些见解都是很有价值的。

释教戒"声色香味",吕坤则认为"有天欲有人欲,吟风弄月,傍花随柳,此天欲也。声色货利,此人欲也。天欲不可无,无则禅;人欲不可有,有则秽。天欲即好底人欲,人欲即不好底天欲。"(《谈道》,《呻吟语》卷一)在存心与放心问题上,吕坤认为只能在邪正上说,不能在出入上说。"如高卧山林,游心廊庙;身处衰世,梦想唐虞;游子思亲,贞妇思夫,这是个放心否?若不论邪正,只较出入,却是禅定之学。"(《存心》,《呻吟语》卷一)在修养方法上,吕坤指出,儒家的方法是逢人见道,随时用功,"于日用上体贴",释则"冥目端坐,见性明心"(《日用说寄门人杨启昧》,《文集》卷七),归空归寂,脱离日用。

《老子》说:"不见可欲使心不乱。"吕坤把这种观点称为"闭目塞耳之学",说这种逃避主义"一入目来,便了不得"(《存心》,《呻吟语》卷一)。他认为对可欲之物不是不见,而是在可欲上做功夫,只要能做到"把持"乃至"两忘",便是圣贤之人。

在自然与当然关系上,吕坤批评庄列所见道理"著不得人为,故一向不尽人事,不知一任自然,成甚世界?圣人明知自然,却把自然搁起,只说个当然,听那个自然"(《谈道》,《呻吟语》卷一),自然指自然法则,当然指社会规则,如人伦、事理等。

吕坤还批评隐逸之士,认为他们只优于贪荣恋位之人,但在"行道济时者之下",而"宇宙内皆儒者事,奈之何洁身娱己弃天下理乱于不闻而又非笑尧舜稷契之侪哉"(《品藻》,《呻吟语》卷四)。隐士自我标榜,比贪荣华恋权位的人高出一筹,但终于世无补,不宜提倡。

这里应该指出吕坤对诸家的批评,不是绝对的、自我封闭式的,而是对诸家有所分析,有所肯定,有所吸收,甚至有熔铸百家的倾向。他力图冲决经学,但没有完全否定经学的正统地位;厌弃理学一些命题,但仍然摆脱不了这些命题的羁绊。他还认为儒释道有相同之处,如"儒戒声色货利,释戒声色香味,道戒酒色财气,总归之无欲,三氏所同也"(《谈道》,《呻吟语》卷一)。再如"三氏传心要法总之不离'静'字,下手处皆是制欲,归宿处都是无欲,是则同"。这都是他于异中见同之处。他评价管仲、范雎、苏秦、张仪是"下等事功","趣向虽不正大,手段都是见(现)成",但"的的确确拿得定的,故其作出来皆有所成"。他虽主正统与异端之说,但认为,正统者是"合数家之所常"。他说:"申韩亦王道一体,圣人何尝废刑名不综合?四凶之诛,舜之申韩也;少正卯之诛,侏儒之斩,三都之堕,孔子之申韩也。即雷霆霜雪,天亦何尝不申韩哉?"(《治道》,《呻吟语》卷五)这显然是把儒家思想与法家思想融为一体的表现。吕坤晚年注释《阴符经》时,揭示自己的思想是"不儒不道不禅,亦儒亦道亦禅",反映了他博综百家,贯通融汇的倾向。汪永瑞在《吕沙随先生祠记》中说:"吕先生之学以自得为宗,不切切训诂,而于古六艺之旨博综贯通,驰骋上下,皆有以穷其旨趣而通其大意,至于天地鬼神阴阳之变,山川风土之宜,兵谋权术,浮图老子之所记载,靡不抉择而取衷焉,盖合内外之道也。"(《文集·附录》)"抉择而取衷",道出了吕坤思想的特点。

吕坤在评价百家时,并不主张一家独唱,而是希望出现一种百家齐鸣的局面。他说:

> 万籁之声,皆自然也。自然,皆真也。物各鸣其真,何天何人?何今何古?六经,籁道者也,统一圣真。而汉宋以来胥执一响以吹之,而曰是外无声矣。观俳谑者,万人粲然皆笑,声不同也而乐同。人各笑其所乐,何清浊高下妍媸之足云,故见各鸣其自得。语不诡于六经,皆吾道之众响也。不必言言同,事事同。(《谈道》,《呻吟语》卷一)

但是,时代并没有为吕坤展现这样的境况,在理学特别是王学占统治地位的时候,进步思想家的命运是可想而知的。为真理和理想而奋斗的哲人志士,常常是不得意的。有的甚至被杀,如何心隐;有的饮刃自尽,如李贽。吕坤在昏暗中挣扎着,呻吟着,鸣叫着,时而孤凄,时而悲壮,但终因看不到天明而晚年竟自焚其稿,愤懑地度完了自己的一生。

二

宋明理学家喜欢这样的话题:"盈天地间皆气","盈天地间皆心","盈天地间皆物","盈天地间皆理",这简单的命题既反映了他们的本体论,也渗透出他们的价值观。吕坤也提出一个"盈天地间"的命题,反映了他的价值思想。他说:"盈天地间只靠二种人为命,曰:农夫、织妇。却又没有人重他,是自戕其命也。"(《治道》,《呻吟语》卷五)这是把劳动者看做天下根本的重民思想。

重民思想是吕坤思想的根基,贯穿于吕坤思想的各个层面。在实践方面,是吕坤从政的出发点,也是他批评君主、剖析吏治、针砭时事的武器。读他的著作,考察他的行事,都可以感受到他对人民疾苦的洞悉、体贴、同情。

(一)民的地位与尊严。吕坤承认人民在生产中的地位和作用,告诫统治者对此不能忘情,他说:"吃这一箸饭是何人种获底?穿这一匹帛是何人织染底?大厦高堂如何该我居住?安车驷马如何该我乘坐?"他认为统治者应该对这些问题反躬自问,时刻不可忘记:"获饱暖之休,思作者之劳;享尊荣之乐,思供者之苦。"(《应务》,《呻吟语》卷三)否则便是愧对时事,愧对人民。

人民不仅是物质财富的创造者,而且是国家政权的根基,国家兴亡、政权更替的操持者,君主尊严、显赫、神圣的依赖者。"譬之庭燎,束千百茎荻苇而火焰辉煌,荻苇散而火光无所附矣。民荻苇而君火光也。譬之禅塔,聚数十万砖石而宝瓶高阁,砖石拆而宝瓶无所著矣。民砖石而君宝瓶也。"(《忧危疏》,《文集》卷一)因此他得出结论说:"昔者二帝三王之为君,岂不以崇高富贵之可持,乃曰'四海困穷,天禄永终'者何?知君身之安危,社稷之存亡,百姓操其权故耳。"(同上)

由于吕坤青年时期就知道师尚诏起义的情况,他对人民在非常时期的力量有很深的认识。他在《呻吟语·治道》中发出这样的感叹:"无事时惟有邱民好蹂践,自吏卒以上,人人得而鱼肉之。有事时惟有邱民难收拾,虽天子亦无躲避处,何况衣冠?此难为颂《诗》读《书》者道也。"平时,统治者及其走卒都可压榨人民,一旦人民起而反抗,君主也无法抵御、逃脱。这种历史眼光是十分深刻的,似乎预见了崇祯皇帝的结局。

人民不仅是物质财富的创造者,常常表现出非常的力量,就是在闻见的真实性方面也往往高于统治者。他说:

> 愈上者愈聋瞽,其壅蔽者众也。愈下者愈聪明,其见闻者真也。故论见闻,则君之知不如相,相之知不如监司,监司之知不如守令,守令之知不如民。论壅蔽,则守令蔽监司,监司蔽相,相蔽君。惜哉!愈下之真情不能使愈上者闻之也。(《治道》,《呻吟语》卷五)

吕坤承认普通人意志的尊严性。他认为"匹夫有不可夺之志",即使掌握生杀予夺之权的君主,对此也无可奈何。"天子但能令人死,有视死如饴者,而天子之权穷矣。然而竟令之死,是天子自取过也。"(同上)所以,"圣人体群情,不敢夺人之志,以伤天下之心,以成己之恶"(同上)。这是对人的价值的肯定。

吕坤还从势分与性分关系上论述"匹夫匹妇未可轻,而下士寒儒其自视不可渺然小也"(《品藻》,《呻吟语》卷四)。提出了"天地间人,惟得道者贵"的命题。他说:"论势分,虽抱关之吏有所下以伸其尊;论性分,则尧舜与涂人可揖让于一堂。论心谈道,孰贵孰贱?孰尊孰卑?故天地间惟道贵;天地间人,惟得道者贵。"(同上)守关小吏,处于一定地位,也能使人向他弯腰而显其尊贵,但从性分上看,尧舜与普通人都有相同之处,在真理面前更谈不上什么尊卑贵贱,谁掌握了它谁就是高贵者。这里自然有先天性善论的含义,而这种含义却恰恰显示了普通人道德上的尊严性,显见"得道者贵"的命题打破了权势的崇高性。

(二)民与君主。吕坤的民本思想还体现在他的君主论中。首先是立君目的问题。他说:"天之生民非为君也,天之立君以为民也。奈何以我病百姓?"(《广喻》,《呻吟语》卷六)为此应区分"一人之命"与"天下之命","圣人不以天下易一人之命,后世乃以天下之命易一身之尊,悲夫!吾不知得天下将以何为也。"(《治道》,《呻吟语》卷五)立君的根本目的是为民。这样,君主就不应该像刘邦那样,把天下财富看做自己的产业,可以随意挥霍;把人民的生命当做儿戏,可以恣情肆虐。不能"使一人肆于民上而剥天下以自奉"(《品藻》,《呻吟语》卷四)。他反对人君"惟己欲是恣",形象地指出:"凡病人,面红如赭,发润如油者不治,盖萃一身之元气血脉尽于面目之上也。呜呼!人君富,四海贫,可以惧矣。"(《广喻》,《呻吟语》卷六)

他在《闺范》中,发出了这样的感慨和警告:

> 夫人君淫纵豪奢,多欲喜事,则赋敛日急。赋敛急,则海内日贫。凶民壮士,负气不平,衣食无赖,而有司法令烦苛,胥肆诛求,以激其不逞之怒。由是劫掠货财,屠戮男女,江河流赤子之血,原野积征夫之骨,兵连祸结,而社稷遂亡。人君亦何利哉?始知保四海之民者,乃所以奠万世之安,而君崇节俭,官诛贪饕,乃已乱之源也。(《闺范》卷二)

他公开上书斥责万历皇帝贪财爱货:

> 自古帝王之求富者亦多矣，史册所载，开卷可知。陛下试观其时，治乎乱乎？其君安乎危乎？夫天下之财止有此数，君欲富则天下必贫，天下贫则君岂独富？故曰同民之欲者，民共乐之；专民之欲者，民共夺之。天下民穷财尽未有甚于此时者矣。陛下织造烧造日增，采取收取益广，敛万姓之怨于一官，结九重之仇于四海，臣窃痛之。使万里江山千年如故，即乾清宫一无所有，谁忍使陛下独贫？今禁城之内不乐有君，天下之民不乐有生，怨詈之声、愁叹之语甚不堪闻，陛下闻之必有食不下咽、寝不贴席者矣。臣观今日之势，如坐漏船，水未湿身；如卧积薪，火未及体，望陛下之速登涯而急起卧也。不然积于千日，决于一旦。陛下虽有万箱锦绣、千笥金珠，岂能独享哉？前代覆车，后人永鉴。盖人心得则天下吾家，人心失则何处非仇？（《忧危疏》，《文集》卷一）

他反对君主虐民，认为虐民是自虐其身。他在上万历皇帝书中，直指皇帝暴虐：

> 陛下数年以来，疑深怒重，殿庭之内，血肉淋漓；宫禁之中，啼号悲惨。冤魂夜泣，结为愁云；怨鬼宵吟，积为厉气。吉祥之地，岂宜如斯？且惟天为万物父母，故上帝恶杀；元后作民父母，故舜好生。民间千恩万爱，长女育男，不足以供顷刻一怒。故上殿者愁死不如无生，入宫者卖生即作卖死。（同上）

皇宫内，血肉淋漓，啼号悲惨，人们愁死不如无生，进入皇宫就进入了死地。这样深刻的揭露，恐怕在历史上是少见的。

法家提出的法术势理论，成为历代君王的统治术。吕坤在讨论势的问题时，与法家有所不同，他以民本思想为出发点，提出了"成势"论。认为君主所以尊贵，是因为他处于权势的高峰，"权之所在，利之所归"，所以天子才能发号施令。但是人君之势，"有时而穷，始皇以天下全盛之威力受制于匹夫，何者？匹夫者，天子之所以恃以成势者也"（《治道》，《呻吟语》卷五）。君由得民而成势，也因失民而失势，存亡兴盛之权操在民手中。

天子掌握着权势，但是天子并不是有恃无恐，不受任何牵制。他认为天子有四畏，即"上畏天，下畏民，畏言官于一时，畏史官于后世"（《修身》，《呻吟语》卷二）。势尽管高贵，但与理相比，"势之尊，惟理能屈之"。他说："公卿争议于朝，曰天子有命，则屏然不敢屈直矣。师儒相辩于学,曰孔子有言,则寂然不敢异同矣。故天地间,惟理与势为最尊。虽然,理又尊之尊也。庙堂之上言理,则天子不得以势相夺,即夺焉,而理常伸于天下万世。故势者,帝王之权也;理者,圣人之权也。帝王无圣人之理,则其权有时而屈。然则理也者,又势之所恃,以为存亡者也。以莫大之权无僭窃之禁,此儒者之所以不辞而敢于任斯道之南面也。"(《谈道》,《呻吟语》卷一)理高于势,所以,儒者敢以斯道自任。不仅儒者,就是"匹夫匹妇"也是如此,天地间人"得道者贵"。这是因为,理能使人心服,无理之威不能服人,岂但不能服人,如果"伸无理之威以服人",和盗贼是一样的。他说:"夫坐法堂,厉声色,侍列武卒,错陈严刑,可生可杀,惟吾所欲为而莫之禁,非不泰然得志也。俄而有狂士直言正色,诋过攻阙,不畏尊严,则王公贵人为之夺气。于斯时也,威非不足使之死也,理屈而威以劫之,则能使之死而不能使之服矣。大盗昏夜持利刃而加之颈,人焉得而不畏哉?伸无理之威以服人,盗之类也,在上者之所耻也。彼以理伸,则彼之所伸者盖多矣。故为上者之用威,所以行理也,非以行势也。"(《治道》,《呻吟语》卷五)这种以理制势的理论是对专制政治的一种限制。

吕坤的以民成势论、以理制势论、"得道者贵"的思想是相贯通的,渗透着他的重民思想。他对君主贪残面貌的揭露,也是从民的角度出发的,可以看做是黄宗羲、唐甄等批判君主专制的先声。

(三)民与吏治。吕坤的民本思想还体现在吏治论中。吕坤认为,自秦汉以来,举世有一大迷惘,无人识得透,那就是择官目的问题。择官是"为天下求人",而非"市私恩假之权势以荣人",因此不应"视官为富贵之物"(《治道》,《呻吟语》卷五)。从官吏为国为民这一原则出发,他对吏治、仕风、官吏心态做了深刻的揭露和反省。

他揭露:"事有便官吏之私者,百世常行,天下通行",以至"日盛月新","弥漫而不可救"。反之,"虽天下国家极便,屡加申饬,每不能行,即暂行亦不能久"。他认为这是"负国负民"之罪(均同上)。他批评官吏扰民以相奉,说:"在下者工不以道之悦,在上者悦不以道之工,奔走揖拜之日多,而公务填委;简书酬酢之文盛,而民事罔闻。时光只此时光,精神只此精神,所专在此,所疏在彼,朝廷设官本劳己以安民,今也扰民以相奉矣。"(同上)他还指斥一些官吏"人事日精而民务疏",直揭一些官吏心态:"古之居官也,在下民身上做工夫;今之居官也,在上官眼底做工夫"(《世运》,《呻吟语》卷四),这里把对"上官"、"下民"的两种态度对立起来了。他主张改革,但认为改革旧规不能"不便于己者悉去了,便于己者悉存之"(《治道》,《呻吟语》卷五),其标准是"只将这念头移在百姓身上,有利于民者,悉修举之;有害于民者,悉扫除之"(同上),只有这样的变革,才是真正的改革。他痛恨官吏懒惰,说:"大抵今之有司,贤者十一,而惰不事事者常九也。以造册虚文为壅蔽之具,以点查虚套为科罚之私,昏昏若卧穴之狼,泄泄如处堂之燕,不求济事,止是扰民。"(《摘陈边计民艰疏》,《文集》卷一)他在《振扬风纪箴》中说:"吏也无良,富贵是图。知有身家,罔念一夫。巧恣渔夺,虩逞淫暴。闾阎愁叹,莫敢控告。"针砭"贪酷在在"的弊端。本来在吕坤的心目中官吏的职责应是:"民生憔悴,愁苦困穷。付我生养,付我辑宁。"(《公署箴》,《文集》卷七)但是许多官吏是一官到手,便"志得意骄,惟知尊重"。一出门,"旌旗鼓吹,数里扬尘,奔走百司,饥困千人",一张口,"筵设庭陈,绮靡丰洁,但恨不精,宁怜膏血",心口之间只是:"心不念民,口不谈政,养交市恩,论资计俸。"面对民瘼却"饥者汝饥,寒者汝寒,尔自尔民,我自我官"(同上)。明代世风大坏,吕坤认为责任"不是宦官宫妾,不是农工商贾,不是衙门市井,不是夷狄"(《世运》,《呻吟语》卷四),而在于贵者、贤者,"贵者、贤者为教化风俗之大蠹也"(《治道》,《呻吟语》卷五)。明朝官吏罢官或致仕后大都乡居,但是"乡有缙绅,乡之殃也"(《修身》,呻吟语卷二)。吕坤用四句话概括了明代后期官场:"谓安民故,建此多官;官满天下,民益不安。"(《振扬风纪箴》,《文集》卷七)显然,这些都是从重民思想出发并以民本思想为批判武器的。

(四)民与学术宗旨。重民思想还体现在吕坤的学术宗旨中。吕坤自述:"余讲学只注六字:天地万物一体。"(《问学》,《呻吟语》卷二)又说:"至其学问根宗,只是万物一体。"(《答提学董定宇》,《文集》卷四)他又说:"尧舜世功,孔孟学术,此八字是君子终身急务。或问:尧舜事功、孔孟学术何处下手?曰:以天地万物为一体,此是孔孟学术;使天下万物各得其所,此是尧舜事功。总来是一个念头。"(《问学》,《呻吟语》卷二)可见"万物一体"是他为学宗旨。

"万物一体"这个问题在先秦典籍中未见有完整的表述。类似的话是有的。如《庄子》中有:"之人也,之德也,将旁礴万物以为一。"这是主体精神取得自由摆脱掉依托和对立的一种形式。惠施提出:"泛爱万物,天地一体也。"这里提"天地一体",指摆脱自我境界,而主张爱一切物。"万物一体"的明确表述首先是在阮籍的《达庄论》中,他说:"一气盛衰,变化而不伤。是以重阴雷电,非异出也;天地日月,非殊物也。故曰:自其异者视之,则肝胆楚越也;自其同者视之,则万物一体也。"既讲了万物相殊的一面,也讲了万物相同的一面,且着重于气的生化的同一性。

唐代禅宗大师也讲:"天地与我同根,万物与我一体。"但这一思想到宋明时代,才成为一个普遍性的命题。朱熹认为《西铭》首论万物与我同体之意"(《西铭注》)。程颢也认为此篇"乃备言此体",这里的体,指张载在此篇中提出的"民胞物与"思想,这一思想把为民父母的"大君"、"大臣"提到了与民为兄弟的地位,把物也看成了自己的朋友,这有反对过分压迫、反对暴政的积极意义。程颢比张载进了一步,他明确提出:"仁者,以天地万物为一体也,莫非己也。"(《二程集》第15页)在《识仁篇》中说:"学者先要识仁。仁者,与物同体。"(《二程集》第16页)这是对"仁"做出了更高的哲学概括。朱熹盛赞"万物一体"说,他说:"与天地万物一体,是仁之后事,惟无私然后仁,惟仁然后与天地万物为一体。"(《朱子语类》卷六)这是说,只有去掉了私欲,天理流行了,才能达到仁的境界;只有做到了仁,才能达到与天地万物一体的境界。陆九渊也提出:"宇宙内事,乃己分内事;己分内事,乃宇宙内事。"这同"万物一体"思想相近。此后真德秀、魏了翁也讲"万物一体"。宋末元初的黄震也讲"万物一体",其核心是讲天地造化生息,人与万物同为一气。明代薛瑄也讲万物一体,主旨强调一个"仁"字,认为仁是此心之理,与万物相贯通,忧戚相关,因此能爱。如果有了"间隔",则只知有己,而不知有物,则不能爱。因此"知天地万物一体,则能爱矣"(《读书录》卷二)。落脚在一个"爱"字上。湛若水则认为:"性者,天地万物一体也。浑然宇宙,其气同也。心也者,体天地万物而不遗者也。性也者,心之生理也。心性非二也。"(《心性图说》,《甘泉文集》卷七)这是说天地万物其性体相同,气相通,人的善性,就是心生物之理。王守仁更是"万物一体"思想的倡导者。他说:"盖天地万物与人原是一体,其发窍之最精灵处,是人心一点灵明。风雨露雷,日月星辰,禽兽草木,山川土石,与人原是一体。故五谷禽兽之类,皆可以养人;药石之类,皆可以疗病。只为同此一气,故能相通耳。"(《传习录下》,《王文成公全集》卷三)这里虽然讲人与万物有一气相通之处,但总的来说,还是强调"灵明"即"良知"是万物的主宰,存在的依据。良知,人、物俱有,有了良知,就会有"是非之心",致其良知,"则自能公是非,同好恶,视人犹己,视国犹家,而以天地万物为一体"(《传习录中·答聂文蔚》,《王文成公全集》卷二)。只有"明明德",才能"立其天地万物一体之体",只有"亲民",才能"达其天地万物一体之用"(《大学问》),才能"仁民爱物"。但爱有厚薄,手足捍头目,草木养禽兽,至亲路人,应加区别。

纵观历代思想家的"万物一体"论思想,大体可以归纳以下几点:(一)一体论的依据大体是从气、心、性、精神四方面讲的。(二)一体论的内容则大都指"仁",或"仁之理",或"爱"。(三)一体论者追求己与人、人与天地万物的和谐性与统一性,提倡一种有差等或有厚薄的普遍的爱。

吕坤直截了当地揭示他的一体论只是"孔门一个仁字"(《问学》,《呻吟语》卷二),他说:"满方寸浑成一个德性,无分毫私欲便是一心之仁;六尺浑成一个冲和,无分毫病痛便是一身之仁;满六合浑成一个身躯,无分毫间隔便是合天下以成其仁。仁是全体,无毫发欠缺;仁是纯体,无纤芥瑕疵;仁是天成,无些子造作。众人分一心为胡越,圣人会天下以成其身,愚常谓'两间无物我,万古一呼吸'。"(《性命》,《呻吟语》卷一)心去掉了私欲便是仁,身无分毫病痛也是仁,但只是个体的事,六合也可成仁,那就是成为一体,无分毫"间隔"。仁具有整体性、纯粹性、自然性,众人心是分离的,圣人则把天下当做自己身躯,与万物相通。但之所以天地间万物成为一体,那是因为有气的作用。只有去掉我心,才能四通八达,"六合内无一些界限",只有有了"仁心",才能看到天地间"一夫不获,一物失所,便是一处疮痏"(《修身》,《呻吟语》卷二)。才能"于六合飞潜动植、纤细毫末之物,见得其所,则油然而喜,与自家得一般;见失其所,则闵然而戚,与自家失所一般"(《谈道》,《呻吟语》卷一)。吕坤是一位求真求实的思想家,他主张为学去伪、去腐,他在从政实践上也确实体现了一体思想。他在《答顾泾阳》信中痛责"迂腐之儒",提倡"扩一体之义",以期救弊起衰。他说:"古之圣贤会天地万物为一身,不曾谢却天地万物,摘出此身,作自家另行修治。而今学者起念便觉天地万物不亲不顾,与我无干;不痛不痒,与我罔觉。及其聚会讲求,不过理会古人多年卷宗,拈起磨勘,深文细索,无了无休。此人即置之庙堂,只可作一迂腐之儒,坐镇雅俗,了得自家耳。吾辈此身原是天下之身,要认得天下国家、昆虫草木都是我身,饥寒疾病都是痛煞煞痌瘝乃身,除此饥寒疾病,都是紧切切解使去已。""而今学问,正要扩一体之义,大无我之公,将天地万物收之肚中,将四肢百体公诸天下,消尽自私自利之心,浓敦公己公人之念,这是真实有用之学。"(《文集》卷五)正是在这种思想支配下,吕坤对人民表现了深切的同情,从政时,采取了一系列措施,解除人民的不幸与痛苦。

(五)对民众的广泛同情。在吕坤的时代,劳动者的反抗行为不可能得到社会承认,农民起义,统治者称其为"盗",吕坤自然也不例外。

然而,他对农民起义的原因作了深刻的检讨,揭示出农民为"盗"是饥寒所致。他说:

> 余每食虽无肉味,而疏食菜羹尝足。因叹曰:嗟夫!使天下皆如此,而后盗可诛也。枵腹菜色,盗亦死,不盗亦死,夫守廉而俟死,此士君子之所难也,奈何以不能士君子之行而遂诛之乎?此富民为王道之首也。(《治道》,《呻吟语》卷五)

强调富民是从政第一要务。

他揭示农民所以"饥寒",是因为"自井田废"而"饱暖无资",即由于土地高度集中,农民少地无地所致。为此他正告"彼膏粱文绣坐于法堂而严刑峻法以正窃劫之罪者"应该使人民能生活下去,"不然罪有所由而独诛盗,亦可愧矣"(《治道》,《呻吟语》卷五)。他在《盗对》中,把盗和官作了巧妙的对比,实际认为当时官吏不如盗贼。请看盗是怎样为自己辩护的:

> 自小人之为盗也,死吾挺与刃者三五人焉,是仇予者,是与予角命者;未尝逞淫怒杀无辜。其可矜者一也。
>
> 予不一切盗,盗富贵者。又取其细软贵重物,仅百一、十一耳。其中牛马、器用、仓廪、田宅故无恙。未至倾人资、渔夺遍闾阎。其可矜二也。
>
> 始予为饥寒所驱,盗亦死,不盗亦死。设乘坚策肥,何肯丧廉隅至是,良夜为羞。其可矜三也。
>
> 予他日未尝问学,故丧理义心至是。设诵法孔子,列士之林,当不有今日。其可矜四也。
>
> 盗之日获,无多寡,均我同行,未尝一介私囊橐。其可矜五也。
>
> 盗,辱名也,人以盗名我,我亦以盗自名;不敢埋夜之行,欺人于白日。其可矜六也。
>
> 幸者一夕饱,不幸骈首就上刑,不能保妻子全躯,尚敢徼天幸,冀荣利以终身?谋疏易败,前路无多。其可矜七也。
>
> 无常可恃,无力可藉,讯则实讯,鲜厚交之援;服则既服,无善辩之口。其可矜八也。

这八项对比,真把官场弊病揭露无遗,官不如盗,盗可哀矜,所以使那些为官者"泚然汗背"。这则寓言,不仅是对明代官场虚假腐败的揭露,而且也表现出吕坤对啼饥号寒民众的同情。

吕坤认为,统治者过分贪婪,过分聚敛财富,人民贫困流离失所,是形成盗的根本原因。因此,他反对皇帝过分聚敛财富,认为"竭百姓之脂膏,充一人之府库,譬之腹心痞满,四肢干枯,扁鹊见之未有不惊者"(《停止砂锅路绅疏》,《文集》卷二)。他反对官吏搜刮人民,认为"生此民",不是"士吏之鱼肉,官府之库藏"(《明职》,《实政录》卷一)。

在吕坤的著作中,对灾民的悲惨境况作了详细的描述,他写道:

> 万历戊子春,山东饥,盖二年旱也。草根树皮,剥掘殆尽,又食及野草,幸无毒,不问苦辛生熟。面黑者如铁,黄者如土,殍者横野不复收。(《毒草歌序》)

他对创造财富者冻馁而死,十分痛心:

> 天下之财,生者一人,食者九人;兴者四人,害者六人。其冻馁而死者,生之人十九,食之人十一。其饱暖而乐者,害之人十九,兴之人十一。呜呼! 可为伤心矣。三代之政行,宁有此哉!(《治道》,《呻吟语》卷五)

对庸佃者主张存恤:"梁宋间,百亩之田不亲力作,必有庸佃。庸佃者,主家手足也。夜警资其救护,兴修赖其筋力,杂忙赖其使令。若不存恤,何以安生? 近见佃户缺食,便向主家称贷,轻则加三,重则加五,谷花始收,当场扣取,勤动一年,依然冻馁。有仁心肯如是乎? 今后佃户缺食,主家放给,亦照官仓加二,如有平借平还者,乡约纪善,以凭优处,有司合行通示。"(《民务》,《实政录》卷二)

对商贩,他反对借故攘夺:"近日巡拦及集头老人抽税,将小民穷汉,卖鸡鸭的,携笤帚匹布上街,担篚入市,无不抽税。油行既税店又税油,屠行既税生又税死。有司官指此为科敛之媒,巡税官指此为攘夺之具。针头削铁,所余几何? 树剥重皮,岂能堪命? 如此刻剥贫民,何异盗贼强夺?"(《明职》,《实政录》卷一)

对有关人民生命之事,十分重视。他说:"居官所慎,民命为先。民命所关,狱情为重。"(《狱政》,《实政录》卷七)因此要重视狱情,指出:"民生之未奠者六:追呼苦于太滥,问断苦于太淹,拟罪苦于太密,追赎苦于太刻,拘禁苦于太易,隶卒苦于太纵。"(《风宪约》,《实政录》卷六)

他反对放高利贷及逼债:"放债只许一年三分起利,过三年者本利倍还。不还者,法当告理。若一年加倍起利,及虽过三年而折准田宅人口,

强拿欠主采打苦拷者,以势豪论。"(《乡甲约》,《实政录》卷五)

他揭示河工之苦:"在工诸役,夜卧沮洳风雪之河干,昼剧带水连冰之堑底,除夕元旦,依然在工,官不归私衙,民不离信地。逮春末夏初,寒湿之所渐染,饥劳之所损伤,死于工所者,奚翅万人。"(《与总河曹嗣山论河》,《文集》卷五)

对驿夫的劳苦寄予同情:"腹饥担重,力尽途长,肩凝涂靛之伤,项结覆盆之瘿,如此民艰,仁人陨泪。"(《摘陈边计民艰疏》,《文集》卷一)

他反对虐待奴婢,告诫用奴者:"女子先要慈悲宽大,此是积阴德福子孙之人。难事之女,性如烈火,惨刻暴戾,小女奴无完肤,鞭笞常加,饥寒不恤,有不得其死者。天理心亡,恶怒横逞,不但寿命不长,将必子孙令绝。"(《四礼翼·昏前翼》)

对将士盘剥虐待士卒,更是直言不讳:"如今将军士月粮减扣,又将他身子占役,又将他打骂折磨,全不问他饥寒困苦。尔非草木,心上过得去过不去?"(《明职》,《实政录》卷一)

总之,重民或民本思想是吕坤社会思想的一条主线,是他批判君主、抉摘吏治的有力武器,同他的"万物一体"思想相联相弼,成为他的学术宗旨。在民本思想这块基地上,辉映着吕坤的天人合一、体用一致、学术与事功相系的思想闪光。他对民间疾苦有着深刻的洞彻,有着深厚的同情,也有拯救的实政措施,是一位眼光敏锐、胸襟博大、言行一致的思想家和政治家。

凡　　例

一、本书以清道光七年(1827)栗毓美等编刻的《吕子遗书》本为底本,此底本编者"补录例七则"中称:"于《呻吟语》汇各本校补。"因此收入此本中的《呻吟语》,辑录完备,校勘亦精。

二、《呻吟语》于明代万历二十一年(1593)成书付梓,在此之前稿本曾传抄流播,付梓后,版存宁陵吕氏宗祠中,栗氏刻本,主要依据吕氏宗祠藏版。校补本有三:一为清康熙二十六年(1687)陆陇其正定本,此本补入语录六十九条,陆氏据以补录之本,盖为万历二十一年前传抄流播者。二为乾隆元年(1736)陈宏谋刻《吕子节录》本,此本虽为节录,但较之陆本又多出一百三十余条。本书底本收录了上二刻本所辑各条。此外,还从《去伪斋文集》中采录对句十二则,散句二十三则,依类附存各篇之后。凡新采入者,原均有按语说明,今删去按语,以省篇幅。

三、道光三年(1823),鄂山以陆氏正定刊本刻此书于关中,据陈氏本附"补遗文"一卷,共一百五十三则。陆氏所补,概未收入。本书底本重新校勘,其十二则陆本业已补收,又七则均为原书所有,陈氏选刻时,或删存数语,或节去发端,或仅留结尾。

四、本书底本曾附有陆陇其《呻吟语疑》一篇,因无关大旨,此次整理校释,已删除。

五、本书凡难字、难词、典章制度、人物典故,一律出注,但随文先后有详略之异,众所熟知的人物只略加说明。但重要哲学名词、概念、范畴则溯源探流,指明出处,并用相关旧注说明之,有时也加一些新解。涉及吕坤重要思想或理学重要命题处,则加以概要的说明或强调,以便读者深入了解理学及吕坤思想底蕴。

六、本书在整理、诠释时,曾参校光绪十五年(1889)钱绳祖编刻的《吕新吾全集》本,凡讹误之字,均在注释中作了说明,凡异体字、俗体字则径改。

七、本书在注释时曾博参群籍,涉及经书一般采用阮元所刊《十三经注疏》本,但随文义不同有时也采用朱熹的《四书集注》、《诗集传》等,读者稍留意,可以看出汉学、宋学之差异。

八、本书译文力求准确、通俗并注意保持原作的语言风格。

九、正文和译文均按篇加数字章号,以便查对。

原　　序

　　呻吟，病声也。呻吟语，病时疾痛语也①。病中疾痛，惟病者知，难与他人道，亦惟病时觉，既愈，旋复忘也②。

　　予小子生而昏弱善病③，病时呻吟，辄志所苦以自恨曰④："慎疾，无复病。"已而弗慎，又复病，辄又志之。盖世病备经，不可胜志；一病数经，竟不能惩⑤。《语》曰："三折肱成良医⑥。"予乃九折臂矣。疢痏年年⑦，呻吟犹昨。嗟嗟⑧！多病无完身，久病无完气，予奄奄视息⑨，而人也哉？

　　三十年来，所志《呻吟语》凡若干卷，携以自药。司农大夫刘景泽摄心缮性⑩，平生无所呻吟，予甚爱之。顷共事雁门⑪，各谈所苦，予出《呻吟语》视景泽，景泽曰："吾亦有所呻吟而未之志也。吾人之病大都相同，子既志之矣，盍以公人⑫！盖三益焉：医病者见子呻吟，起将死病⑬；同病者见子呻吟，医各有病；未病者见子呻吟，谨未然病⑭。是子以一身示惩于天下，而所寿者众也。即子不愈，能以愈人，不既多乎⑮？"予瞿然曰⑯："病语狂，又以其狂者惑人闻听，可乎？"因择其狂而未甚者存之。呜呼！使予视息苟存，当求三年艾⑰，健此余生，何敢以疢？痏自弃？景泽，景泽，其尚医予也夫⑱？

　　万历癸巳三月⑲，抱独居士宁陵吕坤书。

【译文】呻吟，是病中发出的痛苦的声音。呻吟语，是受到疾病的折磨而总结出的经验教训。患病的痛苦，只有病人才能知道，很难与他人讲清楚；这种痛苦，也只有病时才能体会到，痊愈了，痛苦很快就被忘记了。

　　我这个人，生来就昏弱多病，病时痛苦地呻吟，总是记下当时的痛苦，并且总是很后悔地说："一定要小心谨慎，好好治疗，以免再次生病。"不久,由于不小心,又生了病,又把疾病的痛苦记录下来。那人世间的病痛经历的多了,简直不可胜记,一种病患了好几次,竟然还不知警戒。俗语说:"三折肱,成良医。"我已经是九折臂了啊!年年都不停地生病,天天都不停地呻吟。唉!多病就没有健康的身体,久病就没有充足的气力,我这样少气无力地苟且偷生,哪像个人的样子呢!

三十年来,我记下的"呻吟语"共若干卷,携带着它,作为医治自己疾病的药草。司农大夫刘景泽是位善于修养身心的人,平生没有生过什么疾病,我非常喜欢他。不久前,我们一起在雁门为官,各人都谈了自己的苦恼,我取出《呻吟语》给景泽看,景泽说:"我也有痛苦中发出的呻吟,只是没有记录下来。我们这些人的病痛大都相同,你既然记下来了,何不公之于众呢?这样做有三个好处:治病的人,见你呻吟,可以治好将要死亡者的病;患同一病症的人,见你呻吟,将会各自医治自己的病;没病的人,见你呻吟,防止将来生病。这样,以你一个人现身说法,可以使天下人受到惩戒,很多人就可以长寿了。即使你的病不能痊愈,而能使别人的病痊愈,这不是值得称赞的事吗?"听了景泽的话,我很惊惶地说:"这是我病中说的一些狂语,又用这些狂语去迷惑别人,怎么行呢?"因此就选择了一些不太狂妄的言论保存下来。啊!只要我一息尚存,我就要寻求那治病的良药,使我能健康地度过余生,哪敢以病重为借口而自暴自弃呢!景泽啊景泽,你大概就是善于医治我疾病的人吧!

万历癸巳三月,抱独居士宁陵吕坤书。

【注释】① 疾痛语:病痛时说的话。 ② 旋:立即。 ③ 予小子:予,我;小子,谦称。 ④ 志:记载。 ⑤ 惩:警戒。 ⑥ 三折肱成良医:语出《左传》定公十三年:"三折肱,知为良医。"喻挫折愈多,经验教训愈丰富。 ⑦ 疣痼:痼疾,积久难治之病。 ⑧ 嗟嗟:叹息声。 ⑨ 奄奄视息:奄奄,气息微弱的样子。视,看;息,呼吸。目仅能视,鼻仅能息,有偷生苟活之意。 ⑩ 刘景泽:名兑,新安人。可参见吕坤所著《去伪斋集》卷八《廉惠仓碑》。摄心缮性,摄,收敛;缮,整治,这里指修养。 ⑪ 顷:不久以前。雁门,指雁门关。 ⑫ 盍:何不。《论语·公冶长》:"盍各言尔志?"邢昺疏:"盍,何不也。"公人,公开于人。 ⑬ 将死病:将要死之病,重病。 ⑭ 谨未然病:谨,慎。未然病,还未发生之病。 ⑮ 多:称赞。 ⑯ 矍(jué)然:惊省貌。 ⑰ 三年艾:《孟子·离娄上》:"今之欲王者,犹七年病,求三年之艾也。苟不为蓄,终身不得。"艾,指艾草。针灸用艾,必须积年干透为好。此指多年干透的艾草。　⑱其:大概。　⑲万历癸巳:万历,明神宗朱翊钧年号。癸巳,万历二十一年,即公元1593年。

内 篇

卷 一

性 命

001 正命者①,完却正理②,全却初气③,未尝以我害之,虽桎梏而死④,不害其为正命。若初气凿丧⑤,正理不完,即正寝告终⑥,恐非正命也。

【译文】能按照正理完成人生使命而死的人,完满地保全了正理,保全了人生之初的元气。正理和元气没有因为我而受到损害,这样,虽然被囚禁而死,也可以称作正命。如果最初禀受的元气丧失了,正理不完备,即使能寿终正寝,恐怕也不能称作正命。

【注释】①正命:原意指寿终而死,此指依照正理而死。《孟子·尽心上》:"尽其道而死者,正命也。桎梏死者,非正命也。" ②完却:保全。却为助词,用在动词后面,表动作完成。 ③全却:全备。初气,指最初禀受而成形体之气。 ④桎梏而死:桎梏,刑具,脚镣手铐。朱熹注:"桎梏,所以拘罪人者。言犯罪而死,与立岩墙之下者同,皆人所取,非天所为也。" ⑤凿丧:穿透、失落。 ⑥正寝告终:指正常之死。

002 德性以收敛沉着为第一。收敛沉着中,又以精明平易为第一。大段收敛沉着人怕含糊①,怕深险。浅浮子虽光明洞达,非蓄德之器也②。

【译文】德性以收敛沉着为第一,收敛沉着中,又以精明平易为第一。一般说来,收敛沉着的人怕含糊,怕深沉阴险。浅浮的人看上去虽然光明洞达,也不是具有高尚道德的人。

【注释】①大段:大都,一般。 ②蓄德:积累德性。

003 或问:人将死而见鬼神,真耶?幻耶?曰:人寤则为真见①,梦则为妄见。魂游而不附体,故随所之而见物,此外妄也。神与

心离合而不安定,故随所交而成景,此内妄也。故至人无梦,愚人无梦,无妄念也。人之将死如梦然,魂飞扬而神乱于目,气浮散而邪客于心②,故所见皆妄,非真有也。或有将死而见人拘系者,尤妄也。异端之语③,入人骨髓,将死而惧,故常若有见。若死必有召之者,则牛羊蚊蚁之死,果亦有召之者耶?大抵草木之生枯,土石之凝散,人与众动之死生、始终、有无④,只是一理,更无他说,万一有之,亦怪异也。

【译文】有人问:人将要死亡时,说见到了鬼神,这是真的呢?还是幻觉呢?我回答说:人醒着的时候看见的叫真见,梦中见到的是妄见。人将要死时,魂魄飘游而不附体,魂魄飘游时见到物,这叫做外妄。神与心分离会合不能安定,心神相交时出现的景象,叫做内妄。因此道德修养达到最高境界的人没有梦,愚蠢的人没有梦,这是因为他们没有妄念。人将要死时,就如同做梦一样,魂魄飞扬而目光散乱无神,正气浮散而邪气归入内心,因此看见的都是虚妄的,不是实有的。还有将死的人看见有人来拘系他,这就更是虚妄的了。一些歪门邪道神神鬼鬼的话,深深地印在人的脑海,将死时感到恐惧,所以好像若有所见。假如死时必然有东西来招的话,那么牛羊蚊蚁的死,果然也有来招的吗?大致说来,草木的生长枯死,土石的凝结散开,人与各种动物的死生、始终、有无,都是同一个道理,没有其他的说法,万一有的话,也是怪异的说法。

【注释】①寤:醒。　②客:客居,暂时居留。　③异端:指释道鬼神等。　④众动:种种动物。

004　气无终尽之时,形无不毁之理①。

【译文】气没有终止和完结的时候,形体没有不毁不灭的道理。

【注释】①此二句讲形气关系。气无固定形体,是不灭的;形虽有固定形体,但是可变的。

005　真机真味要涵蓄,休点破。其妙无穷,不可言喻。所以圣人无言①。一犯口颊,穷年说不尽,又离披浇漓②,无一些咀嚼处矣。

【译文】真机真味要涵蓄,休要点破。这样就其妙无穷,不可言喻。所以圣人无言。一犯口舌,终年也说不尽,又众说纷纭,不合情理,就没任何可品味之处了。

【注释】①圣人无言:《论语·阳货》:"子曰:'予欲无言。'子贡曰:'子如不言,则小子何述焉?'子曰:'天何言哉?四时行焉,百物生焉,天何言哉!'"朱熹注:"学者多以言语观圣人,而不察其天理流行之实,有不待言而著者,是以徒得其言,而不得其所以言,故夫子发此以警之。" ②离披浇漓:离披,分散貌;浇漓,浇薄、刻薄。

006 性分不可使亏欠①,故其取数也常多,曰穷理②,曰尽性③,曰达天④,曰入神⑤,曰致广大、极高明⑥。情欲不可使赢余⑦,故其取数也常少,曰谨言,曰慎行,曰约己,曰清心,曰节饮食、寡嗜欲。

【译文】人先天具有的善性,不应有任何的亏损,所以要达到较高的境界,就要做到常说的"穷理"、"尽性"、"达天"、"入神"、"致广大、极高明"。感情和欲望,不可太多太强,所以要节制,就是常说的"谨言"、"慎行"、"约己"、"清心"、"节饮食、寡嗜欲"。

【注释】①性分:性的本分,指人先天具有的善性。所以说应"取数多",要达到较高境界。 ②穷理:深究事物之理。 ③尽性:尽量发挥和扩充人的本性即善性。《易·说卦》:"穷理尽性,以至于命。" ④达天:即达到天所赋予的最高境界。《中庸》第一章:"天命之谓性。"第二十七章:"大哉圣人之道,洋洋乎,发育万物,峻极于天。"《孟子·尽心上》:"孟子曰:'尽其心者,知其性也。知其性则知天矣。存其心,养其性,所以事天也。夭寿不贰,修身以俟之,所以立命也。'" ⑤入神:指人的修养达到最高境界。《易·系辞下》:"尺蠖之屈,以求信也;龙蛇之蛰,以存身也;精义入神,以致用也。" ⑥致广大、极高明:《中庸》第二十七章:"故君子尊德性而道问学,致广大而尽精微,极高明而道中庸。" ⑦情欲:感情与欲望。吕坤主张节制情欲,但不是灭绝情欲,所以说"取数少",下文所言即节制情欲的几个方面。

007 深沉厚重是第一等资质,磊落豪雄是第二等资质,聪明才辩是第三等资质。

【译文】深沉厚重是第一等的天资品格,磊落豪雄是第二等的天资品格,聪明才辩是第三等的天资品格。

008 六合原是个情世界①,故万物以之相苦乐,而至人圣人不与焉。

【译文】天地四方原本是个感情的世界,所以万物生于其中有苦有乐,而道德修养极高的至人和人格品德极高的圣人则不受这感情世界的干扰。

【注释】①六合:天地四方。

009　凡人光明博大,浑厚含蓄,是天地之气;温煦和平,是阳春之气;宽纵任物,是长夏之气;严凝敛约,喜刑好杀,是秋之气;沉藏固啬,是冬之气。暴怒是震雷之气,狂肆是疾风之气,昏惑是霾雾之气,隐恨留连是积阴之气,从容温润是和风甘雨之气,聪明洞达是青天朗月之气,有所钟者必有所似①。

【译文】人的气质光明博大,深厚含蓄,这是禀受了天地之气;温煦和平,这是禀受了阳春之气;宽纵随和,这是禀受了夏天之气;严凝敛约,喜刑好杀,这是禀受了秋天之气;深藏固执吝啬,这是禀受了严冬之气。暴怒是禀受了震雷之气,狂肆是禀受了疾风之气,昏惑是禀受了霾雾之气,心存仇恨不忘是禀受了积阴之气,从容温和柔润是禀受了和风甘雨之气,聪明洞达是禀受了青天朗月之气。禀受了什么气,必然表现出相似的气质。

【注释】①钟:禀受。吕坤认为人的性格、气质相异,皆因所禀之气所致。

010　先天之气发泄处不过毫厘①,后天之气扩充之必极分量,其实分量极处原是毫厘中有底,若毫厘中合下原无,便是一些增不去,万物之形色才情,种种可验也。

【译文】人先天禀受的气质,可以抒发的地方不过只有毫厘,但经过后天的修养扩充却能达到至高至大的境地。其实,修养扩充到至高至大境地的气质原来就存在那只有毫厘大小的中间,如果毫厘中原来一点也没有,就丝毫也不能增加。万物的形、色、才、情,种种方面都可以验证这个道理。

【注释】①先天之气:指人降生前禀受之气,这里指中和及具有善性之气,这种气经过人的修养和扩充,就会达到极致。

011　蜗藏于壳,烈日经年而不枯,必有所以不枯者在也。此之谓以神用,先天造物命脉处。

【译文】蜗牛藏在壳中,太阳晒着,经过一年都不会枯死,这其中必然存在着不枯死的道理。这就叫做神用,是先天造物的根本点。

012　兰以火而香,亦以火而灭;膏以火而明,亦以火而竭;炮以火而声,亦以火而泄。阴者所以存也①,阳者所以亡也,岂独声色气味然哉!世知郁者之为足,是谓万年之烛。

【译文】 兰香因火的点燃而发出香气,也因火的燃烧而消尽;灯油因用火点燃而发光,也因火的燃烧而耗竭;炮因火的点燃而发声,也因火的点燃而散歇。隐忍而不表露就能够存在,表露而不隐藏就要灭亡,岂只声、色、气、味是这个道理呢!世人知道郁结不发就能永远充实满足,可以称之为万年之烛。

【注释】 ①阴者所以存也:吕坤重阴,强调郁而不发的重要性。

013 火性发扬,水性流动,木性条畅,金性坚刚,土性重厚,其生物也亦然①。

【译文】 火的性质发扬,水的性质流动,木的性质条畅,金的性质坚刚,土的性质重厚。由这些物质生发出来的东西,性质也是这样。

【注释】 ①其生物也亦然:指五行生物之时,也使物具有五行之性。

014 一则见性①,两则生情。人未有偶而能静者,物未有偶而无声者。

【译文】 纯一则能见到事物的本性,两个事物则会生情。人没有在两人相对时能保持静的状态的,物没有在两物相撞时不发出声音的。

【注释】 ①性,指善性。一则静,两则动,静见性,动生情。

015 声无形色,寄之于器;火无体质,寄之于薪;色无着落,寄之草木。故五行惟火无体,而用不穷。

【译文】 声音无形无色,依托于器物;火没有体质,依托于柴草;颜色无着落,依托于草木。五行当中,只有火无体,它的用途无穷无尽。

016 人之念头与气血同为消长,四十以前是个进心,识见未定而敢于有为;四十以后是个定心,识见既定而事有酌量;六十以后是个退心,见识虽真而精力不振。未必人人皆此,而此其大凡也。古者四十仕,六十、七十致仕,盖审之矣①。人亦有少年退缩不任事②,厌厌若泉下人者;亦有衰年狂躁妄动喜事者,皆非常理。若乃以见事风生之少年为任事,以念头灰冷之衰夫为老成,则误矣。邓禹沉毅③,马援矍铄④,古诚有之,岂多得哉!

【译文】 人的念头、想法与身体中的气血同时消长。四十岁以前是个进心,这时识见还没有完全稳定下来而敢于有所作为。四十岁以后是个定心,这时识见已经稳定而遇事能够酌量而行。六十岁以后是个退心,这时见识虽真但精力已经不济了。这一规律,未必人人相同,但大体是这样的。古时候,四十岁出去做官,六十岁、七十岁辞官退休,这样做是很审慎的。人也有少年退缩不敢承担工作的,少气无力好像将死的人;也有到老年还狂躁妄动喜欢多事的,但这都不合常理。至于认为遇见事情风风火火的少年人可以承担重任,念头灰冷的衰弱老人是老成,也是错的。东汉的邓禹年少时即深沉而刚毅,东汉的名将马援老而勇健,像这样的人古代是有的,但岂能多得!

【注释】①审:慎重。 ②不任事:不胜任工作。 ③邓禹:东汉光武帝时人,幼游学长安,与刘秀善,刘秀统一中国,邓禹多与之谋划。刘秀继位,拜邓禹为大司徒,邓禹时年二十四岁,史称"行淳内笃"。见《后汉书·邓禹传》。 ④马援矍铄:马援,东汉名将,屡建奇功,征五溪蛮时,年已八十四岁,尝言:丈夫立志,穷当益坚,老当益壮。又说:男儿当死于边野,以马革裹尸还。后卒于军。见《后汉书·马援传》。矍铄,老而强壮。

017 命本在天①,君子之命在我,小人之命亦在我。君子以义处命,不以其道得之不处,命不足道也。小人以欲犯命,不可得而必欲得之,命不肯受也。但君子谓命在我,得天命之本然;小人谓命在我,幸气数之或然②。是以君子之心常泰,小人之心常劳。

【译文】人的命本来是上天决定的,但君子的命在于自己掌握,小人的命也在自己掌握。君子以义处命,不是用正义的方法得来的就不处,而命的好坏并不放在心上。小人用自己的欲望去违犯上天决定的命运,不能得到的也一定要努力得到,不肯接受上天的决定。但所说的君子的命在于自己掌握,是说他得到的命和上天赋予的是相同的;而所说的小人的命在于自己掌握,是希图上天能偶尔改变原定的命运。因此,君子的内心常常是安定的,小人的内心常常是劳累的。

【注释】①命:这里指人的富贵、贫贱、穷达、寿夭等。 ②或然:偶然。

018 性者,理气之总名①,无不善之理,无皆善之气。论性善者,纯以理言也;论性恶与善恶混者,兼气而言也。故经传言性各各不同,惟孔子无病②。

【译文】性,是理和气的总称,没有不善的理,也没有全是善的气。说性善,这是单纯从理这方面说的;说性恶或善恶相混,这是从理、气两方面兼说的。

所以儒家的经典和传注谈到性时,见解都不相同,只有孔子的论述没有毛病。

【注释】①性者,理气之总名:吕坤认为性包括理(善)、气(恶或善恶混)两个方面。善是性,恶也是性。 ②惟孔子无病:孔子论性说:"性相近,习相远。"(《论语·阳货》)吕坤认为此说无弊。

019 气、习①,学者之二障也。仁者与义者相非,礼者与信者相左②,皆气质障也③。高髻而笑低髽④,长裾而讥短袂⑤,皆习见障也。大道明,率天下气质而归之,即不能归,不敢以所偏者病人矣。王制一,齐天下趋向而同之,即不能同,不敢以所狃者病人矣⑥。哀哉!兹谁任之。

【译文】气质和习见,是学者的两大障碍。仁和义相互抵触,礼和信相互背离,这都是气质形成的障碍。梳高发髻的人讥笑梳两个低髻的人,穿长衣的人讥笑穿短衣的人,这都是习见造成的障碍。大道昌明,普天下的气质都会归向大道,即使不能归,也不敢以偏离大道的东西来责备别人。成就王业的制度统一,天下的趋向就能一致,即使不一致,也不敢以偏离王制的东西去责备别人。可悲啊!大道明、王制一这样的重任谁来担当呢?

【注释】①气、习:气质、习见。 ②相左:相背。 ③气质:随气化于人而来,属人内在的东西。故改变气质靠"大道明";习俗是外在的东西,故转变习俗靠"王制一"。④髻:在头顶或脑后盘成各种形状的头发。髽(zhuā):束在头顶两旁的髻。 ⑤裾:衣服之大襟,衣之前后皆称裾。袂:衣袖。 ⑥狃:习惯。

020 父母全而生之①,子全而归之,发肤还父母之初②,无些毁伤,亲之孝子也。天全而生之,人全而归之,心性还天之初,无些缺欠,天之孝子也。

【译文】父母把孩子完整地降生出来,孩子就应该把自己再完整地归还给父母,发肤也和父母降生时一样地完整,没有丝毫损伤,这才是父母的孝子。上天让人完整地降生出来,人也应该把自己完整地归还上天,心性也和上天让人降生时一样,一点没有缺欠,这才是天的孝子。

【注释】①全:完满。 ②发肤还父母之初:《孝经·开宗明义章》:"身体发肤,受之父母,不敢毁伤,孝之始也。"

021 虞廷不专言性善①,曰"人心惟危,道心惟微"②。或曰:人心非性。曰:非性可矣,亦是阴阳五行化生否?六经不专言性善,曰"惟皇上帝,降衷下民,厥有恒性"③,又曰"天生烝民有欲,无主乃乱"④。孔子不专言性善,曰"继之者善也,成之者性也"⑤,又曰"性相近也"⑥,"惟上智与下愚不移"⑦。才说相近,便不是一个,相远从相近起脚。子思不专言性善,曰"修道之谓教"⑧。性皆善矣,道胡可修?孟子不专言性善,曰"声色、臭味、安佚,性也"⑨。或曰:这性是好性。曰:好性如何君子不谓?又曰"动心忍性"⑩,善性岂可忍乎?犬之性,牛之性,岂非性乎?犬牛之性亦仁义礼智信之性乎?细推之,犬之性犹犬之性,牛之性犹牛之性乎⑪?周茂叔不专言性善⑫,曰"五性相感而善恶分,万事出矣"⑬,又曰"几善恶"⑭。程伯淳不专言性善⑮,曰"恶亦不可不谓之性"⑯。大抵言性善者,主义理而不言气质,盖自孟子之折诸家始。后来诸儒遂主此说而不敢异同,是未观于天地万物之情也。义理固是天赋,气质亦岂人为?无论众人,即尧舜禹汤文武周孔,岂是一样气质哉!愚僭为之说曰⑰:义理之性,有善无恶;气质之性,有善有恶。气质亦天命于人而与生俱生者,不谓之性可乎?程子云⑱:"论性不论气不备,论气不论性不明⑲。"将性、气分作两项,便不透彻。张子以善为天地之性⑳,清浊纯驳为气质之性,似觉支离。其实天地只是一个气,理在气之中,赋于万物,方以性言,故性字从生从心,言有生之心也。设使没有气质,只是一个德性,人人都是生知圣人㉑,千古圣贤千言万语、教化刑名都是多了底,何所苦而如此乎?这都是降伏气质,扶持德性。立案于此,俟千百世之后驳之。

【译文】舜不专谈性善,他说:"生于形气之私的人欲之心,即人心,是危殆不安的;源于性命之正的天理之心,即道心,是微妙难见的。"有人说:人心不是得之于天的本性。我认为,说人心不是得之于天的本性是可以的,但人心不也是阴阳五行化生出来的吗?六经不专讲性善,而是说:"只有皇天上帝,降善于人民,顺人之常性。"又说:"上天降生众民,有私欲而无人管束就要发生混乱。"孔子不专说性善,他说:"一阴一阳之道连续不断,继承它的就是善,成就为某种事物的就是性。"又说:"性都是相近的,只有上智和下愚不会改变。"只要说相近,便不是一个事物,相远从相近开始。子思不专说性善,他说:"修道就叫做教。"性都是善的,道还有什么可修的呢?孟子也不专说性善,他说:"声色、嗅味、安逸,性也。"有人说:这性是好性。我认为,如果是好性,为什么君子不称道它呢?孟子又说:"动心忍性。"如果这里说的是善性的话,善性还要忍吗?犬之性、牛之性,难道不是性吗?犬牛之性也是仁义礼智信的性吗?仔细推想,犬之性就是犬之性、牛之性就是牛之性吗?周敦颐不专说性善,他说:"五性相感而善恶分、万事出矣。"又说:"几善恶。"意思是说人心有微动,善恶就由此分。程颢不专说性善,他说:"恶也不能不叫做性。"大概说来,说性善的人,主张义理而不说气质,这一观点是从孟子折服诸家之后开始的。后来的儒家学者遂都主张此说,而不敢表示有不同的意见,这是因为他们没有很好地观察天地万物之情造成的。义理固然是天所赋予的,气质难道就是人为的吗?不必说众人,即使是尧、舜、禹、汤、文王、武王、周公、孔子,难道气质相同吗?我不揣冒昧,说说自己的看法:义理之性,有善无恶;气质之性,有善有恶。气质也是天赋予人的,与生俱来的,不称之为性怎么可以呢?程颐说:"论性不论气不完备,论气不论性不分明。"把气和性分成两项,便讲不透彻。张载以善为天地之性,清浊纯驳为气质之性,似乎有些支离。其实天地只是一个气,理在气之中,赋予万物,就用性来说明,所以性字由生和心组成,意思是说有生之心。假如没有气质,只是一个德性,那人人生下来就是天生的圣贤,那样千古以来圣贤们的千言万语,提倡教化和循名责实的主张就都是多余的了,为什么要如此辛苦自己呢?其实他们这样做都是为了降伏气质,扶持德性。把我的看法写在这里,等千百世之后人们来批驳吧!

【注释】 ①虞廷:指虞舜的朝廷。虞舜,古帝名,姚姓,有虞氏,名重华。受禅继尧位,在位四十八年。见《书·尧典》及《史记·五帝本纪》。 ②"人心惟危"二句:语出《尚书·大禹谟》:"人心惟危,道心惟微,惟精惟一,允执厥中。"据朱熹《中庸章句序》解,人心指出于形气之私的人欲,道心则为性命之正的天理;危,指危殆而不安;微,则指微妙而难见。 ③"惟皇上帝"三句:出自《尚书·汤诰》。孔安国注:"皇天上帝,天也。衷,善也。"孔颖达疏:"天生烝民,与之五常之性,使有仁义礼智信,是天降善于下民也。天既与善于民,君当顺之,故下传云顺人有常之性,则是为君之道。" ④天生烝民有欲,无主乃乱:语出《尚书·仲虺之诰》,其文为:"仲虺乃作诰,曰:呜呼!惟天生民有欲,无主乃乱。"孔安国传:"民无君主则恣情欲,必致祸乱。"《尚书》原文"民"前无"烝"字。 ⑤"继之者善也"二句:出《易·系辞上》:"一阴一阳之谓道,继之者善也,成之者性也。"此句是说一阴一阳之道连续不断,生生不已,这就是善。气化流行,生生不已之善,落实成为某种具体事物时,就为性,性因气质相异,有善有恶。《系辞》有说为孔子作。 ⑥性相近也:语出《论语·阳货》:"性相近,习相远。" ⑦"惟上智"句:语出《论语·阳货》:"性相近,习相远,惟上智与下愚不移。" ⑧"修道"句:出自《礼记·大学》。一般认为《大学》为子思作,子思,孔子之孙,名伋。 ⑨"声色"句:出自《孟子·尽心下》。原文为:"口之于味也,目之于色也,鼻之于臭也,四肢之于安佚也,性也。有命焉,君子不谓之性。" ⑩"动心忍性":语出《孟子·告子下》。其文为:"故天将降大任于是人也,必先苦其心志,劳其筋骨,饿其体肤,空乏其身,行拂乱其所为,所以动心忍性,曾益其所不能。"朱熹注:"动心忍性,谓竦动其心,坚忍其性也。然所谓性,亦指气禀食色而言耳。" ⑪"犬之性"句:见《孟子·告子上》。其文为——"告子曰:'生之谓性。'孟子曰:'生之谓性也,犹白之谓白与?'曰:'然。''白羽之白也,犹白雪之白;白雪之白,犹白玉之白与?'曰:'然。''然则犬之性犹牛之性,牛之性犹人之性与?'"朱熹注:"性者,人之所得于天之理也;生者,人之所得于天之气也。性,形而上者也;气,形而下者也。人物之生,莫不有是性,亦莫不有是气。然以气言之,则知觉运动,人与物若不异也;以理言之,则仁义礼智之禀,岂物之所得而全哉?此人之性所以无不善,而为万物之灵也。告子不知性之为理,而以所谓气者当之,是以杞柳湍水之喻,食色无善无不善之说,纵横谬戾,纷纭舛错,而此章之误乃其本根。所以然者,盖徒知知觉运动之蠢然者,人与物同;而不知仁义礼智之粹然者,人与物异也。孟子以是折之,其义精矣。" ⑫周茂叔:即指宋代理学家周敦颐,其字茂叔。 ⑬"五性相感"句:语出周敦颐著《太极图说》。原文为:"五性感动而善恶分,万事出矣。" ⑭几善恶:语出周敦颐著《通书·诚几德》章:"诚无为,几善恶。" ⑮程伯淳:宋代理学家程颢,字伯淳。 ⑯"恶亦不可"句:语见《程氏遗书》卷一:"生之谓性,性即气,气即性,生之谓也。人生气禀,理(孙注:理字疑性字)有善恶,然不是性中元有此两物相对而生也……是气禀有然也。善固性也,然恶亦不可不谓之性也!" ⑰僭(jiàn):超越身份,这里有自谦之意。 ⑱程子:指程颐。程颢之弟,理学创立者之一。 ⑲"论性"二句:见《二程遗书》卷六。 ⑳张子:指张载,北宋哲学家。《张子正蒙·诚明篇》:"形而后有气质之性,善反之,天地之性存焉。" ㉑生知圣人:生而知之之圣人。

022 性一母而五子,五性者,一性之子也。情者,五性之子也。一性静,静者阴;五性动,动者阳。性本浑沦,至静不动,故曰"人生而静,天之性也"①。才说性便已不是性矣,此一性之说也。

【译文】善性为母,仁义礼智信就是五子。这五种性,就是善性的儿子。情,就是五种性的儿子。善性是静的,静是阴;五性是动的,动是阳。性本来是浑然不可分的,又是至静不动的,所以说"人生而静,是天生之性"。刚说性便已经不是性了,这就是一性的说法。

【注释】①"人生而静"二句:语见《礼记·乐记》。原文为:"人生而静,天之性也;感于物而动,性之欲也。"

023　宋儒有功于孟子,只是补出个气质之性来①,省多少口吻。

【译文】宋儒有功于孟子的学说,只是补充了一个气质之性,这样就省了很多口舌。

【注释】①气质之性:宋儒讲气质之性和义理之性,气质之性有善有恶,义理之性皆为善。

024　问:禽兽草木亦有性否?曰:有。其生亦天命否①?曰:天以阴阳五行化生万物,安得非天命?

【译文】有人问:"禽兽草木也有性吗?"我回答说:"有。"又问:"它们的性也是上天赋予的吗?"我说:"天以阴阳五行化生万物,怎么不是上天赋予的呢?"

【注释】①天命:这里指天赋予万物之性,如仁、义、礼、智等。

025　或问:孔子教人,性非所先。曰:圣人开口处都是性。

【译文】有人问:"孔子教育人,性不是放在首位的。"我回答说:"圣人一开口,讲的就是性。"

026　水无渣,着土便浊;火无气,着木便烟。性无二,着气质便杂。

【译文】水没有渣,一沾上土就混浊;火没有气,一遇到木便冒烟;性没有二,一接触气质就不纯。

027　满方寸浑成一个德性,无分毫私欲,便是一心之仁;六尺浑成一个冲和,无分毫病痛,便是一身之仁;满六合浑成一个身躯,无分毫间隔,便是合天下以成其仁。仁是全体,无毫发欠缺;仁是纯体,无纤芥瑕疵;仁是天成,无些子造作。众人分一心为胡越①,圣人会天下以成其身。愚尝谓"两间无物我②,万古一呼吸③"。

【译文】整个心中只有德性,没有分毫私欲,便是一心之仁;六尺身躯冲和宁静,没有分毫病痛,便是一身之仁;天地六合之间混成一体,无分毫间隔,便是全天下以成其仁。仁是全体,没有分毫的欠缺;仁是纯体,没有纤芥的瑕疵;仁是天成,没有丝毫的造作。普通人把一个心分成相离很远的两部分,圣人会合天下万事万物来成就自己本身。我曾说:"天地之间没有物我之分,万古以来只有一呼一吸而已。"

【注释】①胡越:胡地在北,越地在南,相隔甚远,比喻疏远、隔绝。 ②两间:天地间。 ③呼吸:指气的升降、变化、流转。

存　心

001 心要如天平,称物时物忙而衡不忙,物去时即悬空在此,只恁静虚中正①,何等自在。

【译文】心要如一杆秤,称物时物忙秤不忙。不称物时就悬挂起来,只让它静虚中正,这样何等自在。

【注释】①恁:如此。

002 收放心休要如追放豚①,既入苙了②,便要使他从容闲畅,无拘迫懊㤽之状③。若恨他难收,一向束缚在此,与放失同。何者?同归于无得也。故再放便奔逸不可收拾。君子之心如习鹰驯雉,搏击飞腾,主人略不防闲④;及上臂归庭,却恁忘机自得⑤,略不惊畏。

【译文】收回放纵的心不要像追逐放出去的猪一样,已经把它追回到圈里,就要让它从容闲畅,不要让它有拘迫烦闷的感觉。如果恨它难收,一直就束缚在那儿,与放失是相同的。为什么这么说呢?因为放出去和追回来,它都什么也没有得到。因此再放出去时,它就会逃走而追不回来了。君子的心如同经过驯服的鹰雉,放开它,让它搏击飞腾,主人不会防备它飞走;等它飞回主人的臂上回到家中,也是那样的从容闲适,没有什么可惊恐害怕的。

【注释】①放心:《孟子·告子上》:"仁,人心也;义,人路也。舍其路而弗由,放其心而不知求,哀哉!人有鸡犬放,则知求之;有放心,而不知求。学问之道无他,求其放心而已矣。"豚,猪。 ②笠(lì):牲畜的圈栏。 ③懊恼:懊恼、烦闷。 ④略:稍微。防闲,防备、禁止。 ⑤忘机:忘却巧诈之心,淡泊宁静与世无争。

003 学者只事事留心,一毫不肯苟且,德业之进也,如流水矣。

【译文】学者只要事事留心,一点也不得过且过,德业的进步,就会如流水一样地前进了。

004 不动气,事事好。

【译文】不动气,就会事事好。

005 心放不放,要在邪正上说,不在出入上说。且如高卧山林,游心廊庙①;身处衰世,梦想唐虞②;游子思亲,贞妇怀夫,这是个放心否?若不论邪正,只较出入,却是禅定之学③。

【译文】心是放纵还是不放纵,要从邪正上讲,不在出入上说。比如隐居在山林,心中又想着朝廷上的事情;生活在衰微的时代,梦想唐虞盛世再现;游子思念父母,贞妇怀念自己的丈夫,这是不是放心呢?如果不讲邪正,只计较出入,就成了佛教的禅定了。

【注释】①廊庙:朝廷。 ②唐虞:指陶唐氏(尧)与有虞氏(舜),相传二人皆以揖让有天下,唐虞之世为太平盛世。 ③禅定:指佛家静坐凝心,冥想玄理的修养功夫。

006 或问:放心如何收?余曰:只君此问便是收了。这放收甚容易,才昏昏便出去,才惺惺便在此①。

【译文】有人问:"放心如何收?"我说:"只你这样一问,便是收了。这收放非常容易。刚一昏昏然,心便放纵出去了;才一警醒,心便收回来了。"

【注释】①惺惺:机警,警觉。

007 常使精神在心目间,便有主而不眩。于客感之交,只一昏昏,便是胡乱应酬。岂无偶合?终非心上经历过,竟无长进,譬之梦食,岂能饱哉?

【译文】经常使精神放在心目间,心中便有主而不眩惑。与外来的事物一接触,只要有一点昏惑,便是胡乱应酬。难道没有偶然合乎道理的吗?但那终究不是经过自己用心思考的,不会有长进。譬如在梦中吃东西,哪能饱呢?

008 防欲如挽逆水之舟,才歇力便下流;力善如缘无枝之树,才住脚便下坠。是以君子之心无时而不敬畏也。

【译文】克服欲念,好比逆水行舟,刚一歇息,舟就要向下游飘浮。努力向善,好比攀登没有树枝的大树,刚一歇脚,身体就要下滑。因此,君子的心没有一刻不是处在敬畏之中。

009 一善念发,未说到扩充,且先执持住,此万善之囮也①。若随来随去,更不操存此心,如驿传然②,终身无主人住矣。

【译文】心中生出了一个善念,先不要说扩充,只要能保持住,就是诱发万善的媒体。如果让善念随来随去,而不用心保持,就好像驿站一样,永远没有常住之人了。

【注释】①囮(é):囮子,捕鸟者用活鸟诱捕他鸟的设置,因此又称"鸟媒"。这里指万善之成因。 ②驿传:古代传送公文和来往官员途中住宿或换马的处所。

010 千日集义,禁不得一刻不慊于心①,是以君子瞬存息养,无一刻不在道义上。其防不义也,如千金之子之防盗,惧馁之故也②。

【译文】千日努力在道义上用功夫,禁不住有一刻的放松。因此君子瞬息之间都要注意存心养性,一刻也不要离开道义。防止不义的事,如同富家子防备盗贼一样,害怕丢失了将来会挨饿。

【注释】①"千日集义"二句:《孟子·公孙丑上》:"'敢问何谓浩然之气?'曰:'难言也。其为气也,至大至刚,以直养而无害,则塞于天地之间。其为气也,配义与道,无是,馁也。是集义所生者,非义袭而取之也。行有不慊(qiè)于心,则馁矣。'"朱熹注:"集义,犹言集善,盖欲事事皆合于义也。""慊,快也,足也。" ②"千金之子"二句:千金之子,富贵人家的子弟。馁,饥饿。

011 无屋漏工夫①,做不得宇宙事业。

【译文】没有在无人看见时仍保持高尚情操的功夫,就做不成大事业。

【注释】①屋漏工夫:屋漏,古代室内西北角设小帐的地方。《诗·大雅·抑》:"相在尔室,尚不愧于屋漏。"郑玄笺:"屋,小帐也。漏,隐也。"指在暗处。屋漏工夫,指不在暗处做坏事、起坏念头。

012　君子口中无惯语，存心故也。故曰"修辞立其诚"①，不诚何以修辞？

【译文】君子不随便说话，说出的话都是用心思考过的。所以说"说话、著述要诚心诚意"，不诚怎么能修饰好言辞呢？

【注释】①修辞立其诚：语出《周易·乾卦·文言》。原文为："君子进德修业，忠信，所以进德也；修辞以立其诚，所以居业也。"修辞，讲求言辞。

013　一念收敛则万善来同，一念放恣则百邪乘衅。

【译文】一个不好的念头收敛了，万种善念就会产生；一个不好的念头放纵了，百种邪端都会乘机而入。

014　得罪于法，尚可以逃避；得罪于理，更没处存身。只我底心，便放不过我。是故君子畏理甚于畏法。

【译文】违犯了法令，尚且可以逃避；违反了真理，就没有地方存身。即使自己的内心，也放不过自己。因此君子畏理更甚于畏法。

015　"或问：'鸡鸣而起，若未接物，如何为善？'程子曰：'只主于敬，便是善。'"①愚谓惟圣人未接物时，何思何虑？贤人以下，睡觉时合下便动个念头，或昨日已行事，或今日当行事，便来心上，只看这念头如何，若一念向好处想，便是舜边人；若一念向不好处想，便是跖边人。若念中是善而本意却有所为，这又是舜中跖，渐来渐去，还向跖边去矣。此是务头工夫，此时克己更觉容易，点检更觉精明，所谓去恶在纤微，持善在根本也。

【译文】有人问："鸡鸣而起，还没有接触任何事物，怎么能为善呢？"程子说："心中只要有敬的念头，便是善。"我认为，只有圣人在未接触事物时，不会有任何思虑。贤人以下之人，就是睡觉时躺下，心中也会有个念头：或是想昨天已经做过的事，或是想今天应当做什么事，这些事都会来到心上。这时，只看是怎么想的，如果每一个念头都向好处想，便是舜这边的人；如果有一念不向好处想，便是跖那边的人。如果念头中是善，而意下又为了别的目的，这是在走向舜时又有了跖的念头，渐来渐去，还会向跖这边发展。这必须开始时就要注意，此时注意克制自己，就更容易；注意检点，更为精明。所以说去恶要在微小的事情上着手，持善要在根本上着手。

【注释】①"或问鸡鸣而起"句：《孟子·尽心上》："鸡鸣而起，孳孳为善者，舜之徒也。鸡鸣而起，孳孳为利者，跖之徒也。欲知舜与跖之分，无他，利与善之间也。"跖，即盗跖。相传为古代大盗。从"或问"至"便是善"一段话，为朱熹《四书集注》解本章之注语。

016 目中有花，则视万物皆妄见也；耳中有声，则听万物皆妄闻也；心中有物，则处万物皆妄意也。是故此心贵虚。

【译文】眼珠上长了白翳，看万物都是荒诞不实的；耳中有了声音，听万物也是荒诞不真的；心中已经有了固定的想法，再去处理万事万物也会荒诞不切实际。所以心贵虚。

017 忘是无心之病，助长是有心之病。心要从容自在，活泼于有无之间。

【译文】忘记，是没有留心造成的；助长，是有心要这样做的。所以心要从容自在，要活动在有无之间。

018 "静"之一字，十二时离不了，一刻才离，便乱了。门尽日开阖，枢常静；妍媸尽日往来，镜常静；人尽日应酬，心常静。惟静也，故能张主得动，若逐动而去，应事定不分晓，便是睡时，此念不静，作个梦儿也胡乱。

【译文】"静"这个字，十二个时辰都离不了，只要一刻离开，便乱了套。门每天不停地开合，但门臼永远是静的；美丽的和丑陋的人每天都来来往往照镜子，但镜子永远是静的。人每天都要应酬，而心要常静。只有静，遇事才能有主张，才能处理好。如果心随事动，必然不知如何处理事物才算恰当。就是睡觉的时候，心不静的话，做个梦也是忙忙乱乱。

019 把意念沉潜得下，何理不可得？把志气奋发得起，何事不可做？今之学者将个浮躁心观理，将个委靡心临事，只模糊过了一生。

【译文】把意念沉潜下来，什么道理不能领悟？把志气奋发起来，什么事情不能成功？现在的学者用浮躁心去观理，用委靡心去办事，只能糊里糊涂地过一生。

020 "心平气和"，此四字非涵养不能做。工夫只在个定火，火定则百物兼照，万事得理。水明而火昏，静属水，动属火，故病人火动则躁扰狂越,及其苏定,浑不能记。苏定者,水澄清而火熄也。故人非火不生,非火不死;事非火不济,非火不败。惟君子善处火,故身安而德滋。

【译文】"心平气和"这四个字,没有涵养是做不到的。这其中的功夫只在定"火"上。"火"定了,百物都能看清,万事都能处理得宜。水明而火昏,静属水,动属火,因此病人火动就狂躁不安,苏醒以后,什么都不记得了。苏醒安定时,就如同水澄清、火熄灭。所以人没有"火"就不会生存,没有"火"就不会死亡;事情没有"火"就不能成功,没有"火"就不会失败。只有君子善于处理"火",才能够身体安康德业日长。

021　当可怨可怒、可辩可诉、可喜可愕之际,其气甚平,这是多大涵养。

【译文】当处在可怨可怒、可辩可诉、可喜可愕之际,还能做到心平气和,这是多大的涵养啊!

022　天地间真滋味,惟静者能尝得出;天地间真机括①,惟静者能看得透;天地间真情景,惟静者能题得破。作热闹人,说孟浪语②,岂无一得?皆偶合也。

【译文】天地间的真滋味,只有静者才能尝得出;天地间事物真正的关键,只有静者才能看得透;天地间的真情景,只有静者才写得出。做热闹人,说鲁莽话,难道不会做对一件事说对一句话吗?那都是偶然碰巧的。

【注释】①机括:机,弩的发射器。括,矢末扣弦之处。这里指关键处。　②孟浪语:鲁莽话。

023　未有甘心快意而不殃身者,惟理义之悦我心,却步步是安乐境。

【译文】没有为了一时痛快而意气用事不带来祸殃的,只有以理义来使心情愉快,才步步是安乐境。

024　问:慎独如何解①?曰:先要认住"独"字,"独"字就是"意"字。稠人广坐、千军万马中,都有个"独",只这意念发出来是大中至正底,这不劳"慎",就将这"独"字做去,便是天德王道②。这意念发出来,九分九厘是,只有一厘苟且为人之意,便要点检克治③,

这便是慎独了。

【译文】 有人问,"慎独"如何解释?我回答说:先要认清这个"独"字,独是从意念上说的。稠人广众,千军万马当中,都有个"独",只要意念发出来是恰如其分的、合于正道的,不必用"慎",只在这"独"上去做,就符合天德王道。如果这意念发出来,九分九厘是恰如其分、合于正道的,只有一厘是得过且过做人的想法,就要检点克制,这就是"慎独"了。

【注释】 ①慎独:《大学·诚意章》:"此谓诚于中,形于外,故君子必慎其独也。"《中庸》第一章:"莫见乎隐,莫显乎微,故君子慎其独也。"朱熹注:"独者,人所不知,而己所独知之地也。"又说:"这独也,又不是恁地独时,如与众人对坐,自心中发一念,或正或不正,此亦是独处。"(《朱子语类》卷六十二《中庸》第一章) ②天德王道:天德,出于《易·乾·文言》。王道,出于《尚书·洪范》。前者指道德的最高境界,后者指儒家政治上的最高理想。《四书集注》引程颢语:"自汉以来,儒者皆不识此义,此见圣人之心,纯亦不已也。纯亦不已,乃天德也。有天德便可语王道,其要只在慎独。"(见《论语集注·子罕篇》,又见《二程集》第141页) ③点检:反省检查。

025 用三十年心力,除一个"伪"字不得。或曰:君尽尚实矣。余曰:所谓伪者,岂必在言行间哉?实心为民,杂一念德我之心便是伪;实心为善,杂一念求知之心便是伪;道理上该做十分,只争一毫未满足便是伪;汲汲于向义,才有二三心便是伪;白昼所为皆善,而梦寐有非僻之干便是伪①;心中有九分,外面做得恰象十分便是伪。此独觉之伪也,余皆不能去,恐渐溃防闲②,延恶于言行间耳。

【译文】 我用了三十年的心力,想除去一个"伪"字而不可得。有人说:"你已经很务实了。"我说:"所谓伪,难道一定要表现在言行上吗?实心实意为民,只夹杂了一点想让民感恩戴德的念头便是伪;实心实意为善,只夹杂了一点想让世人知道的念头便是伪;按道理应该做十分的事,只差一毫没有做好便是伪;急切地向义努力,才有一点反复不定便是伪。白天所做的事都是善事,而在梦中做了偏邪的事便是伪。心里只有九分,外面做的却像十分便是伪。这是我独自觉察到的伪。这些如果都克服不掉的话,恐怕防备功夫会渐渐松懈,伪就会蔓延到言行之中了。

【注释】 ①非僻之干:邪恶行为。僻,邪,不正。 ②防闲:防,堤坝。闲:关兽的栏。此处指防备。

026 自家好处掩藏几分,这是涵蓄以养深;别人不好处要掩藏几分,这是浑厚以养大。

【译文】自己的好处要掩藏几分,这是涵养,能使自己更深沉;别人的不好处要掩藏几分,这是浑厚,能使自己心胸更广大。

027 宁耐是思事第一法①,安详是处事第一法,谦退是保身第一法,涵容是处人第一法②,置富贵贫贱死生常变于度外,是养心第一法。

【译文】宁静耐心是思事的最好方法,安详是处事的最好方法,谦退是保身的最好方法,涵养宽容是处人的最好方法。置富贵、贫贱、死生、常变于度外,是养心的最好方法。

【注释】①宁耐:宁静、耐心。 ②涵容:涵养、宽容。

028 胸中情景要看得:春不是繁华,夏不是发畅,秋不是寥落,冬不是枯槁,方为我境。

【译文】胸怀中的情景应看成:春天不是繁华,夏天不是发畅,秋天不是寥落,冬天不是枯槁,这才是自我的境界。

029 大丈夫不怕人,只是怕理;不恃人①,只是恃道。

【译文】大丈夫不怕人,只怕理;不依靠他人,只依靠道理。

【注释】①恃人:依仗他人。

030 静里看物欲,如业镜照妖①。

【译文】静时看物欲,好像用冥界照映众生善恶业的镜子照妖一样。

【注释】①业镜:语出佛教,指冥界照映众生善恶业的镜子。这里指照妖之镜。

031 "躁心浮气,浅衷狭量",此八字进德者之大忌也。去此八字,只用得一字,曰主静。静则凝重,静中境自是宽阔。

【译文】"躁心浮气,浅衷狭量"这八个字是修进德业的大忌。去掉这八个字,只用得上一个字,就是主"静"。静则凝重,静中的境界自然是宽阔的。

032 士君子要养心气,心气一衰,天下万事分毫做不得。冉有只是个心气不足①。

【译文】士君子要养心气,心气一衰,天下万事分毫都做不成。孔子的弟子冉有只是因为心气不足。

【注释】①冉有:冉求,字子有,孔子弟子。《论语·雍也》:"冉求曰:'非不说子之道,力不足也。'子曰:'力不足者中道而废,今汝画。'"画,停止不前。

033 主静之力大于千牛,勇于十虎。

【译文】主静的力量大于千头牛,勇于十只虎。

034 君子洗得此心净,则两间不见一尘;充得此心尽,则两间不见一碍;养得此心定,则两间不见一怖;持得此心坚,则两间不见一难。

【译文】君子只要使此心澄净,天地间就看不到一点灰尘;只要把此心的善念充满,天地间就没什么障碍;只要养得此心安定,天地间就没有什么可以害怕;只要持得此心坚定,天地间就没有难事。

035 人只是心不放肆,便无过差;只是心不怠忽①,便无遗忘。

【译文】人只要心不放肆,便不会发生过错;只要心不怠惰疏忽,遇事便不会遗忘。

【注释】①怠忽:怠惰玩忽。

036 胸中只摆脱一"恋"字,便十分爽净,十分自在。人生最苦处,只是此心沾泥带水,明是知得,不能断割耳。

【译文】胸中只摆脱一个"恋"字,便十分爽净,十分自在。人生最苦处,只是这个心沾泥带水,明明知道,却不能割断。

037 盗,只是欺人,此心有一毫欺人,一事欺人,一语欺人,人虽不知,即未发觉之盗也。言如是而行欺之,是行者言之盗也。心如是而口欺之,是口者心之盗也。才发一个真实心,骤发一个伪妄心,是心者心之盗也。谚云"瞒心昧己",有味哉其言之矣。欺世盗名的罪过大,瞒心昧己的罪过深。

【译文】盗,就是欺骗人。心中只要有一毫欺骗人、一事欺骗人、一语欺骗人,别人虽不知道,也是未被发觉的盗。言语是如此,而行为却是欺骗,行为就是言语的盗。心如此想,而口中说的却是欺骗,口就是心之盗。刚有一个真实心,又突生一个伪妄心,这伪妄心就是心之盗。谚语说"瞒心昧己",这话说得很有意味啊!欺世盗名的罪过大,瞒心昧己的罪过深。

038 此心果有不可昧之真知,不可强之定见,虽断舌可也,决不可从人然诺①。

【译文】心中既然有不可掩藏的真知,有不可改变的定见,即使割掉你的舌头,也不可随着别人来改变自己的意见。

【注释】①然诺:许诺,指赞同别人的意见。

039 才说要睡,便睡不着;才说要忘,便忘不得。

【译文】才说要睡,就睡不着;才说要忘,就忘不了。

040 举世都是我心,去了这我心,便是四通八达,六合内无一些界限。要去我心,须要时时省察这念头是为天地万物,是为我。

【译文】举世人心中都有个"我",去了这个"我",便是四通八达,天地之内无一点界限。要去我心,须要时时省察这一念头是为天地万物,还是为我。

041 目不容一尘,齿不容一芥,非我固有也。如何灵台内许多荆榛①,却自容得?

【译文】眼睛中容不得一点灰尘,齿缝中容不得一点饭屑,因为这些东西都不是眼睛和牙齿中固有的东西。为什么心中有那么多的杂念却能容得下呢?

【注释】①灵台:指心。《庄子·庚桑楚》:"不可内于灵台。"郭象注:"灵台,心也。"

042 手有手之道,足有足之道,耳目鼻口有耳目鼻口之道。但此辈皆是奴婢,都听天君使令①,使之以正也顺从,使之以邪也顺从。渠自没罪过②,若有罪过,都是天君承当。

【译文】手有手的用途,足有足的用途,耳目鼻口有耳目鼻口的用途,但它们都是奴婢,都要听从心的命令。心让它干正事,它顺从;让它干邪事,它也顺从。它们本身没有过错,如果有过错,也应由心来承当。

【注释】①天君:指心。《荀子·天论》:"心居中虚,以治五官,夫是之谓天君。" ②渠:他;它。

043 心一松散,万事不可收拾;心一疏忽,万事不入耳目;心一执着,万事不得自然。

【译文】 心一松散,万事不可收拾;心一疏忽,万事听不见看不见;心一执着,万事不得自然运行。

044 当尊严之地,大众之前,震怖之景,而心动气丧①,只是涵养不定。

【译文】 在尊严的地方,在众人的面前,遇到令人震惊害怕的景象,而心惊气丧,只是因为涵养不定。

【注释】①震怖:恐惧,惊悚。

045 久视则熟字不识,注视则静物若动,乃知蓄疑者乱真知,过思者迷正应。

【译文】 注视得久了,很熟悉的字也好像不认识了;目不转睛地注视,静物也好像动了。从这种现象就可以知道,心中有了疑虑就会连原本已明确的道理也弄不清楚,过度地思考连应当做的事情也会疑疑惑惑。

046 常使天君为主,万感为客便好。只与他平交,已自亵其居尊之体,若跟他走去走来,被他愚弄掇哄,这是小儿童,这是真奴婢,有甚面目来灵台上坐役,使四肢百骸可羞可笑。

【译文】 经常使心为自己做主,其他的感官只能做客,这样才好。如果都是平等的,就亵渎了心居于尊位的地位,如果再跟着各种感觉走来走去,被这些感觉愚弄瞒哄,这就成了小孩子,成了真奴婢,还有什么面目居于心的位置? 只能让四肢百骸来讥笑了。

047 不存心看不出自家不是,只于动静语默,接物应事时,件件想一想,便见浑身都是过失。须动合天则①,然后为是。日用间如何疏忽得一时,学者思之。

【译文】 不用心就看不出自身的过失,只要在动静语默、接物应事时一件件想一想,就能看出浑身都是过失。必须使行动符合自然的法则,然后才正确。日常生活中怎么可以有一刻的疏忽呢? 学者要多想想这件事情。

【注释】①天则：自然的法规。《周易·乾卦》："乾元用九，乃见天则。"

048　人生在天地间，无日不动念，就有个动念底道理；无日不说话，就有个说话底道理；无日不处事，就有个处事底道理；无日不接人，就有个接人底道理；无日不理物，就有个理物底道理。以至怨怒笑歌、伤悲感叹、顾盼指示、咳唾涕洟①、隐微委屈、造次颠沛、疾病危亡，莫不各有道理，只是时时体认，件件讲求。细行小物尚求合则，彝伦大节岂可逾闲②？故始自垂髫，终于属纩③，持一个自强不息之心，通乎昼夜，要之于纯一不已之地④，忘乎死生。此还本归全之道，戴天覆地之宜。不然恣情纵意而各求遂其所欲，凡有知觉运动者皆然，无取于万物之灵矣。或曰：有要乎？曰：有。其要只在存心。心何以存？曰：只在主静，只静了，千酬万应都在道理上，事事不错。

【译文】人生天地间，没有一天不在思考，这就要有个思考的道理；没有一天不说话，这就要有个说话的道理；没有一天不处事，这就要有个处事的道理；没有一天不接交人，这就有个接交人的道理；没有一天不治理物，这就要有个治理物的道理。以至于怨怒笑歌、伤悲感叹、顾盼指示、咳唾涕洟、隐微委屈、仓猝颠沛、疾病危亡，每每都有各自的道理，所以要时时体认，件件讲求。细小的事物尚且要求合乎自然的道理，何况天地人的常道这样的大节，哪能够超越法度呢？所以从儿童时期开始，直到死时，都要有一个自强不息之心，白天夜晚，都使自己处在一个纯粹至善的境地，忘记死生。这是一个人从生到死做人的道理，这是做一个顶天立地的人的原则。不然恣情纵意，每人都要求实现自己的欲望，这是有知觉的动物都有的本能，作为人也如此的话，就称不上万物之灵了。有人问："有要领吗？"我回答说："有，其要领只在存心。""心如何存？"我回答说："只在主静，只要静了，千酬万应都会合乎道理，事事都不会错。"

【注释】①洟（yí）：鼻涕。　②彝伦：常道。《尚书·洪范》："我不知其彝伦攸叙。"孔安国传："言我不知天所以定民之常道理次，叙问何由。"　③"故始自垂髫"二句：垂髫，古时儿童不束发，头发下垂。髫，小儿下垂的发式。这里指儿童时期。属纩（kuàng），用新棉置临死之人鼻前，验其是否断气，后又因以为病危的代称。　④纯一不已之地：指达到至善境界。

049　迷人之迷，其觉也易；明人之迷，其觉也难。

【译文】糊涂人的迷惑,让他明白比较容易;明白人的迷惑,让他觉醒就比较难了。

050 心相信,则迹者土苴也①,何烦语言?相疑,则迹者媒蘖也②,益生猜贰。故有誓心不足自明,避嫌反成自诬者,相疑之故也。是故心一而迹万,故君子治心不修迹。《中孚》③,治心之至也,豚鱼且信,何疑之有。

【译文】如果内心互相信任,就是有些可疑的迹象,也如同泥土和枯草一样不被注意,何须用语言解释呢?如果内心有猜疑,可疑的迹象正好成了媒介,更会增加猜疑。所以用发誓的办法表白也无用处,表示避嫌反而给自己招来猜疑。这是因为互相不信任的缘故。因此,每人的心只有一个,可表现出的迹象却有千万,所以君子只注意心的修养而不注重外表的行为。《易·中孚》,讲心的修养是最明白彻底的,连愚钝无知的豚鱼都可以达到诚信,还有什么可疑的呢!

【注释】①:行迹,行为。土苴(zhǎ):泥土和枯草,比喻极为轻贱之物。 ②媒蘖:媒,酒母;蘖,曲。媒蘖,酝酿之意。比喻挑拨是非,陷人于罪。 ③中孚:《易》卦名。《周易·中孚》:"中孚,豚鱼吉,利涉大川,利贞。"《象》:"中孚,柔在内而刚得中,说而巽,孚乃化邦也。豚鱼吉,信及豚鱼也。"《正义》曰:"信发于中谓之中孚。鱼者,虫之幽隐;豚者,兽之微贱,入主内有诚信则虽微隐之物,信皆及矣。"

051 君子畏天不畏人,畏名教不畏刑罚,畏不义不畏不利,畏徒生不畏舍生。

【译文】君子惧怕天而不惧怕人,惧怕名教而不惧怕刑罚,惧怕不义而不惧怕不利,惧怕无所作为地活着,而不惧怕舍生取义地去死。

052 "忍""激"二字①,是祸福关。

【译文】"忍耐"和"激动"这两个字是祸福的关键。

【注释】①"忍""激":即忍耐和激动。

053 殃咎之来,未有不始于快心者,故君子得意而忧,逢喜而惧。

【译文】祸殃和错误的发生,没有不是产生于心畅神快时,所以君子在得意时会忧愁,遇到喜事时会害怕。

054 一念孳孳,惟善是图,曰正思。一念孳孳,惟欲是愿,曰邪思。非分之福,期望太高,曰越思。先事徘徊,后事懊恨,曰萦思。游心千里,岐虑百端,曰浮思。事无可疑,当断不断,曰惑思。事不涉己,为他人忧,曰狂思。无可奈何,当罢不罢,曰徒思。日用职业,本分工夫,朝惟暮图,期无旷废,曰本思。此九思者,日用之间,不在此则在彼。善摄心者,其惟本思乎!身有定业,日有定务,暮则省白昼之所行,朝则计今日之所事,念兹在兹,不肯一事苟且,不肯一时放过,庶心有着落,不得他适,而德业日有长进矣。

【译文】每产生一个念头,都是孳孳向善,叫正思。每产生一个念头,都想实现自己的欲望,叫邪思。非分之福,期望太高,叫越思。事先徘徊,事后悔恨,叫萦思。东想西想,歧虑百端,叫浮思。事无可疑,当断不断,叫惑思。事不涉己,为他人忧,叫狂思。无可奈何,当罢不罢,叫徒思。对自己日常生活、自己的职业、本身的道德修养,朝思暮虑,希望不要旷废,叫本思。这九思,日常生活中,不是想这个就是想那个。善于养心的人,只有本思。本身有固定的职业,每天有固定的任务,夜晚则思考白天做的事,早晨则计划今天该做什么事,想着这件事就干这件事,不肯一事马虎,不肯一时放松,这样心才会有着落,不会想那些与自己毫不相干的事,德业才能日日长进。

055 学者只多欣喜心,便不是凝道之器。

【译文】学者只要经常有喜乐自得的心情,便不是能够修养出高尚道德的材料。

056 小人亦有坦荡荡处[①],无忌惮是已;君子亦有常戚戚处[②],终身之忧是已。

【译文】小人也有坦荡荡的地方,这就是肆无忌惮;君子也有常戚戚的地方,这就是终身都忧虑自己的道德修养不够。

【注释】①坦荡荡:《论语·述而》:"君子坦荡荡,小人长戚戚。"坦,平。荡荡,宽广貌,这里指舒泰的样子。 ②戚戚,忧貌。

057 只脱尽轻薄心,便可达天德,汉唐以下儒者,脱尽此二字不多人。

【译文】只要脱尽轻薄心,便可达到天德。汉、唐以后的儒者,脱尽轻薄心的没有几个。

058 斯道这个担子①,海内必有人负荷。有能慨然自任者,愿以绵弱筋骨助一肩之力,虽走僵死不恨②。

【译文】道义这副担子,天下的人必然有能够承担的。如果有人能慨然自任,我愿意以自己这软弱的筋骨助其一肩之力,即使是长途跋涉,死而不憾。

【注释】①斯:此。 ②僵:倒下。

059 耳目之玩,偶当于心,得之则喜,失之则悲,此儿女子常态也。世间甚物与我相关,而以得喜以失悲邪?圣人看得此身亦不关悲喜,是吾道之一囊橐耳①。爱囊橐之所受者,不以囊橐易所受,如之何以囊橐弃所受也?而况耳目之玩又囊橐之外物乎?

【译文】赏心悦目的东西,偶尔心中喜欢,得到了就高兴,失去了就悲伤,这是小孩子和女人的常态。世间什么事物与我相关,而能使我得到就高兴,失去就悲伤呢?圣人看自己本身和悲喜毫无关系,身体只不过是载道的一个袋子而已。喜欢袋子中装载的东西,就不会用袋子来换取这些东西,怎么能为了这个袋子而丢弃装载的东西呢?况且赏心悦目的东西又是身外之物呢!

【注释】①囊橐:口袋,袋子。这反映了吕坤重道轻身的思想。

060 寐是情生景,无情而景者,兆也①;寤后景生情,无景而情者,妄也。

【译文】睡着以后做梦,那是情生景,没有情而出现了景,就是预兆。醒了以后,是看到景而生情,没有看到景就有了情,那是虚妄。

【注释】①兆:事件未发之预征。

061 人情有当然之愿,有过分之欲。圣王者足其当然之愿而裁其过分之欲,非以相苦也。天地间欲愿止有此数,此有余则彼不足,圣王调剂而均厘之,裁其过分者以益其当然,夫是之谓至平,而人无淫情、无觖望①。

【译文】从人情来说,有应当满足的愿望,有过分的欲望。圣王满足人们应当满足的愿望而裁制其过分的欲望。这不是要人们受苦,而是因为天地间能够满足的愿望、欲望只有这么多,此有余则彼不足,圣王只是调剂而均衡它们,裁制其过分的以满足那些应当得到的,这就叫做至平。这样,人就不会有过分的情欲和不满的抱怨。

【注释】 ①觖(jué)望：不满所望而抱怨。

062 恶恶太严,便是一恶;乐善甚亟,便是一善。

【译文】 对恶的东西痛恨过分,也是一种恶;对善的东西喜欢之极,也是一种善。

063 投佳果于便溺,濯而献之,食乎? 曰:不食。不见而食之,病乎? 曰:不病。隔山而指骂之,闻乎? 曰:不闻。对面而指骂之,怒乎? 曰:怒。曰:此见闻障也。夫能使见而食,闻而不怒,虽入黑海、蹈白刃可也。此炼心者之所当知也。

【译文】 有人问:"把美味的果子投入粪便中,然后洗干净献给别人,人家会吃吗?"回答说:"不吃。"又问:"如果掉入粪便中的情景没有人看到,就会吃,吃了以后心里会觉得不舒服吗?"回答说:"不会。""隔着山指名骂人,能听到吗?"回答说:"听不到。""如果对面指人谩骂,会发怒吗?"回答说:"会发怒。"我认为这就是见和闻造成的障碍。如果看见果子掉在粪便中,洗干净还敢于吃,听到别人对面骂自己而不发怒,这样的人即使上刀山下火海也会毫不畏惧。对于这一点,锻炼心性的人是应当知道的。

064 只有一毫粗疏处,便认理不真,所以说"惟精"①,不然众论淆之而必疑。只有一毫二三心,便守理不定,所以说"惟一"②,不然利害临之而必变。

【译文】 只要有一点粗心疏忽,便对事理认不真切,所以说"惟精",不然众说纷纭,自己必定疑疑惑惑。只要有一点三心二意,便对事理把握不定,所以说"惟一"。不然面临利害关头,必然要改变正确的立场。

【注释】 ①②"惟精"、"惟一":见《性命》21则注②。

065 种豆其苗必豆,种瓜其苗必瓜,未有所存如是而所发不如是者。心本人欲而事欲天理,心本邪曲而言欲正直,其将能乎? 是以君子慎其所存,所存是,种种皆是;所存非,种种皆非,未有分毫爽者。

【译文】 种豆长出来的苗必定是豆苗,种瓜长出来的苗必定是瓜秧,没有保存的是这种东西,而拿出来的又是另一种东西的。心中想的本来都是人欲,而做出事来却想合乎天理;心本来是邪曲的,而说出话来却想正直,这哪可能呢?因此君子对待自己要保持的东西非常谨慎。保持的东西是正确的,表现出来种种都是正确的;保持的东西是错误的,表现出来的种种都是错误的。以此来验证事物,分毫不差。

066 属纩之时,般般都带不得,惟是带得此心。却教坏了,是空身归去矣,可为万古一恨。

【译文】人到死的时候,什么东西都带不走,只能带走自己的心。如果心都坏了,这就等于空身归去,可以说是万古的遗憾。

067 吾辈所欠只是涵养不纯不定,故言则矢口所发[①],不当事,不循物,不宜人;事则恣意所行,或太过,或不及,或悖理。若涵养得定,如熟视正鹄而后开弓[②],矢矢中的;细量分寸而后投针,处处中穴。此是真正体验,实用工夫,总来只是个沉静,沉静了,发出来件件都是天则。

【译文】我们这些人所欠的只是涵养不纯不定,因此说话时就脱口而出,不考虑面临的是什么事,不遵循事物的法则,也不看对别人是否适宜。遇到事情则随意而为,或做得太过分,或做得还不够,或违背了事理。如果涵养功夫到家了,就如同看清了靶子再开弓射箭一样,箭箭都能射中目标;又如同量好穴位然后再针灸一样,每一针都能扎中穴位。这是真正的体验,也是实用的功夫。总的说来就是一个沉静,沉静了,做出来的事,说出来的话,件件都符合自然规律。

【注释】①矢口所发:指不假思索冲口而出的言论。 ②鹄(gǔ):箭靶的中心。

068 定静中境界[①],与六合一般大,里面空空寂寂,无一个事物。才问他索时,般般足,样样有。

【译文】定静中的境界,与天地四方一样大,里面空空寂寂,没有一个事物。只要问它要时,又般般足,样样有。

【注释】①定静:指一种思想境界。语出《礼记·大学》:"知止而后有定,定而后能静,静而后能安,安而后能虑,虑而后能得。"

069 "暮夜无知",此四字百恶之总根也。人之罪莫大于欺,欺者,利其无知也。大奸大盗,皆自无知之心充之天下。大恶只有

二种：欺无知，不畏有知。欺无知，还是有所忌惮心，此是诚伪关；不畏有知，是个无所忌惮心，此是死生关。犹知有畏，良心尚未死也。

【译文】"暮夜无知"，这四个字是百恶的总根源。人的罪恶莫大于欺骗，欺骗就是利用了对方不会知道这一点。大奸大盗都是认为别人不会知道才横行天下的。天下大恶只有两种：一是欺骗了别人，别人不知道；二是不怕别人知道。欺骗了，使别人不知道，还是心中有所畏惧，这是真诚与伪装的关口。不怕别人知道，就是肆无忌惮的心态，这就是生与死的关口。还知道有所畏惧，说明良心尚没有完全泯灭。

070 天地万物之理，出于静入于静；人心之理，发于静归于静。静者，万理之橐龠①，万化之枢纽也。动中发出来，与天则便不相似，故虽暴肆之人，平旦皆有良心，发于静也。过后皆有悔心，归于静也。

【译文】天地万物的道理，是出于静入于静；人心的道理，是发于静归于静。静，是万理的关键，万化的枢纽。动中发出来的，与自然的法则就不相符合。因此，虽然是暴怒狂肆的人，早晨也有良心出现，这是出于静的缘故；事情过后又会产生悔过之心，这是归于静的缘故。

【注释】①橐龠（tuóyuè）：古代冶铁鼓风用的器具。这里指关键之处。

071 动时只见发挥不尽，那里觉错？故君子主静而慎动。主静，则动者静之枝叶也；慎动，则动者静之约束也，又何过焉？

【译文】动的时候，只觉得发挥得还不淋漓尽致，哪里还觉出有错误呢？所以君子主静而慎动。主静，动就是静的枝叶；慎动，动就是静约束出来的，又怎么会有过失呢？

072 童心最是作人一大病，只脱了童心，便是大人君子。或问之，曰：凡炎热念，骄矜念，华美念，欲速念，浮薄念，声名念，皆童心也。

【译文】童心是做人的一个大毛病，只要脱离了童心，便是大人、君子。有人问这话如何讲？回答说：凡是趋炎附势的念头、骄傲矜夸的念头、享受侈华美物的念头、欲迅速成功的念头、浅薄虚浮的念头、追求声名的念头，都是童心。

073 吾辈终日念头离不了四个字，曰"得失毁誉"。其为善也，先动个得与誉底念头；其不敢为恶也，先动个失与毁底念头。总是欲心伪心，与圣人天地悬隔。圣人发出善念，如饥者之必食，渴者之必饮。其必不为不善，如烈火之不入，深渊之不投，任其自然而已。贤人念头只认个可否，理所当为，则自强不息；所不可为，则坚忍不行。然则得失毁誉之念可尽去乎？曰：胡可去也①。天地间惟中人最多，此四字者，圣贤藉以训世，君子藉以检身。曰"作善降之百祥，作不善降之百殃"②，以得失训世也。曰"疾没世而名不称"③，曰"年四十而见恶"④，以毁誉训世也。此圣人待衰世之心也。彼中人者，不畏此以检身，将何所不至哉！故尧舜能去此四字，无为而善，忘得失毁誉之心也。桀纣能去此四字，敢于为恶，不得失毁誉之恤也⑤。

【译文】我们这些人，终日的念头都离不开这四个字，就是"得失毁誉"。在做善事的时候，先动了个想得到什么和希望别人称赞的念头；不敢做坏事，先动了个会不会失去什么和怕别人斥责的念头，这些念头都是欲心、伪心，与圣人相比，有天壤之别。圣人发出的善念，好像饥者必然要吃饭，渴者必然要饮水一样。他们决不会做不善的事，就如同不会走入火堆，不会投身深渊一样，都是自自然然的事情。贤人的念头只是想这事可以做还是不可以做，理所当做的，则自强不息；理所不当为的，则坚决不干。然而"得失毁誉"的念头可以完全去掉吗？回答说：怎么可以去掉呢！天地间只有平常人最多，这四个字，圣贤要凭借它来教诲世人，君子要凭借它来约束自身。《尚书》说"作善降之百祥，作不善降之百殃"，就是以得失来教诲世人的。《论语》说"疾没世而名不称"，又说"年四十而见恶"，这是说君子引为憾事的是到死而名声不被别人称颂。又说到了四十岁还被别人厌恶，这一生也就完了。这些是以毁誉来教诲世人的。这是圣人对待衰微时代人心的办法。那些平常人，如果连这些也不畏惧，不能约束自身的话，将会什么事情做不出来呢！尧舜所以能去掉这四个字，是因为他们做善事不为得到什么，是忘记了得失毁誉之心；桀纣也能去掉这四个字，敢于为恶，是已经不再顾及得失毁誉了。

【注释】①胡：怎么。 ②"作善"二句：语出《尚书·伊训》。 ③疾没世而名不称：语出《论语·卫灵公》。疾，郑注："病也。" ④"年四十"句：语出《论语·阳货》："年四十而见恶，其终也已。" ⑤不得失毁誉之恤：恤，忧，忧虑。意谓不以得失毁誉为忧虑。

074 心要虚,无一点渣滓;心要实,无一毫欠缺。

【译文】心要虚,没有一点渣滓;心要实,没有一毫欠缺。

075 只一事不留心,便有一事不得其理;一物不留心,便有一物不得其所。

【译文】只要有一件事不留心,便有一事品不得其理;有一物品不留心,便有一物品不得其所。

076 只大公了,便是包涵天下气象。

【译文】只要有了大公这种品德,就有了包涵天下的气象。

077 士君子作人,事事时时只要个用心。一事不从心中出,便是乱举动;一刻心不在腔子里,便是空躯壳。

【译文】士君子做人,事事时时只要能用心。一事不用心思考,便是乱举动;一刻心不在腔子里,便是个空躯壳。

078 古人也算一个人,我辈成底是什么人?若不愧不奋,便是无志。

【译文】古人也是人,我辈要成为一个什么样的人?如果不惭愧不奋发,便是没有志气。

079 圣狂之分,只在苟不苟两字。

【译文】圣人和狂人之分,只在苟且和不苟且这两个词。

080 余甚爱万籁无声萧然一室之趣。或曰:无乃太寂灭乎?曰:无边风月自在。

【译文】我非常喜爱万籁无声、萧然一室之趣。有人说:"恐怕太寂灭了吧?"我说:"无边的风月正在这境界之中。"

081 无技痒心[①],是多大涵养。故程子见猎而痒。学者各有所痒,便当各就痒处搔之。

【译文】无技痒心,是多么大的涵养啊!程子见人打猎,自己手也发痒。学者也都各有所痒的事,这样就应当在痒处搔之。

【注释】①技痒：又作"伎痒"、"技悻"，指对一种技艺有所擅长，一遇机会就想表现，好像身体发痒而不能自忍。

082　欲只是有进气无退气，理只是有退气无进气，善学者审于进退之间而已。

【译文】欲念只是有进的心气而无退的心气，理念只是有退的心气而无进的心气。善于学习的人，审慎地处于进退之间而已。

083　圣人悬虚明以待天下之感，不先意以感天下之事。其感也，以我胸中道理顺应之；其无感也，此心空空洞洞，寂然旷然。譬之鉴①，光明在此，物来则照之，物去则光明自在。彼事未来而意必②，是持鉴觅物也。尝谓镜是物之圣人，镜日照万物而常明，无心而不劳故也。圣人日应万事而不累，有心而不役故也③。夫惟为物役而后累心④，而后应有偏著。

【译文】圣人以空虚明静的心等待天下事物来感应，不先以自己的想法来感应天下的事。感应时，以自己胸中的道理来顺应；没有感应时，自己心中空空洞洞，寂然旷然。这就譬如镜子，光明存在，有物来照即照之；物离开后，光明依旧存在。事物没来而镜子一定要去照，是拿着镜子去寻物。常说镜子是物中之圣人，镜子日照万物而常明，是因为镜子无心而自己又不劳累的缘故。圣人日应万事而不累，是有心而不被役使的缘故。只有被物役使，心才会累，而后才有偏颇执着。

【注释】①鉴：镜子。　②意必：主观裁断。　③不役：不为物所役，即不为物所劳。　④累心：使心受害。

084　恕心养到极处，只看得世间人都无罪过。

【译文】宽容心修养到极点，只看得世间人都无罪过。

085　物有以慢藏而失，亦有以谨藏而失者。礼有以疏忽而误，亦有以敬畏而误者。故用心在有无之间。

【译文】物品有因漫不经心地收藏而丢失的，也有因谨慎小心地收藏而丢失的。礼有因为疏忽而出错的，也有因为敬畏而出错的。所以用心要在有无之间。

086　说不得真知明见，一些涵养不到，发出来便是本象，仓卒之际,自然掩护不得。

【译文】且不说一定要有真知灼见,只要有一点涵养不到,表现出来的便是本来面目,仓猝之际,自然不能掩饰。

087　一友人沉雅从容,若温而不理者①。随身急用之物,座客失备者三人,此友取之袖中,皆足以应之。或难以数物,呼左右取之,携中黎然在也。余叹服曰:"君不穷于所用哉!"曰:我无以用为也,此第二者,偶备其万一耳。备之心,慎之之心也,慎在备先。凡所以需吾备者,吾已先图,无赖于备,故自有备以来,吾无万一,故备常余而不用。或曰:是无用备矣。曰:无万一而犹备,此吾之所以为慎也。若恃备而不慎,则备也者,长吾之怠者也,久之必穷于所备之外。恃慎而不备,是慎也者,限吾之用者也,久之必穷于所慎之外。故宁备而不用,不可用而无备。余叹服曰:此存心之至者也。《易》曰:"藉之用茅,又何咎焉②。"其斯之谓与?吾识之,以为疏忽者之戒。

【译文】我有一个朋友,沉雅从容,好像性格很柔和不善理事的样子。一次聚会,随身急用的东西,有三个人忘了准备。我这个朋友就从袖中取出了三件东西,都可以供那三个人应用。有的人又故意为难他,说了几种东西,让他拿出来。我的朋友喊跟随他的人取出来,他带的东西中果然有这几种东西。我佩服地感叹道:"你不会发愁没的用啊!"友人说:"这不是我要用的东西,这是第二者,以备万一会用得到。预备之心,就是谨慎小心的意思,谨慎要在预备之先。凡是我所需要的、应该必备的,我早就准备好了,不必依赖预备的东西。因此自从有了预备以来,没有发生过万一的情况,所以预备的东西常常有余而不用。"有人说:"这样的话,就不需要预备了。"友人说:"没有发生万一的情况,但是我还要预备,这就是我的慎重。假如依仗有了预备而不谨慎,那预备好了,只能助长我的怠忽。时间长了,必然连预备的东西也不够用。依仗谨慎而不预备,那么谨慎的结果,只能限制我使用的东西,时间长了,必然连谨慎准备的必用之物也不够用。所以宁可备而不用,不可用而无备。"我听了叹服地说:"这样的用心也真精细到极点。《易经》说:'放祭品的时候,用茅草来衬垫,有什么不好。'是讲慎重之极的意思,大概这也是指我的朋友的这种做法吧!"我把这件事记下来,用来告诫那些疏忽大意的人。

【注释】①理:治。 ②"藉之用茅"二句:语出《周易·系辞上》。原文为:"藉之用茅,何咎之有?慎之至也。"《说文》:"藉,祭藉也。"即祭祀用的草垫。茅,即白茅。《诗经·召南·野有死麕》:"白茅包之。"毛传:"白茅,取洁清也。"祭祀而用白茅,敬慎之至,故曰无咎。这里所讲的"慎",与吕坤所讲的存心同义。

088 欲理会七尺,先理会方寸①;欲理会六合,先理会一腔。

【译文】想要了解七尺身躯,先要了解方寸之心;想要了解天下,先要了解自己。

【注释】①方寸:心。

089 静者生门,躁者死户。

【译文】静,是生的门户;躁,是死的通路。

090 士君子一出口无反悔之言,一动手无更改之事,诚之于思故也。

【译文】士君子出口的言论不会改悔,开始的行动不会改变,是因为经过仔细思考的缘故。

091 只此一念公正了,我与天地鬼神通是一个,而鬼神之有邪气者,且跧伏退避之不暇。庶民何私何怨,而忍枉其是非腹诽巷议者乎?

【译文】只要一个念头公正了,我和天地鬼神都是相通的,即使鬼神有邪气,也会缩着身体,退避三舍犹恐不及。普通百姓又有什么私心和怨恨,而怎么会忍心颠倒是非,腹诽巷议呢!

092 和气平心,发出来如春风拂弱柳,细雨润新苗,何等舒泰!何等感通!疾风迅雷,暴雨酷霜,伤损必多。或曰:不似无骨力乎?余曰:譬之玉,坚刚未尝不坚刚,温润未尝不温润。余严毅多,和平少,近悟得此。

【译文】和气平心,发出来犹如春风拂弱柳、细雨润新苗,何等舒畅泰然!何等痛快通畅!疾风迅雷,暴雨酷霜,伤损必多。有人说:这样不是太没骨力了吗? 我说:比如玉,坚硬未尝不坚硬,温润未尝不温润。我这个人严肃刚毅多,温和平静少,近来体悟到了这一点。

093 俭则约,约则百善俱兴;侈则肆,肆则百恶俱纵。

【译文】节俭就会自我约束,能自我约束则百善俱兴;奢侈就会放肆,放肆则百恶俱纵。

094 天下国家之存亡,身之生死,只系"敬""怠"两字。敬则慎,慎则百务修举;怠则苟,苟则万事隳颓。自天子以至于庶人,莫不如此。此千古圣贤之所兢兢,而世人之所必由也。

【译文】天下国家的存亡,己身的生死,只在"敬""怠"这两个字上。敬则会慎,慎则百种事物都会整治兴办;怠则苟,苟则万种事物都会毁坏衰败。从天子到平民百姓,莫不如此。这就是千古以来圣贤也要小心谨慎的原因,这也是世上所有的人必须走的道路。

095 每日点检,要见这念头自德性上发出,自气质上发出,自习识上发出,自物欲上发出。如此省察,久久自识得本来面目。初学最要如此。

【译文】每天都要反省检查:这个念头是从德性上发出来的,还是从气质上发出来的,还是从习识上发出来的,还是从物欲上发出来的。如此省察,久而久之定能认识本来面目。开始学习的人最应知道这点。

096 道义心胸发出来,自无暴戾气象,怒也怒得有礼。若说圣人不怒,圣人只是六情?

【译文】从道义之心发出来的,必然没有粗暴强横的样子,怒也怒得有礼。如果说圣人不发怒的话,圣人岂不只有六情?

097 过差遗忘,只是昏忽,昏忽只是不敬。若小心慎密,自无过差遗忘之病。孔子曰"敬事"①。樊迟粗鄙②,告之曰"执事敬"③。子张意广④,告之曰"无小大,无敢慢"⑤。今人只是懒散,过差遗忘安得不多?

【译文】发生了过失或遗忘了事情,只是由于糊涂不经心。糊涂不经心只是因为不严肃慎重。如果小心慎密,自然就不会发生过失、不会遗忘。孔子说:"要谨慎小心地做事。"孔子的弟子樊迟粗心浅陋,孔子告诫他说:"做事要谨慎小心。"孔子的弟子子张愿望很多,孔子告诫他说:"事情无论大小,都不要轻视怠惰。"现在的人只是懒散,差错和遗忘的事怎能不多?

【注释】①敬事：严肃、慎重地做事。《论语·学而》："子曰：道千乘之国，敬事而信，节用而爱人，使民以时。" ②樊迟：孔子弟子。曾向孔子问稼，孔子称其为"小人"。 ③执事敬：做事严肃认真。语出《论语·子路》："樊迟问仁。子曰：'居处恭，执事敬，与人忠。虽之夷狄，不可弃也。'" ④子张：孔子弟子，姓颛孙名师，字子张。 ⑤无小大，无敢慢：语出《论语·尧曰》："子张问于孔子曰：'何如斯可以从政矣？'子曰：'尊五美，屏四恶，斯可以从政矣。'子张曰：'何谓五美？'子曰：'君子惠而不费，劳而不怨，欲而不贪，泰而不骄，威而不猛。'子张曰：'何谓惠而不费？'子曰：'因民之所利而利之，斯不亦惠而不费乎？……无小大，无敢慢，斯不亦泰而不骄乎？'"小大，指势力之大小，地位之高低。慢，怠慢。

098 吾初念只怕天知，久久来不怕天知，又久久来只求天知，但未到那何必天知地步耳。

【译文】最初我的想法，只是怕天会知道，久而久之不怕天知，又久而久之只求天知，但还没有达到何必要让天知道的地步。

099 气盛便没涵养。

【译文】只要气盛便没涵养。

100 定静安虑①，圣人胸中无一刻不如此。或曰：喜怒哀乐到面前如何？曰：只凭喜怒哀乐，定静安虑胸次无分毫加损。

【译文】定静安虑，圣人胸中无一刻不是如此。有人问：喜怒哀乐到了面前会怎样呢？我回答说：任凭怎样的喜怒哀乐，我那定静安虑的心胸没有分毫的改变。

【注释】①定静安虑：《大学》："知止而后有定，定而后能静，静而后能安，安而后能虑。"朱熹《章句》："止者，所当止之地，即至善之所在也。知之，则志有定向。静，谓心不妄动。安，谓所处而安。虑，谓处事精详。"

101 忧世者与忘世者谈，忘世者笑；忘世者与忧世者谈，忧世者悲。嗟夫！六合骨肉之泪，肯向一室胡越之人哭哉！彼且谓我为病狂，而又安能自知其丧心哉！

【译文】忧世者向忘世者谈自己的想法，忘世者会觉得好笑；忘世者向忧世者谈自己的想法，忧世者会觉得可悲。啊！天底下骨肉至亲之人的眼泪，肯向那些同在一室而心却相距很远的人去哭吗？如果那样的话，那些人会以为你是生了病或发了疯,他哪里知道自己已丧失了人心呢!

102 "得"之一字,最坏此心。不但鄙夫患得、年老戒得为不可,只明其道而计功,有事而正心,先事而动得心,先难而动获心,便是杂霸杂夷。一念不极其纯,万善不造其极,此作圣者之大戒也。

【译文】"得"这个字,最坏人心。不只鄙陋浅薄的人会计较得失,即使让老年人警戒得失,也是做不到的,如果做事合乎道而计较功利,遇到事先端正用心,做事之前先有了得心,事情难做先有了获取心,便是用心不纯。一个念头不是纯而又纯,万种善事就不能善而又善。这是想要成为圣人的大戒。

103 充一个公己公人心,便是胡越一家;任一个自私自利心,便是父子仇雠。天下兴亡,国家治乱,万姓死生,只争这个些子。

【译文】只要拥有一颗公平对待自己、公平对待别人之心,天下人便是一家;如果只是一颗自私自利之心,父子也会成为仇人。天下兴亡,国家治乱,万姓生死,只在这一点上。

104 厕牏之中①可以迎宾客,床笫之内可以交神明,必如此而后谓之不苟。

【译文】家中隐秘的地方可以迎接宾客,卧室之内可以和神明交心,必须做到这样,才能叫做"不苟"。

【注释】①厕牏:对此二字解释不一,此处疑指洗涤内衣之地,引申为隐秘之处,可参见《史记·万石君传》。

105 为人辩冤白谤,是第一天理。

【译文】为别人辩别冤屈洗清诽谤,是第一天理。

106 治心之学莫妙于"瑟僩"二字①,瑟训严密,譬之重关天险,无隙可乘。此谓不疏,物欲自消其窥伺之心。僩训武毅,譬之将军按剑,见者股栗②。此谓不弱,物欲自夺其猖獗之气。而今吾辈灵台四无墙户,如露地钱财,有手皆取。又孱弱无能③,如杀残俘虏,落胆从人。物欲不须投间抵隙,都是他家产业;不须硬迫柔求,都是他家奴婢。更有那个关防?何人喘息?可哭可恨。

【译文】修炼身心的学问,没有比"瑟僩"二字更妙的了。"瑟",严密的意思,好比重关天险,无隙可乘,这就叫做不疏忽,物欲自然就不敢侵入内心了。"佣",武毅的意思,好像将军手握宝剑,看见的人就感到害怕,这叫做不软弱,物欲自然就丧失了猖獗的气焰。现在我们这些人,心的四周好像没有任何护卫,就像露天放在地上的钱财,有手都可拿到。又软弱无能,如同伤残的俘虏,丧魂落魄,任人摆布。物欲不需要乘人间隙就可侵入,都成了他家的产业;不需要硬迫软求就听从使唤,都成了他家的奴婢,还有哪个去防范它呢?还有何人为物欲的泛滥而叹息呢?真是可哭可恨啊!

【注释】①瑟佣(xiàn):语出《诗经·卫风·淇奥》:"瑟兮佣兮,赫兮咺兮。"《四书集注》中的《大学章句》亦引之,朱熹注:"瑟,严密之貌,佣,武毅之貌。" ②股栗:两腿发抖,形容恐惧到极点。 ③孱(chán)弱:懦弱之意。

107 沉静非缄默之谓也。意渊涵而态闲正,此谓真沉静。虽终日言语,或千军万马中相攻击,或稠人广众中应繁剧,不害其为沉静,神定故也。一有飞扬动扰之意,虽端坐终日,寂无一语,而色貌自浮。或意虽不飞扬动扰,而昏昏欲睡,皆不得谓沉静。真沉静底自是惺憶①,包一段全副精神在里。

【译文】沉静并非就是缄默。内心深沉有涵养而仪态闲雅,这是真沉静。这样的人虽然终日不停地讲话,或者在千军万马中相攻击,或在稠人广众中忙应酬,也不失为沉静,这是因为神定的缘故。只要有了飞扬动扰的心思,虽然终日端坐,寂无一语,神色面貌自然会表现出来。或者虽然没有飞扬动扰的心思,但昏昏欲睡,也不能叫做沉静。真正沉静的人自然是清醒警觉的,内心一定是精神饱满的。

【注释】①惺憶:清醒、警觉。

108 明者料人之所避,而狡者避人之所料,以是相与,是贼本真而长奸伪也。是以君子宁犯人之疑,而不贼己之心。

【译文】聪明的人能预料到别人想回避的事情,狡猾的人能避开人们所预料的事情,这两种人相结交,就会戕害人的本性而滋长奸伪。所以君子宁愿受到别人的怀疑,也不戕害自己的本心。

109 室中之斗,市上之争,彼所据各有一方也。一方之见皆是己非人①,而济之以不相下之气,故宁死而不平。呜呼!此犹愚人也。贤臣之争政,贤士之争理亦然。此言语之所以日多,而后来者益莫知所抉择也。故为下愚人作法吏易,为士君子所折衷难,非断之难,而服之难也。根本处在不见心而任口,耻屈人而好胜,是室人市儿之见也。

【译文】室内的争斗,街上的争闹,都是因为双方各持己见。每方都认为自己正确,对方错误,再加上不愿认输的气势,所以宁死也不愿平息争端。唉!这和愚蠢的人是一样的。贤臣为了政见而争,贤士为了真理而争,也是如此,这就使各自所讲的理由越来越多,而使后来的人无所适从。所以为普通人判断是非很容易,为士君子评判是非就很难。不是判断难,是使他们心服难。这其中根本的原因是不了解他的内心,只能听他的语言,而他们又耻于认输而争强好胜,这只是普通妇女和市儿的见识啊!

【注释】①是己非人:以己为是,以人为非。

110 大利不换小义,况以小利坏大义乎?贪者可以戒矣。

【译文】大利不换小义,况且是以小利坏大义呢!贪心的人要以此为戒。

111 杀身者不是刀剑,不是寇仇,乃是自家心杀了自家。

【译文】杀死自身的东西不是刀剑,不是寇仇,而是自己的心。

112 知识,帝则之贼也①。惟忘知识以任帝则,此谓天真,此谓自然。一着念便乖违,愈着念愈乖违,乍见之心歇息一刻,别是一个光景。

【译文】知识,是危害自然法则的东西。只有忘记了知识,按自然法则行事,这才是天真,才是自然。一有了固定的想法便要乖离自然法则,愈执着愈乖离。刚看见一个事物,稍冷静一下,便又是一番光景。

【注释】①知识,帝则之贼也:《诗经·大雅·皇矣》:"不识不知,顺帝之则。"朱熹注:"言上帝眷念文王,而言其德之深微,不暴著其形迹,又能不作聪明,以循天理。"则,法则,帝则,即天理。此处讲顺应自然,不着意念。

113 为恶惟恐人知,为善惟恐人不知,这是一副甚心肠?安得长进?

【译文】做坏事惟恐人知,做好事惟恐人不知,这是一副什么心肠?怎么能有长进呢?

114 或问:"虚灵"二字如何分别?曰:惟虚故灵。顽金无声,铸为钟磬则有声;钟磬有声,实之以物则无声。圣心无所不有而一

无所有,故"感而遂通天下之故"①。

【译文】有人问:"虚""灵"二字如何分别?我回答说:只有虚才能灵。没经过铸造的金属不会发声,铸为钟磬则会发声;钟磬会发声,里面塞满了东西则不会发声。圣人的心无所不有又一无所有,所以能感通天下的事物。

【注释】①感而遂通天下之故:语出《周易·系辞上》。故,事,意谓有感必应,通解天下万事。

115 浑身五脏六腑、百脉千络、耳目口鼻、四肢百骸、毛发甲爪,以至衣裳冠履,都无分毫罪过,都与尧舜一般,只是一点方寸之心千过万罪,禽兽不如。千古圣贤只是治心,更不说别个。学者只是知得这个可恨,便有许大见识。

【译文】浑身五脏六腑、百脉千络、耳目口鼻、四肢百骸、毛发甲爪,以至于衣裳冠履,都没有分毫罪过,都和尧舜的一样,只是一点方寸之心千过万罪,就禽兽不如。千古以来的圣贤只是治心,再不说别的。学者只要知道这个心可以为恶,便是很大的见识。

116 人心是个猖狂自在之物①,陨身败家之贼,如何纵容得他?

【译文】人心是个猖狂任意之物,是损身败家之贼,怎么能纵容他呢?

【注释】①自在:任意。

117 良知何处来①?生于良心。良心何处来?生于天命。

【译文】良知从何处来?生于良心。良心从何处来?生于天命。

【注释】①良知:语出《孟子·尽心上》:"人之所不学而能者,其良能也;所不虑而知者,其良知也。"指一种天赋的道德观念,如善等。

118 心要实又要虚,无物之谓虚,无妄之谓实,惟虚故实,惟实故虚。心要小又要大,大其心能体天下之物,小其心不偾天下之事①。

【译文】心要实又要虚,无物叫做虚,无妄叫做实。只有虚才能实,只有实才能虚。心要小又要大,心大能体认天下之物,心小不败坏天下的事。

【注释】①偾(fen):覆败。偾事即败事。

119 要补必须补个完,要拆必须拆个净。

【译文】要补必须补完全,要拆必须拆干净。

120 学术以不愧于心、无恶于志为第一①。也要点检这心志是天理,是人欲;便是天理,也要点检是边见是天则②。

【译文】学术以无愧于心、无恶于志为第一。还要反省检查这心是天理还是人欲。即使是天理,还要反省检查是偏面之见还是自然法则。

【注释】①无恶于志:《中庸》三十三章:"故君子内省不疚,无恶于志。"朱熹《章句》:"无恶于志,犹言无愧于心,此君子谨独之事也。" ②边见:片面之见,局部之见。

121 尧眉舜目,文王之身,仲尼之步,而盗跖其心,君子不贵也。有数圣贤之心,何妨貌以盗跖?

【译文】即使长着尧那样的眉,舜那样的目,有着周文王那样的身体,迈着孔子那样的步子,只要有盗跖一样的心,君子也不以为贵。只要有圣贤那样的一颗心,即使面貌像盗跖又有什么关系?

122 学者欲在自家心上做工夫,只在人心做工夫①。

【译文】学者想在自己心中加强修养,只要克制人欲之心即可。

【注释】①人心:指人欲之心。

123 此心要常适,虽是忧勤惕厉中①,因穷抑郁际,也要有这般胸次。

【译文】心要经常安适,即使处在忧愁劳苦、心存戒惧之中,处于窘迫艰难、忧愤郁结之时,也要有这种胸襟。

【注释】①忧勤惕厉:忧勤,忧愁而劳苦。惕厉,心存戒慎。《周易·乾卦》九三:"君子终日乾乾,夕惕若厉,无咎。"

124 不怕来浓艳,只怕去沾恋。

【译文】不怕浓艳东西的到来,只怕这些东西离去时恋恋不舍。

125 原不萌芽,说甚生机。

【译文】原本连萌芽也没有,还谈什么生机呢!

126 平居时,有心切言还容易①。何也?有意收敛故耳。只是当

喜怒爱憎时发当其可,无一厌人语,才见涵养。

【译文】 平常的时候,说话谨慎小心,还容易做到。为什么呢?这是有意识收敛的缘故。只有在喜怒爱憎时说出的话都合乎分寸,没有一点儿让人讨厌的地方,才能看出涵养。

【注释】 ①讱(rèn):言不易出,说话谨慎。《论语·颜渊》:"仁者其言也讱。"

127 口有惯言,身有误动,皆不存心之故也。故君子未事前定,当事凝一。识所不逮[①],力所不能,虽过无愧心矣。

【译文】 有时信口开河,有时发生错误,都是不用心思考的缘故。所以君子在事情未发生前已有定见,遇到事情又专心思考。如果是识见看不到,力量做不到,即使发生了错误,心中也不惭愧。

【注释】 ①逮:达到。

128 世之人何尝不用心?都只将此心错用了。故学者要知所用心,用于正而不用于邪,用于要而不用于杂,用于大而不用于小。

【译文】 世上的人何尝不用心?只是把心用错地方罢了。所以学者要知道心往何处用。心要用于正而不用于邪,要用于必要之处不要用于杂乱之处,要用于大事而不用于小事。

129 予尝怒一卒,欲重治之。召之,久不至,减予怒之半。又久而后至,诟之而止。因自笑曰:"是怒也,始发而中节邪[①]?中减而中节邪?终止而中节邪?"惟圣人之怒,初发时便恰好,终始只是一个念头不变。

【译文】 我曾经对一个士卒生气动怒,想要重治他。叫他来,他好长时间不来,我的怒气已减少了一半。又过了好一会儿才来,我骂了他几句也就停止了。我笑自己说:"这次发怒,是刚发的时候是适当的呢?还是中间怒气减少了是适当的呢?还是后来停止了是适当的呢?"只有圣人发怒,刚发时便恰好,终始只是一个念头不变。

【注释】 ①中节:恰到好处。《中庸》第一章:"喜怒哀乐之未发,谓之中;发而皆中节,谓之和。"

130 世间好底分数休占多了,我这里消受几何,其余分数任世间人占去。

【译文】世间好的分数休占多了,我这里又能消受多少呢?其余的分数任别人去占。

131 京师僦宅①,多择吉数。有丧者,人多弃之,曰能祸人。予曰:是人为室祸,非室能祸人也。人之死生,受于有生之初,岂室所能移?室不幸而遭当死之人,遂为人所弃耳。惟君子能自信而付死生于天则,不为往事所感矣。

【译文】京城人租房子,都要选择吉利的。有住进以后死了人,就遗弃了,说这房子能给人带来灾祸。我认为:这是人给房屋造成的灾祸,不是房屋能给人带来祸殃。人的死生,决定于初生的时候,哪是住的房屋所能改变的呢?房屋不幸而住进了应当死的人,遂受到人的遗弃。只有君子能自信而把生死付之于自然,不受往事的迷惑。

【注释】①僦(jiù):租赁。

132 不见可欲时,人人都是君子;一见可欲,不是滑了脚跟,便是摆动念头。老子曰:"不见可欲,使心不乱①。"此是闭目塞耳之学。一入耳目来,便了不得。今欲与诸君在可欲上做工夫,淫声美色满前,但如鉴照物,见在妍媸②,不侵镜光;过去妍媸,不留镜里,何嫌于坐怀?何事于闭门?推之可怖可惊、可怒可惑、可忧可恨之事,无不皆然,到此才是工夫,才见手段。把持则为贤者,两忘则为圣人。予尝有诗云:"百尺竿头着脚,千层浪里翻身。个中如履平地③,此是谁何道人。"

【译文】当看不到欲望能够实现时,人人都是君子;一见到欲望有可能实现时,不是滑动了脚跟,便是摆动了念头。《老子》说:"不见可欲,使心不乱。"这是闭目塞耳之学。只要一映入耳目,便了不得。现在要和诸君子在可以实现的欲望上做功夫:淫声美色来到面前,就好比镜子照物,美丑都照得很清楚,但镜子依然光明;照过的美的丑的东西,都不留在镜子里,这样,哪还怕美女坐怀?哪还用闭门不纳?以此推论,遇到可怖可惊、可怒可惑、可忧可恨的事,无不如此,达到这种境界才看出功夫,才看出手段。能把持住就是贤者,物我两忘才是圣人。我曾经写了一首诗:"百尺竿头着脚,千层浪里翻身。个中如履平地,此是谁何道人。"

【注释】①"不见可欲"二句:语出《老子》第三章。原文为:"不尚贤,使民不争。不贵难得之货,使民不为盗。不见可欲,使民心不乱。是以圣人之治,虚其心,实其腹,弱其志,强其骨。常使民无知无欲,使夫智者不敢为也,为无为,则无不治。" ②见在妍媸:见在,现在。妍,美。媸,丑。 ③个中:此中。

133 一里人事专利己,屡为训说不从。后每每作善事,好施贫救难。予喜之,称曰:"君近日作事,每每在天理上留心,何所感悟而然?"曰:"近日读司马温公语①,有云:'不如积阴德于冥冥之中,以为子孙长久之计。'"予笑曰:"君依旧是利心,子孙安得受福?"

【译文】一位同乡人做事专门利己,多次教育他,他也不听。后来每每做善事,好施贫救难。我很高兴,称赞他说:"你近日做事情,每每在天理上留心,这是受到什么感悟呢?"他说:"近来读司马光的书,书中说:'不如积阴德于冥冥之中,以为子孙长久之计。'"我笑着说:"你依旧是一个利心,子孙怎会得福?"

【注释】①司马温公:司马光,字君实,北宋史学家。宝元元年进士,历任仁宗、英宗、神宗三朝,死后追封温国公。著作有《资治通鉴》、《稽古录》、《涑水纪闻》、《司马文正公集》等。

134 小人终日苦心,无甚受用处。即欲趋利,又欲贪名;即欲掩恶,又欲诈善。虚文浮礼,惟恐其疏略;消沮闭藏①,惟恐其败露。又患得患失,只是求富求贵;畏首畏尾,只是怕事怕人。要之温饱之外,也只与人一般,何苦自令天君无一息宁泰处。

【译文】小人的心终日劳苦,也没什么受用的地方。他们既想得利,又要贪名;既想掩恶,又想装善。虚文浮礼,惟恐有疏略;消迹闭藏,惟恐有败露。又患得患失,只是求富求贵;畏首畏尾,只是怕事怕人。总的看来,温饱之外,也和一般人一样,何苦让内心没有一刻宁静呢!

【注释】①消沮:消,消解。沮(jǔ):阻止。

135 满面目都是富贵,此是市井小儿,不堪入有道门墙,徒令人呕吐而为之羞耳。若见得大时,舜禹有天下而不与。

【译文】满脸都表现出富贵来,这就是市井小儿,不堪进入道德高尚者的门墙,只能使人看着想吐,为之羞愧。如果见识广大,即使像舜禹那样拥有天下,也像没有一样。

136 读书人只是个气高,欲人尊己;志卑,欲人利己,便是至愚极陋。只看四书六经千言万语教人是如此不是?士之所以可尊可贵者,以有道也。这般见识,有什么可尊贵处? 小子戒之。

【译文】读书人只是心气高,想让人尊敬自己;志气低,想让人给自己利益,这是极其愚蠢极其浅陋的。只看看《四书》、《六经》上的千言万语,教导的是不是这样? 读书人所以让人尊敬,是因为道德高尚。如果只有这点儿见识,有什么可尊贵处? 后生小子应引以为戒。

137 第一受用,胸中干净;第二受用,外来不动①;第三受用,合家没病;第四受用,与物无竞。

【译文】第一受用的事,心中干干净净;第二受用的事,不因外物得失而动心;第三受用的事,全家没病;第四受用的事,与物无争。

【注释】①外来不动:不因外物得失而动心。

138 欣喜欢爱处,便藏烦恼机关,乃知雅淡者,百祥之本。怠惰放肆时,都是私欲世界,始信懒散者,万恶之宗。

【译文】欣喜欢爱的地方,便藏着烦恼的机关,以此可知,雅淡为百祥之本。怠惰放肆的时候,都是私欲世界,从此可信,懒散为万恶之宗。

139 求道学真传,且高阁百氏诸儒①,先看孔孟以前胸次。问治平要旨②,只远宗三皇五帝,净洗汉唐而下心肠。

【译文】要想求得道学真传,且把诸子百家束之高阁,先看孔子、孟子以前圣贤的心胸。要想明白治国平天下的要旨,只远宗三皇、五帝,不能有汉唐以下帝王的心肠。

【注释】①高阁:束之高阁。 ②治平:治国平天下。《大学》第一章:"物格而后知至,知至而后意诚,意诚而后心正,心正而后身修,身修而后家齐,家齐而后国治,国治而后天下平。"

140 看得真幻景,即身不吾有何伤? 况把世情婴肺腑①;信得过此心,虽天莫我知奚病②? 那教流语恼胸肠。

【译文】看清了是真景还是幻景,哪怕这身子不属于我所有,又有什么伤害? 何必让世情缠绕在胸中。信得过这个心,哪怕天不知道我,又有什么害处? 何必让流言飞语烦恼心肠。

【注释】①婴:缠绕。 ②天莫我知奚病:天莫我知,即天不知我。奚病,有什么害处。

141 善根中才发萌蘖①,即着意栽培,须教千枝万叶。恶源处略有涓流②,便极力壅塞,莫令暗长潜滋。

【译文】善根中刚发出新芽,就要用心栽培,要让它长出千枝万叶。恶源中略有涓流,就要极力壅塞,不要让它暗长潜生。

【注释】①萌蘖:萌,芽;蘖,树干砍去后再生的新芽。总指植物的新芽,这里指善的念头。 ②涓流:细流。

142 处世莫惊毁誉,只我是,无我非,任人短长。立身休问吉凶,但为善,不为恶,凭天祸福。

【译文】处世不要被毁誉所惊扰,只要做得对,不为非,任凭人说短论长。立身不要问是吉是凶,只为善,不做恶,任凭天降祸福。

143 念念可与天知,尽其在我;事事不执己见,乐取诸人。

【译文】每个念头都可让天知道,做到这点完全在于自己。每件事情都不固执己见,而要乐于听取别人意见。

144 浅狭一心,到处便招尤悔①;因循两字②,从来误尽英雄。

【译文】心胸狭隘浅薄,到处会招怨悔;"因循"这两个字,从来误尽英雄。

【注释】①尤悔:怨悔。 ②因循:沿袭不改。

145 斋戒神明其德①,洗心退藏于密②。

【译文】斋戒使德行更加光明,洗心使心胸更加宁静。

【注释】①斋戒神明其德:《易·系辞上》:"是以明于天之道,而察于民之故,是兴神物,以前民用,圣人以此斋戒,以神明其德夫。"斋戒,古人祭祀前,沐浴更衣,戒荤戒酒,独居独寝,整洁身心,以示虔诚。神明,这里做使动词用,神明其德,谓使其德更加神明。 ②洗心退藏于密:语出《易·系辞上》。洗心,涤除妄虑。密,指秘密安静之处。全句意为经过涤除妄虑,使心归于安静。

146 常将半夜萦千岁①,只恐一朝便百年。

【译文】经常在半夜牵挂千年以后的事,恐怕过一个早晨就等于过一百年。

【注释】①萦:缠绕,引申为牵挂。

147 试心石上即平地,没足池中有隐潭。

【译文】试心石上就是平坦的地方,没过脚面的池中也会有深潭。

148 心无一事累,物有十分春。

【译文】心里不要被一件事拖累,观察万物则有无限风光。

149 神明七尺体,天地一腔心。

【译文】七尺之躯要有精神做主,苍天大地则有生物之心。

150 终有归来日,不知到几时。

【译文】人生总是要复归的,路途不知几时走完。

151 吾心原止水,世态任浮云。

【译文】我的心就像停止的水一样平静,世态炎凉对我就像浮云一样轻薄。

伦　理

001 宇宙内大情种,男女居其第一。圣王不欲裁割而矫拂之①,亦不能裁割矫拂也。故通之以不可已之情,约之以不可犯之礼,绳之以必不赦之法,使纵之而相安相久也。圣人亦不若是之亟也,故五伦中父子、君臣、兄弟、朋友,笃了又笃,厚了又厚,惟恐情意之薄。惟男女一伦是圣人苦心处,故有别先自夫妇始,本与之以无别也,而又教之以有别,况有别者而肯使之混乎？圣人之用意深矣,是死生之衢而大乱之首也,不可以不慎也。

【译文】宇宙内大情种,男女居第一位。圣王不愿裁割和违反这种情感,实际上也不可能裁割违反,所以用不可停止的情来使他们往来交好,用不可违犯的礼来约束他们,用不能赦免的法来纠正他们,即使男女之情任情发展,也能相安而长久。圣人也不是到此就为止了,所以五伦之中,父子、君臣、兄弟、朋友这四伦,使其真诚更加真诚,笃厚更加笃厚,惟恐情意薄了。惟有男女这一伦,是圣人最煞费苦心的地方,所以男女有别先从夫妇开始,夫妇本来是没有区别的,而又教导他们要有区别,何况那些应该有区别的男女,哪能让他们相混呢？圣人的用意深了,这是因为它是死生之路,是大乱的首要问题,不可以不慎重。

【注释】①矫(jiǎo)拂:矫,匡正;拂,违反。

002 亲母之爱子也,无心于用爱,亦不知其为用爱。若渴饮饥食然,何尝勉强? 子之得爱于亲母也,若谓应得,习于自然,如夏葛冬裘然,何尝归功? 至于继母之慈,则有德色、有矜语矣①。前子之得慈于继母,则有感心、有颂声矣。

【译文】亲生母亲爱自己的孩子,不会老用心想着要爱,也不知道自己的所作所为就是爱。这种爱好像渴了要饮水、饿了要吃饭一样,何尝是勉强做出来的呢! 孩子从亲生母亲那儿得到爱,认为应该得到,好像习惯成自然一样,就如夏天要穿葛衣,冬天要穿裘皮衣一样,何尝会赞美母亲的功劳! 至于继母慈爱丈夫前妻的孩子,则或表现出想让人夸奖的脸色,或夸耀于别人。前母所生的儿子得到继母的慈爱,心里则会感动,口里则会歌颂。

【注释】①矜语:矜伐之语,可夸耀居功之语。

003 一家之中,要看得尊长尊,则家治。若看得尊长不尊,如何齐他①? 得其要在尊长自修。

【译文】一家之中,只要看得那尊长值得尊敬,这个家就会治理好。如果看得尊长不值得尊敬,怎么能治理好? 治家最要紧的是尊长要加强自我修养。

【注释】①齐:治理。《大学》第一章:"古之欲明明德于天下者,先治其国;欲治其国者,先齐其家;欲齐其家者,先修其身。"

004 人子之事亲也,事心为上,事身次之。最下事身而不恤其心,又其下事之以文而不恤其身①。

【译文】儿女们侍奉父母,使父母心情愉快是最主要的,其次是关心他们的身体。再次一等的是关心他们的身体而不管他们的心情是否愉快;最次的是走走形式,连他们的身体也不关心。

【注释】①文:礼节。

005 孝子之事亲也,礼卑伏如下仆,情柔婉如小儿。

【译文】孝子侍奉父母,礼貌的周到有如仆人,感情的柔婉有如小儿。

006 进食于亲,侑而不劝①;进言于亲,论而不谏;进侍于亲,和而不庄。亲有疾忧而不悲,身有疾形而不声。

【译文】为父母送上食物,要陪侍在身边,使他吃得高兴,而不是劝他多吃。劝谏父母,只是对事物加以评论,而不要直言规劝。侍奉父母,态度要温和委婉,而不要严肃庄重。父母有了疾病,子女要表现得忧虑而不悲伤。自己本身有了疾病,不要呻吟,不要声张。

【注释】①侑:陪侍进食。

007 侍疾忧而不食,不如努力而加餐。使此身不能侍疾,不孝之大者也。居丧羸而废礼①,不如节哀而慎终。此身不能襄事②,不孝之大者也。

【译文】侍奉生病的父母,忧愁得吃不下饭,不如努力加餐。如果自己也生了病而不能侍奉父母,这更是大不孝了。父母去世,子女居丧时,悲伤得瘦弱不堪,不能依丧礼行事,不如节制自己的悲哀情绪而谨慎地依礼办好父母的丧事。不能亲身办理丧事,这是最大的不孝。

【注释】①羸(léi):瘦弱。 ②襄事:成事。《左传》定公十五年:"葬定公,雨,不克襄事。"

008 朝廷之上,纪纲定而臣民可守,是曰朝常①。公卿大夫百司庶官各有定法,可使持循,是曰官常。一门之内,父子兄弟、长幼尊卑各有条理,不变不乱,是曰家常。饮食起居、动静语默,择其中正者守而勿失,是曰身常。得其常则治,失其常则乱。未有苟且冥行而不取败者也②。

【译文】在朝廷上,法度制定好了而臣民有法度可守,这叫做朝常。公卿大夫、朝廷百官各有定法可以依循,这叫做官常。一家之内,父子兄弟、长幼尊卑各有条理,不变不乱,这叫做家常。饮食起居,动静语默,按照中道而行,守中正而不偏邪,这叫做身常。按照常道行动就会治理,离开了常道就会混乱。没有得过且过、马虎草率、在暗中行走而不失败的。

【注释】①朝常:朝规。常,法典、伦常、规则。 ②冥行:黑暗中摸着行走,指不按一定规则行事。

009 雨泽过润,万物之灾也;恩宠过礼,臣妾之灾也;情爱过义,子孙之灾也。

【译文】雨下得过大了,就要给万物带来灾害;君上的恩宠越过了礼制,就要给臣妾带来灾害;情爱不合礼义,就要给子孙带来灾害。

010 人心喜则志意畅达,饮食多进而不伤,血气冲和而不郁,自然无病而体充身健,安得不寿?故孝子之于亲也,终日乾乾①,惟恐有一毫不快事到父母心头。自家既不惹起,外触又极防闲,无论贫富贵贱、常变顺逆,只是以悦亲为主,盖悦之一字,乃事亲第一传心口诀也。即不幸而亲有过,亦须在悦字上用工夫。几谏积诚,耐烦留意,委曲方略,自有回天妙用。若直诤以甚其过,暴弃以增其怒,不悦莫大焉,故曰不顺乎亲不可以为子。

【译文】人心里高兴,就会志意畅达,饮食多进点也不会伤害身体。血气冲和而不郁结,自然不会生病,而身体健康精神饱满,这怎么会不长寿呢?所以孝子对待父母,每天都尽心竭力,惟恐有一毫不快乐的事情来到父母的心头。自己既不惹父母的不快,又防备外来的事物惹起父母不快,无论贫富贵贱、常变顺逆,只是以悦亲为主要目的。"悦"这个字,是事奉双亲的第一个传心口诀。即使父母有了过错,也要在"悦"字上下功夫。耐心诚恳地劝说,多方地想方设法,委曲小心想尽各种策略,自有回天之力。如果用直接劝说的方法增加他的过失,或者用粗暴嫌弃的态度来增加他的怒气,这样父母就会更加不悦,所以说不能顺着父母的心意行事就当不好儿子。

【注释】①终日乾乾:《周易·乾卦》九三:"君子终日乾乾,夕惕若厉,无咎。"孔颖达疏:"言每恒终竟此日,健健自强,勉力不有止息。"

011 郊社①,报天地生成之大德也。然灾沴有禳②,顺成有祈③,君为私田则仁,民为公田则忠,不嫌于求福,不嫌于免祸。子孙之祭先祖,以追养继孝也。自我祖父母以有此身也,曰赖先人之泽以享其余庆也,曰我朝夕奉养承欢,而一旦不复献杯棬,心悲思而无寄,故祭荐以伸吾情也。曰吾贫贱不足以供菽水,今鼎食而亲不逮,心悲思而莫及,故祭荐以志吾悔也。岂为其游魂虚位能福我而求之哉?求福已非君子之心,而以一饭之设,数拜之勤,求福于先人,仁孝诚敬之心果如是乎?不谋利,不责报,不望其感激,虽在他人犹然,而况我先人乎?《诗》之祭必言福,而《楚茨》诸诗为尤甚④,岂可为训耶?吾独有取于《采蘋》、《采蘩》二诗⑤,尽物尽志,以达吾子孙之诚敬而已,他不及也。明乎此道,则天下万事万物皆尽我所当为,祸福利害皆听其自至。人事修而外慕之心息,向道专而作辍之念忘矣⑥。何者？明于性分而无所冀幸也。

【译文】 祭祀天地,目的是为了报答天地生成万物的大德。然而人们经常用祈祷的方法来消除灾害,用祭祀的方法来祈求丰年。国君如果是为百姓的田地丰收而祈祷,这就是仁；百姓是为了国家而努力种田,这就是忠。为了正当的理由,就不怕别人说是为了求福,也不怕说是为了免祸。子孙祭奠祖先,是为了追念祖先的养育之恩表达自己的孝心。有了我的先祖以至我的父母,才有了我的身体,我是依靠先人的恩泽才享受到今天的福分的,我朝夕奉养双亲,一旦不能再向他们进献食品表示我的孝心,心中悲伤而无所寄托,所以用祭祀的方法来表达我对父母和先人的思念之情。从前我很贫穷,不能供给父母好的食物,现在我富有了而父母却没有赶上,我心中悲伤思念而无法弥补,所以用祭祀来表达我的悔恨。哪里是为了父母的灵魂能给我降福而去祈求呢？只是为了求福已不是君子应有的心肠,却以设一些祭品,拜上几拜,来向先人求福,仁孝诚敬的心果然是这样的吗？不谋利,不求报,不企望别人感激,对待他人都是如此,何况是我的先人呢！《诗经》中谈到祭祀的必然讲到福,而《楚茨》等篇尤其明显,这种主张岂能为训！我独取《采蘩》、《采苹》两首诗,它描写的祭祀,是竭尽供品和孝心,以表达子孙的诚敬之心,其他的就不涉及了。明白了这个道理,那么对于天下的万事万物都尽到我的努力,而祸福利害则听其自然。只想着努力做事,向往祖先降福的念头就会止息；只专心按着自然的法则去做,中止的想法就会断绝。为什么呢？是因为明白了哪些是我天性中应该做的,而不希望侥幸地产生意外的收获。

【注释】 ①郊社：祭天地之典礼。 ②沴(lì)：因气不和而生的灾害。禳：除。 ③祈：求福,向神求祷。 ④《楚茨》：《诗经·小雅》中的一篇,其中有"先祖是皇,神保是飨。孝孙有庆,报以介福,万寿无疆"之句。 ⑤《采蘩》、《采苹》：《诗·召南》篇名。毛序："《采蘩》,夫人不失职也,夫人可以奉祭礼,则不失职矣。"全诗讲祭祀而不求福。毛序："《采苹》,大夫妻能循法度也,能循法度,则可以承先祖共祭祀矣。" ⑥辍：停止。

012 友道极关系,故与君父并列而为五①,人生德业成就,少朋友不得。君以法行,治我者也；父以恩行,不责善者也。兄弟怡怡,不欲以切偲伤爱②。妇人主内事,不得相追随。规过,子虽敢争,终有可避之嫌。至于对严师,则矜持收敛而过无可见；在家庭,则狎昵亲习而正言不入。惟夫朋友者,朝夕相与,既不若师之进见有时;情礼无嫌,又不若父子兄弟之言语有忌。一德亏则友责之,一业废则友责之;美则相与奖劝,非则相与匡救。日更月变,互感交摩,骎骎然不觉其劳且难③,而入于君子之域矣。是朋友者,四伦之所赖也。嗟夫!斯道之亡久矣,言语嬉媟④,尊俎姁煦⑤,无论事之善恶,以顺我者为厚交;无论人之奸贤,以敬我者为君子。蹑足附耳,自谓知心;接膝拍肩,滥许刎颈。大家同陷于小人而不知,可哀也已。是故物相反者相成,见相左者相益。孔子取友曰"直"、"谅"、"多闻"⑥,此三友者,皆与我不相附会者也,故曰益。是故得三友难,能为人三友更难。天地间不论天南地北、缙绅草莽,得一好友,道同志和,亦人生一大快也。

【译文】朋友之道,关系极为重大,所以与君臣、父子等并列为五伦。人生的德业、成就,不能缺少朋友的帮助。国君以法行事,是治理我们的人。父亲以恩爱行事,也不可能把主要精力放在劝勉儿子努力向善的方面。兄弟之间和和乐乐,不会以切磋督促而伤害友爱之情。妇女主要做家务事,不能跟随在男子的身边。规劝改过,儿子虽然敢于争辩,终究要避免不孝的嫌疑。至于面对严师,则会矜持收敛,不会让严师发现自己的过错。在家中,则狎昵亲爱,不会总是说那些劝人向善的大道理。只有朋友,朝夕相处,既不像进见老师那样有一定的时间;朋友之间,于情于理都无嫌猜,又不像父子兄弟那样言语有忌。一德有亏,朋友就会责备;一业废辍,朋友就会规劝。正确的,就会相互劝勉;错误的,就会相互纠正。时间长了,互相感染切磋,不觉得有什么劳累和困难,就自然地进入了君子的行列。因此说,朋友之道是其他四伦的依赖。唉!朋友之道的沦亡也很久了,朋友相处,不是开开玩笑,就是吃吃喝喝,不管事情错对,顺着我的就是好朋友;不管人贤不贤,尊敬我的就是好人。成天嘀嘀咕咕,自认为知心;拍肩接膝,胡乱承许为生死之交。大家同陷于小人之列而不知,真是可悲啊!所以物相反才能相成,意见不一致才能取长补短。孔子认为朋友之道是"直"、"谅"、"多闻",就是正直、信实、见闻广博,这三种朋友,都不会随声附和,所以能对我有帮助。能得到这三种朋友很难,能成为别人这样的朋友更难。天地间不论天南地北、缙绅草莽,得一好友,志同道合,也是人生一大快乐啊!

【注释】①故与君父并列而为五:五,指五伦,即君臣、父子、兄弟、夫妻、朋友之关系。 ②切偲:切蹉督促。 ③骎骎:马速行貌,引申为疾速。 ④

嬉媟:嬉,玩笑;媟,亵。玩笑时言语不庄重。　⑤尊俎:盛酒食的器皿,这里指筵席间。姁煦:好色貌。　⑥"直"、"谅"、"多闻":语出《论语·季氏》:"孔子曰:'益者三友,损者三友。友直,友谅,友多闻,益矣。友便辟,友善柔,友便佞,损矣。'"直,指正直。谅,指信实。《说文》:"谅,信也。"多闻,指见闻广博。

013　长者有议论,唯唯而听,无相直也①。有咨询,謇謇而对②,无遽尽也。此卑幼之道也。

【译文】长辈有议论,恭敬地聆听,不要争论。长辈有询问,要徐徐地回答,不要遽然说尽。这才是卑幼应有的态度。

【注释】①相直:相互争论曲直。　②謇謇(jiǎn):忠贞貌。

014　阳称其善以悦彼之心,阴养其恶以快己之意,此友道之大戮也①。青天白日之下,有此魑魅魍魉之俗,可哀也已。

【译文】表面上称赞他做的对来讨他的欢心,内心却想让他不断增加恶行来使自己快意,这是朋友之道的大害。青天白日之下,有这样鬼鬼祟祟的习惯,真让人悲哀啊!

【注释】①戮:罪责。

015　古称君门远于万里,谓情隔也。岂惟君门?父子殊心,一堂远于万里;兄弟离情,一门远于万里;夫妻反目,一榻远于万里。苟情联志通,则万里之外犹同堂共门而比肩一榻也。以此推之,同时不相知而神交于百世之上下亦然。是知离合在心期①,不专在躬逢②。躬逢而心期,则天下至遇也。君臣之尧、舜,父子之文、周,师弟之孔、颜③。

【译文】古人说君门远于万里,这是说感情的距离。岂只君门如此?如果父子不一心,是同处一堂而远于万里;兄弟离情,是同在一门而远于万里;夫妻反目,是同在一榻而远于万里。假如情联志通,相距万里之外也如同堂共门、比肩一榻。以此类推,有的生在同一时代而互不了解,有的相距百世而神交心通,也是同样的道理。以此可知离合是指两心是否期许,而不专指亲身相遇。亲身相遇加上两心期许,这是天下的至遇,君臣中的尧、舜,父子中的周文王、周公旦,老师弟子中的孔子、颜渊,就是至遇的典型。

【注释】①心期:两心相印,相互期许。　②躬逢:亲身相遇。　③"父子之文、周"二句：文指周文王，周指周公旦，孔指孔子，颜指孔子弟子颜渊。

016 "隔"之一字，人情之大患。故君臣、父子、夫妇、朋友、上下之交务去隔。此字不去，而不怨叛者，未之有也。

【译文】"隔"这个字，是人类感情的大患。因此君臣、父子、夫妇、朋友、上下之间的交往一定要除去"隔"，不除去这个字，不怨恨不叛离是不可能的。

017 仁者之家，父子愉愉如也，夫妇雍雍如也①，兄弟怡怡如也②，僮仆欣欣如也③，一家之气象融融如也。义者之家，父子凛凛如也，夫妇嗃嗃如也④，兄弟翼翼如也⑤，僮仆肃肃如也⑥，一家之气象栗栗如也⑦。仁者以恩胜，其流也知和而和；义者以严胜，其流也疏而寡恩。故圣人之居家也，仁以主之，义以辅之，洽其太和之情，但不溃其防斯已矣。其井井然，严城深堑，则男女之辨也，虽圣人不敢于家人相忘。

【译文】仁者之家，父子之间和颜悦色心情愉快，夫妇之间和和睦睦恩恩爱爱，兄弟之间和乐友爱，僮仆之间敬谨快乐，一家的气象融洽和睦。义者之家，父子之间严肃敬谨，夫妇之间恭谨严厉，兄弟之间庄重恭敬，僮仆之间小心谨慎，一家的气象谦敬谨慎。仁者以恩胜，处理事情该和的就和；义者以严胜，处理事情冷淡而寡恩。所以圣人处理家庭之事，仁以为主，义以辅佐，使人的自然之情融洽和谐，但又不会破坏礼仪。使其井然有别，严加防范的，则是男女的分别，即使是圣人，在家人之间也不敢忘记这点。

【注释】①雍雍：和谐貌。 ②怡怡：和顺貌。 ③欣欣：喜乐敬谨貌。 ④嗃嗃：严厉貌。《周易·家人卦》："家人嗃嗃，悔厉，吉。"孔颖达疏："嗃嗃，严酷之意也。" ⑤翼翼：恭敬貌。 ⑥肃肃：谨慎貌。 ⑦栗栗：戒惧貌。《韩非子·初见秦》："战战栗栗，日慎一日。"

018 父在居母丧，母在居父丧，以从生者之命为重。故孝子不以死者忧生者，不以小节伤大体，不泥经而废权①，不徇名②而害实，不全我而伤亲。所贵乎孝子心者，亲之心而已。

【译文】父在居母丧，母在居父丧，以顺从生者的愿望为重。所以孝子不因为死者而使生者忧愁，不以小节伤大体，不因固执于常理而废除权变，不因名而害实，不为了保全自己而伤害亲人。对孝子来讲，最可贵的孝心就是按亲人的心意办事而已。

【注释】①经:常规。权:权变。 ②徇名:只图名分。

019 天下不可一日无君,故夷、齐非汤、武^①,明臣道也。此天下之大防也,不然则乱臣贼子接踵矣^②,而难为君。天下不可一日无民,故孔、孟是汤、武,明君道也。此天下之大惧也,不然则暴君乱主接踵矣,而难为民。

【译文】天下不可一天没有国君,所以伯夷、叔齐批评商汤、周武王,这是为了阐明为臣之道。明臣道是天下的大防,不然乱臣贼子就会不断出现,君主就难以维持政权了。天下不可一天没有民众,所以孔子、孟子认为商汤、周武王的做法是正确的,这是为了阐明为君之道。君道不明是天下最可怕的事。不然暴君乱主相继出现,当个普通民众也很困难了。

【注释】①夷、齐非汤、武:夷,伯夷。齐,叔齐。《史记·伯夷列传》:"伯夷、叔齐,孤竹君之二子也。父欲立叔齐,及父卒,叔齐让伯夷。伯夷曰:'父命也。'遂逃去。叔齐亦不肯立而逃之。……于是伯夷、叔齐闻西伯昌善养老,盍往归焉。及至,西伯卒,武王……东伐纣,伯夷、叔齐叩马而谏曰:'父死不葬,爰及干戈,可谓孝乎?以臣弑君,可谓仁乎?'……武王已平殷乱,天下宗周,而伯夷、叔齐耻之,义不食周粟,隐于首阳山,采薇而食之。及饿且死,作歌,其辞曰:'登彼西山兮,采其薇矣。以暴易暴兮,不知其非矣。神农虞夏忽焉没兮,我安适归矣?于嗟徂兮,命之衰矣!'遂饿死于首阳山。"汤,商汤,商朝的建立者。武,周武王。从采薇歌看,伯夷、叔齐虽无明确反对商汤的言行,但反对以暴易暴,以及以臣伐君,是间接批评了商汤。 ②接踵:足跟相接,连续不断之意。

020 爵禄恩宠,圣人未尝不以为荣,圣人非以此为加损也。朝廷重之以示劝^①,而我轻之以视高,是与君忤也^②,是穷君鼓舞天下之权也。故圣人虽不以爵禄恩宠为荣,而未尝不荣之,以重帝王之权,以示天下帝王之权之可重,此臣道也。

【译文】爵禄恩宠,圣人未尝不以为荣耀,但圣人不认为爵禄恩宠对自己的地位会有什么提高和损害。朝廷重视爵禄恩宠,是以此表示鼓励;而我轻视爵禄恩宠,是为了表示清高。这与国君的意思是相违背的,这样做只能削弱君主鼓舞天下的权力。所以圣人虽不以得到爵禄恩宠为荣,而君主也要给予爵禄恩宠使他们荣耀,以此来加重帝王的权威,表示天下帝王之权的重要,这就是用臣之道。

【注释】①劝:劝勉。　②忤:拂逆。

021　人子和气愉色婉容,发得深时,养得定时,任父母冷面寒铁,雷霆震怒,只是这一腔温意,一面春风,则自无不回之天,自无屡变之天。谗谮何由入?嫌隙何由作?其次莫如敬慎,夔夔齐栗①,敬慎之至也,故瞽瞍亦允若②。温和示人以可爱,消融父母之恶怒;敬慎示人以可矜,激发父母之悲怜。所谓积诚意以感动之者,养和致敬之谓也。盖格亲之功,惟和为妙、为深、为速、为难,非至性纯孝者不能;敬慎,犹可勉强耳。而今人子,以凉薄之色,惰慢之身,骄蹇之性③,及犯父母之怒,既不肯挽回,又倨傲以甚之,此其人在孝悌之外,固不足论。即有平日温愉之子,当父母不悦而亦愠见,或生疑而迁怒者,或无意迁怒而不避嫌者,或不善避嫌愈避而愈冒嫌者,积隙成畔,遂致不祥。岂父母之不慈?此孤臣孽子之法戒,坚志熟仁之妙道也。

【译文】人子和气愉悦婉顺的容色,从内心深处发出时,从长期的教养中坚定时,任父母冷面寒铁,雷霆震怒,仍然是满身心的温意,满面的春风,父母自会回心转意,自然不会经常发怒。这样,谗言如何能进?嫌隙如何产生?其次不如恭敬谨慎,战惊恐惧,恭敬谨慎到极点,像舜的父亲瞽瞍那样不能辨别善恶的人也点头称是。温和能让人觉得可爱,可以消融父母的怒气;敬慎能让人觉得可怜,可以激发父母的悲怜。所谓积诚意就可使人感动,就是养和致敬的意思。感动亲人的功夫,只有和气最妙、最深、最速,做到这点也最难;不是具有真纯之性和真正孝心的人是不能做到的;恭敬谨慎,还可尽量努力去做。而现在做人子的,用凉薄之色、惰慢之身、骄蹇之性来对待父母,等惹得父母发怒,既不肯挽回,又以傲慢自大的态度加剧父母的怒气,这种人就在孝悌之外了,不必加以议论。即使平日温顺和气的儿子,当父母不悦的时候,有时也表现出不高兴的神色,或产生疑心而迁怒他人,或无意迁怒而又不避嫌疑,或不善避嫌而愈避愈使人可疑,慢慢积怨成隙,导致父子不和。这哪是因父母不慈爱造成的呢?失势的臣子和失宠的儿子应引以为戒。这也是努力坚定修养仁德之心的人应遵行的妙道。

【注释】①夔夔齐栗:恐惧貌。《尚书·大禹谟》:"夔夔齐栗,瞽亦允若。"　②瞽瞍:舜父之别名。因其有目不能分别好恶,时人谓之瞽,配字曰瞍。允若,顺从。参见上注。　③骄蹇:傲慢不顺。

022 孝子之事亲也,上焉者先意,其次承志,其次共命①。共命,则亲有未言之志不得承也;承志,则亲有未萌之意不得将也;至于先意,而悦亲之道至矣。或曰:安得许多心思能推至此乎? 曰:事亲者,以悦亲为事者也。以悦亲为事则孳孳皇皇无以尚之者②,只是这个念头,亲有多少意志,终日体认不得?

【译文】 孝子侍奉父母,最好的是能预料到父母的意愿,其次能继承父母的志向,再次能恭听父母之命。只做到恭听,那父母有没讲出来的志向就无法继承;只做到继承父母的志向,那父母有未能明确表示的意愿就不能预料。至于能预料到父母的意愿,是最使父母高兴的办法了。有人说:哪有那么多的心思来推想父母的意愿呢? 回答说:侍奉父母,就是要让父母感到高兴,只要为了让父母高兴,勤勉不懈不停追求的不是其他东西,只是想知道父母的意愿。父母亲能有多少意愿? 终日不停地体会预料还能不知道吗?

【注释】①共命:"共"通"恭",恭命,恭敬地听从使令。 ②孳孳皇皇:孳孳,勤勉不懈。皇皇,同"遑遑",匆忙貌。

023 或问:共事一人未有不妒者,何也? 曰:人之才能、性行、容貌、辞色,种种不同,所事者必悦其能事我者,恶其不能事我者。能事者见悦①,则不能事者必疏,是我之见疏,彼之能事成之也,焉得不妒? 既妒,安得不相倾? 相倾,安得不受祸? 故见疏者妒,妒其形己也;见悦者亦妒,妒其妒己也。然则奈何? 曰:居宠则思分而推之以均众,居尊则思和而下之以相忘,人何妒之有? 缘分以安心,缘遇以安命,反己而不尤人,何妒? 人之有此,入宫入朝者之所当知也。

【译文】有人问:"共同侍奉一个人,没有不嫉妒的,为什么呢?"回答说:"人的才能、性情、行为、容貌、辞色各不相同,被侍奉的人必然喜欢那些善侍奉他的人,厌恶那些不善侍奉他的人。善侍奉的就被喜欢,不善侍奉的则被疏远。我所以被疏远,是因为他善于侍奉而造成的,哪能不嫉妒呢? 既然产生了嫉妒之情,怎能不相互倾轧呢? 相互倾轧,怎能不遭受祸患呢? 因此,被疏远的人嫉妒,嫉妒那些使自己相形见绌的人;被喜欢的人也嫉妒,嫉妒那些嫉妒自己的人。""那么怎样做才好呢?"回答说:"居于受宠的地位则想着分一些恩宠给众人,使大家均沾恩宠。居于尊贵地位则想着让下面的人和睦相处而忘掉彼此,这样人们怎么还会有嫉妒之情呢? 安心于自己的缘分,安命于自己的际遇,反求诸己而不怨恨别人,这怎么会嫉妒呢?人应有这样的修养,这是入宫入朝的人应当知道的。"

【注释】 ①见悦:被喜悦。

024 孝子侍亲不可有沉静态,不可有庄肃态,不可有枯淡态,不可有豪雄态,不可有劳倦态,不可有疾病态,不可有愁苦态,不可有怨怒态。

【译文】 孝子侍亲时,不可有沉静的容态,不可有庄肃的容态,不可有枯淡的容态,不可有豪雄的容态,不可有劳倦的容态,不可有疾病的容态,不可有愁苦的容态,不可有怨怒的容态。

025 子弟生富贵家,十九多骄惰淫泆,大不长进,古人谓之豢养,言甘食美服养此血肉之躯,与犬豕等。此辈阘茸①,士君子见之为羞,而彼方且志得意满,以此夸人。父兄之孽,莫大乎是。

【译文】 生于富贵之家的子弟,十居九有骄惰淫逸的毛病,不思长进,古人叫做"豢养",意思是说甘甜的美食、华丽的服装,养着这样的血肉之躯,与养猪狗是一样的。这些子弟品格卑下,士君子看到他们都会为之羞愧,而他们却还志得意满,以此夸耀于人。父兄的罪孽,没有比养这样的子弟再大的了。

【注释】 ①阘茸:卑贱、低劣。

026 男女远别,虽父女、母子、兄妹、姊弟,亦有别嫌明微之礼,故男女八岁不同食。子妇事舅姑,礼也,本不远别,而世俗最严翁妇之礼,影响间即疾趋而藏匿之。其次夫兄弟妇相避。此外一无所避,已乱纲常。乃至叔嫂姊夫妻妹妻弟之妻互相嘲谑以为常,不几于下流乎?不知古者远别,止于授受不亲①,非避匿之谓。而男女所包甚广,自妻妾之外,皆当远授受之嫌,爱礼者不可不明辨也。

【译文】 男女要远嫌、要有别,虽然是父女、母子、兄妹、姐弟,也要有避免嫌疑、表明微小差别的礼制,所以男女八岁就不在一起吃饭。儿媳妇侍奉公婆,是符合礼制的,本来不须远避嫌疑,而世俗最严的是公公和儿媳之间的礼节,所以看到影子、听到声音就要赶快躲藏避开。其次是丈夫的哥哥和弟弟的媳妇要相避。除此之外都不避嫌的话,这已经乱了纲常。甚至还有叔嫂、姐夫、妻妹、妻弟之妻互相戏谑以为平常的,不近乎下流了吗？不知古代的远嫌有别,指的是授受不亲,不是要相互躲避。而男女的范围包括很广,妻妾以外,都应当避免授受之嫌,愿意依照礼制行事的人不应不明确分辨。

【注释】①授受:给予和接受。《孟子·离娄上》:"男女授受不亲,礼也。"不亲,不亲自给予接受。

027 子妇,事人者也,未为父兄以前,莫令奴婢奉事,长其骄惰之性。当日使勤劳,常令卑屈,此终身之福,不然是杀之也。昏愚父母、骄奢子弟不可不知。

【译文】儿子和媳妇就是侍奉家人的人,未做父兄之前,不要让奴婢去侍候他,以免增长他骄惰的性情。应当每天让他多做事情,让他常处在卑屈的地位,这样才能使他终身有福气,不然就是害他了。昏庸愚蠢的父母、骄横奢侈的子弟,不可不知道这一点。

028 问安问侍者,不问病者,问病者非所以安之也。

【译文】问安,要向侍候的人打听,不要问病人,问病人是不能使他心安的。

029 丧服之制①,以缘人情,亦以立世教,故有引而致之者,有推而远之者,要不出恩义二字,而不可晓亦多。观会通之君子,当制作之权,必有一番见识,泥古非达观也。

【译文】居丧时穿什么样的衣服,这个制度的制定是根据人情来的,也是为了教育世人,所以有的人就引用遵行,有的人就推托不用,但都是从"恩义"二字为出发点。可是丧服的制度,其中弄不清楚的地方也不少。看看那些能够融会变通的君子,他们有制定礼制机会时,必然另有自己的一番见识,一味地遵循古道也不是达观的态度。

【注释】①丧服之制:指居丧时冠裳经带等服制。

030 亲没而遗物在眼,与其不忍见而毁之也,不若不忍忘而存之。

【译文】亲人去世遗物留在眼前,与其不忍心看见而毁掉,不如不忍忘记而保存。

031 示儿云:门户高一尺,气焰低一丈。华山只让天,不怕没人上。

【译文】我告诉儿子说:门户高一尺,气焰低一丈。华山只让天,不怕没人上。

032 慎言之地,惟家庭为要。应慎言之人,惟妻子仆隶为要。此理乱之原而祸福之本也①。人往往忽之,悲夫!

【译文】慎言的地方,只有家庭之内最应当谨慎。慎言的对象,只有对妻、子、奴仆说话最应谨慎。这是治理混乱的根本,是产生祸福的本源。人们往往忽视了这一点,可悲啊!

【注释】①理乱:治乱。

033 门户可以托父兄,而丧德辱名非父兄所能庇;生育可以由父母,而求疾蹈险非父母所得由。为人子弟者,不可不知。

【译文】门户可以托付给父兄,但丧德辱名就不是父兄能够庇护的。生长养育可以依靠父母,但生了病、遇到危险则不是父母造成的。为人子弟的,不可不知道这一点。

034 继母之虐,嫡妻之妒,古今以为恨者也。而前子不孝,丈夫不端,则舍然不问焉。世情之偏也久矣。怀非母之迹而因似生嫌,借恃父之名而无端造谤,怨讟忤逆①,父亦被诬者,世岂无耶?恣淫狎之性而恩重绿丝②,挟城社之威而侮及黄里③,《谷风》、《柏舟》妻亦失所者④,世岂无耶?惟子孝夫端,然后继母嫡妻无辞于姻族矣。居官不可不知。

【译文】继母虐待后夫子女,正妻嫉妒婢妾,古今都认为是可恨的事。但前夫的子女不孝,丈夫的品德不端,则很少有人过问,世上人情的偏袒也很长久了。前夫之子心中认为后母不是自己的生母,而后母因一些形似虐待的做法产生了虐待的嫌疑,其子又借着父亲的名义无端地造谣诽谤,口出怨言,行为忤逆,父亲因此也受到诬蔑,这样的事情世上难道没有吗?有的丈夫任意放纵淫狎的心性而宠爱那些美貌的女子,依仗自己掌握着一定的权势而侮辱延及嫡妻,《诗经》中《谷风》、《柏舟》篇中描写的妻子就是失去丈夫欢心的人,这样的事情世上难道没有吗?只有儿子孝顺,父亲端正,而后继母嫡妻有虐待和嫉妒的毛病,在亲朋面前就无法辩白了。做官的人不可不知道这一点。

【注释】①讟(dú):怨言。 ②绿丝:年轻女子的青发。代指年轻女子。
③挟城社之威:依仗邦国的权势,比喻倚势为奸。侮及黄里:《诗经·邶风·绿衣》:"绿兮衣兮,绿衣黄里。心之忧矣,曷维其已。"朱熹注:"绿,苍胜黄

之间色。黄,中央土之正色,间色贱而以为衣,正色贵而以为里,言皆失其所也。"又说:"庄公惑于嬖妾,夫人庄姜贤而失位,故作此诗。言绿衣黄里,以比贱妾尊显而正嫡幽微,使我忧之不能自已也。" ④谷风:《诗经·邶风》篇名。毛序:"《谷风》,刺夫妇失道也。卫人化其上,淫于新昏,而弃其旧室,夫妇离绝,国俗伤败焉。"柏舟:《诗经·邶风》篇名。朱熹解此篇曰:"妇人不得于其夫,故以柏舟自比。"

035 齐,以刀切物,使参差者就于一致也。家人恩胜之地,情多而义少,私易而公难,若人人遂其欲,势将无极。故古人以父母为严君,而家法要威如,盖对症之治也。

【译文】齐,就如同以刀切物,使参差不齐的变成整齐一致的。家人之间,是重恩的地方,情多而义少,讲私情易而论公道难。如果要满足每个人的欲望,发展下去欲望必定无边无际。因此古人要求父母应成为严君,家法也要威重,这就是对症下药。

036 闺门之中少了个"礼"字,便自天翻地覆。百祸千殃,身亡家破,皆从此起。

【译文】闺门之中少了个"礼"字,便会天翻地覆。百祸千殃,身亡家破,都由少"礼"引起。

037 家长,一家之君也。上焉者使人欢爱而敬重之,次则使人有所严惮,故曰严君。下则使人慢,下则使人陵,最下则使人恨。使人慢未有不乱者,使人陵未有不败者,使人恨未有不亡者。呜呼!齐家岂小故哉!今之人皆以治生为急①,而齐家之道不讲久矣。

【译文】家长,是一家的君主。最好的家长使人喜爱而敬重,其次的使人尊敬畏惧,所以叫做"严君"。再其次的让人轻视,再次的让人欺凌,最下等的让人痛恨。家长让人轻视,这个家没有不乱的。家长让人欺凌,这个家没有不败的。家长叫人痛恨,这个家没有不亡的。啊!齐家难道是小事吗!现在的人都以积累家产为急务,对治家的道理却很久不讲了。

【注释】①治生:增置产业,经营生计。

038 儿女辈常着他拳拳曲曲①,紧紧恰恰,动必有畏,言必有惊,到自专时,尚不可知。若使之快意适情,是杀之也。此愚父母之所当知也。

【译文】对于儿女们,要经常让他们拳拳曲曲,紧紧恰恰,行动必有所畏惧,言语必有所害怕,即使这样,到他们自立时还不知会怎么样。如果样样使他们快意适情,这是害了他们。那些愚蠢的父母应当知道这一点。

【注释】①拳拳:恳切忠谨貌。

039 责人到闭口卷舌、面赤背汗时,犹刺刺不已,岂不快心?然浅隘刻薄甚矣。故君子攻人不尽其过[①],须含蓄以余人之愧惧,令其自新,方有趣味,是谓以善养人。

【译文】责备别人,到人家已经闭口卷舌不再说话,面红耳赤汗流浃背的时候,还不停地责备,这样岂不痛快?然而也太浅隘刻薄得过分了。所以君子责备人不把别人的过错全都说尽,须含蓄,使人有愧悔的余地,让人自新,方有趣味,这叫做以善养人。

【注释】①攻人:责备人。

040 曲木恶绳,顽石恶攻,责善之言不可不慎也[①]。

【译文】曲木怕用绳墨来衡量,顽石怕用斧凿去雕琢,劝人向善的言语不可不慎重。

【注释】①责善:责求人向善。

041 恩礼出于人情之自然,不可强致,然礼系体面,犹可责人;恩出于根心,反以责而失之矣。故恩薄可结之使厚,恩离可结之使固,一相责望,为怨滋深。古父子兄弟夫妇之间,使骨肉为寇仇,皆坐责之一字耳[①]。

【译文】恩德和礼貌出于人情之自然,不可强求。然礼数关系着体面,还可以责备别人;而恩德根于内心,反而会因责备而失去。所以恩薄可以交结使之深厚,恩离可以交结使之牢固,一旦因责求无已而形成怨恨,就会怨恨日深。古代父子、兄弟、夫妇之间,骨肉成为寇仇,都是犯了"责"这个字。

【注释】①坐:因。

042 宋儒云:宗法明而家道正。岂惟家道?将天下之治乱,恒必由之。宇宙内无有一物不相贯属、不相统摄者。人以一身统四肢,一肢统五指。木以株统干,以干统枝,以枝统叶。百谷以茎统穗,以穗统稃[①],以稃统粒。盖同根一脉,联属成体,此操一举万之术,而治天下之要道也。天子统六卿②,六卿统九牧③,九牧统郡邑,郡邑统乡正,乡正统宗子④。事则以次责成,恩则以次流布,教则以次传宣,法则以次绳督,夫然后上不劳,下不乱,而政易行。自宗法废而人各为身,家各为政,彼此如飘絮飞沙,不相维系,是以上劳而无要领可持,下散而无脉络相贯,奸盗易生而难知,教化易格而难达。故宗法立而百善兴,宗法废而万事弛。或曰:宗子而贱而弱而幼而不肖,何以统宗? 曰:古之宗法也,如封建⑤,世世以嫡长,嫡长不得人,则一宗受其敝。且豪强得以豚鼠视宗子而鱼肉孤弱,其谁制之? 盖有宗子又当立家长,宗子以世世长子孙为之,家长以阖族之有德望而众所推服能佐宗子者为之。胥重其权而互救其失⑥,此二者,宗人一委听焉,则有司有所责成,而纪法易于修举矣。

【译文】 宋儒说:"宗法明则家道正。"岂只是家道,天下是治理还是混乱,也必须明宗法。宇宙内无一物没有统属、不相统摄的。人以身体统领四肢,四肢统领五指。树木以根统领树干,以干统领树枝,以树枝统领树叶。百谷以茎统穗,以穗统稃,以稃统粒。这些都是同根一脉,联属成体,这种操一举万的方法,也是治理天下的要道。天子统帅六卿,六卿统帅九牧,九牧统帅郡邑,郡邑统帅乡正,乡正统帅宗子。事情以次序办理,恩德以次序下达,教化以次序传宣,法则以次序绳督,这样上不劳、下不乱,而政治法度易于推行。自从宗法制度废除,人各为身,家各为政,彼此如飘絮飞沙,不相关连,因此在上者劳累而没有要领可以把握,在下者一盘散沙而无脉络相连,奸盗容易发生而难于觉察,教化容易被阻遏而难下达。所以宗法立而百善兴,宗法废而万事弛。有人问:宗子贫贱病弱,年幼又没有德行,怎么能统领一宗呢? 回答说:古代的宗法制,和古代的分封土地爵位、在封地建立邦国是一样的,世世以嫡长子为宗子,嫡长子没有才德,一宗都要受影响。如果豪强视宗子如猪如鼠,而欺凌孤弱,又有谁能制止呢? 所以有了宗子还应当立家长,宗子以世世代代的长子长孙担任,而家长以在全族中德高望重、众人佩服而又能帮助宗子的人担任。都让他们有权,而又能互相匡正对方的失误,这两个人,同宗的人都要听从他们的统领,这样官府交给的任务容易完成,纲纪法制易于遵守实行。

【注释】 ①稃:谷物粒外之皮壳。 ②六卿:指吏、户、礼、兵、刑、工六部尚书。 ③九牧:九州,这里指九州的长官。 ④宗子:一族之中的嫡长子。

⑤封建：古代帝王把爵位土地赐给诸侯，在封定的区域内建立邦国称封建。　⑥胥：互相。

043　责善之道，不使其有我所无，不使其无我所有，此古人之所以贵友也。

【译文】鼓励别人向善的办法，不要求别人具有我本身也没具备的品德和才能，也不要求别人丢掉我所具备的品德和才能，这是古人认为朋友重要的原因。

044　"母氏圣善，我无令人"①，孝子不可不知。"臣罪当诛兮，天王圣明"②，忠臣不可不知。

【译文】"母氏圣善，我无令人"，这句话是说：母亲聪惠贤良，我却是个没才德的人，不能报答母亲。孝子应牢记这句话。"臣罪当诛兮，天王圣明"，意思是说：作为臣下没有尽到责任，其罪当死，但君王是圣明的。忠臣应牢记这句话。

【注释】①"母氏圣善"二句：此出《诗经·邶风·凯风》。其诗曰："凯风自南，吹彼棘薪。母氏圣善，我无令人。"朱熹注："令，善也。棘可以为薪则成矣，然非美材，故以兴子之壮大而无善也。复以圣善称其母，而自谓无令人，其自责也深矣。"　②"臣罪当诛兮"二句：语出韩愈《琴操》。

045　士大夫以上有祠堂、有正寝、有客位。祠堂有斋房、神库，四世之祖考居焉①，先世之遗物藏焉，子孙立拜之位在焉，牺牲鼎俎盥尊之器物陈焉，堂上堂下之乐列焉，主人之周旋升降由焉。正寝吉礼则生忌之考妣迁焉②，凶礼则尸柩停焉③，柩前之食案香几衣冠设焉，朝夕哭奠之位容焉，柩旁床帐诸器之陈设、五服之丧次、男女之哭位分焉④，堂外吊奠之客、祭器之罗列在焉。客位则将葬之迁柩宿焉，冠礼之曲折、男女之醮位、宾客之宴飨行焉⑤。此三所者，皆有两阶，皆有位次，故居室宁陋，而四礼之所断乎其不可陋⑥。近见名公有以旋马容膝、绳枢瓮牖为清节高品者⑦，余甚慕之，而爱礼一念甚于爱名，故力可勉为，不嫌弘裕，敢为大夫以上者告焉。

【译文】士大夫以上的人家，有祠堂、有正寝、有客位。祠堂又有斋房、有神库，四代的祖先供奉在里面，先世的遗物收藏在里面，子孙站拜的位置设置在里面,用来祭祀的各种尊鼎器物陈放在里面,堂上堂下的乐器放置在里面,主人进出、上下、举行各种祭祀活动都很方便。正寝,用来祭祀死去的父母,在他们诞辰这天在这里举行吉礼;举行凶礼,则将尸柩停放在正寝,柩前摆放食案、香几、衣冠,还设有子孙朝夕哭奠之位置,柩旁还陈设床帐等卧具,穿五种丧服的亲属、男女的哭位分设,堂外还设有吊奠客人休息的处所、祭器摆放的地方。客位,则是把将要举行葬礼的棺柩停放在里面;男女举行冠礼、男女的婚礼、宴飨宾客也都在这里。祠堂、正寝、客位三个处所,都有两阶,有位次,居室宁可简陋,而举行冠婚丧祭四种典礼的地方断乎不可简陋。近来见一些有名望的公卿,认为家中这些处所简陋狭小能说明自己品德清廉高尚,我也很敬慕这些人士,但我爱礼更甚于爱名,所以自己的力量勉强可以做到的话,我家中举行四礼的地方不妨修建得高大宽敞一些。我愿意把我的想法告诉士大夫以上的人士。

【注释】①祖考:祖,父以上的尊称。考,父。 ②吉礼:古代五礼之一,指祭礼。生忌:生日和忌日。考妣:父母。 ③凶礼:古代五礼之一,这里指丧礼。 ④五服:旧时丧服制度,以亲疏为差等,有斩衰、齐衰、大功、小功、缌麻五种丧服制度。 ⑤冠礼:古代男子成年时举行加冠的礼仪。醮:古代冠礼、婚礼时行的一种礼节。宴飨:享受酒食。 ⑥四礼:指冠礼、婚礼、丧礼、祭礼。 ⑦旋马:掉转马身,形容地方狭窄。容膝:立足之地。《韩诗外传》九:"今如结驷列骑,所安不过容膝。"绳枢:用绳系门,以代转轴。瓮牖:以破瓮之口做窗户。绳枢瓮牖,指清寒。

046 守礼不足愧,亢于礼乃可愧也①。礼当下则下,何愧之有?

【译文】守礼不必有愧,与礼不合才应愧。礼当虚心向下,就要虚心向下,有什么可愧的呢?

【注释】①亢:抵御。

047 家人之害莫大于卑幼各恣其无厌之情而上之人阿其意而不之禁①,尤莫大于婢子造言而妇人悦之,妇人附会而丈夫信之。禁此二害而家不和睦者鲜矣。

【译文】家人之间最大的祸患,没有比卑幼放纵其贪得无厌的欲望而长辈又顺从他们的心意不予禁止更大的了;过失最大的,没有比婢子造谣生事而主妇喜欢听,主妇附和着说而丈夫相信谣言更大的了。禁止了这两害而家庭不和睦的很少。

【注释】①阿:曲从。

048　只拿定一个"是"字做,便是"建诸天地而不悖,质诸鬼神而无疑"底道理①,更问甚占卜,信甚星命!或曰:趋吉避凶,保身之道。曰:君父在难,正臣子死忠死孝之时,而趋吉避凶可乎?或曰:智者明义理、识时势,君无乃专明于义理乎?曰:有可奈何时,正须审时因势,时势亦求之识见中,岂于谶纬阴阳家求之耶②?或曰:气数自然,亦强作不成。曰:君子所安者义命,故以气数从义理,不以义理从气数。富贵利达则付之天,进退行藏则决之己。或曰:到无奈何时何如?曰:这也看道理,病在膏肓,望之而走,扁鹊之道当如是也③。若属纩顷刻,万无一生,偶得良方,犹然忙走灌药,孝子慈孙之道当如是也。

【译文】只拿定一个"是"字去做,就是立于天地之间,与天地之道不相背离;质正鬼神,鬼神也不会疑惑,哪里还用占卜?还信什么星命?有人说:"趋吉避凶,就是保身之道。"我说:"君父在危险之中,正是忠臣孝子为了忠孝而献身的时候,怎么可以趋吉避凶呢?"还有的人说:"有智慧的人明义理、识时势,你不是只主张明于义理吗?"我说:"在事情还有办法挽救时,正须要审时度势,时势如何,也要有见识的人才能看清,岂能求教于谶纬阴阳之家?"又有的人说:"气数是自然的,也强做不成。"我说:"君子所安处的是义命,所以要以气数服从义理,而不以义理服从气数。富贵利达由上天来决定,进退行藏由自己来决定。"又问:"到无可奈何的时候怎么办?"回答说:"这也看道理,如果病入膏肓,看到病人扭头就走,就是名医扁鹊也要这样做;若是眼看病者就要死亡,连万分之一救活的希望都没有,但偶然得到一个好的医治方法,仍然要赶快去给人灌药,孝子慈孙就应该这样做。"

【注释】①"建诸天地而不悖"二句:语出《中庸》第二十九章。朱熹注:"建,立也,立此而参于彼也。天地者,道也。鬼神者,造化之迹也。"二句意为,这个道理和天地之道不相违背,鬼神亦可证明其正确。　②谶纬:谶是预决凶吉的隐语。纬是以神学迷信附会儒家经义的一类书籍。　③扁鹊:战国时名医,姓秦,名越人。

049　谨言不但外面,虽家庭间,没个该多说的话;不但大宾,虽亲厚友,没个该任口底话。

【译文】不但在外面要谨言,虽在家庭之间,也不应该多说话;不但是对宾客,就是对亲朋好友,也不应该信口开河。

谈　　道

001　大道有一条正路,进道有一定等级。圣人教人只示以一定之成法,在人自理会。理会得一步,再说与一步,其第一步不理会到十分,也不说与第二步。非是苦人,等级原是如此。第一步差一寸,也到第二步不得。孔子于赐①,才说与他"一贯",又先难他"多学而识"一语②。至于仁者之事,又说"赐也,非尔所及"③。今人开口便讲学脉,便说本体④,以此接引后学,何似痴人前说梦? 孔门无此教法。

【译文】大道有一条正路,进道有一定的等级。圣人教导人只指给你一套固定的程式和法则,让学道者自己去理会。理会了一步,再说下一步,第一步不理会到十分,也不说给他第二步。这不是故意与人为难,而是进道的等级就是如此。第一步差一寸,也到不了第二步。孔子对于弟子端木赐,刚对他说"予一以贯之",又先问他:"你以为我是多学而识的人吗?"至于谈到仁者之事,孔子又说:"赐啊,这不是你所能达到的。"今人开口便讲学脉,便说本体,用此来教导后学,这和痴人说梦有什么不同呢? 孔子学派中没有这个教法。

【注释】①赐:孔子弟子,姓端木,名赐,字子贡。　②"才说与他'一贯'"二句:《论语·卫灵公》:"子曰:'赐也,女以予为多学而识之者与?'对曰:'然,非与?'曰:'非也,予一以贯之。'"　③赐也,非尔所及:《论语·公冶长》:"子贡曰:'我不欲人之加诸我也,吾亦欲无加诸人。'子曰:'赐也,非尔所及也。'"　④本体:宋以来多指本来状态、本根、本性、理、道等。

002　有处常之五常①,有处变之五常。处常之五常是经,人所共知;处变之五常是权,非识道者不能知也。不擒二毛②,不以仁称;而血流漂杵③,不害其为仁。"二子乘舟"④,不以义称;而管、霍被戮⑤,不害其为义。由此推之,不可胜数也。嗟夫! 世无有识者,每泥于常而不通其变。世无识有识者,每责其经而不谅其权。此两人皆道之贼也,事之所以难济也。噫! 非精义择中之君子,其谁能用之? 其谁能识之?

【译文】有处于平常环境的仁、义、礼、智、信,有处于权变之际的仁、义、礼、智、信。处常之仁、义、礼、智、信是常行的义理,人所共知;处变之仁、义、礼、智、信是权变之法,不识事理的人是不能理解的。春秋时宋国与楚国开战,宋公在战争中主张不擒拿年纪老了的战俘,但后世并不认为他是"仁";而周武王伐纣时,战争很残酷,史书形容"血流漂杵",但仍认为周武王是"仁"。卫宣公的儿子寿和伋为了不拂逆父志而争死,并不能称为"义";而周公杀管叔放蔡叔,不能不称为"义"。以此类推,此类事情不可胜数。唉!世上没有看清事物本质的人,每拘泥于常态而不懂变化。世上不能理解那些有识之士,每每要求他们按常道办事而不理解权变之法。这两种人都危害事情的成功,所以事情就难以办成。唉!不是精于事理而又能择其中道而行的君子,有谁能把常和变运用好?又有谁能识别何时用常何时用变呢?

【注释】①五常:仁、义、礼、智、信。 ②不擒二毛:二毛指头发斑白的老者。《左传》僖公二十二年载,十一月,宋与楚战,不击其未济,不击其未成列。宋师败,"国人皆咎公"。宋公说:"君子不重伤,不擒二毛。"但《春秋》未称其仁,直书"宋师败绩"。 ③血流漂杵:形容杀人之多。《尚书·武成》记载,武王伐纣,"会于牧野,罔有敌于我师,前徒倒戈,血流漂杵"。 ④二子乘舟:见《诗经·邶风·二子乘舟》。据旧注此诗是讲卫宣公二子被杀之事。据《史记·卫康叔世家》载:"宣公爱夫人夷姜,夷姜生子伋,以为太子……为太子娶齐女,未入室,而宣公见所欲为太子妇者好,说而自取之……宣公得齐女,生子寿、子朔……太子伋母死,宣公正夫人与朔共谗恶太子伋。宣公自以其夺太子妻也,心恶太子,欲废之。……乃使太子伋于齐而令盗遮界上杀之。……且行,子朔之兄寿……乃谓太子曰:'界盗见太子白旄,即杀太子,太子可毋行。'太子曰:'逆父命求生,不可。'遂行。寿见太子不止,乃盗其白旄而先驰至界。界盗见其验,即杀之。寿已死,而太子伋又至,谓盗曰:'所当杀乃我也。'盗并杀太子伋以报宣公。"而后宣公立朔为太子,造成卫长期混乱。所以司马迁说:"今读世家,至于宣公之太子以妇见诛,弟寿争死以相让……俱恶伤父之志。然卒死亡,何其悲也!或父子相杀,兄弟相戮,亦独何哉?"吕坤认为二子所为并非义事。 ⑤"管、霍被戮"句:按"霍"当为"蔡"。管、蔡,指管叔鲜、蔡叔度,皆周文王之子。管、蔡曾挟纣子武庚叛,周公出兵,杀武庚、管叔,放蔡叔,后蔡叔亦死。事见《史记·管蔡世家》。

003 谈道者虽极精切,须向苦心人说,可使手舞足蹈,可使大叫垂泣。何者?以求通未得之心,闻了然透彻之语,如饥得珍羞,如旱得霖雨。相悦以解,妙不容言。其不然者,如麻木之肌,针灸终日,尚不能觉,而以爪搔之,安知痛痒哉? 吾窃为言者惜也。故大道独契,至理不言。非圣贤之忍于弃人,徒哓哓无益耳①。是以圣人待问而后言,犹因人而就事。

【译文】谈道的人既然对事物的道理能讲得极其精确明白,就需要向那些急于要了解这些道理的人去讲。这些人听了,就可能会手舞足蹈,欢呼大叫,或泣涕泪下。为什么呢? 这是因为他早就想寻求这些道理而不可得,听了这些透彻的议论,就如同饥者得美味,如同久旱逢甘雨一样。相互高兴地解决疑难问题,美妙不可言传。如果对不想听到这些道理的人去讲,就如同一个人的肌肉已经麻木,终日针灸,仍无知觉,而你只是用手去挠一挠,怎能使它知道痛痒呢? 我很为那些谈道的人惋惜。所以大的规则要独自体会,最高的道理不要说出来。不是圣贤不愿教诲人,而是多说了也毫无用处。所以圣人要等待别人发问才回答,如同因人而任事。

【注释】①哓哓(xiāo):争辩声。

004 庙堂之乐,淡之至也。淡则无欲,无欲之道与神明通。素之至也,素则无文①,无文之妙与本始通②。

【译文】在庙堂上演奏的音乐,要淡而又淡。淡则无欲,无欲的境界与神明相通。素而又素,素则不会文饰,不文饰的妙处与本始相通。

【注释】①文:华彩。此处指乐声。 ②本始:本根,这里指道。

005 真器不修,修者伪物也;真情不饰,饰者伪交也。家人父子之间不让而登堂,非简也;不侑而饱食,非饕也①,所谓真也。惟待让而入,而后有让亦不入者矣;惟待侑而饱,而后有侑亦不饱者矣。是两修文也。废文不可为礼②;文至掩真,礼之贼也,君子不尚焉。

【译文】真正的器物不修饰,修饰以后就成了伪物了;真情也不粉饰,粉饰就是伪交了。家人父子之间,进屋时不必谦让,这不是简慢;吃饭时不必劝勉,这不是贪吃,这就是真。只有等着让才进来,以后就会让也不进来了;只有劝勉才吃饱,以后就会劝勉也吃不饱了。这是双方都过于文雅的缘故。废弃了应有的文雅就不合礼仪,过分文雅又会掩住真情,文雅成了害礼的东西,君子不崇尚这个。

【注释】①饕(tāo):贪,贪食。 ②文:文雅。此处指礼的形式。

006 百姓得所,是人君太平;君民安业,是人臣太平;五谷丰登,是百姓太平;大小和顺,是一家太平;父母无疾,是人子太平;胸中无累①,是一腔太平。

【译文】百姓各得其所,是国君的太平;君民各安其业,是臣子的太平;五谷丰登,是百姓的太平;全家大小和顺,是一家的太平;父母无病,是做儿女的太平;胸中无累,是全身的太平。

【注释】①胸中无累:指胸无物欲所累。

007 至道之妙,不可意思,如何可言?可以言皆道之浅也。玄之又玄,犹龙公亦说不破①,盖公亦囿于玄玄之中耳②。要说说个甚然,却只在匹夫匹妇共知共行之中,外了这个,便是虚无。

【译文】至高道理法则的玄妙,不可想象,怎么能够言传?可以言传的都是道的浅显之处。玄而又玄,老子也说不破,因为老子也囿于玄玄之中。要说个所以然,只在一般人所共知共行的事物中,除了这个,便是虚无。

【注释】①犹龙公:指老子。 ②囿于玄玄之中:《老子》第一章:"道可道,非常道。名可名,非常名。无名,天地之始;有名,万物之母。故常无欲以观其妙,常有欲以观其徼。此两者同出而异名,同谓之玄,玄之又玄,众妙之门。"

008 除了个中字①,更定道统不得②。傍流之至圣③,不如正路之贤人,故道统宁中,绝不以傍流继嗣。何者?气脉不同也。予尝曰:宁为道统家奴婢,不为傍流家宗子。

【译文】除了个"中"字,更无法确定圣道的统系。旁流最高的圣人,也不如正路的贤人,所以道统宁确定为中,也不以旁流的理论来继承。为什么呢?气脉不同的缘故。我曾经说:宁做道统家的奴婢,不做旁流家的宗子。

【注释】①中:指德性与行事不偏不倚,不拘不执,不过不及,恰到好处。 ②道统:道的统脉。自韩愈继孟子倡道统之说后,历代因之。 ③傍:《说文》:"傍,近也。从人,旁声。"徐灏注笺:"依傍之义即旁之引申,旁、傍盖本一字耳。"

009 或问:圣人有可克之己否?曰:惟尧、舜、文王、周、孔无己可克,其余圣人都有。己任是伊尹底①,己和是柳下惠底②,己清是伯夷底③,己志向偏于那一边便是己。己者,我也。不能忘我而任意见也,狃于气质之偏而离中也^④,这已便是人欲,胜不得这己,都不成个刚者。

【译文】 有人问:圣人也有应该克制自己的地方吗?回答说:只有尧、舜、文王、周公、孔子无可克制处,其余圣人都有。伊尹以天下为己任,柳下惠被称为"圣之和者",伯夷被称为"圣之清者",自己的志向偏向的一边就是己。己,也就是我。不能忘我而按照自己的想法去行事,就是拘泥于气质的偏颇而离开了"中",这样的"己"便是人欲,战胜不了这个"己",都不能成为刚强的人。

【注释】 ①伊尹:汤的辅相。《孟子·公孙丑上》:"曰:'伯夷、伊尹何如?'曰:'不同道。非其君不事,非其民不使,治则进,乱则退,伯夷也。何事非君,何使非民;治亦进,乱亦进,伊尹也。'"《孟子·万章上》又载伊尹语:"天之生此民也,使先知觉后知,使先觉觉后觉也。予,天民之先觉者也,予将以斯道觉斯民也。非予觉之,而谁也?"这就是说他是以天下为己任的。所以孟子说:"伊尹,圣之任者也。"(《孟子·万章下》) ②柳下惠:鲁国贤者,本名展获,字禽,又叫展季。柳下可能是其居,因以为号。据《列女传》,惠是私谥。《孟子·万章下》说他是"圣之和者"也。又说:"柳下惠不羞污君,不辞小官。进不隐贤,必以其道。遗佚而不怨,厄穷而不悯。与乡人处,由自然不忍去也。'尔为尔,我为我,虽袒裼裸裎于我侧,尔焉能浼我哉。'故闻柳下惠之风者,鄙夫宽,薄夫敦。" ③伯夷:《孟子·万章下》说:"伯夷,目不视恶色,耳不听恶声。非其君不事,非其民不使。治则进,乱则退。横政之所出,横民之所止,不忍居也。思与乡人处,如以朝衣朝冠坐于涂炭也。当纣之时,居北海之滨,以待天下之清也。故闻伯夷之风者,顽夫廉,懦夫有立志。"又说:"伯夷,圣之清者也。" ④狃(niǔ):习以为常,拘泥。吕坤认为,伯夷等三人,都是偏于一边之人,离开了中道,执中道者应像孔子那样可任则任,可和则和,可清则清。可参看《孟子·万章下》首条及有关注疏。

010 自然者,发之不可遏,禁之不能止,才说是当然,便没气力。然反之之圣^①,都在当然上做工夫,所以说勉然。勉然做到底,知之成功,虽一分数境界,到那难题试验处,终是微有不同,此难以形迹语也。

【译文】 所谓"自然",就是自然生成的事物,它们发的时候不能抑制,禁的时候不能停止。才说是"当然",也就是指必须做的事,就没有这么大的力量了。然而经过后天修养而复归至善之性的圣人,也都是在"当然"上做功夫,所以说他们是尽力而为。尽力做到底,修养成了圣人,虽然和天生之圣达到同一境界,但遇到难题检验时,终是微有不同,这一点难以从形迹上讲清楚。

【注释】①反之之圣:《孟子·尽心下》:"尧舜,性者也;汤武,反之也。"朱熹注:"性者,得全于天,无所污坏,不假修为,圣之至也。反之者,修为以复其性,而至于圣人者也。"即经过后天修养而复归至善之性的圣人,与"生知之圣"相对称。

011 尧、舜、周、孔之道只是傍人情、依物理,拈出个天然自有之中行将去,不惊人,不苦人,所以难及。后来人胜他不得,却寻出甚高难行之事,玄冥隐僻之言,怪异新奇偏曲幻妄以求胜,不知圣人妙处只是个庸常①。看《六经》、《四书》语言何等平易,不害其为圣人之笔,亦未尝有不明不备之道。嗟夫!贤智者过之②,佛、老、杨、墨、庄、列、申、韩是已③。彼其意见,才是圣人中万分之一,而漫衍闳肆以至偏重而贼道,后学无识,遂至弃菽粟而餐玉屑,厌布帛而慕火浣④,无补饥寒,反生奇病。悲夫!

【译文】尧、舜、周公、孔子之道,只是依据人情物理拈出个天然自有恰到好处的中道让人遵行,按此道而行,不惊人,不苦人,所以难以达到。后来人胜不过他们,就寻个至高难行之事,玄冥隐僻之言,以怪异、新奇、偏曲、幻妄取胜,不知圣人的妙处只是个庸常。你看《六经》、《四书》的语言何等平易,但不妨其为圣人的手笔,也未尝有不明不备之道。啊!贤者智者比起圣人来都过分了,这里所说的贤智者,是指佛、老、杨、墨、庄、列、申、韩诸家,他们的见解只有圣人的万分之一,但漫衍闳肆以至偏颇而害道。向他们学习的人也没有见识,以至达到不吃粮食而吃玉屑,厌弃布帛而想穿火浣布的地步。这样,不能解决饥寒的问题,反而会患上各种奇怪的病症,真是可悲啊!

【注释】①庸常:朱熹解"中庸"二字:"中者,不偏不倚,无过不及之名。庸,平常也。" ②贤智者过之:《中庸》第四章:"道之不行也,我知之矣,智者过之,愚者不及也。道之不明也,我知之矣,贤者过之,不肖者不及也。人莫不饮食也,鲜能知味也。"《朱子语类》卷六十三《中庸》二载:"智者缘他见得过高,便不肯行,故曰'不行'。贤者资质即好,便不去讲学,故云'不明'。知如佛老皆是,贤如一种天资好人皆是。" ③佛、老、杨、墨、庄、列、申、韩:佛,指释迦牟尼所创立的佛家学派;老,指老子,即老聃;杨,指杨朱;墨,指墨翟;列,指列子,名御寇;申,指申不害;韩,指韩非。 ④火浣:指火浣布,石绵织成的布,不怕火烧。《列子·汤问》:"周穆王大征西戎,西戎献昆吾之剑,火浣之布。……浣之必投于火,布则火色,垢则布色。出火而振之,皓然疑乎雪。"

012 "中"之一字,是无天于上,无地于下,无东西南北于四方。此是南面独尊道中底天子,仁义礼智信都是东西侍立,百行万善都是北面受成者也①。不意宇宙间有此一妙字,有了这一个,别个都可勾销。五常、百行、万善,但少了这个,都是一家货,更成什么道理?

【译文】"中"这个字,上边无天,下边无地,四方无东南西北。它是处于南面独尊地位道中的天子,仁、义、礼、智、信在东西侍立,百行万善面北受教。没想到宇宙间有这样一个妙字,有了这个字,别的都可勾销。五常、百行、万善,只少了这个字,都成了一路货,还成个什么世界?

【注释】①北面受成:臣服而听从命令。称臣曰北面,谓面向北。

013 愚不肖者不能任道,亦不能贼道,贼道全是贤智。后世无识之人不察道之本然面目,示天下以大中至正之矩,而但以贤智者为标的。世间有了贤智,便看底中道寻常,无以过人,不起名誉,遂薄中道而不为。道之坏也,不独贤智者之罪,而推崇贤智,其罪亦不小矣。《中庸》为贤智而作也,中足矣,又下个庸字,旨深哉!此难与曲局之士道①。

【译文】愚蠢没才能的人不能担当道的重任,但也不能害道,害道的全是贤智之人。后世没有见识的人,不考察道的本来面目,昭示天下以大中至正的规矩,而仅以贤智之人为标准。世间有了贤智者,便把中道看得普通平常,没有过人之处,不能使人名声显赫,于是看不起中道而不力行。道的破坏,不只是贤智者的罪过,推崇贤智者的人,罪也不小。《中庸》就是为贤智者写的,"中"已经够了,又用个"庸"字,这用意就深了。这个道理难以和识见肤浅的人讲。

【注释】①曲局:弯曲,这里指见识肤浅。

014 道者,天下古今共公之理,人人都有分底。道不自私,圣人不私道,而儒者每私之,曰"圣人之道";言必循经,事必稽古,曰"卫道"。嗟夫!此千古之大防也,谁敢决之?然道无津涯,非圣人之

言所能限;事有时势,非圣人之制所能尽。后世苟有明者出,发圣人所未发而默契圣人欲言之心,为圣人所未为而吻合圣人必为之事,此固圣人之深幸而拘儒之所大骇也。呜呼!此可与通者道,汉唐以来鲜若人矣①。

【译文】道者,是天下古今共公之理,是人人都有份的。道不自私,圣人也不把道作为私有,而儒者每每把它变为私有,称作"圣人之道";说话必引经据典,引事必征引古代,称此为"卫道"。唉!这是从古至今的堤防啊,谁敢冲决呢?然而道无边无涯,不是圣人之言可以限制的;事情有时势的变化,不是圣人制定的制度可以包括得了的。后世如果能出现一个明了这些道理的人,发圣人所未发,而和圣人想要说的相契合;为圣人所未为,而和圣人想做的事情相吻合,这固然是圣人的大幸,但也会使迂阔褊狭的儒生大吃一惊。啊!这个道理,可以和学识渊博、通达事理的人说,汉、唐以来,这样的人太少了。

【注释】①鲜若人矣:少这样的人了。

015 《易》道①,浑身都是,满眼都是,盈六合都是。三百八十四爻②,圣人特拈起三百八十四事来做题目,使千圣作《易》,人人另有三百八十四说,都外不了那阴阳道理③。后之学者求易于《易》,穿凿附会以求通,不知《易》是个活底,学者看做死底;《易》是个无方体底④,学者看做有定象底。故论简要,《乾》、《坤》二卦已多了;论穷尽,虽万卷书说不尽。《易》底道理,何止三百八十四爻。

【译文】《易》中讲的道,每个人浑身都有,满眼都能看见,整个天地之间都充满了。三百八十四爻,是圣人特地拈出三百八十四件事来做题目,假使让一千位圣人来写《易》,人人都会另有三百八十四种说法,都离不开阴阳的道理。后来的学者从《易》中寻求变化的道理,用穿凿附会的方法以求道理能讲得通,不知《易》中讲的道理是活的,而学《易》的人把它看成死的;《易》是个没有固定方位和形体的东西,学习的人把它看成是有一定形体的。如果说简要,《乾》、《坤》二卦已经多了;如果说穷尽,虽用万卷书来解说也解说不尽。《易》的道理何止三百八十四爻!

【注释】①易:即《周易》,六经之一,分经、传两部分。经指六十四卦的卦象、卦辞、爻辞。传是对经的阐释,共有十篇,即:《彖》上下,《象》上下,《文言》,《系辞》上下,《说卦》,《序卦》,《杂卦》,又称"十翼"。 ②三百八十四爻:《周易》六十四卦,每卦六爻,故一部《周易》有三百八十四爻。 ③外不了:不出之外,无非是。 ④方体:固定的方位和形体。

016 "中"之一字,不但道理当然,虽气数①,离了中,亦成不得。寒暑灾祥失中,则万物殃;饮食起居失中,则一身病。故四时各顺其序,五脏各得其职,此之谓中。差分毫便有分毫验应。是以圣人执中以立天地万物之极。

【译文】"中"这个字,不但从道理上讲是必然如此,就是气运注定的事,离开了"中",也不会成功。寒暑祸福离了"中",万物都要遭殃;饮食起居离了"中",身体就会生病。因此四时各顺其序,五脏各司其职,这就叫"中",差分毫就有分毫的问题。所以圣人执"中"以建立天地万物的准则。

【注释】①气数:气运,命运。

017 学者只看得世上万事万物种种是道,此心才觉畅然。

【译文】学者只要看得天下万事万物种种都是道,心情才会觉得舒畅。

018 在举世尘俗中,另识一种意味,又不轻与鲜能知味者尝,才是真趣。守此便是至宝①。

【译文】在举世尘俗中,能另外识别出一种意味,又不轻易地让不能理解这种意味的人去品尝,这才是真趣。能守住这点就最为宝贵。

【注释】①至宝:最为宝贵的东西。

019 五色胜则相掩①,然必厚益之,犹不能浑然无迹。惟黑一染不可辨矣。故黑者,万事之府也,敛藏之道也。帝王之道黑,故能容保无疆;圣人之心黑,故能容会万理。盖含英采,韬精明,养元气,蓄天机,皆黑之道也。故曰"惟玄惟默"。玄,黑色也;默,黑象也。《书》称舜曰"玄德升闻"②,《老子》曰"知其白,守其黑"③,得黑之精者也。故外著而不可掩④,皆道之浅者也。虽然,儒道内黑而外白,黑为体⑤,白为用。老氏内白而外黑,白安身,黑善世。

【译文】各种颜色都很鲜艳则会相互遮盖,而用任何颜色涂抹都不能遮盖住原有颜色而不留痕迹。只有用黑色一染,就看不见其他颜色了。所以说,"黑"是万事聚集之处,是万物敛藏之道。帝王之道"黑",所以能囊括四海;圣人的心胸"黑",所以能融会万理。精粹的包容,精诚的蕴涵,元气的培养,天机的蓄藏,都是"黑"之道,所以说"惟玄惟默"。玄,就是黑的颜色;默,就是黑的形象。《书》称赞舜"玄德升闻",意思是说道德幽深,名声达于天地,遂被任用。老子说"知其白,守其黑",是得到了"黑"道的精髓。显露而不掩藏,说明道很浅。虽然如此,儒道是内黑而外白,黑为体,白为用。老子是内白而外黑,白安身,黑善世。

【注释】①五色:指青、黄、赤、白、黑五种颜色。 ②玄德升闻:语出《尚书·尧典》。原文为:"曰若稽古帝舜,曰重华协于帝,睿哲文明,温恭允塞,玄德升闻,乃命以位。"孔氏传曰:"玄谓幽潜,潜行道德,升闻天朝,遂见微用。" ③知其白,守其黑:《老子》二十八章:"知其白守其黑,为天下式。"式,王弼注:"模则也。" ④著:明,显露。 ⑤黑为体:指黑融会万理,万理为体,理之施行为用。

020 道在天地间,不限于取数之多,心力勤者得多,心力衰者得少,昏弱者一无所得。假使天下皆圣人,道亦足以供其求。苟皆为盗跖,道之本体自在也,分毫无损。毕竟是世有圣人,道斯有主;道附圣人,道斯有用。

【译文】道存在天地之间,不限制人取数的多少,心力勤的人得到的多,心力衰的人得到的少,昏弱者一无所得。假使天下都是圣人,道也足以供这些人求取。如果都是盗跖,道的本体也自会存在,分毫不会有损。毕竟世代都有圣人出现,道才有了主人;道依附于圣人,道才能有用。

021 汉、唐而下,议论驳而至理杂,吾师宋儒。宋儒求以明道而多穿凿附会之谈,失平正通达之旨,吾师先圣之言。先圣之言煨于秦火①,杂于百家,莠苗朱紫②,使后学尊信之而不敢异同,吾师道。苟协诸道而协,则千圣万世无不吻合。何则?道无二也。

【译文】汉、唐以后,各种议论很多,提出了不同的理论,我主张学习宋儒。宋儒以明道为目标,又有不少穿凿附会之谈,失平正通达之旨,我学习尧、舜、周、孔等先圣的理论。先圣的言论被秦始皇烧掉了,后来夹杂于诸子百家之中,苗莠不分朱紫难辨,而又使后学尊信而不敢表示异同,我学习道。如果和道吻合融洽了,那千圣万世没有不吻合的。为什么呢?因为道没有二个。

【注释】①煨:在带火的灰里把东西烧熟。这里即烧之意。秦火,指秦始皇焚书。 ②莠:草。

022 或问：中之道，尧舜传心①，必有至玄至妙之理？余叹曰：只就我两人眼前说这饮酒，不为限量，不至过醉，这就是饮酒之中。这说话，不缄默，不狂诞，这就是说话之中。是作揖跪拜，不烦不疏，不疾不徐，这就是作揖跪拜之中。一事得中，就是一事底尧舜，推之万事皆然。又到那安行处②，便是十全底尧舜。

【译文】有人问："中之道，尧舜等圣人代代相传，必然有至玄至妙之理吧？"我感叹地说："就说我们二人眼前饮酒这件事，不限制酒量，也不喝醉，这就是饮酒之中。我们现在说话，不缄默，不狂诞，这就是说话之中。这作揖跪拜，不繁不疏，不疾不徐，这就是作揖跪拜之中。一件事做到中，就是这件事的尧舜，推之万事皆然。如果到那无所要求而安然行事的程度，便是十全的尧舜。"

【注释】①尧舜传心：朱熹《中庸章句序》说："《中庸》何为而作也？子思子忧道学之失其传而作也。盖自上古圣神继天立极，而道统之传有自来矣。其见于经，则'允执厥中'者，尧之所以授舜也；'人心惟危，道心惟微，惟精惟一，允执厥中'者，舜之所以授禹也。""夫尧舜禹，天下之大圣也。以天下相传，天下之大事也。以天下之大圣，行天下之大事，而其授受之际，丁宁告戒，不过如此。则天下之理，岂有以加于此哉？"又说："此篇乃孔门传授心法。" ②安行：《礼记·中庸》："天下之达道五，所以行之者三。曰君臣也，父子也，夫妇也，昆弟也，朋友之交也，五者天下之达道也。智、仁、勇三者，天下之达德也，所以行之者一也。或生而知之，或学而知之，或困而知之，及其知之一也；或安而行之，或利而行之，或勉强而行之，及其成功一也。"生而知之，安而行之，都是最高层次。安行，孔颖达疏："谓无所求为，安静而行之。"

023 形神一息不相离①，道器一息不相无②，故道无精粗，言精粗者妄也。因与一客共酌，指案上罗列者谓之曰：这安排必有停妥处，是天然自有底道理。那僮仆见一豆上案，将满案尊俎东移西动，莫知措手。那熟底入眼便有定位，未来便有安排，新者近前，旧者退后，饮食居左，匙箸居右，重积不相掩，参错不相乱，布置得宜，楚楚齐齐。这个是粗底，若说神化性命不在此，却在何处？若说这里有神化性命③，这个工夫还欠缺否？推之耕耘簸扬之夫、炊爨烹调之妇，莫不有神化性命之理，都能到神化性命之极。学者把神化性命看得太玄,把日用事物看得太粗,原不曾理会。理会得来,这案上罗列得,天下古今万事万物都在这里,横竖推行,扑头盖面,脚踏身坐底,都是神化性命。乃知神化性命极粗浅底。

【译文】形与神一息不能相离,道和器一刻不可分开,所以说道无精粗,说有精粗的人是无知的。因为我正和一位客人共同进餐饮酒,就指着案上罗列的菜肴和杯盘碗筷对客人说:"这种安排必然有它的妥当之处,自有它天然的道理。那僮仆见一盘菜端上来,就将满桌的盘碗东挪西动,不知如何安排才好。而熟悉此道的人,一看到菜端上来便会放置在一定的位置上,菜还未端上来便有安排,新端来的放在客人面前,旧的挪后,饮食放在左边,勺筷放在右边,重叠而不互相遮盖,参错而不混乱,布置适宜,楚楚齐齐。"这讲的虽然是粗事,如果说神化性命不在这里,又在什么地方呢?如果说这里有神化性命,这个功夫还欠缺吗?以此推论到耕耘簸扬的农夫,做饭烹调的妇女,没有一件事没有神化性命之理,每件事都能达到神化性命之极。学者把神化性命看得太玄,把日常事物看得太粗,没有很好地理会。理会得好,这案上罗列的,天下古今万事万物都在这里,横竖推行,扑头盖面,脚踏身坐的,都是神化性命。以此可知神化性命是极浅显容易理解的。

【注释】①形神:形体与精神。 ②道器:道,原则或理。器,器物。语出《周易·系辞下》:"是故形而上者谓之道,形而下者谓之器。"孔颖达疏:"道是无体之名,形是有质之称。" ③神化性命:引《周易·系辞上》:"化而裁之存乎变,推而行之存乎通,神而明之存乎其人,默而成之,不言而信,存乎德行。"《周易·系辞下》又说:"神而化之,使民宜之。""神化"从此成为历代学者,特别是理学家讨论的重要题目之一。《周易·说卦》:"穷理尽性,以至于命。"《周易·乾卦·象》:"乾道变化,各正性命。"这就是性命问题的思想渊源。《孟子》《中庸》讨论这些问题,后来又成为理学的重要命题。"神化性命"或"神化性命之理"都指的是最高、最根本的道理。

024 有大一贯①,有小一贯,小一贯贯万殊②,大一贯贯小一贯。大一贯一,小一贯千百。无大一贯则小一贯终是零星,无小一贯则大一贯终是浑沌③。

【译文】有大一贯,有小一贯,小一贯贯万种不同的事物,大一贯贯小一贯。大一贯有一个,小一贯有千百个。没有大一贯,小一贯终究是零零星星;没有小一贯,大一贯终究是混混沌沌。

【注释】①一贯：《论语·里仁》："子曰：'参乎！吾道一以贯之。'曾子曰：'唯。'子出，门人问曰：'何谓也？'曾子曰：'夫子之道，忠恕而已矣。'"朱熹注："贯，通也。"一贯，在这里指道之主旨或主体。　②万殊：万种不同。朱熹在上篇注中又说："盖至诚无息者，道之体也，所以一本也；万物各得其所者，道之用也，一本之所以万殊也。""一本万殊"是理学的主要命题之一。　③浑沌：浑然不分貌。

025　静中看天地万物，都无些子①。

【译文】静中看天地万物，没有任何东西。

【注释】①无些子：没有一点影子。

026　一门人向予数四穷问无极、太极及理气同异、性命精粗、性善是否①。予曰：此等语，予亦能剿先儒之成说及一己之谬见以相发明，然非汝今日急务。假若了悟性命，洞达天人，也只于性理书上添了"某氏曰"一段言语，讲学衙门中多了一宗卷案。后世穷理之人信彼驳此，服此辟彼，百世后汗牛充栋②，都是这桩话说，不知于国家之存亡、万姓之生死、身心之邪正，见在得济否？我只有个粗法子，汝只把存心制行、处事接物、齐家治国平天下，大本小节都事事心下信得过了③，再讲这话不迟。曰：理气性命终不可谈邪？曰：这便是理气性命显设处，除了撒数没总数④。

【译文】一位门人多次向我询问无极、太极、理气同异、性命精粗、性善是否的问题。我说："这些问题，我都能承袭先儒的成说及自己的见解来讲说，但这不是你今天要急于了解的。假如对'性命'之说讲解清楚了，对'天人'关系也解释明白了，也只是在性理一类的书上添上'某氏曰'一段言语，在讲学衙门中多了一宗卷案而已。后世研讨事物义理的人相信这个驳斥那个，信服这个排斥那个，百世后汗牛充栋都是这种论调，不知对国家的存亡、万姓的生死、身心的邪正，又有什么用处？我只有个粗法子，你只把存心养性、约束言行、处事接物、齐家治国平天下这些事的大本和小节都事事学到心里去，再讲以上的问题也不迟。"问："理气性命终究不能谈吗？"我说："以上讲的这些就是理气性命表现最明显的地方，除去了零散的数就没有总数。"

【注释】①无极：指最原始的无形无象的本体。《老子》二十八章："复归于无极。"周敦颐又提出"无极而太极"，朱熹认为"无极"既无方所又无形状，是用来形容太极的。从此,无极成为理学家经常讨论的命题之一。 ②汗牛充栋:形容书籍之多。柳宗元《陆文通先生墓表》:"其为书,处则充栋宇,出则汗牛马。"充栋宇,指书籍堆满屋子。汗牛马,是说牛马拉着书籍累得出汗。 ③大本:《中庸》第一章:"喜怒哀乐之未发谓之中,发而皆中节谓之和。中也者,天下之大本也。和也者,天下之达道也。"朱熹注:"大本者,天命之性,天下之理皆由此出,道之体也。" ④撒数:零散之数。吕坤重视实际,反对空谈性命。

027　阳为客,阴为主;动为客,静为主;有为客,无为主;万为客,一为主。

【译文】阳是客,阴就是主;动是客,静就是主;有是客,无就是主;万是客,一就是主。

028　理路直截①,欲路多岐②;理路光明,欲路微暧;理路爽畅,欲路懊烦;理路逸乐,欲路忧劳。

【译文】追求真理的路是笔直的,追求人欲的路是多歧的;追求真理的路是光明的,追求人欲的路是幽暗的;追求真理的路是爽畅的,追求人欲的路是烦恼的;追求真理的路是安逸快乐的,追求人欲的路是忧愁劳累的。

【注释】①理路:求理的思路。 ②欲路:求欲的思路。这里讲的是理欲之辨。

029　无万,则一何处着落①?无一,则万谁为张主?此二字一时离不得。一只在万中走,故有正一无邪万,有治一无乱万,有中一无偏万,有活一无死万。

【译文】没有万,一到何处着落?没有一,谁为万作主张?这两个字一会儿也离不开。一只在万中走,因此有正一无邪万,有治一无乱万,有中一无偏万,有活一无死万。

【注释】①此句中,一指理,万指万事万物。

030　天下之大防五①,不可一毫溃也②,一溃则决裂不可收拾。宇内之大防,上下名分是已;境外之大防,夷夏出入是已;一家之大防,男女嫌微是已;一身之大防,理欲消长是已;万世之大防,道脉纯杂是已。

【译文】天下的大堤防有以下五个方面,一毫也不能毁坏,一溃则决裂不可收拾。宇宙间的大堤防,是区分上下的名分;境外的大堤防,是分清夷人和华夏;一家之大堤防,是防止男女之间的嫌疑;一身之大堤防,是培植理念泯灭欲念;万世之大堤防,是保持道脉的纯粹,防止杂乱。

【注释】①大防:大堤。 ②溃:毁坏,水破堤而出。

031 儒者之末流与异端之末流何异①?似不可以相诮也②。故明于医可以攻病人之标本,精于儒可以中邪说之膏肓③。辟邪不得其情,则邪愈肆;攻疾不对其症,则病愈剧。何者?授之以话柄而借之以反攻,自救之策也。

【译文】儒家的末流与异端的末流有什么不同呢?看来不可互相讥笑。医术高明可以医治病人的病根,儒学精通可以击中邪说的要害。如果攻击邪说不合情理,邪说就会愈加流行;医治疾病不对症候,疾病就会更加严重。为什么呢?这等于授人以话柄,使其有可乘之机进行反攻,反而成了他们自救的策略。

【注释】①异端:儒家称其他持不同见解的学派为异端。《论语·为政》:"攻乎异端,斯害也已。" ②诮:责备。 ③膏肓:病极严重,难以医治。

032 人皆知异端之害道,而不知儒者之言亦害道也。见理不明,似是而非,或骋浮词以乱真,或执偏见以夺正,或狃目前而昧万世之常经,或徇小道而溃天下之大防,而其闻望又足以行其学术,为天下后世人心害良亦不细。是故有异端之异端,有吾儒之异端。异端之异端,真非也,其害小;吾儒之异端,似是也,其害大。有卫道之心者,如之何而不辩哉?

【译文】人人都知道异端能够害道,而不知儒者的言论也可以害道。对真理的认识不明确,似是而非,或运用浮词以乱真,或执偏见以夺正,或拘于目前而使万世的常经混乱,或屈从于小的道理而使天下的大堤防溃毁,而其声望又足以使其学术流行,对天下后世人心造成的祸患也会不小。所以说有异端的异端,有儒家的异端。异端的异端,是真正错误的,它的害处小;儒家的异端,好像是正确的,它的害处大。有卫道之心的人,怎么能不辨别清楚呢!

033 天下事皆实理所为,未有无实理而有事物者也。幻家者流无实用而以形惑人。呜呼！不窥其实而眩于形以求理，愚矣。

【译文】天下的事物都是有实实在在道理的，没有无道理而有事物的。幻术师之流的把戏只是以形象来迷惑人而没有实际作用。唉！不寻找真实的东西而从虚幻的形象来寻求事物的道理，那就太愚蠢了。

034　公卿争议于朝，曰天子有命，则屏然不敢屈直矣。师儒相辩于学，曰孔子有言，则寂然不敢异同矣。故天地间，惟理与势为最尊。虽然，理又尊之尊也。庙堂之上言理，则天子不得以势相夺。即相夺焉，而理则常伸于天下万世。故势者，帝王之权也；理者，圣人之权也。帝王无圣人之理，则其权有时而屈。然则理也者，又势之所恃以为存亡者也。以莫大之权无僭窃之禁①，此儒者之所不辞而敢于任斯道之南面也②。

【译文】公卿大臣在朝廷上争论不休，天子一下结论，就都不敢出声，不再申辩谁对谁错了。学习儒道的人在学堂上相互争论，一说孔子对所争的问题是如何论述的，就默然不敢再表示不同意见了。所以说，天地间只有真理和权势最尊贵。虽然这样讲，真理又是尊上之尊。在朝廷上讲理，天子也不能用权势来压制；即使压制了，真理也会伸张于天下万世之后。因此说，权势，是帝王的权力；真理，是圣人的权力。帝王如果没有掌握圣人所握的真理，那么权势有时也会向真理低头。然而真理又是权势所依靠的，能使权势存亡的东西。有无上的权力，而又没有以超越本分或窃夺权势的原因被禁止，这就是儒者敢于担当以宣扬真理为己任的南面天子的原因。

【注释】①僭窃：僭，超越本分。窃，盗取。　②南面：古代坐北朝南为尊位，天子诸侯接见臣僚时，皆面南而坐。后指君主和百官之长。这里指道的最高承当者，借以表述理势关系、理高于势的思想。

035　阳道生，阴道养，故向阳者先发，向阴者后枯。

【译文】阳道主生，阴道主养，所以向阳的一面所生长的东西先发芽，向阴的一面生长的东西后枯萎。

036　正学不明，聪明才辩之士各枝叶其一隅之见以成一家之说，而道始千歧百径矣。岂无各得？终是偏术。到孔门，只如枉木著绳①，一毫邪气不得。

【译文】正学不明，聪明有才能而又善辩的人就会各持己见以建立自己一家的学说,对道的解释,就产生千歧百径的说法。难道都讲得不对吗?终究有所偏颇。只有到了孔子,就好比用绳墨来衡量曲木一样,一点儿也不会歪斜不正了。

【注释】①枉木:曲木。绳,木工所用的线尺。

037 禅家有理障之说①,愚谓理无障,毕竟是识障。无意识②,心何障之有?

【译文】禅家有理障之说,我说理不会有障,而是认识有障。如果没有任何先入之见,认识事物的心怎么会有障碍呢?

【注释】①理障:指执于文字而见理不真。《圆觉经》上:"云何二障?一者理障,碍正知见;二者事障,续诸生死。" ②无意识:指无先入之见。

038 道莫要于损己,学莫急于矫偏。

【译文】求道,重要的是在克己;学习,亟须注意的是要纠偏。

039 七情总是个欲①,只得其正了,都是天理;五性总是个仁②,只不仁了,都是人欲。

【译文】七情,总的说都是欲望,只要欲望是正当的,就是天理;五性,总的说都是仁心,只要不仁了,就都是人欲。

【注释】①七情:一般指喜、怒、哀、惧、爱、恶、欲七种感情。 ②五性:五常之性,即仁、义、礼、智、信。五性必须以仁为根本。这里亦是讲天理、人欲之辨。

040 万籁之声①,皆自然也。自然,皆真也。物各自鸣其真,何天何人,何今何古?《六经》,籁道者也②,统一圣真。而汉宋以来胥执一响以吹之③,而曰是外无声矣。观俳谑者④,万人粲然皆笑,声不同也而乐同。人各笑其所乐,何清浊高下妍媸之足云?故见各鸣其自得,语不诡于《六经》⑤,皆吾道之众响也,不必言言同、事事同矣。

【译文】万籁之声,都是自然而然的。自然而然的,都是真实的。万物都各自发出声音表示自己真实的存在,无论天无论人,无论古无论今,都是如此。《六经》,是讲述自然之道的,是由圣人统一后发出来的真理的声音。而汉、宋以来只许发出一种声音,并说除此之外就没有别的声音。看滑稽戏的人,万人观看,万人都发出快乐的笑声,声音虽然不同,快乐的心情是相同的。每个人各笑他认为可乐的事,有什么清浊、高下、美丑之分呢?因此说人人都可以表达自己体会出来的见解,只要语言不背离《六经》的义理,都是合乎道的声音,不必言言相同,事事相同。

【注释】①万籁:指自然界的一切声音。 ②籁道者:自然发出的讲述道的声音。 ③胥:都。 ④俳谑:俳,杂戏,俳谑,滑稽戏语。 ⑤诡:违反。

041 气者形之精华,形者气之渣滓。故形中有气,无气则形不生;气中无形,有形则气不载。故有无形之气,无无气之形。星陨为石者,先感于形也。

【译文】气是形体的精华,形体是气的渣滓。因此形中有气,无气则形不生;气中无形,有形则气不载。因此有无形之气,无无气之形。星星陨落能成为石头,是因为先有了形的缘故。

042 天地万物只到和平处,无一些不好,何等畅快!

【译文】天地万物只到了和平的境地,无一点儿不好,是何等畅快!

043 庄列见得道理原著不得人为①,故一向不尽人事,不知一任自然,成甚世界?圣人明知自然,却把自然阁起,只说个当然,听那个自然。

【译文】庄子、列子讲的道理都是要求人不要有所作为,所以一向不在人为上努力。不知一味听凭自然,会成一个什么世界?圣人是明知自然,却把自然搁起不说,只讲当然,而听其自然。

【注释】①庄列:指庄子、列子。吕坤认为二家都是强调自然无为的,所以说他们"不尽人事"。《荀子·解蔽》:"庄子蔽于天而不知人。"杨倞注:"天谓无为自然之道,庄子但推治乱于天而不知在人也。"这也是批评道家不尽人事的。

044 私恩煦感,仁之贼也;直往轻担,义之贼也;足恭伪态①,礼之贼也;苛察歧疑,智之贼也;苟约固守②,信之贼也。此五贼者,破道乱正,圣门斥之。后世儒者往往称之以训世,无识也与!

【译文】用私恩来感动人,是仁之贼;不辨是非就径直前往、勇于承担,是义之贼;过分谦恭虚伪的态度,是礼之贼;过分地苛求察考,走入了歧途,发生了疑惑,是智之贼;随便和别人约定,又顽固地坚守约定,是信之贼。这五种情况,破坏了道义,危害了正理,圣人是排斥的。而后世儒者往往称赞它并用来教导世人,也太没见识了吧!

【注释】①足恭伪态:装作十足恭敬的样子。 ②苟约:随便约定。

045 道有二然,举世皆颠倒之。有个当然,是属人底①,不问吉凶祸福,要向前做去;有个自然,是属天底②,任你踯躅咆哮,自勉强不来。举世昏迷,专在自然上错用功夫,是谓替天忙,徒劳无益。却将当然底全不著意,是谓弃人道,成个甚人?圣贤看着自然可得底,果于当然有碍,定不肯受,况未必得乎?只把二"然"字看得真,守得定,有多少受用处。

【译文】道有二"然",举世都颠倒了。有个"当然",是属于人为可以做到的,这就是不问吉凶祸福,只管努力去做。有个"自然",是属于上天决定的,任凭你如何努力,如何不满,也勉强不来。举世人昏昏迷迷,专在"自然"上错用功夫,这叫做替天忙,徒劳无益。却把那"当然"全不放在心上,这叫做弃人道,这成了什么人?圣贤看那些"自然"能够得到的,但对"当然"有妨碍,也一定不肯接受,况且未必能够得到的呢?只把二"然"字看得真、守得定,有多少受用的地方啊!

【注释】①当然:指人的品德修养以及一切人为之理。 ②自然:指人的富贵贫贱,祸福寿夭等。

046 气用形,形尽而气不尽;火用薪,薪尽而火不尽。故天地惟无能用有。五行惟火为气,其四者皆形也。

【译文】气因形而生,形尽而气不尽;火从薪中产生,薪尽而火不尽。所以天地之间只有"无"能用"有"。金、木、水、火、土这五行,只有火为气,其他四者都有形。

047 气盛便不见涵养。浩然之气虽充塞天地间①,其实本体间定冉冉口鼻中,不足以呼吸。

【译文】气盛便看不出有涵养。浩然之气虽然充塞于天地之间,但是在人身体中,一定是慢慢上升到口鼻中,好像不足以呼吸一样。

【注释】①浩然之气:正大刚直之气。《孟子·公孙丑上》:"我善养吾浩然之气。"

048 有天欲,有人欲。吟风弄月,傍花随柳,此天欲也。声色货利,此人欲也。天欲不可无,无则禅①;人欲不可有,有则秽。天欲即好底人欲,人欲即不好底天欲。

【译文】有天欲,有人欲。吟风弄月,傍花随柳,这就是天欲。声色货利,这就是人欲。天欲不可无,无就进入了禅境;人欲不可有,有则入于污秽。天欲就是好的人欲,人欲就是不好的天欲。

【注释】①禅:原指静坐默念。引申为禅理、禅法、禅学。此处谓进入禅家之中。《呻吟语·谈道》:"儒戒声色货利,释戒色声香味,道戒酒色财气。"释即指禅。

049 朱子云①:"不求人知,而求天知。"为初学言也。君子为善,只为性中当如此,或此心过不去。天知、地知、人知、我知②,浑是不求底。有一求心,便是伪,求而不得,此念定是衰歇。

【译文】朱子说:"不求人知,只求天知。"这是对初学者说的。君子做善事,只是因为性情就是这样,或心里过不去。天知、地知、人知、我知,这些都不要求。有一求心便是虚伪,求而不得,做善事的念头必然衰歇。

【注释】①朱子:指朱熹,南宋著名理学家。 ②天知、地知、人知、我知:《后汉书·杨震传》载:东汉杨震为太守,道经昌邑,县令求见,夜送十金,说:"暮夜无知者。"杨震答:"天知、神知、我知、子知,何谓无知?"

050 以吾身为内,则吾身之外皆外物也。故富贵利达,可生可荣,苟非道焉,而君子不居。以吾心为内①,则吾身亦外物也。故贫贱忧戚,可辱可杀,苟道焉,而君子不辞。

【译文】以我的身体为内,那么我身体之外的东西都是外物。所以无论富贵利达、可生可荣,假如不合于道,君子都不会安心处于这样的境地。以我的心为内,那么我身体也是外物。一旦处于贫贱忧戚、可辱可杀的境地,如果合乎道,君子也不会推辞。

【注释】①吾心:这里指个人的道德价值。

051 或问敬之道。曰:外面整齐严肃,内面齐庄中正,是静时涵养底敬。读书则心在于所读,治事则心在于所治,是主一无适底敬①。出门如见大宾,使民如承大祭,是随事小心底敬。或曰:若笑谈歌咏、宴息造次之时②,恐如是则矜持不泰然矣!曰:敬以端严为体,以虚活为用,以不离于正为主。斋日衣冠而寝,梦寐乎所祭者也;不斋之寝,则解衣脱冕矣。未有释衣冕而持敬也。然而心不流于邪僻,事不诡于道义,则不害其为敬矣。君若专去端严上求敬,则荷锄负畚,执辔御车,鄙事贱役,古圣贤皆为之矣,岂能日日手容恭、足容重邪③?又若孔子曲肱指掌④,及居不容,点之浴沂⑤,何害其为敬邪?大端心与正依,事与道合,虽不拘拘于端严,不害其为敬。苟心游千里,意逐百欲,而此身却兀然端严在此,这是敬否?譬如谨避深藏,秉烛鸣佩,缓步轻声,女教《内则》原是如此⑥,所以养贞信也。若馌妇汲妻及当颠沛奔走之际⑦,自是回避不得,然而贞信之守与深藏谨避者同,是何害其为女教哉?是故敬不择人,敬不择事,敬不择时,敬不择地。只要个心与正依,事与道合。

【译文】有人问敬的道理。我回答说:"外表整齐严肃,内心恭敬正直,这是静时注意涵养的敬。读书时心就放在所读的书上,做事时心就注意在所做的事上,这就是专心一意不注意他事的敬。出门如同去会见贵宾,役使人民如同面临大的祭典,这就是遇事要小心对待的敬。"又问:"如果在笑谈歌咏,休息或忙碌的时候,像你讲的那样做,就显得矜持不自然了。"回答说:"敬是以端庄严肃为体,以虚心灵活为用,以不离正理为主。斋戒的日子,穿着衣服睡觉,在梦寐中也想着祭祀的人;非斋戒的日子,则脱去衣帽休息。没有脱掉衣服还能保持庄重的。然而只要心不往邪处想,做事不违反道义,就不能说不是敬。如果你专在外表端庄严肃上去求敬,那么扛着锄头,担着筐子,拉着缰绳,驾着车子,从事低贱的事情,古代的圣贤都做过,哪能够天天手放得恭恭敬敬,走起路来庄庄重重呢?又如孔子曲肱而睡、指掌而谈,平居不修饰,曾点在沂水中沐浴,对敬又有什么妨害呢?大体说来,心归于正,事合于道,虽然在外表上不那么拘谨端严,也称得上敬。如果心游千里,意逐百欲,而身体虽然表现得端庄严肃,这能叫敬吗?譬如妇女的处世原则应谨避深藏,夜出则秉烛鸣佩,平时则缓步轻声,讲女教的《内则》都是这样讲的,这是为了培养贞洁诚信的品德。至于给农夫送饭的农妇,每天要打水的妇女,或遇到颠沛流离四处奔走的境况,自然无法回避,如果这些妇女贞洁诚信的操守和那些深藏谨避的妇女一样的话,对女教中讲的那些修养原则又有什么妨害呢?因此说敬不择人,敬不择事,敬不择时,敬不择地。只要求做到心归于正,事合于道。"

【注释】①主一无适:是理学家的修养功夫,即思想专一而不他向。 ②造次:急遽,急忙。 ③手容恭、足容重:《礼记·玉藻》:"君子之容舒迟,见所尊者齐遫,足容重,手容恭,目容端,口容止,声容静,头容直,气容肃,立容德,色容庄,坐如尸。"吕坤批评的是这种情况。 ④曲肱指掌:《论语·述而》:"子曰:'饭疏食,饮水,曲肱而枕之,乐亦在其中矣,不义而富且贵,于我如浮云。'" ⑤点之浴沂:点,曾点,字皙,孔子弟子。沂,水名,在今山东邹县、曲阜境内。据《论语·先进》载:子路、曾皙、冉有尝侍孔子,各言其志。曾皙曰:"暮春者,春服既成,冠者五六人,童子六七人,浴乎沂,风乎舞雩,泳而归。"夫子喟然叹曰:"吾与点也。" ⑥女教《内则》:《礼记·内则》:"女子出门,必拥蔽其面,夜行以烛,无烛则止。" ⑦馌妇:给耕田之人送饭之妇。《诗经·豳风·七月》:"馌彼南亩。"汲:打水。

052 先难后获,此是立德立功第一个张主。若认得先难是了,只一向持循去,任千毁万谤也莫动心,年如是,月如是,竟无效验也只如是①,久则自无不获之理。故工夫循序以进之,效验从容以俟之。若欲速便是揠苗者②,自是欲速不来。

【译文】先经过艰难的努力然后才去考虑收获,这是想立德立功的人第一应当做到的。如果认为开始是困难的,仍坚持做下去,任凭有千毁万谤也不动心,年年如此,月月如此,仍无效验也如此,时间长了,没有无收获的道理。所以说功夫要循序渐进,而效验则要从容等待。若想速成,便是拔苗助长,欲速则不达。

【注释】①只如是:一直如此。 ②揠(yà)苗:拔高禾苗。《孟子·公孙丑上》:"宋人有闵其苗之不长而揠之者。芒芒然归,谓其人曰:'今日病矣,予助苗长矣。'其子趋而往视之,苗则槁矣。""拔苗助长"的成语即来源于此。后比喻强求速成,反而把事情弄坏。

053 造化之精,性天之妙①,惟静观者知之,惟静养者契之,难于纷扰者道。故止水见星月,才动便光芒错杂矣。悲夫!纷扰者昏昏以终身,而一无所见也。

【译文】造化的精微,性天的微妙,只有静观的人才能看到,只有静养的人才能契合,这个道理难以和纷乱不安的人讲。所以静止的水中可以看见星月,水一动就光芒错杂了。可悲啊!纷乱不安的人终身昏昏然,什么也看不到啊!

【注释】①性天:一般指人得之于自然的本性。《孟子·尽心上》:"尽其心者知其性,知其性则知天矣。"

054 满腔子是恻隐之心①,满六合是运恻隐之心处。君子于六合飞潜动植、纤细毫末之物,见其得所,则油然而喜,与自家得所一般;见其失所,则闵然而戚,与自家失所一般。位育念头②,如何一刻放得下。

【译文】满心胸都是恻隐之心,满天下都是运用恻隐之心的地方。君子对于天下的飞禽走兽、动物植物、纤细毫末之物,看见它们得到适宜的生活处所,就会油然而喜,和自己得到了一样;看见它们失去了适宜的处所,就因悯恤而陷入忧愁悲哀,与自己失去了处所一样。希望万物都能安其所、遂其生的念头,怎么能放下一刻呢!

【注释】①恻隐之心:《孟子·告子上》:"恻隐之心,人皆有之;羞恶之心,人皆有之;恭敬之心,人皆有之;是非之心,人皆有之。恻隐之心,仁也。羞恶之心,义也。恭敬之心,礼也。是非之心,智也。"恻隐之心为仁,即爱人,同情他人。 ②位育:《中庸》第一章:"致中和,天地位焉,万物育焉。"朱熹注:"位者,安其所也。育者,遂其生也。"

055 万物生于性①,死于情。故上智去情,君子正情,众人任情,小人肆情。夫知情之能死人也,则当游心于澹泊无味之乡,而于世之所欣戚趋避,漠然不以婴其虑②,则身苦而心乐,感殊而应一。其所不能逃者,与天下同;其所了然独得者,与天下异。

【译文】万物生于性,死于情。所以智慧高的人去情,品德高的人正情,一般的人任情,小人肆情。既然知道情能使人死,就应当使心处于澹泊无味之中,而对世上人们为之高兴、忧愁、趋避的事情丝毫不放在心上。这样就会身苦而心乐,感遇的事物不同而对待的方法相同。不能躲避的环境,与天下人相同;而了然独得的道理,却和天下人不同。

【注释】①性:指理。 ②婴:缠绕,羁绊。

056 此身要与世融液,不见有万物形迹、六合界限,此之谓化①。然中间却不模糊,自有各正底道理,此之谓精②。

【译文】本身要与世融合,看不出有万物的形迹、天地的界限,这叫做化。

但是中间却不模糊,自有各自的正理,这叫做精。

【注释】①这里指万物一体。　②这里指万物之差别。

057 人一生不闻道,真是可怜。

【译文】人的一生不知道理,真的很可怜。

058 "己欲立而立人,己欲达而达人"①,便是肫肫其仁、天下一家滋味②。然须推及鸟兽,又推及草木,方充得尽③。若父子兄弟间便有各自立达、争先求胜的念头,更那顾得别个。

【译文】"己欲立而立人,己欲达而达人",意思是说自己要站得住,同时也使别人站得住;自己要事事行得通,同时也使别人事事行得通。这样才是诚恳仁爱、天下一家的味道。然而还得将仁爱推及禽兽,还要推及草木,才能说推尽了仁爱。如果父子兄弟之间都各自只想自己的立达,有了争先求胜的念头,哪能顾到别的呢!

【注释】①"己欲立而立人"二句:语出《论语·雍也》篇。　②肫肫:诚执貌。《礼记·中庸》:"肫肫之仁。"郑玄注:"肫,恳诚貌也。"　③充:扩充。

059 天德只是个无我,王道只是个爱人①。

【译文】天德只是个无我,王道只是个爱人。

【注释】①天德、王道:程颢注《论语·子罕》篇"子在川上曰"句说:"自汉以来,儒者皆不识此义。此见圣人之心,纯亦不已也。纯亦不已,乃天德也。有天德,便可语王道,其要只在谨独。"宋明以来学者多讲天德王道。

060 道是第一等,德是第二等,功是第三等,名是第四等。自然之谓道,与自然游谓之道士。体道之谓德,百行俱修谓之德士。济世成物谓之功。一味为天下洁身著世谓之名。一味为自家立言者,亦不出此四家之言。下此不入等矣。

【译文】道是第一等,德是第二等,功是第三等,名是第四等。自然叫做道,与自然一起遨游的叫做得道之士。能体现道的叫做德,各种品德修养都很高的人叫做修德之士。救世成物叫做功。一心为了天下而又保持自己的清白,因而闻名天下的人叫名士。一心要建立自己学说的人,也不会超出道、德、功、名这四家之言。除此以外就不入等了。

061 凡动天感物,皆纯气也。至刚至柔,与中和之气皆有所感动,

纯故也。十分纯里才有一毫杂,便不能感动。无论嘉气、戾气,只纯了,其应便捷于影响。

【译文】凡是能够动天感物的,都是纯气,这种气很刚又很柔,与中和之气都能有所感动,是因为纯的缘故。十分纯里才有一毫杂,就不能感动。不论善气、恶气,只要纯了,感应就无比迅速。

062 万事万物有分别,圣人之心无分别,因而付之耳①。譬之日因万物以为影,水因万川以顺流,而日水原无两,未尝不分别,而非以我分别之也。以我分别,自是分别不得。

【译文】万事万物有分别,圣人的心无分别,因此将天下的兴亡付于圣人。譬如阳光照耀万物形成影,水流入河川形成河流。照耀万物的日光、流入河川的流水,都没有两样,而未尝不分别,而这分别不在日光和水本身,以本身分别,自然无法区分。

【注释】①因而付之:顺应万物而给予。

063 下学学个什么,上达达个什么①？下学者学其所达也,上达者达其所学也。

【译文】"下学"学个什么？"上达"达个什么？下学,就是学习各种事物中的道理;上达,就是把学到的道理融会贯通。

【注释】①下学上达:语出《论语·宪问》:"子曰:'不怨天,不尤人,下学而上达,知我者,其天乎!'"旧注:"下学人事,上知天命。"吕坤在这里强调学与达的一致性。

064 弘毅,坤道也。《易》曰:"含弘光大①。"言弘也。"利永贞"②,言毅也。不毅不弘,何以载物？

【译文】弘毅,讲的是坤道。《易》说"含弘光大",讲的就是弘。"利永贞",意思是说长守贞正,说的就是毅。不毅不弘,怎么能载物呢？

【注释】①含弘光大:语出《周易·坤卦·彖辞》:"至哉坤元,万物资生,乃顺承天,坤厚载物,德合无疆,含弘光大,品物咸亨。牝马地类,行地无疆,柔顺利贞。"含弘,指地德深厚,无所不包容,无所不持载。光大,即广大。《象》又说:"地势坤,君子以厚德载物。" ②利永贞:指做事须长久坚持,贞固到底,勿半途而废。《周易·艮卦》:"初六,艮其趾,无咎,利永贞。"

065 六经言道而不辨,辨自孟子始。汉儒解经而不论,论自宋儒始。宋儒尊理而不僭①,僭自世儒始。

【译文】《六经》只讲道而不与其他学说辩论,辩论从孟子开始。汉儒解释《六经》而不发表议论,发表议论从宋代的儒者开始。宋儒尊理而不超越《六经》之旨,超越《六经》之旨从世俗的儒者开始。

【注释】①僭:超越本分。

066 圣贤学问是一套,行王道必本天德。后世学问是两截,不修己,只管治人①。

【译文】圣贤的学问是一个整体,认为在天下实行王道必须要从自身具有最高道德开始。后世的学问是两截,不修养自己的品德,只是想怎样去治理别人。

【注释】①这是批评道德和治道分离的行为。

067 自非生知之圣,未有言而不思者。貌深沉而言安定,若寒若疑,欲发欲留,虽有失焉者,寡矣。神奋扬而语急速,若涌若悬,半跲半晦①,虽有得焉者,寡矣。夫一言之发,四面皆渊阱也。喜言之则以为骄,戚言之则以为懦,谦言之则以为诌,直言之则以为陵②,微言之则以为险,明言之则以为浮。无心犯讳则谓有心之讥,无为发端则疑有为之说。简而当事,曲而当情,精而当理,确而当时,一言而济事,一言而服人,一言而明道,是谓修辞之善者③。其要有二:曰澄心,曰定气。余多言而无当,真知病本云云,当与同志者共改之。

【译文】如果不是天生的圣人,没有说话不需要思考的。外貌深沉,言谈安定,好像凝滞,好像有疑虑,欲言欲止,这样做即使有失误,也比较少。神气昂扬,语言急速,口若悬河,半通不通,这样做即使有正确的言论,也比较少。一言之发,四面都是陷阱。说高兴的话,别人以为你骄傲;说悲戚的话,别人以为你懦弱。说谦虚的话,别人以为你诌媚;说正直的话,别人以为你盛气凌人。说意味深长的话,别人以为你阴险;说明白易懂的话,别人又认为你肤浅。无心去触犯别人的忌讳,别人则认为你有心在讥讽;无目的的话,则怀疑有目的在说。说话能够简单而符合事实,委曲而符合人情,精炼而符合事理,确当而适合时宜,一句话就能办成事,一句话就使人信服,一句话就讲明道理,这就是善于讲话的人。想达到这个标准,要做到两点:一是静下心,二是沉住气。我这个人平时话多而无当,现在真正了解到,病根就在上面讲的这个道理上。和我有共同志向的人都应当改正之。

【注释】①跲(jiá):窒碍。《礼记·中庸》:"言前定,则不跲。"孔颖达疏:"将欲发言,能豫前思定,然后出口,则言得流行,不有蹟蹶也。" ②陵:同"凌",冒犯、侵辱。 ③修辞:修饰言辞。

068 知彼知我①,不独是兵法,处人处事一些少不得底。

【译文】知彼知己,不只在用兵时要如此,处人处事时也少不了这一条。

【注释】①知彼知我:《孙子·谋攻》:"知己知彼,百战不殆。"

069 静中真味,至淡至冷,及应事接物时,自有一段不冷不淡天趣。只是众人习染世味十分浓艳,便看得他冷淡。然冷而难亲,淡而可厌,原不是真味,是谓拨寒灰、嚼净蜡①。

【译文】静中的真正趣味,极淡极冷,到应事接物时,自然会有一段不冷不淡的天趣。只是一般人沾染世俗气味太浓,便认为静中的真趣冷淡。但是冷得让人难以亲近,淡得让人觉得厌恶,就不是真趣了。这就如同拨已烧过的灰烬一样,没有多少热气;如同嚼蜡一样,没有什么味道。

【注释】①这里强调应事接物时淡冷要适度。

070 明体全为适用①。明也者,明其所适也,不能适用,何贵明体?然未有明体而不适用者。树有根,自然千枝万叶;水有泉,自然千流万派。

【译文】弄清事物的本体,全是为了适用。明,就是弄清楚事物适合于做什么。不能适用,弄清了事物的本体又有什么用呢?然而没有弄清了事物的本体而找不到适合用途的。树有根,自然生长出千枝万叶;水有源,自然会形成千流万脉。

【注释】①明体全为适用:《荀子·富国》:"万物同宇而异体,无宜而有用,为人数也。"朱熹《中庸》第一章注:"大本者,天命之性,天下之理皆由此出,道之体也。达道者,循性之谓,天下古今之所共由,道之用也。"李颙《四书反身录》卷一:"《大学》一书为明体适用之书,《大学》之学,乃明体适用之学。"后来李颙之学又称"明体适用之学"。体,指事体、理体。用,即运用、作用。

071 天地人物原来只是一个身体、一副心肠。同了，便是一家；异了，便是万类。而今看着风云雷雨都是我胸中发出，虎豹蛇蝎都是我身上分来，那个是天地？那个是万物①？

【译文】天地人物，原来只是一个身体、一副心肠。相同，便是一家；不同，便是万类。现今要看成那风云雷雨都是从我胸中发出来的，虎豹蛇蝎都是从我身上分出来的，哪个是天地？哪个是万物？

【注释】①这里仍是讲万物一体思想。

072 万事万物都有个一①，千头万绪皆发于一，千言万语皆明此一，千体认万推行皆做此一。得此一，则万皆举；求诸万，则一反迷。但二氏只是守一②，吾儒却会用一。

【译文】万事万物都有个一，千头万绪都发于一，千言万语都要说明这个一，千体认万推行都要推行这个一。得了这个一，万事都能兴办；从万中寻求，反而会迷失这个一。但释家、道家只会守一，我们儒家却会用一。

【注释】①一：指道。　②二氏：指释、道。

073 三氏传心要法①，总之不离一"静"字，下手处皆是制欲，归宿处都是无欲，是则同。

【译文】儒、释、道三家的传心要法，总的看都不离"静"这个字，下手处都是节制人欲，归宿处都要达到无欲。这一点是相同的。

【注释】①三氏：指儒、释、道。

074 "予欲无言"，非雅言也①，言之所不能显者也。"吾无隐尔"②，非文辞也，性与天道也③。说便说不来，藏也藏不得，然则无言即无隐也，在学者之自悟耳。天地何尝言？何尝隐？以是知不可言传者，皆日用流行于事物者也。

【译文】孔子说："我想不说话了。"这里不是指平常所说的话，因为有些道理是不能用言语表达的。孔子又说："我没有什么可隐瞒的事。"这不是指文辞，而是指性与天道，说也说不出来，藏也藏不住，然而不说也没有隐藏，而是让学者自己去体悟。天地何尝说话？何尝隐瞒？以此可知，不可言传的，都是日常流行于事物之间的道理。

【注释】①"予欲无言"二句：语出《论语·阳货》："子曰：'予欲无言。'子贡曰:'子如不言,则小子何述焉。'子曰:'天何言哉,四时行焉,百物生焉,天何言哉!'"雅言,平常的话。　②吾无隐尔:语出《论语·述而》:"子曰:'二三子以我为隐乎?吾无隐乎耳。吾无行而不与二三子者,是丘也。'"　③性与天道:《论语·公冶长》:"子贡曰:'夫子之文章,可得而闻也;夫子之言性与天道,不可得而闻也。'"

075　天地间道理,如白日青天。圣贤心事,如光风霁月。若说出一段话,说千解万,解说者再不痛快,听者再不惺惚①,岂举世人皆愚哉?此立言者之大病。

【译文】天地间的道理,如白日青天;圣贤的心事,如光风霁月。如果说出一段话,用千万种方法解说,解说者还不痛快,听者再不醒悟,难道举世都是愚蠢的人吗?这是想著书立说的人的大毛病。

【注释】①惺惚:清醒、明白。

076　罕譬而喻者①,至言也;譬而喻者,微言也;譬而不喻者,玄言也。玄言者,道之无以为者也。不理会玄言,不害其为圣人。

【译文】很少用比喻就能讲明白的,是至理之言;用比喻才能讲明白的,是精微之言;用比喻也讲不明白的,是玄妙之言。玄妙之言,是道家讲的无为的道理。不理会玄言,不妨碍成为圣人。

【注释】①罕譬:很少用比喻。

077　正大光明,透彻简易,如天地之为形,如日月之垂象,足以开物成务①,足以济世安民,达之天下万世而无弊,此谓天言。平易明白,切近精实,出于吾口而当于天下之心,载之典籍而裨于古人之道②,是谓人言。艰深幽僻,吊诡探奇③,不自句读不能通其文,通则无分毫会心之理趣;不考音韵不能识其字,识则皆常行日用之形声,是谓鬼言。鬼言者,道之贼也,木之孽也④,经生学士之殃也。然而世人崇尚之者何?逃之怪异,足以文凡陋之笔;见其怪异,易以骇肤浅之目。此光明平易大雅君子为之汗颜泚颡⑤,而彼方以为得意者也。哀哉!

【译文】正大光明,透彻简易,如同天地之成形、日月之垂象,足以通晓万物之理,按理行事得到成功;足以达到安民济世的目的,流传到天下万世也无任何弊病,这叫做天言。平易明白,切近精实,从我口中说出而符合天下人的心意,载入典籍对古人讲的道理又有所补益,这叫做人言。艰深幽僻,吊诡探奇,不仔细研究句读不能读通他的文章,读通了也没有合于人心的理趣;不考察音韵不能认识他的文字,认清了都是日常通用的字,这叫做鬼言。鬼言,是害道的东西,如同树木长出的多余的枝杈,这对学习经典的学生来说真是祸殃。为什么世人崇尚这些鬼言呢?因为运用怪异的文词,可以文饰那些平凡浅陋的文章;看到怪异的文词,又会使那些见识肤浅的人惊讶。这样做,那些运用光明正大的天言及运用平易明白的人言的正人君子会感到羞愧,而那运用鬼言的人还自以为得意,真是可悲啊!

【注释】①开物成务:通晓万物之理,按理行事,得到成功。《周易·系辞上》:"子曰:夫易,何为者也?夫易开物成务,冒天下之道,如斯而已者也。"②裨(bì):补益。③吊诡:怪异,奇特。④蘖:蘖芽,灾祸的苗头。此处指树木长出多余的枝杈。⑤沘颡(cǐsǎng):汗出貌。此指因羞愧而流汗。颡,额。《孟子·滕文公上》:"其颡有沘。"吕坤在此批评那种艰深晦涩而毫无理趣的虚假文风。

078　衰世尚同,盛世未尝不尚同。衰世尚同流合污,盛世尚同心合德。虞廷同寅协恭①,修政无异识,圮族者殛之②;孔门同道协志,修身无异术,非吾徒者攻之③,故曰道德一、风俗同。二之非帝王之治,二之非圣贤之教,是谓败常乱俗,是谓邪说破道。衰世尚同,则异是矣。逐波随风,共撼中流之砥柱;一颓百靡,谁容尽醉之醒人?读《桃园》,诵《板》、《荡》④,自古然矣。乃知盛世贵同,衰世贵独。独非立异也,众人皆我之独,即盛世之同矣。

【译文】衰世崇尚同,盛世也未尝不崇尚同。衰世崇尚同流合污,盛世崇尚同心合德。在舜当政时,大家同具敬畏之心,对修明治道没有异议,破坏氏族的人就要处死。孔子的门人同道协志,修身不用其他的办法,不按孔子教导行事的弟子,大家就可以批评。所以说道德一,风俗同。道德、风俗有两样,就不是成就帝王之业的政治,就不是圣贤的教导,只能说是败常乱俗、邪说破道。衰世的崇尚同,和盛世的崇尚同就不一样了。衰世是逐波随风,共撼中流之砥柱;一人败坏全都跟着败坏,举世皆醉岂能容忍那清醒的人?读一读《诗经》中的《桃园》和《板》《荡》,可知自古以来情况就是如此。以此可知,盛世应当以同为贵,衰世应当以独为贵。独并不是标新立异,众人都有和我相同的特立独行的品德,这就是盛世的同。

【注释】①同寅协恭:寅,敬。同寅协恭,同具敬畏之心。《尚书·皋陶谟》:

"同寅协恭和衷哉。"后来称同僚为同寅。 ②圮(pǐ)族者殛(jí)之:圮,毁、绝之意。殛,诛戮。《尚书·尧典》:"方命圮族。" ③非吾徒者攻之:《论语·先进》:"季氏富于周公,而求也为之聚敛附益之。子曰:非吾徒也,小子鸣鼓而攻之可也。" ④读《桃园》,诵《板》、《荡》:桃园,指《园有桃》,《诗经·国风·魏风》篇名。毛序云:"园有桃,刺时也。大夫忧其君国,小而迫而俭以啬,不能用其民,而无德教,日以侵削,故作是诗。"朱熹《诗集传》注:"诗人忧其国小而无政,故作是诗。言园有桃,则其实之淆矣。心有忧,则我歌且谣矣。然不知我之心者,见其歌谣而反以为骄。……盖举国之人莫觉其非,而反以忧之者为骄也。于是忧者重嗟叹之,以为此之可忧,初不难知,彼之非我,特未之思耳。诚思之,则将不暇非我而自忧矣。"《板》、《荡》均为《诗经·大雅》篇名。都是讲衰世政治腐败,小人肆虐,忠正之言难申。这里讲的是盛世同心合德,衰世同流合污,正人君子只好尚独。

079 世间无一物可恋,只是既生在此中,不得不相与耳。不宜着情,着情便生无限爱欲,便招无限烦恼。

【译文】世间的东西一无可恋,只是身生世中,不得不接近罢了。不宜太用感情,太用感情就会产生无限的爱欲,便会招来无限的烦恼。

080 "安而后能虑"①,止水能照也。

【译文】心里安静了才能思考,静止的水才能照出影像。

【注释】①安而后能虑:语出《礼记·大学》。

081 君子之于事也,行乎其所不得不行,止乎其所不得不止;于言也,语乎其所不得不语,默乎其所不得不默,尤悔庶几寡矣①。

【译文】君子对于做事,一定要到不得不做的时候才做,不得不停止的时候才止。对于说话,要说那些不得不说的话;对于沉默,不得不沉默的时候才沉默。这样,过失与懊悔就少了。

【注释】①尤悔:过失与悔恨。庶几:差不多。

082 发不中节,过不在已发之后①。

【译文】喜怒哀乐等情感发出来的时候不符合节度,其过失不在已发之后。

【注释】①"发不中节"二句:《孟子·公孙丑上》:"仁者如射:射者正己而后发,发而不中,不怨胜己者,反求诸己而已矣。"《礼记·中庸》:"喜怒哀乐之未发,谓之中;发而皆中节,谓之和。"

083 才有一分自满之心,面上便带自满之色,口中便出自满之声,此有道之所耻也。见得大时,世间再无可满之事,吾分再无能满之时①,何可满之有? 故盛德容貌若愚。

【译文】才有一分自满的心思,面上便流露出自满的表情,口中便说出自满的话语,这是有道德的人认为可耻的事情。见过大世面的人,会认为世间没有可以满足的事,我本心的善性也没有能够满足的时候,哪里可以自满呢? 所以品德高尚的人,外貌如同愚憨的人一样。

【注释】①吾分:指性分,个人品德。

084 "相在尔室,尚不愧于屋漏"①,此是千古严师。"十目所视,十手所指"②,此是千古严刑。

【译文】《诗经·大雅·抑》一诗说:"相在尔室,尚不愧于屋漏。"意思是说:"看看你的屋子,即使在那人们看不见的地方也要光明磊落。"这句话是千古严师。《大学》引曾子的话说:"很多双眼睛都注视着你,很多双手都在指点着你。"这是千古严刑。

【注释】①"相在尔室,尚不愧于屋漏":语出《诗经·大雅·抑》。诗云:"相在尔室,尚不愧于屋漏,无曰不显,莫予云觏。"朱熹注:"屋漏,室西北隅也。觏,见。……盖常人之情,其修于显者,无不如此。然视尔独居于室之时,亦当庶几不愧于屋漏,然后可尔。无曰此非显明之处,而莫予见也。当知鬼神之妙,无物不体,其至于是,有不可得而测者。……此言不但修之于外,又当戒慎恐惧乎其所不睹不闻也。"此句意谓独居时也应谨慎严肃。 ②"十目所视"二句:《大学》第六章:"曾子曰:'十目所视,十手所指,其严乎。'"

085 诚与才合,毕竟是两个,原无此理。盖才自诚出,才不出于诚,算不得个才,诚了自然有才。今人不患无才,只是讨一诚字不得。

【译文】诚和才可以相合,但毕竟是两个东西,可是完全分开又是不合道理的。才应当从诚中产生,才不从诚中出,算不了才,诚了自然有才。现今的人不患无才,只是缺少一个诚字。

086 断则心无累。或曰:断用在何处? 曰:谋后当断,行后当断。

【译文】决断了,心就不会有牵累。有人问:"在何处可以决断?"回答说:"谋划好了以后可以决断,行动以后可以决断。"

087 道尽于一,二则赘;体道者不出一,二则支①。天无二气,物无二本,心无二理,世无二权。一则万,二则不万,道也二乎哉?故执一者得万,求万者失一。水壅万川未必能塞,木滋万叶未必能荣,失一故也。

【译文】道的完满在一,二则累赘;体认道也不出一,二则支离。天无二气,物无二体,心无二理,世无二权。一才能统万,二则不能统万,道怎么能有二个呢?因此执一者可以得万,求万者则会失一。譬如水,堵塞万条支流未必能堵住水流;又如树木,滋养万叶未必能使树木茂盛。这是因为没有抓住源头和根本,也就是没有抓住一的缘故。

【注释】①支:支离。

088 道有一真而意见常千百也,故言多而道愈漓①;事有一是而意见常千百也,故议多而事愈偾②。

【译文】道只有一个是真实的,而人们对道的各种见解常有千百种,所以议论越多离道越远。事情只有一种是正确的,而人们的看法却常有千百种,所以议论越多事情越容易失败。

【注释】①漓:薄。 ②偾:败事。

089 吾党望人甚厚,自治甚疏,只在口吻上做工夫,如何要得长进?

【译文】我们这些人对别人的企望甚高,而对自己的修养却很放松,只是在口头上做功夫,怎么能够长进呢?

090 宇宙内原来是一个,才说同,便不是。

【译文】宇宙内的事物原来只是一个整体,只要说同一,便不对了。因为他们彼此之间还是有差别的。

091 周子《太极图》第二圈子是分阴分阳①,不是根阴根阳。世间没这般截然气化,都是互为其根耳。

【译文】周敦颐《太极图》的第二圈,讲的是分阴分阳,不是根阴根阳。世上气的变化也没有这样断然分开的,阴阳都是互为其根的。

【注释】①"周子《太极图》"句：周子，周敦颐。《太极图·易说》曰："自无极而为太极。太极动而生阳，动极而静；静而生阴，静极复动。一动一静，互为其根。分阴分阳，两仪立焉。阳变阴合，而生水火木金土。五气顺布，四时行焉。五行，一阴阳也；阴阳，一太极也；太极，本无极也。五行之生也，各一其性。无极之真，二五之精，妙合而凝，乾道成男，坤道成女。二气交感，化生万物，万物生生而变化无穷焉。"吕坤认为"分阴分阳"说把气化说得"截然"了，应互为其根。

092　说自然是第一等话，无所为而为①；说当然是第二等话，性分之所当尽②，职分之所当为③；说不可不然是第三等话，是非毁誉是已；说不敢不然是第四等话，利害祸福是已。

【译文】说自然要去做，这是第一等话，不是为了什么目的才去做的。说当然应该做，这是第二等话，这是指本性应该达到的，职责应该做到的。说不可不这样做，这是第三等话，这关系到是非毁誉的问题。说不敢不这样做，这是第四等话，这关系到利害祸福的问题。

【注释】①无所为而为：不是有目的地做。　②性分：指仁义礼智等德性修养。　③职分：指职守。

093　人欲扰害天理，众人都晓得；天理扰害天理，虽君子亦迷，况在众人？而今只说慈悲是仁，谦恭是礼，不取是廉，慷慨是义，果敢是勇，然诺是信。这个念头真实发出，难说不是天理，却是大中至正天理被他扰害，正是执一贼道。举世所谓君子者，都是这里看不破，故曰"道之不明"也①。

【译文】人欲扰害天理，一般人都知道；天理扰害天理，即使君子也会迷惑不解，何况是一般人呢？现今只说慈悲是仁，谦恭是礼，不取是廉，慷慨是义，果敢是勇，然诺是信，如果这些念头都是真正从内心发出来的，难说不是天理，但是那大中至正的天理常常被它们扰害，正是因为人们偏执了一面而害了道。世上所谓君子的人，都在这里看不破，所以道就不明了。

【注释】①语出《中庸》。吕坤认为道不可执一，必有经有权；理不可片面，过犹不及，应求中正。

094　"二女同居，其志不同行"①，见孤阳也②。若无阳，则二女何不同行之有？二阳同居，其志同行，不见阴也。若见孤阴，则二男亦不可以同居矣。故曰"一阴一阳之谓道"③。六爻虽具阴阳之偏,然各成一体,故无嫌。

【译文】《周易·睽卦·象辞》说:"二女同居,其志不同行。"意思是说二女住在一起,志向不能够一致,这是因为见了一男的缘故。如果没有一男,二女怎会不同行呢?也有二阳同居的卦象,其志向相同,因为不见阴的缘故。假如见到一女,则二男也不可同居。所以《周易·系辞》说:"一阴一阳之谓道。"六爻虽有阴阳之偏,但阴阳相配,各成一体,故无猜忌。

【注释】①"二女同居"二句:语见《周易·睽卦·象辞》。《睽卦》卦象䷥即兑下离上,兑为少女,离为中女,所以说"二女同居"。意思是说二女同居一室,各思其归,所想不同。 ②孤阳:指一男。 ③一阴一阳之谓道:语出《周易·系辞上》。

095 利刃斫木绵,迅炮击风帜,必无害矣。

【译文】利刃砍柔软的木棉,迅炮击迎风飘扬的旗帜,必然没什么危害。

096 士之于道也,始也求得,既也得得,既也养得,既也忘得。不养得则得也不固,不忘得则得也未融。学而至于忘得,是谓无得。得者,自外之名,既失之名。还我故物,如未尝失,何得之有?心放失,故言得心,从古未言得耳目口鼻四肢者,无失故也。

【译文】读书人对于道,开始时希望求得它,既而得到了它,既而修养它,既而忘掉了它。不修养,得到的道不能巩固;不忘记,说明得到的道没有与心融合。学到忘记的程度,就和没有得到一样。得,是从外面来说的,是失而复得的意思。把我固有的东西归还了我,如同没有丢失,又得到什么了呢?心有时会放失,所以有得心之说,但从古以来没有说得耳目口鼻四肢的,是因为耳目口鼻四肢不会失去。

097 圣人作用,皆以阴为主,以阳为客。阴所养者也,阳所用者也。天地亦主阴而客阳,二氏家全是阴。道家以阴养纯阳而啬之,释家以阴养纯阴而宝之。凡人阴多者,多寿多福;阳多者,多夭多祸。

【译文】圣人的作为,皆以阴为主,以阳为客。阴是养护的,阳是发作的。天地也以阴为主以阳为客,道、释二家全讲求阴。道家以阴养纯阳而不让其散失,释家以阴养纯阴而珍藏它。人要是阴多,就多寿多福;阳多,就多夭多祸。

098 只隔一丝便算不得透彻之悟,须是入筋肉、沁骨髓。

【译文】只隔一丝就不能算透彻的了悟,必须要进入筋肉,沁入骨髓。

099 异端者,本无不同而端绪异也。千古以来,惟尧、舜、禹、汤、文、武、孔、孟一脉是正端,千古不异。无论佛、老、庄、列、申、韩、管、商①,即伯夷、伊尹、柳下惠都是异端,子贡、子夏之徒都流而异端。盖端之初分也,如路之有歧,未分之初都是一处发脚,既出门后,一股向西南走,一股向东南走,走到极处,末路梢头,相去不知几千万里,其始何尝不一本哉!故学问要析同异于毫厘,非是好辩,惧末流之可哀也!

【译文】异端,是说在根本上没什么不同,而到了端末才有不同。千古以来,只有尧、舜、禹、汤、周文王、周武王、孔子、孟子一脉是正端,千古不异。不用说佛、老子、庄子、列子、申不害、韩非子、管仲、商鞅,即使伯夷、伊尹、柳下惠都是异端,子贡、子夏之类最后都流入了异端。大体说来,端头的初次分开,就如同道路有了分歧,未分之前都从一处起步,出门以后,就一股向西南走,一股向东南走,走到尽头,也就到了末路梢头,两股相距就有千万里了。但开始时何尝不是从一个地方出发的呢?因此学问的同异要从毫厘上去分析,这不是好辩,只怕坠入末流的可悲地步。

【注释】①管、商:管仲、商鞅,二人皆先秦法家。

100 天下之事,真知再没个不行,真行再没个不诚,真诚之行再没个不自然底。自然之行不至其极不止,不死不止,故曰"明则诚"矣①。

【译文】天下的事,真正认识清楚了,没有不实行的;真正实行了,没有不真诚的;真诚的行为,没有不自然的。自然之行,不做到底不会停止,不做到死不会停止,所以说"明则诚"矣。

【注释】①明则诚:《中庸》第二十一章:"自诚明,谓之性,自明诚,谓之教。诚则明矣,明则诚矣。"

101 千万病痛只有一个根本,治千万病痛只治一个根本。

【译文】千万种病痛,只有一个病根,治疗这千万种病痛,只要治这个病根就行了。

102 宇宙内主张万物底只是一块气,气即是理。理者,气之自然者也。

【译文】宇宙内主宰万物的就是一块气,气就是理。理,就是气的自然规律。

103 到至诚地位,诚固诚,伪亦诚。未到至诚地位,伪固伪,诚亦伪。

【译文】到了至诚的地步,诚固然是诚,伪也是诚。没到至诚地步,伪固然是伪,诚也是伪。

104 义袭取不得①。

【译文】只因一事合乎正义,就以为自己突然有了浩然之气,这是要不得的。

【注释】①义袭:《孟子·公孙丑上》:"其为气也……是集义所生者,非义袭而取之也。"义袭,指一时的正义行为,以掩袭浩然之气于外。

105 信知困穷抑郁、贫贱劳苦是我应得底,安富尊荣、欢欣如意是我傥来底①,胸中便无许多冰炭。

【译文】只要确实认识到:困穷抑郁、贫贱劳苦是我应得的,安富尊荣、欢欣如意是我偶然得来的,心中就不会受煎熬。

【注释】①傥来:偶然得来,无意得来。

106 事有豫而立,亦有豫而废者。吾曾豫以有待,临事凿枘不成①,竟成弃掷者。所谓权不可豫设,变不可先图,又难执一论也。

【译文】事情有做了准备而成功的,也有做了准备而失败的。我曾经有所准备等待事物的来临,但事到临头,与原来设想的不相吻合,竟然失败了。还有人说:权变之策不可能预先设想,事物的变化也不可能预先预料。到底哪种正确,也难以拘泥于一种说法。

【注释】①凿枘:凿,榫卯;枘,榫头。比喻互相投合。这里是"圆凿方枘"的简语,比喻事情龃龉不合。

107 任是千变万化,千奇万异,毕竟落在平常处歇。

【译文】任是千变万化,千奇万异,毕竟得在平常处落脚。

108 善是性，性未必是善；秤锤是铁，铁不是秤锤。或曰：孟子道性善，非与？曰：余所言，孟子之言也。孟子以耳目口鼻四肢之欲为性①，此性善否？或曰：欲当乎理，即是善。曰：如子所言，"动心忍性"亦忍善性与②？或曰：孔子系《易》，言"继善成性"③，非与？曰：世儒解经，皆不善读《易》者也。孔子云"一阴一阳之谓道"，谓一阴一阳均调而不偏，乃天地中和之气，故谓之道。人继之则为善，继者，禀受之初；人成之则为性，成者，不作之谓。假若一阴则偏于柔，一阳则偏于刚，皆落气质，不可谓之道。盖纯阴纯阳之谓偏，一阴二阳、二阴一阳之谓驳，一阴三四五阳、五阴一三四阳谓之杂。故仁智之见，皆落了气质一边，何况百性？仁智两字，拈此以见例，礼者见之谓之礼，义者见之谓之义，皆是边见。朱注以继为天，误矣；又以仁智分阴阳，又误矣。抑尝考之，天自有两种天：有理道之天，有气数之天。故赋之于人，有义理之性，有气质之性。二天皆出于太极，理道之天是先天，未著阴阳五行以前，纯善无恶，《书》所谓"惟皇降衷，厥有恒性"④，《诗》所谓"天生烝民，有物有则"是也⑤。气数之天是后天，落阴阳五行之后，有善有恶，《书》所谓"天生烝民有欲"⑥，孔子所谓"惟上知与下愚不移"是也⑦。孟子道性善，只言个德性。

【译文】 善是性，性未必都善；秤锤是铁，铁不都是秤锤。有人问："孟子说性善，不对吗？"我说："我所说的话，就是孟子的话。孟子认为耳目口鼻四肢的欲望就是性，这个性是善吗？"又问："欲合乎理，就是善吧？"我说："如果像你说的那样，孟子说'动心忍性'，也要忍善性吗？"又问："孔子在《易·系辞》中说：'继善成性'，意思是说，一阴一阳的对立转化称为道，继承它的是善，成就它的是性。这个说法不对吗？"回答说："世上的儒者解释《易经》，都是不善于读《易》的。孔子说的'一阴一阳之谓道'，是说一阴一阳均调而不偏，就是天地中和之气，所以叫做道。人继承了它就是善性，继承，指最初的禀受。人成之则为性，成，不是修养成的，而是天生成的。假如只有一阴，则偏于柔，只有一阳，则偏于刚，都下降为气质了，不能叫做道。只有阴或只有阳叫做偏，一阴二阳、二阴一阳叫做驳，一阴三四五阳、五阴一三四阳叫做杂。所以仁智者的见解，都落到了气质之性一边，何况普通百姓呢？可以用'仁智'这两个字为例，崇尚礼的人认为仁智是礼，崇尚义的人认为仁智是义，这都是一偏之见。朱熹注认为继是继天，这是错误的；又把仁智分为阴阳,也是错误的。我曾经探讨过,天有两种天,有理道之天,有气数之天。因此赋予人,有义理之性,有气质之性。两种天都出于太极,理道之天是先天,是还没有附着阴阳五行以前的天,是纯善无恶的。《书经》中所说的'惟皇降衷,厥有恒性',意思是说皇天上帝把善性降给下民,下民就有了常性。《诗经》说'天生烝民,有物有则',意思是说上天生下众民,万物都有法则,这就是说的纯善无恶。气数之天是后天,是附着阴阳五行之后的天,是有善有恶的。《书经》中所说的'天生烝民有欲',意思是说上天降生的民众都是有欲望的。孔子所说的'惟上知与下愚不移',意思是说只有上知和下愚的人不改变自己的本性,这就是说有善有恶。孟子说性善,只说了个先天的义理之性。"

【注释】①"孟子以耳目口鼻"句:《孟子·尽心下》:"孟子曰:口之于味也,目之于色也,耳之于声也,鼻之于臭也,四肢之于安佚也,性也。有命焉,君子不谓性也。" ②动心忍性:《孟子·告子下》:"故天将降大任于是人也,必先苦其心志,劳其筋骨,饿其体肤,空乏其身,行拂乱其所为,所以动心忍性,曾益其所不能。"忍性,赵岐注:"坚忍其性。" ③继善成性:语出《周易·系辞上》:"一阴一阳之谓道,继之者善也,成之者性也。仁者见之谓之仁,知者见之谓之知,百姓日用而不知,君子之道鲜矣。" ④"惟皇降衷"二句:语出《尚书·汤诰》。其文为:"惟皇上帝,降衷于下民,若有恒性。"孔氏传:"衷,善也。" ⑤"天生烝民"二句:语出《诗经·大雅·烝民》:"天生烝民,有物有则。民之秉彝,好是懿德。"郑玄注:"天之生众民,其性有物象,谓五行,仁义礼智信也。其情有所法,谓喜怒哀乐好恶也。然而民所执持有常道,莫不好有美德之人。" ⑥天生烝民有欲:语出《尚书·仲虺之诰》。其文曰:"仲虺乃作诰,曰:'呜呼! 惟天生民有欲,无主乃乱。'" ⑦惟上知与下愚不移:语出《论语·阳货》。朱熹注:"人之气质相近之中,又有美恶一定,而非习之所能移者。"

109 物欲从气质来,只变化了气质,更说甚物欲。

【译文】物欲是从气质上来的,只要变化了气质,还说什么物欲呢!

110 耳目口鼻四肢有何罪过? 尧、舜、周、孔之身都是有底;声色货利可爱可欲有何罪过? 尧、舜、周、孔之世都是有底。千万罪恶都是这点心。孟子"耳目之官不思而蔽于物"①,太株连了。只是先立乎其大,有了张主,小者都是好奴婢,何小之敢夺? 没了窝主,那怕盗贼? 问:谁立大? 曰:大立大。

【译文】耳目口鼻四肢有什么罪过？尧、舜、周公、孔子的身上都是有的；声色货利是可爱可欲的东西，有什么罪过？尧、舜、周公、孔子的时候都是有的。千万种罪恶都在这个心上。孟子说："耳目这些器官不思考，容易被物所遮蔽。"这样说太株连了。只有先立好根本，有了主宰，小的就会听从使唤，小的怎敢来夺？没了窝主，哪怕盗贼？问：谁来立大？回答说：大立大。

【注释】①耳目之官不思而蔽于物：语出《孟子·告子上》。其文为："公都子问曰：'钧是人也，或为大人，或为小人，何也？'孟子曰：'从其大体为大人，从其小体为小人。'曰：'钧是人也，或从其大体，或从其小体，何也？'曰：'耳目之官不思而蔽于物，物交物则引之而已矣。心之官则思，思则得之，不思则不得也。此天之所与我者，先立乎其大者，则其小者弗能夺也，此为大人而已矣。'"

111 威仪养得定了，才有脱略便害羞赧①；放肆惯得久了，才入礼群便害拘束。习不可不慎也。

【译文】容貌举止端严庄重的习惯养成了，才有一点儿疏漏，便会觉得羞愧；长久放肆成了习惯，才进入讲礼仪的人群中，便感到拘束。因此对习惯的养成不可不慎重。

【注释】①羞赧：羞愧而面赤。

112 絜矩是强恕事①，圣人不絜矩。他这一副心肠原与天下打成一片，那个是矩？那个是絜？

【译文】以同一个标准与法度推己及人，使彼此各得其愿，这是推行恕道的事。圣人不是这样，圣人的心肠原本就是与天下人打成一片的，哪个是标准？哪个是法度？

【注释】①絜矩是强恕事：絜矩，度量，法度。《大学》传十章："所谓平天下在治其国者，上老老而民兴孝，上长长而民兴弟，上恤孤而民不倍，是以君子有絜矩之道。"朱熹注："絜，度也。矩，所以为方也。言此三者，上行下效，捷于影响，所谓家齐而国治也。亦可以见人心之所同，而不可使有一夫之不获矣。是以君子必当因其所同，推以度物，使彼我之间各得分愿，则上下四旁均齐方正，而天下平矣。"强恕，《孟子·尽心上》："万物皆备于我矣，反身而诚，乐莫大焉。强恕而行，求仁莫近焉。"朱熹注："强，勉强也。恕，推己以及人也，反身而诚则仁矣。其有未诚，则是犹有私意之隔，而理未纯也。故当凡事勉强，推己及人，庶几心公理得而仁不远也。"

113 仁以为己任,死而后已①,此是大担当;老者衣帛食肉②,黎民不饥不寒,此是大快乐。

【译文】 以仁为己任,死而后已,这是一副重担子;使老人衣帛食肉,黎民不饥不寒,这是人生大快乐。

【注释】 ①"仁以为己任"句:《论语·泰伯》:"曾子曰:'士不可以不弘毅,任重而道远。仁以为己任,不亦重乎?死而后已,不亦远乎?'" ②"老者衣帛食肉"二句:见《孟子·梁惠王上》。

114 内外本末交相培养①,此语余所未喻。只有内与本,那外与末张主得甚?

【译文】 内外本末交相培养,对此话我不太理解。只有内和本是主要的,外和末能主宰什么?

【注释】 ①内外本末交相培养:《论语·述而》:"志于道,据于德,依于仁,游于艺。"朱熹注:"此章言人之为学当如是也。盖学莫先于立志。志道,则心存于正而不他;据德,则道得于心而不失;依仁,则德性常用而物欲不行;游艺,则小物不遗而动息有养。学者于此,有以不失其先后之序、轻重之伦焉,则本末兼该,内外交养,日用之间,无少间隙,而涵泳从容,忽不自知其入于圣贤之域矣。"

115 不是与诸君不谈奥妙,古今奥妙不似《易》与《中庸》,至今解说二书,不似青天白日①,如何又于晦夜添浓云也?望诸君哀此后学,另说一副当言语,须是十指露缝,八面开窗,你见我知,更无躲闪,方是正大光明男子。

【译文】 我不是不与诸君谈那些深奥的道理,古今的深奥道理再也比不上《易》和《中庸》,可是至今解释这两部书的著作都不能做到像青天白日那样,我怎能又在漆黑的夜里再添浓云呢?希望诸君能哀怜那些后来的学者,另说一副透彻的话,就如同十指露缝、八面开窗一样,你见我知,没有躲躲闪闪的地方,这才是光明正大的男子。

【注释】 ①不似青天白日:喻深奥神秘。

116 形而上与形而下,不是两般道理;下学上达,不是两截工夫。

【译文】 形而上与形而下,不是讲的两种道理;下学与上达,不是做的两截功夫。

117 世之欲恶无穷,人之精力有限,以有限与无穷斗,则物之胜人,不啻千万,奈之何不病且死也。

【译文】世人的欲望和憎恶是无穷的,而人的精力是有限的,以有限的精力与无穷的欲望斗,那么物欲胜过人就不只千万倍了,人怎么能不病且死呢?

118 冷淡中有无限受用处,都恋恋炎热,抵死不悟,既悟不知回头,既回头却又羡慕,此是一种依膻附腥底人,切莫与谈真滋味。

【译文】冷淡中有无限受用处,都恋着炎热,至死不悟,或悟了也不知回头,或回头却又羡慕,这是一种依膻附腥的人,切不要与这种人谈真滋味。

119 处明烛幽,未能见物而物先见之矣;处幽烛明,是谓神照。是故不言者非暗,不视者非盲,不听者非聋。

【译文】处在亮处去照暗处,未能看见暗处的东西,暗处的东西先看见了你;处于暗处去照明处,叫做神照,因此说不说话的人并非哑巴,不看东西的人并非瞎子,不听声音的人并非聋子。

120 儒戒声色货利,释戒声色香味,道戒酒色财气。总归之无欲,此三氏所同也。儒衣儒冠而多欲,怎笑得释道?

【译文】儒家戒声色货利,释家戒声色香味,道家戒酒色财气。总的说来都是无欲,这是三家相同的地方。穿戴着儒者的衣冠而多欲,怎还去笑释、道呢!

121 敬事鬼神,圣人维持世教之大端也,其义深,其工大。但自不可凿求[①],不可道破耳。

【译文】敬事鬼神,是圣人维持世教的重要手段,其意义很深,其功效很大。但不可深求,不能说破。

【注释】①凿求:深求。

122 天下之治乱只在"相责各尽"四字[①]。

【译文】天下的治乱只在"相责各尽"四字,就是要职责分明,各尽其职。

【注释】①相责各尽:职责分明,各尽职守。

123 世之治乱,国之存亡,民之死生,只是个我心作用。只无我了,便是天清地宁、民安物阜世界。

【译文】世之治乱,国之存亡,民之生死,只是个我心的作用,只要心中无我了,便是个天清地宁、民安物阜的世界。

124 惟得道之深者,然后能浅言;凡深言者,得道之浅者也。

【译文】只有得道深的人,才能用浅显的言语把道讲清楚;凡是用深奥的话论道的,恰恰是得道浅的人。

125 以虚养心,以德养身,以善养人,以仁养天下万物,以道养万世。养之义大矣哉!

【译文】用虚来养心,用德来养身,用善来养人,用仁养天下万物,用道养万世。养的意义是多么大啊!

126 万物皆能昏人,是人皆有所昏。有所不见,为不见者所昏;有所见,为见者所昏。惟一无所见者不昏,不昏然后见天下。

【译文】万物皆能使人迷惑,是因为人皆有被迷惑的地方。有看不见的东西,就被看不见的东西所迷惑;有看见的东西,又被看见的东西所迷惑。只有一无所见者不迷惑,不迷惑才能看清天下的事物。

127 道非淡不入,非静不进,非冷不凝。

【译文】对于学道者来说,不以平淡的态度对待,就不能入道;不以沉静的态度对待,就不能进道;不以冷漠的态度对待,就不能使道凝聚。

128 三千三百①,便是无声无臭②。

【译文】威仪三千礼仪三百,这其中便含有无声无臭的道。

【注释】①三千三百:《中庸》第二十七章:"大哉圣人之道,洋洋乎,发育万物,峻极于天。优优大哉,礼仪三百,威仪三千。"朱熹注认为,前者是言"道之极于至大而无外也",后者言"道之入于至小而无间也"。 ②无声无臭:《中庸》第三十三章:"上天之载,无声无臭。"形容道无形象,这里指道。

129 天德王道不是两事,内圣外王不是两人①。

【译文】天德、王道是统一的,不是两件事;内圣、外王是指一个人达到的境界,不是两个人。

【注释】①内圣外王：《庄子·天下篇》："是故内圣外王之道，暗而不明，郁而不发，天下之人，各为其所欲焉，以自为方。"又《宋史·邵雍传》："河南程颢，初侍其父识雍，论议终日，退而叹曰：尧夫，内圣外王之学也。"这里是说修身治国不能分开。

130 损之而不见其少者，必赘物也①；益之而不见其多者，必缺处也。惟分定者，加一毫不得，减一毫不得。

【译文】减去了也不见少的东西，一定是赘物；增加了而不见多的东西，一定是缺处。只有具有固定大小多少的东西，加一毫不行，减一毫也不行。

【注释】①赘物：多余之物。

131 知是一双眼，行是一双脚。不知而行，前有渊谷而不见，傍有狼虎而不闻，如中州之人适燕而南、之粤而北也。虽乘千里之马，愈疾愈远。知而不行，如痿痹之人数路程、画山水。行更无多说，只用得一"笃"字。知底工夫千头万绪，所谓"匪知之艰，惟行之艰"①。"匪苟知之，亦允蹈之"。"知至至之，知终终之"②。"穷神知化"③，"穷理尽性"④，"极深研几"⑤，"探赜索隐"⑥，"多闻多见"⑦。知也者，知所行也；行也者，行所知也。知也者，知此也；行也者，行此也。原不是两个。世俗知行不分，直与千古圣人驳难，以为行即是知。余以为能行方算得知，徒知难算得行。

【译文】知，好像一双眼；行，好像一双脚。不知而行，面前有深渊峡谷也看不见，身旁有虎豹豺狼也听不见，就好像中原人要到北方的燕地去反而向南走，到南方的粤地去反而向北走一样。这样，即使骑着千里马，跑得越快，离目的地越远。知而不行，就如同瘫痪的病人计算路程和在画中画山水。行不用多说，只要用一"笃"字，即实实在在地行就可以了。知的功夫千头万绪，就是所说的"不是知难，而是行难"，"不光是知道，还要去实行"，"知道到什么地步，就要做到什么地步；知道了终点，就要达到终点"，"深究事物的精微道理"，"研究事物的义理和人的本性"，"对关键问题要深入探讨，达到极精微之处"，"窥探幽深，求索隐微"，"多闻多见"。知，就是知道所要行的东西；行，就是行那些已经知道的东西。知是知道这些，行也是要行这些，从这点看，知和行原不是两个。但世俗知行不分，直接与千古以来的圣人辩论，以为行即是知。我认为能行才算是知，只是知，难说得上是行。

【注释】①"匪知之艰"二句：语出《尚书·说命》。原文为："匪知之艰，行之维艰。"孔氏传曰:"言知之易行之难。" ②"知至至之"二句:语出《周易·乾卦·文言》:"子曰:'君子进德修业,忠信,所以进德也;修辞立其诚,所以居业也。知至至之,可与几也;知终终之,可与存义也。'" ③穷神知化:语出《周易·系辞下》。其文为:"过此以往,未之或知也,穷神知化,德之盛也。"孔颖达疏:"穷神知化……穷极微妙之神,晓知变化之道。" ④穷理尽性:语出《周易·说卦》。其文为:"昔者圣人作也……和顺于道德而理于义,穷理尽性以至于命。"孔颖达疏:"穷极万物深妙之理,究竟生灵所禀之性。" ⑤极深研几:语出《周易·系辞上》。其文为:"夫易,圣人之所以极深而研几也。唯深也,故能通天下之志;唯几也,故能成天下之务。"孔颖达疏:"夫易,圣人之所以极深而研几也者,言易道弘大,故圣人用之所以穷极幽深而研核几微也。" ⑥探赜索隐:语出《周易·系辞上》。其文为:"探赜索隐,钩深致远,以定天下之吉凶。"孔颖达疏:"探,谓窥探、求取;赜,谓幽深;索,谓求索;隐,谓隐藏。" ⑦多闻多见:语出《论语·为政》。其文为:"子曰:多闻阙疑,慎言其余,则寡忧;多见阙殆,慎行其余,则寡悔。言寡忧,行寡悔,禄在其中矣。"

132 有杀之为仁,生之为不仁者;有取之为义,与之为不义者;有卑之为礼,尊之为非礼者;有不知为智,知之为不智者;有违言为信,践言为非信者。

【译文】有杀掉某个人是仁的行为,而让他活着却是不仁的行为;有夺取是义的行为,而给予却是不义的行为;有采取谦卑的态度是合乎礼的行为,采取尊敬的态度反而是非礼的行为;有对某些事采取不知的态度是明智的,而知道了却是不明智的;有违背了诺言是讲信用的行为,而实践诺言却是不讲信用的行为。

133 觅物者苦求而不得,或视之而不见。他日无事于觅也,乃得之。非物有趋避,目眩于急求也①。天下之事每得于从容而失之急遽。

【译文】寻找物品的人,苦苦寻找而不得,或视而不见。以后无心去寻找了,反而得到了。这不是物品逃避开了你的眼睛,而是因为急于寻找而眼睛昏眩。天下之事每得于从容而失之于急遽。

【注释】①眩:昏暗不清。

134 山峙川流、鸟啼花落、风清月白,自是各适其天,各得其分。

我亦然,彼此无干涉也。才生系恋心,便是歆羡,便有沾着。至人淡无世好,与世相忘而已。惟并育而不有情,故并育而不相害①。

【译文】山峙川流、鸟啼花落、风清月白,自然都适合它们的天性,各自都体现了它们的本分。人也是这样,与物不应互相干涉。只要产生一点留恋之心,就会歆羡,就会沾着。道德修养达到最高境界的人处世平淡一无所好,只是与世相忘而已。只有共同生长而不有情,才能共同生长而不相害。

【注释】①并育而不相害:语出《中庸》第三十章:"万物并育而不相害,道并行而不相悖。"这里有道家崇尚自然的思想。

135 公生明,诚生明,从容生明。公生明者,不蔽于私也;诚生明者,清虚所通也;从容生明者,不淆于感也。舍是无明道矣。

【译文】大公无私就能生明,诚实就能生明,从容就能生明。大公无私生明,是因为不受私欲蒙蔽;诚实生明,是因为心处于清静虚无的状态,能够通达事理;从容生明,是因为不被感觉所扰乱。除去以上所说的,就没有明的道理了。

136 "喜怒哀乐之未发,谓之中"①,自有《中庸》来,无人看破此一语。此吾道与佛老异处,最不可忽。

【译文】"喜怒哀乐的感情没有发出来的时候叫做中",自从有了《中庸》一书以来,没有人看破这句话。这是儒家与佛、老的不同之处,最不能忽视。

【注释】①喜怒哀乐之未发,谓之中:语出《中庸》第一章:"喜怒哀乐之未发,谓之中,发而皆中节,谓之和。中也者,天下之大本也;和也者,天下之达道也。"儒中含理,佛老中空虚。

137 知识,心之孽也①;才能,身之妖也;贵宠,家之祸也;富足,子孙之殃也。

【译文】知识,有时就成了心的灾害;才能,有时成了身的祸害;贵宠,有时就是家的灾害;富足,有时给子孙带来祸患。

【注释】①知识:会导入先入之见,阻碍认识。

138 只泰了,天地万物皆志畅意得,欣喜欢爱,心身家国天下无一毫郁闷不平之气,所谓八达四通,千昌万遂,太和之至也。然泰极则肆,肆则不可收拾而入于否。故泰之后,继以大壮,而圣人戒之曰"君子以非礼弗履"①,用是见古人忧勤惕励之意多,豪雄旷达之心少。六十四卦,惟有泰是快乐时又恁极中极正②。且惧且危③,此所以致泰保泰而无意外之患也。

【译文】只要安泰了,天地万物都志畅意得、欣喜欢爱。身心、家国、天下,没一点抑郁不平之气,就是所谓的八达四通、千昌万遂,达到了太平和乐的极处。然而安泰达到了极点,就会纵恣放肆,纵恣放肆则不可收拾,就会进入《否卦》的逆境状态。所以在《泰卦》的后面又有《大壮卦》,圣人在《大壮卦》的《象辞》中说:"君子不做那些非礼的事情。"由此可以看出古人忧勤惕励之意多、豪雄旷达之心少。六十四卦中,只有《泰卦》是处于快乐之时,可又是如此地极中极正,且惧且危,这样才能够达到安泰并保持安泰而不出现意外的祸患。

【注释】①君子以非礼弗履:《周易·大壮·象》:"雷在天上,大壮。君子以非礼弗履。" ②恁:如此,这样。 ③由泰致否,事物要转化,但只要怀着危惧谨慎心情处理事物,就不会乐极生悲。

139 今古纷纷辨口,聚讼盈庭,积书充栋,皆起于世教之不明,而聪明才辨者各执意见以求胜。故争轻重者至衡而息①,争短长者至度而息②,争多寡者至量而息,争是非者至圣人而息。中道者,圣人之权衡度量也。圣人往矣,而中道自在,安用是哓哓强口而逞辨以自是哉?嗟夫!难言之矣。

【译文】古今辩论纷纷,聚讼盈庭,积攒的书籍堆满了屋子,这都是因为世教不明,聪明善辩的人各执己见以求胜的缘故。所以争论轻重的人,遇到秤就停止了;争论短长的人,遇到尺子就止息了;争论多寡的人,遇到斗升就停止了;争论是非的人,见到圣人就止息了。中道,是圣人权衡事物的标准,圣人已经不在了,但中道还在,哪里还用哓哓争辩来证明自己是正确的呢?唉!真是难说啊!

【注释】①衡:称重量的器物。 ②度:量长短的器物。

140 人只认得"义命"两字真①,随事随时在这边体认,果得趣味,一生受用不了。

【译文】人只要能认清"义""命"这两个字,随事随时在这两个字上体认,真正得到了趣味,一生受用不了。

【注释】①义命:义是宜,即应做之事。命,是既定的富贵贫贱和生死寿夭,不易改变,只有尽人事而听天命。

141 "夫焉有所倚"①,此至诚之胸次也。空空洞洞,一无所着,一无所有,只是不倚着。才倚一分,便是一分偏;才着一厘,便是一厘碍。

【译文】《中庸》说:"至诚的品德是自然的,哪里需要倚着于物呢!"这是指至诚的胸怀。这胸怀是空空洞洞的,一无所着,一无所有,只是不倚着任何东西。只要倚着一分,便有一分偏;挨着一厘,便有一厘碍。

【注释】①夫焉有所倚:《中庸》第三十二章:"惟天下至诚,为能经纶天下之大经,立天下之大本,知天地之化育。夫焉有所倚?肫肫其仁,渊渊其渊,浩浩其天。"这是说心里仁德不偏不倚,中立于心,发则无碍。

142 形用事,则神者亦形;神用事,则形者亦神。

【译文】形起主导作用的时候,神也是形;神起主导作用时,形也是神。形和神是密切不可分的。

143 威仪三千,礼仪三百①,五刑之属三千②,皆法也。法是死底,令人可守;道是活底,令人变通。贤者持循于法之中,圣人变易于法之外,自非圣人而言变易,皆乱法也。

【译文】礼仪的细节有三千,各种的礼仪有三百,墨刑、劓刑、剕刑、宫刑、大辟这五种刑罚的条例有三千,这些都是法律。法律是死的规定,是让人遵守的;但道是活的,人可以变通。贤人遵循在法律之中,圣人变通在法律之外,不是圣人而谈变通,都会使法律混乱。

【注释】①威仪三千,礼仪三百:《中庸》第二十七章:"大哉圣人之道,洋洋乎发育万物,峻极于天。优优大哉!礼仪三百,威仪三千,待其人而后行。"朱熹注:"礼仪,经礼也。威仪,曲礼也。"孔颖达疏:"礼仪三百,《周礼》有三百六十官,言三者百,举其成数耳。威仪三千者,即《仪礼》行事之威仪,《仪礼》虽十七篇,其中事有三千。" ②五刑之属三千:《尚书·吕刑》:"墨罚之属千,劓罚之属千,剕罚之属五百,宫罚之属三百,大辟之罚其属二百,五刑之属三千。"

144 道不可言,才落言诠①,便有倚着。

【译文】道不能用言语来表达,只要一用言语解释,便有偏颇。

【注释】①言诠：诠，本作筌，捕鱼的竹器。《庄子·外物》："筌者所以在鱼，得鱼而忘筌……言者所以在意，得意而忘言。"言诠，在言词上留下的迹象。这里说明吕坤受到了道家的影响。

145 礼教大明，中有犯礼者一人焉，则众以为肆而无所容；礼教不明，中有守礼者一人焉，则众以为怪而无所容。礼之于世大矣哉！

【译文】礼教修明，只要有一个犯礼的人，大家都会认为他放肆而不容许；礼教不明，只要有一个守礼的人，大家都会认为他行为怪诞而不相容。礼对于国家来说是太重要了。

146 良知之说亦是致曲扩端学问①，只是作用大端费力。作圣工夫当从天上做，培树工夫当从土上做。射之道，中者矢也。矢由弦，弦由手，手由心。用工当在心，不在矢。御之道，用者衔也。衔由辔，辔由手，手由心。用工当在心，不在衔。

【译文】认为人有天赋的分辨是非善恶能力的良知之说，也是从一个善端出发而加以扩充的学问，只是做起来要花费很大气力。修养成圣人的功夫应当从天上做，栽培树木的功夫应当从土上做。射箭的方法，中靶子的是箭头，箭头从弦上射出，弦由手把持，手由心掌握，因此功夫要用在心上，而不在箭头上。驾御的方法，主要是控制马嚼子，马嚼子由缰绳连着，缰绳握在驾御者的手中，手由心指挥。因此，功夫要用在心上，而不在马嚼子上。

【注释】①良知之说亦是致曲扩端学问：良知，天赋的分辨是非善恶的能力，因此良知中含有道德成分。《孟子·尽心上》："人之所不学而能者，其良能也；所不虑而知者，其良知也。"致曲扩端，致曲，《中庸》第二十三章："其次致曲，曲能有诚。"朱熹注："致，推致也。曲，一偏也。"曲指一种德性，如只有义、礼等。扩端，扩充仁义礼智四端。《孟子·公孙丑上》："恻隐之心，仁之端也；羞恶之心，义之端也；辞让之心，礼之端也；是非之心，智之端也。人之有是四端也，犹其有四体也。……凡有四端于我者，知皆扩而充之矣，若火之始然，泉之始达。苟能充之，足以保四海，苟不充之，不足事父母。"

147 圣门工夫有两途："克己复礼"①，是领恶以全好也，四夷靖则中国安。"先立乎其大者"②，是正己而物正也，内顺治则外威严。

【译文】进入圣贤之门的功夫有两个途径：一是"克己复礼"，就是克服不好的东西，使其都变成好的。这就如同四夷都治理好了，中国就安宁一样。二是"先立乎其大者",就是先正己才能正物,内部治理顺了外部才有威严。

【注释】①克己复礼:语出《论语·颜渊》。其文为:"子曰:'克己复礼为仁。一日克己复礼,天下归仁焉。为仁由己,而由人乎哉!'颜渊曰:'请问其目。'子曰:'非礼勿视,非礼勿听,非礼勿言,非礼勿动。'"　②先立乎其大者:语出《孟子·告子上》。其文为:"耳目之官不思,而蔽于物,物交物,则引之而已矣。心之官则思,思则得之,不思则不得也。此天之所与我者,先立乎其大者,则其小者弗能夺也。"

148 "中"是千古道脉宗①,"敬"是圣学一字诀②。

【译文】"中"是千古道脉所遵循的原则,"敬"是圣门的一字诀窍。

【注释】①"中"是千古道脉宗:中,是儒学乃至理学的重要命题,中有"在中""时中"二义。"在中"是说本体在人心中的不偏不倚。"时中"是指行事要时时做到恰到好处。道脉,即道的统绪与流布。　②敬:是理学的重要命题之一,讲的是功夫问题。本体与功夫是理学的主旨。

149 性只有一个①,才说五便着情种矣②。

【译文】性只有一个,才说五便成了情种了。

【注释】①性只有一个:一个即善,合理气之道。　②五:即仁、义、礼、智、信。

150 敬肆是死生关。

【译文】敬畏还是放肆,这是生死关。

151 瓜李将熟,浮白生焉。礼由情生①,后世乃以礼为情,哀哉!

【译文】瓜和李子将要熟的时候,外面就长出一层白粉。礼也是这样,有了情才能产生礼。后世认为礼就是情,可悲啊!

【注释】①礼由情生:吕坤反对虚礼、假礼,强调真情。

152 道理甚明甚浅甚易,只被后儒到今说底玄冥,只似真禅,如何使俗学不一切诋毁而尽叛之!

【译文】道理都是非常明了、非常浅显、非常容易懂的,只是被后世的儒者解释到今天,弄得玄妙了,好像谈禅一般,这怎能使俗学不诋毁它而背离它呢!

153 生成者,天之道心①;灾害者,天之人心。道心者,人之生成;人心者,人之灾害。此语众人惊骇死,必有能理会者。

【译文】能生成万物的,是天之善心;能给万物带来灾害的,是天之恶心。天之善心,是由人造成的;天之恶心,也是人的恶行造成的。这话一般人听了都会被惊吓死,但必定有能理会这个道理的人。

【注释】①"生成者"句:天主生意,生意即仁。吕坤认为天无意志,故生意之仁是人为而成的。反之,灾害也是由人欲泛滥而成的。

154 道器非两物,理气非两件。成象成形者器,所以然者道。生物成物者气,所以然者理。道与理,视之无迹,扪之无物,必分道器、理气为两项,殊为未精。《易》曰:"形而上者谓之道,形而下者谓之器。"盖形而上无体者也,万有之父母,故曰道;形而下有体者也,一道之凝结,故曰器。理气亦然,生天、生地、生人、生物,皆气也。所以然者,理也。安得对待而言之?若对待为二,则费隐亦二矣①。

【译文】道和器不是两物,理和气不是两件。能够成像成形的就是器,成像成形的原因就是道。能够生物成物的就是器,生物成物的原因就是理。道和理,视之没有形迹,摸之没有物体,非要分成道器、理器两项,实在不精确。《易经》说:"形而上者谓之道,形而下者谓之器。"形而上的东西是没有形体的,是万物生成的根据,所以叫做道。形而下的东西是有形体的,是一道的凝结,所以叫做器。理、气也是如此,生天、生地、生人、生物,都是气的缘故。气所以能生物,根据就是理,怎么能看做对立的呢?若把它们分为对立的两项,那么《中庸》中讲的道的显明和隐微也可以看做两项了。

【注释】①费隐:《中庸》第十二章:"君子之道费而隐。"朱熹注:"费,用之广也。隐,体之微也。"

155 先天,理而已矣;后天,气而已矣;天下,势而已矣;人情,利而已矣。理一而气、势、利三,胜负可知矣。

【译文】先天,指的是理而已;后天,指的是气而已;天下,只不过是势而已;人情,只不过是利而已。理只有一个,而气、势、利则为三,以一对三,胜负就可想而知了。

156 人事就是天命。

【译文】 天命是由人事决定的。

157 我盛则万物皆为我用,我衰则万物皆为我病。盛衰胜负,宇宙内只有一个消息①。

【译文】 我盛则万物皆为我用,我衰则万物皆为我病。盛和衰、胜和负,宇宙内只是这个消那个长。

【注释】 ①消息:指气的生长变化。

158 天地间惟无无累,有即为累。有身则身为我累,有物则物为我累。惟至人则有我而无我,有物而忘物。此身如在太虚中,何累之有? 故能物我两化。化则何有何无? 何非有何非无? 故二氏逃有①,圣人善处有。

【译文】 天地间唯有无无累,有即为累。有身体,身体就成了我的累赘;有物品,物品就成了我的累赘。只有道德修养达到最高境界的至人才能做到有我而无我,有物而忘物,身体如在太虚之中,何累之有? 因此能做到物和我都能化育成长。变化了,又什么是有,什么是无呢? 又什么非有,什么非无呢? 所以释、道二家都逃避有,只有圣人善处有。

【注释】 ①二氏逃有:如脱离人伦、不着声色、不理日用等。

159 义,合外内之道也①。外无感,则义只是浑然在中之理,见物而裁制之则为义,义不生于物,亦缘物而后见。告子只说义外,故孟子只说义内,各说一边以相驳,故穷年相辨而不服。孟子若说义虽缘外而形,实根吾心而生,物不是义,而处物乃为义也,告子再怎开口? 性,合理气之道也。理不杂气,则纯粹以精,有善无恶,所谓义理之性也。理一杂气,则五行纷糅,有善有恶,所谓气质之性也。诸家所言皆落气质之后之性,孟子所言皆未着气质之先之性,各指一边以相驳,故穷年相辨而不服。孟子若说有善有恶者杂于气质之性,有善无恶者上帝降衷之性②,学问之道正要变化那气质之性,完复吾降衷之性,诸家再怎开口?

【译文】 义是表现在外在行动上而又发之内心的道德行为。没有受到外界事物的感动,义只是包含在内心之中的理;看到了外界的事物而断然采取合适的行为,这就是义。义不是直接产生于物,但亦因物而生。告子只说义是外在的行为,孟子只说义是发之内心的行为,各说一边,相互辩论,所以长期辩驳互相不服。孟子如果说,义虽然是因外物而表现出来,实际上是从内心产生的,事物本身不是义,而义是安排事物、解决问题的行为,那么告子还怎么开口呢?性,是理、气相合的道理。理不杂人气,就是纯粹精一的,只有善没有恶,这叫做义理之性。理和气一相混,就与五行相杂糅,有善有恶,这叫做气质之性。各家所说的性都指的是气质之性,而孟子所说的则是没沾气质以前的性,各指一边相互辩论,所以长期辩驳都不服气。孟子如果说,有善有恶是杂糅了气质之性,有善无恶是上天带来的善性,学问的道理正是要变化那气质之性,归复到那天生的善性,那么诸家还怎么再开口辩论呢!

【注释】①"义,合外内之道"一则:本则所讲的孟子、告子间有关义内外之辨、性善恶之分,均见《孟子·告子上》。 ②上帝降衷之性:指善性。《尚书·汤诰》:"惟皇上帝,降衷于下民,若有恒性。"孔氏传曰:"衷,善也。"孔颖达疏:"天生烝民,与之五常之性,使有仁义礼智信,是天降善于下民也。"

160 乾与姤,坤与复①,对头相接不间一发,乾坤尽头处即复起头处,如呼吸之相连,无有断续,一断便是生死之界。

【译文】《易经》的《乾卦》与《姤卦》、《坤卦》与《复卦》,对头相接,中间没有任何缝隙。《乾卦》、《坤卦》卦的尽头处就是《姤卦》、《复卦》的起头处,好像一呼一吸相互连接,没有断续,一断就是生与死的界限。

【注释】①"乾与姤"一则:《乾卦》☰尽头处上九是阳爻 —,《姤卦》☴的起头处初一是阴爻 --,《坤卦》☷的尽头处上六是阴爻 --,《复卦》☳的起头处是阳爻 —,恰好相对相接,如呼吸之相反相成。

161 知费之为省,善省者也,而以省为省者愚,其费必倍。知劳之为逸者①,善逸者也,而以逸为逸者昏,其劳必多。知苦之为乐者,善乐者也,而以乐为乐者痴,一苦不返。知通之为塞者,善塞者也,而以塞为塞者拙,一通必竭。

【译文】知道花费是为了节省,这才是善于节省的人,而以为只有节省才能节省的人是愚蠢的,这样费用必然加倍。知道劳累是为了安逸,这才是善于寻求安逸的人,而以为只有寻求安逸才能永远得到安逸的人是糊涂的,这样就更加劳累。知道吃苦是为了快乐,这才是善于寻找快乐的人,而以为只有一味地快乐才能永远快乐的人是不聪明的,只能永远处于苦恼之中。知道打通是为了堵塞,这才是善于堵塞的人,而以为只有不断地堵塞才能堵塞的人是笨拙的,通了必然永远堵塞不住。

【注释】①逸:安逸。

162 秦火之后,三代制作湮灭几尽。汉时购书之赏重,故汉儒附会之书多。其幸存者,则焚书以前之宿儒尚存而不死,如伏生口授之类①;好古之君子壁藏而石函,如《周礼》出于屋壁之类②。后儒不考古今之文③,概云先王制作而不敢易,即使尽属先王制作,然而议礼制度考文,沿世道民俗而调剂之,易姓受命之天子皆可变通,故曰刑法世轻重,三王不沿礼袭乐④。若一切泥古而求通,则茹毛饮血、土鼓汙尊皆可行之今日矣⑤。尧舜而当此时,其制度文为必因时顺势,岂能反后世而跻之唐虞?或曰:自秦火后,先王制作何以别之? 曰:打起一道大中至正线来,真伪分毫不错。

【译文】秦朝焚书之后,夏、商、周三代的书籍几乎湮灭殆尽。汉朝用重赏来购求书籍,所以汉代的儒者多附会古人之说著为书籍,当做古书卖给朝廷。有些古籍能够幸存下来,是因为焚书以前的大儒还活在世上,比如像伏生这样的儒生,他口授《尚书》,由别人记载下来,《尚书》就流传下来了。还有些好古的君子把书籍藏在墙壁或石函中,如《周礼》就是从屋壁中被发现的。后代的儒者不考察书籍是古文还是今文,一概认为是先王的著述而不敢改变,即使这都是先王的著述,然而议论礼制,制定制度,考察书籍,也要根据世道民俗的变化而调剂之,改朝换代的天子对这些都可以加以变通,所以刑法有的时代轻,有的时代重,夏、商、周三代的礼乐制度也不互相沿袭。假如一切都沿袭古代的制度实行,那么穿兽皮、饮兽血、用瓦做鼓、在地上凿个坑以代酒杯这些习俗都应该流行到现在了。即使尧、舜生在今天,他制定制度、写作书籍也必然会因时顺势,怎能反而以后世的制度去迎合上古的唐虞之世呢? 有人问:"从秦朝焚书之后,怎么分辨哪些是先王的著述呢?"回答说:"用一条大中至正的线来衡量,真伪分毫不错。"

【注释】①伏生:伏胜,济南人,曾为秦博士。治《尚书》。《史记》卷百二十《儒林传》:"孝文帝时,欲求能治《尚书》者,天下无有,乃闻伏生能治,欲召之。是时,伏生年九十余,老不能行,于是乃诏太常,使掌故朝错往受之。"朝错即晁错。 ②《周礼》出于屋壁之类:贾公彦《周礼正义·序周礼废兴》引《马融传》:"秦自孝公已下,用商君之法,其政酷烈,与《周官》相反。故始皇禁挟书,特疾恶,欲绝灭之,搜求焚烧之独悉,是以隐藏百年。孝武帝始除挟书之律,开献书之路。既出于山岩屋壁,复入于秘府,五家之儒莫得见焉。"　③古今之文：古文，指古文经，秦以前用古文书写的经典，如《周礼》、《左传》等。今文，指今文经，系汉代学者所传述的经典，用当时通行文字记录。大都是师徒父子口传，到汉代才写成定本之书。如伏生的《尚书》、高堂生的《礼》、公羊氏和胡毋生的《春秋公羊传》等。　④三王不沿礼袭乐：《商君书·更法》："三王不同礼而王，五霸不同法而霸。"《尚书·吕刑》："刑罚世轻世重，惟齐非齐，有伦有要。"《礼记·乐记》："五帝殊时，不相沿乐；三王异世，不相袭礼。"　⑤土鼓汙尊：土鼓，古乐器，一种鼓。《周礼·春官·龠章》："掌土鼓豳龠。"杜子春注："土鼓以瓦为匡，以革为两面，可击也。"汙尊，凿地以代酒器。《礼记·礼运》："汙尊而抔饮，蒉桴而土鼓。"指远古礼法简陋。

163　理会得"简"之一字，自家身心、天地万物、天下万事尽之矣。一粒金丹不载多药，一分银魂不携钱币。

【译文】理解了"简"这个字，自己的身心、天地万物、天下万事都容易对待了。带上一粒金丹就不必带其他的药，带着一张银票就不必携带很多的钱币。

164　耳闻底、眼见底、身触头戴足踏底，灿然确然，无非都是这个①，拈起一端来，色色都是这个。却向古人千言万语、陈烂葛藤钻研穷究②，意乱神昏了不可得，则多言之误后人也噫！

【译文】耳闻的、眼见的、身触头戴脚踏的，明明白白、的的确确，无非都是道，拿起一端来，色色也都是这个道。但是有人却到古人的千言万语、陈葛烂藤里面去钻研寻找这个道，致使意乱神昏，而不可得。可见古人的著述太多只能贻误后人啊！

【注释】①这个：指道，理。　②吕坤反对宋儒穷究义理，辨析毫厘。认为道在万事万物中，主张面向实际。

165　鬼神无声无臭，而有声有臭者乃无声无臭之散殊也。故先王以声臭为感格鬼神之妙机。周人尚臭①，商人尚声②，自非达幽明之故者，难以语此。

【译文】鬼神没有声音没有气味，而有声音有气味的东西乃是没有声音没有气味的东西扩散出来的。所以先王以声音和气味为感通鬼神的巧妙方法。周人用各种美味的食品作为祭品，商人则用音乐进行祭祀。不是通达幽明道理的人，难以和他讲这个道理。

【注释】①臭：香气。　②声：音乐。

166 三千三百,茧丝牛毛,圣人之精细入渊微矣。然皆自性真流出,非由强作,此之谓天理。

【译文】威仪三千,礼仪三百,规定乃如此细密,好像蚕丝和牛毛一样多,圣人的精细真到入深入微的程度了。然而这些都从真性情中发出,不是勉强做出来的,这才能叫做天理。

167 事事只在道理上商量,便是真体认①。

【译文】事事都在道理上商量,便是真正的理解认识。

【注释】①不强调体认内心,而是强调体认事物之理。

168 使人收敛庄重莫如礼,使人温厚和平莫如乐。德性之有资于礼乐,犹身体之有资于衣食,极重大,极急切。人君治天下,士君子治身,惟礼乐之用为急耳。自礼废,而惰慢放肆之态惯习于身体矣;自乐亡,而乖戾愤恨之气充满于一腔矣。三代以降①,无论典秩之本,声气之元,即仪文器数,梦寐不及。悠悠六合,贸贸百年,岂非灵于万物②,而万物且能笑之。细思先儒"不可斯须去身"六字③,可为流涕长太息矣。

【译文】使人收敛庄重,没有比礼再重要的了;使人温厚和平,没有比乐再重要的了。德性的修养需要礼乐,就如同人的身体需要衣食一样,非常重要,非常急切。国君治理天下,士君子修养道德,也只有用礼乐最为紧迫。自从礼制废怠,人们对于惰慢放肆的情态就习惯了;自从乐亡之后,人们乖戾愤恨的情绪就充满了胸腔。三代以后,无论典章制度的根本,声音气息之本源,即使具体礼节、器物规格,人们也不再考虑。从古到今,人生百年,作为万物之灵的人,岂不要被万物所笑吗?细想想先儒所说的礼乐不可一刻离身这几个字,真可为之流涕、为之叹息啊!

【注释】①以降:以来。　②灵于万物:指人为万物之灵。　③斯须:片刻。

169 惟平脉无病,七表、八里、九道①,皆病名也。惟中道无名,五常、百行、万善,皆偏名也。

【译文】只有平脉没有病,七表、八里、九道的脉象,都是疾病的名称。只有中道无名,五常、百行、万善,都是偏向某一边的名称。

【注释】①七表、八里、九道：《脉诀》把二十四脉分为七表、八里、九道三类。七表即浮、芤、滑、实、弦、紧、洪七种脉。八里即微、沉、缓、涩、迟、伏、濡、弱八种脉。九道即长、短、虚、促、结、代、牢、动、细九种脉。

170 千载而下，最可恨者乐之无传，士大夫视为迂阔无用之物，而不知其有切于身心性命也。

【译文】千年以来，最让人感到遗憾的是音乐没有流传下来，士大夫都把音乐看做迂阔无用的东西，而不知音乐对于身心性命的修养是多么重要。

171 一、中、平、常、白、淡、无，谓之七，无对。一不对万，万者一之分也。太过不及对，中者太过不及之君也。高下对，平者高下之准也。吉凶祸福贫富贵贱对，常者不增不减之物也。青黄碧紫赤黑对，白者青黄碧紫赤黑之质也。酸咸甘苦辛对，淡者受和五味之主也。有不与无对，无者万有之母也①。

【译文】一、中、平、常、白、淡、无，叫做七，没有和它们相对的。"一"不对"万"，万是从一分出来的。"太过"与"不及"相对，中就是裁定太过与不及的标准。"高"和"下"相对，平是衡量高、下的准绳。吉凶祸福和贫富贵贱相对，常是不能增加不能减少的东西。青、黄、碧、紫、赤、黑相对，白就是青、黄、碧、紫、赤、黑的质地。酸咸甘苦辛可以相对，淡就是调合五味的东西。"有"不与"无"相对，无为万有之母。

【注释】①无者万有之母：《老子》第一章："无名天地之始，有名万物之母。"

172 或问："格物之物是何物①？曰：至善是已。如何格？曰：知止是已。《中庸》不言格物，何也？曰：舜之执两端于问察②，回之择一善而服膺③，皆格物也。择善与格物同否？曰：博学审问、慎思明辨皆格物也④，致知诚正、修齐治平皆择善也，除了善更无物，除了择善更无格物之功。至善即中乎？曰：不中不得谓之至善，不明乎善不得谓之格物，故不明善不能诚身，不格物不能诚意。明了善，欲不诚身不得；格了物，欲不诚意不得。不格物亦能致知否？曰：有。佛、老、庄、列，皆致知也，非不格物，而非吾之所谓物。不致知亦能诚意否？曰：有。尾生、孝己皆诚意也⑤，乃气质之知而非格物之知。格物二字在宇宙间乃鬼神诃护真灵至宝，要在个中人神解妙悟⑥，不可与口耳家道也。

【译文】有人问:"格物的物是什么东西?"回答说:"指的是至善而已。"问:"如何格?"回答说:"知止而已。"问:"《中庸》不谈格物,这是为什么呢?"回答说:"《中庸》中讲的,舜能从两个方面来观察处理问题;颜渊见别人有一善也能牢记在心,衷心信服,这都讲的是格物。"问:"择善与格物相同吗?"回答说:"《中庸》中讲的博学审问、慎思明辨,都是格物;《大学》中讲的致知诚正、修齐治平,都是择善。除了善没有物,除了择善更没有格物的功效。"问:"至善就是中吗?"回答说:"不中就不能叫做至善,不明白什么是善就不能叫做格物,因此,不明善不能诚身,不格物不能诚意。明白了什么是善,想不诚身也不可能;格了物,想不诚意也不可能。"问:"不格物也能致知吗?"回答说:"有这种情况。佛、老、庄、列,都致知,非不格物,而这个物并不是我们所说的物。"问:"不致知也能诚意吗?"回答说:"有这种情况。尾生、孝己意都很诚,但他们是本身的气质就具有这种诚意,而不是通过格物才有诚意的。格物这两个字在宇宙间是受到鬼神保护的真灵至宝,主要在于格物的人能神解妙悟,这一点不能和只有口耳之学的浅薄人讲。"

【注释】①格物:《礼记·大学》:"古之欲明明德于天下者,先治其国;欲治其国者,先齐其家;欲齐其家者,先修其身;欲修其身者,先正其心;欲正其心者,先诚其意;欲诚其意者,先致其知;致知在格物。" ②舜之执两端于问察:《中庸》第六章:"子曰:舜其大知也与?舜好问而好察迩言,隐恶而扬善,执其两端,用其中于民,其斯以为舜乎?" ③回之择一善而服膺:回,颜回,孔子弟子。《中庸》第八章:"回之为人也,择乎中庸,得一善,则拳拳服膺而弗失之矣。" ④博学审问、慎思明辨:《中庸》第二十章:"博学之,审问之,慎思之,明辨之,笃行之。" ⑤尾生、孝己:尾生,鲁人,坚守信约。《庄子·盗跖》:"尾生与女子期于梁下,女子不来,水至不去,抱梁柱而死。"孝己,《史记·陈丞相世家》:"今有尾生、孝己之行而无益处于胜负之数。"裴骃集解:"如淳曰:孝己,高宗之子,有孝行。" ⑥个中人:此中人。此篇可与《大学》首章对看。

173 学术要辨邪正①。既正矣,又要辨真伪。既真矣,又要辨念头切不切,向往力不力,无以空言辄便许人也。

【译文】学术要分辨邪正。既正了,又要分辨真伪。既真了,又要看念头恳切不恳切,向那个方向努力不努力,不要因为别人的几句空话就去赞许他。

【注释】①邪正是价值判断,下文真伪是事实认知问题。

174 百姓冻馁谓之国穷,妻子困乏谓之家穷,气血虚弱谓之身穷,学问空疏谓之心穷。

【译文】百姓饥寒交迫叫做国穷，妻子贫困叫做家穷，气血虚弱叫做身穷，学问空疏叫做心穷。

175　人问：君是道学否？曰：我不是道学。是仙学否？曰：我不是仙学。是释学否？曰：我不是释学。是老庄申韩学否？曰：我不是老庄申韩学。毕竟是谁家门户？曰：我只是我。

【译文】有人问我："您的学问是道学吗？"我说："我不是道学。"问："是仙学吗？"我说："我不是仙学。"问："是释学吗？"我说："我不是释学。"问："是老、庄、申、韩之学吗？"我说："我不是老、庄、申、韩之学。"问："到底是入的哪家门户呢？"我说："我只是我。"

176　与友人论天下无一物无礼乐，因指几上香曰："此香便是礼，香烟便是乐；坐在此便是礼，一笑便是乐。"

【译文】和友人谈论天下没有一物没有礼乐，就指着桌上烧着的香说："这香就是礼，香烟就是乐；坐在这里就是礼，一笑就是乐。"

177　心之好恶不可迷也，耳目口鼻四肢之好恶不可徇也。瞽者不辨苍素，聋者不辨宫商，齆者不辨香臭①，狂者不辨辛酸，逃难而追亡者不辨险夷远近，然于我无损也，于道无损也，于事无损也，而有益于世，有益于我者无穷。乃知五者之知觉，道之贼而心之殃也，天下之祸也。

【译文】对心中喜欢什么、厌恶什么不能迷惑，对耳目口鼻四肢喜好什么、厌恶什么不能顺从。瞎子不能辨颜色，聋子不能辨声音，鼻塞不通不能辨别香臭，神志不清不能辨别辛酸，逃难或者追逐不会辨别路途的险夷远近，然而对自己没有什么损害，对道也没有损害，对事物本身也没有损害，而对世道的益处，对自己的益处却无穷。以此可知，这五种知觉，是危害道的，又是危害心的祸殃，是天下的大祸患。

【注释】①齆（qiú）：鼻塞。

178　气有三散：苦散，乐散，自然散。苦散乐散可以复聚，自然散不复聚矣。

【译文】人之气有三种散法：苦散、乐散、自然散。苦散、乐散，散了还可以聚,自然散就不能复聚了。

179 悟有顿①,修无顿②。立志在尧,即一念之尧;一语近舜,即一言之舜;一行师孔,即一事之孔,而况悟乎? 若成一个尧、舜、孔子,非真积力充、毙而后已不能。

【译文】悟有突然觉悟,而修养没有突然就修养成功的。立志学习尧,一个念头像尧那样想,就是一念之尧;一句话要学习舜,一句话像舜那样讲,就是一句话的舜;一个行为要学习孔子,即使一件事像孔子那样去做,就是一事的孔子,何况顿悟呢? 如果想成为一个尧、舜、孔子那样的人,非长期修养、努力修养,死而后已不能达到。

【注释】①顿:立刻。顿悟,立刻觉醒。 ②修:修养。修养身心是长期功夫。

180 有人于此,其孙呼之曰祖,其祖呼之曰孙,其子呼之曰父,其父呼之曰子,其舅呼之曰甥,其甥呼之曰舅,其伯叔呼之曰侄,其侄呼之曰伯叔,其兄呼之曰弟,其弟呼之曰兄,其翁呼之曰婿①,其婿呼之曰翁,毕竟是几人? 曰:一人也。呼之毕竟孰是? 曰:皆是也。吁!"仁者见之谓之仁,知者见之谓之知"②。无怪矣,道二乎哉!

【译文】这里有一个人,他的孙子喊他为祖父,他的祖父喊他为孙子,他的儿子喊他为父亲,他的父亲喊他为儿子,他的舅舅喊他为外甥,他的外甥喊他为舅舅,他的伯伯叔叔喊他为侄儿,他的侄儿喊他为伯伯叔叔,他的哥哥喊他为弟弟,他的弟弟喊他为哥哥,他的岳父喊他为女婿,他的女婿喊他为岳父,这到底是几个人? 回答说:一个人啊。哪个称呼是对的呢? 回答说:都对。啊! 《易经》说:"仁者见之谓之仁,知者见之谓之知。"这没什么可奇怪的啊,道怎能有两个呢!

【注释】①翁:这里指岳父。 ②"仁者见之谓之仁"二句:语见《易·系辞上》。

181 豪放之心非道之所栖也,是故道凝于宁静。

【译文】豪放之心不是道可以存在的地方,因此说道凝结于宁静。

182 圣人制规矩不制方圆,谓规矩可为方圆,方圆不能为方圆耳。

【译文】圣人只制定校正方圆的规矩,而不制定方圆。因为有了规矩就可以制出方圆,而方圆却不能再制出方圆来。

183 终身不照镜,终身不认得自家。乍照镜,犹疑我是别人。常磨常照,才认得本来面目。故君子不可以无友。

【译文】终身不照镜子,终身认不出自己。乍一照镜,还怀疑自己是别人。只有常磨镜常照镜,才能认得自己的本来面目。所以君子不可以没有朋友。

184 轻重只在毫厘,长短只争分寸。明者以少为多,昏者惜零弃整。

【译文】轻重只在毫厘上区分,长短只在分寸上较量。聪明的人以少为多,昏聩的人惜零弃整。

185 天地所以循环无端积成万古者,只是四个字,曰"无息有渐"[①]。圣学亦然,纵使生知之圣,敏则有之矣,离此四字不得。

【译文】天地所以能够循环不断没头没尾,而积成千千万万年,只是用四个字来说明,就是"无息有渐",即不停息而渐渐地变化。圣门的学问也是这样,即使生而知之的圣人,聪明敏捷的才能是有的,但离开了"无息有渐"这四个字也不行。

【注释】①无息有渐:不停止而渐渐变化。

186 下手处是自强不息[①],成就处是至诚无息[②]。

【译文】下手的地方是自强不息,成就的地方是至诚无息。

【注释】①自强不息:《易·乾卦·象》曰:"天行健,君子以自强不息。" ②至诚无息:《中庸》第二十六章:"故至诚无息。"朱熹注:"既无虚假,自无间断。"

187 圣学入门先要克己,归宿只是无我。盖自私自利之心是立人达人之障,此便是舜、跖关头,死生歧路。

【译文】圣人的学问,入门先要克己,归宿只是无我。自私自利之心是推己及人的障碍,这就是圣人和盗贼的关头,死与生的歧路。

188 心于淡里见天真,嚼破后许多滋味;学向渊中寻理趣,涌出来无限波澜。

【译文】心在淡薄处才能看见自然真实,嚼破后会尝到许多滋味;学问向深奥处才能找到理趣,涌出来无限波澜。

189 百毒惟有恩毒苦,万味无如淡味长。

【译文】百毒只有恩毒苦,万味无如淡味长。

190 总埋泉壤终须白[1],才露天机便不玄。

【译文】总埋泉壤终须清白,才露天机便不玄妙。

【注释】[1]泉壤:泉下,地下,人死埋葬之处。

191 横吞八极水[1],细数九牛毛。

【译文】要有气吞万里山河的气概,要有细数九牛之毛的耐心。

【注释】[1]八极:极远之地。《淮南子·地形》:"八之外,乃有八极。"

卷 二

修 身

001 六合是我底六合①,那个是人;我是六合底我,那个是我。

【译文】天地四方是我的天地四方,哪个是别人?我是天地四方中的我,哪个是我?

【注释】①六合:天地四方。《庄子·齐物论》:"六合之外,圣人存而不论。"

002 世上没个分外好底①,便到天地位、万物育底功用,也是性分中应尽底事业。今人才有一善,便向人有矜色,便见得世上人都有不是,余甚耻之。若说分外好,这又是贤智之过,便不是好。

【译文】世上没有分外好的东西,就是到了天地安其所,万物遂其生的地步,也是性分中应尽的事业。今人才有一善,便有向人夸耀的神色,便看得世上人都有缺欠,我很看不起这种人。若说分外好的话,这又是贤智者离开中道的过分言词,便是不好。

【注释】①分外好:特别好。

003 率真者无心过,殊多躁言轻举之失;慎密者无口过,不免厚貌深情之累。心事如青天白日,言动如履薄临深①,其惟君子乎!

【译文】直率真诚的人,内心没有过错,只是多有躁言轻举的过失;谨慎周密的人,说话没有过错,不免有外貌厚重城府很深的过累。心中的事情如青天白日一样的明朗,言语和行动似如履薄冰、如临深渊一样的谨慎,只有君子才能做到这样吧!

【注释】①履薄临深:比喻谨慎,戒惧。《诗经·小雅·小旻》:"战战兢兢,如临深渊,如履薄冰。"

004 沉静最是美质,盖心存而不放者①。今人独居无事,已自岑寂难堪,才应事接人,便任口恣情,即是清狂,亦非蓄德之器。

【译文】沉静是最美好的品质,具有这种品质的人内心总是谨慎而不放纵的。现在人独居无事,已经感到寂寞难堪,刚一待人接物,便任口恣情,这就是轻狂,也不是真正有道德修养的人。

【注释】①心存而不放:《孟子·告子上》:"孟子曰:仁,人心也。义,人路也。舍其路而弗由,放其心而不知求,哀哉!人有鸡犬放,则知求之;有放心,而不知求。学问之道无他,求其放心而已矣。"

005 攻己恶者①,顾不得攻人之恶。若哓哓尔雌黄人②,定是自治疏底。

【译文】克服自己缺点错误的人,顾不上去挑别人的毛病。若是喋喋不休地议论别人的是非,一定是自我修养差的人。

【注释】①攻:治。 ②雌黄:议论是非。

006 大事难事看担当,逆境顺境看襟度,临喜临怒看涵养,群行群止看识见。

【译文】遇到大事难事看得出是否敢于担当,处在逆境顺境看得出襟怀风度,碰到喜事和怒事看得出涵养的深浅,在大家共同行动时看得出个人识见的高低。

007 身是心当,家是主人翁当,郡邑是守令当,九边是将帅当,千官是冢宰当①,天下是天子当,道是圣人当。故宇宙内几桩大事,学者要挺身独任,让不得别人,亦与人计行止不得。

【译文】管理身的事由心来担当,管理家的事由户主来担当,管理郡邑的事由守令来担当,守卫九边的事由将帅来担当,管理众多官吏的事由冢宰来担当,治理天下的事由天子来担当,弘扬道的重任由圣人来担当。因此宇宙内几桩大事,学者要挺身独任,不能谦让,动静进退也不要和别人商量。

【注释】①冢宰:官名,六卿之一。这里指吏部尚书。

008 作人怕似渴睡汉,才唤醒时睁眼若有知,旋复沉困,竟是寐中人。须如朝兴栉盥之后①,神爽气清,冷冷劲劲,方是真醒。

【译文】做人怕做个瞌睡汉,刚刚唤醒时睁着眼好像有知觉,很快又睡着了,竟是个梦寐中的人。做人应当像早晨起床梳洗以后,神爽气清,冷冷劲劲,才是清醒的人。

【注释】①朝兴栉盥:朝兴,早晨起来。栉盥,梳洗。

009 人生得有余气,便有受用处。言尽口说,事尽意做,此是薄命子。

【译文】人活得要有余气,才有受用处。话不停口地说,事情无休无止地做,这是薄命人。

010 清人不借外景为襟怀,高士不以尘识染情性。

【译文】清高的人不借外景为襟怀,高尚的人不以尘识染情性。

011 官吏不要钱,男儿不做贼,女子不失身,才有了一分人。连这个也犯了,再休说别个。

【译文】官吏不要钱,男儿不做贼,女子不失身,才有了一分人的味道。连这个也犯了,别的就不用说了。

012 才有一段公直之气,而出言做事便露圭角①,是大病痛。

【译文】刚有了一点公平正直的气度,而出言做事便露出棱角,这是大毛病。

【注释】①圭角:圭,也作"珪",古代的一种玉制礼器,上尖下方。圭角,圭的棱角,比喻锋芒。

013 讲学论道于师友之时,知其心术之所藏何如也;饬躬励行于见闻之地①,知其暗室之所为何如也。然则盗跖非元憨也②,彼盗利而不盗名也。世之大盗,名利两得者居其最。

【译文】在和师友讲学论道的时候,要知道他心中藏的是什么想法;在听见看见别人努力修养品德的时候,要知道他在别人看不见的地方行为是怎样的。然而盗跖并非是元凶,他只是盗利而不盗名。世上的大盗,想要名利两得者是最大的元凶。

【注释】①饬躬励行:饬躬,正己,正身。励行,勉励自己的行为。 ②元憨(duì):憨,奸恶,元憨即元凶。《尚书·康诰》:"元恶大憨。"

014 圆融者无诡随之态,精细者无苛察之心,方正者无乖拂之失,沉默者无阴险之术,诚笃者无椎鲁之累①,光明者无浅露之病,劲直者无径情之偏,执持者无拘泥之迹,敏练者无轻浮之状,此是全才。有所长而矫其长之失②,此是善学。

【译文】圆融的人没有妄随人意的态度,精细的人没有苛刻检查的心态,方正的人没有乖张执拗的失误,沉默的人没有阴险的心术,诚笃的人没有愚钝的过失,光明的人没有浅露的毛病,劲直的人没有任意而为的偏差,执着持正的人没有拘泥的行迹,敏捷练达的人没有轻浮的样子,这就是全才。身有所长而又能矫正所长带来的过失,就是善于学习。

【注释】①椎鲁:愚钝。 ②矫:救治。

015 不足与有为者自附于行所无事之名,和光同尘者自附于无可无不可之名①,圣人恶莠也以此②。

【译文】不足以有所作为的人自附于无争无事的人的行列,把光荣和尘浊同样看待的人自附于孔子无可无不可那样的境界,圣人厌恶混在禾苗中的狗尾巴草的道理就在于此。

【注释】①和光同尘:视光荣和尘浊是一样的。《老子》五十六章:"和其光,同其尘。" ②恶莠:《孟子·尽心下》:"孔子曰:恶似而非者:恶莠,恐其乱苗也……"朱熹注:"莠,似苗之草也。"俗名狗尾草。

016 古之士民,各安其业,策励精神,点检心事。昼之所为,夜而思之,又思明日之所为。君子汲汲其德①,小人汲汲其业,日累月进,旦兴晏息,不敢有一息惰慢之气。夫是以士无愲德②,民无怠行;夫是以家给人足,道明德积。身用康强,不即于祸。今也不然,百亩之家不亲力作,一命之士不治常业,浪谈邪议,聚笑觅欢,耽心耳目之玩,骋情游戏之乐,身衣绮縠③,口厌刍豢④,志溺骄佚,懵然不知日用之所为⑤,而其室家土田百物往来之费又足以荒志而养其淫,消耗年华,妄费日用。噫!是亦名为人也,无惑乎后艰之踵至也。

【译文】古代的读书人和民众,各安其业,振作精神,经常检查反省自己的身心和行事,白天所做的,夜里就反复思考,又考虑第二天需要做的事。君子则努力不停地修养自己的品德,普通的百姓则努力干好自己的本业,日累月进,早起晚睡,不敢有一点惰慢的气息。因此读书人没有怠慢的品德,民众也没有懒惰的行为;因此家给人足,道明德积。身体因此康健,不招来祸殃。现在则不然,有百亩田地之家不亲自耕种,有最低官位的士人不治理田产,浪谈邪议,聚笑觅欢,沉醉于声色玩好,驰情于游戏之乐,身穿绫罗绸缎,口吃鸡鸭鱼肉,意志消沉,骄奢淫逸,昏昏迷迷,不知每天都在干什么,而其家庭田地百物以及往来的费用又足以使他心志荒怠,淫逸成性,空掷年华,白白耗费日用。唉!这种人也叫做人!艰难的日子接着就会临头是不容怀疑的!

【注释】①汲汲:心情急切的样子。 ②慆(tāo):怠慢。 ③绮縠(hú):绮,有花纹的丝织品。縠,绉纱。 ④刍豢:泛指家畜,这里指各种肉食。 ⑤懵:无知貌。以上可以看出明亡前社会风习。

017 世人之形容人过,只象个盗跖;回护自家,只象个尧舜。不知这却是以尧舜望人,而以盗跖自待也。

【译文】世上的人形容别人的过错,都把人家说得像个盗跖;美化自身,都把自己说得像个尧、舜。不知这样的做法,实际是希望别人成为尧、舜,而把自己当做盗跖对待。

018 孟子看乡党自好者看得甚卑①,近来看乡党人自好底不多,爱名惜节,自好之谓也。

【译文】孟子把乡里那些洁身自好的人看得很低,可现在看来,像乡里人那样洁身自好的也不多,爱名惜节,就是洁身自好的意思啊!

【注释】①孟子看乡党自好者看得甚卑:《孟子·万章上》:"自鬻以成其君,乡党自好者不为,而谓贤者为之乎?"朱熹注:"自好,自爱其身之人也。"孟子认为"乡党自好者"不如贤者,所以说"看得甚卑"。

019 少年之情,欲收敛不欲豪畅,可以谨德;老人之情,欲豪畅不欲郁阏①,可以养生。

【译文】少年人的情感,应该收敛,不应该豪畅,这样可以使自己的行为更加谨慎。老年人的情感,应该豪畅,不应当郁闷,这样可以养生。

【注释】①郁阏:郁闷不欢。

020 广所依不如择所依,择所依不如无所依。无所依者,依天也。依天者有独知之契,虽独立宇宙之内而不谓孤。众倾之、众毁之而不为动,此之谓男子。

【译文】广泛地依赖外物,不如有所选择的依赖;有所选择的依赖,不如无所依赖。无所依赖的人,是依天而立的人。依天而立的人必然有独立的见解,这样的人虽然独立于宇宙之内而不能说他是孤独的。众人都来推他,都来诽谤他,他也不会为其所动,这种人才是真正的男子汉。

021 坐间皆谈笑,而我色庄;坐间皆悲感,而我色怡。此之谓乖戾①,处己处人两失之。

【译文】在座的人都在谈笑,而我却面色庄重;在座的人都在悲戚,而我却面有喜色。这就叫做乖戾,处人处己都会失误。

【注释】①乖戾:抵触,不一致。

022 精明也要十分,只须藏在浑厚里作用。古今得祸,精明人十居其九,未有浑厚而得祸者。今之人惟恐精明不至,乃所以为愚也。

【译文】精明也要有十分,只是需要藏在浑厚中发挥作用。古今得祸的人,十分之九都是精明的人,没有浑厚的人而会招来祸患的。现在的人惟恐精明得不够,这实际是愚蠢。

023 分明认得自家是,只管担当直前做去。却因毁言辄便消沮,这是极无定力底,不可以任天下之重。

【译文】明确地知道自己是对的,就只管把事情担当起来往前做。如果因为别人诋毁的言词便消极沮丧,这是极其缺乏坚定的信念,不可担当天下的重任。

024 小屈以求大伸,圣贤不为。吾道必大行之日然后见,便是抱关击柝①,自有不可枉之道。松柏生来便直,士君子穷居便正。若曰在下位、遇难事姑韬光忍耻,以图他日贵达之时②,然后直躬行道,此不但出处为两截人,即既仕之后,又为两截人矣。又安知大任到手不放过耶!

【译文】忍受小的屈辱以求大的伸展,圣贤不这样做。我的道德如果必须等待我发达之日才能被认识的话,那么在我充任守关巡夜的低贱差事时,已经具有了不愿屈服的品德。松柏生来就是直的,道德高尚的人在穷困的时候也是正直的。如果说居于低下的地位,遇到困难的事情就暂时韬光忍耻,以求他日贵达之时,才以直道立身,这不但是居家和做官时是两截人,即使是做官以后,也容易变成两截人。又安知你担当大任的时候,不采取小屈以求大伸的手法呢!

【注释】①抱关击柝:抱关,守关。击柝,巡夜。比喻地位低微。 ②韬光:藏匿光彩,这里指藏才不露。

025 才能技艺,让他占个高名,莫与角胜。至于纲常大节,则定要自家努力,不可退居人后。

【译文】才能技艺,让别人占个高名,不要与别人争胜;至于纲常大节,一定要自我努力,不可退居人后。

026 处众人中,孤另另的别作一色人,亦吾道之所不取也。子曰:"群而不党。"①群占了八九分,不党只到那不可处方用。其用之也,不害其群,才见把持,才见涵养。

【译文】处于众人之中,孤零零地成了另外一种人,这也是我们不赞成的。孔子说:"合群而不结党。"在这里,群的成分应该占八九分,不党只有到那绝对需要不党的时候才能用。运用的时候,又不害其合群,这才能看出把持的定不定,涵养的深不深。

【注释】①群而不党:《论语·卫灵公》:"子曰:君子矜而不争,群而不党。"朱熹注:"和以处众曰群,然无阿比之意,故不党。"

027 今之人只将"好名"二字坐君子罪,不知名是自好不将去。分人以财者实费财,教人以善者实劳心,臣死忠、子死孝、妇死节者实杀身,一介不取者实无所得。试着渠将这好名儿好一好,肯不肯?即使真正好名,所为却是道理。彼不好名者,舜乎?跖乎?果舜耶,真加于好名一等矣;果跖耶,是不好美名而好恶名也。愚悲世之人以好名沮君子,而君子亦畏好名之讥而自沮,吾道之大害也,故不得不辨。凡我君子,其尚独,复自持,毋为哓哓者所撼哉!

【译文】现在的人把"好名"这两个字作为君子的罪状,不知名这个东西,即使自己喜好,也拿不去。把财物分给别人的人,实际要耗费钱财;教导别人向善的人,实际要劳费心力。臣死忠、子死孝、妇死节的人,实实在在地要丢掉自己的生命。一毫不取的人,实际上什么也不会得到。请你试着把这好名儿好一好,你肯不肯?即使真正好名的,他的所作所为都是有道理的。那不好名的人到底是舜呢?还是跖呢?如果是舜的话,比那好名的人还要高一等。如果是跖的话,他所好的不是美名而是恶名。我悲叹世人以好名来拘束君子,而君子也害怕好名的讥讽而自我拘束,这是儒道的大害,因此不得不分辨清楚。凡是君子,都应该崇尚独立的精神,又要把持自己,不要为那些喋喋不休说闲话的人所动摇啊!

028 大其心容天下之物,虚其心受天下之善,平其心论天下之事,潜其心观天下之理,定其心应天下之变。

【译文】以宽阔的心来容纳天下的物,以谦虚的心来接纳天下的善,以平静的心来议论天下的事,以深沉的心来观察天下的理,以镇定的心来应付天下的变化。

029 古之居民上者,治一邑则任一邑之重,治一郡则任一郡之重,治天下则任天下之重。朝夕思虑其事,日夜经纪其务。一物失所,不遑安席[①];一事失理,不遑安食。限于才者求尽吾心,限于势者求满吾分,不愧于君之付托,民之仰望,然后食君之禄,享民之俸,泰然无所歉,反焉无所愧。否则是食浮于功也,君子耻之。

【译文】古代做官的人,治理一邑则担当起一邑的重任,治理一郡则担当起一郡的重任,治理天下则担当起天下的重任。朝夕想的都是如何做好这些政事,日夜干的都是做好这些政务。一物不得其所,就不能安寝;一事治理不好,就无心安食。才能虽然有限,但一定要尽心竭力;权势虽然有限,但一定要用好自己的权限。不愧于天子的托付和民众的仰望,然后才心安理得地食君之禄,享民之俸。心中泰然,无歉疚之意;反思起来,没有愧疚之情。否则就是无功受禄,君子认为这是可耻的事情。

【注释】①遑:闲暇。

030 盗嫂之诬直不疑[①],挝妇翁之诬第五伦[②],皆二子之幸也。何者?诬其所无。无近似之迹也,虽不辨而久则自明矣。或曰:使二子有嫂、有妇翁,亦当辨否?曰:嫌疑之迹,君子安得不辨?"予所否者,天厌之,天厌之。"[③]若付之无言,是与马偿金之类也,君子之所恶也。故君子不洁己以病人,亦不自污以徇世。

【译文】西汉人直不疑被诬蔑和嫂子有不正当的关系,东汉人第五伦被诬蔑曾打过他的岳父,但受到这样的诬蔑,只能说是这二人的幸运。为什么呢?因为诬蔑的是他们不可能有的事情,直不疑没有哥哥,第五伦曾娶过三个妻子,但妻子们的父亲早就死了,所以连一些近似的行迹都找不出来,不用辩白就自然是清白的。有人问:"假使他们二人有嫂、有岳父,也应该辩白吗?"回答说:"有嫌疑的行迹,君子哪能不辩呢?孔子去见卫灵公的夫人南子,子路很不高兴,孔子还辩白说:'我如果有不符合礼的地方,让天厌弃我吧!让天厌弃我吧!'"如果不分辩,这就如同别人把你的马说成他的,你就把马送给了他,被人污蔑偷了金子而不加分辩,还要还给对方金子一样,这是君子讨厌的做法。君子不会为使自己清白而诬蔑别人,也不会以自我诬蔑来顺应世人。

【注释】①直不疑:西汉南阳人,文帝时为郎,迁至太中大夫。《汉书·直不疑传》载:"人或毁不疑曰:'不疑状貌甚美,然特毋奈善盗嫂,何也?'不疑闻,曰:'我乃无兄。'然终不自明。"因而人称其为长者。"直"原误作"隽",据《汉书》卷四十六改。 ②挝妇翁之诬第五伦:挝,敲打,击。第五伦,东汉人。《后汉书·第五伦传》载:"帝(光武)戏谓伦曰:'闻卿为吏挝妇公,不过从兄饭,宁有之邪?'伦对曰:'臣三娶妻皆无父。少遭饥乱,实不敢妄过人食。'帝大笑。"后来以"挝妇翁"为无故受人诽谤中伤的典故。 ③"予所否者"三句:《论语·雍也》:"子见南子,子路不说。夫子矢之曰:'予所否者,天厌之,天厌之。'"矢,誓也。引此语说明孔子遇到误解时也要为自己辩护。

031 听言不爽①,非圣人不能。根以有成之心,蛊以近似之语,加之以不避嫌之事,当仓卒无及之际,怀隔阂难辩之恨,父子可以相贼,死亡可以不顾,怒室阋墙②,稽唇反目,何足道哉!古今国家之败亡,此居强半。圣人忘于无言,智者照以先觉,贤者熄于未著,刚者绝其口语,忍者断于不行。非此五者,无良术矣。

【译文】对别人的话不会理解错,只有圣人才能做到。如果以有成见的心,听似是而非的话,再加一些不避嫌疑的事,在仓猝匆忙的时候,心中又怀有隔阂难辩的怨气,父子之间也会相互厮杀,即使死亡也毫无顾及,同处一室的兄弟也会争斗,反目相讥,这些事怎么说得完呢!古今以来,国家的失败灭亡,有一半以上是由于以上原因。而圣人则会忘记这些是非之语,智者则预先就有觉察,贤人会让事情还未明显时就已停息,刚强的人则绝口不说是非之语,能忍耐的人让是非之语到自己这里就不再流行。除了这五种情况,没有好的办法。

【注释】①爽:差误。　②阋墙:《诗经·小雅·常棣》:"兄弟阋于墙,外御其务。"意谓兄弟不和。

032　荣辱系乎所立,所立者固,则荣随之,虽有可辱,人不忍加也。所立者废,则辱随之,虽有可荣,人不屑及也①。是故君子爱其所自立,惧其所自废。

【译文】荣辱系于你的建树,建树牢固,荣誉会随之而至,虽有可能带来耻辱的事情,人们也不忍加在你的身上。建树荒废,耻辱就会随之而来,虽然也有可以带来荣誉的事情,人们也不屑于提及。因此君子喜爱的是能够建立自己的事业,害怕的是荒废自己的事业。

【注释】①不屑及:耻于谈及。

033　掩护勿攻,屈服勿怒,此用威者之所当知也。无功勿赏,盛宠勿加,此用爱者之所当知也。反是皆败道也。

【译文】当别人寻找理由自我掩护的时候,就不要再攻击;当别人已经屈服的时候,就不要再发怒。这一点是使用威势的人应当知道的。无功就不要给予奖赏,宠爱已经隆盛就不要再增加,这是使用情爱的人应当知道的。和这相反的做法只会失败。

034　称人之善,我有一善,又何妒焉?称人之恶,我有一恶,又何毁焉?

【译文】称赞别人的优点,说明自己也有一个优点,有什么可嫉妒的呢?宣扬别人的缺点,说明自己也有一个缺点,又何必诋毁别人呢?

035　善居功者,让大美而不居①;善居名者,避大名而不受。

【译文】善于居功的人,会把最大的功劳让给别人,自己不居功;善于居名的人,会躲避出大名的机会,自己不居名。

【注释】①让大美、避大名:这都是受老子思想影响的结果。

036　善者不必福,恶者不必祸,君子稔知之也①,宁祸而不肯为恶。忠直者穷,谀佞者通,君子稔知之也,宁穷而不肯为佞。非但知理有当然,亦其心有所不容已耳。

【译文】做善事的人不一定得福,做恶事的人不一定得祸,这个道理君子是熟知的,但君子宁肯受祸也不肯做恶事。忠厚正直的人穷困,阿谀奉承的人通达,这个现象君子是熟知的,但君子宁肯穷困也不肯做阿谀奉承之人。这样做不只是理所当然,也是自己做善事、做正直忠厚的人的想法不能停止的。

【注释】①稔:熟。

037 居尊大之位,而使贤者忘其贵重,卑者乐于亲炙①,则其人可知矣。

【译文】居于让人尊敬的高位,而能让贤者忘掉你的尊贵,卑下的人乐于和你亲近,接受你的教化,这个人的人品就可以知道了。

【注释】①亲炙:亲近受到教益。《孟子·尽心下》:"奋乎百世之上,百世之下,闻者莫不兴起也;非圣人而能若是乎?而况于亲炙之者乎?"朱熹注:"亲近而熏炙之也。"

038 人不难于违众,而难于违己。能违己矣,违众何难?

【译文】做违背众人意愿的事,还不是太难,做违背自己意志的事才是困难的啊!能违背自己意志的人,违背众人还有什么难的呢?

039 攻我之过者,未必皆无过之人也。苟求无过之人攻我,则终身不得闻过矣。我当感其攻我之益而已,彼有过无过何暇计哉!

【译文】指出我的缺点的人,未必都是没有缺点的人。假如只有没有缺点的人才能指出我的缺点,那么终身就不会听到别人指出自己的过错了。我应当感谢指出我过错的人给我带来的好处,至于他本身有没有过错,何必去计较呢!

040 恬淡老成人又不能俯仰①,一世便觉干燥。圆和甘润人又不能把持,一身便觉脂韦②。

【译文】本来就是恬淡老成的人,但又不能随事应付,一生都活得枯燥。本来就是圆和甘润的人,但又把持不住自己,一身都觉得圆滑。

【注释】①俯仰:周旋、应付。 ②脂韦:脂,油脂;韦,软皮,喻阿谀圆滑。

041 做人要做个万全,至于名利地步休要十分占尽,常要分与大家,就带些缺绽不妨。何者?天下无人己俱遂之事,我得人必失,我利人必害,我荣人必辱,我有美名人必有愧色。是以君子贪德而让名,辞完而处缺。使人我一般,不峣峣露头角①、立标臬②,而胸中自有无限之乐。孔子谦己,尝自附于寻常人,此中极有意趣。

【译文】做人要做个万全,至于名利,不要都自己占尽,要常常分一些给大家,哪怕自己有些缺欠也不要紧。为什么呢?天下没有自己和别人都认为顺心满意的事情,我得人必失,我利人必害,我荣人必辱,我有美名人必有愧色。因此君子要贪德而让名,辞完而处缺。使自己和别人一样,不争着显露头角,不成为别人的箭靶,胸中自然有无限快乐。孔子很谦虚,把自己列入寻常人的行列,这中间的道理很有意趣。

【注释】①峣峣:高峻貌。 ②标臬:射箭的目标,靶子。

042 "明理省事"甚难,此四字终身理会不尽,得了时无往而不裕如。

【译文】做到"明理省事"非常难,这四个字终身也理会不尽,理会了,走到哪里都会觉得轻松自在。

043 胸中有一个见识,则不惑于纷杂之说;有一段道理,则不挠于鄙俗之见。《诗》云:"匪先民是程,匪大犹是经。维迩言是争。"①平生读圣贤书,某事与之合,某事与之背,即知所适从,知所去取,否则口《诗》、《书》而心众人也,身儒衣冠而行鄙夫也,此士之稂莠也。

【译文】胸中有一定的见识,就不会被纷杂的议论所迷惑;心中有一定的道理,就不会被鄙俗的见解所扰乱。《诗经·小雅·小旻》篇说:"匪先民是程,匪大犹是经。维迩言是争。"意思是批评那些不效法古代的圣贤,不走光明的大道,只在那浅近的言语间争论不休的人。平生读圣贤书,要分辨某件事与圣贤的道理相合,某件事与圣贤的道理相背,就可以知道何适何从,何去何取。否则口中诵的是《诗》、《书》,内心想的却和普通人一样;穿戴的是儒者的衣冠,而行为却和鄙陋浅薄的人一样。这就如同危害禾苗的稂莠一样,也是读书人中间的杂草啊!

【注释】①"《诗》云:匪先民是程"三句:《诗经·小雅·小旻》:"哀哉为犹,匪先民是程,匪大犹是经,维迩言是听,维迩言是争。如彼筑室于道谋,是用不溃于成。"朱熹注:"先民,古之圣贤也。程,法。犹,道。经,常。溃,遂也。言哀哉今之为谋,不以先民为法,不以大道为常,其所听而争者,皆浅末之言。以是相持,如将筑室而与行道之人谋之,人人得为异论,其能有成也哉！"

044 世人喜言无好人,此孟浪语也①。今且不须择人,只于市井稠人中聚百人而各取其所长,人必有一善,集百人之善可以为贤人。人必有一见,集百人之见可以决大计。恐我于百人中未必人人高出之也,而安可忽匹夫匹妇哉！

【译文】世上的人都爱说："这世界没有好人。"这是很鲁莽、很不正确的说法。现在你不必特意挑选人,只要在大街上稠人广众之中找出一百个人,各取每人的所长,每人必有一种优点,集中百人的长处就可以成为一个贤人。每个人必有一个正确的见解,集中百人的见解就可以决定大计。恐怕我和这一百人相比,未必能高出所有的人,怎可以小看那些普通的男女百姓呢！

【注释】①孟浪:鲁莽。

045 学欲博,技欲工,难说不是一长。总较作人,只是够了便止。学如班、马①,字如钟、王②,文如曹、刘③,诗如李、杜④,铮铮千古知名,只是个小艺习,所贵在作人好。

【译文】学问要博,技艺要高,很难说不是一个长处。但和做人比较来说,学问和技艺只要够用就可以了。学问如班固、司马迁,写字如钟繇、王羲之,文章如曹植、刘桢,诗如李白、杜甫,这些人铮铮千古知名,但都只是个小技艺,可贵的在于做人好。

【注释】①班、马:指班固、司马迁。《晋书·陈寿传论》："丘明既没,班马迭兴,奋鸿笔于西京,骋直词于东观。" ②钟、王:指钟繇、王羲之。钟繇,三国魏人,字元常。善书法,工正、隶、行、草、八分,尤长于正、隶。王羲之,晋人,字逸少,官至右军将军,人又称"王右军"。书法博采众长,自成一家,世称"书圣"。 ③曹、刘:指曹植、刘桢。钟嵘《诗品》："昔曹、刘文章之圣。"曹植,三国魏人,字子建,曹操第三子。刘桢,汉末建安时期作家,"建安七子"之一。 ④李、杜:指李白、杜甫。韩愈《调张籍》诗："李杜文章在,光焰万丈长。"

046 到当说处,一句便有千钧之力,却又不激不疏,此是言之上乘,除此虽十缄也不妨。

【译文】到应当说的时候,一句话便有千钧的力量,但又不激烈不疏漏,这是上等的语言。除此以外,即使十次闭嘴不说也不要紧。

047 循弊规若时王之制,守时套若先圣之经,侈己自得,恶闻正论,是人也,亦大可怜矣,世教奚赖焉①!

【译文】遵循那些弊陋有害的法规如同遵守现在国家制定的制度,固守当时老一套的办法如同遵循先王圣人的经典,夸大自己的见解,害怕听见正确的言论,这种人啊,也太可怜了!世人的教化能依靠他们吗?

【注释】①奚:何。

048 心要常操,身要常劳。心愈操愈精明,身愈劳愈强健。但自不可过耳。

【译文】心要常操,身要常劳。心愈操愈精明,身愈劳愈强健。但不可太过度。

049 未适可,必止可;既适可,不过可,务求适可而止。此吾人日用持循,须臾粗心不得。

【译文】还未达到合适的地步,必须知道在哪里停止才合适;既已达到合适的地步,又不能超过,务求适可而止。这是我们日常生活中必须遵循的原则,一刻也不能粗心。

050 士君子之偶聚也,不言身心性命,则言天下国家;不言物理人情,则言风俗世道;不规目前过失,则问平生德业。傍花随柳之间,吟风弄月之际,都无鄙俗媟嫚之谈①,谓此心不可一时流于邪僻,此身不可一日令之偷惰也。若一相逢,不是亵狎,便是乱讲,此与仆隶下人何异?只多了这衣冠耳。

【译文】士君子偶然聚在一起,不谈身心性命的修养,则要谈天下国家的大事;不谈物理人情,则要谈风俗世道;不规劝眼前的过失,则要询问平生的德业。即使是傍花随柳之间,吟风弄月之际,也不要有鄙俗轻狂的言词,这就是说心不能一刻流于邪僻,身不可一日让它怠惰。如果一相逢,不是亵狎,便是乱讲,这和仆隶下人有什么不同?只是多了这身儒者衣冠而已。

【注释】①媟(xiè)嫚:媟,通"亵",媟嫚,不恭敬、不庄重。

051 作人要如神龙,屈伸变化,自得自如,不可为势利术数所拘缚。若羁绊随人，不能自决，只是个牛羊。然亦不可哓哓悻悻①，故大智上哲看得几事分明。外面要无迹无言，胸中要独往独来，怎被机械人驾驭得？

【译文】做人要如同神龙，屈伸变化，能自得自如，不被势力术数所拘束。如果随时随地好像被捆绑着一样，不能自己决定事物，只是个牛羊。然也不可争辩不休，忿恨不平，因此大智上哲之人连隐微的事都看得很清楚。做事时外表上没有痕迹，很少说话，心里面要独往独来，这样怎么会被机巧奸诈的人驾驭呢！

【注释】①哓哓悻悻：哓哓，争辩声。悻悻，忿恨不平貌。

052 "财色名位"，此四字考人品之大节目也。这里打不过，小善不足录矣。自古砥砺名节者，兢兢在这里做工夫，最不可容易放过。

【译文】"财色名位"这四个字，是考查人品的主要项目。在这四方面过不了关，小善就不值得提了。自古修养品德注重名节的人，都努力在这上面做功夫，最不可轻易放过。

053 古之人非曰位居贵要，分为尊长，而遂无可言之人、无可指之过也；非曰卑幼贫贱之人一无所知识，即有知识而亦不当言也。盖体统名分，确然不可易者，在道义之外；以道相成，以心相与，在体统名分之外。哀哉！后世之贵要尊长而遂无过也。

【译文】古代的人，并非居于贵要地位，名分为尊长的，别人就不可以与他共谈，或不能指出他的过失；并非认为卑幼贫贱的人就没有一点知识，或有知识也不该说话。体统名分绝对不可改变的，是指道义以外的事情；如果是以道来相互成就，以心相互交往，这种情况就在体统名分之外了。可悲啊！后世人只重视体统名分，所以对于贵人、要人和尊长就没有人敢指出他们的过失，好像他们是没有过失的人。

054 只尽日点检自家，发出念头来，果是人心？果是道心①？出言行事果是公正？果是私曲？自家人品自家定了几分？何暇非笑人，又何敢喜人之誉己耶？

【译文】每天都要反省检查自己，心中发出的念头，果然是私心，果然是公理？出言行事是公正的，还是有私心的？自己的人品，自己给评定为几分？

这样的话,还有什么空暇去指责和笑话别人?又怎能喜欢别人称赞自己呢?

【注释】①人心、道心:语出《尚书·大禹谟》。

055 往见泰山乔岳①,以立身四语甚爱之,疑有未尽,因推广为男儿八景,云:"泰山乔岳之身,海阔天空之腹,和风甘雨之色,日照月临之目,旋乾转坤之手,磐石砥柱之足,临深履薄之心,玉洁冰清之骨。"此八景予甚愧之,当与同志者竭力从事焉。

【译文】从前我到泰山的时候,看到那高峻的山岳,我写了立身四语,自己很是喜爱,但仍怕意思没有表达完全,就推而广之,写成男儿八景:"泰山乔岳之身,海阔天空之腹,和风甘雨之色,日照月临之目,旋乾转坤之手,磐石砥柱之足,临深履薄之心,玉洁冰清之骨。"对着这八景,我感到很惭愧,应当与同志者努力按此八景去做。

【注释】①乔岳:高峻的山岳。

056 求人已不可,又求人之转求;徇人之求已不可①,又转求人之徇人;患难求人已不可,又以富贵利达求人。此丈夫之耻。

【译文】去求人已经不应该了,又请求人去转求别人;屈从别人的请求已经不应该了,又转求别人也去屈从;患难的时候求人已经不应该了,又为了富贵利达去求人,这是大丈夫的耻辱啊!

【注释】①徇:顺从,屈从。

057 文名、才名、艺名、勇名,人尽让得过,惟是道德之名则妒者众矣。无文、无才、无艺、无勇,人尽谦得起,惟是无道德之名则愧者众矣。君子以道德之实潜修,以道德之名自掩。

【译文】一个人有了文名、才名、艺名、勇名,人们都会表示认同,只有对道德高尚的名声,嫉妒的人很多。说一个人无文、无才、无艺、无勇,这个人都可以谦虚地承认,只有无道德的名声会使人们感到羞愧。君子要暗下决心努力修养自己的道德,而不要争那个道德高尚的名声。

058 "有诸己而后求诸人,无诸己而后非诸人"①,固是藏身之恕。有诸己而不求诸人,无诸己而不非诸人,自是无言之感。《大学》为居上者言,若士君子守身之常法,则余言亦蓄德之道也。

【译文】《大学》说:"自己有善,然后才可以勉励别人向善;自己无恶,然后才可以纠正别人的恶。"这固然是隐藏自身的恕道。但是自己有善也不责求别人，自己无恶也不非议别人，这才是一种无言的感动力。《大学》讲的这些是对居于上位的人说的，如果士君子能把这点作为洁身自好的常法，那么我的这番话也是修养道德的方法。

【注释】①"有诸己而后求诸人"二句：语出《大学》第九章："是故君子有诸己而后求诸人，无诸己而后非诸人。所藏乎身不恕，而能喻诸人者，未之有也。"朱熹注："有善于己，然后可以责人之善；无恶于己，然后可以正人之恶。皆推己以及人，所谓恕也。不如是，则所令反其所好，而民不从矣。"

059　乾坤尽大，何处容我不得？而到处不为人所容，则我之难容也。眇然一身而为世上难容之人，乃号于人曰：人之不能容我也。吁！亦愚矣哉。

【译文】乾坤如此之大，何处不能容下我呢？而到处不为人所容，这是自己难以让人容纳啊！这样渺小的一个人而成为世上难容的人，还要对人声言："人们不能容纳我啊！"唉！也是太愚蠢了。

060　名分者，天下之所共守者也。名分不立，则朝廷之纪纲不尊而法令不行。圣人以名分行道，曲士恃道以压名分，不知孔子之道视鲁侯奚啻天壤，而《乡党》一篇何等尽君臣之礼①。乃知尊名分与谄时势不同，名分所在，一毫不敢傲惰；时势所在，一毫不敢阿谀。固哉！世之腐儒以尊名分为谄时势也；卑哉！世之鄙夫以谄时势为尊名分也。

【译文】名分，是天下所共同遵守的。名分不确立，朝廷的纲纪就不尊贵，法令就不能实行。圣人用名分来弘扬道，寡闻陋见的人依仗道来压制名分，不知孔子的道和鲁侯相比有天壤之别，而《论语·乡党》一篇，记载孔子的言行，何等地尽到君臣的礼节。以此可知尊重名分与阿谀当今的权势是不同的。在名分的事情上，一点也不能傲慢懒惰；在时势面前，一毫也不能阿谀。顽固啊！世上的腐儒以为尊名分就是谄时势；可卑啊！世上的鄙夫以为谄时势就是尊名分。

【注释】①《乡党》：《论语》篇名。其中描写孔子在朝廷、君命召、入公门、过公位、执圭等时的容色。

061　圣人之道，太和而已，故万物皆育。便是秋冬，不害其为太和,况太和又未尝不在秋冬宇宙间哉! 余性褊无弘度①、平心、温容、巽语②,愿从事于太和之道以自广焉。

【译文】圣人的道,只是阴阳会合的太和之气而已,所以万物都能生长发育。即使秋冬之季,也有太和之气,何况太和之气又未尝不存在秋冬的宇宙间呢! 我的性情褊狭,没有宏大的气度,缺少平心、温容、逊语的修养,愿意学习太和之道以增进自己的道德。

【注释】①褊(biǎn):衣服狭小,引申为狭隘。 ②巽语:巽通"逊",巽语,谦逊之语。

062 只竟夕点检,今日说得几句话,关系身心;行得几件事,有益世道,自慊自愧,恍然独觉矣。若醉酒饱肉,恣谈浪笑,却不错过了一日;乱言妄动,昧理从欲,却不作孽了一日。

【译文】每天夜晚都要自我省察,今天说了几句关系身心修养的话,做了几件有益世道的事,内心感到不满足,有惭愧,这样才能猛然独醒。如果醉酒饱肉,恣谈浪笑,这不是胡乱过了一天吗? 如果乱言妄动,昧理从欲,却不是作孽了一天?

063 只一个俗念头,错做了一生人;只一双俗眼目,错认了一生人。

【译文】只因一个俗念头,错做了一生人;只因一双俗眼目,错认了一生人。

064 少年只要想我见在干些什么事①,到头成个什么人,这便有多少恨心,多少愧汗,如何放得自家过。

【译文】少年人只要想想我现在干些什么事,到头来成个什么人,这便会有多少悔恨心,有多少惭愧汗,如何能放得过自己!

【注释】①见在:现在。

065 明镜虽足以照秋毫之末,然持以照面不照手者何? 面不自见,借镜以见,若手则吾自见之矣。镜虽明不明于目也,故君子贵自知自信。以人言为进止,是照手之识也。若耳目识见所不及,则匪天下之见闻不济矣①。

【译文】明亮的镜子虽然足以照出非常细微的东西,但是人们经常用它照面孔而不用它照手,这是为什么呢? 因为自己看不见自己的面孔,只有借助镜子才能看见,而手则自己能够看见。镜子虽然明亮,也没有眼睛看得清楚,所以君子贵自知自信。以别人的话作为自己行动的指南,就如同用镜子照手的见识一样。如果是耳目见闻达不到的,则必须借助天下人的见闻。

【注释】 ①匪:同"非"。

066　义、命、法,此三者,君子之所以定身,而众人之所妄念者也。①从妄念而巧邪,图以幸其私,君子耻之。夫义不当为,命不能为,法不敢为,虽欲强之,岂惟无获,所丧多矣。即获亦非福也。

【译文】 义、命、法,这三者,是君子用来安身,而普通人却因此产生不切实际妄念的东西。有了妄念就会有巧邪的行事,希图满足自己的私欲,君子耻于这样做。如果遇到一件事情,根据义不应当去做,根据命不能去做,根据法不敢去做,虽想勉强去做,非但不会有所收获,失去的会更多。即使有收获,也不是福。

【注释】 ①妄念:过分的念头。

067　避嫌者,寻嫌者也;自辨者,自诬者也。心事重门洞达,略不回邪,行事八窗玲珑,毫无遮障,则见者服,闻者信。稍有不白之诬,将家家为吾称冤,人人为吾置喙矣①。此之谓洁品,不自洁而人洁之。

【译文】 避嫌的人,只能招来嫌疑;自己辩白,只能自诬。把装着心事的重重门户打开,毫不回避;做起事来剔透玲珑,毫无遮掩,这样,看见的人就会佩服,听见的人就会相信。稍有不白之冤,就会家家为你喊冤,人人替你说话。这种人叫做洁品,不用自己说自己高洁,别人就会称赞你高洁。

【注释】 ①置喙:喙,口,嘴。置喙,张口说话。

068　善之当为,如饮食衣服然,乃吾人日用常行事也。人未闻有以祸福废衣食者,而为善则以祸福为行止①;未闻有以毁誉废衣食者,而为善则以毁誉为行止。惟为善心不真诚之故耳。果真果诚,尚有甘死饥寒而乐于趋善者。

【译文】 做人就应当为善,这就如同人需要饮食和衣服一样,是我们日常应当做的事情。没听说有人因为有了喜事或祸事而废弃衣食的,但做善事却要考虑是得福还是得祸才决定做不做;没听说有人因为受到诽谤或称赞而废弃衣食的,但做善事却要考虑会受到毁谤还是称赞才决定做不做。这都是因为善心不真诚的缘故。确实是真诚的,就有甘心死于饥寒也乐于趋善的人。

【注释】①行止:做或停止。

069 有象而无体者,画人也,欲为而不能为。有体而无用者,塑人也,清净尊敬,享牺牲香火,而一无所为。有运动而无知觉者,偶人也,待提掇指使而后为。此三人者,身无血气,心无灵明①,吾无责矣。

【译文】有形象而没有身体的,是画上的人,这种人想有所作为也不可能。有身体而不能行动的,是塑出来的人,这种人清净尊严,享受供品香火,但一无所为。能够运动而没有知觉的,是木偶人,这种人只有靠别人的提拉指使才能行动。这三种人,身无血气,心无灵明,我对他们没有什么责求啊!

【注释】①灵明:指精神。

070 我身原无贫富贵贱得失荣辱字,我只是个我,故富贵贫贱得失荣辱如春风秋月,自去自来,与心全不牵挂,我到底只是个我。夫如是,故可贫可富,可贵可贱,可得可失,可荣可辱。今人惟富贵是贪,其得之也必喜,其失之也如何不悲?其得之也为荣,其失之也如何不辱?全是靠着假景作真身,外物为分内。此二氏之所笑也①,况吾儒乎?吾辈做工夫,这个是第一,吾愧不能,以告同志者。

【译文】我的身上本来就没有贫富贵贱得失荣辱这几个字,我只是个我。所以富贵贫贱得失荣辱对于我如春风秋月,自来自去,我的心全不牵挂,我到底只是个我。正因为这样,所以可贫可富,可贵可贱,可得可失,可荣可辱。现在的人们惟富贵是贪,得到了必然喜欢,失去了怎能不悲?得到了以为荣耀,失去了怎能不认为是耻辱?这些人全是靠着假景作真身,以外物为分内,这是佛、道二氏都要耻笑的事,何况我们儒家呢?我们儒者的修养功夫,这是最重要的。我很惭愧自己还做不到,所以要告诉有相同志向的人。

【注释】①二氏所笑:佛、道脱离五伦,因而富贵利达无法笼络它。

071 "本分"二字,妙不容言。君子持身不可不知本分。知本分则千态万状一毫加损不得。圣王为治,当使民得其本分,得本分则荣辱死生一毫怨望不得。子弑父①,臣弑君,皆由不知本分始。

【译文】 本分二字,妙不可言。君子立身处世不可不知本分。知道本分,千态万状一毫也不能增加或减少。圣王治国,应当使人民得到他的本分,得到了本分,那么荣辱生死一毫也责怪不了别人。子弑父、臣弑君,都是从不知本分开始的。

【注释】 ①弑:杀。

072 两柔无声,合也;一柔无声,受也。两刚必碎,激也;一刚必损,积也。故《易》取一刚一柔,是谓平中①,以成天下之务,以和一身之德,君子尚之。

【译文】 两柔无声,相合的缘故;一柔无声,接受的缘故;两刚必碎,激烈的缘故;一刚必损,积累的缘故。所以《易经》取一刚一柔,这叫做平中。这样才能成就天下的事务,才能成就一生的德业,所以君子崇尚平中。

【注释】 ①一刚一柔是谓平中:《易》重中,如《升卦·象辞》:"柔以时升,巽而顺,刚中而应,是以大亨。"《鼎卦·象辞》:"柔进而上行,得中而应刚,是以元亨。"都认为是大吉之卦。

073 毋以人誉而遂谓无过,世道尚浑厚,人人有心史也①。人之心史真,惟我有心史而后无畏人之心史矣。

【译文】 不要因为受到人们的称赞就认为自己没有过错,世道崇尚浑厚,人人心中都有一本账。人们心中的记载才是真实的,只因为我心中有一本账,才不怕别人心中的那本账。

【注释】 ①心史:心中对往事的真实记忆。

074 淫怒是大恶①,里面御不住气,外面顾不得人,成甚涵养!或曰:涵养独无怒乎?曰:圣贤之怒自别。

【译文】 暴怒是大毛病,发怒时内心藏不住气,对外又顾不上考虑别人,能有什么涵养?有人问:"有涵养就不会发怒吗?"回答说:"圣贤发怒和普通人是有区别的。"

【注释】 ①淫:过甚。

075 凡智愚无他,在读书与不读书。祸福无他,在为善与不为善。贫富无他,在勤俭与不勤俭。毁誉无他,在仁恕与不仁恕。

【译文】 智慧和愚昧的区别不在别处,只看你读书不读书。判断一件事是祸是福,没有别的,只看你为善不为善。日子过的贫穷还是富裕,没有别的,只看你勤俭不勤俭。行为会招来毁谤还是得到赞扬,没有别的,就看你仁恕不仁恕。

076 古人之宽大,非直为道理当如此,然煞有受用处①。弘器度以养德也,省怨怒以养气也,绝仇雠以远祸也。

【译文】古人的宽宏大量,不仅认为在道理上应当如此,而且认为自己也有受用处。气度宏大可以修养品德,少发怨气可以修养身心,杜绝仇敌可以远离祸害。

【注释】①煞:极,很。

077 平日读书,惟有做官是展布时,将穷居所见闻及生平所欲为者一一试尝之。须是所理之政事各得其宜,所治之人物各得其所,才是满了本然底分量。

【译文】平日读书学习的道理,只有做官才是施展的时候,这时把以前所见所闻及平生想做的事情一一试着实行,必须使治理的政事各得其宜,治理的人物各得其所,才会使本应做的事情达到完满。

078 只见得眼前都不可意,便是个碍世之人。人不可我意,我必不可人意。不可人意者我一人,不可我意者千万人。呜呼!未有不可千万人意而不危者也。是故智者能与世宜①,至人不与世碍②。

【译文】看眼前的人都不可自己的意,就是个碍世的人。人家不可我意,我必然也不可人意。不可人意的是我一个人,不可我意的有千万人。啊!没有不可千万人意的人而不危险的。因此智者能适应世道,至人不妨碍世道。

【注释】①世宜:与世相适应。 ②世碍:与世不通。

079 性分、职分、名分、势分,此四者宇内之大物。性分、职分在己,在己者不可不尽;名分、势分在上,在上者不可不守①。

【译文】性分、职分、名分、势分,这四者是宇宙内的大事情。性分、职分能否尽到,在于自己掌握,在于自己掌握的事应该做到。名分、势分能否做到,在于居上位的人掌握;在于居上位者掌握的事,不可不遵守。

【注释】①守:遵守。道德、职责可以尽己力,等级、权势,由上决定。

080 初看得我污了世界，便是个盗跖；后看得世界污了我，便是个伯夷；最后看得世界也不污我，我也不污世界，便是个老子①。

【译文】最初看来，好像我玷污了世界，这便是个盗跖；后来一看，好像世界玷污了我，这便是个伯夷；最后一看，世界也不玷污我，我也不玷污世界，这便是个老子。

【注释】①老子崇尚自然，主张自我发展，不听身外主宰。

081 心要有城池①，口要有门户。有城池则不出，有门户则不纵。

【译文】心要像城池一样关牢，口要像门户一样关牢。有了城池则不会放纵失误，有了门户则不会信口开河。

【注释】①城池：可关而不出。

082 士君子作人不长进，只是不用心、不着力。其所以不用心不着力者，只是不愧不奋。能愧能奋，圣人可至。

【译文】士君子做人不长进，只是不用心、不费力。其所以不用心不费力，是因为不惭愧不奋发。能愧能奋，圣人的境界也可达到。

083 有道之言，得之心悟；有德之言，得之躬行。有道之言弘畅，有德之言亲切。有道之言如游万货之肆，有德之言如发万货之商。有道者不容不言，有德者无俟于言。虽然，未尝不言也。故曰"有德者必有言"①。

【译文】有道理的话，是用心体悟出来的；有道德修养的话，是亲身实践得到的。有道之言弘畅，有德之言亲切。有道之言如游万货之肆，有德之言如发万货之商。因此有道的人不能不宣传自己的主张，有德者不需要言语宣传。虽然如此，未尝不言语。所以说，有德者也必有言。

【注释】①有德者必有言：语出《论语·宪问》。

084 学者说话要简重从容，循物傍事，这便是说话中涵养。

【译文】学者说话要简重从容，遵循物理，依据事实，这就是说话中的涵养。

085 或问：不怨不尤了①，恐于事天处人上更要留心不？曰：这天人两项，千头万绪，如何照管得来？有个简便之法，只在自家身上做，一念一言一事都点检得，没我分毫不是，那祸福毁誉都不须理会。我无求祸之道而祸来,自有天耽错;我无致毁之道而毁来,自有人耽错,与我全不干涉。若福与誉是我应得底,我不加喜;是我悻得底②,我且惶惧愧赧③。况天也有力量不能底,人也有知识不到底,也要体悉他。却有一件紧要,生怕我不能格天动物。这个稍有欠缺,自怨自尤且不暇,又那顾得别个?孔子说个"上不怨,下不尤"④,是不愿乎其外道理;孟子说个"仰不愧,俯不怍"⑤,是素位而行道理⑥,此二意常相须。

【译文】 有人问:不怨天不尤人,恐怕在事天处人上更要留心吧?回答说:天和人这两项,千头万绪,如何照管得来?有个简便的方法,只在自己的身上做,一个念头、一句话、一件事都要仔细反省检查,如果没有分毫过错,那祸福毁誉就不须理会。我没有做求祸的事情而祸来,自有天担错;我没有做招致诽谤的事而诽谤来,自有他人担错,和我全不相干。假如福分和荣誉是我应得的,我也不更加喜悦;如果是侥幸得来的,我将会惶惧羞愧。况且天也有力量达不到的地方,人也有知识达不到的地方,对此也要体恤。却有一件事情最紧要,就是生怕我不能感通天地万物。这点稍有欠缺,自怨自尤且不暇,还能顾到别的?孔子说了个上不怨天,下不尤人,是说不愿把事物的成败归于自身以外的道理;孟子说仰不愧天,俯不愧人,是说未居官位者应行的道理,这两个意思是互相配合、互相依赖的。

【注释】 ①不怨不尤:不怨天,不尤人。 ②悻得:非分所得。 ③愧赧:因羞愧而面红耳赤。 ④上不怨,下不尤:《中庸》第十四章:"上不怨天,下不尤人。"《论语·宪问》:"子曰:'莫我知也夫!'子贡曰:'何为其莫知子也?'子曰:'不怨天,不尤人,下学而上达,知我者其天乎?'" ⑤仰不愧,俯不怍(zuò):《孟子·尽心上》:"君子有三乐,而王天下不与存焉。父母俱存,兄弟无故,一乐也。仰不愧于天,俯不怍于人,二乐也。得天下英才而教育之,三乐也。"怍,惭愧。 ⑥素位:指未居官位者。

086 天理本自廉退,而吾又处之以疏;人欲本善夤缘①,而吾又狎之以亲。小人满方寸而君子在千里之外矣,欲身之修,得乎?故学者与天理处,始则敬之如师保,既而亲之如骨肉,久则浑化为一体。人欲虽欲乘间而入也,无从矣。

【译文】 天理本来是讲廉洁谦退的,但我对它又很疏远;人欲本来是善于钻营攀附的,但我对它又很亲密。这样心中全是小人而君子则在千里之外了,想要修养得完美,能够做到吗?因此学者对待天理,开始时尊敬如师长,既而亲爱如骨肉,久之则浑化为一体。这时,人欲虽想乘隙而入也不可得了。

【注释】①夤缘:凭借关系进行钻营。

087　气忌盛,心忌满,才忌露。

【译文】气要忌盛,心要忌满,才要忌露。

088　外劲敌五①:声色、货利、名位、患难、晏安②。内劲敌五:恶怒、喜好、牵缠、褊急、积惯。士君子终日被这个昏惑凌驾,此小勇者之所纳款③,而大勇者之所务克也。

【译文】外面的劲敌有五:声色、货利、名位、患难、晏安。内部的劲敌有五,恶怒、喜好、牵缠、褊急、积惯。士君子终日被这些敌人昏惑凌驾,勇气小的人就会向它们投降,勇气大的人一定要战胜它们。

【注释】①劲(qíng):强而有力。　②晏安:贪图安逸享乐。　③纳款:归顺,投降。

089　玄奇之疾,医以平易;英发之疾,医以深沉;阔大之疾,医以充实。不远之复①,不若未行之审也。

【译文】玄奇的毛病,用平易来医治;英发的毛病,用深沉来医治;阔大的毛病,用充实来医治。走了不远又返回,不如未行之前就把路线选择好。

【注释】①复:回转。

090　奋始怠终,修业之贼也;缓前急后,应事之贼也;躁心浮气,畜德之贼也;疾言厉色,处众之贼也。

【译文】开始奋发,最终懈怠,是修养德业的大害;先缓后急,是处理事情的大害;躁心浮气,是培养品德的大害;疾言厉色,是和众人相处的大害。

091　名心盛者必作伪。

【译文】求名心盛的人必然要作伪。

092　做大官底,是一样家数①;做好人底,是一样家数。

【译文】做大官的,是一样路数;做好人的,又是一样路数。

【注释】①家数:家法、路数。

093 见义不为，又托之违众①，此力行者之大戒也。若肯务实，又自逃名，不患于无术，吾窃以自恨焉。

【译文】 见义不为，又以违众为托词，是努力做事者的大戒。若肯务实，又不要名，不愁没有办法。我为自己不能做到这点而感到遗憾。

【注释】 ①违众：违背众人心。

094 "恭敬谦谨"，此四字有心之善也；"狎侮傲凌"，此四字有心之恶也。人所易知也。至于"怠忽惰慢"，此四字乃无心之失耳，而丹书之戒①，怠胜敬者凶，论治忽者②，至分存亡。《大学》以傲惰同论③，曾子以暴慢连语者④，何哉？盖天下之祸患皆起于四字，一身之罪过皆生于四字。怠则一切苟且，忽则一切昏忘，惰则一切疏懒，慢则一切延迟。以之应事则万事皆废，以之接人则众心皆离。古人临民如驭朽索⑤，使人如承大祭⑥，况接平交以上者乎？古人处事不泄迩，不忘远，况目前之亲切重大者乎？故曰"无众寡，无小大，无敢慢"⑦，此九字即"毋不敬"⑧。"毋不敬"三字非但圣狂之分，存亡治乱、死生祸福之关也，必然不易之理也，沉心精应者始真知之。

【译文】 "恭敬谦谨"，这四个字是指有意识的善；"狎侮傲凌"，这四个字是指有意识的恶。这是人们很容易就能看出来的。至于"怠忽惰慢"，这四个字乃是指无心造成的过失，而师尚父的丹书告诫说"怠胜敬者凶"，评论国家是治理还是荒乱，把这点看做存亡的关键。《大学》把"傲"、"惰"同样看待，曾子把"暴"、"慢"相提并论，这是为什么呢？是因为天下的祸患都是从这四个字引起的，每个人的罪过都是从这四个字产生的。怠，就会一切得过且过；忽，就会一切昏忽忘记；惰，就会一切疏懒；慢，就会一切延迟。以这样的态度去应付万事，万事都要荒废；用这样的态度和人相处，人们都会离心。古人治理百姓如驾驭用腐朽的缰绳套着的马车，非常小心；役使民众如同面临盛大的祭典，非常恭敬，况且和比自己地位高的人交往呢？古人处事不轻慢近处的事，不忘记长远的事，况且目前和自己最切近的大事呢？因此孔子讲"无众寡，无小大，无敢慢"，这九个字就是"毋不敬"的意思。"毋不敬"这三个字非但是圣人和狂人的分界，也是存亡治乱、死生祸福的关口，是永远不变的道理。只有沉下心来精心对待的人才能真正体悟到这一点。

【注释】 ①丹书之戒：丹书，托言天命所授之书。《大戴礼记·武王践阼》：

"师尚父西面道书（丹书）之言曰：'敬胜怠者吉，怠胜敬者灭。义胜欲者从，欲胜义者凶。'" ②治忽：治理与忽怠，指社会安定与荒乱。 ③《大学》以傲惰同论：《大学》第八章："所谓齐其家在修其身者，人之其所亲爱而辟焉，之其所贱恶而辟焉，之其所畏敬而辟焉，之其所哀矜而辟焉，之其所傲惰而辟焉。故好而知其恶，恶而知其美者，天下鲜矣。" ④曾子以暴慢连语：《论语·泰伯》："曾子有疾，孟敬子问之。曾子言曰：'鸟之将死，其鸣也哀；人之将死，其言也善。君子所贵乎道者三：动容貌，斯远暴慢矣；正颜色，斯近信矣；出辞气，斯远鄙倍矣。笾豆之事，则有司存。'"朱熹注："暴，粗厉也。慢，放肆也。" ⑤临民如驭朽索：《尚书·五子之歌》："予临兆民，懔乎若朽索之驭六马，为人上者，奈何不敬。"孔氏传："朽，腐也，腐索驭六马，言危惧甚。" ⑥使人如承大祭，《论语·颜渊》："仲弓问仁。子曰：'出门如见大宾，使民如承大祭，己所不欲，勿施于人，在邦无怨，在家无怨。'" ⑦无众寡，无小大，无敢慢：语出《论语·尧曰》："君子无众寡，无小大，无敢慢，斯不亦泰而不骄乎？"众寡，指人多少。小大，指势的大小。慢，怠慢。 ⑧毋不敬：《礼记·曲礼上》："毋不敬，俨若思，安定辞，安民哉。"毋，莫。

095 人一生大罪过，只在"自是自私"四字。

【译文】人一生的大罪过，只在"自是自私"这四个字。

096 古人慎言，每云"有余不敢尽"①。今人只尽其余还不成大过，只是附会支吾，心知其非而取辩于口，不至屈人不止，则又尽有余者之罪人也。

【译文】古人说话非常谨慎，每每讲"有余不敢尽"。现在的人把所有的话说尽还不算什么大过失，还要附会支吾，心中明知不对口中还要辩白，不到别人屈服不停止，这种人比把所有的话都说尽的人错误更大。

【注释】①有余不敢尽：《中庸》："庸德之行，庸言之谨，有所不足，不敢不勉，有余不敢尽。"

097 真正受用处，十分用不得一分，那九分都无些干系，而拼死忘生忍辱动气以求之者，皆九分也。何术悟得他醒？可笑可叹。

【译文】真正受用的地方，十分还用不到一分，而那九分都和你没什么关系。但人们拼死忘生、忍辱动气去追求的，都是那个九分。有什么办法能把这些人唤醒呢？真是可笑可叹啊！

098 贫不足羞,可羞是贫而无志;贱不足恶,可恶是贱而无能;老不足叹,可叹是老而虚生;死不足悲,可悲是死而无闻。

【译文】贫不足羞,可羞的是贫而无志;贱不足恶,可恶的是贱而无能;老不足叹,可叹的是老而虚度此生;死不足悲,可悲的是死而默默无闻。

099 圣人之闻善言也,欣欣然惟恐尼之①,故和之以同言,以开其乐告之诚。圣人之闻过言也,引引然惟恐拂之②,故内之以温色③,以诱其忠告之实。何也?进德改过为其有益于我也。此之谓至知。

【译文】圣人听到别人高妙的言论,心中非常高兴,惟恐对方会停止谈论,因此用相同的意见来附合,以此打开对方乐于相告的诚心。圣人听到别人指正自己过失的话,小心翼翼地,惟恐拂逆对方的心意,因此用温和的态度对待他,诱导对方把忠告的话说出来。这是为什么呢?因为这对自己进德改过是有好处的。这就叫做最高的智慧。

【注释】①尼:止息。 ②拂:逆。 ③内:同"纳"。

100 古者招隐逸,今也奖恬退,吾党可以愧矣。古者隐逸养道,不得已而后出;今也恬退养望,邀虚名以干进①。吾党可以戒矣。

【译文】古代的朝廷要招徕那些隐士逸民,而现在的朝廷却奖励那些淡泊退隐之士,我们真感到惭愧啊!古代那些隐士逸民隐居是为了修养道德,不得已才出来做官;现在那些退隐的人隐居是为了树立名望,求取虚名作为进身之阶,我辈要引以为戒啊!

【注释】①干进:求进。

101 喜来时一点检,怒来时一点检,怠惰时一点检,放肆时一点检,此是省察大条款。人到此多想不起,顾不得,一错了便悔不及。

【译文】喜悦之情来临时要点检,怒气来临时要点检,怠惰的时候要点检,放肆的时候要点检,这是反省和检查自己的大项目。人到了这些时候多半会想不起来,顾不上,一出错便懊悔不及。

102 治乱系所用事。天下国家,君子用事则治,小人用事则乱。一身,德性用事则治,气习用事则乱。

【译文】治还是乱,在于谁当权,在于如何行事。对于天下国家来说,君子当权则治,小人当权则乱。对于一个人来说,以道德行事则治,以气习行事则乱。

103 难管底是任意,难防底是惯病,此处着力,便是穴上着针,痒处着手。

【译文】难管的是任意行事,难防的是按习惯行事,在这方面加强修养,就好像在穴位上扎针,在痒处着手。

104 试点检终日说话,有几句恰好底,便见所养。

【译文】试着点检一下你一天说的话,有几句是恰好的,便能看出修养。

105 业刻木如锯齿,古无文字,用以记日行之事数也。一事毕则去一刻,事俱毕则尽去之,谓之修业。更事则再刻如前。大事则大刻,谓之大业;多事则多刻,谓之广业。士农工商所业不同,谓之常业;农为士则改刻,谓之易业。古人未有一生无所业者,未有一日不修业者,故古人身修事理而无怠惰荒宁之时,常有忧勤惕励之志。一日无事则一日不安,惧业之不修而旷日之不可也。今也昏昏荡荡,四肢不可收拾,穷年终日无一猷为①,放逸而入于禽兽者,无业之故也。人生两间,无一事可见,无一善可称,资衣藉食于人而偷安惰行以死,可羞也已。

【译文】业刻木就如同锯齿一样,古代没有文字,就用它来记载每天做事的数目。一件事做完了就去掉一刻,事情都做完了就全部去掉,这叫做修业。事情变了,再刻一个业刻木。大事情就刻大一些,叫做大业;事情多就多刻,叫做广业。士农工商所从事的事业不同,叫做常业;农民成了士人则改刻,叫做易业。古人没有一生没有事业的,没有一天不干事业的,所以古人修身理事没有怠惰荒废宁静的时候,经常怀着忧愁劳苦、心存戒惧的志向。一天无事就会一天不安,害怕事业不修而旷日持久不能完成。现在的人昏昏荡荡,四肢都懒得动弹,穷年终日一件事也不谋划,自由放任如同禽兽,这都是无业的缘故。人生天地之间,无一事可成,无一善可赞,依靠别人供给衣食,而自己偷安惰行直到死,真可耻啊!

【注释】①猷:谋划。

106 古之谤人也①,忠厚诚笃。《株林》之语②,何等浑涵;舆人之

谣③，犹道实事。后世则不然，所怨在此，所谤在彼。彼固知其所怨者未必上之非，而其谤不足以行也，乃别生一项议论。其才辨附会足以泯吾怨之之实，启人信之之心，能使被谤者不能免谤之之祸，而我逃谤人之罪。呜呼！今之谤，虽古之君子且避忌之矣。圣贤处谤无别法，只是自修，其祸福则听之耳。

【译文】古人责备人，态度是忠厚诚笃的。《诗经·陈风·株林》责备灵公的语言，是何等的浑厚深沉；《左传》中记载的众人的歌谣，也讲的是实事。后世则不然，所怨在此，而所谤在彼。他本来知道他所怨恨的未必是在上位者的错误，他的责备是行不通的，于是又生出一番别的议论。他的口才能力又足以表白他好像不是怨恨别人，启发人们相信他所说的话，使被责备的人不能免除被诽谤的灾祸，而他自己则逃避了诽谤别人的罪责。啊！今人的指责，即使古代的君子也要躲避和忌讳啊！圣贤对待这种指责没有别的办法，只有加强自己的修养，是祸是福只能听之任之了。

【注释】①谤人：责人。《国语·周语》："厉王虐，国人谤王。" ②《株林》之语：《诗经·陈风·株林》："胡为乎株林，从夏南，匪适株林，从夏南。"朱熹注："株林，夏氏邑也。夏南，征舒字也。灵公淫于夏征舒之母，朝夕而往夏氏之邑，故其民相与语曰：君胡为乎株林乎？曰从夏南耳。然则非适株林也，特以从夏南故耳。盖淫乎夏姬，不可言也，故以从其子言之，诗人之忠厚如此。" ③舆人：众人。《左传》僖公二十八年："听舆人之诵曰：原田每每，舍其归而新是谋。"《国语·楚语上》："近臣谏，远臣谤，舆人诵，以自诰也。"舆诵，众人的议论。

107 处利则要人做君子，我做小人；处名则要人做小人，我做君子，斯惑之甚也。圣贤处利让利，处名让名，故淡然恬然，不与世忤①。

【译文】处在利益面前，要求别人做君子，自己做小人；处在名誉面前，则要求别人做小人，自己做君子，这不是昏惑得太厉害了吗？圣贤处在利的时候让利，处在名的时候让名，因此能淡然恬然，不与世情相悖。

【注释】①忤：逆。

108 任教万分矜持，千分点检，里面无自然根本，仓卒之际、忽突之顷，本态自然露出。是以君子慎独①。独中只有这个，发出来只是这个，何劳回护？何用支吾？

【译文】任凭你万分地矜持,千分地点检,如果内心没有自然根本的原则,仓猝之际、突然之时,本态必然会流露出来。所以君子在自己独处的时候也要谨慎。独处时也是如此,表现出来也是如此,何必设法掩护?何用支支吾吾?

【注释】①慎独:《大学》:"故君子必慎其独。"慎独之独,一指独处,一指独知。

109 力有所不能,圣人不以无可奈何者责人;心有所当尽,圣人不以无可奈何者自诿①。

【译文】力量也有不能达到的事,圣人不因为没有力量做到的事而责备人;只要内心尽到自己最大的努力,圣人不因为无可奈何而推诿。

【注释】①诿:推诿。

110 或问:孔子缁衣羔裘,素衣麑裘,黄衣狐裘①,无乃非俭素之义与?曰:公此问甚好。慎修君子,宁失之俭素不妨。若论大中至正之道得之为,有财却俭不中礼,与无财不得为而侈然自奉者相去虽远,而失中则均。圣贤不讳奢之名,不贪俭之美,只要道理上恰好耳。

【译文】有人问:孔子穿衣服,黑色的衣服配黑羔裘,白色的衣服配白鹿裘,黄色的衣服配狐裘,恐怕不合节约朴素的道理吧!回答说:这个问题问得很好。谨慎修德的君子,宁肯让人指责过于俭素。若按大中至正的道理应该做的事,有财力能够做到却节俭不合礼法,这与没财力不能做还要奢侈去做的,相差虽然很远,但不符合中道这一点却是相同的。圣贤不避讳奢侈的名声,也不贪图节俭的美名,只要道理上恰到好处就可以了。

【注释】①缁衣羔裘,素衣麑裘,黄衣狐裘:语见《论语·乡党》。朱熹注:"缁,黑色。羔裘,用黑羊皮。麑,鹿子,色白。狐,色黄。"

111 寡恩曰薄,伤恩曰刻。尽事曰切,过事曰激。此四者,宽厚之所深戒也。

【译文】寡恩叫做薄,伤恩叫做刻,竭尽全力叫做切,做事过头叫做激。对这四种毛病,宽厚的人深以为戒。

112 《易》称道济天下①,而吾儒事业动称行道济时、济世安民。

圣人未尝不贵济也。舟覆矣,而保得舟在,谓之济可乎?故为天下者,患知有其身,有其身不可以为天下。

【译文】《易》称"道济天下",而我们儒家的事业也经常说行道济时、济世安民。圣人未尝不以济为贵,但是船翻了,把船保住就称作济吗?所以说,为了天下的人,最怕的是知道有自身的存在,有了自身则不能为天下。

【注释】①道济天下:《周易·系辞上》:"知周乎万物而道济天下,故不过。"

113　万物安于知足,死于无厌。

【译文】万物安于知足,死于贪得无厌。

114　足恭过厚,多文密节,皆名教之罪人也。圣人之道自有中正。彼乡原者①,徼名惧讥,希进求荣,辱身降志,皆所不恤,遂成举世通套。虽直道清节之君子,稍无砥柱之力,不免逐波随流,其砥柱者旋以得罪。嗟夫!佞风谀俗不有持衡当路者一极力挽回之②,世道何时复古耶?

【译文】过度的谦恭,过分的亲厚,过多的文饰,过繁的礼节,都是礼教的罪人。圣人之道就是中正。那些乡愿,徼名惧讥,希进求荣,即使辱身降志,也不顾惜,他们的做法成了世人遵行的俗套。即使是直道清节的君子,稍微欠缺砥柱般的力量,就不免会随波逐流,而那些挺立激流之中坚持不屈的人就会获罪。唉!那些佞风谀俗如果没有主持公正的执政者极力挽回的话,世道何时能回到古代淳厚的风俗去呢?

【注释】①乡原:《论语·阳货》:"子曰:乡原,德之贼也。"朱熹注:"乡者,鄙俗之意。原与愿同。《荀子》'原悫',注读作'愿'是也。乡原,乡人之愿者也。盖其同流合污以媚于世,故在乡人之中,独以'愿'称。"②持衡当路者:主持公正并握有重权之人。

115　时时体悉人情,念念持循天理。

【译文】时时要体恤人情,念念要遵循天理。

116　愈进修愈觉不长,愈点检愈觉有非。何者?不留意作人,自家尽看得过;只日日留意向上,看得自家都是病痛,那有些好处?初头只见得人欲中过失,到久久又见得天理中过失,到无天理过失则中行矣。又有不自然、不浑化、着色吃力过失,走出这个边境,才是圣人,能立无过之地。故学者以有一善自多,以寡一过自幸,皆无志者也。急行者只见道远而足不前,急耘者只见草多而锄不利。

【译文】愈进修愈觉得不长进,愈点检愈觉得有毛病。为什么呢? 因为不注意修养的时候,看自己样样都过得去;只要天天注意修养,看自己全身都是毛病,哪有一点儿好处呢? 开始时只能看见人欲方面的过失,时间长了,又看到天理方面的过失,到了无天理过失的时候,就是按中道行事了。这时还有不自然、不浑化、着色吃力等过失,走出这个境界,才能像圣人那样立于无过之地。所以学者认为,那些有一善就觉得已经够多了,减少一个过错还自我庆幸的人,都是无志的人。这些人就如同想快走的人一看见道远就裹足不前,想锄草锄得快的人一看见草多就嫌锄不快一样。

117 礼义之大防,坏于众人一念之苟。譬如由径之人^①,只为一时偝行几步,便平地踏破一条蹊径。后来人跟寻旧迹,踵成不可塞之大道。是以君子当众人所惊之事略不动容,才干碍礼义上些须,便愕然变色,若触大刑宪然。惧大防之不可溃,而微端之不可开也。嗟夫! 此众人之所谓迂而不以为重轻者也,此开天下不可塞之衅者,自苟且之人始也。

【译文】礼义的堤防,就坏在众人一个念头的得过且过上。譬如走路的人,只为一时少走几步,便在平地上踏出一条小路,后来的人沿着踩出来的旧迹,就踏成了不可堵塞的大道。因此君子要在众人认为惊讶的事情上不动声色,而对那些才对礼义有一点儿小的妨碍的事情愕然变色,好像触犯了大的刑法一样。害怕大堤防会崩溃,微小的缝隙也不能开啊! 唉! 这就是众人认为迂阔,认为不足为重的事情,开天下不可堵塞的裂痕的,就是从那些苟且之人开始的。

【注释】①由径之人:走小路的人。

118 大行之美以孝为第一,细行之美以廉为第一,此二者君子之所务敦也。然而不辨之申生不如不告之舜^①,井上之李不如受馈之鹅^②,此二者孝廉之所务辨也。

【译文】崇高的品德中最美的以孝为第一,细小的品德中最美的以廉为第一,对这两种品德,君子必须笃厚。然而顺从父亲,不为自己辨冤的申生,不如不征求父亲同意就娶妻的舜;陈仲子吃井边的李子,还不如吃送来的鹅肉。对这两种不同的孝行和廉行,人们必须加以分辨。

【注释】①不辨之申生:据《左传》僖公四年、《礼记·檀公上》载,骊姬谮申生,欲加害之,申生不辨冤,不出走,临终前告狐突,吾君老矣,子少,国家多难,希望狐突帮助其父晋献公。史书称他为"恭世子"。并评论说:"晋侯杀其世子申生,父不义也。孝子不陷亲于不义,而申生不能自理,遂陷父有杀子之恶,虽心存孝而于理终非,故不为孝,但谥为恭,以其顺于父事而已。"不告之舜,指舜娶尧之二女而未告其父瞽叟。《孟子·离娄上》:"孟子曰:'不孝有三,无后为大。舜不告而娶,为无后也,君子以为犹告也。'" ②井上之李不如受馈之鹅:事见《孟子·滕文公下》。陈仲子不食兄禄,不居兄屋,不食他人馈兄之鹅,饿得爬到井边吃金龟子吃剩的李子。但孟子仍认为他够不上"廉",因他做得过分了。

119 吉凶祸福是天主张①,毁誉予夺是人主张,立身行己是我主张。此三者不相夺也。

【译文】吉凶祸福是由上天主宰的,毁誉予夺是由他人主宰的,立身行己是由自己主宰的。这三者不能相互取代。

【注释】①主张:作主,主宰。

120 不得罪于法易,不得罪于理难,君子只是不得罪于理耳。

【译文】不得罪于法容易,不得罪于理难,君子只是要求不得罪于理而已。

121 凡在我者都是分内底①,在天在人者都是分外底。学者要明于内外之分,则在内缺一分便是不成人处,在外得一分便是该知足处。

【译文】凡是通过我的努力可以达到的,都是我分内的事;而在天、在别人掌握的,都是分外的事。学者要明于内外之分,那么在分内的事缺一分,便是不成人处;在分外的事得一分,便是该知足处。

【注释】①分内:指道德、知识、职责等,主要为道德。儒以道德为首位。

122 听言观行,是取人之道;乐其言而不问其人,是取善之道。今人恶闻善言,便訑訑曰①:"彼能言而行不逮②,言何足取?"是弗思也。吾之听言也,为其言之有益于我耳,苟益于我,人之贤否奚问焉。衣敝枲者市文绣③,食糟糠者市粱肉,将以人弃之乎?

【译文】听其言观其行,是选择人才的方法;喜欢他的言论而不看他的为人,是取善的方法。现在的人不愿听善言,听到别人说的正确,便傲慢地说:"他只是善于说,行动做不到,说的好听也不足取。"这种态度是因为没有认真思考的缘故。我听别人说话,是因为他的话对我有益,如果能对我有益,他的人品贤不贤何必问呢?穿着破麻布衣服的人去买绣花衣服,食糟糠的人去买白米大肉,人们会因为他穿的破吃的不好而不卖给他吗?

【注释】①訑訑(yí):自满自足的样子。《孟子·告子下》:"訑訑之声音颜色。"赵岐注:"訑訑者,自足其智,不嗜善言之貌。" ②逮:达到。 ③枲(xǐ):泛指麻。市:购买。

123 取善而不用,依旧是寻常人,何贵于取?譬之八珍方丈而不下箸①,依然饿死耳。

【译文】汲取了美德而不用,依旧和寻常人一样,得到了又有什么用呢?譬如摆了满桌的山珍海味而不下筷子,依然还要饿死。

【注释】①箸:筷子。

124 有德之容,深沉凝重,内充然有余,外阒然无迹①。若面目都是精神,即不出诸口而漏泄已多矣,毕竟是养得浮浅。譬之无量人,一杯酒便达于面目。

【译文】有德者的容貌,深沉凝重,内心充然有余,外表寂然无迹。如果面目上都露出一种精神头来,即使不开口,涵养深浅已泄露出来了,这种人毕竟修养肤浅。如同没有酒量的人,喝一杯酒脸上就显现出来了。

【注释】①阒(qù):寂静。

125 人人各有一句终身用之不尽者,但在存心着力耳。或问之,曰:只是对症之药便是。如子张①只消得"存诚"二字,宰我只消得"警惰"二字②,子路只消得"择善"二字③,子夏只消得"见大"二字④。

【译文】人人各有一句终身用之不尽的话,只在你专心用力去做罢了。有人问这句话是什么,回答说:只是对症的药便是。如子张只用"存诚"这两个字,宰我只用"警惰"这两个字,子路只用"择善"这两个字,子夏只用"见大"这两个字。

【注释】①子张:孔子弟子,名颛孙师,字子张,陈人。他曾向孔子问"行",孔子回答:"言忠信,行笃敬,虽蛮貊之邦,行矣。"(《论语·卫灵公》) ②宰我:孔子弟子,名予,字我。《论语·公冶长》篇记载他"昼寝",孔子说:"朽木不可雕也,粪土之墙不可杇也,于予与何诛?" ③子路:孔子弟子,名仲由,字子路,卞人。有勇且信,重言诺。但做事常过激。 ④子夏:孔子弟子,名卜商,字子夏。曾为莒父宰,向孔子问政,孔子回答:"无欲速,无见小利。欲速,则不达;见小利,则大事不成。"(《论语·子路》)

126 言一也,出由之口①,则信且从;出跖之口,则三令五申而人且疑之矣。故有言者有所以重其言者。素行孚人②,是所以重其言者也。不然且为言累矣。

【译文】同样一句话,从子路的口中说出来,人们就会相信而听从;从盗跖的口中说出来,即使是三令五申,人们还会怀疑。因此,说话的人有使他的言语被别人重视的方法。如果平时的行为能取信于人,就能使人们重视他的言语,不然就会被言语所拖累。

【注释】①由:仲由,即子路。 ②孚人:信于人。孚,信。

127 世人皆知笑人,笑人不妨,笑到是处便难,到可以笑人时则更难。

【译文】世上的人都知道笑别人,笑别人倒没什么,但笑到正确的地方很难,到达可以笑人的地步更难。

128 毁我之言可闻,毁我之人不必问也。使我有此事也,彼虽不言,必有言之者。我闻而改之,是又得一不受业之师也。使我无此事耶,我虽不辨,必有辨之者。若闻而怒之,是又多一不受言之过也。

【译文】责备我的话我可以听,责备我的人就不必要问了。假如我有这件事,他虽不说,必然有人会说。我听到而改正之,是又得到一位不教我的老师;假如我没有这件事,我虽然不辩解,必然会有为我辩解的人。如果听了就发怒,这是又多了一个不能听取意见的过失。

129 精明世所畏也而暴之①,才能世所妒也而市之②,不没也夫。

【译文】精明是世人所畏惧的,却要去显露它;才能是世人所嫉妒的,却要去卖弄它,能不倒楣吗?

【注释】①暴:显露。 ②市:卖弄。

130 只一个贪爱心,第一可贱可耻。羊马之于水草,蝇蚁之于腥膻,蜣螂之于积粪,都是这个念头。是以君子制欲。

【译文】只这个贪爱心,是第一可耻可贱的东西。羊马对于水草,蝇蚁对于腥膻,蜣螂对于粪堆,都是贪爱的念头。因此君子抑制欲念。

131 清议酷于律令①,清议之人酷于治狱之吏。律令所冤,赖清议以明之,虽死犹生也。清议所冤,万古无反案矣②。是以君子不轻议人,惧冤之也。惟此事得罪于天甚重,报必及之。

【译文】清议比法令还要严酷,清议之人比治狱的吏卒还要严酷。被法律冤屈的人,可以依靠清议得以申明,这个人虽死犹生。被清议冤屈的人,万古也不会得到翻案。因此君子不轻易地议论别人,害怕冤屈了别人。只有这件事得罪天最重,必然要受到报应。

【注释】①清议:一般指公正的评论,古时指乡里或学校中对官吏的批评。 ②反:同翻。

132 权贵之门,虽系通家知己也①,须见面稀、行踪少就好。尝爱唐诗有"终日帝城里,不识五侯门"之句②,可为新进之法。

【译文】权贵之门,虽然是世代交好的知己,也需要见面稀、行踪少才好。我很喜欢唐诗中"终日帝城里,不识五侯门"一句,这点可以作为新入仕途之人的处世方法。

【注释】①通家:世交。 ②"终日帝城里"二句:语见唐张继《感怀》诗,全诗为:"调与时人背,心将静者论。终日(或作年)帝城里,不识五侯门。"

133 闻世上不平事,便满腹愤懑,出激切之语,此最浅夫薄子,士君子之大戒。

【译文】听到世上不公平的事,便满腹愤懑,说出激烈的话来,这是最浅薄的人,是士君子的大戒。

134 仁厚刻薄是修短关,行止语默是祸福关,勤惰俭奢是成败关,饮食男女是死生关。

【译文】仁厚还是刻薄是性命长短的关键,前行还是停止、说话还是沉默是祸福的关键,勤劳还是懒惰、节俭还是奢侈是成败的关键,饮食男女是死生的关键。

135 言出诸口,身何与焉,而身亡;五味宜于口,腹何知焉,而腹病。小害大,昭昭也①,而人每纵之徇之,恣其所出,供其所入。

【译文】言语是从口中说出来的,和身体有什么关系呢?但招来的祸患却使身亡;吃了五味口很舒服,肚子没有知觉,而肚子却要生病。小能害大,是很明显的事,但是人们每每还要放纵自己,随意说话,贪吃美味,来满足口腹的需要。

【注释】①昭昭:明白。

136 浑身都遮盖得,惟有面目不可掩,面目者,心之证也。即有厚貌者,卒然难做预备,不觉心中事都发在面目上,故君子无愧心则无怍容①。中心之达,达以此也;肺肝之视②,视以此也。此修己者之所畏也。

【译文】浑身都可以掩盖,只有面目不可掩盖,面目,是心的证明。即使面貌显得很厚道,到仓猝之际也难做准备,不知不觉,心中的事就会表露在面目上,因此君子如果没有羞愧的心情,就不会有惭愧的容色。内心有了什么想法,就会表现在面目上;要想看到一个人的肺肝,也要先看他的面目。这是注意道德修养的人应当畏惧的事情。

【注释】①怍(zuò)容:惭愧之容。 ②肺肝之视:《大学》:"人之视己,如见其肺肝然。"

137 韦弁布衣①,是我生初服,不愧此生,尽可以还。大造轩冕②,是甚物事,将个丈夫来做坏了,有甚面目对那青天白日?是宇宙中一腐臭物也。乃扬眉吐气,以此夸人,而世人共荣慕之,亦大异事。

【译文】粗布衣服,是我出生以后就穿的,如果一生没有做愧对人的事,就可以心安理得地还于本初。高官厚禄,乘轩车、穿冕服,这算个什么事?把个人品做坏了,有什么面目对那青天白日?这样的人,只是宇宙间一个腐臭的东西罢了。还要扬眉吐气,以此夸耀于人,而世上的人还都羡慕他,真是一件大怪事!

【注释】①韦弁布衣:韦弁,古冠名,熟皮制成。韦弁布衣,指未仕或隐居在野者穿的粗陋的衣服。 ②大造轩冕:大造,大功。轩冕,卿大夫的车和冕服,这里指官位爵禄。

138 多少英雄豪杰,可与为善,而卒无成^①,只为拔此身于习俗中不出。若不恤群谤,断以必行,以古人为契友,以天地为知己,任他千诬万毁何妨。

【译文】多少英雄豪杰,本来可以为善,但终究一事无成,只是因为不能从习俗中拔出身来。假若不怕别人诽谤,断然而行,以古人为朋友,以天地为知己,任别人千诬万毁又有什么关系呢?

【注释】①卒:终。

139 为人无负扬善者之心,无实称恶者之口,亦可以语真修矣。

【译文】为人不要辜负那些称赞你的人的心,不要给诋毁你的人造成口实,这样的人,可以和他谈论真正的修养问题了。

140 身者,道之舆也。身载道以行,道非载身以行也。故君子道行则身从之以进,道不行则身从之以退。道不行而求进不已,譬之大贾,百货山积不售,不载以归,而又以空舆雇钱也,贩夫笑之,贪鄙孰甚焉?故出处之分只有二语^①,道行则仕,道不行则卷而怀之。舍是皆非也。

【译文】身体,就是载道的车舆。身载道而行,非道载身而行。所以君子在道得以推行的时候,身就跟着走向仕途;道不能推行的时候,身则随之隐退。道不能推行而自己却要不停地追求官职,就如同富商大贾,各种货物堆积如山,卖不出去,他不把货物装车带回,而又出租空车去赚钱,成为贩夫们的笑柄,还有比这更贪鄙的人吗?因此是出去做官还是回家为民,只根据两句话:道能推行则仕,道不能推行则隐。除此以外都是错误的。

【注释】①出处:进退,出仕或退隐。

141 世间至贵莫如人品,与天地参,与古人友,帝王且为之屈,天下不易其守。而乃以声色财货、富贵利达,轻轻将个人品卖了,此之谓自贱。商贾得奇货亦须待价,况士君子之身乎?

【译文】世间最为宝贵的莫如人品,道德高尚的人,可以与天地相比,可以与古人为友,帝王也会为之屈服,用天下交换也不会改变自己的操守。但有的人却为了声色财货、富贵利达,轻轻地将个人品卖了,这叫做自贱。商贾之人得了奇货也要待价而售,何况是士君子的身体呢!

142 修身以不护短为第一长进,人能不护短,则长进者至矣。

【译文】修身以不护短最能使人长进,能不护短,这个人就是一个不断长进的人了。

143 世有十态,君子免焉:无武人之态——粗豪,无妇人之态——柔懦,无儿女之态——娇稚,无市井之态——贪鄙,无俗子之态——庸陋,无荡子之态——儇佻①,无伶优之态②——滑稽,无闾阎之态——村野,无堂下人之态——局迫,无婢子之态——卑谄,无侦谍之态——诡暗,无商贾之态——炫售。

【译文】世上有十种情态,君子须要避免:无武人之态——粗豪;无妇人之态——柔懦;无儿女之态——娇稚;无市井之态——贪鄙;无俗子之态——庸陋;无荡子之态——儇佻;无伶优之态——滑稽;无平民俗子之态——村野;无侍从人之态——局迫;无婢子之态——卑谄;无侦谍之态——诡暗;无商贾之态——炫售。

【注释】①儇佻(xuāntiāo):轻佻。 ②伶优:伶,古代乐人。优,古代艺人。伶优,即乐人及戏剧演员。

144 作本色人,说根心话,干近情事。

【译文】做本色的人,说真实的话,做符合情理的事。

145 君子有过不辞谤,无过不反谤,共过不推谤。谤无所损于君子也。

【译文】君子有过失不怕别人指责,无过失不反驳别人的指责,共同犯了过失,不把指责推给别人。指责对君子不会有什么损害。

146 惟圣贤终日说话无一字差失,其余都要拟之而后言①,有余不敢尽,不然未有无过者。故惟寡言者寡过。

【译文】只有圣贤终日说话不会有一个字的差错,其余人都要想好了以后再说,留有余地,不要说尽,不然没有不发生过失的。因此只有寡言者少过。

【注释】①拟之:打腹稿。

147 心无留言,言无择人,虽露肺肝,君子不取也。彼固自以为光

明矣,君子何尝不光明? 自不轻言,言则心口如一耳。

【译文】心中留不住话,讲话不选择对象,虽然说的尽是肺肝之语,君子也不采取这种态度。你自以为光明磊落,君子何尝不是光明磊落的? 但君子不会轻易讲话,讲话就是心口如一。

148 保身底是德义,害身底是才能。德义中之才能,呜呼免矣。

【译文】保身的是德义,害身的是才能。德义中的才能,是可以免祸的。

149 恒言"疏懒勤谨",此四字每相因。懒生疏,谨自勤。圣贤之身岂生而恶逸好劳哉? 知天下皆惰慢则百务废弛,而乱亡随之矣。先正云①:古之圣贤未尝不以怠惰荒宁为惧,勤励不息自强。曰惧曰强,而圣贤之情见矣。所谓"忧勤惕励"者也,惟忧故勤,惟惕故励。

【译文】人常说"疏懒勤谨",这四个字是互为因果的。懒生疏,谨自然会勤。圣贤之身难道是生来就恶逸好劳吗? 他们知道天下人如果都惰慢,百业就会废弛,乱亡就会随之到来。先代的圣贤说:古代的圣贤未尝不以怠惰荒宁为惧,而能勤励不息自强。通过"惧"、"强"二字,圣贤的心情就可想而知了。所谓"忧勤惕励",只有忧才能勤,只有惕才能励。

【注释】①先正:古代贤臣或先圣、先贤。

150 谑非有道之言也,孔子岂不戏? 竟是道理上脱洒。今之戏者媟矣①,即有滑稽之巧,亦近俳优之流,凝静者耻之。

【译文】戏言,不是有道德的人应讲的话。孔子难道不开玩笑? 孔子的戏言是在讲道理的时候表现得洒脱。现今说玩笑话的人就有点狎慢了,虽然显得滑稽巧妙,但也近似于滑稽演员之类,凝重安静的人耻于这样做。

【注释】①媟(xiè):狎慢,不恭敬。

151 无责人,自修之第一要道;能体人,养量之第一要法。

【译文】不要责备人,这是自我修养的第一要道;能体谅人,这是涵养气量的第一要法。

152 予不好走贵公之门,虽情义所关,每以无谓而止。或让之①,予曰:奔走贵公,得不谓其喜乎? 或曰:惧彼以不奔走为罪也。予

叹曰：不然。贵公之门奔走如市，彼固厌苦之，甚者见于颜面，但浑厚忍不发于声耳。徒输自己一勤劳，徒增贵公一厌恶，且入门一揖之后，宾主各无可言，此面愧报已无发付处矣。予恐初入仕者狃于众套而不敢独异，故发明之。

【译文】我不喜欢奔走贵公之门，虽然有时因情谊所关，还是每每觉得没有意义而停止。有人为此而责备我，我说：你奔走贵公之门，难道不是为了使他更高兴吗？这人说：我就是怕他因为我不拜访而怪罪我。我感叹地说：事情并非如此。贵公之门，奔走的人如市，他已经很厌烦很苦恼了，甚至已在面色上表现出来，只是因为浑厚，忍着不说罢了。你白白地辛苦一趟，只能增添贵公的厌恶。况且进门一揖之后宾主都无话可说，这时羞愧得就无地自容了！我恐怕刚入仕途的人拘泥于俗套而不敢有独自的做法，所以把这点讲清楚。

【注释】①让：责备。

153 亡我者我也，人不自亡，谁能亡之？

【译文】亡我者是我自己，人不自亡，谁能使你灭亡？

154 沾沾煦煦，柔润可人，丈夫之大耻也。君子岂欲与人乖戾？但自有正情真味，故柔嘉不是软美，自爱者不可不辨。

【译文】黏黏糊糊，和悦恭顺，柔润可人，这是大丈夫的耻辱。君子哪里想和人抵触？但君子自有中正的情感和内心的真味，所以表现出来的是柔嘉而不是软美，自爱的人对此不可不分辨清楚。

155 士大夫一身，斯世之奉弘矣。不蚕织而文绣，不耕畜而膏粱，不雇贷而车马，不商贩而积蓄。此何以故也？乃于世分毫无补，惭负两间人。又以大官诧市井儿，盖棺有余愧矣。

【译文】士大夫一生，在这个世上得到的东西够多的了。不蚕不织而穿绫罗绸缎，不耕不畜而吃好米好肉，不用雇贷而乘车骑马，不用经商而有积蓄。你是靠什么得到这些的呢？而你对世道却分毫无补，亏负了世间的人。还要以自己是大官来欺诳小民百姓，这种人盖棺也有余愧啊！

156 且莫论身体力行，只听随在聚谈间，曾几个说天下国家身心性命正经道理？终日哓哓刺刺，满口都是闲谈乱谈。吾辈试一猛省,士君子在天地间,可否如此度日?

【译文】且不要说身体力行,只听听他们在随便相聚谈话的时候,有几个谈论天下国家身心性命的正经道理?他们终日哓哓不休,满口都是闲谈乱谈。我辈应当自我反省一下,士君子在天地间,能不能如此度日?

157 君子慎求人,讲道问德,虽屈己折节,自是好学者事。若富贵利达向人开口,最伤士气,宁困顿没齿也。

【译文】君子求人要慎重,讲道问德,虽然是屈己折节,还是好学之人所做的事情。如果为了富贵利达向别人开口,最伤士气,宁可困顿一辈子,也不做这等事。

158 言语之恶,莫大于造诬;行事之恶,莫大于苛刻;心术之恶,莫大于深险。

【译文】言语的可恶,莫大于造谣诬蔑;行事的可恶,莫大于苛刻;心术之可恶,莫大于阴险。

159 自家才德,自家明白底。才短德微,即卑官薄禄已为难称。若已逾涘分而觖望无穷①,却是难为了造物。孔孟终身不遇,又当如何!

【译文】自己的才德,自己心里清楚。才短德微,即使是卑官薄禄已经难以相称。如果已经超过限分,还要有无穷的要求,却是难为了造物主。如果像孔子、孟子那样,终身都没有被任用,又当如何呢?

【注释】①涘:水边,引申为边限。觖(jué):不满足。觖望,不满足而抱怨。

160 不善之名每成于一事,后有诸长不能掩也,而惟一不善传。君子之动,可不慎与?

【译文】不好的名声,每每是由一件事造成的,即使后来又有很多长处,也掩盖不住,而只有这一不好的名声传播。君子的行为可以不慎重吗?

161 一日与友人论身修道理,友人曰:"吾老矣。"某曰:"公无自弃,平日为恶,即属纩时干一好事,不失为改过之鬼,况一息尚存乎?"

【译文】一天,和朋友谈论修身的道理,朋友说:"我老了!"我说:"您不要自暴自弃,平日为恶,即使临死前干一件好事,也不失为改过之鬼,况且您还一息尚存呢!"

162 即做人在世间,便要劲爽爽立铮铮底,若如春蚓秋蛇,风花雨絮,一生靠人作骨,恰似世上多了这个人。

【译文】既然作为人生在世间,便要劲爽爽立铮铮地,若如春蚓秋蛇、风花雨絮,一生靠别人作支柱,恰似世上多了这个人。

163 有人于此:精密者病其疏,靡绮者病其陋,繁缛者病其简,谦恭者病其倨①,委曲者病其直,无能可于一世之人,奈何?曰:一身怎可得一世之人?只自点检吾身,果如所病否。若以一身就众口,孔子不能。即能之,成个什么人品?故君子以中道为从违,不以众言为忧喜。

【译文】有这样一个人:精密的人嫌他疏,靡绮的人嫌他陋,繁缛的人嫌他简,谦恭的人嫌他倨,委曲的人嫌他直,世上的人都对他不满意,怎么办呢?回答说:"一个人怎么能使世上的人都满意呢?只要检查一下自身,看看自己有没有人们嫌弃的那些毛病。若以一个人来适合众人的要求,孔子也做不到。即使能做到,又成了个什么人品?所以君子以中道为行事的标准,不因众人的言论而高兴或忧愁。"

【注释】①倨:傲慢。

164 夫礼非徒亲人,乃君子之所以自爱也;非徒尊人,乃君子之所以敬身也。

【译文】礼不仅是为了亲近别人,它能使君子自爱;礼不仅是为了尊敬别人,而且能使君子自尊。

165 君子之出言也,如啬夫之用财;其见义也,如贪夫之趋利。

【译文】君子一言出口,要如吝啬鬼使用钱财;君子见到义,要如贪婪的人追逐利益。

166 古之人勤励,今之人惰慢。勤励故精明而德日修,惰慢故昏蔽而欲日肆,是以圣人贵"忧勤惕励"。

【译文】古代的人勤励,现在的人惰慢。勤励才能精明,使道德天天增长;惰慢只能昏蔽,使欲望不断增多。因此圣人认为"忧勤惕励"非常宝贵。

167 先王之礼文用以饰情①,后世之礼文用以饰伪。饰情则三千三百虽至繁也,不害其为率真;饰伪则虽一揖一拜,已自多矣。后之恶饰伪者乃一切苟简决裂,以溃天下之防,而自谓之率真,将流于伯子之简而不可行②,又礼之贼也。

【译文】先王关于礼的条文是用来表达感情的,后世用礼的条文来文饰虚伪的感情。用来表达感情,就是有三千三百条繁复的规定,也不能不说是率真的;用来文饰虚伪的感情,虽然只规定一揖一拜,也是多了的。后来厌恶虚假的人都一切从简不依礼制办事,而破坏了天下堤防,还自谓是率真,这就将流于桑伯子那样的简了,是不可行的,是对礼有害的。

【注释】①饰情:节制情感,或用适当形式表达情感。 ②伯子:指子桑伯子,见《论语·雍也》篇。朱熹注:"《家语》记伯子不衣冠而处,孔子讥其欲同人道与牛马。"

168 清者,浊所妒也,而又激之,浅之乎其为量矣。是故君子于己讳美,于人藏疾。若有激浊之任者,不害其为分晓。

【译文】清洁的人,会被污浊的人嫉妒,而你还要去激他,度量不是太浅了吗?因此君子对于自己,要避讳称扬自己的美德;对于别人,要掩藏别人的毛病。如果是担当激励浊者责任的人,不妨把清浊分清。

169 处世以讥讪为第一病痛。不善在彼,我何与焉?

【译文】处世以讥笑别人为第一大毛病,缺点在他的身上,和我有什么关系呢?

170 余待小人不能假辞色,小人或不能堪。年友王道源危之曰①:"今世居官切宜戒此,法度是朝廷底,财货是百姓底,真借不得。人情,至于辞色,却是我底,假借些儿何害?"余深感之,因识而改焉。

【译文】我对待小人不能有好的言辞好的脸色,有的时候使他们不能忍受。我的同年好友王道源说:"现在当官的人切戒这样做。法度是朝廷规定的,财货是百姓生产的,这些都不能借给别人。人的感情,以至于言辞和脸色,却是我的,给别人一些好言语、好脸色又有什么害处呢?"听了这话,我深有感触,因此记录下来,并改正之。

【注释】①年友:科举时,同榜登科的好友。

171 刚明,世之碍也。刚而婉,明而晦,免祸也夫。

【译文】刚明,是处世的障碍。刚而婉,明而晦,才能免祸。

172 君子之所持循只有两条路,非先圣之成规,则时王之定制,此外悉邪也,俗也,君子不由。

【译文】君子所遵行的只有两条路:不是先圣的成规,就是当世国君制定的法制,除此以外都是邪的、俗的,君子不遵行。

173 非直之难,而善用其直之难;非用直之难,而善养其直之难。

【译文】直不是难,而善于用直才是很难的;用直不是很难,而养成正直的品格才是难的。

174 处身不妨于薄,待人不妨于厚;责己不妨于厚,责人不妨于薄。

【译文】对待自己不妨薄一点,对待别人不妨厚一点;责备自己不妨重一点,责备别人不妨轻一点。

175 坐于广众之中,四顾而后语,不先声,不扬声,不独声。

【译文】坐于广众之中,要先看看四周都有什么人再说话,不先说,不高声说,不独自说。

176 苦处是正容谨节①,乐处是手舞足蹈,这个乐又从那苦处来。

【译文】悲苦的时候正容谨节,高兴的时候手舞足蹈,这个高兴正是从那个悲苦的地方来的。

【注释】①正容谨节:端正容貌,谨慎节制。

177 滑稽诙谐,言毕而左右顾,惟恐人无笑容,此所谓"巧言令色"者也①。小人侧媚皆此态耳②,小子戒之。

【译文】讲话滑稽诙谐,讲完了又左瞧右看,惟恐人们不笑,这就是所谓"巧言令色"的人。小人讨好别人都是这个态度,后生小子要引以为戒。

【注释】①巧言令色:《论语·学而》:"巧言令色,鲜矣仁。"朱熹注:"巧,好。令,善也。好其言,善其色,致饰于外,务以悦人,则人欲肆而本心之德亡矣。" ②侧媚:用不正当手段讨好别人。《尚书·同命》:"慎简乃僚,无以巧言令色,便辟侧媚。"

178 人之视小过也,愧怍悔恨,如犯大恶,夫然后能改。"无伤"二字,修己者之大戒也。

【译文】一个人对待小的过失愧怍悔恨,如同犯了大错一样,这样才能够改正。"无伤"二字,是修身者的大戒。

179 有过是一过,不肯认过又是一过。一认则两过都无,一不认则两过不免。彼强辩以饰非者,果何为也?

【译文】有了过错只是一个过错,不肯认错又增加了一个过错。一认错则两过都无,一不认错则两过都不能免。那些以强辩来掩饰错误的人,到底是为了什么呢?

180 一友与人争而历指其短,予曰:"于十分中,君有一分不是否?"友曰:"我难说没一二分。"予曰:"且将这一二分都没了,才好责人。"

【译文】一位友人与人争吵,一件件地指责别人的不是。我问:"在十分不是中,你有一分不是没有?"友人说:"我难说没有一二分。"我说:"把这一二分都没有了,才好去责备别人。"

181 余二十年前曾有心迹双清之志,十年来有四语云:行欲清,名欲浊。道欲进,身欲退。利欲后,害欲前。人欲丰,己欲约。近看来太执着,太矫激①。只以无心任自然,求当其可耳,名迹一任去来,不须照管。

【译文】二十年前,我曾有内心和行迹都要清白的志向。近十年来又有四句座右铭:行欲清,名欲浊。道欲进,身欲退。利欲后,害欲前。人欲丰,己欲约。近来一看,这个也太执着,太过激。只以无心任自然,做到恰如其分就可以了,声名和行迹,任凭它去来,不须管它。

【注释】①矫激:偏激。

182 君子之为善也,以为理所当为,非要福,非干禄①;其不为不善也,以为理所不当为,非惧祸,非远罪。至于垂世教则谆谆以祸福刑赏为言,此天地圣王劝惩之大权,君子不敢不奉若而与众共守也。

【译文】君子做善事,认为是理所当为,不是为了求福,不是为了干禄;君子不做不善的事,认为是理不当为,不是害怕祸殃,不是为了避开罪过。至于为了使教化世代流传,则要用祸福刑赏的道理谆谆教导,这是天地圣王劝戒惩处世人的大权,君子不敢不奉行而与民众共同遵守。

【注释】①干禄:求禄,做官。

183 茂林芳树,好鸟之媒也;污池浊渠,秽虫之母也。气类之自然也。善不与福期,恶不与祸招。君子见正人而合,邪人见憸夫而密①。

【译文】茂林芳树,是招来好鸟的媒介;污池浊渠,是生长秽虫的根源。这是因为发出的气息相类而自然出现的事情。善不与福相约,恶也不与祸相招。君子看见正人就会相合,邪人看见奸恶之人就会亲密。

【注释】①憸(xiān)夫:奸邪之人。

184 吾观于射,而知言行矣。夫射,审而后发,有定见也;满而后发,有定力也。夫言能审满,则言无不中;行能审满,则行无不得。今之言行皆乱放矢也,即中,幸耳。

【译文】我观察射箭的事情,就懂得言行的道理了。射箭,仔细观察再放箭,这是有了一定的目标;拉满了弓再放手,就有了一定的力量。如果说话前能仔细思考,思考完满了再说,则没有一句说的不对;如果行动前能仔细思考,做好准备,则没有一事不能成功。现在人们的言行都是无的放矢,即使对了,也是侥幸成功的。

185 蜗以涎见觅,蝉以声见粘,萤以光见获,故爱身者,不贵赫赫之名。

【译文】蜗牛因为有黏涎才被人寻到,蝉因发出叫声才被人粘住,萤火虫因为有光亮才被捕获。因此爱护自己生命的人,不以名声显赫为贵。

186 大相反者大相似,此理势之自然耳。故怒极则笑,喜极则悲。

【译文】大相反者大相似,这是道理和形势发展的必然趋势。因此怒极则笑,喜极则悲。

187 敬者,不苟之谓也。故反苟为敬。

【译文】敬,就是不苟的意思,因此反苟就是敬。

188 多门之室生风,多口之人生祸。

【译文】房内有很多窗户就会多风,老是不停地说短论长就将惹出灾祸。

189　磨砖砌壁不涂以垩①,恶掩其真也。一垩则人谓粪土之墙矣。凡外饰者,皆内不足者。至道无言,至言无文,至文无法。

【译文】用磨好的砖垒墙就不再用白土涂抹,怕掩盖了里面的砖。一经涂抹,就会被认为是粪土之墙了。凡是外加装饰的,内部都有不足。最高的准则不能用言语来讲述,最精深的道理不用美丽的文辞来修饰,最好的文章没有一定的章法。

【注释】①垩(è):白色的土。

190　苦毒易避,甘毒难避。晋人之璧马①,齐人之女乐②,越人之子女玉帛③,其毒甚矣。而愚者如饴,即知之,亦不复顾也。由是推之,人皆有甘毒不必自外馈,而耽耽求之者且众焉。岂独虞人、鲁人、吴人愚哉!知味者,可以惧矣。

【译文】苦味的毒药容易躲开,甜味的毒药不容易躲避。晋人送给虞人璧与马,齐人送给鲁君善舞的美女,越人献给吴太宰嚭子女玉帛,这些计策都是很毒辣的。但愚蠢的人高兴地接受,即使知道有害,也不管不顾了。以此推之,人对于甜味的毒药,不必从外送来,自己就会孜孜寻求,这样的人是很多的,哪里只有虞人、鲁人、吴人是愚蠢的呢!能够辨别味道的人,应该感到可怕啊!

【注释】①晋人之璧马:《战国策·魏策三》:"昔者晋人欲亡虞,而先伐虢。伐虢者,亡虞之始也,故荀息以马与璧假道于虞。宫之奇谏之而不听,卒假道。晋人伐虢,反而取虞。"②齐人之女乐:《史记·孔子世家》:齐人"选齐国中女子好者八十人,皆衣文衣而舞康乐,文马三十驷,遗鲁君。陈女乐文马于鲁城南高门外。季桓子微服往观再三,将受,乃语鲁君为周道游,往观终日,怠于政事"。孔子遂离鲁而去。③越人之子女玉帛:据《史记·越王勾践世家》载:越王兵败,"欲杀妻子,燔宝器,触战以死",大夫文种建议,以美女宝器献吴太宰嚭,嚭爱之。文种因太宰嚭而说服吴王,吴王不听伍子胥谏,赦越,罢兵而归。越王勾践卧薪尝胆,卒灭吴国。

191　好逸恶劳,甘食悦色,适己害群,择便逞忿,虽鸟兽亦能之。灵于万物者,当求有别,不然类之矣!且凤德麟仁,鹤清豸直,乌孝雁贞,苟择鸟兽之有知者而效法之,且不失为君子矣,可以人而不如乎①！

【译文】好逸恶劳,吃美食爱美色,为了自己舒适而害别人,一有机会就发泄怨恨,即使是鸟兽也能这样做。灵于万物的人,应当要与鸟兽有所区别,不然就是同类了。况且凤德麟仁、鹤清乌直、乌孝雁贞,如果选择鸟兽中这些有善德的而效法它们,也不失为君子,为何做个人却不如鸟兽呢?

【注释】①吕坤专辑《无如》一书,亦讲的是鸟兽之德。

192 万事都要个本意,宫室之设只为安居,衣之设只为蔽体,食之设只为充饥,器之设只为利用,妻之设只为有后。推此类不可尽穷。苟知其本意,只在本意上求,分外底都是多了。

【译文】做万事都要有个本来的用意,建筑宫室只是为了安居,衣服只是为了保护身体,食品是为了充饥,器具的设置只是为了使用,娶妻是为了生子。以此类推,不可胜数。如果知道它的本意,只在本意上要求就可以了,分外的要求都是多了。

193 士大夫殃及子孙者有十:一曰优免太侈①,二曰侵夺太多,三曰请托灭公,四曰恃势陵人,五曰困累乡党,六曰要结权贵、损国病人,七曰盗上剥下、以实私橐,八曰簧鼓邪说、摇乱国是,九曰树党报复、阴中善人,十曰引用邪昵②、虐民病国。

【译文】士大夫给子孙带来祸殃的有十种情况:一是优免太多;二是侵夺太多;三是请托损公;四是仗势欺人;五是困累乡党;六是勾结权贵,损国害人;七是盗上剥下,以饱私囊;八是鼓吹邪说,摇乱国是;九是树党报复,暗害好人;十是引用恶人,害民祸国。

【注释】①优免:如免税,免役等,吕坤做官时屡屡论此。 ②邪昵:邪恶而又与己亲密者。此可见明代后期仕风。

194 儿辈问立身之道。曰:本分之内不欠纤微,本分之外不加毫末。今也舍本分弗图,而加于本分之外者不啻千万矣,内外之分何处别白,况敢问纤微毫末间耶?

【译文】儿辈询问立身的道理。我说:本分之内的事不欠纤微,本分之外的事不加毫末。现在的人不做本分之内的事,而对本分之外的事不只干了千千万万,哪里有内外之分呢? 更谈不上纤微毫末的差别了。

195 智者不与命斗,不与法斗,不与理斗,不与势斗。

【译文】智慧的人不与命斗,不与法斗,不与理斗,不与势斗。

196 学者事事要自责,慎无责人。人不可我意,自是我无量;我不可人意,自是我无能。时时自反,才德无不进之理。

【译文】学者事事要责备自己,千万不要责备别人。别人不适合我的心意,只是因为我没有度量;我不适合别人的心意,只是因为我无能。时时不断反省,才德没有不长进的道理。

197 气质之病小,心术之病大。

【译文】气质之病是小病,心术之病是大病。

198 童心、俗态,此二者士人之大耻也。二耻不脱,终不可以入君子之路。

【译文】童心、俗态,这两点是读书人的大耻辱。这二耻不脱离,不能走上君子之路。

199 习威仪容止,甚不打紧,必须是瑟㑍中发出来①,才是盛德光辉。那个不严厉,不放肆？庄重不为矜持,戏谑不为媟嫚,惟有道者能之,惟有德者识之。

【译文】学习礼仪容止,不是要紧的事,必须是从内心庄重发出来的,才是盛德光辉。人哪有不严厉、不放肆的？庄重而不矜持,开玩笑而不流于轻慢,只有有道德的人才能做到,只有道德高的人才能辨别。

【注释】①瑟㑍(xiàn):庄严壮勇貌。《诗经·卫风·淇奥》:"瑟兮㑍兮,赫兮喧兮。"《中庸》亦引此诗。

200 容貌要沉雅自然,只有一些肤浅之色、作为之状,便是屋漏①少工夫。

【译文】容貌要沉雅自然,只要有一点肤浅的样子,做作的表现,就是缺少慎独的功夫。

【注释】①屋漏:古代室内西北隅施设小帐的地方,喻隐蔽之处,引申为独处之所。

201 德不怕难积,只怕易累。千日之积不禁一日之累,是故君子

防所以累者。

【译文】德不怕难积,只怕易损。千日的积累不禁一日的损害,因此君子要防止损德的事。

202 枕席之言,房闼之行,通乎四海。墙卑室浅者无论,即宫禁之深严,无有言而不知、动而不闻者。士君子不爱名节则已,如有一毫自好之心,幽独言动可不慎与?

【译文】枕席之间的言语,寝室之中的行为,四海之人也会知道。墙卑室浅的人家且不说,即使是皇宫那样戒备森严,也没有说出来的话人们不知道的,做出来的事人们不知道的。士君子不爱惜自己的名节则已,如果有一点自爱之心,即使在人们看不见的地方、独处的时候,言行能不谨慎吗?

203 富以能施为德,贫以无求为德,贵以下人为德,贱以忘势为德。

【译文】富了,以能够施予别人为有德;贫穷,以不向人求告为有德;贵了,以谦逊待人为有德;低贱,以不趋炎附势为有德。

204 入庙不期敬而自敬,入朝不期肃而自肃,是以君子慎所入也。见严师则收敛,见狎友则放恣,是以君子慎所接也。

【译文】进入寺庙,没想到尊敬,自然就会尊敬;进入朝堂,没想到严肃,自然就会严肃,因此君子对进入的地方要谨慎。看见严厉的老师就会收敛,看见亲昵的朋友就会放恣,因此君子接交人要谨慎。

205 《氓》之诗[①],悔恨之极也,可为士君子殷鉴,当三复之[②]。唐诗有云:"雨落不上天,水覆难再收[③]。"又近世有名言一偶云:"一失脚为千古恨,再回头是百年身[④]。"此语足道《氓》诗心事,其曰"亦已焉哉"[⑤],所谓"何嗟及矣"[⑥],无可奈何之辞也。

【译文】《诗经》中《氓》这首诗,表达了极其悔恨的心情,可以作为士君子的借鉴,应经常地诵读。唐诗有这样的诗句:"雨落不上天,水覆难再收。"近世有两句名言:"一失脚为千古恨,再回头是百年身。"这些话足以解释《氓》这首诗的意思。诗中有"亦已焉哉",以及人们常说的"何嗟及矣",都是无可奈何的话啊!

【注释】①《氓》之诗:《诗经·卫风·氓》:"氓之蚩蚩,抱布贸丝。匪来贸丝,来即我谋。送子涉淇,至于顿丘。匪我愆期,子无良媒。将子无怒,秋以为期。"朱熹注:"此淫妇为人所弃,而自叙其事以道其悔恨之意也。……士君子立身一败,而万世瓦裂者,何以异此?可不戒哉!"吕坤这里取其悔恨之义。　②三复:反复多次。这里指记诵与理解。《论语·先进》:"南容三复白圭,孔子以其兄之子妻之。"　③"雨落不上天"二句:见李白《妾薄命》诗。　④"一失脚为千古恨"二句:明杨仪《明良记》:"唐解元寅既废弃,诗云:'一失脚成千古笑,再回头是百年人。'"后多作"一失足成千古恨"。此指一有过失,悔恨莫及。　⑤亦已焉哉:《诗经·卫风·氓》结束句:"反是不思,亦已焉哉。"朱熹注:"既不思其反复而至此矣,则亦如之何哉?亦已而已矣。"　⑥何嗟及矣:《诗经·王风·中谷有蓷》:"啜其泣矣,何嗟及矣。"朱熹注:"何嗟及矣,言事已至此,未如之何,穷之甚也。"

206　平生所为,使怨我者得以指摘,爱我者不能掩护,此省身之大惧也,士君子慎之。故我无过而谤语滔天不足惊也,可谈笑而受之。我有过而幸不及闻,当寝不贴席、食不下咽矣。是以君子贵"无恶于志"①。

【译文】平生所做的事,使怨恨我的人能够指责我,而爱我的人却不能掩护,这是修养身心最可怕的事,因此士君子要特别地谨慎。我没有过失而诽谤我的话满天飞,我也不用吃惊,依然可以谈笑自如;我有过失别人还不知道,就应当寝不安席、食不下咽了。因此士君子可贵的是心里没有可愧的事。

【注释】①无恶于志:即无愧于心。《中庸》:"故君子内省不疚,无恶于志。"

207　谨言慎动,省事清心,与世无碍,与人无求,此谓小跳脱。

【译文】谨言慎动,省事清心,与世无碍,与人无求,这叫做小超脱。

208　身要严重,意要安定,色要温雅,气要和平,语要简切,心要慈祥,志要果毅,机要缜密。

【译文】身要庄重,意要安定,脸色要温雅,气息要和平,言语要简切,内心要慈祥,意志要果敢强毅,行事要缜密。

209　善养身者,饥渴寒暑劳役外感屡变,而气体若一,未尝变也。善养德者,死生荣辱夷险外感屡变,而意念若一,未尝变也。夫藏令之身至发扬时而解侇①,长令之身至收敛时而郁闷,不得谓之定气。宿称镇静,至仓卒而色变;宿称淡泊,至纷华而心动,不得谓之定力。斯二者皆无养之过也。

【译文】善于保养身体的人,在饥渴、寒暑、劳役及受到外界事物的感触,情况屡次发生变化的时候,气息和身体与平时一样,一点儿也不改变。善于修养道德的人,在生死、荣辱、夷险及受到外界事物的感触,情况屡次发生变化的时候,意念始终如一,一点儿也不改变。那些在寒冷的季节感到舒适,到温暖的季节却感到不适的人;在温暖的季节能够健康成长,到寒冷时就感到郁塞不通的人,不能称作有定气。一向号称镇静,至仓猝之时就面色改变;一向号称淡泊,到纷华面前就心动的人,不能称作有定力。这两种人,都是缺乏修养的缘故。

【注释】①解㑊:人体不适而又无病可名为解㑊。

210 里面要活泼,于规矩之中无令怠忽;外面要摆脱,于礼法之中无令矫强。

【译文】内心要活泼,在规矩中不要荒怠疏忽;外面要摆脱,在礼法内不要装假、勉强。

211 四十以前养得定,则老而愈坚;养不定,则老而愈坏。百年实难,是以君子进德修业贵及时也。

【译文】四十岁以前修养得定,则老而愈坚;修养不定,则老而愈坏。人很难活到百岁,所以君子进德修业贵在及时。

212 涵养如培脆萌,省察如搜田蠹,克治如去盘根。涵养如女子坐幽闺,省察如逻卒缉奸细,克治如将军战劲敌。涵养用勿忘勿助工夫,省察用无怠无荒工夫,克治用"是绝是忽"工夫①。

【译文】涵养的功夫如同培养脆弱的萌芽,省察的功夫如同搜寻田间的蠹虫,克治的功夫如去掉盘根错节。涵养的功夫如同女子坐在幽静的闺房,省察的功夫如同巡逻的士兵缉拿奸细,克治的功夫如同将军战胜强敌。涵养要用勿忘勿助功夫,省察要用无怠无荒功夫,克治要用绝灭功夫。

【注释】①是绝是忽:语出《诗经·大雅·皇矣》,朱熹注:"忽,灭。"即绝灭的意思。

213 世上只有个道理是可贪可欲底,初不限于取数之多。何者?

所性分定原是无限量底,终身行之不尽,此外都是人欲,最不可萌一毫歆羡心。天之生人各有一定底分涯,圣人制人各有一定底品节,譬之担夫欲肩舆,丐人欲鼎食,徒尔劳心,竟亦何益?嗟夫!篡夺之所由生,而大乱之所由起,皆耻其分内之不足安而惟见分外者之可贪可欲故也。故学者养心先要个知分,知分者心常宁、欲常得。所欲得自足,以安身利用。

【译文】世上只有道理是可以多知道多拥有的,最初并没有限定取数的多少。为什么呢?在你已定的性分中原来就没有限量,终身都可以探求。除此以外都是人欲,最不可萌发一毫歆羡的心理。上天生人各有一定的分涯,圣人制人各有一定的品节,譬如担夫想要乘坐肩舆,乞丐想要钟鸣鼎食,只是白费心思,毫无用处。唉!篡夺的产生,大乱的兴起,都是因为不安于分内所有的,而想得到分外的东西的缘故。所以学者修养内心先要知分,知道分,心就会经常处于安宁之中,所想得到的东西就能得到。得到的东西能够自足,就可以安身利用了。

214 心术以光明笃实为第一,容貌以正大老成为第一,言语以简重真切为第一。

【译文】一个人的心术最主要的是光明笃实,风貌最主要的是要正大老成,说话最主要的是要简重真切。

215 学者只把性分之所固有,职分之所当为,时时留心,件件努力,便駸駸乎圣贤之域①。非此二者,皆是外物,皆是妄为。

【译文】学者只要把性分中所固有的,职分中所当做的,时时留心,件件努力,便能很快地进入圣贤的行列。除此二者,都是外物,都是妄为。

【注释】①駸駸(qīn):马速行貌,引申为疾速。

216 进德莫如不苟,不苟先要个耐烦。今人只为有躁心而不耐烦,故一切苟且。卒至破大防而不顾,弃大义而不为。其始皆起于一念之苟也。

【译文】修养道德没有比不苟更重要的了,不苟先要个耐烦。现在的人只因为有了躁心而不耐烦,所以就一切苟且。最终破坏了大防,舍弃了大义,开始时都是起于一念之苟。

217 不能长进,只为昏弱两字所苦。昏宜静以澄神,神定则渐精明;弱宜奋以养气,气壮则渐强健。

【译文】不能长进,只是为昏弱这两个字所妨害。昏惑了,就要安静下来定定神,神定了就会逐渐精明;衰弱了,就应当奋力养气,气壮了身体就会逐渐强健。

218 一切言行只是平心易气就好。

【译文】一切言行只是平心静气就好。

219 恣纵既成,不惟礼法所不能制,虽自家悔恨亦制自家不得。善爱人者无使恣纵,善自爱者亦无使恣纵。

【译文】放纵成了习惯,不只是礼法限制不住,就是自己悔恨,也约束不住自己。善于爱护人的人,就不要使人放纵;善于自爱的人,也不要自我放纵。

220 天理与人欲交战时,要如百战健儿,九死不移,百折不回,其奈我何?如何堂堂天君①,却为人欲臣仆?内款受降?腔子中成甚世界。

【译文】天理和人欲交战的时候,要如百战健儿,九死不移,百折不回,人欲对我有什么办法?为什么好好的一个正心,却要做人欲的臣仆?向它纳款投降?这样内心成了个什么世界?

【注释】①天君:指心。

221 有问密语者,嘱曰:"望以实心相告。"余笑曰:"吾内有不可瞒之本心,上有不可欺之天日。在本人有不可掩之是非,在通国有不容泯之公论。一有不实,自负四愆矣①,何暇以貌言诳门下哉!"

【译文】有人问我有什么机密的话,并嘱咐说:"希望能实心相告。"我笑着说:"我内有不可隐瞒的本心,上有不可欺骗的天日。在本人有不可掩盖的是非,在国家有不容泯灭的公论。有一句不真实,就会犯瞒心、欺天、掩非、蔑视公论这四种过失,哪里有空闲用假话来欺骗你呢!"

【注释】①愆(qiān):过失。

222 士君子澡心浴德,要使咳唾为玉,便溺皆香,才见工夫圆满。

若灵台中有一点污浊,便如瓜蒂藜芦入胃,不呕吐尽不止,岂可使一刻容留此中耶?夫如是,然后溷厕可沉,缁泥可入。

【译文】士君子洗心修德,要使咳唾为玉、便溺为香,才见得功夫圆满。如果心灵上有一点污浊,就如同瓜蒂藜芦吃进胃中,不呕吐尽不会停止,哪能容它有一刻留在胃中呢?只有修养到这种功夫,才能做到进入污浊的环境中而不被污染。

223 与其抑暴戾之气,不若养和平之心;与其裁既溢之恩,不若绝分外之望;与其为后事之厚,不若施先事之薄;与其服延年之药,不若守保身之方。

【译文】与其抑制暴戾的脾气,不如修养和平的心性;与其裁制多施的恩惠,不如断绝分外的妄想;与其事后给予优厚的报偿,不如事先给予小的帮助;与其服益寿延年的药,不如遵守保身的方法。

224 猥繁拂逆生厌恶心,奋宁耐之力;柔艳芳浓生沾惹心,奋跳脱之力;推挽冲突生随逐心,奋执持之力;长途末路生衰歇心,奋鼓舞之力;急遽疲劳生苟且心,奋敬慎之力。

【译文】繁琐违逆会产生厌恶之心,这时要发扬宁耐之力;柔艳芳浓会产生沾惹之心,这时要发扬跳脱之力;推挽冲突会产生随逐之心,这时要发扬持执之力;长途末路会产生衰歇之心,这时要发扬鼓舞之力;急剧疲劳会产生苟且之心,这时要发扬敬慎之力。

225 进道入德,莫要于有恒。有恒则不必欲速,不必助长,优优渐渐自到神圣地位。故天道只是个恒,每日定准是三百六十五度四分度之一,分毫不损不加,流行不缓不急,而万古常存,万物得所。只无恒了,万事都成不得。余最坐此病。古人云"有勤心无远道",只有人胜道,无道胜人之理。

【译文】进道入德,没有比持之以恒更重要的了。有恒则不必欲速,不必助长,悠悠渐渐自然能到达神圣地步。因此天道只是个恒,每天定准是三百六十五度四分度之一,分毫不损不加,流行得不缓不急,而万古常存,万物得所。只要没了恒,万事都成不了。我最爱犯没有恒心的毛病。古人云:"有勤心无远道。"只有人胜道,没有道胜人之理。

226 士君子只求四真:真心、真口、真耳、真眼。真心无妄念,真口

无杂语,真耳无邪闻,真眼无错识。

【译文】读书的君子们要做到四真:真心、真话、真听、真看。有了真心就不会虚妄,有了真话就不会多说瞎话,有了真听就不会听那些邪曲的东西,有了真看就不会看错事物。

227 愚者人笑之,聪明者人疑之。聪明而愚,其大智也夫。《诗》云:"靡哲不愚[1]。"则知不愚非哲也。

【译文】愚蠢人遭人耻笑,聪明人被人怀疑。聪明而愚,这是大智之人。《诗经》说:"靡哲不愚。"可知不愚就不是有智慧的人。

【注释】[1]靡哲不愚:语出《诗经·大雅·抑》:"抑抑威仪,维德之隅。人亦有言,靡哲不愚。"靡,无。哲,智者。

228 以精到之识,用坚持之心,运精进之力,便是金石可穿,豚鱼可格,更有什么难做之事功、难造之圣神?士君子碌碌一生,百事无成,只是无志。

【译文】以精到之见识,用坚持之恒心,运精进之毅力,就是金石也可以穿透,豚鱼也可以感通,还有什么难做的事情、难以到达的神圣境界呢?士君子碌碌一生,百事无成,只因为无志。

229 其有善而彰者,必其有恶而掩者也[1]。君子不彰善以损德,不掩恶以长慝[2]。

【译文】有善而到处张扬的人,必然是有恶就要掩藏的人。君子不显善以损德,不掩恶以增错。

【注释】[1]掩:掩盖,遮蔽。 [2]慝(tè):邪念,恶念。

230 余日日有过,然自信过发吾心如清水之鱼,才发即见,小发即觉,所以卒不得遂其豪悍至流浪不可收拾者,胸中是非原先有以照之也。所以常发者何也?只是心不存,养不定。

【译文】我天天都有过失,然而自信过失从我心中产生出来就如同清水中的游鱼,才发生就会看见,出现了小过失就会被发觉,所以最终不会顺从豪悍之性,以至于达到不可收拾的地步,这是因为胸中原来就有是非的标准而加以对照。但是又经常发生错误,这是为什么呢?只是因为心不存、养不定的缘故。

231 才为不善,怕污了名儿,此是徇外心。苟可瞒人,还是要做。才为不善,怕污了身子,此是为己心。即人不知,或为人疑谤,都不照管。是故欺大庭易,欺屋漏难;欺屋漏①易,欺方寸难。

【译文】刚做了不善的事,只是害怕玷污名声,这是徇外心。如果可以瞒住外人,还是要做不善的事。刚做了不善的事,怕玷污了自己的身体,这是为己心。即使人家不知道,或者被人怀疑,都不会理会。因此说,欺骗大庭广众容易,欺骗自己难;欺骗独处的自己容易,欺骗自己的心难。

【注释】①屋漏:参见 179 页 200 则注①。

232 吾辈终日不长进处,只是个怨尤两字,全不反己。圣贤学问只是个自责自尽,自责自尽之道原无边界,亦无尽头,若完了自家分数,还要听其在天。在人不敢怨尤,况自家举动又多鬼责人非底罪过,却敢怨尤邪?以是知自责自尽底人决不怨尤,怨尤底人决不肯自责自尽。吾辈不可不自家一照看,才照看便知天人待我原不薄恶,只是我多惭负处。

【译文】我辈终日不长进的原因,就在这怨尤两个字上,全不反省自己。圣贤学问只是自责自尽,自责自尽的功夫原本就没有边界,也无尽头,若做完了自己的功夫,还要听从天的安排。对别人不敢怨尤,况且自己的举动还有鬼责人非的罪过,哪敢怨尤呢?因此知道自责自尽的人决不怨尤,怨尤的人决不肯自责自尽。吾辈不可不自己一照看,才照看便知天和人待我原来都不薄不恶,只是我有很多愧对天和人的地方。

233 果是瑚琏①,人不忍以盛腐殖②;果是荼蓼③,人不肯以荐宗祊④。履也,人不肯以加诸首;冠也,人不忍以藉其足。物犹然,而况于人乎?荣辱在所自树,无以致之,何由及之?此自修者所当知也。

【译文】果真是祭祀用来盛放粢和稷的贵重器皿瑚和琏,人们不忍心用它来盛腐臭的东西;果真是荼和蓼那样的野草,人们不肯用它祭祀宗庙。鞋子,人不肯把它放在头上;帽子,人不忍把它踩在脚下。对于物品都是如此,何况是人呢?是荣还是辱,在于自己平时的建树,没有招致荣或辱,怎么会得到荣辱呢?这是进行自我修养的人应当知道的。

【注释】①瑚琏:瑚、琏皆为古代祭祀时盛粢稷的器皿。后常用来比喻有才能堪当大任之人。《论语·公冶长》:"子贡问曰:'赐也何如?'子曰:'女,器也。'曰:'何器也?'曰:'瑚琏也。'"　②殠:同"臭",腐气。　③荼蓼:荼,苦菜。蓼,辛辣的野菜。《诗经·周颂·良耜》:"其镈斯赵。以薅荼蓼。"
④宗祊:宗庙。

234 无以小事动声色,亵大人之体。

【译文】不要因为小事而动声色,以免亵渎有德者的身体。

235 立身行己,服人甚难也。要看什么人不服,若中道君子不服,当早夜省惕。其意见不同,性术各别,志向相反者,只要求我一个是也,不须与他别白理会。

【译文】立身行己,要使人信服最难。但要看什么人不服,如果是遵行中道的君子不服,就应当早晚反省警惕。如果是意见不同,性情、方法不同,志向相反的人不服,只要我做得对,就不必和他辩别理会。

236 其恶恶不严者,必有恶于己者也;其好善不亟者①,必无善于己者也。仁人之好善也,不啻口出,其恶恶也,迸诸四夷,不与同中国。孟子曰:"无羞恶之心,非人也②。"则恶恶亦君子所不免者。但恐为己私作恶,在他人非可恶耳。若民之所恶而不恶,谓为民之父母,可乎?

【译文】对恶不深恶痛绝的人,自己本身必有恶行;喜好善不强烈的人,必然自己有不善的行为。仁人的好善,不只是口头说说而已;仁人的恶恶,恨不得把恶丢弃到四夷之地去,不让恶和自己共同留存在中国。孟子说:"无羞恶之心,就不是人。"厌恶恶也是君子所不能免的。但恐怕为了自己的私利而厌恶恶,而在他人看来却不是恶。如果对民众所厌恶的你不厌恶,还说是民之父母,怎么可以呢?

【注释】①亟:尽。　②"无羞恶之心"二句:语出《孟子·公孙丑上》:"无恻隐之心,非人也;无羞恶之心,非人也;无辞让之心,非人也;无是非之心,非人也。"

237 世人糊涂,只是抵死没自家不是,却不自想我是尧舜乎?果是尧舜,真是没一毫不是。我若是汤武,未反之前也有分毫错误,如何盛气拒人,巧言饰己,再不认一分过差耶?

【译文】世上的人很糊涂,只是拼死认为自己没有不是,却不自己想一想:我是尧、舜那样的人吗?果然是尧舜,真没有丝毫不是。如果我是商汤、周武,他们没成为圣人以前也会有一些错误,为何还要盛气拒人,巧言饰己,而不认一分错呢?

238 "懒散"二字,立身之贼也。千德万业,日怠废而无成;千罪万恶,日横恣而无制,皆此二字为之。西晋仇礼法而乐豪放,病本正在此。安肆日偷,安肆,懒散之谓也,此圣贤之大戒也。什么降伏得此二字?曰"勤慎"。勤慎者,敬之谓也。

【译文】"懒散"二字,是立身的大敌。千德万业,一日日地怠废而无成就;千罪万恶,一天天地横恣而无节制,都是这两个字弄出来的。西晋时,士人仇视礼法而喜爱豪放,病根正在这里。安于放肆、日日怠惰,安肆,说的就是懒散,这是圣贤修身的大戒。什么能降伏这两个字呢?就是"勤慎"。勤慎,就是敬的意思。

239 不难天下相忘,只怕一人窃笑。夫举世之不闻道也久矣,而闻道者未必无人。苟为闻道者所知,虽一世非之可也;苟为闻道者所笑,虽天下是之,终非纯正之学。故曰众皆悦之,其为士者笑之,有识之君子必不以众悦博一笑也。

【译文】让天下人忘记不难,只害怕有一个人还在窃笑。唉!举世不闻道已经很长时间了,但是未必没有人闻道。如果被闻道的人所理解,即使世上的人都非议也没关系;如果被闻道的人所耻笑,即使天下人都认为你做得正确,终究不是纯正的学问。所以说,众人都喜欢,而为士人所耻笑,有识之君子必然不会做为了博取众人喜欢而遭受士人耻笑的事情。

240 以圣贤之道教人易,以圣贤之道治人难。以圣贤之道出口易,以圣贤之道躬行难。以圣贤之道奋始易,以圣贤之道克终难[①]。以圣贤之道当人易,以圣贤之道慎独难。以圣贤之道口耳易,以圣贤之道心得难。以圣贤之道处常易,以圣贤之道处变难。过此六难,真到圣贤地步。区区六易,岂不君子路上人?终不得谓笃实之士也。

【译文】把圣贤的道理讲给别人听很容易,以圣贤之道治理人就难了。将圣贤的道理说出口来很容易,按照圣贤之道身体力行就难了。用圣贤之道开始奋发容易,把圣贤之道坚持到底就难了。用圣贤之道要求别人很容易,用圣贤之道进行自我修养就难了。将圣贤之道说说听听很容易,将圣贤之道心领神会就难了。以圣贤之道处理平时的事情很容易,以圣贤之道应付危难的事情就难了。能过此六难,就真正达到了圣贤的地步。按照那容易做到的六易去做,难道不是君子路上的人?但终究不能说是笃实的人。

【注释】 ①克终:坚持到底。

241 山西臬司书斋^①,余新置一榻,铭于其上。左曰:尔酣余梦,得无有宵征露宿者乎?尔炙重衾,得无有抱肩裂肤者乎?古之人卧八埏于袵褥^②,置万姓于衽席,而后爽然得一夕之安。呜呼!古之人亦人也夫,古之民亦民也夫。右曰:独室不触欲,君子所以养精;独处不交言,君子所以养气;独魂不著碍,君子所以养神;独寝不愧衾,君子所以养德。

【译文】 在我任山西按察史时,在书斋中新放了一张床榻,在上面写了两条座右铭,左边是:尔酣余梦,得无有宵征露宿者乎?尔炙重衾,得无有抱肩裂肤者乎?古代为官的人把八方的人安置于舒适的地方,让万姓都能安居,然后自己才能安然入睡。唉!古代做官的人也是人啊!古代的民众也是民啊!右边是:独室不触欲,君子所以养精;独处不交言,君子所以养气;独魂不著碍,君子所以养神;独寝不愧衾,君子所以养德。

【注释】 ①臬(niè)司:明代设置提刑按察司,主管一省司法刑狱和官吏考核之事,称臬司,这里指山西按察史。 ②八埏(yán):八方的边际。这里即八方的意思。

242 慎者之有余足以及人,不慎者之所积不能保身。

【译文】 谨慎的人能有多余的送给别人,不谨慎的人所积存的不足以保存自身。

243 近世料度人意常向不好边说去,固是衰世人心无忠厚之意。然士君子不可不自责,若是素行孚人,便是别念头,人亦向好边料度,何者?所以自立者足信也。是故君子慎所以立。

【译文】 近世的人推测别人的心意常向不好的那边去说,这固然是处于衰世,人心不忠厚的缘故。然而士君子不可不自责,如果是平日的行为让人信得过,就是有了不对的念头,人们也会向好的方面去猜测,为什么呢?你自己所树立的足以使人相信而已。因此君子对于自己的修养非常慎重。

244 人不自爱,则无所不为;过于自爱,则一无可为。自爱者先占名,实利于天下国家而迹不足以白其心则不为。自爱者先占利,有利于天下国家而有损于富贵利达则不为。上之者,即不为富贵利达,而有累于身家妻子则不为。天下事待其名利两全而后为之,则所为者无几矣。

【译文】人要不自爱,就会无所不为;过于自爱,就会一无作为。为了名而自爱的人,对于有利于天下国家而不足以表明他的心迹的事则不为。为了利而自爱的人,对于有利于天下国家而有损于自己富贵利达的事则不为。好一点的,即使不是为了个人的富贵利达,而对有累于身家妻子的事则不为。如果天下的事只有名利两全的才去做,那么能做的事就不多了。

245 与其喜闻人之过,不若喜闻己之过;与其乐道己之善,不若乐道人之善。

【译文】与其喜欢听别人的过失,不如喜欢听自己的过失;与其乐于说自己的优点,不如乐于说别人的优点。

246 要非人,先要认底自家是个什么人;要认底自家,先看古人是个什么人。

【译文】要非议别人,先要认清自己是个什么样的人;要认清自己,先看古人是个什么样的人。

247 口之罪大于百体,一进去百川灌不满,一出来万马追不回。

【译文】口之罪大于身体的各个器官,吃进去百川灌不满,说出来万马追不回。

248 家长不能令人敬,则教令不行;不能令人爱,则心志不孚。

【译文】家长不能令人敬,教令就行不通;不能令人爱,心志就不能让人信服。

249 自心得者,尚不能必其身体力行,自耳目入者,欲其勉从而强改焉,万万其难矣。故三达德不恃知也而又欲其仁[①],不恃仁也而又欲其勇。

【译文】从内心认识到的,尚且不能做到身体力行,由耳目听到看到的,想要尽力做到而坚决改变,是万分困难的。因此知、仁、勇这三种品德,不仅要有知还要做到仁,不仅要有仁还要做到勇。

【注释】①三达德:指知、仁、勇。《中庸》第二十章:"知、仁、勇三者,天下之达德也。"

250　合下作人自有作人底道理,不为别个。

【译文】现在做人自有做人的道理,不为了别的。

251　认得真了,便要不俟终日,坐以待旦,成功而后止。

【译文】认得真切了,便要不待终日,坐以待旦,成功而后已。

252　人生惟有说话是第一难事。

【译文】人生只有说话合体是最难的。

253　或问修己之道,曰:无"鲜克有终"①。问治人之道,曰:"无忿疾于顽"②。

【译文】有人问修身之道,我回答说:不要做有始无终的事。有人问治人之道,我回答说:对于顽固不明事理的人不要用愤怒的态度来激怒他。

【注释】①鲜克有终:鲜,少;克,能。《诗·大雅·荡》:"靡不有初,鲜克有终。"指有始无终。　②无忿疾于顽:忿疾,忿怒憎恶。《尚书·君陈》:"尔无忿疾于顽。"孔传:"人有顽嚚不喻,汝当训之,无忿怒疾之。"

254　人生天地间,要做有益于世底人。纵没这心肠、这本事,也休作有损于世底人。

【译文】人生天地间,要做有益于世的人。纵然没有这个心肠、这个本事,也休做有损于世的人。

255　说话如作文,字字在心头打点过,是心为草稿而口誊真也。犹不能无过。而况由易之言,真是病狂丧心者。

【译文】说话如作文,字字在心头考虑过,是心为草稿而口誊清。这样也仍然不能无过。何况随便说话,真是丧心病狂的人啊!

256　心不坚确,志不奋扬,力不勇猛,而欲徙义改过,虽千悔万悔,竟无补于分毫。

【译文】心不坚定,志不奋扬,力不勇猛,而想徙义改过,虽千悔万悔,对事情分毫无补。

257 人到自家没奈自家何时,便可恸哭。

【译文】人到自己对自己也无可奈何的时候,便可恸哭。

258 福莫美于安常,祸莫危于盛满。天地间万物万事,未有盛满而不衰者也。而盛满各有分量,惟智者能知之,是故卮以一勺为盛满①,瓮以数石为盛满。有瓮之容,而怀勺之惧,则庆有余矣。

【译文】福没有比安于平常最美的了,祸没有比盛满更危险的了。天地间万物万事,未有盛满而不衰的。而盛满各有分量,只有智者才能知道。杯子以一勺为盛满,瓮以数石为盛满。有瓮的容量,而怀有勺的危惧感,那就该大加庆贺了。

【注释】①卮:酒杯。

259 祸福是气运,善恶是人事,理常相应,类亦相求。若执福善祸淫之说而使之不爽,而为善之心衰矣。大段气运只是偶然,故善获福、淫获祸者半,善获祸、淫获福者亦半,不善不淫而获祸获福者亦半。人事只是个当然,善者获福,吾非为福而修善;淫者获祸,吾非为祸而改淫。善获祸而淫获福,吾宁善而处祸,不肯淫而要福。是故君子论天道不言祸福,论人事不言利害。自吾性分当为之外,皆不庸心①,其言祸福利害,为世教发也。

【译文】祸福是气运,善恶是人事,从道理上来看,为善得福,为恶得祸,是常常相应的,事类也是相同的。但是执着于福善祸淫的说法而希望一丝不差的话,那为善之心就会衰减。大体来说,气运只是偶然,因此做善事得福、做恶事得祸的人有一半,做善事得祸、做恶事得福的人有一半,没做善事也没做恶事而得祸或得福的人也有一半。人事只是个当然,做善事得福,我并不是为了得福而修善;做恶事得祸,我不是为了避祸而改恶。如果做善得祸做恶得福,我宁愿做善而处祸,也不愿做恶以得福。因此君子只论天道不讲祸福,只论人事不讲利害。从我的性分上说应该做的以外,其他都不去想。讲祸福利害,只是为了教化民众。

【注释】①庸:用。此章把祸福看做偶然之事,与命定论稍不同。

260 自天子以至于庶人,未有无所畏而不亡者也。天子者上畏天,下畏民,畏言官于一时,畏史官于后世。百官畏君,群吏畏长吏,百姓畏上,君子畏公议,小人畏刑,子弟畏父兄,卑幼畏家长。畏则不敢肆而德以成,无畏则从其所欲而及于祸,非生知安行之圣人①,未有无所畏而能成其德者也。

【译文】从天子以至于庶人,没有无任何畏惧而不灭亡的。天子上畏天,下畏民,畏言官于当时,畏史官于后世。百官畏君,群吏畏长吏,百姓畏上级,君子畏公议,小人畏刑罚,子弟畏父兄,卑幼畏家长。畏则不敢放肆,就能成就道德;无畏则随心所欲,就会招致祸殃。非生而知之、安而行之的圣人,没有无所畏惧而能成就道德的。

【注释】①生知安行之圣人:《中庸》第二十章:"或生而知之,或安而行之,或利而行之,或勉强而行之,及其成功一也。""生而知之""安而行之",简称"生知安行"。

261 物忌全盛,事忌全美,人忌全名。是故天地有欠缺之体,圣贤无快足之心。而况琐屑群氓,不安浅薄之分而欲满其难厌之欲,岂不妄哉!是以君子见益而思损,持满而思溢,不敢恣无涯之望。

【译文】物忌全盛,事忌全美,人忌全名。因此天地有欠缺的物体,圣人也有不高兴不满足的地方,何况那些普普通通的人?这些人不安于浅薄的性分,而想满足其无厌的贪欲,这不是妄想吗?因此君子遇见增多的事就想着减少,满了就想着会溢出来,不敢放纵无边的欲望。

262 静定后看自家是什么一个人①。

【译文】静定以后再看看自己是一个什么样的人。

【注释】①静定:语出《大学》第一章。原文为:"知止而后有定,定而后能静,静而后能安,安而后能虑,虑而后能得。"

263 少年大病,第一怕是气高。

【译文】少年人的大病,第一怕的是气高。

264 余参政东藩日①,与年友张督粮临碧在座,余以朱判封,笔浓字大,临碧曰:"可惜!可惜!"余擎笔举手曰:"年兄此一念,天下受其福矣。"判笔一字,所费丝毫朱耳,积日积岁,省费不知几万倍。充用朱之心,万事皆然。天下各衙门积日积岁,省费又不知几万倍。且心不侈然自放,足以养德;财不侈然浪费,足以养福。不但天物不宜暴殄②,民膏不宜慢弃而已。夫事有重于费者,过费不为奢;省有不废事者,过省不为吝。余在抚院日,不检于纸而戒示吏书片纸皆使有用。比见富贵家子弟用财货如泥沙,长余之惠既不及人,有用之物皆弃于地,胸中无不忍一念,口中无可惜二字。人或劝之,则曰:"所值几何?"余尝号为沟壑之鬼,而彼方侈然自快,以为大手段不小家势,痛哉!儿曹志之。

【译文】我在山东任参政的时候,与和我同年登科的朋友张临碧督粮在一起聊天,我用朱砂写的"判"字,色浓字大,临碧说:"可惜!可惜!"我拿着笔举起手说:"年兄的这一个念头,使天下人都会得福啊!""判"这一个字,所费朱砂只有丝毫罢了,但累日积年,省和费相比不知要达到几万倍。把节省朱砂的用心扩展开来,万事都是如此。天下各衙门成年累月积累起来,省和费又不知相差几万倍。况且心不侈然自放,还足以养德;财不侈然浪费,又足以养福。不只是天物不宜暴殄,民膏不宜丢弃浪费而已。如果事情还有比费钱更重要的,此时过多花费一些也不为多;如果节省又不影响事情的成功,过分的节省也不为吝啬。我在抚察院的时候,对用纸并不吝啬,但告诫手下的文书要使每一张纸都有用途。常见富家子弟用财货如泥沙,剩余的东西又不送给别人,有用的东西又都弃掷于地,心中没有一点不忍的念头,口中从不说可惜这两个字。有人劝他们,他们就说:"这能值几个钱?"我曾经把他们称作沟壑之鬼,而他们却以奢侈为快乐,认为是大手段而不是小家子气。真让人痛心啊!儿孙们应该记住这些。

【注释】①参政东藩:吕坤在明神宗万历十六年(1588)曾任济南道参政。　②暴殄(tiǎn):灭绝,残害。《尚书·武成》:"今商王受无道,暴殄天物,害虐烝民。"暴殄天物,任意残害天生万物。

265　言语不到千该万该,再休开口。

【译文】言语不到千该说万该说,再休开口。

266　今人苦不肯谦,只要拿得架子定,以为存体。夫子告子张从政,以无小大、无众寡、无敢慢为不骄。而周公为相,吐握、下白屋①,甚者父师有道之君子②,不知损了甚体?若名分所在,自是贬损不得。

【译文】现在的人苦于不肯谦逊,只要把架子端定了,就以为保住了体面。

孔子告诉子张从政的道理，认为无论势力大小，无论人口多少，都不要怠于政事，这才叫不骄。周公为相的时候，接待天下的贤士，正在吃饭，多次吐掉口中的食物跑出来；正在沐浴，多次握住头发跑出来；还到一般读书人家中去走访，甚至以道德高尚的人为父师。这样做不知损害了什么体面？如果名分到了那个地位，自然贬损不了。

【注释】①吐握、下白屋：吐握，吐哺握发的简称。《史记·鲁周公世家》："周公戒伯禽曰：我文王之子，武王之弟，成王之叔父，我于天下亦不贱矣，然我一沐三捉发，一饭三吐哺，起以待士，犹恐失天下贤人。子之鲁，慎无以国骄人。"白屋，古代平民住屋，因屋不施彩，故称白屋。 ②父师有道之君子：《史记·齐太公世家》载，周文王、周武王曾拜吕尚为父师。刘向《别录》："师之、尚之、父之，故曰师尚父。"

267 过宽杀人，过美杀身。是以君子不纵民情，以全之也；不盈己欲，以生之也。

【译文】太宽厚了也能杀人，太美丽了也会招来杀身之祸。因此君子不让民情放纵，这是为了保全他们；不过多地满足自己的欲望，这是为了让民众很好地生存。

268 闺门之事可传，而后知君子之家法矣。近习之人起敬，而后知君子之身法矣。其作用处，只是无不敬。

【译文】闺门之内的事都可以流传，就知道君子的家法了；亲近的人对你尊敬，就知道君子的身法了。修养的方法，只是无不敬。

269 宋儒纷纷聚讼语且莫理会，只理会自家，何等简径。

【译文】宋儒争论纷纷的言论不要去理会，只理会自己，这是何等简捷的途径。

270 各自责则天清地宁，各相责则天翻地覆。

【译文】每人都各自责备自己就天清地宁，都互相指责就天翻地覆。

271 不逐物是大雄力量①，学者第一功夫全在这里做。

【译文】不追逐物欲是大智者的力量，学者第一功夫全在这里做。

【注释】①大雄：释迦牟尼的尊称，指佛大智力，能伏四魔，故称为大雄。

272 手容恭,足容重,头容直,口容止,坐如尸①,立如斋②,俨若思③。目无狂视,耳无倾听。此外景也④。外景是整齐严肃,内景是斋庄中正,未有不整齐严肃而能斋庄中正者。故检束五官百体,只为收摄此心。此心若从容和顺于礼法之中,则曲肱指掌⑤、浴沂行歌⑥、吟风弄月、随柳傍花,何适不可?所谓登彼岸无所事筏也。

【译文】手的姿势恭敬,足的姿势稳重,头的姿势端直,口的姿势静止,坐的姿势如受祭的神主,站立的姿势如斋戒的时候,思考的姿势专心致志,目不狂视,耳不倾听,这是外表的形象。外表形象整齐严肃的,内心才会庄严中正,没有外表不整齐严肃而内心能庄严中正的。因此检查约束五官和身体的各部位,只是为了收束这个内心。如果心从容和顺符合礼法,那么曲肱而卧、指掌而谈,在沂水沐浴边走边唱、吟风弄月、随柳傍花,到什么地方去不可以呢?这就是所谓到达了彼岸就不必用船了。

【注释】①"手容恭"五句:《礼记·玉藻》:"君子之容舒迟,见所尊者齐遬,足容重,手容恭,目容端,口容止,声容静,头容直,气容肃,立容德,色容庄,坐如尸。"手容恭,郑玄注:"高且正也。"足容重,郑玄注:"举欲迟也。"头容直,郑玄注:"不倾顾也。"口容止,郑玄注:"不妄动也。"坐如尸,郑玄注:"尸居神位,敬慎也。" ②立如斋:《礼记·曲礼上》:"坐如尸,立如斋。"孔颖达疏:"立如斋者,入之倚立多慢不恭,故戒之云,倚立之时,虽不斋,亦当如祭前之斋,必须磬折曲身。" ③俨若思:《礼记·曲礼上》:"曲礼曰:毋不敬,俨若思,安定辞,安民哉!"郑玄注:"俨,矜庄貌,人之坐思,貌必俨然。" ④外景:外部仪态。 ⑤曲肱指掌:《论语·述而》:"子曰:饭疏食,饮水,曲肱而枕之,乐亦在其中矣。不义而富且贵,于我如浮云。"曲,弯曲;肱,胳膊。 ⑥浴沂行歌:见《论语·先进》曾点言志处。

273 天地位,万物育,几千年有一会,几百年有一会,几十年有一会,故天地之中和甚难。

【译文】天地各安其所,万物各遂其生,就达到了中和的境界了。这种情况可能几千年出现一次,可能几百年出现一次,可能几十年出现一次,所以说天地达到中和很难。

274 敬对肆而言,敬是一步一步收敛向内,收敛至无内处,发出来自然畅四肢,发事业,弥漫六合。肆是一步一步放纵外面去,肆之流祸不言可知。所以千古圣人只一敬字为允执底关捩子①。尧钦明允恭②,舜温恭允塞③,禹之安汝止④,汤之圣敬日跻⑤,文之懿恭,武之敬胜,孔子之恭而安,讲学家不讲这个,不知怎么做工夫。

【译文】敬是对肆而言的,敬是一步一步向内收敛,收敛到无处再收的时候,发出来自然四肢畅快,事业发达,弥漫六合。肆是一步一步向外放纵,肆造成的祸害不言可知。所以千古以来的圣人只把一个敬字作为信守中道的关键。尧敬谨明达诚信恭敬,舜温良恭敬内外充实,禹谨慎地安于其位,商汤圣明恭敬之德日日增长,周文王的恭敬,周武王的谨敬,孔子的恭而安,讲学家如果不讲这个,就不知修养道德的功夫如何做。

【注释】①允执底关捩(liè)子:允执,即"允执厥中"。关捩子,关键之处。 ②钦明允恭:《尚书·尧典》:"曰若稽古,帝尧曰放勋,钦明文思安安,允恭克让。"钦,敬谨。明,明达。允,诚然。恭,敬。 ③温恭允塞:《尚书·舜典》:"曰若稽古,帝舜曰重华,协于帝,睿哲文明,温恭允塞。"允塞,充实上下。 ④安汝止:《尚书·益稷》:"禹曰:安汝止。"即谨慎你所在之位的意思。 ⑤圣敬日跻:《诗·商颂·长发》:"汤降不迟,圣敬日跻。"孔颖达疏:"圣明恭敬之德日升而不退也。"

275 窃叹近来世道,在上者积宽成柔,积柔成怯,积怯成畏,积畏成废;在下者积慢成骄,积骄成怨,积怨成横,积横成敢,吾不知此时治体当何如反也?体面二字,法度之贼也。体面重,法度轻;法度弛,纪纲坏。昔也病在法度,今也病在纪纲。名分者,纪纲之大物也。今也在朝小臣藐大臣,在边军士轻主帅,在家子妇蔑父母,在学校弟子慢师,后进凌先进。在乡里卑幼轧尊长,惟贪肆是恣,不知礼法为何物。渐不可长,今已长矣。极之必乱,必亡。势已重矣,反已难矣,无识者犹然甚之,奈何!

【译文】我感叹近来的世道,在上位的人,宽厚得过分便成了柔弱,柔弱得过分便成了怯懦,怯懦得过分便成了畏惧,畏惧过分就废除了政事。在下面的人,慢惰积累成骄傲,骄傲积累成怨恨,怨恨积累成蛮横,蛮横积累成肆无忌惮,我不知到了这个时候,国家治理的局面还如何恢复。体面这两个字,是法度的大敌。把体面看得重了,就会看轻法度,法度松弛,纲纪就要败坏。从前的问题是法度不明,现在的问题是纲纪败坏。名分,是维护纲纪的主要东西,现在在朝廷小臣藐视大臣,在边境兵士轻视主帅,在家庭儿子媳妇不尊敬父母,在学校学生轻慢老师,后进欺凌先进。在乡里卑幼欺侮尊长,只知贪婪放肆,不知礼法为何物。刚发现的坏苗头,不能让它增长,现在已经不可抑制了。到了极点必然要发生混乱,必然要灭亡。这种形势已经很严重,要想回到治的局面已经很难了,没有见识的人还要加重这种混乱的局面,有什么办法呢!

276 祸福者天司之^①,荣辱者君司之,毁誉者人司之,善恶者我司之。我只理会我司,别个都莫照管。

【译文】祸福是由天掌握的,荣辱是由国君掌握的,毁誉是由他人掌握的,善恶是由我自己掌握的。我只是理会我自己能够掌握的事,别的都不去管。

【注释】①司:掌握。

277 吾人终日最不可游游荡荡,做空躯壳。

【译文】我们这些人最不应该的是终日游游荡荡,做个空躯壳。

278 业有不得不废时,至于德,则自有知以至无知时,不可一息断进修之功也。

【译文】你所从事的某种事业,有不得不废止的时候,至于修养道德,则是从有知觉直到无知觉时,不可一息间断进修之功。

279 清无事澄,浊降则自清;礼无事复,己克则自复。去了病便是好人,去了云便是晴天。

【译文】没有别的办法让浊水澄清,只有浊物下沉了,才能清。没有别的办法使礼法修明,只有约束自己,礼法才能修明。去掉了病便是好人,没有云彩便是晴天。

280 七尺之躯,戴天履地,抵死不屈于人。乃自落草以至盖棺,降志辱身,奉承物欲,不啻奴隶。到那魂升于天之上,见那维皇上帝,有何颜面?愧死!愧死!

【译文】七尺的身躯,头顶青天,脚踩大地,至死不能屈服于他人。但是从降生到盖棺,降低了志向辱没了身份,来追求物欲,和奴隶差不多。到那灵魂升天的时候,见了那皇天上帝,有何颜面?羞愧死了!羞愧死了!

281 受不得诬谤,只是无识度。除了当罪临刑,不得含冤而死,须

是辨明。若诬蔑名行,闲言长语,愈辨则愈加,徒自愤懑耳。不若付之忘言,久则明也得,不明也得,自有天在耳。

【译文】受不了诬蔑诽谤,只是因为无见识无度量。除非被判死刑,不能含冤而死,需要辨别明白。如果是污蔑你的名声行为,或是一些闲言碎语,则愈辩愈多,只能增加自己的愤懑。不如忘记这些言语,时间长了,事实弄清楚也好,弄不清楚也好,自有上天为证。

282 作一节之士,也在成章,不成章便是"苗而不秀"①。

【译文】做一个只有一种美德的人,成就也要可观,不然便是苗而不秀。

【注释】①苗而不秀:《论语·子罕》:"子曰:苗而不秀者有矣夫,秀而不实者有矣夫。"开花曰秀。

283 不患无人所共知之显名,而患有人所不知之隐恶。显名虽著远迩,而隐恶获罪神明,省躬者惧之。

【译文】不怕没有人所共知的显赫名声,只怕有人所不知的隐秘罪过。显赫的名声虽然能使你远近闻名,但隐秘的罪过却能使你得罪神明。修养身心的人应该小心翼翼地对待这个问题。

284 蹈邪僻则肆志抗颜,略无所顾忌;由义礼则羞头愧面,无以自容。此愚不肖之恒态,而士君子之大耻也。

【译文】干那些歪门邪道的事则肆意妄为,面无愧色,毫无顾忌;而依礼义办事则羞头愧面,好像无地自容的样子,这是愚蠢无能之人的常态,而士君子深以为耻。

285 物欲生于气质。

【译文】物欲是由于气质产生的。

286 要得富贵福泽,天主张,由不得我;要做贤人君子,我主张,由不得天。

【译文】要得到富贵福泽,由天主宰,由不得我;要做个贤人君子,由我主宰,由不得天。

287 为恶再没个勉强底,为善再没个自然底。学者勘破此念头,宁不愧奋?

【译文】做坏事不需要勉强就会做,做善事没有自然就去做的,学者认识到这一点,能不努力奋发吗?

288　不为三氏奴婢,便是两间翁主。三氏者何?一曰气质氏,生来气禀在身,举动皆其作使,如勇者多暴戾,懦者多退怯是已。二曰习俗氏,世态即成,贤者不能自免,只得与世浮沉,与世依违,明知之而不能独立。三曰物欲氏,满世皆可黐之物①,每日皆殉欲之事,沉痼流连,至死不能跳脱。魁然七尺之躯,奔走三家之门,不在此则在彼。降志辱身,心安意肯,迷恋不能自知,即知亦不愧愤。大丈夫立身天地之间,与两仪参,为万物灵,不能挺身自竖而倚门傍户于三家,轰轰烈烈,以富贵利达自雄,亦可怜矣。予即非忠臧义获②,亦豪奴悍婢也,咆哮踯躅,不能解粘去缚,安得挺然脱然独自当家为两间一主人翁乎!可叹可恨。

【译文】不当三氏的奴婢,就是天地间的主人。三氏是什么呢?第一叫做气质,生下来气质就禀赋在身上,一举一动都是它在指使,比如勇敢的人大多暴戾,软弱的人大多退怯。第二叫习俗,世态已经形成,贤者也不能避免,只能与世沉浮,与世依违,明明知道该如何做而不能独立。第三叫物欲,整个世上都是能使你滞留的东西,每天碰到的都是想满足欲望的事情,因此就沉溺流连,至死不能逃脱。魁伟的七尺身躯,每天都奔走在这三氏的家门,不在这家则在那家。贬抑志气,辱没身份,心安意肯,迷恋不能自知,即使知道也不懊悔发愤。大丈夫立身天地间,可以和天地并列,可以说是万物之灵,不能挺身自立而倚靠于三家的门户,闹闹哄哄,以富贵利达为自豪,也太可怜了啊!我即使不是忠仆义隶,也要成为豪奴悍婢,只是叫嚷而裹足不前,不能解脱身上的束缚,哪能成为挺然独立、脱离羁绊、自己当家作主的天地间的主人翁呢?可叹啊,可恨啊!

【注释】①黐(lí):滞留。　②忠臧义获:忠义的奴仆。

289　自家作人,自家十分晓底,乃虚美熏心,而喜动颜色,是为自欺。别人作人,自家十分晓底,乃明知其恶,而誉侈口颊,是谓欺人。二者皆可耻也。

【译文】自己的为人,自己十分清楚,而虚伪地美化自己,脸上还喜形于色,这叫做自欺。对别人的为人,自己十分清楚,明知其恶,还要多方赞誉,这叫做欺人。两种做法都是可耻的。

290 "知觉"二字,奚翅天渊①。致了知才觉,觉了才算知,不觉算不得知。而今说疮痛,人人都知,惟病疮者谓之觉。今人为善去恶不成,只是不觉,觉后便由不得不为善不去恶。

【译文】知、觉二字,岂只是天壤之别。有了知才能觉,觉了才算有知,不觉算不得有知。比如说长疮疼痛,这是人人都知道的,但只有长了疮的人才能有知觉。现在的人不能做到努力为善去恶,只是因为还不觉悟,觉悟以后便不由自主就会为善去恶。

【注释】①奚翅:同"奚啻",何止,岂但。

291 顺其自然,只有一毫矫强,便不是;得其本有,只有一毫增益,便不是。

【译文】所谓顺其自然,只要有一点勉强,便不能叫顺其自然。所谓得其本有,只要有一毫增益,便不能叫得其本有。

292 度之于长短也,权之于轻重也,不爽毫发,也要个掌尺提秤底。

【译文】尺子对于长短,秤对于轻重,即使度量时不差分毫,也要有个掌尺提秤的人。

293 四端自有分量,扩充到尽处,只满得原来分量,再增不得些子。

【译文】仁、义、礼、智这四种德的端绪,即恻隐之心、羞恶之心、辞让之心、是非之心,它们自有分量,扩充到尽头,只能充满原来固有的分量,再增加一点儿也不可能。

294 见义不为,立志无恒,只是肾气不足。

【译文】见义不为,立志无恒,只是因为肾气不足。

295 过也,人皆见之,乃见君子①。今人无过可见,岂能贤于君子哉?缘只在文饰弥缝上做工夫,费尽了无限巧回护,成就了一个真小人。

【译文】有了过错,人人都能看见,才看出这人是个君子。现在有一种人,人们看不到他的过错,能认为他比君子还好吗?只因为他只在掩过饰非上做功夫,费尽心机,百般地掩盖回护,只能成为一个真正的小人。

【注释】①"过也"三句:《论语·子张》:"子贡曰:君子之过也,如日月之食焉。过也,人皆见之;更也,人皆仰之。"

296 自家身子,原是自己心去害他,取祸招尤,陷于危败,更不干别个事。

【译文】自己的身体,原来只是自己的心去害他,取祸招尤,陷于危败,更和别人无关。

297 六经四书,君子之律令。小人犯法,原不曾读法律。士君子读圣贤书而一一犯之,是又在小人下矣。

【译文】《六经》、《四书》,这是君子的法律。小人犯法,因为他没有读过法律的书籍。士君子读圣贤书而又一一违犯圣贤的教导,这种人又在小人之下了。

298 慎言动于妻子仆隶之间,检身心于食息起居之际,这工夫便密了。

【译文】和妻子奴仆相处时谨言慎行,在饮食起居时也不停地检点,这种修养功夫就严密了。

299 休诿罪于气化,一切责之人事;休过望于世间,一切求之我身。

【译文】不要把罪过推给造化,一切都从人事上找原因;不要对世人要求过高,一切都求之自身。

300 常看得自家未必是,他人未必非,便有长进。再看得他人皆有可取,吾身只是过多,更有长进。

【译文】常看得自己未必都正确,他人未必都错误时,便是有了长进。再看得他人皆有可取之处,我自己只是过错太多,就更有了长进。

301 理会得义命两字,自然不肯做低人。

【译文】只要理解了"义""命"这两个字,自然不肯做个低下之人。

302 稠众中一言一动,大家环向而视之,口虽不言,而是非之公自在。果善也,大家同萌爱敬之念;果不善也,大家同萌厌恶之念,虽小言动,不可不谨。

【译文】在稠人广众中的一言一动,大家听了,环向而视,口虽不说,心中的是非却是分明的。你的言行果然是好的,大家会同生爱敬的念头;果然不善,大家会同生厌恶的念头。因此,即使微小的言行,也不可不慎。

303 或问:傲为凶德,则谦为吉德矣?曰:谦真是吉,然谦不中礼,所损亦多。在上者为非礼之谦,则乱名分、紊纪纲,久之法令不行。在下者为非礼之谦,则取贱辱、丧气节,久之廉耻扫地。君子接人未尝不谨饬,持身未尝不正大,有子曰:"恭近于礼,远耻辱也①。"孔子曰:"恭而无礼则劳②。"又曰:"巧言令色足恭,某亦耻之③。"曾子曰:"胁肩谄笑,病于夏畦④。"君子无众寡,无小大,无敢慢,何尝贵傲哉?而其羞卑佞也又如此,可为立身行己者之法戒。

【译文】有人问:骄傲是凶德,那么谦逊就是吉德吗?回答说:真正的谦逊就是吉,如果谦逊得不合礼法,带来的损失更多。在上位的人表现出不合礼法的谦逊,则会乱名分、紊纪纲,时间长了,法令就无法推行。在下位的人表现出不合礼法的谦逊,就会取贱辱、丧气节,时间长了,就会廉耻扫地。君子和人来往未尝不谨饬,持身未尝不正大。有子说:"态度容貌庄矜合于礼,就不致遭受侮辱。"孔子说:"只注重容貌态度的端庄,却不知礼,就未免劳倦。"又说:"花言巧语、伪善的容貌、十足的恭顺,我也认为可耻。"曾子说:"竦起两肩,做着讨好的笑脸,比夏天在菜地里干活还要累。"君子不论人多人少、势力大小,都不敢怠慢,何尝显出高贵骄傲的样子呢?而认为谦卑佞巧也是同样的可耻,这点可以作为立身修德者的戒律。

【注释】①"有子曰"二句:有子,孔子弟子,名有若。《论语·学而》:"有子曰:'信近于义,言可复也;恭近于礼,远耻辱也;因不失其亲,亦可宗也。'" ②恭而无礼则劳:语出《论语·泰伯》。 ③"巧言令色"二句:《论语·公冶长》:"子曰:巧言、令色、足恭,左丘明耻之,丘亦耻之。"令色,谄媚之色。足恭,过分恭敬。 ④胁肩谄笑,病于夏畦:语出《孟子·滕文公下》:"曾子曰:'胁肩谄笑,病于夏畦。'"赵岐注:"胁肩,竦体也。谄笑,强笑也。病,极也。言其意苦劳极,甚于仲夏之月治畦灌园之勤也。"

304 凡处人,系确然之名分,便小有谦下不妨。得为而为之,虽无暂辱,必有后忧。即不论利害,论道理,亦云居上不骄民,可近不可下。

【译文】 凡与人相处,不是确定不移的名分,便稍微表示一点谦下也没什么关系。但是凡可以表示谦下时即表示谦下,虽然暂时不会受辱,但必有后忧。即使不谈利害,只从道理来讲,也是说居上位不可使民骄纵,可以亲近他,但不可以表示谦下。

305 只人情世故熟了,什么大官做不到?只天理人心合了,什么好事做不成?

【译文】 只人情世故熟了,什么大官做不到?只天理人心合了,什么好事做不成?

306 士君子常自点检,昼思夜想,不得一时闲,却思想个甚事?果为天下国家乎?抑为身家妻子乎①?飞禽走兽,东鹜西奔,争食夺巢;贩夫竖子,朝出暮归,风餐水宿,他自食其力,原为温饱,又不曾受人付托,享人供奉,有何不可?士君子高官重禄,上藉之以名分,下奉之以尊荣,为汝乎?不为汝乎?乃资权势而营鸟兽市井之图②,细思真是愧死。

【译文】 那些当官的人常常要自我省察点检:你每天昼思夜想,不得一点儿闲暇,都在想些什么?果然是为了天下国家吗?还是为了身家妻子呢?那飞禽走兽,东驰西奔,争食夺巢;那贩夫竖子,朝出暮归,风餐露宿,他们自食其力,只是为了温饱,他们又不曾受人托付,又没有享受供奉,那样做有什么不可以呢?但当官者高官重禄,上面给予你名分,下面给予你尊荣,这是因为你呢?还是不是因为你呢?你还要凭借权势而像鸟兽和市井小人那样经营自己的私利,细想想真是惭愧死了。

【注释】 ①抑:还是。 ②资:凭借。

307 古者乡有缙绅①,家邦受其庇荫,士民视为准绳。今也乡有缙绅,增家邦陵夺劳费之忧,开士民奢靡浮薄之俗。然则乡有缙绅,乡之殃也,风教之蠹也。吾党可自愧自恨矣。

【译文】 古代家乡出了官宦,家乡受其庇荫,士民视为准绳。现在家乡出了官宦,只能增加对家乡凌夺骚扰的费用,开士民奢靡浮薄的习俗。所以说,乡有缙绅,成了家乡的祸殃,成了风俗教化的蠹虫。我们这些为官的人真应该感到自我惭愧、自我悔恨啊!

【注释】①缙绅:同"搢绅",指官宦装束,亦作官宦代称。缙,插也,插笏于绅。绅,大带也。

308 俗气入膏肓,扁鹊不能治①。为人胸中无分毫道理,而庸调卑职、虚文滥套认之极真,而执之甚定,是人也,将欲救药,知不可入。吾党戒之。

【译文】俗气进入了膏肓,扁鹊这样的良医也无法医治。作为一个人,胸中没有分毫的道理,而对那些庸调卑职、虚文滥套极为认真,极力坚守,这种人,想用药救治,也不可得。我们应引以为戒。

【注释】①扁鹊:古代名医,郑人,姓秦名越人。

309 士大夫居乡,无论大有裨益①,只不违禁出息、倚势侵陵、受贿嘱托、讨占夫役,无此四恶,也还算一分人。或曰:家计萧条,安得不治生?曰:治生有道,如此而后治生,无势可藉者死乎?或曰:亲族有事,安得不伸理?曰:官自有法,有讼必藉请谒,无力可通者死乎?士大夫无穷饿而死之理,安用寡廉丧耻若是。

【译文】官员们在家乡居住,不要说对家乡大有裨益,只要不违禁要高利息,不倚势侵凌,不受贿嘱托,不讨占夫役,没有这四恶,也还算一分人。有的人说:家计萧条,怎能不经营产业呢?我说:经营产业要遵循正道,如果凭借以上的办法来经营产业,无权势可凭借的人就只好去死了?还有的人说:亲族遇到事情,能够不为他伸理吗?我说:官府自有法令,如果遇到打官司必须凭借关系,无力可打通关节的人就都得死了?当官的没有因穷饿而死的,怎能寡廉鲜耻到这种地步呢?

【注释】①无论:不论,不用说。

310 学者视人欲如寇仇,不患无攻治之力,只缘一向姑息他如骄子,所以养成猖獗之势,无可奈何,故曰识不早,力不易也。制人欲在初发时极易剿捕,到那横流时,须要奋万夫莫当之勇,才得济事。

【译文】学者如果把人欲看做寇仇,不愁没有克服的力量,只因为一向如同对待骄子那样的姑息,所以才养成猖獗的情势,才无可奈何。所以说,不早认识到这点,就不容易制服。克制人欲,在初发时极易剿捕;到那人欲横流时,必须有万夫不当之勇,才能成功。

311 宇宙内事,皆备此身,即一种未完,一毫未尽,便是一分破绽;天地间生,莫非吾体,即一夫不获,一物失所,便是一处疮痍。

【译文】宇宙内的事,都依赖我去完成,一种未完,一毫未尽,便是一分破绽;天地间的生灵,都如同我的身体,一人没有收获,一物不得其所,便是一处疮痍。

312 克一分、百分、千万分,克得尽时,才见有生真我;退一步、百步、千万步,退到极处,不愁无处安身。

【译文】克己,克一分、百分、千万分,克得尽时,才看到今生的真我;谦退,退一步、百步、千万步,退到极处,不愁无处安身。

313 事到放得心下,还慎一慎何妨?言于来向口边,再思一步更好。

【译文】事情做到了能放下心来,再慎一慎何妨?话到了口边,再思量一步更好。

314 万般好事说为,终日不为;百种贪心要足,何时是足?

【译文】说要做万般好事,但终日一件不做;百种贪心都想满足,何时是足?

315 回着头看,年年有过差;放开脚行,日日见长进。

【译文】回过头看,年年有过错;放开腿脚行走,日日见长进。

316 难消客气衰犹壮[①],不尽尘心老尚童。

【译文】血气不消衰犹壮,尘心不尽老尚童。

【注释】①客气:宋儒以心为性的本体,因此称发于血气的生理之性为客气。

317 但持铁石同坚志,即有金钢不坏身。

【译文】但持铁石同坚志,即有金刚不坏身。

问　　学

001 学必相讲而后明,讲必相直而后尽[①]。孔门师友不厌穷问极

言,不相诺承顺,所谓审问明辨也②。故当其时,道学大明③,如拨云披雾,白日青天,无纤毫障蔽。讲学须要如此,无坚自是之心④,恶人相直也。

【译文】学问必须相互讲论,然后才能明白;讲论必须相互质辨,然后才能弄清是非。孔门师友不厌穷问极言,不轻易同意或顺从对方的意见,这就是所说的"审问明辨"的意思。所以孔子所处的时代,先圣之学大明,如拨开云雾,如见青天白日,无纤毫的障蔽。讲论学问就要这样,不要认为自己的意见就都正确,不要害怕别人的辩论。

【注释】①直:诘问。 ②审问明辨:《中庸》第二十章:"博学之,审问之,慎思之,明辨之,笃行之。"朱熹注:"程子曰:五者废其一,非学也。" ③道学:指先王之道、先圣之学。 ④自是:自以为是。

002 "熟思审处",此四字德业之首务;"锐意极力",此四字德业之要务;"有渐无已",此四字德业之成务;"深忧过计",此四字德业之终务。

【译文】进德修业首先要致力的是"熟思审处"这四个字,最重要的一点在于"锐意极力"这四个字,成功的关键在于"有渐无已"这四个字,最终能够使德业成就的在于"深忧过计"这四个字。

003 静是个见道底妙诀,只在静处潜观,六合中动底机括都解破若见了。还有个妙诀以守之,只是一,一是大根本,运这一却要因时通变。

【译文】静是观察事物规律的妙诀,只在静处潜观,天地间万事万物运动的关键都能够解破,好像看见一样。还有个妙诀来守住它,这个妙诀就是一。一是大根本,运用这个一却要因时通变。

004 学者只该说下学,更不消说上达。其未达也,空劳你说;其既达也,不须你说。故"一贯"惟参、赐可语①,又到可语地位才语,又一个直语之,一个启语之,便见孔子诲人之妙处。

【译文】学者只应该说下学,即努力学习普通的知识;不用说上达,即通达那些高深的道理。还没有上达,只是说说空话而已;即已上达,也不须你说了。所以"我道一以贯之"这句话,孔子只对其弟子曾参和子贡说,而且是到了可以对他们说的时候才说,对曾参是直接说的,对子贡是用启发式的语言说的,从这里可以看出孔子教诲人的巧妙之处。

【注释】①故"一贯"惟参、赐可语:参,指曾参,孔子弟子,字子舆,南武城人。《论语·里仁》:"子曰:'参乎!吾道一以贯之。'曾子曰:'唯。'子出,门人问曰:'何谓也?'曾子曰:'夫子之道,忠恕而已矣。'"赐,指端木赐,字子贡,卫人,孔子弟子。《论语·卫灵公》:"子曰:'赐也,女以予多学而识之者与?'对曰:'然。非与?'曰:'非也。予一以贯之。'"前者是直接表达,后者是启发性表达。

005 读书人最怕诵底是古人语,做底是自家人。这等读书,虽闭户十年,破卷五车①,成什么用?

【译文】读书人最怕的一点是:诵读的是古人语,做人是自己的一套。这样读书,即使闭门读十年,读破五车书,也没什么用。

【注释】①破卷五车:破卷,杜甫诗:"读书破万卷,下笔如有神。"五车形容书多。《庄子·天下》:"惠施多方,其书五车。"

006 能辨真假,是一种大学问。世之所抵死奔走者,皆假也。万古惟有真之一字磨灭不了,盖藏不了。此鬼神之所把握,风雷之所呵护。天地无此不能发育,圣人无此不能参赞①。朽腐得此可为神奇,鸟兽得此可为精怪。道也者,道此也;学也者,学此也。

【译文】能辨别真假,是一种大学问。世上的人拼死为自己的利益奔走的,都是假的。万古只有"真"这个字磨灭不了,掩藏不了。"真"是被鬼神把握的、风雷呵护的东西。天地没了"真"就不能发育,圣人没了"真"就不能参与协助教化的大业。朽腐的东西得到"真"可变为神奇,鸟兽得到"真"可以变为精怪。我们平常所说的道,就说的是"真";要学习的,也是学这个"真"。

【注释】①参赞:《中庸》第二十二章:"唯天下至诚,为能尽其性;能尽其性,则能尽人之性;能尽人之性,则能尽物之性;能尽物之性,则可以赞天地之化育;可以赞天地之化育,则可以与天地参矣。"朱熹注:"赞,犹助也。与天地参,谓与天地并立为三也。"

007 或问:孔子素位而行,非政不谋,而儒者著书立言便谈帝王之略,何也?曰:古者十五而入大学①,修齐治平,此时便要理会,故陋巷而问为邦②,布衣而许南面③。由、求之志富强④,孔子之志三代⑤,孟子乐"中天下而立,定四海之民"⑥,何曾便到手?但所志不得不然。所谓"如或知尔,则何以哉"⑦,要知"以"个什么。"苟有用我者,执此以往",要知"此"是什么。"大人之事备矣"⑧,要知"备"个什么。若是平日如醉梦,一不讲求,到手如痴呆,胡乱了事,如此作人,只是一块顽肉,成甚学者!即有聪明材辨之士,不过学眼前见识,作口头说话,妆点支吾,亦足塞责。如此作人,只是一场傀儡⑨,有甚实用?修业尽职之人,到手未尝不学,待汝学成,而事先受其敝,民已受其病,寻又迁官矣。譬之饥始种粟,寒始纺棉,怎得奏功?此凡事所以贵豫也。

【译文】有人问:孔子没有官位却到处奔走,只要是有关政治教化的事他就参预谋划,而儒者著书立说便谈的是帝王治国的大略,这是为什么呢?回答说:古代的人十五岁入大学,对于修身、齐家、治国平天下的道理,这时就开始学习,因此身居陋巷就要学习治理邦国的道理,做一介平民时就称许他可以南面为王。孔子弟子子路和冉求的志向是使国家富强,孔子的志向是向夏、商、周三代看齐,孟子喜欢的是国家能立于天下,人民都安定太平,这些愿望何曾达到?但不能不树立这样的志向。孔子问他的弟子:"如或知尔,则何以哉。"(如果有人了解你们,打算请你们去做官,那你们怎么办呢?)要知道"以"个什么。又说"苟有用我者,执此以往",要知道"此"是什么。孟子说:"大人之事备矣",要知道"备"个什么。若是平日如醉梦,什么也不学习,遇到事情就会如痴呆一样,胡乱了事。如此做人,只是一块顽肉而已,还算什么学者?即使是聪明有才能的人,也只不过学一些眼前的见识,当做口头话说一说,装装样子支吾一番,只能应付一下局面而已。如此做人,只是演了一场傀儡戏,有什么实际用处?修业尽职的人,遇到任何事物都要学习,如果等学成了再做事,事情早就办不成了,人民也会因此受害,不久你又改任他职了。这就好比饿了才去种粟,寒冷才去纺棉一样,怎能取得功效?任何事都贵在预先做好准备。

【注释】①古者十五而入大学:朱熹《大学章句序》:"及其十有五年,则自天子之元子、众子,以至公、卿、大夫、元士之嫡子,与凡民之俊秀,皆入大学。" ②陋巷而问为邦:指颜渊事。《论语·雍也》:"贤哉,回也!一箪食,一瓢饮,在陋巷,人不堪其忧,回也不改其乐。"又《卫灵公》篇:"颜渊问为邦。" ③布衣而许南面:《论语·雍也》:"子曰:'雍也可使南面。'"雍,孔子弟子,名冉雍,字仲弓。《史记·仲尼弟子列传》记载,冉雍之父为"贱人"。　④由、求之志富强：由，仲由，即子路。求，即冉求，孔子学生。孔子让弟子谈论志向时，子路曾说："千乘之国，摄乎大国之间，加之以师旅，因之以饥馑，由也为之。比及三年，可使有勇，且知方也。"（《论语·先进》）冉求也曾帮助季氏聚敛财富，"季氏富于周公，而求也为之聚敛而附益之"（同上）。他们的志向都是使国富强。　⑤孔子之志三代：《论语·八佾》："子曰：'周监于二代，郁郁乎文哉！吾从周。'"尹焞曰："三代之礼至周大备，夫子美其文而从之。"　⑥"孟子乐"二句：《孟子·尽心上》："广土众民，君子欲之，所乐不存焉。中天下而立，定四海之民，君子乐之，所性不存焉。"　⑦如或知尔，则何以哉：语见《论语·先进》：子曰："以吾一日长乎尔，毋吾以也。居则曰：'不吾知也。'如或知尔，则何以哉？"朱熹注："如或有人知女（同汝），则女将何以为用也。"　⑧大人之事备矣：《孟子·尽心上》："居仁由义，大人之事备矣。"朱熹注："非仁非义之事，虽小不为；而所居所由，无不在于仁义，此士所以尚其志也。大人，谓公卿大夫。"备，全。　⑨傀儡：木偶戏中的木头人，这里指傀儡戏。

008 不由心上做出，此是喷叶学问；不在独中慎起，此是洗面工夫，成得甚事？

【译文】任何事，不从心上去做，这就如同种树只往叶子上浇水一样。在独处时不谨慎严格，就如同只洗脸不洗全身一样，只是表面功夫，能成就什么事业？

009 "尧舜事功，孔孟学术"，此八字是君子终身急务。或问：尧舜事功，孔孟学术，何处下手？曰：以天地万物为一体①，此是孔孟学术；使天下万物各得其所，此是尧舜事功，总来是一个念头。

【译文】"尧舜事功，孔孟学术"，这八个字是君子终身的急务。有人问：要做成尧舜事功，孔孟学术，从何处下手？回答说：以天地万物为一体，这就是孔孟学术。使天下万物各得其所，这就是尧舜事功。总的说来都是一个念头。

【注释】①天地万物为一体：此是宋明理学家的重要思想命题。吕坤的万物一体论"只是孔门一个仁字"。可参见本书《性命》篇"满方寸浑成一个德性"一则。

010 上吐下泻之疾，虽日进饮食，无补于憔悴；入耳出口之学，虽日事讲究，无益于身心。

【译文】得了上吐下泻的疾病,虽每天都进饮食,也不能不憔悴。只是入耳出口的学问,虽每天讲论研究,也无补于身心。

011 天地万物只是个"渐",理气原是如此,虽欲不渐不得。而世儒好讲一"顿"字,便是无根学问。

【译文】天地万物只是个"渐"字,理和气原来也是如此,虽然想不渐也不可能。而世上的儒者喜欢讲一个"顿"字,这是无根的学问。

012 只人人去了我心,便是天清地宁世界。

【译文】只要人人去了为我之心,便是天清地宁世界。

013 塞乎天地之间,尽是浩然了[①]。愚谓根荄须栽入九地之下,枝梢须插入九天之上,横拓须透过八荒之外,才是个圆满工夫、无量学问。

【译文】充塞天地之间的,都是浩然之气了。我认为这浩然之气的根核必须栽入九地之下,枝梢必须高插九天之上,横拓必须透过八荒之外,才是个圆满功夫、无量学问。

【注释】①浩然:这里指孟子所谓的至大至刚,配仁与义的浩然之气。

014 我信得过我,人未必信得过我,故君子避嫌。若以正大光明之心如青天白日,又以至诚恻怛之意如火热水寒[①],何嫌之可避?故君子学问第一要体信,只信了,天下无些子事。

【译文】我信得过我,别人未必信得过我,所以君子要避嫌。如果以青天白日般的正大光明之心,又以火热水寒般的至诚同情之心待人,有什么嫌可避呢?所以君子的学问,第一重要的是要体现信,只信了,天下就不会有一点儿事。

【注释】①恻(cè)怛:恻,伤痛。恻怛,忧伤悲痛,引申为同情、哀怜。

015 要体认,不须读尽古今书,只一部《千字文》[①],终身受用不尽。要不体认,即《三坟》以来卷卷精熟[②],也只是个博学之士,资谈口,侈文笔,长盛气,助骄心耳。故君子贵体认。

【译文】要真正体会领悟,不须要读尽古今的书籍,只读一部《千字文》,就会终身受用不尽。不认真体会领悟,即使是《三坟》以来的书籍卷卷读得精熟,也只是个博学之士,只能是供谈资、侈文笔、长盛气、助骄心而已。所以君子认为真正地体会领悟最重要。

【注释】①《千字文》:南朝梁萧衍命周兴嗣编写的一本儿童启蒙读物,用一千个不同的字,编为四字一句,对偶押韵,便于记诵。 ②三坟:《左传》昭公十二年:"是能读《三坟》、《五典》、《八索》、《九丘》。"注:"皆古书名。"一说伏羲、黄帝之书谓之《三坟》。

016 悟者吾心也,能见吾心便是真悟。

【译文】真正领悟,是从我的内心发生的,能看清我的内心,便是真悟。

017 "明理省事",此四字学者之要务。

【译文】明理省事,这四个字是学者的要务。

018 今人不如古人,只是无学无识。学识须从三代以上来,才正大、才中平。今只将秦、汉以来见识抵死与人争是非,已自可笑,况将眼前闻见,自己聪明,翘然不肯下人,尤可笑也。

【译文】说今人不如古人,是指无学无识。学识必须从夏、商、周三代时的东西学起,才能正大,才能中平。现在只把秦、汉以来的见识拼死与人争是非,这已经很可笑了,况且只依靠眼前的一点儿见闻,自己的那点儿聪明,还昂然不肯向人求教,尤其可笑。

019 学者大病痛只是器度小。

【译文】学者的大病痛,只是气度小。

020 识见议论最怕小家子势。

【译文】识见议论最怕的是小家子势。

021 默契之妙①,越过六经千圣,直与天谈,又不须与天交一语,只对越仰观,两心一个耳。

【译文】默契的美妙,越过了《六经》和千圣,好像直接与天谈话,又不需要和天讲一句话,只须仰观上天,两心就契合了。

【注释】①默契:暗相契合。

022 学者只是气盛,便不长进。含六合如一粒,觅之不见;吐一粒于六合,出之不穷,可谓大人矣。而自处如庸人,初不自表异;退

让如空夫,初不自满足,抵掌攘臂而视世无人,谓之以善服人则可。

【译文】 学者只要气盛,便不会长进。含六合如一粒,寻觅不见;吐一粒于六合,又出之不穷;这样的人可称得上是大人了。而自处时又如同普通人一样,起初并没显示出和别人有什么不同;退让时也好像一个腹内空空无任何学识的人,开始时也不表现出自我满足,这种人如果抵掌攘臂视世无人,说他是以善服人是可以的。

023 心术、学术、政术,此三者不可不辨也。心术要辨个诚伪,学术要辨个邪正,政术要辨个王伯①,总是心术诚了,别个再不差。

【译文】 心术、学术、政术,此三者不可不辨。心术要辨是诚是伪,学术要辨是邪是正,政术要辨是王是霸。总的来说,心术诚了,别的也不会差。

【注释】 ①伯:通"霸"。

024 圣门学问心诀,只是不做贼就好。或问之,曰:做贼是个自欺心、自利心,学者于此二心一毫摆脱不尽,与做贼何异?

【译文】 圣门学问的秘诀,只是不做贼就好。有人问这是什么意思,回答说:做贼是个自欺心、自利心,学者对此二心有一毫摆脱不尽,就和做贼没有两样。

025 脱尽"气习"二字,便是英雄。

【译文】 把作风习气中形成的自私和低俗除尽,就是英雄了。

026 理以心得为精,故当沉潜,不然耳边口头也。事以典故为据,故当博洽,不然臆说杜撰也。

【译文】 道理从内心体会到的最为精确,所以应当沉思潜想,不然只是耳边口头学问。事情以典故说明最为有据,所以应当知识广博,不然只是臆说杜撰学问。

027 天是我底天,物是我底物,至诚所通,无不感格①,而乃与之扞格抵牾②,只是自修之功未至。自修到格天动物处,方是学问,方是工夫。未至于此者,自愧自责不暇,岂可又萌出个怨尤底意思?

【译文】天是我的天,物是我的物,用至诚之心去感通,无不为之感通;而有的人却与天和物格格不入、相互抵触,这只是因为自我修养的功夫还不够。自我修养到格天动物的程度,才是学问,才是功夫。没到这个程度的,自愧自责还不暇,哪能再萌发出怨天尤人的意思呢?

【注释】①感格:感通。 ②扞(hàn)格:互相抵触,格格不入。《礼记·学记》:"发然后禁,则扞格而不胜。"

028 世间事,无巨细,都有古人留下底法程。才行一事,便思古人处这般事如何;才处一人,便思古人处这般人如何。至于起居言动语默,无不如此,久则古人与稽①,而动与道合矣。其要在存心,其工夫又只在诵诗读书时便想曰:此可以为我某事之法,可以药我某事之病。如此则临事时触之即应,不待思索矣。

【译文】世间的事情,无论巨细,都有古人留下来的法定程式。才做一件事,便要想想古人处理这事时会怎样做;才和人相处,便要想想古人和这种人相处会怎样做。至于起居言动语默,无不如此,日久行动则会与古人相合,与道相合。做到这点,主要在于用心,修养的功夫在于诵诗读书时便要想:这一点可以作为我干某件事的方法,这一点可以医治我在某件事上的毛病。如此做下去,遇事时马上会想起这些教导,就不待思索了。

【注释】①稽:相合。《礼记·儒行》:"古人与稽。"

029 扶持资质,全在学问,任是天资近圣,少此二字不得。三代而下无全才,都是负了在天底,欠了在我底,纵做出掀天揭地事业来,仔细看他多少病痛。

【译文】帮助天资、品格提高的,全在于学问,任凭你天资接近圣人,也少不了学问二字。三代以后没有全才,都是亏负了天生的资质或亏欠了自我的品格,这些人纵然做出了掀天揭地的事业,仔细一看,他身上还有不少的毛病。

030 劝学者歆之以名利①,劝善者歆之以福祥,哀哉!

【译文】劝人努力学习的,以名利作为诱饵;劝人努力向善的,以福祥作为目标,可悲啊!

【注释】①歆:欣羡。

031 道理书尽读,事务书多读,文章书少读,闲杂书休读,邪妄书焚之可也。

【译文】道理书要尽读,事务书要多读,文章书要少读,闲杂书不要读,邪妄书烧掉好了。

032 君子知其可知,不知其不可知。不知其可知则愚,知其不可知则凿。

【译文】君子要知道可以知道的,不知其不可以知道的。不知可以知道的则愚昧,知道不可知道的则会穿凿附会。

033 余有责善之友,既别两月矣,见而问之曰:"近不闻仆有过?"友曰:"子无过。"余曰:"此吾之大过也。有过之过小,无过之过大。何者? 拒谏自矜而人不敢言,饰非掩恶而人不能知,过有大于此者乎? 使余即圣人也则可,余非圣人而人谓无过,余其大过哉!"

【译文】我有一个勉励我向善的朋友,已经分别两个月了,见了面我问他:"近来听说我有什么过失吗?"友人说:"你没有过失。"我说:"这就是我的大过啊! 有过失的过小,无过失的过大。为什么这么说呢? 拒谏自矜而别人不敢说,饰非掩恶而人们不知道,过失还有比这更大的吗? 假使我是圣人还可以说无过失,我不是圣人而说没有过失,以此看来,我的过失就大了啊!"

034 工夫全在冷清时,力量全在浓艳时。

【译文】在冷清寂寞时可看出一个人自我修养的功夫,在红火热闹时可看出一个人自我克制的力量。

035 万仞崚嶒而呼人以登①,登者必少。故圣人之道平,贤者之道峻。穴隙迫窄而招人以入,入者必少。故圣人之道博,贤者之道狭。

【译文】万仞高峻的山岭,招呼人们攀登,能登上的人必然很少。所以圣人之道平坦,贤者之道高峻。狭窄的缝隙穴道,招呼人们进入,进入的人必然很少。所以圣人之道广博,贤者之道狭窄。

【注释】①万仞(rèn)崚嶒(léngcéng):古以八尺为一仞,万仞,形容高。崚嶒,高峻突兀貌。

036 以是非决行止,而以利害生悔心,见道不明甚矣。

【译文】以是非来决定是行动还是停止,而因为利害产生了懊悔的心思,也太不明道理了。

037 自天子以至于庶人,自尧舜以至于途之人,必有所以汲汲皇皇者①,而后其德进、其业成。故曰鸡鸣而起,舜、跖之徒皆有所孳孳也②。无所用心,孔子忧之曰:"不有博弈者乎③?"惧无所孳孳者,不舜则跖也。今之君子纵无所用心而不至于为跖,然饱食终日,惰慢弥年,既不作山林散客,又不问庙堂急务,如醉如痴,以了日月,《易》所谓"君子进德修业,欲及时也④",果是之谓乎?如是而自附于清品高贤,吾不信也。孟子论历圣道统心传,不出"忧勤惕励"四字,其最亲切者,曰"仰而思之,夜以继日,幸而得之,坐以待旦⑤",此四语不独作相,士农工商皆可作座右铭也。

【译文】自天子以至于平民,自尧、舜以至于路途上的行人,必然有为了某种目标而急急忙忙努力追求的,此后德业才能长进,事业才有成就。所以说鸡鸣而起,舜、跖之类的人都为了善或利这个目标在孳孳努力。对任何事都无所用心的人,孔子也忧虑地说:"不是有掷彩下棋的游戏吗?干干也比闲着好啊!"害怕这些无所事事的人,成不了舜一类的人则会成为跖一类的人。现在这些君子,纵然无所用心也不至于成为跖一类的人,但是饱食终日,惰慢终年,既不做山林散客,又不问朝廷急务,如醉如痴,空度岁月。《易经》说"君子进德修业,欲及时也",难道就是如此吗?这样的人,还自认为自己属于清品高贤之类的人物,我是不相信的。孟子论述历代圣人道统的相传,不出"忧勤惕励"这四个字,意思就是要经受忧愁劳苦,要心存戒惧。孟子最恳切的教导是说:"仰而思之,夜以继日,幸而得之,坐以待旦。"意思是说:"抬着头考虑,白天想不明白,夜里接着想;幸好想通了,便坐着等待天亮后马上实行。"这四句话,不仅对做宰相的,即使对士、农、工、商之人,都可以作为座右铭。

【注释】①汲汲皇皇:急切,紧张貌。 ②"故曰鸡鸣而起"二句:《孟子·尽心上》:"孟子曰:'鸡鸣而起,孳孳为善者,舜之徒也。鸡鸣而起,孳孳为利者,跖之徒也。欲知舜与跖之分,无他,利与善之间也。'" ③"孔子忧之曰"二句:《论语·阳货》:"子曰:'饱食终日,无所用心,难矣哉!不有博弈者乎?为之犹贤乎已。'" ④"君子进德修业"二句:《周易·乾卦》:"君子进德修业,欲及时也。" ⑤"仰而思之"四句:《孟子·离娄下》:"周公思兼三王,以施四事,其有不合者,仰而思之,夜以继日;幸而得之,坐以待旦。"

038 怠惰时看工夫,脱略时看点检,喜怒时看涵养,患难时看力量。

【译文】怠惰的时候能看出一个人的修养功夫,轻慢的时候能看出一个人检点省察的功夫,喜怒时能看出一个人的涵养,患难时能看到这个人克服困难的力量。

039 今之为举子文者,遇为学题目,每以知行作比,试思知个什么,行个什么。遇为政题目,每以教养作比①,试问做官养了那个,教了那个。若资口舌浮谈以自致其身,以要国家宠利,此与诳骗何异?吾辈宜惕然省矣。

【译文】现在做应举文章的人,遇到为学的题目,每每以知行来对比,试想你应该知个什么?行个什么?遇到为政的题目,每以教养作比,试问你做官养了哪个?教了哪个?如果靠口舌浮谈而取得了官位,来博取国家的信任和利益,这和诳骗有什么不同呢?我们这些人应猛然醒悟啊!

【注释】①教养:教化,养育。

040 圣人以见义不为属无勇①,世儒以知而不行属无知;圣人体道有三达德,曰智、仁、勇;世儒曰知行只是一个,不知谁说得是?愚谓自道统初开,工夫就是两项,曰"惟精",察之也;曰"惟一",守之也。千圣授受,惟此一道,盖不精则为孟浪之守,不一则为想象之知。曰"思"曰"学"②,曰"致知"③曰"力行"④,曰"至明"曰"至健",曰"问察"曰"用中"⑤,曰"择乎中庸,服膺勿失"⑥,曰"非知之艰,惟行之艰"⑦,曰"非苟知之,亦允蹈之",曰"知及之,仁守之"⑧,曰"不明乎善,不诚乎身"⑨。

【译文】圣人把见义不为归做无勇,世上的儒者把知而不行算做无知;圣人体现道有三达德,叫做智、仁、勇;世上的儒者认为知和行是同一个东西,不知谁说得对?我认为圣道承继的统系刚一开头,功夫就是两项,一叫"惟精",讲的是察;一叫"惟一",讲的是守。千圣传授的,只有这个道理,不精就是轻率地守;不一则是想象的知。这就是所说的"思"和"学","致知"和"力行","至明"和"至健","问察"和"用中","择乎中庸,服膺勿失","非知之艰,惟行之艰","非苟知之,亦允蹈之","知及之,仁守之","不明乎善,不诚乎身"的道理。

【注释】①圣人以见义不为属无勇:《论语·为政》:"子曰:'见义不为,无勇也。'" ②曰"思"曰"学":《论语·为政》:"子曰:'学而不思则罔,思而不学则殆。'" ③曰"致知":《大学》第一章:"致知在格物。" ④曰"力行":《中庸》第二十章:"子曰:好学近乎知,力行近乎仁,知耻近乎勇。知斯三者,则知所以修身;知所以修身,则知所以治人;知所以治人,则知所以治天下国家矣。" ⑤曰"问察"曰"用中":《中庸》第六章:"子曰,舜其大智也与!舜好问而好察迩言,隐恶而扬善,执其两端,用其中于民,其斯以为舜乎!" ⑥择乎中庸,服膺勿失:《中庸》第八章:"子曰:回之为人也,择乎中庸,得一善,则拳拳服膺而弗失之矣。"服膺,衷心信服。 ⑦非知之艰,惟行之艰:《尚书·说命中》:"非知之艰,行之惟艰。"孔氏传:"言知之易,行之难。" ⑧知及之,仁守之:《论语·卫灵公》:"知及之,仁不能守之;虽得之,必失之。知及之,仁能守之。不庄以莅之,则民不敬。知及之,仁能守之,庄以莅之。动之不以礼民,未善也。" ⑨不明乎善,不诚乎身:语出《孟子·离娄上》:"诚身有道,不明乎善,不诚其身矣。"朱熹注:"诚,实也。"游氏曰:"不明乎善,不诚乎身矣。"

041 自德性中来,生死不变;自识见中来,则有时而变矣。故君子以识见养德性,德性坚定则可生可死。

【译文】从德性中发出来的,生死不会变化;从识见中发出来的,有时则会改变。所以君子以识见养德性,德性坚定则可使之生、可使之死。

042 "昏弱"二字,是立身大业障,去此二字不得,做不出一分好人。

【译文】"昏弱"二字,是立身的大障碍,不去掉这两个字,做不出一分好人。

043 学问之功,生知圣人亦不敢废。不从学问中来,任从有掀天揭地事业,都是气质作用。气象岂不炫赫可观?一入圣贤秤尺,坐定不妥帖。学问之要如何?随事用中而已。

【译文】学问的功夫,生而知之的圣人也不敢荒废。不从学问中来,任凭有掀天揭地事业,都是气质作用。气象岂不炫赫可观?但一用圣贤秤尺衡量,肯定不妥帖。学问的根本应当怎样呢?只是随事适合中道而已。

044 学者穷经博古,涉事筹今,只见日之不足,惟恐一登荐举,不能有所建树。仕者修政立事,淑世安民,只见日之不足,惟恐一旦升迁,不获竟其施为。此是确实心肠,真正学问,为学为政之得真味也。

【译文】学者努力研读经书博通古事,想以此取得借鉴,来解决今天的问题,每天如此用功,感到时间紧迫,惟恐一旦登科做官,不能有所建树。仕者修政立事,淑世安民,也感到时间紧迫,惟恐一旦升迁,自己的政见设想得不到施行。这两种人是实实在在的心肠,拥有了真正的学问,才算得到了为学为政的真味!

045 进德修业在少年,道明德立在中年,义精仁熟在晚年。若五十以前德性不能坚定,五十以后愈懒散愈昏弱,再休说那中兴之力矣。

【译文】进德修业在少年,道明德立在中年,义精仁熟在晚年。如果五十岁以前德性不能坚定,五十岁以后会更懒散更昏弱,再也别指望有中兴的力量了。

046 世间无一件可骄人之事,才艺不足骄人,德行是我性分事,不到尧、舜、周、孔便是欠缺,欠缺便自可耻,如何骄得人?

【译文】世上无一件可以骄人的事情,才艺不足以骄人,德性本来是性分中应该有的,没有达到尧、舜、周公、孔子的地步便是还有欠缺,有欠缺就会觉得可耻,还怎么能骄人呢?

047 有希天之学,有达天之学,有合天之学,有为天之学。

【译文】有仰慕上天,欲使道德、修养达到最高境界的希天之学;有明了自然规律,乐天知命的达天之学;有合乎自然,合乎天道的合天之学;有替天行道的为天之学。

048 圣学下手处是无不敬,住脚处是恭而安。

【译文】圣学下手的地方是无不敬慎,住脚的地方是恭敬安详。

049 小家学问不可以语广大,阔障学问不可以语易简。

【译文】小家子气的学问,不能和它谈广大的事物;混乱不通的学问,不能和它谈平易简捷的道理。

050 天下至精之理、至难之事,若以潜玩沉思求之,无厌无躁,虽中人以下未有不得者。

【译文】天下至精之理、至难之事,如果以潜玩沉思来寻求,不会厌倦不会烦躁,即使是智力中等以下的人,也没有得不到的。

051 为学第一工夫,要降得浮躁之气定。

【译文】为学的第一功夫,就是要消除浮躁之气使心安定。

052 学者万病只一个"静"字治得。

【译文】学者的万种毛病,只要一个"静"字就可以医治。

053 学问以澄心为大根本,以慎口为大节。

【译文】学问以内心清净为最大的根本,以说话谨慎为大节。

054 读书能使人寡过,不独明理。此心日与道俱,邪念自不得而乘之。

【译文】读书能使人少犯过失,不只是明了道理。你的心一天天与道理同在,邪念自然不能产生。

055 "无所为而为",这五字是圣学根源,学者入门念头就要在这上做。今人说话,第二三句便落在有所为上来,只为毁誉利害心脱不去,开口便是如此。

【译文】"无所为而为"这五个字是圣学的根源,学者一入门,就要在这个念头上做功夫。现在人说话,第二三句便说到"有所为"上头来,只是因为没有脱掉毁誉利害之心,所以开口就说要有所为。

056 己所独知,尽是方便;人所不见,尽得自由。君子必兢兢然细行必谨,小物不遗者,惧工夫之间断也,惧善念之停息也,惧私欲之乘间也,惧自欺之萌蘖也,惧一事苟而其余皆苟也,惧闲居忽而大庭亦忽也。故广众者幽独之证佐,言动者意念之枝叶,意中过、独处疏,而十目十手能指视之者,枝叶证佐上得之也,君子奈何其慢浊?不然苟且于人不见之时,而矜持于视尔友之际,岂得自然?岂能周悉?徒尔劳心,而慎独君子已见其肺肝矣。

【译文】自己所独知的,都可以听任自便;别人看不见的,都可以放任自流。所以君子在此时也一定要兢兢业业,小的行动也一定谨慎,小的事物也不遗漏,这是害怕修养的功夫会间断,害怕善念会停止,害怕私欲会乘隙而入,害怕自欺的意识萌发,害怕一事随随便便其余的事也跟着随便,害怕闲居时疏忽到了大众面前也会疏忽。所以说,在大庭广众面前的表现,是在隐居独处时表现的佐证;言语和行动,是内心意念的枝叶。意念中的过失,独处时的疏漏,在大庭广众中被十目所视十手所指的毛病,就是在佐证和枝叶上得到的,君子怎么能漫不经心而不严格要求自己呢?不然在人看不见的时候随随便便,在和朋友相处时才矜持有礼,哪能表现得自然?哪能周到完全?只是白费心力,而那些在独处时也严格要求自己的君子早已经看透你的内心了。

057 古之学者在心上做工夫,故发之外面者为盛德之符;今之学者在外面做工夫,故反之于心则为实德之病。

【译文】古代的学者在修心上做功夫,所以表现出来的与盛德相符;现在的学者在表面上做功夫,所以反求其内心和实德是违背的。

058 事事有实际,言言有妙境,物物有至理,人人有处法,所贵乎学者学此而已。无地而不学,无时而不学,无念而不学,不会其全,不诣其极不止,此之谓学者。今之学者果如是乎?留心于浩瀚博杂之书,役志于靡丽刻削之辞,耽心于凿真乱俗之技,争胜于烦劳苛琐之仪,可哀矣。而醉梦者又贸贸昏昏,若痴若病,华衣甘食而一无所用心,不尤可哀哉!是故学者贵好学,尤贵知学。

【译文】事事都有实际,言言都有妙境,物物都有至理,人人都有处人的妙法,所可贵的在于学者都能向这些学习而已。无地而不学,无时而不学,无念而不学,不全部学会,不达到顶点不停止,这才叫学者。现在的学者真的是这样吗?他们留心的是浩瀚博杂的书籍,用心的是靡丽雕琢的辞藻,沉溺于凿真乱俗的技巧,争胜于烦劳苛琐的仪式,真是可悲啊!而那些处于醉梦之中的人又贸贸昏昏,若痴若病,华衣甘食而对任何事都不用心,不更是可悲吗?因此学者所贵的是好学,尤其可贵的是知道该学什么。

059 天地万物,其情无一毫不与吾身相干涉,其理无一毫不与吾身相发明。

【译文】天地万物之情没有一毫不和我相关,天地万物之理没有一毫不对我有启发。

060　凡字不见经传,语不根义理,君子不出诸口。

【译文】凡字不见经传,语不根据义理,君子不出于口。

061　古之君子病其无能也,学之;今之君子耻其无能也,讳之。

【译文】古代的君子,恐怕自己没能力,就努力学习;现在的君子,认为无能可耻,就加以掩饰。

062　无才无学,士之羞也;有才有学,士之忧也。夫才学非有之难,而降伏之难。君子贵才学以成身也,非以矜己也;以济世也,非以夸人也。故才学如剑,当可试之时一试,不则藏诸室,无以炫弄,不然鲜不为身祸者。自古十人而十,百人而百,无一悻免,可不忧哉!

【译文】无才无学,是读书人的耻辱;有才有学,是读书人的忧患。想要拥有才学不是难事,而驾驭这些才学才是难事。君子所贵的是使才学能够成就自身,而不是以此来炫耀自己;是为了匡救时世,不是为了夸耀于人。所以说才学如剑,在可用的时候要用,不用时就藏在鞘中,不要炫弄,不然很少有不成为自身祸患的。从古以来,十人有十,百人有百,无一人可以侥幸免除这一祸患,能不让人忧虑吗!

063　人生气质都有个好处,都有个不好处。学问之道无他,只是培养那自家好处,救正那自家不好处便了。

【译文】每个人天生的气质都有好的地方,也都有不好的地方。学问之道没有别的,只是培养自己那些好的地方,挽救改正自己那些不好的地方便可以了。

064　道学不行,只为自家根脚站立不住。或倡而不和则势孤,或守而众挠则志惑,或为而不成则气沮,或夺于风俗则念杂。要挺身自拔,须是有万夫莫当之勇,死而后已之心。不然终日三五聚谈,焦唇敝舌,成得甚事?

【译文】道德学问不能推行,只是因为自己的脚跟站立不住。或是因为自己提倡无人应和就势孤力单,或是因为自己坚守别人阻挠就意志昏惑,或是因为努力去做没有成功就灰心丧气,或是因为受风俗影响就产生了杂念。要想挺身自拔,须要有万夫不当之勇,死而后已之心。不然终日只是三五人在一起聚谈,即使焦唇敝舌,能成就个什么事业?

065 役一己之聪明,虽圣人不能智;用天下之耳目,虽众人不能愚。

【译文】只用一己之聪明,即使是圣人,智慧也不够用;借助于天下人的耳目,即使是普通人,也不会被别人愚弄。

066 涵养不定底,自初生至盖棺时凡几变,即知识已到,尚保不定毕竟做何种人。所以学者要德性坚定,到坚定时,随常变穷达生死只一般,即有难料理处,亦自无难。若平日不遇事时尽算好人,一遇个小小题目便考出本态,假遇着难者大者,知成个什么人!所以古人不可轻易笑,恐我当此,未便在渠上也①。

【译文】涵养不定的人,从出生到盖棺,不知要有几次变化。即使是知识已经达到,尚且保不定最后会做个什么样的人。所以学者要德性坚定,到了坚定的时候,在那常变、穷达、生死时都能以同样的态度对待,即使是难料理的事情,也变得不难。如果平时不遇事的时候还算是个好人,一遇小小的题目便考出了本来面目,假如遇到大的难题,知道会成个什么样的人?所以古人不会轻易地笑别人,恐怕自己遇到这种情况,未必就比别人做得好。

【注释】①渠:他。

067 屋漏之地,可服鬼神;室家之中,不厌妻子,然后谓之真学真养。勉强于大庭广众之中,幸一时一事不露本象,遂称之曰贤人君子,恐未必然。

【译文】在屋中最隐秘的地方,可以使鬼神信服;在家庭之中,不被妻儿厌恶,然后才可以说是有真学识真修养。在大庭广众中勉强表现出来的,侥幸于一时一事不露出本相,就称之为贤人君子,恐怕未必就是贤人君子。

068 这一口呼吸去,万古再无复返之理。呼吸暗积,不觉白头。静观君子,所以抚髀而爱时也①。然而爱时不同,富贵之士叹荣显之未极,功名之士叹事业之未成,放达之士恣情于酒以乐余年,贪鄙之士苦心于家以遗后嗣。然犹可取者,功名之士耳。彼三人者,何贵于爱时哉?惟知道君子忧年数之日促,叹义理之无穷,天生此身无以称塞,诚恐性分有缺不能全归,错过一生也,此之谓真爱时。所谓此日不再得,此日足可惜者,皆救火追亡之念,践形尽性之心也②。呜呼!不患无时而患弃时,苟不弃时而此心快足,虽夕死何恨?不然,即百岁,幸生也。

【译文】这一口呼吸过后,万古也不会再返回来。每天一呼一吸,不断地积累,不觉头发就白了。所以冷静地观察这一现象的君子,会拍着腿感叹时光的易逝而爱惜时光。然而爱惜时光也是各不相同的,富贵之士感叹荣华显贵没能达到极点,功名之士感叹事业还没有成就,放达之士放情于美酒以乐余年,贪鄙之士苦心经营家业以留给子孙。这里尚可取的,只有功名之士而已。其他的三种人,他们的爱时又有什么可贵的呢?只有求道的君子忧虑年岁一天天过去,感叹义理的无穷无尽,上天生下自己的身体没有义理充塞,惟恐性分有缺不能全部归还上天,而错过了一生,这才叫真爱时。平时所说的此日不再得,此日足可惜的话,都是救火追亡的念头,都是为了体现人天赋的品质,修养完满的心性的意思。啊!不患无时而患弃时,如果不弃时而心情愉快满足,虽然晚上就死,又有什么遗憾呢?不然,即使活一百岁,也是苟且地生存。

【注释】①抚髀:髀,大腿。抚髀,指壮志未酬拍腿嗟叹。 ②践形:体现天赋的品质。《孟子·尽心上》:"形色,天性,惟圣人然后可以践形。"

069 身不修而惴惴毁誉之是恤,学不进而汲汲焉荣辱之是忧,此学者之通病也。

【译文】品德不努力修养,而惴惴不安地顾虑别人对自己的毁誉;学业没有长进,而汲汲不停地忧虑自身的荣辱,这是学者的通病。

070 冰见烈火,吾知其易易也。然而以炽炭铄坚冰,必舒徐而后尽;尽为寒水,又必待舒徐而后温;温为沸汤,又必待舒徐而后竭。夫学岂有速化之理哉?是故善学者无躁心,有事勿忘从容以俟之而已。

【译文】冰遇到烈火,我知道它是很容易融化的。然而用炽热的炭火来融化坚冰,必然是慢慢地才能化尽;化为寒水,又慢慢变为温水;温水变为沸汤,又慢慢地熬干。那么学问怎能有速成的道理呢?因此善于学习的人不要有急躁的心理,遇到事情不要忘记从容等待罢了。

071 学问大要,须把天道、人情、物理、世故识得透彻,却以胸中独得中正底道理消息之。

【译文】 学问的大要,须把天道、人情、物理、世故识得透彻,还要用胸中独得的中正道理来消化它。

072 与人为善,真是好念头。不知心无理路者,淡而不觉;道不相同者,拂而不入。强聒杂施,吾儒之戒也。孔子启愤发悱,复三隅①,中人以下不语上②,岂是倦于诲人?谓两无益耳。故大声不烦奏③,至教不苟传④。

【译文】 与人为善,真正是个好念头。可是人们不知道,不懂道理的人,对此淡而不觉;道路不同的人,对此拂而不入。对这种人还不停地宣谈施教,是儒者的大戒。孔子教导学生,不是他想明白时不去开导他,不在他想说话时不去启发他;教给他知识,要求他能举一反三;对中等水平以下的人,不告诉他高深的学问,这样做岂是厌倦教导这些人?只是认为对双方都无益罢了。因此,大声不需多次奏言,高深的道理不随便传授。

【注释】 ①启愤发悱,复三隅:愤,愤懑,抑郁烦闷。悱,口欲言而未能之貌。愤悱,指心有所激动而未发。《论语·述而》:"子曰:不愤不启,不悱不发,举一隅不以三隅反,则不复也。" ②中人以下不语上:《论语·雍也》:"子曰:中人以上,可以语上也;中人以下,不可以语上也。"上,指上智之人所应有的知识。 ③烦奏:烦,繁琐,多次。奏,进、上。此指向上进言。 ④苟传:随便传授。

073 罗百家者,多浩瀚之词;工一家者,有独诣之语①。学者欲以有限之目力,而欲竟其津涯;以鲁莽之心思,而欲探其蕴奥,岂不难哉?故学贵有择。

【译文】 包罗百家的,多繁浩的词语;精通一家的,有独到的见解。学者想以有限的目力,而欲学完那浩瀚的书籍;以鲁莽的心思,而想探讨其中的奥秘,岂不困难吗?所以学问贵在要有选择。

【注释】 ①独诣:独特的造诣。

074 讲学人不必另寻题目,只将《四书》、《六经》发明,得圣贤之道,精尽有心得,此心默契千古,便是真正学问。

【译文】 讲学人不必另寻题目,只要将《四书》、《六经》阐明其旨,得圣贤之道,对精微的义理有心得体会,自己的心能与古人默契,这便是真正的学问。

075 善学者如闹市求前,摩肩踵足,得一步便紧一步。

【译文】善于学习的人,如同在闹市中向前行进,即使是摩肩踵足,也是走一步便向前一步。

076 有志之士要百行兼修,万善俱足。若只做一种人,硁硁自守①,沾沾自多,这便不长进。

【译文】有志之士要百行兼修,万善俱足。如果只做一种人,固执自守,沾沾自足,这便是不长进。

【注释】①硁硁(kēng):固执。《论语·子路》:"言必信,行必果,硁硁然小人哉!"

077《大学》一部书,统于"明德"两字①;《中庸》一部书,统于"修道"两字②。

【译文】《大学》这部书,统于"明德"两个字;《中庸》这部书,统于"修道"两个字。

【注释】①大学:《礼记》中的一篇,很早就有单本别行。后朱熹收入《四书集注》中。《大学》经一章:"大学之道在明明德,在亲民,在止于至善。" ②《中庸》:《礼记》中的一篇,很早就别本刊行,有人为之作注。后朱熹收入《四书集注》中。《中庸》第一章:"天命之谓性,率性之谓道,修道之谓教。"

078 学识一分不到,便有一分遮障,譬之掘河分隔,一界土不通,便是一段流不去,须是冲开,要一点碍不得。涵养一分不到,便有一分气质,譬之烧炭成熟,一分木未透,便是一分烟不止,须待灼透,要一点烟也不得。

【译文】学识一分不到,便有一分障碍,譬如掘河,中间的土有一点儿不挖通,水到这一段便流不过去,必须冲开,要一点儿障碍没有才行。涵养一分不到,便有一分气质,譬如烧炭,木头中间有一分没有烧透,就有一分冒烟不止,必须烧透,要一点儿烟也不冒。

079 除了"中"字,再没道理;除了"敬"字,再没学问。

【译文】除了"中"字,再没有道理;除了"敬"字,再没有学问。

080 心得之学,难与口耳者道。口耳之学,到心得者前,如权度之

于轻重短长,一毫掩护不得。

【译文】 心得之学,难于和口耳之学者说。只有口耳之学的人,到有心得之学的人面前,如同用秤和尺来衡量轻重短长一样,一毫也遮掩不住。

081 学者只能使心平气和,便有几分工夫。心平气和人遇事却执持担当,毅然不挠,便有几分人品。

【译文】 学者只要能使自己心平气和,便有了几分功夫。心平气和的人遇事敢于执持担当,毅然不屈,便是有了几分人品。

082 学莫大于明分。进德要知是性分,修业要知是职分,所遇之穷通要知是定分。

【译文】 为学没有比明白自己的本分更重要的了。要知进德是性分内的事,要知修业是职分内的事,要知遭际的穷通是定分的事。

083 一率作则觉有意味,日浓日艳,虽难事,不至成功不休;一间断则渐觉疏离,日畏日怯,虽易事,再使继续甚难。是以圣学在无息,圣心日不已。一息一已,难接难起,此学者之大惧也。余平生德业无成,正坐此病。《诗》曰:"日就月将,学有缉熙于光明。"① 吾党日宜三复之。

【译文】 一尽心竭意地去做,就觉得有意味,兴趣会日益浓厚,虽然是难事,不到成功不止;一间断就会渐觉疏远,信心会日益减退而增加畏怯情绪,虽然是容易的事,再继续下去也很困难。所以圣人的学问在于不间断,圣人的思想在于不停止。一间断一停止,就难接续起来,这是学者很害怕的事情。我平生德业无成,正因为有了这个毛病。《诗经》说:"日就月将,学有缉熙于光明。"意思是说日有所就,月有所进,不断地学习,以至于达到光明的境地。对这些话,我们应每天多次地温习。

【注释】 ①"日就月将"二句:语出《诗经·周颂·敬之》。其文曰:"维予小子,不聪敬止,日就月将,学有缉熙于光明。佛时仔肩,示我显德行。"朱熹注:"此乃自为答之之言,曰我不聪而未能敬也,然愿学焉,庶几日有所就,月有所进,续而明之,以至于光明。又赖群臣辅助我所负荷之任,而示我以显明之德行,则庶乎其可及尔。"

084 尧、舜、禹、汤、文、武全从"不自满假"四字做出①,至于孔子,平生谦退冲虚,引过自责,只看着世间有无穷之道理,自家有未尽之分量,圣人之心盖如此。孟子自任太勇,自视太高,而孜孜向学,欿欿自嫌之意似不见有②。宋儒口中谈论都是道理,身所持循亦不著世俗,岂不圣贤路上人哉?但人非尧舜,谁无气质稍偏、造诣未至、识见未融、体验未到、物欲未忘底过失?只是自家平生之所不足者再不肯口中说出,以自勉自责;亦不肯向别人招认,以求相劝相规。所以自孟子以来,学问都似登坛说法,直下承当,终日说短道长,谈天论性,看着自家便是圣人,更无分毫可增益处。只这见识,便与圣人作用已自不同,如何到得圣人地位?

【译文】尧、舜、禹、汤、周文王、周武王的事业全是从"不自满假",即不自满自大这四个字中做出来的。至于孔子,一生都是谦退冲虚、引过自责,只看到世间有无穷的道理,自己有未尽的地方,圣人的心大都如此。孟子自任太勇,自视太高,虽能孜孜不断地努力学习,但感到不满足有欠缺的这种思想似乎没有见到。宋儒口中谈论的都是道理,身体力行的也不沾世俗那一套,岂不是圣贤路上的人吗?但人非尧舜,谁没有气质稍偏、造诣未至、识见未通、体验未到、物欲未忘的过失?只是自己平生不足的地方不肯从自己口中说出来,以便能自勉自责,又不肯向别人承认,以求得别人的相劝相规。所以自孟子以来,做学问的人都好像登坛说法一样,当下就承担了布道者的身份,终日说短道长,谈天论性,看自己便是圣人,没有分毫可以增益的地方。只这种见识,便与圣人的作为已有不同,如何能达到圣人的地位?

【注释】①不自满假:《尚书·大禹谟》:"克勤于邦,克俭于家,不自满假。"满,盈;假,大。 ②欿欿(kǎn):不自满。

085 性躁急人,常令之理纷解结;性迟缓人,常令之逐猎追奔。推此类,则气质之性无不渐反。

【译文】性情急躁的人,要常让他理纷解结;性情迟缓的人,要常让他逐猎追奔。依此类推,则气质之性无不能渐渐改变。

086 恒言"平稳"二字极可玩,盖天下之事惟平则稳。行险亦有得底,终是不稳,故君子居易。

【译文】常说的"平稳"二字极可玩味,但凡天下之事,只有平才能稳。走险路也有平安的,但终是不稳,所以君子要安于平易。

087 二分①,寒暑之中也,昼夜分停多不过七八日;二至②,寒暑之偏也,昼夜偏长每每二十三日。始知中道难持,偏气易胜,天且然也。故尧舜毅然曰"允执",盖以人事胜耳!

【译文】春分和秋分,是寒暑之中的两个节气,这时昼夜时间相等多不过七八天。夏至和冬至,是寒暑之偏的两个节气,夏至以后昼长夜短,冬至以后夜长昼短,这中间偏向的时间常常有二十三天。以此可知,中道难以维持而偏气易胜,天气也是如此。所以尧舜毅然地说"允执厥中",即牢牢地把握中道,就是要以人为的努力战胜偏颇。

【注释】①二分:指春分、秋分两个节气。 ②二至:指夏至、冬至两个节气。

088 里面五分,外面只发得五分,多一厘不得。里面十分,外面只发得十分,少一厘不得。诚之不可掩如此夫!故曰"不诚无物"①。

【译文】里面有五分,外面发出来也只能有五分,一厘也不会多。里面有十分,外面自然也要发出十分,少一厘也不行。真实的东西不可掩盖竟达到如此地步。所以说"不诚无物",即是说不真实就没有东西。

【注释】①不诚无物:语出《中庸》第二十五章:"诚者自成也,而道自道也。诚者物之终始,不诚无物。是故君子诚之为贵。"

089 休蹑著人家脚跟走,此是自得学问。

【译文】休要跟着别人的脚跟走,这才是自己体会出来的学问。

090 正门学脉切近精实,旁门学脉奇特玄远;正门工夫戒慎恐惧,旁门夫旷大逍遥;正门宗指渐次,旁门宗指径顿;正门造诣俟其自然,旁门造诣矫揉造作。

【译文】正门的学脉切近精实,旁门的学脉奇特玄远;正门的功夫戒慎恐惧,旁门的功夫旷大逍遥;正门的宗旨讲求逐渐和次第,旁门的宗旨讲求直接和顿悟;正门的造诣得其自然,旁门的造诣矫揉造作。

091 或问:仁义礼智发而为恻隐、羞恶、辞让、是非,便是天则否?曰:圣人发出来便是天则,众人发出来都落气质,不免有太过不及之病。只如好生一念,岂非恻隐?至以面为牺牲,便非天则。

【译文】有人问:仁、义、礼、智发出来为恻隐之心、羞恶之心、辞让之心、是非之心,这些便是自然的法则吗?回答说:圣人发出来的便是自然法则,普通人发出来的都沾有气质之性,不免有太过或不及的毛病。比如好生的念头,难道不是恻隐之心? 但是用面做的猪羊等祭品,便不合自然法则。

092 学问,博识强记易,会通解悟难。会通到天地万物为一,解悟到幽明古今无间,为尤难。

【译文】学问,博识强记比较容易,融会贯通理解彻悟就难。会通到天地万物为一,解悟到幽明古今无间,尤其难。

093 强恕是最拙底学问,"三近"人皆可行①,下此无工夫矣。

【译文】努力地推行推己及人之道,是最笨拙的学问。"三近",即好学近乎知,力行近乎仁,知耻近乎勇,人人都可以去做,除此以外就没有其他功夫了。

【注释】①三近:《中庸》第二十章:"子曰:好学近乎知,力行近乎仁,知耻近乎勇。知斯三者,则知所以修身,知所以修身,则知所以治人,知所以治人,则知所以治天下国家矣。"朱熹注:"斯三者,指三近而言。"

094 王心斋每以乐为学①,此等学问是不曾苦底甜瓜,入门就学乐,其乐也,逍遥自在耳,不自深造真积、忧勤惕励中得来。孔子之乐以忘忧,由于发愤忘食;颜子之不改其乐,由于博约克复②。其乐也,优游自得,无意于欢欣,而自不忧;无心于旷达,而自不闷。若觉有可乐,还是乍得心;着意学乐,便是助长心。几何而不为猖狂自恣也乎?

【译文】王艮每以快乐为学问,这样的学问是没有经过苦的阶段的甜瓜,入门就学习快乐,这样的快乐,真是逍遥自在啊! 它不是从深入的学习、真实的积累、忧愁劳苦心存戒惧中得来的。孔子的乐以忘忧,是由发愤忘食中得来的;颜子的身居陋巷也不改其乐,是由博文约己、克己复礼中得来的。这种快乐,优游自得,心中无意于欢乐而自然不忧愁,无心于旷达而自然不苦闷。如果觉得有可乐的事情,还是有想突然得到的这种心思;要有意识地学乐,便是一种拔苗助长的心态,能有几时而不流于猖狂自恣的状态呢!

【注释】①王心斋:即王艮,字汝止,明代思想家,泰州学派的创始人。详见《明儒学案》卷三十二。 ②博约克复:博之以文,约之以礼,克己复礼。前见《论语·子罕》,后见《颜渊》篇。

095 余讲学只主六字,曰:天地万物一体。或曰:公亦另立门户耶? 曰:否! 只是孔门一个"仁"字。

【译文】我讲学只主六个字,就叫"天地万物一体"。有人问:"您这不是另立门户吗?"我说:"不是这样,我讲的只是孔门的一个'仁'字。"

096　无慎独工夫,不是真学问;无大庭效验,不是真慎独。终日哓哓,只是口头禅耳。

【译文】无慎独功夫,不是真学问;在大庭广众中表现不出慎独的效验,不是真慎独。终日哓哓不停地说要慎独,只能流于口头禅而已。

097　体认要尝出悦心真味,工夫更要进到百尺竿头,始为真儒。向与二三子暑月饮池上,因指水中莲房以谈学问。曰:山中人不识莲,于药铺买得干莲肉,食之称美。后入市买得久摘鲜莲,食之更称美也。余叹曰:渠食池上新摘,美当何如?一摘出池,真味犹漓。若卧莲舟,挽碧筒就房而裂食之,美更何如?今之体认,皆食干莲肉者也。又如这树上胡桃,连皮吞之,不可谓之不吃,不知此果须去厚肉皮,不则麻口;再去硬骨皮,不则损牙;再去瓢上粗皮,不则涩舌;再去薄皮内萌皮,不则欠细腻。如是而渍以蜜,煎以糖,始为尽美。今之工夫,皆囫囵吞胡桃者也。如此体认,始为"精义入神";如此工夫,始为"义精仁熟"。

【译文】体会、认识,要尝出心中快乐的真味,修养的功夫更要进到百尺竿头,这样才是真儒。有一次和二三个学子暑天在池亭上饮酒,因指水中的莲蓬来谈论学问。一人说:"山中人不认识莲子,在药铺买了干莲肉,吃了还称赞味美。后来到市上买到摘下一些时的鲜莲子,吃了认为味道更美。"我感叹地说:他要是吃到池上新摘的莲子,不知要认为味怎么美呢!一摘出池,真味可能已减少了。如果卧于采莲舟中,挽着莲蓬柄,挨近莲房,剥出莲子而食,那又是何等的味美啊!现在人对学问体会、认识,都和食干莲肉的人一样。又譬如这树上的胡桃,连皮吞食,不能说没吃,但不知吃这种果实,须去掉厚皮,不然会麻嘴;再去掉硬壳,不然要损坏牙齿;再去掉瓢上的粗皮,不然涩舌;再去掉薄皮内的萌皮,不然则不够细腻。这样剥完了,再用蜜淹渍,再用糖煎,才算是真正味美了。现在做学问的功夫,都是囫囵吞胡桃的做法。只有像以上说的那样去体味,才算"精义入神";这样的功夫,才算"义精仁熟"。

098　上达无一顿底,一事有一事之上达,如洒扫应对,食息起居,皆有精义入神处。一步有一步上达,到有恒处,达君子到君子,达圣人到汤武。圣人达尧舜,尧舜自视,亦有上达,自叹不如无怀、葛天之世矣①。

【译文】上达,即上进到一种境界,没有一下子突然成功的,每件事都有每件事的上达,比如洒扫应对、食息起居,都有精义入神的境地。一步有一步的上达,到了恒常的境界,欲上达为君子,就可以成为君子;欲上达到圣人,就可以达到商汤、周武王的境界。圣人会达到尧、舜的境界。尧、舜看自己,还可以上达,他们会自叹不如远古时代的无怀氏、葛天氏的时代。

【注释】①无怀、葛天:均远古时期部落名。相传其民安居乐业,鸡犬之声相闻,老死不相往来。

099 学者不长进,病根只在护短。闻一善言,不知不肯问;理有所疑,对人不肯问,恐人笑己之不知也。孔文子不耻下问①,今也耻上问。颜子以能问不能,今也以不能不问能。若怕人笑,比德山棒、临济喝②,法坛对众,如何承受?这般护短,到底成个人笑之人。一笑之耻,而终身之笑顾不耻乎?儿曹戒之。

【译文】学者不长进,病根只在于护短。听到一句善言,自己不知道也不肯问;对有疑惑的道理,不肯向别人请教,恐怕别人耻笑自己无知。孔文子不耻下问,现在的人耻于上问。颜渊本来比别人知道的多,还要向那些不如自己的人请教,现在的人自己不如别人,还不愿向别人请教。如果是怕人耻笑,等到挨了德山棒打、临济怒喝,在法坛上对众回答问题,将会如何承受呢?这样护短,终究会成为一个让人耻笑的人。以一笑为耻,终身被人耻笑难道不可耻吗?儿辈应以此为戒。

【注释】①孔文子不耻下问:《论语·公冶长》:"子贡问曰:'孔文子何以谓之文也?'子曰:'敏而好学,不耻下问,是以谓之文也。'""孔文子"原本误"孔又子",据文意改。 ②德山棒、临济喝:中国佛教禅宗某些派别,接待参禅初学者,对于所问往往不作正面答复,或以棒打,或大喝一声,用以暗示或启悟对方。相传,棒的施用始于唐代德山宣鉴,喝的施用始于临济义玄。参见《景德传灯录》卷十五《宣鉴传》和《古尊宿录》卷五。

100 学问之道,便是正也,怕杂。不一则不真,不真则不精。入万景之山,处处堪游,我原要到一处,只休乱了脚;入万花之谷,朵朵堪观,我原要折一枝,只休花了眼。

【译文】学问之道,即使是正道,也怕太杂。不一则不真,不真则不精。到万景之山去游览,每处都值得游玩,我原来决定只到一处,不要乱了脚步;进入万花之谷,朵朵鲜花都值得观看,我原来只要折一枝,不要看花了眼睛。

101 日落赶城门,迟一脚便关了,何处止宿?故学贵及时。悬崖抱孤树,松一手便脱了,何处落身?故学贵著力。故伤悲于老大,要追时除是再生;既失于将得,要仍前除是从头。

【译文】日落了,赶着要进城门,只迟了一步,门便关了,到何处去住宿?所以说学贵及时。在悬崖上抱着一棵孤树,一松手便脱了,会落身到何处?所以学者贵用力。到年岁大了才感到伤悲,想追回虚度的年华,除非再生;将要得到时又失去了,仍想继续前进,除非重头开始。

102 学问要诀只有八个字:涵养德性,变化气质。守住这个,再莫向迷津问渡。

【译文】学问的要诀只有八个字:涵养德性,变化气质。守住这个,再不必向迷途的人问路。

103 点检将来,无愧心,无悔言,无耻行,胸中何等快乐!只苦不能,所以君子有终身之忧。常见王心斋《学乐歌》,心颇疑之,乐是自然养盛所致,如何学得?

【译文】如果检点自己的一生,无愧心、无悔言、无耻行,心中会何等快乐!只苦于不能做到,所以君子有终身之忧。曾看到王艮的《学乐歌》,心中很是怀疑,快乐是由修养德行达到充盈时自然而产生的一种情绪,怎么能学来呢?

104 除不了"我",算不得学问。

【译文】消除不了"我"心,算不得学问。

105 "学问"二字原自外面得来。盖学问之理,虽全于吾心;而学问之事,则皆古今名物。人人而学,事事而问,攒零合整,融化贯串,然后此心与道方浃洽畅快。若怠于考古,耻于问人,聪明只自己出,不知怎么叫做学者。

【译文】"学问"这两个字原来就是从外面得来。学问的道理,虽然我的心里全都具备;而学问的事情,则都是古今名物。向人人学习,遇事事都问,攒零合整,融会贯通,然后此心与道才能融洽畅快。如果懒于考古,耻于问人,聪明只从自己心上出,不知怎能叫做学者。

106 圣人千言万语,经史千帙万卷,都是教人学好,禁人为非。若以先哲为依归,前言为律令,即一二语受用不尽。若依旧作世上人,或更污下,即将苍颉以来书读尽①,也只是个没学问底人。

【译文】圣人千言万语,经史千帙万卷,都是教人学好,禁人为非。如果以先哲为依归,以前代的言论为律令,即使是一两句也受用不尽。如果依旧做个普通的人,或更低下,即使将苍颉以来的书都读完,也只是个没学问的人。

【注释】①苍颉:又作仓颉,传说为始创文字者。《韩非子·五蠹》:"古者苍颉之作书也,自环者谓之私,背私谓之公。公私之相背也,乃苍颉固以知之矣。"

107 万金之贾,货虽不售不忧;贩夫闭门数日,则愁苦不任矣。凡不见知而愠①,不见是而闷,皆中浅狭而养不厚者也。

【译文】有万金资财的商贾,货物即使卖不出去也不用担忧发愁;小贩几天不卖货,就会愁苦不堪了。凡不被人了解就恼怒,不被人肯定就愁闷,都是因为心中的知识肤浅狭隘而修养不高的缘故。

【注释】①愠:恼怒。

108 善人无邪梦,梦是心上有底。男不梦生子,女不梦娶妻,念不及也。只到梦境,都是道理上做,这便是许大工夫,许大造诣。

【译文】善人无邪梦,梦是从心上发生的。男人不会梦到生小孩,女子不会梦见娶妻子,这是因为心中不会想到这些。进入梦境,都是符合道理的,这便是了不起的功夫,便是有很高的造诣。

109 天下难降伏、难管摄底,古今人都做得来,不谓难事。惟有降伏管摄自家难,圣贤做工夫只在这里。

【译文】天下任何难降伏、难管摄的事情,古今人都有做得出来的,这都不是难事。只有降伏管摄自己最难,圣贤的修养功夫正在这里。

110 吾友杨道渊常自叹恨,以为学者读书,当失意时便奋发,曰"到家却要如何"?及奋发数日,或倦息,或应酬,则曰"且歇下一时,明日再做"。"且"、"却"二字循环过了一生。予深味其言。

士君子进德修业皆为"且"、"却"二字所牵缚,白首竟成浩叹。果能一旦奋发有为,鼓舞不倦,除却进德是毙而后已工夫,其余事业,不过五年七年,无不成就之理。

【译文】我友杨道渊经常为之叹息和遗憾的是:学者读书,在失意的时候就奋发,便说到家却要如何如何。等奋发了几天,或者倦怠了,或者因为应酬,又会说且歇一歇,明天再做。就在"且"、"却"二字的循环中过了一生。我认为他的话有很深的意味。士君子进德修业皆为"且"、"却"二字所牵缚,直到白首,只有叹息而已。如果能够一旦奋发有为,鼓舞不倦,除了修养品德是死而后已的事情,其余的事业,不过五年七年,没有不成功的道理。

111 君子言见闻,不言不见闻;言有益,不言不益。

【译文】君子谈见闻的事,不谈没看见没听到的事;谈有益的事,不谈无益的事。

112 对左右言,四顾无愧色;对朋友言,临别无戒语,可谓光明矣,胸中何累之有?

【译文】对身旁的人说话,四顾没有愧色;对朋友说话,临别没有告诫的话,可以说是光明正大了,这样心中还有什么牵累呢?

113 学者常看得为我之念轻,则欲念自薄,仁心自达。是以为仁功夫曰"克己",成仁地位曰"无我"。

【译文】学者常常把为我的念头看得很轻,欲念自然淡薄,仁心自然通达。因此说达到仁的功夫是克己,达到仁的境地是无我。

114 天下事皆不可溺,惟是好德欲仁不嫌于溺。

【译文】天下事都不可沉溺于其中,惟有好德欲仁不怕沉溺。

115 把矜心要去得毫发都尽,只有些须意念之萌,面上便带着。圣贤志大心虚,只见得事事不如人,只见得人人皆可取,矜念安从生?此念不忘,只一善便自足,浅中狭量之鄙夫耳。

【译文】要把自我夸耀的心思消除得一毫没有,只要萌发一点儿自夸的意念,面上但会显露出来。圣贤志大心虚,只看见自己事事不如人,只看见人人皆可取,自夸的念头怎会产生呢?这个念头不忘,只有一善便自我满足,这就是心胸浮浅气量狭小的庸人。

116 师无往而不在也，乡国天下古人师善人也，三人行则师恶人矣①。予师不止此也，鹤之父子，蚁之君臣，鸳鸯之夫妇，果然之朋友②，乌之孝，驺虞之仁③，雉之耿介，鸠之守拙，则观禽兽而得吾师矣。松柏之孤直，兰芷之清芳，苹藻之洁，桐之高秀，莲之淄泥不染，菊之晚节愈芳，梅之贞白，竹之内虚外直、圆通有节，则观草木而得吾师矣。山之镇重，川之委曲而直，石之坚贞，渊之涵蓄，土之浑厚，火之光明，金之刚健，则观五行而得吾师矣。鉴之明，衡之直，权之通变，量之有容④，概之平⑤，度之能较短长⑥，箑之卷舒⑦，盖之张弛⑧，网之纲纪⑨，机之经纶⑩，则观杂物而得吾师矣。嗟夫！能自得师，则盈天地间皆师也。不然尧舜自尧舜，朱均自朱均耳⑪。

【译文】老师无处不在，在乡国天下古人之中，可以以善人为师，三人同行，恶人也可以成为我的老师。我的老师还不只这些，鹤的父子相亲，蚂蚁的君臣有别，鸳鸯的夫妇恩爱，猓然的朋友义气，乌鸦的孝敬母亲，驺虞的仁信，雉的耿介，鸠的守拙，观察禽兽也可以找到我的老师啊！松柏的孤直，兰芷的清香，苹藻的洁，梧桐的高秀，莲花出污泥而不染，菊花到晚秋季节更幽香，梅花的贞白，竹子的内虚外直圆通有节，观察草木也可以找到我的老师啊！山岳的镇重，河川既曲折又直流而下，石的坚贞，渊的涵蓄，土的浑厚，火的光明，金的刚健，观察这五行，也可以找到我的老师啊！镜子的明亮，秤杆的平直，秤砣的变通，量的有容，概的平，度的能测量短长，扇子的舒开卷合，盖子的揭开合上，网上的总纲，织机上的经纶，观察各种物品也可以找到我的老师啊！唉！能自己去找老师，则满天地之间都是老师。不然的话，生来是尧舜的禀性，就是尧舜；生来是丹朱、商均这种不肖之徒，就只能是不肖之徒了。

【注释】①"三人行"句：《论语·述而》："子曰：三人行，必有我师焉，择其善者而从之，其不善者而改之。"朱熹注："三人同行，其一我也。彼二人者，一善一恶，则我从其善而改其恶焉，是二人者皆我师也。" ②果然：亦作猓然，即长尾猿。《太平御览》卷九一〇《山海经》："果然兽，似猕猴，以名自呼，色苍黑，群行，老者在前，少者在后，得果实，则与老者，似有义焉。" ③驺虞：亦作驺吾、驺牙，兽名。《诗·召南·驺虞》："彼茁者葭，壹发五豝，于嗟乎驺虞。"传："驺虞，义兽也。白虎黑文，不食生物，有至信之德则应之。" ④量：计量多少的器具。《汉书·律历志上》："量者，龠、合、升、斗、斛也，所以量多少也。" ⑤概:古代量米麦时刮平斗斛的器具。《韩非子·外储说下》:"概者,平量者也。" ⑥度:计量长短的工具。《尚书·舜典》:"同律度量衡。"郑玄注:"度,丈、尺也。" ⑦箑(shà):扇子。《淮南子·精神训》:"知冬日之箑,夏日之裘,无用于己。" ⑧盖:白茅编成的覆盖物品的用具。 ⑨纲:网上的总绳。 ⑩经纶:整理丝缕,理出丝绪叫经,编丝成绳叫纶,引申为筹划治理国家大事。《易·屯卦》:"云雷屯,君子以经纶。"孔颖达疏:"经谓经纬,纶谓纲纶。"《中庸》第三十二章:"唯天下至诚,为能经纶天下之大经,立天下之大本,知天地之化育。"朱熹注:"经纶,皆治丝之事。经者,理其绪而分之;纶者,比其类而合之。" ⑪朱均:指尧的儿子丹朱和舜的儿子商均。《史记·五帝本纪》:"尧知子丹朱之不肖,不足授天下,于是乃权授舜。授舜,则天下得其利而丹朱病,授丹朱,则天下病而丹朱得其利。尧曰:'终不以天下之病而利一人。'而卒授舜以天下。"又载:"舜子商均亦不肖,舜乃荐禹于天。"

117 圣贤只在与人同欲恶,"己欲立而立人,己欲达而达人"①,"我不欲人之加诸我也,吾亦欲无加诸人"②,便是圣人。能近取譬,施诸己而不愿,亦勿施于人,便是贤者。专所欲于己,施所恶于人,便是小人。学者用情,只在此二字上体认,最为吃紧,充得尽时,六合都是一个,有甚人己。

【译文】 圣贤只在于和普通人的好恶相同。己欲立而立人,己欲达而达人,我不愿别人加在我头上的事,我也不想加给别人,这样的人便是圣人。能在自己身边找到可以对比的事情,对自己不愿意做的事情,也不要勉强别人去做,这样的人便是贤者。自己想要的都留给自己,自己所厌恶的都给予别人,这样的人便是小人。学者用心,只在这欲、恶两个字上体认,最为要紧。扩充到尽头时,天地四方都成为一体,还分什么别人自己。

【注释】 ①"己欲立而立人"二句:《论语·雍也》:"子曰:夫仁者,己欲立而立人,己欲达而达人。能近取譬,可谓仁之方也已。"达,通达。 ②"我不欲人之加诸我也"二句:语出《论语·公冶长》。其文为:"子贡曰:'我不欲人之加诸我也,吾亦欲无加诸人。'子曰:'赐也,非尔所及也。'"邢昺疏:"加,陵也。"即凌驾之意。

118 人情只是个好恶,立身要在端好恶,治人要在同好恶。故好恶异,夫妻、父子、兄弟皆寇仇;好恶同,四海、九夷、八蛮皆骨肉。

【译文】人的感情只是个好恶,立身主要是详审好恶,治理人民主要是同好恶。所以说好恶不同,夫妻、父子、兄弟都可能成为寇仇;好恶相同,四海、九夷、八蛮之人都可以变成骨肉之亲。

119 "好学近乎知,力行近乎仁,知耻近乎勇"①,有志者事竟成,那怕一生昏弱。"内视之谓明,反听之谓聪,自胜之谓强"②,外求则失愈远,空劳百倍精神。

【译文】好学近于智,力行近于仁,知耻近于勇。有志者事竟成,哪怕生来昏弱的人也能成功。能审视自己叫做明,能听取不同的意见叫做聪,能战胜自己叫做强。向外界寻求,离自己的目标就会更远,空费百倍精神。

【注释】①"好学近乎知"三句:语出《中庸》第二十章。 ②"内视之谓明"三句:《史记·商君列传》:"赵良曰:'反听之谓聪,内视之谓明,自胜之谓强。'"《老子》三十三章:"知人者智,胜人者有力,自胜者强。"内视,自我省察。反听,听取他人意见。

120 寄讲学诸友云:白日当天,又向蚁封寻爝火①;黄金满室,却穿鹑结丐藜羹②。

【译文】寄给讲学的诸位友人:白日当天,又向蚁封寻爝火;黄金满室,却穿鹑结丐藜羹。(意思是说:太阳在天空照耀,却要向那蚂蚁洞中去找炬火;黄金满室,却要穿着破烂衣裳吃粗劣的食物。)

【注释】①蚁封:蚁穴外隆起的小土堆。爝(jué)火:火把、小火。 ②鹑结:即鹑衣百结,谓衣衫褴褛。丐:讨。藜羹:藜,一年生草,嫩叶可食。藜羹,指用野菜煮的粗劣食品。

121 岁首桃符①:新德随年进,昨非与岁除。

【译文】新年对联:新的一年道德水平也应提高,辞去旧岁过去的错误必须除掉。

【注释】①桃符:门旁设二桃木板,上画神像以压邪,后演变为春联。

122 纵作神仙,到头也要尽;莫言风水,何地不堪埋?

【译文】即使做了神仙,也有到头日子;何必讲求风水,哪里不能埋人?

卷 三

应 务

001 闲暇时留心不成,仓卒时措手不得。胡乱支吾,任其成败,或悔或不悔,事过后依然如昨。世之人如此者,百人而百也。"凡事豫则立"①,此五字极当理会。

【译文】闲暇时不留心,仓猝时则措手不及。胡乱应付,任其成败,或后悔或不后悔,事后依然如故。世上人像这种生活态度的,一百人中就有一百人。"凡事豫则立",即做事先有准备就会成功,这五个字要好好理会。

【注释】①凡事豫则立:《中庸》第二十章:"凡事豫则立,不豫则废。"

002 道眼在是非上见,情眼在爱憎上见。物眼无别白①,浑沌而已。

【译文】是否具有抉择真伪的眼光,在判断是非时可以显现出来;是否具有感情的眼光,在爱憎上可以显现出来。而物欲的眼光不能分辨黑白,只是浑浑噩噩而已。

【注释】①别白:分别、剖析。

003 实见得是时,便要斩钉截铁,脱然爽洁。做成一件事,不可拖泥带水,靠壁倚墙。

【译文】确实看得真切时,便要斩钉截铁,爽快麻利地做。做成一件事,不可拖泥带水,靠壁倚墙。

004 人定真足胜天,今人但委于天,而不知人事之未定耳。夫冬气闭藏不能生物,而老圃能开冬花结春实;物性蠢愚不解人事,而鸟师能使雀弈棋蛙教书。况于能为之人事,而可委之天乎?

【译文】人的力量足以战胜自然,但现在的人却把自己的命运托付给自然,而不知经过人为努力之后,事情的成败还没有定数呢!冬天气候寒冷,植物不能生长,但老圃能使花在冬天开放,果实在春天长成。动物愚蠢不解人事,但驯鸟师能使雀弈棋、蛙教书。何况可以依靠人为努力能够取得成功的事情,怎么能托付给上天呢?

005 责善要看其人何如,其人可责以善,又当自尽长善救失之道,无指摘其所忌,无尽数其所失,无对人,无峭直,无长言,无累言。犯此六戒,虽忠告,非善道矣。其不见听,我亦且有过焉,何以责人?

【译文】劝人向善,要看这个人本身怎么样。这人可以劝他向善,又应当不断完善使他向善改过的方法,不要指责他忌讳的事,不要把他的过错一个不漏地都说出来,不要当着别人的面来指责他,不要过分地严峻刚直,不要长篇大论,不要喋喋不休。犯了这六戒,虽然是忠告,也不是好的方法。对方不愿听,我本身也有过错,怎能只责备别人呢!

006 余行年五十,悟得"五不争"之味。人问之,曰:"不与居积人争富,不与进取人争贵,不与矜饰人争名,不与简傲人争礼节,不与盛气人争是非。"

【译文】我经历了五十年的岁月,才体会到五不争的意味。有人问何为五不争,我说:不与积聚产业的人争富,不与努力要做官的人争贵,不与夸耀文饰的人争名,不与简直傲慢的人争礼节,不与盛气凌人的人争是非。

007 众人之所混同,贤者执之;贤者之所束缚,圣人融之。

【译文】众人分辨不清的东西,贤者可以分辨出来;贤者受束缚的东西,圣人可以融化它。

008 做天下好事,既度德量力,又审势择人。"专欲难成,众怒难犯"①,此八字者,不独妄动人宜慎,虽以至公无私之心行正大光明之事,亦须调剂人情,发明事理,俾大家信从,然后动有成,事可久。盘庚迁殷②,武王伐纣③,三令五申,犹恐弗从。盖恒情多暗于远识④,小人不便于己私,群起而坏之,虽有良法,胡成胡久⑤?冉古皆然,故君子慎之。

【译文】要做天下的好事,既要度德量力,又要审势择人。"专欲难成,众怒难犯"这八个字,不仅随便行动的人要慎重,即使以至公无私之心行正大光明之事,也需要调剂人情,讲明事理,使人家信服听从,然后行动才能成功,事情才能持久。盘庚迁殷、武王伐纣,三令五申,还怕民众不从。远见卓识常常被人之常情所遮掩,小人遇到不利于自己的事情,就会群起破坏之,虽有好方法,怎能成功? 怎能长久? 自古以来都是如此,所以君子要慎重。

【注释】①专欲难成,众怒难犯:《左传》襄公十年:"子产曰:'众怒难犯,专欲难成。合二难以安国,危之道也。'" ②盘庚迁殷:盘庚,殷商君主,祖丁之子。兄阳甲崩,盘庚继帝位,时王室衰微,盘庚率众自奄(山东曲阜)迁都于殷(今河南安阳),然后殷朝复兴,史称"盘庚迁殷"。详见《尚书·盘庚》和《史记·殷本纪》。 ③武王伐纣:武王,即周武王,姬姓,名发。继其父文王灭商遗志,乘商朝大军在东南的机会,联合庸、蜀、羌、髳、微、彭等族,率军攻商,牧野之战,大败商军,商纣王兵败自焚。详见《史记·周本纪》。 ④恒情:常情。 ⑤胡:怎么。

009 辨学术,谈治理,直须穷到至处,让人不得。所谓"宗庙朝廷便便言"者①,盖道理古今之道理,政事国家之政事,务须求是乃已。我两人皆置之度外,非求伸我也,非求胜人也,何让人之有? 只是平心易气,为辨家第一法,才声高色厉,便是没涵养。

【译文】辨别系统的学问,谈论治国的道理,必须穷究到底,不能谦让。孔子在宗庙、在朝廷,有意见便明白晓畅地说出来,就是这个做法。道理是古今以来的道理,政事是国家的政事,务须求个正确意见才能停止。我们辩论的双方都要把自己置之度外,不是为了求得自己扬眉吐气,也不是为了非要胜过别人,怎么可以谦让呢? 但态度平心静气,是辩论者首先要注意的,才有声高色厉的表现,便是没涵养。

【注释】①宗庙朝廷便便言:语出《论语·乡党篇》。其文为:"其(孔子)在宗庙朝廷,便便言,唯谨尔。"朱熹注:"便便,辩也。"即明辨之意。

010 五月缲丝,正为寒时用;八月绩麻,正为暑时用;平日涵养,正为临时用。若临时不能驾御气质、张主物欲,平日而曰我涵养,吾不信也。夫涵养工夫岂为涵养时用哉? 故马蹶而后求辔,不如操持之有常;辐折而后为轮,不如约束之有素。其备之也若迂,正为有时而用也。

【译文】五月缲丝,正为寒冷时用;八月纺麻,正为暑热时用;平日修养,正为临事时用。如果临到用时不能驾御气质,主宰物欲,平日却常说我有修养,这样的话我不相信。那修养的功夫难道是为了修养的时候才用吗? 因马踢了人才加辔勒,不如平时多加训练;辐条折断了才修轮子,不如平时就修理好。准备得如此曲折周详,正为了必要的时候能用啊!

011 肤浅之见,偏执之说,傍经据传,也近一种道理,究竟到精处,都是浮说诐辞①。所以知言必须胸中有一副极准秤尺,又须在堂上,而后人始从。不然穷年聚讼,其谁主持耶?

【译文】肤浅之见,偏执之说,依据经典传注,也似乎有道理,但是辨别到精微处,却是肤浅的说法、偏颇的言论。所以能说出有远见的言论,必须是胸中有一副极准的秤尺,又能摆放在大庭广众面前,这样人们才会相信听从。不然终年辩论,谁来判定是非呢?

【注释】①诐(bì)辞:偏颇的话。《孟子·公孙丑上》:"诐辞知其所蔽,淫辞知其所陷,邪辞知其所离,遁辞知其所穷。"朱熹注:"诐,偏陂也。"

012 纤芥,众人能见,置纤芥于百里处,非骊龙不能见①。疑似②,贤人能辨,精义而至入神,非圣人不能辨。夫以圣人之辨语贤人,且滋其惑,况众人乎? 是故微言不入世人之耳③。

【译文】纤芥之微的东西,普通人都可以看见,但是把纤芥之微的东西放置在百里之外,除非骊龙,谁也难以看见。似是而非的事情,贤人就能辨别清楚;事物的微义达到精妙入神的地步,只有圣人才能判断出来。将圣人能辨明的事情告诉贤人,将会增添贤人的惑乱,何况对于众人呢? 因此精微的言论不必讲给普通人听。

【注释】①骊龙:古谓黑色的龙。《庄子·列御寇》:"夫千金之珠,必在九重之渊,而骊龙颔下。" ②疑似:是非难辨。《吕氏春秋·疑似》:"疑似之迹,不可不察。" ③微言:精妙的言论。

013 理直而出之以婉,善言也,善道也。

【译文】道理是正确的,但用委婉的语气表达出来,就是善言,也是善于讲话。

014 "因"之一字,妙不可言,因利者无一钱之费,因害者无一力之劳,因情者无一念之拂,因言者无一语之争。或曰:不几于徇乎? 曰:此转人而徇我者也。或曰:不几于术乎? 曰:此因势而利导者也。故惟圣人善用因,智者善用因。

【译文】"因"这个字,妙不可言。依靠利的就不会费一个钱,依靠害的就不会费一点儿力,根据人情去做事就没有一个念头会拂逆他人,顺着别人的话说就不会有一语之争。有人说:这不是近于屈从的行为吗? 回答说:这样正是让别人来顺从我的办法。又问:这不是近于权术了吗? 回答说:这是因势利导的作法。惟有圣人才善于用"因",惟有智者才善于用"因"。

015 处世常过厚无害,惟为公持法则不可。

【译文】处世时经常宽厚一些没什么妨害,但秉公执法时则不能这样。

016 天下之物,纤徐柔和者多长,迫切躁急者多短。故烈风骤雨,无崇朝之威;暴涨狂澜,无三日之势。催拍促调,非百板之声;疾策紧衔,非千里之辔。人生寿夭祸福,无一不然。褊急者可以思矣①。

【译文】天下的事物,纤徐柔和者多长久,迫切躁急者多短促。所以烈风骤雨,不会有一早晨的威势;暴涨狂澜,不会维持三天的时间。快拍促调,不是长时间演奏的声音;用力地鞭打、拉紧衔勒,不是对付千里马的办法。人生的寿夭祸福,没有一样不是如此。性情褊急的人可以想想这个道理。

【注释】①褊(biǎn)急:气量小而性急躁。

017 干天下事无以期限自宽,事有不测,时有不给,常有余于期限之内,有多少受用处。

【译文】干天下的事儿不要以为期限还长就放松努力,事情有预计不到的时候,时间有不充裕的时候,在期限之内留有余地,会受用无穷。

018 将事而能弭①,当事而能救,既事而能挽,以之谓达权,此之谓才。未事而知其来,始事而要其终,定事而知其变,此之谓长虑,此之谓识。

【译文】将要发生的事能够让它停止,已经发生的事能够救正,事情发生以后能够挽回,这叫做通达权变,这就是才能。事情还未来临时能预知它会到来,开始时能估计到它的结果,已经确定了能够知道它的变化,这叫做长虑,这就是识见。

【注释】①将事:将要发生的事。弭:止。

019 凡祸患,以安乐生,以忧勤免;以奢肆生,以谨约免;以觖望生[1],以知足免;以多事生,以慎动免。

【译文】 凡祸患,因安乐而产生,以忧虑劳苦而避免;因奢侈放肆而产生,以谨慎节俭而避免;因企望太高而产生,以知足而避免;因多事而产生,以行动谨慎而避免。

【注释】 [1]觖(jué)望:因不满而怨恨。

020 任难任之事,要有力而无气;处难处之人,要有知而无言。

【译文】 担当难以胜任的事,要有力而无气;与难以相处的人相处,要有知而无言。

021 撼大摧坚,要徐徐下手,久久见功,默默留意。攘臂极力,一犯手自家先败。

【译文】 撼动庞大的、摧毁坚固的,要徐徐下手,久久见功,默默留意。攘臂奋力,刚一接手自己就会先败。

022 昏暗难谕之识,优柔不断之性,刚愎自是之心,皆不可与谋天下之事。智者一见即透,练者触类而通[1],困者熟思而得,三者之所长,谋事之资也,奈之何其自用也。

【译文】 昏暗难以理喻的见识,优柔寡断的性格,刚愎自用的心肠,这样的人,都不能和他们商量天下的大事。有智慧的人一看就清楚,练达的人触类旁通,困惑的人熟思就可得,这三种人的所长,正是谋划事情的凭借,怎能只依靠自己的力量呢!

【注释】 [1]练者:干练之人。

023 事必要其所终,虑必防其所至,若见眼前快意便了,此最无识。故事有当怒而君子不怒,当喜而君子不喜,当为而君子不为,当已而君子不已者。众人知其一,君子知其他也。

【译文】 事情必须要考虑到最终的结果,思虑必须要防止会发生的事情,如果看到眼前痛快就做决定,这是最没有见识的。所以事情有当怒的,而君子不怒;有当喜的,而君子不喜;有当做的,而君子不做;有当止的,而君子不止。这是因为众人只知道一个方面,君子却知道其他方面。

024 柔而从人于恶,不若直而挽人于善。直而挽人于善,不若柔而挽人于善之为妙也。

【译文】 柔和地跟随别人作恶,不如直率地拉着别人向善。直率地拉着别人向善,不如柔和地拉着别人向善为妙。

025 激之以理法,则未至于恶也,而奋然为恶;愧之以情好,则本不徙义也,而奋然向义,此游说者所当知也。

【译文】 用道理和法律来激发他,本来还未至做恶,他可能会奋然而为恶;用感情来使他愧悔,本来不准备为义,他可能会奋然向义。对这种情况,劝说人的人应当知道。

026 善处世者要得人自然之情,得人自然之情则何所不得?失人自然之情则何所不失?不惟帝王为然,虽二人同行,亦离此道不得。

【译文】 善处世者要得人自然之情,能得到人的自然之情则什么不能得到?失人自然之情则还有什么没有失去?不仅帝王是这样,即使二人同行,也离不开这个道理。

027 "察言观色,度德量力",此八字处世处人一时少不得底。

【译文】 "察言观色,度德量力",这八个字是处世处人一时少不得的。

028 人有言不能达意者,有其状非其本心者,有其言貌诬其本心者。君子观人,与其过察而诬人之心,宁过恕以逃人之情。

【译文】 人有言论不能表达其思想意义的情况,有表现出来的状态不符合他本心的情况,有言貌诬蔑了他本心的情况。君子观察人,与其太苛察而诬蔑了人的本心,宁可过于宽厚不符合那人的情况。

029 人情,天下古今所同。圣人防其肆,特为之立中以的之,故立法不可太激,制礼不可太严,责人不可太尽,然后可以同归于道,不然是驱之使畔也[①]。

【译文】 人情,天下古今所同。圣人防备其太放肆,特地立了个中来作为标准,所以立法不可太激,制礼不可太严,责人不可太尽,然后可以同归于道,不然则是驱使人叛道的做法。

【注释】 ①畔:同"叛"。

030 天下之事,有速而迫之者,有迟而耐之者,有勇而劫之者,有柔而折之者,有愤而激之者,有喻而悟之者,有奖而歆之者①,有甚而淡之者,有顺而缓之者,有积诚而感之者。要在相机因时,舛施未有不败者也②。

【译文】天下的事情,有迅速而迫使改变的,有迟缓而迫使忍耐的,有靠勇敢果断而取得的,有用柔和的办法而使人折服的,有需要用愤怒的办法而激发人的,有需要启发让其醒悟的,有用奖励的办法使人高兴的,有用过分的办法反而使人淡漠的,有用顺从的办法使人缓慢的,有用积诚的方法使人感化的。应用这些方法关键在于相机因时,错误地施行没有不失败的。

【注释】①奖而歆(xīn)之:奖,称赞。歆,欣羡,悦服。　②舛(chuǎn):相违背,错乱。

031 论眼前事,就要说眼前处置,无追既往,无道远图。此等语虽精,无裨见在也。

【译文】论眼前的事,就要说眼下怎么办,不要追究以往的事,不要说长远的事。那些话即使精辟,也无补于现在。

032 我益智,人益愚;我益巧,人益拙,何者?相去之远而相责之深也。惟有道者,智能谅人之愚,巧能容人之拙,知分量不相及而人各有能不能也。

【译文】我越是有智慧,显得别人越愚蠢;我越是灵巧,显得别人越笨拙。为什么呢?相差太远、责望太深的缘故。只有有道德修养的人,自己有智慧,能体谅别人的愚蠢;自己灵巧,能容忍别人的笨拙。知道每人的分量不一样,而每人又各有所长各有所短。

033 天下之事,只定了便无事。物无定主而争,言无定见而争,事无定体而争。

【译文】天下的事情,只要确定了便没事了。物品没有固定主人就会发生争夺,言论没有确定见解就会发生争论,事情没有定下规模大小就会发生争执。

034 至人无好恶,圣人公好恶,众人随好恶,小人作好恶。

【译文】道德修养达到最高境界的人没有好恶,圣人以公众的好恶为自己的好恶,普通人随从别人的好恶为好恶,小人经常制出自己的一套好恶。

035 仆隶下人昏愚者多,而理会人意,动必有合,又千万人不一二也。居上者往往以我责之,不合则艴然怒①,甚者继以鞭笞。则彼愈惶惑,而错乱愈甚,是我之过大于彼也。彼不明而我当明也。彼无能事上,而我无量容下也;彼无心之失,而我有心之恶也。若忍性平气,指使而面命之,是两益也。彼我无苦,而事有济,不亦可乎?《诗》曰:"匪怒伊教②。"《书》曰:"无忿疾于顽③。"此学者涵养气质第一要务也。

【译文】 仆隶下人,昏愚的占多数,而能理会主人的心意,每个行动又适合主人的心意的,千万人中不可能有一二人。但居于上位的人往往以自己的要求来责备他,不符合自己心意就勃然大怒,甚至动辄鞭笞。这样,仆隶下人就更为惶恐惑乱,错得更加厉害,这是主人的过错大过了仆人。仆隶不明白的事我应当明白。仆隶没有能力服侍主人,而主人也没有度量容纳下人;仆隶是无心而造成的过失,主人是有意去干恶事。如果耐着性子,心平气和地指使他们,当面把指令讲清,对双方都有好处。主仆都没有苦恼,事情又能办好,这样做不是很好吗?《诗经》说:"匪怒伊教。"意思是说鲁僖公和颜悦色,非有所怒,于是有所教化。《尚书》说:"无忿疾于顽。"意思是说对那些愚顽的人,教育他们但不要愤怒,不要表现出疾恶如仇的样子。这点是学者修养气质的第一要务。

【注释】 ①艴(fú)然:恼怒貌。 ②匪怒伊教:语出《诗经·鲁颂·泮水》:"载色载笑,匪怒伊教。"郑玄注:"僖公之至泮宫,和颜色而笑语,非有所怒,于是有所教化也。" ③无忿疾于顽:忿疾,愤怒憎恶。《尚书·君陈》:"尔无忿疾于顽。"孔传:"人有顽嚣不喻,汝当训之,无忿怒疾之。"

036 或问:士大夫交际,礼与?曰:礼也。古者睦邻国有享礼,有私觌①,士大夫相见各有所贽②,乡党亦然,妇人亦然,何可废也?曰:近者严禁之,何也?曰:非禁交际,禁以交际行贿赂者也。夫无缘而交,无处而馈,其馈也过情,谓之贿可也。岂惟严禁,即不禁,君子不受焉。乃若宿在交知,情犹骨肉,数年不见,一饭不相留,人情乎?数千里来,一揖而告别,人情乎?则彼有馈遗,我有赠送,皆天理人情之不可已者也。士君子立身行己,自有法度,绝人逃世,情所不安。余谓秉大政者贵持平,不贵一切,持平则有节,一切则愈溃,何者?势不能也。

【译文】有人问:士大夫交际,要用礼品吗?回答说:要用礼品。古代友好国家之间有享礼,也有私人相见的礼品。士大夫相见,各人都带着初次见面的礼品,同乡之间也是这样,妇女也是如此,怎么能够废除呢!又问:近来严禁赠送礼品,为什么呢?回答说:这不是禁止交际,是禁止以交际为由来行贿赂。那种没有理由的交往,没有必要的馈赠,而馈赠的物品又超过了情理,这就可以叫做贿赂。对此不仅要严禁,即使不禁,君子也不会接受。至于多年的知心好友,情同骨肉,数年不见,相见时不留人家吃一顿饭,这合乎人情吗?数千里而来,作一揖就算告别,合乎人情吗?那么他有赠给我的礼物,我有送给他的物品,这都是天理人情不能禁止的事情。士君子立身行事,自有法度,拒绝别人,脱离世情,心会不安。我认为执掌大权的人贵在主持公平,不要不分情况一律禁止。主持公平,事情就会合乎节度;不分情况一律禁止,事情会越来越糟。为什么呢?因为形势不允许这样。

【注释】①私觌(dí):奉使外国而以私人身份见其国君。同僚之间非公事相见也称私觌。 ②贽(zhì):见面时所送的礼品。《左传》庄公二十四年:"男贽,大者玉帛,小者禽鸟,以章物也。女贽,不过榛栗枣脩,以告虔也。"

037 古人爱人之意多,今日恶人之意多。爱人,故人易于改过而视我也常亲,我之教常易行。恶人,故人甘于自弃而视我也常仇,我之言益不入。

【译文】古人爱人之意多,今人恶人之意多。爱人,所以人容易改过,看见我就觉得亲近,我的教化就常常容易实行。恶人,所以人甘于自暴自弃,而视我为仇,我的话他更加听不进去。

038 观一叶而知树之死生,观一面而知人之病否,观一言而知识之是非,观一事而知心之邪正。

【译文】观察一片树叶就知道这树是死的还是活的,看一看人的面孔就知道这人是否有病,听他说一句话就可以判断他的见解是否正确,察看他做的一件事就知他的心是邪是正。

039 论理要精详,论事要剀切①,论人须带二三分浑厚。若切中人情,人必难堪,故君子不尽人之情,不尽人之过。非直远祸,亦以留人掩饰之路,触人悔悟之机,养人体面之余,亦天地涵蓄之气也。

【译文】论理要精详,论事要切实,论人须带三分朴实厚道。如果说中了他内心的真情,他必然难堪,所以君子不完全把人的内心揭穿,不尽数人的过失。这样做不只是远祸,也给别人留一点掩饰的余地,触发他悔改的念头,保留一点做人的体面,这也是天地涵养万物的气量。

【注释】①剀切:切实,切中事理。

040 父母在难,盗能为我救之,感乎?曰:此不世之恩也,何可以弗感?设当用人之权,此人求用,可荐之乎?曰:何可荐也。天命有德,帝王之公典也,我何敢以私恩奸之?设当理刑之职,此人在狱,可纵之乎?曰:何可纵也。天讨有罪,天下之公法也,我何敢以私恩骫之[①]。曰:何以报之?曰:用吾身时,为之死可也;用吾家时,为之破可也;其他患难,与之共可也。

【译文】问:父母在危难之中,强盗替我把他们救了出来,要表示感谢吗?回答说:这是世上罕见的大恩,怎么可以不感谢呢?问:如果有了用人的权力,强盗请求任用,可以推荐他吗?回答说:怎么可以推荐呢?任用有德的人,这是帝王的公典,我怎敢以私恩来破坏它!问:假如你担当了管理刑狱的职务,强盗关在狱中,可以放了他吗?回答说:怎么能放呢?讨伐有罪的人,这是天下的公法,我怎敢以私恩来破坏它!问:那用什么方法来报答他呢?回答说:如果需要我的身体,为他去死也是可以的;如果需要我的家产,为他破家也是可以的,其他的患难与他共同担当也是可以的。

【注释】①骫(wěi):枉曲。

041 凡有横逆来侵,先思所以取之之故,即思所以处之之法,不可便动气。两个动气,一对小人,一般受祸。

【译文】如果有强横不合理的事情来侵犯你,应该先想一想会遭到这种侵害的原因,再想如何处理的办法,不可马上就动气。双方都动气,就是一对小人,都会遭到伤害。

042 喜奉承是个愚障,彼之甘言卑辞、隆礼过情,冀得其所欲而免其可罪也。而我喜之、感之,遂其不当得之欲,而免其不可已之罪,以自蹈于废公党恶之大咎,以自犯于难事易悦之小人,是奉承人者智巧,而喜奉承者愚也。乃以为相沿旧规责望于贤者,遂以不奉承恨之,甚者罗织而害之,其获罪国法圣训深矣,此居要路者之大戒也。虽然，奉承人者未尝不愚也，使其所奉承而小人也则可，果君子也，彼未尝不以此观人品也。

【译文】喜欢人家奉承，是个愚蠢的障碍。他的甘言卑辞、隆重的礼节、过分的感情，是希望得到他所想得到的东西而免除可能受到的责罚啊！但我喜欢这些，为之感动，满足他不该得到的欲望，免除他不可饶恕的罪过，使自己陷入败坏国家原则偏袒恶人的大错之中，使自己成为难以相处、容易被好话所感动的小人。这说明奉承人的人是有智慧而乖巧的，而喜欢奉承的人是愚蠢的。还要以这种沿袭下来的旧习俗来责备和怨恨贤明的人，因为对方不奉承，就怨恨人家，甚至有罗织罪名来陷害他人的，这样做，对国家的法律、圣人的教诲违反得也太厉害了。这一点是身居要职者的大戒。虽然如此，但奉承人的人也未尝不是愚蠢的，如果他奉承的是小人那还可以，如果是君子，君子未尝不从你的行为中观察出你的人品。

043 疑心最害事，二则疑，不二则不疑也。然则圣人无疑乎？曰：圣人只认得一个理，因理以思，顺理以行，何疑之有？贤人有疑，惑于理也；众人多疑，惑于情也。或曰：不疑而为人所欺，奈何？曰：学到不疑时自然能先觉，况不疑之学，至诚之学也，狡伪亦不忍欺矣。

【译文】疑心最坏事，有两种情况就会产生怀疑，没有两种情况则不会怀疑。然而圣人就不会产生怀疑吗？回答说：圣人只认得一个理，用理来思考，按理而行动，何疑之有？贤人有怀疑，是疑惑合不合理；普通人多疑，是疑惑对自己有没有情。又问：如果不怀疑而被人欺骗，怎么办呢？回答说：学习到不会产生怀疑时，自然能先发现别人是否在欺骗你，况且学会了不怀疑的学问，就是至诚的学问，即使狡猾虚伪的人也不忍欺骗你了。

044 以时势低昂理者，众人也；以理低昂时势者，贤人也；惟理是视，无所底昂者，圣人也。

【译文】因为时势的变化而把理看得高或低的人，这是普通人；因为所行之事是否合理来判断时势好坏的人，这是贤人；只看道理，不因任何事物而改变的人，这是圣人。

045 贫贱以傲为德，富贵以谦为德，皆贤人之见耳。圣人只看理当何如，富贵贫贱除外算。

【译文】贫贱以傲为德,富贵以谦为德,这都是贤人的见识。圣人只看按道理应当如何,不管什么富贵贫贱。

046 成心者,见成之心也。圣人胸中洞然清虚,无个见成念头,故曰绝四①。今人应事宰物都是成心,纵使聪明照得破,毕竟是意见障。

【译文】成心,就是现成的想法。圣人胸中洞然清虚,没有一个现成的念头,所以说绝四:即不凭空猜测,不绝对肯定,不固执拘泥,不自以为是。现在的人处理事情主持事物都是现成的一套,即使聪明看得透,毕竟有现成的念头成为障碍。

【注释】①绝四:《论语·子罕》:"子绝四:毋意,毋必,毋固,毋我。"朱熹注:"绝,无之尽者。毋,《史记》作'无',是也。意,私意也。必,期必也。固,执滞也。我,私己也。"

047 凡听言要先知言者人品,又要知言者意向,又要知言者识见,又要知言者气质,则听不爽矣。

【译文】凡听别人讲话,要先知道说话人的人品,又要知道他的意向,又要知道他的识见,又要知道他的气质,这样就不会听错了。

048 不须犯一口说,不须著一意念,只凭真真诚诚行将去,久则自有不言之信,默成之孚①。薰之善良,遍为尔德者矣。碱蓬生于碱地,燃之可碱;盐蓬生于盐地,燃之可盐。

【译文】不必说一句话,不必有任何念头,只要真真诚诚地做下去,时间长了,自有不言之信,默成之孚。用善良的美德来熏陶别人,人们就会普遍地具有善良的美德。碱蓬生在碱地,燃烧后会生出碱;盐蓬生在盐地,燃烧后会生出盐。

【注释】①孚:信服。

049 世人相与,非面上则口中也。人之心固不能掩于面与口,而不可测者,则不尽于面与口也。故惟人心最可畏,人心最不可知,此天下之陷阱,而古今生死之衢也。子有一拙法,推之以至诚,施之以至厚,持之以至慎,远是非,让利名,处后下,则夷狄鸟兽可骨肉而腹心矣。将令深者且倾心,险者且化德,而何陷阱之予及哉?

不然,必予道之未尽也。

【译文】世人相交,不是表现在面孔上,就是表现在语言上。人的内心固然不能被表情和语言所掩盖,但深不可测的,则不只是表情和语言啊!所以说只有人心最可怕,人心最不可知,它是天下的陷阱,是古今生死之道。我有一个笨办法:用至诚之心待人,用至厚之情待人,用谨慎的态度待人,远离是非之地,谦让名声利益,甘处低下和后面的地位,这样做,即使是夷狄鸟兽也可变成骨肉之亲和心腹之人了。使那些城府深的人倾心相处,让那些险恶的人被道德感化,还有什么陷阱能使我陷入呢?做不到这些,是我做的还不够的缘故。

050 处世只一"恕"字①,可谓以己及人,视人犹己矣。然有不足以尽者:天下之事,有己所不欲而人欲者,有己所欲而人不欲者,这里还须理会,有无限妙处。

【译文】处世只用一个"恕"字,可以说是推己及人,视人犹己了。但还有不足的地方,天下的事,有己所不欲而人欲者,有己所欲而人不欲者,在这里还要进一步体会,有无限妙处。

【注释】①恕:《论语·卫灵公》:"子贡问曰:'有一言而可以终身行之者乎?'子曰:'其恕乎?己所不欲,勿施于人。'"这就是推己及人的原则。

051 宁开怨府,无开恩窦。怨府难充而恩窦易扩也,怨府易闭而恩窦难塞也,闭怨府为福而塞恩窦为祸也。怨府一仁者能闭之,恩窦非仁义礼智信备不能塞也。仁者布大德不干小誉,义者能果断不为姑息,礼者有等差节文,不一切以苦人情,智者有权宜运用,不张皇以骇闻听,信者素孚人,举措不生众疑。缺一必无全计矣。

【译文】宁愿开一个众怨所归的怨府,也不要开一条胡乱施恩的通道。怨府难以填满,而恩道容易扩大;怨府容易关闭,而恩道难以堵塞;关闭了怨府能带来福分,而堵塞了恩道会招来祸殃。怨府只要具有仁的美德的人就可以关闭它,恩窦非具有仁、义、礼、智、信五种美德的人不能堵塞。有仁德的人宣施大德不求小誉,讲义气的人能果断不会姑息,按礼法办事的人有等差节制,不会一概而不合人情,有智慧的人能运用变通的办法,不会张皇来骇人听闻,讲信用的人向来被人信服,他实行的办法不会受人怀疑。五种品德缺了一种,就想不出万全之计。

052 君子与小人共事必败,君子与君子共事亦未必无败,何者?意见不同也。今有仁者、义者、礼者、智者、信者五人焉,而共一事,五相济则事无不成,五有主则事无不败。仁者欲宽,义者欲严,智者欲巧,信者欲实,礼者欲文,事胡以成?此无他,自是之心胜而相持之势均也。历观往事,每有以意见相争至亡人国家,酿成祸变而不顾,君子之罪大矣哉。然则何如?曰:势不可均,势均则不相下,势均则无忌惮而行其胸臆。三军之事,卒伍献计,偏裨谋事,主将断一,何意见之敢争?然则善天下之事亦在乎通者当权而已。

【译文】君子与小人共事必然失败,君子与君子共事也未必不失败,为什么呢?是因为意见不同的缘故。现在有仁者、义者、礼者、智者、信者这样五个人,而共同办一件事,五人相互帮助,则事情没有不成功的;五人各有主张,则事情没有不失败的。仁者要宽,义者要严,智者要巧,信者要实,礼者要修饰,事情怎能成功?这其中的原因没有别的,只是认为自己正确的心情强烈,而互相牵制的力量又势均力敌的缘故。历观往事,每每有因意见相争以致置国破家亡酿成祸变而不顾的,这样的君子,他们的罪孽就大了。那么怎么办呢?我认为,势不可均衡,势均则都不愿让步,势均则都会毫无顾忌地实行自己心中的愿望。军队中的事情,士兵献计献策,偏将副将谋划策略,主将最后做出决断,哪敢再提出意见争论呢!然而要想把天下的事办好,也在于让通达事理的人掌权而已。

053 万弊都有个由来,只救枝叶,成得甚事。

【译文】万种弊端都有个由来,只救枝叶,能成就什么事。

054 与小人处,一分计较不得,须要放宽一步。

【译文】和小人相处,一分也计较不得,必须要放宽一步。

055 处天下事只消得"安详"二字,虽兵贵神速,也须从此二字做出。然安详非迟缓之谓也,从容详审,养奋发于凝定之中耳。是故不闲则不忙,不逸则不劳。若先急缓则后必急躁,是事之殃也。十行九悔,岂得谓之安详?

【译文】处理天下的事,只需要"安详"二字,虽然兵贵神速,也须要从这二字做出来。但安详不是迟缓的意思,是从容详审、养奋发于凝定之中的意思。因此不闲则不忙,不逸则不劳。如果先怠缓则以后必定焦急,这是事情成功的祸殃,十次行动九次都会后悔,怎能叫做安详呢!

056 果决人似忙,心中常有余闲;因循人似闲,心中常有余累。君子应事接物,常赢得心中有从容闲暇时便好,若应酬时劳扰,不应酬时牵挂,极是吃累底。

【译文】果断的人好像很忙,但心中常有余闲;因循的人好像很闲,但心中常有余累。君子应事接物,常常能使心中有从容闲暇的时间便好,如果应酬时辛苦不安,不应酬时还是牵肠挂肚,这是非常劳累的。

057 为善而偏于所向,亦是病。圣人之为善,度德量力,审势顺时,且如发棠不劝①,非忍万民之死也,时势不可也。若认煞民穷可悲,而枉己徇人,便是欲矣。

【译文】为善而有所偏向,也是毛病。圣人为善,度德量力,审势顺时,比如孟子,不再次劝说齐王发棠邑的粮仓以赈济饥民,这不是忍心让万民饿死,而是时势不允许。若认定了民穷可怜而枉屈自己也要顺从人们的要求,这便是欲望了。

【注释】①发棠不劝:发棠,《孟子·尽心下》:"齐饥,陈臻曰:'国人皆以夫子将复为发棠,殆不可复。'"赵岐注:"棠,齐邑。孟子尝劝齐王发棠邑之仓以振贫穷。"后称告请赈济为发棠之请。这里即赈济之意。劝,鼓励,劝勉。

058 分明不动声色,济之有余,却露许多痕迹,费许大张皇,最是拙工。

【译文】分明可以不动声色,事情就能成功,并且还有余力,却露出许多痕迹,虚费了很多张罗,最是笨拙的功夫。

059 天下有两可之事,非义精者不能择,若到精处,毕竟止有一可耳。

【译文】天下有两种可能的事,非精于此事的人不能选择;如果真达到最精的地步,毕竟还只有一可。

060 圣人处事,有变易无方底,有执极不变底,有一事而所处不同底,有殊事而所处一致底,惟其可而已。自古圣人适当其可者,尧舜禹文周孔数圣人而已。当可而又无迹,此之谓至圣。

【译文】 圣人处理事情,有变化没有极限的,有执着一点不变的,有同一件事而处理方法不同的,有不同的事而处理的方法相同的,只要行得通就可以。自古以来的圣人能够做到适当其可的,只有尧、舜、禹、周文王、周公、孔子这几个圣人而已。做到恰到好处而又没有痕迹,这叫做至圣。

061 圣人处事,如日月之四照,随物为影;如水之四流,随地成形,己不与也。

【译文】 圣人处理事情,如日月照耀四方,随着不同的物品,形成不同的影子;如水向四处流淌,随着地势形成不同的形状,但是自己却不参与其间。

062 使气最害事,使心最害理。君子临事,平心易气。

【译文】 意气用事最能坏事,使用心计最能害理,君子临事要平心易气。

063 昧者知其一不知其二,见其所见而不见其所不见,故于事鲜克有济①。惟智者能柔能刚,能圆能方,能存能亡,能显能藏。举世惧且疑,而彼确然为之,卒如所料者,见先定也。

【译文】 昏昧的人只知其一不知其二,只看到所见,看不到所不见,因此对事情很少有帮助。惟有智者能柔能刚,能圆能方,能存能亡,能显能藏。举世都且惧且疑,而智者能坚定地做下去,最终和他预料的一样,因为预先已有了定见。

【注释】 ①鲜克有济:鲜,少。克,能。济,益。意为很少有益,或很少有帮助。

064 字到不择笔处,文到不修句处,话到不检口处,事到不苦心处,皆谓之自得。自得者,与天遇。

【译文】 写字到了不必选择笔的时候,文章到了不必修饰句子的时候,说话到了话到口边不必检点的时候,处理事情到了不必煞费苦心的时候,皆称作自得。自得的人可以和天相通。

065 无用之朴,君子不贵。虽不事机械变诈,至于德慧术知,亦不可无。

【译文】 无用的朴实,君子不以为贵。虽然君子不用机械变诈的手段,至于德、慧、术、知,也不可无。

066 神清人无忽语,机活人无痴事。

【译文】头脑清晰的人没有疏忽的语言，机敏灵活的人不干傻事。

067 非谋之难，而断之难也。谋者尽事物之理，达时势之宜，意见所到，不患其不精也。然众精集而两可，断斯难矣。故谋者较尺寸，断者较毫厘；谋者见一方至尽，断者会八方取中。故贤者皆可与谋，而断非圣人不能也。

【译文】谋划不是难事，做出决断才是难事。谋划的人能穷尽事物的道理，适应时势的需要，提出的意见，不怕它不精确。然而集中众人意见的精华，提出两可的方案，如何决断这就难了。所以说谋划的人用尺寸来衡量，而决断的人就要用毫厘来衡量；谋划的人对某一方面研究得非常透彻，而决断的人则要会合八方的意见而取其最正确可行的。因此贤者都可以参与谋划，而做出决断则非得圣人不能。

068 人情不便处便要回避，彼虽难于言而心厌苦之，此慧者之所必觉也。是以君子体悉人情。悉者，委曲周至之谓也。恤其私①，济其愿，成其名，泯其迹②，体悉之至也，感人伦于心骨矣。故察言观色者，学之粗也；达情会意者，学之精也。

【译文】人之常情，不便于让人知道的地方就要回避，对方虽然不便说出口，但是心中却很苦恼，有智慧的人对这点是必须要觉察的。因此君子体悉人情。悉，就是委曲周全的意思。体恤他的不便，帮助他实现心愿，使其成名，不留痕迹，这就是体悉到极点了，感动人以至于心骨了。因此说察言观色是粗等的学问，达情会意才是高精的学问。

【注释】①恤其私：体恤其隐私。　②泯其迹：消灭其痕迹，如帮人使人不觉等。

069 天下事只怕认不真，故依违观望，看人言为行止。认得真时，则有不敢从之君亲，更那管一国非之，天下非之。若做事先怕人议论，做到中间，一被谤诽，消然中止，这不止无定力，且是无定见。民各有心，岂得人人识见与我相同？民心至愚，岂得人人意思与我相信？是以作事，君子要见事后功业，休恤事前议论，事成后众论自息。即万一不成，而我所为者合下便是当为也，论不得成败。

【译文】天下的事只怕认识不真切，所以才会依违观望，以别人的言论为行动或停止的标准。认识真切时,对于君王或父母的命令也有不听从的,哪怕一国人的非议,哪怕天下人的非议。若做事先怕人议论,做到中间,一被诽谤,就悄然中止,这样不只是无坚定的力量,而且无坚定的见解。民各有心,岂能人人识见与自己相同?民心很愚蠢,岂能人人都相信我的意见?所以,做事,君子要使人看到事后的功业,不怕事前的议论,事成之后众论自会停止。即使万一不成功,而我所做的,当初便是应当做的,论不得成败。

070 审势量力,固智者事,然理所当为而值可为之地,圣人必做一番,计不得成败。如围成不克①,何损于举动,竟是成当堕耳。孔子为政于卫②,定要下手正名,便正不来,去卫也得,只是这个事定姑息不过。今人做事只计成败,都是利害心害了是非之公。

【译文】 审势量力,固然是智者的事情,然而按理应当做而又遇到可以做的时机,圣人必然要干一番事业,就计较不得成败了。比如孔子打算毁掉三都,包围了成邑而攻打不下,但是派兵攻打是没错的,成邑终究是应该堕毁的。如孔子到卫国去帮助治理国政,一定先下手正定名分,即使正不了,离开卫国也可以,只是这个事不可姑息不做。现在人做事只是计较成败,这都是计较利害的私心害了是非的公心。

【注释】 ①围成不克:成,春秋时鲁邑。据《史记·孔子世家》载:鲁定公十三年夏,孔子欲堕鲁季孙氏、叔孙氏、孟孙氏三都,将堕孟孙氏之成时,公敛处父谓孟孙曰:"堕成,齐人必至于北门。且成,孟氏之保鄣,无成,是无孟氏也。我将弗堕。"十二月,鲁定公发兵围成,但未能攻下。 ②"孔子为政于卫"数句:《论语·子路》:"子路曰:'卫君待子而为政,子将奚先?'子曰:'必也正名乎!'子路曰:'有是哉,子之迂也,奚其正?'子曰:'野哉由也,君子于其所不知,盖阙如也。名不正,则言不顺;言不顺,则事不成;事不成,则礼乐不兴;礼乐不兴,则刑罚不中;刑罚不中,则民无所措手足。故君子名之必可言也,言之必可行也。君子于其言,无所苟而已矣。'"

071 或问:虑以下人,是应得下他不?曰:若应得下他,如子弟之下父兄,这何足道?然亦不是卑谄而徇人以非礼之恭,只是无分毫上人之心,把上一著、前一步,尽着别人占,天地间惟有下面底最宽,后面底最长。

【译文】 有人问:孔子说要"虑以下人",即要想着谦让人,是应该谦让吗?回答说:如果应该谦让,如子弟对待父兄,这还值得说吗?然而也不是谦卑地向别人谄媚或以不合礼节的屈服表示恭敬,只是没有分毫要居于人上之心,只是把上一着、前一步,尽着别人占。天地间惟有下面最宽,后面最长。

072 士君子在朝则论政,在野则论俗,在庙则论祭礼,在丧则论丧礼,在边圉则论战守①。非其地也,谓之美谈。

【译文】士君子在朝则谈论政事,在野则谈论习俗,在庙则谈论祭礼,在丧则谈论丧礼,在边境则谈论战守。在不应谈论这些事的地方谈论,叫做多余的话。

【注释】①边圉(yǔ):边疆。

073 处天下事,前面常长出一分,此之谓豫;后面常余出一分,此之谓裕。如此则事无不济而心有余乐。若扣杀分数做去,必有后悔处。人亦然,施在我,有余之恩则可以广德;留在人,不尽之情则可以全好。

【译文】处理天下的事,前面常长出一分,这叫做豫;后面常余出一分,这叫做裕。这样做事情没有不成功的,而且心中还有余乐。如果打折扣去做,必然有后悔的时候。做人也是这样,施恩之权在我,留有余地则可以广施自己的恩德;恩情留在别人身上,感激不尽的心情可以使双方友好。

074 非首任,非独任,不可为祸福先,福始祸端,皆危道也。士君子当大事时,先人而任,当知"慎果"二字①;从人而行,当知"明哲"二字②。明哲非避难也,无裨于事,而只自没耳。

【译文】不是首当其任,也不是独任,不可首先去得祸或受福,福分的开始、祸患的端倪,都是危险的。士君子面对大事时,首先担当,应该知道"慎果"二字;跟着别人做,应该知道"明哲"二字。明哲不是为了避难,不知明哲保身,对事情无益,反而会害了自己。

【注释】①慎果:慎重果毅。 ②明哲:指明智,洞察事理。《尚书·说命上》:"知之曰明哲,明哲实作则。"孔传:"知事则为明智,明智则能制作法则。"《中庸》第二十七章:"是故居上不骄,为下不倍。国有道其言足以兴,国无道其默足以容。《诗》曰:'既明且哲,以保其身。'其此之谓与!"

075 养态,士大夫之陋习也。古之君子,养德德成,而见诸外者有德容。见可怒则有刚正之德容,见可行则有果毅之德容。当言则终日不虚口,不害其为默;当刑则不宥小故①,不害其为量。今之人,士大夫以宽厚浑涵为盛德,以任事敢言为性气,消磨忧国济时者之志,使之就文法走俗状而一无所展布。嗟夫!治平之世宜尔,万一多故,不知张眉吐胆奋身前步者谁也,此前代之覆辙也。

【译文】修养表面的容态,是士大夫的陋习。古代的君子,养德德成,表现在外面就会有德容,见可怒之事则有刚正之德容,见可行之事则有果毅之德容。当说则终日不说虚言,这也不妨害称其为沉默的人;当处罚的时候不原谅小的过错,这也不妨害称其为有容量的人。现在的人,士大夫以宽厚浑涵为有盛德,以任事敢言为有性气,这样就消磨了忧国济时者的志气,使他们屈就当时的成法,按世俗的一套行事而才能无法施展。唉!治平之世可以用这个方法,万一国家多难,不知张眉吐胆奋身向前的是谁人?这是前代已有的教训啊!

【注释】①宥小故:宽纵小的过失。

076　处事先求大体,居官先厚民风。

【译文】处事先讲求大体,居官先使民风淳厚。

077　临义莫计利害,论人莫计成败。

【译文】临义不要计较利害,论人不要计较成败。

078　一人覆屋以瓦,一人覆屋以茅,谓覆瓦者曰:"子之费十倍予,然而蔽风雨一也。"覆瓦者曰:"茅十年腐,而瓦百年不碎,子百年十更,而多以工力之费、屡变之劳也。"嗟夫!天下之患,莫大于有坚久之费,贻屡变之劳,是之谓工无用、害有益。天下之愚,亦莫大于狙朝夕之近,忘久远之安,是之谓欲速成、见小利。是故朴素浑坚,圣人制物利用之道也。彼好文者,惟朴素之耻而靡丽夫易败之物,不智甚矣。或曰:靡丽其浑坚者可乎?曰:既浑坚矣,靡丽奚为?苟以靡丽之费而为浑坚之资,岂不尤浑坚哉?是故君子作有益则轻千金,作无益则惜一介①。假令无一介之费,君子亦不作无益,何也?不敢以耳目之玩,启天下民穷财尽之祸也。

【译文】一人用瓦做屋顶,一人用茅草做屋顶,用茅草的对用瓦的人说:"你的费用是我的十倍,但是遮蔽风雨是一样的。"用瓦的人说:"茅草十年就腐烂了,而瓦百年也不会碎,你百年之内就要换十次草,就要增加工力的费用和屡次更换的劳累。"啊！天下最大的祸患，就是有长久的花费，屡次变更的劳苦，这叫做无用的事危害有益的事。天下最愚蠢的事，就是拘泥于眼前的事，而忘记长治久安，这叫做欲速成、见小利。因此朴素浑坚，是圣人制造物品、利用物品的原则。那些喜欢文饰的人，认为朴素可耻而喜欢奢华不结实的东西，这太不明智了。有人问：奢华而又坚固耐用可以吗？回答说：既然坚固耐用，要奢华做什么？如果以奢华的费用作为制造坚固耐用物品的资费，岂不更坚固了吗？因此君子制作有益的东西，费去千金也不怕；做无益的东西，费去一点儿也可惜。又问：假使不用一点儿费用，君子也不做那些无益的东西，这是为什么呢？回答说：不敢以这些耳目的玩好，招来民穷财尽的大祸。

【注释】①介：通"芥"，微小。

079 遇事不妨详问广问，但不可有偏主心。

【译文】遇事不妨详问广问，但不可有偏向某一方面的思想。

080 轻信骤发，听言之大戒也。

【译文】轻易地相信别人的话而骤然表示态度，是听言者的大戒。

081 君子处事，主之以镇静有主之心，运之以圆活不拘之用，养之以从容敦大之度，循之以推行有渐之序，待之以序尽必至之效，又未尝有心勤效远之悔。今人临事才去安排，又不耐踌躇，草率含糊，与事拂乱。岂无幸成？竟不成个处事之道。

【译文】君子处事，要以镇静有主见的思想去主持，运用圆活不拘的方法，养成从容敦厚宽大的心怀，遵守循序渐进的次序，等待必然得到的成效，但又不会产生心太劳累而见效太慢的后悔心情。现在的人临事才去安排，又不耐烦从容等待，草率含糊，与事情违背，造成混乱。这样做难道没有侥幸成功的吗？即使成功，也不是个处事的办法。

082 君子与人共事，当公人己而不私。苟事之成，不必功之出自我也；不幸而败，不必咎之归诸人也。

【译文】君子与人共事，应当公正地对待自己和别人而不自私。如果事情成功了，不必把功劳都归于自己；不幸而失败了，也不要把错误都推给别人。

083 有当然，有自然，有偶然。君子尽其当然，听其自然，而不惑

于偶然。小人泥于偶然,拂其自然,而弃其当然。噫!偶然不可得,并其当然者失之,可哀也。

【译文】有当然,有自然,有偶然。君子尽其当然,听其自然,而不惑于偶然。小人拘泥于偶然,违背自然,而放弃当然。唉!偶然是很难得的,连当然应该努力做的都放弃了,真是可悲呀!

084 不为外撼,不以物移,而后可以任天下之大事。彼悦之则悦,怒之则怒,浅衷狭量,粗心浮气,妇人孺子能笑之,而欲有所树立,难矣。何也?其所以待用者无具也[①]。

【译文】不为外事所动,不为物质所动,而后可以担当天下的大事。别人逗引你高兴你就高兴,招惹你发怒你就发怒,度浅量狭,心粗气躁,妇人小孩都感到你可笑,这样的人想要有所建树,那就太难了。为什么呢?因为没有担当天下大事的本领。

【注释】①具:才能。

085 "明白简易",此四字可行之终身。役心机,扰事端,是自投剧网也。

【译文】"明白简易"这四个字可以终身遵行。费尽心机,扰乱了事端,这是自投罗网啊!

086 水之流行也,碍于刚则求通于柔;智者之于事也,碍于此则求通于彼。执碍以求通,则愚之甚也,徒劳而事不济。

【译文】水的流行,有硬的东西挡住了就流向没有硬东西挡住的地方;智者对于事情,此处有碍则寻求别处通行。固执地在有碍处求得通行,那就太愚蠢了,白费劲而对事情没有帮助。

087 计天下大事,只在要紧处一着留心用力,别个都顾不得。譬之弈棋,只在输赢上留心,一马一卒之失,浑不放在心下。若观者以此预计其高低,弈者以此预乱其心目,便不济事。况善筹者以与为取,以丧为得;善弈者饵之使吞,诱之使进,此岂寻常识见所能策哉!乃见其小失而遽沮挠之,摈斥之,英雄豪杰可为窃笑矣,可为恸惋矣。

【译文】考虑天下的大事,只在要紧处专心用力,别的都不要管。譬如下棋,只在输赢上留心,对一马一卒之失,不要放在心上。如果观棋的人用此来预计胜负,下棋的人因他的预计就扰乱了心目,便不会赢。况且善于筹划的人以与为取,以丧为得;善于棋道的人下了诱饵等对方上钩,引诱其前进,这些步骤又岂能是寻常见识所能策划的呢? 以此可见,遭到小的失败就马上中止毁坏它,抛弃它,英雄豪杰可能会为之窃笑,为之哀恸惋惜啊!

088 夫势,智者之所藉以成功,愚者之所逆以取败者也。夫势之盛也,天地圣人不能裁;势之衰也,天地圣人不能振,亦因之而已。因之中寓处之权,此善用势者也,乃所以裁之振之也。

【译文】势,这是智者凭借它取得成功,而愚者去冒犯它而遭到失败的东西。势盛的时候,天地圣人不能节制;势衰的时候,天地圣人不能使之振起,只能依靠它、利用它而已。在依靠、利用的中间加上自己的权变,这就是善于用势的人,这也是对势的节制或振起。

089 士君子抱经世之具,必先知五用,五用之道未得而漫尝试之,此小丈夫技痒童心之所为也,事必不济。是故贵择人。不择可与共事之人,则不既厥心[①],不堪其任,或以虚文相欺,或以意见相倾,譬以玉杯付小儿而奔走于崎岖之峰也。是故贵达时。时者,成事之期也。机有可乘,会有可际,不先不后,则其道易行。不达于时,譬投种于坚冻之候也。是故贵审势。势者,成事之藉也。登高而招,顺风而呼,不劳不费而其功易就。不审于势,譬行舟于平陆之地也。是故贵慎发。左盼右望,长虑却顾,实见得利矣,又思其害;实见得成矣,又虑其败,万无可虞则执极而不变。不慎所发,譬夜射仪的也。是故贵宜物。夫事有当蹈常袭故者,有当改弦易辙者,有当兴废举坠者,有当救偏补敝者,有以小弃大而卒以成其大者,有理屈于势而不害其为理者,有当三令五申者,有当不动声色者。不宜于物,譬苗莠兼存而玉石俱焚也。嗟夫! 非有其具之难而用其具者之难也。

【译文】士君子抱经世之才,必须先知道五用,五用的道理还不知道就漫不经心地去尝试,这是小丈夫技痒或具有童心的人所做的事,事情必定不会成功。因此第一贵择人。不选择好可以共事的人,就不会尽心,就不堪其任,或以虚文相欺,或以意见相倾,这就好比把玉杯交给小孩,让他在崎岖的山峰间奔跑一样。第二贵达时。时,就是事情成功的时机,时机有可乘,机会有可遇,不先不后,事情就容易成功。不选择好时机,就好比在冰冻的季节去播种一样。第三贵审势。势,就是事情成功的依靠,登高招手,顺风呼喊,不费力气事情就办成了。不审势,就好比在陆地上行舟一样。第四贵慎发。左盼右望,瞻前顾后做长远打算,看到确实有利,又考虑到有害,看到确实可以成功,又考虑到失败,直到万无一失就抓住不再改变。不慎而发,就如同黑夜想用箭射中目标一样。第五贵宜物。事情有实行时常常因袭旧例的,有应当改弦易辙的,有应当废兴举坠的,有应当救偏补敝的,有因小弃大而最终成就大业的,有理屈于势而不害其为理的,有应当三令五申的,有应当不动声色的。不宜于物,就好比庄稼苗和杂草同时保留或玉石俱焚一样。唉!具有才干不是难事,而运用才干才是难事啊!

【注释】①不既厥心:既,尽。厥,其。

090 腐儒之迂说,曲士之拘谈,俗子之庸识,躁人之浅见,谲者之异言①,憸夫之邪语②,皆事之贼也,谋断家之所忌也。

【译文】腐儒的迂阔说教,曲士的固执不知变通的言论,俗子的平庸见识,躁人的肤浅见解,诡诈人的奇言异说,奸邪人的邪妄之语,都是危害事情成功的祸根,这是出谋划策和决断事物的人所忌讳的。

【注释】①谲(jué)者:怪诞之人。②憸(xiān):奸邪,奸佞。

091 智者之于事,有言之而不行者,有所言非所行者;有先言而后行者,有先行而后言者;有行之既成而始终不言其故者。要亦为国家深远之虑而求心必济而已。

【译文】智者对于事情,有只说而不做的,有所说的不是所做的;有先说而后做的,有先做而后说的;有已经做完而始终不说其原因的。大体来说也是为国家深谋远虑而希望能达到目的而已。

092 善用力者就力,善用势者就势,善用智者就智,善用财者就财,夫是之谓乘。乘者,知几之谓也。失其所乘,则倍劳而功不就;得其所乘,则与物无忤,于我无困,而天下享其利。

【译文】善于用力的就趋向力,善于用势的就趋向势,善于用智的就趋向智,善于用财的就趋向财,这叫做乘。乘,就是预知事物的苗头。失去所乘的东西,就会加倍地费力而不能成功;得到所乘的东西,则与事物不相背离,对我来说也没有什么困难,而天下人享其利。

093 凡酌量天下大事，全要个融通周密、忧深虑远。营室者之正方面也，远视近视，日有近视正而远视不正者；较长较短，日有准于短而不准于长者；应上应下，日有合于上而不合于下者；顾左顾右，日有协于左而不协于右者。既而远近长短上下左右之皆宜也，然后执绳墨，运木石，鸠器用①，以定万世不拔之基。今之处天下事者，粗心浮气，浅见薄识，得其一方而固执以求胜，以此图久大之业、为治安之计，难矣。

【译文】凡酌量天下大事，全要个融通周密，忧深虑远。这就如同建屋的人测量建屋的整体位置正不正，从远处看看从近处看看，是因有的近看是正的，远看则不正。量量长短，是因有短一点儿就合适，长一点儿就不合适的。观察一下应上应下，有适合于向上而不适合于向下的。看看左右协调不协调，有往左一点儿就协调、往右就不协调的。这样，远近、长短、上下、左右都适合了，然后用绳墨测量规划，运木石，准备器具，打下万世不动的地基。现在处理天下大事的人粗心浮气、浅见薄识，只认识到一方面就坚持己见不肯变通，以求得成功。用这样的办法来规划长久的大业，谋求国家长治久安的策略，是难以成功的。

【注释】①鸠：聚集。

094 字经三书未可遽真也，言传三口未可遽信也。

【译文】字经过三次摹写就可能失去原来的字体，话经过三人口传不可骤然相信。

095 巧者，气化之贼也，万物之祸也，心术之蠹也，财用之灾也，君子不贵焉。

【译文】巧者，是阴阳之气变化的危害，是天下万物的祸害，是坏人心术的蠹虫，是靡费财用的祸殃，君子不以巧为贵。

096 君子之处事有真见矣，不遽行也，又验众见，察众情。协诸理而协，协诸众情众见而协，则断以必行。果理当然，而众情众见之不协也，又委曲以行吾理，既不贬理，又不骇人，此之谓理术。噫！惟圣人者能之，猎较之类是也①。

【译文】君子处理事情，已有了真正的见解，也不马上实行，又要用众人的见解来验证，又考察众人的愿望，与各种道理都协和，又与众人的愿望、众人的见解相协和,才可以决定实行。按理确实应当做,而和众情众见不协和,就委婉地推行我的道理,既不贬理,又不骇人,这叫做理术。嘻!惟有圣人能做到这一点,这就如同打猎之类的事一样。

【注释】①猎较:古代风俗,打猎时争夺猎物,以所得用为祭祀,后泛指打猎。

097 干天下大事,非气不济。然气欲藏不欲露,欲抑不欲扬。掀天揭地事业,不动声色,不惊耳目,做得停停妥妥,此为第一妙手,便是入神。譬之天地,当春夏之时,发育万物,何等盛大流行之气,然视之不见,听之不闻,岂无风雨雷霆,亦只时发间出,不显匠作万物之迹,这才是化工。

【译文】干天下大事,非具有浩然正气不能成功。但是气欲藏不欲露,欲抑不欲扬。干掀天揭地事业,不动声色,不惊耳目,做得停停妥妥,这是第一妙手,这就是入神。就譬如天地,当春夏之时,发育万物,是何等盛大流行之气,然而视之不见,听之不闻,难道无风雨雷霆?也只是时发间出而已。不显露出人工创造万物的痕迹,这才是造化之工。

098 疏于料事而拙于谋身,明哲者之所惧也。

【译文】疏于料事又拙于谋身,明智的人应感到害怕。

099 实处着脚,稳处下手。

【译文】要在实处下脚,在稳处下手。

100 姑息依恋,是处人大病痛,当义处,虽处骨肉,亦要果断。鲁莽径直,是处事大病痛,当紧要处,虽细微亦要检点。

【译文】姑息依恋,是处人的大毛病,合于义的地方,即使处理骨肉至亲的事情,也要果断。鲁莽简单,是处事的大毛病,在紧要的时候,即使细微的地方也要检点。

101 正直之人,能任天下之事,其才其守,小事自可见。若说小事且放过,大事到手才见担当,这便是饰说,到大事定然也放过了。松柏生小便直,未有始曲而终直者也。若用权变时,另有较量,又是一副当说话。

【译文】正直的人,能担当天下的大事,他的才能、操守在小事上就会表现出来。如果说小事不敢担当,到大事到手才见胆识,这便是文饰的话,遇到大事定然不敢承担。松柏还是小树时便是直的,没有开始弯曲而最终挺直的。如果是运用权变之术,那得用别的标准来衡量,就另当别论了。

102 无损损,无益益,无通通,无塞塞,此谓天地之道,理人物之宜也。然人君自奉无嫌于损损,于百姓无嫌于益益。君子扩理路无嫌于通通,杜欲窦无嫌于塞塞。

【译文】不要在减少的情况下再减少,不要在增加的基础上再增加,不要在通畅时再加通畅,不要在堵塞时再增加堵塞,这是调剂天地的方法,是处理人和事物的适当办法。但是国家的君主,对于自己的日常供应不要怕减少再减少,对于百姓的利益不要怕增加再增加。君子扩大合于理的道路不怕通了又通,杜绝欲念不怕堵了再堵。

103 事物之理有定,而人情意见千岐万径。君得其定者而行之,即行迹可疑,心事难白,亦付之无可奈何。若惴惴畏讥,琐琐自明,岂能家置一喙哉!且人不我信,辩之何益?人若我信,何事于辩?若事有关涉,则不当以缄默妨大计。

【译文】事物的道理是有一定的,而人的见解却千岐万径。我按照事物一定的道理去办事,即使形迹可疑,心事难以表白,也只得无可奈何。如果惴惴不安害怕别人说闲话,总想辨别表白,岂能到每家都讲一通?况且人家不相信我,辨白有什么益处?人家如果相信我,何用辨白呢?如果事情还涉及到别人或别的事,则不应当缄默以妨害大计。

104 处人、处己、处事,都要有余,无余便无救性,此里甚难言。

【译文】处人、处己、处事,都要留有余地,无余地便没有挽救的可能性,这其中的道理一言难尽。

105 悔前莫如慎始,悔后莫如改图,徒悔无益也。

【译文】做事之前怕将来后悔,那么在开始时就要慎重;事情结束感到后悔,不如改变计划。光是悔恨是没有用处的。

106 居乡而囿于数十里之见,硁硁然守之也^①,百攻不破。及游大都,见千里之事,茫然自失矣。居今而囿于千万人之见,硁硁然守之也,百攻不破。及观《坟》、《典》,见千万年之事,茫然自失矣。

是故囿见不可狃,狃则狭,狭则不足以善天下之事。

【译文】居住在乡间,而拘泥于数十百里之间的见闻,固执地遵守着这点儿见闻,对其他的意见都听不进去。等到游历了大城市,看到千里之外的事物,就会茫然自失了。生活在今天,而拘泥于千万人的见解,固执地坚守这些,对其他的见解都不屑一顾。等到看了《三坟》、《九典》这些古人的经典,看到千年万年之间的事,又会茫然自失了。因此说不可拘泥于浅陋的闻见,拘泥则显得狭窄,狭窄则不能干好天下的大事。

【注释】①硁硁然:固执貌。

107　事出于意外,虽智者亦穷,不可以苛责也。

【译文】事情出乎意料之外,虽然是有智慧的人也无法处理,对这种情况不能苛责。

108　天下之祸,多隐成而卒至,或偶激而遂成。隐成者贵预防,偶激者贵坚忍。

【译文】天下的祸事,多是暗中潜藏而突然来临的,或者是偶然激发而最终成祸的。对暗中潜藏的祸事贵在预防,对偶然激发的祸事贵在坚忍。

109　当事有四要:际畔要果决,怕是绵;执持要坚耐,怕是脆;机括要深沉①,怕是浅;应变要机警,怕是迟。

【译文】遇到事情有四点必须注意:遇到机遇要果断地抓住,不要绵软。掌握执行的时候要坚忍不拔,不要半途而废。治事的智谋要深沉,最怕的是浅。应变要机警,最怕的是迟。

【注释】①机括:指治事的权柄。

110　君子动大事,十利而无一害,其举之也必矣。然天下无十利之事,不得已而权其分数之多寡,利七而害三,则吾全其利而防其害,又较其事势之轻重。亦有九害而一利者,为之,所利重而所害轻也,所利急而所害缓也,所利难得而所害可救也,所利久远而所害一时也。此不可与浅见薄识者道。

【译文】君子干大事,如果有十利而无一害,他必然决定干。然而天下无十利之事,不得已只好权衡胜败分数的多少,如果利七害三,我就尽力地多保全利而防备害,又比较事情形势的轻重。也有九害而一利的,所以要干,是因为利比较重,害比较轻;利能很快得到,害发生得缓慢;利难以得到,害还可以挽救;利能延续久远,害只是暂时的。这些情况都不能和浅见薄识的人谈论。

111 当需莫厌久,久时与得时相邻。若愤其久也而决绝之,是不能忍于斯须而甘弃前劳,坐失后得也,此从事者之大戒也。若看得事体审,便不必需,即需之久,亦当速去。

【译文】应该等待的事情不要厌烦久等,久等的时间与得到的时间已经接近了。如果害怕时间久而断然弃绝,这是不能忍耐短的时间而甘心放弃以前的辛劳,坐失后来可以得到的东西,这是处理事务者的大戒。如果把事情看得很清楚,便不要等待;即使已等待了很长时间,也应当迅速离开。

112 朝三暮四①,用术者诚诈矣。人情之极致,有以朝三暮四为便者,有以朝四暮三为便者,要在当其所急。猿非愚,其中必有所当也。

【译文】使用朝三暮四的手法,运用权术的人确实是为了欺骗啊!但人情的极点,有以早晨得到三个晚上得到四个为方便的,有以早晨得到四个晚上得到三个为方便的,主要看他当时的急需。猿猴也不是愚蠢的动物,使用朝三暮四的方法,其中必有其适当的道理。

【注释】①朝三暮四:《庄子·齐物论》:"狙公赋芧,曰:'朝三而暮四。'众狙皆怒。曰:'然则朝四而暮三。'众狙皆悦。名实未亏,而喜怒为用,亦因是也。"狙,猿猴。赋,给予。芧,橡子。

113 天下之祸非偶然而成也,有轇合①,有搏激,有积渐。轇合者杂而不可解,在天为风雨雷电,在身为多过,在人为朋奸,在事为众恶遭会,在病为风寒暑湿合而成痹。搏激者勇而不可御,在天为迅雷大霆,在身为忿恨,在人为横逆卒加,在事为骤感成凶,在病为中寒暴厥。积渐者极重而不可反,在天为寒暑之序,在身为罪恶贯盈,在人为包藏待逞,在事为大蔽极坏,在病为血气衰羸,痰火蕴郁,奄奄不可支。此三成者,理势之自然,天地万物皆不能外。祸福之来,恒必由之,故君子为善则籍众美而防错履之多,奋志节而戒一朝之怒,体道以终身,孜孜不倦,而绝不可长之欲。

【译文】天下的祸事都不是偶然形成的,有聚集凑合而成的,有突然激发的,有逐渐积成的。聚集凑合而成的,原因复杂,不可化解,在天就是风雨雷电,在自身就是多过,在别人就是朋比为奸,在事情就是众恶都聚集在一起,在病为风寒暑湿合成了瘫痹之症。突然激发的,来势凶猛,不可阻挡,在天为迅雷大风冰雹,在自身为忿恨,在别人为突然飞来的横祸,在事情为骤然发生的凶事,在疾病为中暑受寒突然昏厥。逐渐形成的,天长日久,积重难返,在天为寒暑四季的变化,在自身为恶贯满盈,在别人为包藏祸心等待得逞,在事情为大蔽极坏,在病为血气衰赢、痰火蕴积、奄奄待毙。以上三种原因形成的祸事,都是道理和形势发展的必然,天地万物都包括在内。祸福的到来,都是由这些原因造成的,因此君子为善则凭借多做好事来防止错误屡出,振奋志向和节操,谨戒突然发怒,终身都要体会事物的自然规律,孜孜不倦地学习,杜绝那些不可滋长的欲望。

【注释】①辏(còu):聚集。

114 再之略不如一之详也,一之详不如再之详也,再详无后忧矣。

【译文】两次都简略不如一次之详审,一次的详审不如两次都详审,两次都详审,就没有后忧了。

115 有余,当事之妙道也。故万无可虑之事备十一,难事备百一,大事备千一,不测之事备万一。

【译文】留有余地,是处理事情的妙道。因此万无一失的事要防备出现十分之一的错漏,难事要防备出现百分之一的错漏,大事要防备出现千分之一的错漏,不测之事要防备出现万分之一的错漏。

116 在我有余,则足以当天下之感;以不足当感,未有不困者。识有余,理感而即透;才有余,事感而即办;力有余,任感而即胜;气有余,变感而不震;身有余,内外感而不病。

【译文】自身准备充分时,则足以应对天下各种情况;以不足应对天下各种情况,没有不困厄的。识见有余,遇理即透;才能有余,遇事能办;力量有余,任事能成;气概有余,遇到变化也不会震惊;健康有余,内热外感也不会生病。

117 语之不从,争之愈勃①,名之乃惊。不语不争,无所事名,忽忽冥冥,吾事已成,彼亦憎憎。昔人谓不动声色而措天下于泰山②,予以为动声色则不能措天下于泰山矣。故曰:"默而成之,不言而信,存乎德行③。"

【译文】你的话别人不听从,就更加劲地争论,最后加一个事名,对方才会惊慌。如果不语不争,也不加事名,忽忽冥冥,我的事已经成功,对方还懵懵懂懂呢!从前欧阳修说过,不动声色就将天下治理得如泰山一样的安定。我认为动声色则不能把天下治理得如泰山般安定。所以《易经》说:"默而成之,不言而信,存乎德性。"意思是说,静默而使它成功,不说而使民信从,这都在于德行。

【注释】①勍(qíng):强劲。 ②"不动声色"句:宋欧阳修《相州昼锦堂记》:"至于临大事,决大议,垂绅正笏,不动声色,而措天下于泰山之安,可谓社稷之臣矣。"声色,声调和面色。 ③"默而成之"三句:语见《周易·系辞上》,意思是说默默不语而成就了事业,这样的人"不言而信",是因为他德行崇高。

118 天下之事,在意外者常多,众人见得眼前无事,都放下心,明哲之士只在意外做功夫,故每万全而无后忧。

【译文】天下的事,出乎意料之外的很多,一般人看到眼前无事就放了心,明哲之士只在意外的事情上下功夫,因此每每万全而无后忧。

119 不以外至者为荣辱,极有受用处,然须是里面分数足始得。今人见人敬慢辄有喜愠心,皆外重者也,此迷不破,胸中冰炭一生。

【译文】不因外来的事物而感到荣辱,极有受用处,然而须要内心的修养充足才能做到这一点。现在的人看到人家尊敬他或慢待他,则有喜怒之心,都是重视外界事物的缘故。这个迷惑不破除,胸中像放着冰炭一样,一生都不得安生。

120 有一介必吝者,有千金可轻者,而世之论取与,动曰所直几何,此乱语耳。

【译文】有时对一芥之微的东西也要爱惜,有时千金贵重的东西也可以轻视,而世人谈论取得给予,动不动就说这东西值多少,这都是胡言乱语啊!

121 才犹兵也,用之伐罪吊民则为仁义之师,用之暴寡陵弱则为劫夺之盗,是故君子非无才之患,患不善用才耳。故惟有德者能用才。

【译文】运用才能和用兵一样,用它讨伐暴君,拯救百姓,则为仁义之师;用它欺侮少数凌虐弱小,则为打家劫舍的强盗,所以君子不怕无才,只怕不善用才。只有有德者才善用才。

122 藏莫大之害而以小利中其意,藏莫大之利而以小害疑其心,此愚者之所必堕而智者之所独觉也。

【译文】隐藏着很大的害处而以小利让其满意,隐藏着很大的利益而以小害使其疑心,愚者必然会堕入这个圈套,而智者却能看清其中的奥妙。

123 今人见前辈先达作事,不自振拔,辄生叹恨,不知渠当我时也曾叹恨人否,我当渠时能免后人叹恨否。事不到手,责人尽易,待君到手时,事事努力,不轻放过便好。只任哓哓责人,他日纵无可叹恨,今日亦浮薄子也。

【译文】现在人看到前辈先达所做的事业,不努力振作,只是感时恨世,不知他们处于我这样境地时是否也会叹恨他人?我处于他们的时代能否免于后人的叹恨?事不到手,要求别人如何做很容易,及至到手,事事努力,不轻易放过才好。只是喋喋不休地责备别人,将来即使没有让人叹恨的事情,今天也是个浮薄的人。

124 区区与人较是非,其量与所较之人相去几何?

【译文】总与人争一些小是小非,其度量和所争的人能相差多少?

125 无识见底人,难与说话;偏识见底人,更难与说话。

【译文】难以和没有识见的人说话,更难以和识见偏的人说话。

126 两君子无争,相让故也。一君子一小人无争,有容故也。争者,两小人也。有识者奈何自处于小人,即得之未必荣,而况无益于得?以博小人之名,又小人而愚者。

【译文】两位君子,不会相争,这是因为互相谦让的缘故。一个君子一个小人也不会争,因为君子宽容的缘故。相争的只会是两个小人,有见识的人怎会把自己置于小人的境地呢?即使争到了也未必光荣,况且对取得也不会有帮助的。只不过博得个小人的名声罢了,这又是小人中愚蠢的人。

127 方严是处人大病痛,圣贤处世离一温厚不得,故曰:"泛爱众"[①],曰"和而不同"[②],曰"和而不流"[③],曰"群而不党"[④],曰"周

而不比"⑤,曰"爱人",曰"慈祥",曰"岂弟"⑥,曰"乐只"⑦,曰"亲民",曰"容众",曰"万物一体",曰"天下一家,中国一人"。只恁踽踽凉凉⑧,冷落难亲,便是世上一个碍物,即使持正守方,独立不苟,亦非用世之才,只是一节狷介之士耳⑨。

【译文】方正严肃是与人相处的大毛病,圣贤处世离不开温厚二字,所以说"泛爱众",即博爱众人。又说"和而不同",意思是说和谐而不阿附。又说:"和而不流",意思是说和睦相处而不同流合污。又说"群而不党",即合群而不搞宗派。又说"周而不比",即广泛团结而不偏袒。又说"爱人",又说"慈祥",又说"岂弟",即和乐平易。又说"乐只",即快乐。又说"亲民",又说"容众",又说"万物一体",又说"天下一家,中国一人"。如果只是孤独寂寞,冷落难以亲近,便是世上一个碍事的东西,即使持正守方,独立不苟,也不是治世的有用之材,只是一个拘谨自守、难与之变通的人罢了。

【注释】①爱众:《论语·学而》:"子曰:弟子入则孝,出则悌,谨而信,泛爱众,而亲仁,行有余力,则以学文。"泛,广博。 ②和而不同:《论语·子路》:"君子和而不同,小人同而不和。"朱熹注:"和者,无乖戾之心。同者,有阿比之意。" ③和而不流:《中庸》第十章:"故君子和而不流,强哉矫。"流,移也,指随物流移。 ④群而不党:《论语·卫灵公》:"子曰:君子矜而不争,群而不党。"朱熹注:"和以处众曰群。然无阿比之意,故不党。" ⑤周而不比:《论语·为政》:"子曰:君子周而不比,小人比而不周。"朱熹注:"周,普遍也。比,偏党也。" ⑥岂弟:《诗经·小雅·青蝇》:"岂弟君子,无信谗言。"岂弟,和乐平易。 ⑦乐只:《诗经·周南·樛木》:"乐只君子,福履绥之。"乐只,犹乐哉,只,语助词。 ⑧踽踽:孤独貌。 ⑨狷介:拘谨自守,难与之变通。

128 谋天下后世事,最不可草草,当深思远虑。众人之识,天下所同也,浅昧而狃于目前。其次有众人看得一半者,其次豪杰之士与练达之人得其大概者,其次精识之人有旷世独得之见者,其次经纶措置当时不动声色后世不能变易者,至此则精矣尽矣,无以复加矣,此之谓大智,此之谓真才。若偶得之见,借听之言,翘能自喜而攘臂直言天下事,此老成者之所哀而深沉者之所惧也。

【译文】谋划天下以及后世的事,最不可草率,应当深思熟虑。人们对事理的见识有不同的等次:众人的见识都是相同的,浅薄愚昧而又只顾目前的利益。其次,有些人能看清事情的一半。其次,还有一些豪杰之士与练达之人,能看清事情的大概。其次,具有精见卓识的人,还能有旷世独得的见解。其次,有的人筹划治理国家的大策,运用于当世虽没有轰轰烈烈的表现,但这些大策后世都不会改变。到了这种地步,就至精至善,无以复加了。这叫做大智,叫做真才。如果是偶得之见,道听途说之言,还翘然自喜,挥臂直言天下之事,这是老成的人感到可悲、深沉的人感到可怕的事。

129 而今只一个"苟"字支吾世界,万事安得不废弛?

【译文】而今只用苟且的态度来勉强支撑这个世界,万事怎能不废弛?

130 天下事要乘势待时,譬之决痈,待其将溃则病者不苦而痈自愈。若虺蝮毒人①,虽即砭手断臂②,犹迟也。

【译文】天下的事要乘势待时,譬如挑破脓疮,等它将要溃烂时再下手,患者就不痛苦而毒疮也会痊愈。如果是毒蛇咬伤,即使马上砍断受伤的手臂,也还是迟了。

【注释】①虺蝮(huǐfù):虺,毒蛇、毒虫。蝮,毒蛇。　②砭(biān):针刺,引申为切割。

131 饭休不嚼就咽,路休不看就走,人休不择就交,话休不想就说,事休不思就做。

【译文】饭不要不嚼就咽,路不要不看就走,人不要不择就交,话不要不想就说,事不要不思就做。

132 参苓归芪,本益人也,而与身无当,反以益病。亲厚恳切,本爱人也,而与人无当,反以速祸。故君子慎焉。

【译文】人参、茯苓、当归、黄芪,本来是对人有益的,但服食不当,反而添病。对人亲爱、厚道、诚恳、关切,本来是爱护别人,但给予的对象不当,反而会招来祸害。所以君子要对此慎重。

133 两相磨荡,有皆损无俱全,特大小久近耳。利刃终日断割,必有缺折之时;砥石终日磨砻,亦有亏消之渐。故君子不欲敌人,以自全也。

【译文】两个东西相磨擦碰撞,有时会双方都受损,不会双方安全,只是损害有大小、远近的分别而已。利刃终日切割东西,必然有缺折的时候;磨刀石终日磨擦,也会渐渐地亏损。所以君子不与人为敌,以保全自己。

134 见前面之千里,不若见背后之一寸,故达观非难,而反观为难;见见非难,而见不见为难。此举世之所迷,而智者之独觉也。

【译文】看到前面的千里,不如看到背后的一寸,所以说遍观不难,而反观就难了。看到能见到的东西不难,而看到不能见到的东西就难了。对这一点,举世的人都认识不清,只有智者才能体会得到。

135 誉既汝归①,毁将安辞②？利既汝归,害将安辞？功既汝归,罪将安辞？

【译文】荣誉既然归于了你,怎么能避免诋毁呢？利益既然归于了你,怎么能避免祸害呢？功劳既然归于了你,怎么能避免罪责呢？

【注释】①汝归:归你。 ②安:哪里。

136 上士会意,故体人也以意,观人也亦以意。意之感人也深于骨肉,意之杀人也毒于斧钺。鸥鸟知渔父之机,会意也,可以人而不如鸥乎？至于征色发声而不观察,则又在"色斯举矣"之下①。

【译文】高明之士能了解别人的愿望、心意,所以体贴人用心意,观察人也用心意。用心意感动人深于骨肉至亲,用心意杀人比斧钺还毒辣。鸥鸟能知道渔父的杀机,是会意的缘故,人怎么还不如鸥鸟呢？至于对表现出来的迹象、颜色、声音、言论不注意观察,又不如鸟看到人脸色不善就振翅飞走的聪明了。

【注释】①色斯举矣:语出《论语·乡党》:"色斯举矣,翔而后集。"朱熹注:"言鸟见人之颜色不善,则飞去,回翔审视而后下止。人见机而作,审择所处,亦当如此。"

137 士君子要任天下国家事,先把本身除外,所以说"策名委质"①,言自策名之后,身已非我有矣,况富贵乎？若营营于富贵身家,却是社稷苍生委质于我也,君之贼臣乎！天之僇民乎②！

【译文】士君子要担当天下国家的大事,先要忘记自身,所以说"策名委质",就是说你的名字登记在政府的书策上,你的身体就不属于自己了,何况是富贵呢？如果只为了钻营自己的身家富贵,这就成了社稷苍生委身于我了,这是国君的贼臣,上天的罪人啊！

【注释】①策名委质:《左传》僖公二十三年:"策名委质,贰乃辟也。"策名,名字书于策书。古者始仕,必先书其名于策。委质,人臣拜见人君时,屈膝委体于地,意谓必死节于君也。 ②僇民:僇,通"戮"。戮民,罪人。

138 圣贤之量空阔,事到胸中如一叶之泛沧海。

【译文】圣贤的气量宏大空阔,事情到了胸中,有如一叶小舟浮在沧海之中。

139 圣贤处天下事,委曲纡徐,不轻徇一己之情,以违天下之欲,以破天下之防。是故道有不当直,事有不必果者,此类是也。譬之行道然,循曲从远,顺其成迹,而不敢以欲速适己之便者,势不可也。若必欲简捷直遂,则两京程途,正以绳墨,破城除邑,塞河夷山,终有数百里之近矣,而人情事势不可也。是以处事要逊以出之,而学者接物怕径情直行。

【译文】圣贤处理天下的事情,委曲纡徐,不轻易顺从自己的感情,来违背天下人的愿望,破坏天下的纪纲。因此走路有时不必非走直路,办事也不一定非有成果,就是这个原因。比如行路,按照曲折的道路一直向远方行进,顺着前人踏出的道路走,不敢为了迅速到达而走自己认为便捷的道路,这是形势不允许的。如果一定要求简捷直达,那么从西京长安到东都洛阳,用绳墨直着量一量,拆毁城市,堵塞河流,夷平山脉,那就只有数百里的路程了,但这样做从人情事势上是办不到的啊!所以处理事务要谦逊、退让,而学者待人接物就怕任意直行。

140 热闹中,空老了多少豪杰;闲淡滋味,惟圣贤尝得出。及当热闹时,也只以这闲淡心应之。天下万事万物之理都是闲淡中求来,热闹处使用,是故静者动之母。

【译文】在热闹场中,有多少英雄豪杰虚度了时光而一天天衰老。闲淡滋味,只有圣贤才能品尝出来。到了热闹的时候,也以这闲淡心去应付;天下万事万物的道理都是从闲淡中体悟到的,而在热闹时才使用它。因此说静为动之母。

141 胸中无一毫欠缺,身上无一些点染,便是羲皇以上人,即在夷狄患难中,何异玉烛春台上①。

【译文】胸中无一毫欠缺,身上无一些点染,这便是伏羲氏以上的人,这种人即使处于夷狄或患难之中,也如处于四时气候调和的境地,如同春日登临游览之胜地。

【注释】①玉烛春台:玉烛,《尔雅·释天》:"四时和谓之玉烛。"引申为人君德美如玉,可致四季气候调和。春台,春日登临远眺之游览胜处。《老子》第二十章:"众人熙熙,如享太牢,如登春台。"

142 圣人掀天揭地事业只管做,只是不费力;除害去恶只管做,只是不动气;蹈险投艰只管做,只是不动心。

【译文】圣人对于掀天揭地的事业尽管做,只是不费力;对于除害去恶的事尽管做,只是不动气;对于蹈险投艰的事情尽管做,只是不动心。

143 圣贤用刚只够济那一件事便了,用明只够得那件情便了,分外不剩分毫。所以做事无痕迹,甚浑厚,事既有成而亦无议。

【译文】圣贤用刚,只要能完成那件事便不用了;用明,只够明了那件事情就不用了,此外不剩分毫。所以圣贤做事无痕迹,很浑厚,事情成功了也没有异议。

144 圣人只有一种才,千通万贯,随事合宜。譬如富贵,只积一种钱,贸易百货都得。众人之才如货,轻縠虽美①,不可御寒;轻裘虽温,不可当暑。又养才要有根本,则随遇不穷;运才要有机括,故随感不滞;持才要有涵蓄,故随事不败。

【译文】圣贤只有一种才,这种才可以贯通千万事物,都随事合宜。譬如富贵,只要积蓄钱就可以了,用它可以买来百种货物。普通人的才能就如同货物,轻柔的丝织品虽然很美,但不能御寒;轻软的毛皮衣服虽然很温暖,但暑天又不能穿。培养才能要从根本上着手,就会随遇不穷;运用才能要掌握关键,就会随感不滞;掌握才能要有涵养,就会随事不败。

【注释】①縠(hú):有皱纹的纱。

145 坐疑似之迹者,百口不能自辨;狃一见之真者,百口难夺其执,此世之通患也。惟圣虚明通变,吻合人情,如人之肝肺在其腹中,既无遁情①,亦无诬执,故人有感泣者,有愧服者,有欢悦者。故曰"惟圣人为能通天下之志"②。不能如圣人,先要个虚心。

【译文】处于似是而非的境地,有一百张嘴也难以说清楚;拘泥于一次看到的真实情况,有一百张嘴也难以说服他改变看法,这是世人的通病。只有圣贤的心胸能够通权达变,吻合人情,如同人的肝肺长在自己的腹中一般,既无隐情,也无欺骗执拗。因此,人们有为之感泣的,有愧服的,有欢悦的。所以说惟有圣人能打通天下人的心志。如果不能做到圣人那样,就先要虚心。

【注释】①遁:隐。 ②惟圣人为能通天下之志:《易·系辞上》:"是故圣人以通天下之志,以定天下之业,以断天下之疑。"

146 圣人处小人,不露行迹,中间自有得已处。高崖陡堑,直气壮頄①,皆裪也。即不论取祸,近小丈夫矣。孟子见乐正子从王欢②,何等深恶,及处王欢③,与行而不与比,虽然,犹形迹矣。孔子处阳货,只是个绐法④,处向魋,只是个躲法⑤。

【译文】圣人和小人相处,要不露行迹,但中间自然该停止的地方还要停止。来到高崖陡堑之上,还要显出勇往直前不害怕的样子,这也是气量狭小的表现。且不说这样做会遭到祸殃,即使这种做法,也只能算个小丈夫。孟子看见乐正子跟随王欢,是何等的不高兴啊!等到孟子和王欢相处的时候,只和他一起同行而不交好。虽然这样做也是可以的,但是已露出形迹了。孔子和阳货相处,只是采取了个说谎的方法;和向魋相处,只是采取了个躲避的方法。

【注释】①頄(qiú,又读kuí):颧骨。《周易·夬》:"壮于頄,有凶。" ②孟子见乐正子从王欢:事见《孟子·离娄上》。其文为:"乐正子从于子敖之齐。乐正子见孟子。孟子曰:'子亦来见我乎?'曰:'先生何为出此言也?'曰:'子来几日矣?'曰:'昔者。'曰:'昔者,则我出此言也,不亦宜乎?'曰:'舍馆未定。'曰:'子闻之也,舍馆定,然后求见长者乎?'曰:'克有罪。'""孟子谓乐正子曰:'子之从于子敖来,徒餔啜也。我不意子学古之道而以餔啜也。'"子敖,王欢字,齐国盖大夫。餔,食也。啜,饮也。 ③"及处王欢"句:《孟子·公孙丑下》:"孟子为卿于齐,出吊于滕,王使盖大夫王欢为辅行。王欢朝暮见,反齐、滕之路,未尝与之言行事也。公孙丑曰:'齐卿之位,不为小矣;齐、滕之路,不为近矣,反之而未尝与言行事,何也?'曰:'夫既或治之,予何言哉?'"又《孟子·离娄下》:"公行子有子之丧,右师(王欢)往吊。入门,有进而与右师言者,有就右师之位而与右师言者。孟子不与右师言,右师不悦曰:'诸君子皆与欢言,孟子独不与欢言,是简欢也。'孟子闻之曰:'礼,朝廷不历位而相与言,不逾阶而相揖也。我欲行礼,子敖以我为简,不亦异乎?'"从这里可以看出孟子对王欢的态度已表现在"形迹"上了。 ④"孔子处阳货"二句：《论语·阳货》："阳货欲见孔子，孔子不见，归孔子豚。孔子时其亡也，而往拜之，遇诸途。谓孔子曰：'来！予与尔言。'曰：'怀其宝而迷其邦，可谓仁乎？'曰：'不可。''好从事而亟失时，可谓知乎？'曰：'不可。''日月逝矣，岁不我与。'孔子曰：'诺。吾将仕矣。'"绐(dài)，通"诒"，相欺也。 ⑤"处向魋(tuí)"二句：《论语·述而》："子曰：'天生德于予，桓魋其如予何？'"桓魋，宋国司马向魋，因是宋桓公后代，所以又叫桓魋。又《史记·孔子世家》："孔子去曹，适宋，与弟子习礼大树下。宋司马桓魋欲杀孔子，拔其树，孔子去，弟子曰：'可以速矣。'孔子曰：'天生德于予，桓魋其如予何？'"

147 君子所得不同，故其所行亦异。有小人于此，仁者怜之，义者恶之，礼者处之不失体，智者处之不取祸，信者推诚以御之而不计利害，惟圣人处小人得当可之宜。

【译文】君子修养所获得的德行不同，所以行为也不同。对待小人，仁者可怜他，义者厌恶他，礼者和他相处不失礼，智者和他相处不惹祸，诚信的人用诚心来改造他而不计较对自己有利有害，只有圣人和小人相处能做到恰如其分。

148 被发于乡邻之斗，岂是恶念头？但类于从井救人矣。圣贤不为善于性分之外。

【译文】头发也来不及梳理，就赶快去解决乡邻之间的争斗，这难道是坏念头吗？但这和跳到井中去救人一样，是不能达到目的的。圣贤做善事也不做那些本分之外的事。

149 仕途上只应酬，无益人事，工夫占了八分，更有甚精力时候修正经职业？我尝自喜行三种方便，甚于彼我有益。不面谒人，省其疲于应接；不轻寄书，省其困于裁答；不乞求人看顾，省其难于区处。

【译文】在官场上只靠应酬，对处理人事没有什么好处。功夫占去了八分，还有什么精力、时间去做正经事呢？我常常自己喜欢用三种方法，对于彼此甚有好处。一是不去拜访人，省得别人疲于应接；不轻易给人写信，省得对方被回信的事困扰；不乞求别人照顾，省得对方难以处理。

150 士君子终身应酬不止一事，全要将一个静定心，酌量缓急轻重为后先。若应轇轕情①，处纷杂事，都是一味热忙，颠倒乱应，只此便不见存心定性之功、当事处物之法。

【译文】士君子终身应酬的不只是一件事，就全靠有一个安静稳定的心情，酌量缓急轻重来决定先处理还是后处理。如果碰到交错难缠的事情、处理纷杂的事务，都热心忙活一通，胡乱应承，只这点就看不到有存心定性的功夫、遇事处物的方法。

【注释】①轇轕（jiāogé）：同"胶葛"，交错纠缠貌。

151 儒者先要个不俗，才不俗又怕乖俗。圣人只是和人一般，中间自有妙处。

【译文】儒者先要不俗，才不俗又怕背离了习俗。圣人只是和一般人一样，这其中自有巧妙的地方。

152 处天下事先把"我"字搁起，千军万马中先把"人"字搁起。

【译文】处理天下的事先要把"我"字搁起来，千军万马之中先要把"人"字搁起来。

153 处毁誉要有识有量，今之学者尽有向上底，见世所誉而趋之，见世所毁而避之，只是识不定。闻誉我而喜，闻毁我而怒，只是量不广。真善恶在我，毁誉于我无分毫相干。

【译文】处于诽谤和赞誉的境地要有识有量。现在的学者尽有向上的，看见世人所赞誉的事就趋向之，看到世人所诽谤的事就躲避开，这样做只能说没有一定的见识。听到人家称赞我就高兴，听到人家诽谤我就发怒，只说明气量太窄。是真善、是真恶，我自己心中明白，诽谤或赞誉和我分毫不相干。

154 某平生只欲开口见心，不解作吞吐语。或曰："恐非'其难其慎'之义①。"予矍然惊谢曰："公言甚是。但其难其慎在未言之前，心中择个是字才脱口，更不复疑，何吞吐之有？吞吐者，半明半暗，似于'开诚心'三字碍。"

【译文】我平生只想说开口见心的话，不会说吞吞吐吐的话。有人说："恐怕这不符合要严谨要慎重之义。"我急忙吃惊地回答说："您的话很对。但它的难和慎在未说话之前，心中已选择好正确的意见才开口，这就没有再需要怀疑的了,哪里还会有吞吞吐吐的事呢?吞吞吐吐,是半说清楚,半不说清楚,对'开诚心'这三个字是有防碍的。"

【注释】①其难其慎:《尚书·咸有一德》:"其难其慎,惟和惟一。"

155 接人要和中有介①,处事要精中有果,认理要正中有通。

【译文】待人要和气中有耿介,处事要精明中有果断,认理要正确中有通达。

【注释】①介:独特,耿介。

156 天下之事,常鼓舞不见罢劳①,一衰歇便难振举。是以君子提醒精神,不令昏眊②;役使筋骨,不令怠惰,惧振举之难也。

【译文】天下之事,经常鼓舞才不会出现停息劳累,一衰歇便难以振举。所以君子要提醒精神,不使头昏眼花;要活动筋骨,不使松懈懒惰,害怕将来再振举时困难啊!

【注释】①罢:同"疲"。 ②眊(mào):眼睛失神,昏暗。

157 实言、实行、实心,无不孚人之理①。

【译文】实言、实行、实心,没有不让人信服的道理。

【注释】①孚:使人信服。

158 当大事要心神定,心气足。

【译文】面临大事时要心神定、心气足。

159 世间无一处无拂意事,无一日无拂意事,惟度量宽宏有受用处。彼局量褊浅者,空自懊恨耳。

【译文】世间无一处没有违背人心意的事,无一天没有违背人心意的事,只有度量宽大的人才有受用处。那些度量狭小的人,只能无用地懊恨而已。

160 听言之道,徐审为先,执不信之心与执必信之心,其失一也。惟圣人能先觉,其次莫如徐审。

【译文】听言的方法,慢慢地思索审度最为重要,如果采用不相信的态度和完全相信的心理,失误都是相同的。只有圣人能先觉,其他的人都不如慢慢地思索审度。

161 君子之处事也,要我就事,不令事就我。其长民也①,要我就民,不令民就我。

【译文】君子处理事务,要去找事做,不要等事情来找我。君子管理民众,应该我接近民众,不要等民众来接近我。

【注释】①长民:管理人民。

162 上智不悔,详于事先也;下愚不悔,迷于事后也。惟君子多悔,虽然,悔人事不悔天命,悔我不悔人,我无可悔,则天也人也听之矣。

【译文】智慧高的人不后悔,是因为事先已有了详密的准备;愚蠢的人不后悔,是因为事后还处于迷惑的状态。惟有君子经常悔恨,虽然如此,君子是后悔没有尽到人事而不是后悔天命不来成就我,后悔自己做的不够好而不是抱怨别人。我自己没什么可后悔的,任凭天命和别人对我如何,我都听之任之。

163 某应酬时,有一大病痛,每于事前疏忽,事后点检,点检后辄悔吝①。闲时慵懒,忙时迫急,迫急后辄差错。或曰:此失先后著耳。肯把点检心放在事前,省得点检,又省得悔吝;肯把急迫心放在闲时,省得差错,又省得牵挂。大率我辈不是事累心,乃是心累心。一谨之不能,而谨无益之谨;一勤之不能,而勤无及之勤。于此心倍苦,而于事反不详焉。昏懦甚矣,书此以自让。

【译文】我在应酬时,有一个大毛病,每于事前疏忽,事后才点检,点检后就心生悔恨。闲的时候懒惰,忙的时候才着急,着急以后就出现差错。有人说:这是先后的态度弄错了的缘故。如果把点检的心思放在事前,就省去了事后点检,又省得悔恨;把着急的心思放在闲的时候,到忙时省得出差错,又省得牵挂。大概说来,我们这些人不是事情累心,而是心累心。一开始不能谨慎,而在无益的事情上谨慎;一开始不勤奋,而到来不及时才勤奋。这样心中就加倍地劳苦,而对事情反而做得不周全。这实在是昏懦得太厉害了,写下来以此自责。

【注释】①悔吝:悔恨。

164 无谓人唯唯,遂以为是我也;无谓人默默,遂以为服我也;无谓人煦煦,遂以为爱我也;无谓人卑卑,遂以为恭我也。

【译文】不要认为别人唯唯诺诺,就以为是赞成自己;不要认为别人默默不语,就以为是佩服自己;不要认为别人和和乐乐,就以为是热爱自己;不要认为别人卑卑谦谦,就以为是尊敬自己。

165 事到手且莫急,便要缓缓想想;得时切莫缓,便要急急行。

【译文】事到手且莫急,还要缓缓想想;得到时机时切莫缓,便要急急行。

166 我不能宁耐事而令事如吾意,不则躁烦;我不能涵容人而令人如吾意,不则谴怒。如是则终日无自在时矣。而事卒以偾①,人卒以怨,我卒以损,此谓至愚。

【译文】我做事不能忍耐而又要让事合我意,不然就急躁烦恼;我不能涵容人而又要让人行事适合我意,不然就谴责发怒。如此,则终日没有轻松自在的时候。而事情最终会因此失败,人们最终也会因此对我怨恨,我最终会因此受到损害,这叫做至愚。

【注释】①偾(fèn):覆败。

167 有由衷之言,有由口之言。有根心之色,有浮面之色。各不同也,应之者贵审。

【译文】有发自内心的言论,有只是口中说说的言论。有从内心表现出来的容色,有只是浮在脸上的容色。这都是各不相同的,对待的方法就是要审慎。

168 富贵,家之灾也;才能,身之殃也;声名,谤之媒也;欢乐,悲之藉也。故惟处顺境为难,只是常有惧心,退一步做,则免于祸。

【译文】富贵,是家庭的灾害;才能,是身体的祸殃;声名,是诽谤的媒介;欢乐,是悲哀的凭借。所以说只有处在顺境的时候是难事,只有常怀恐惧之心,退一步去做,才能免祸。

169 语云:一错二误,最好理会。凡一错者必二误,盖错必悔怍,悔怍则心凝于所悔,不暇他思,又错一事。是以无心成一错,有心成二误也。礼节应对间,最多此失。苟有错处,更宜镇定,不可忙乱,一忙乱则相因而错者无穷矣。

【译文】常说"一错二误",这话最好理解。凡一错者必有二误,因为错了必然会后悔惭愧,后悔惭愧则心思就集中在这种心情中,顾不上考虑别的事,就会又做错一件事。因此说无心造成了一个错误,有心又造成了第二个失误。礼节应对之间,最容易出现这种失误。如果出现了这种错误,更应该镇定,不可忙乱,一忙乱就会接连不断地出错。

170 冲繁地、顽钝人、纷杂事、迟滞期、拂逆时,此中最好养火。若决裂愤激,悔不可言。耐得过时,有无限受用。

【译文】处于冲要繁华的地方,遇到愚蠢迟钝的人物,处理纷乱繁杂的事情,碰到迟缓延滞的期限,遭遇违背不顺的时势,这种境况最能涵养气质息止火气。如果用决裂愤激的态度去对待,悔不可言。忍耐过去,就有无限受用。

171 当繁迫事,使聋瞽人;值追逐时,骑瘦病马;对昏残烛,理烂乱丝,而能意念不躁,声色不动,亦不后事者,其才器吾诚服之矣。

【译文】遇到繁乱紧迫的事情,使用的是聋人和盲人;正当需要追逐的时候,骑的是病马和瘦马;对着昏暗残留的烛光,整理坏烂的东西和乱丝,这时能意念不躁,声色不动,也不误事的人,对他的才能和气量我就心悦诚服了。

172 义所当为,力所能为,心欲有为,而亲友挽得回,妻孥劝得止,只是无志。

【译文】按照义应当做,力量也能做,心里也想做,而亲友能劝得你不做,妻子儿女能劝得你停止,这只能说是无志。

173 妙处先定不得,口传不得。临事临时,相机度势,或只须色意,或只须片言,或用疾雷,或用积阴①,务在当可。不必彼觉,不必人惊,却要善持善发,一错便是死生关。

【译文】巧妙的处事办法不能预先确定下来,不能用口头传达下来。要临事临时,相机度势,或只需要用眼色示意,或只需要片言只语,或用疾雷般迅速的办法,或用暗中积累的办法,务必适当可行。不要让对方发觉,不要惊扰别人,却要妥善掌握妥善实行,这时,一错便是生死关头。

【注释】①积阴:云厚而不雨,指待发。

174 意主于爱,则诟骂朴击,皆所以亲之也。意主于恶,则奖誉绸缪,皆所以仇之也。

【译文】意念是从爱发出来的,那么诟骂棒打都是为了亲爱;意念是从厌恶发出来的,那么奖誉殷勤,都是为了表达仇恨。

175 养定者,上交则恭而不迫,下交则泰而不忽,处亲则爱而不狎,处疏则真而不厌。

【译文】修养功夫很深厚的人,和比自己地位高的人交往恭而不迫,和比自己地位低的人交往则泰而不忽,和亲人相处则爱而不狎,和疏远的人交往则真而不厌。

176 有进用,有退用;有虚用,有实用;有缓用,有骤用;有默用,有不用之用。此八用者,宰事之权也,而要之归于济义,不义虽济,君子不贵也。

【译文】有进用,有退用;有虚用,有实用;有缓用,有骤用;有默用,有不用之用。这八用,是主宰事物者的权变之术,而其要旨归于成就义,如果不合于义,即使能够成功,君子也不以为贵。

177 责人要含蓄,忌太尽;要委婉,忌太直;要疑似,忌太真。今子弟受父兄之责也,尚有所不堪,而况他人乎?孔子曰:"忠告而善道之,不可则止①。"此语不止全交,亦可养气。

【译文】责备人要含蓄,忌太严;要委婉,忌太直;要疑似,忌太真。现在子弟受到父兄的责备,还觉得受不了,何况他人呢?孔子说:"忠告而善道之,不可则止。"这话不只可以保全交情,也可以涵养气质。

【注释】①"忠告而善道之"二句:《论语·颜渊》:"子贡问友,子曰:'忠告而善道之,不可则止,无自辱焉。'"朱熹注:"友所以辅仁,故尽其心以告之,善其说以道之。然以义合者也,故不可则止。"

178 祸莫大于不仇人而有仇人之辞色,耻莫大于不恩人而诈恩人之状态。

【译文】祸莫大于不仇恨别人而表现出仇恨的言辞脸色,耻莫大于对人无恩而装出恩人的状态。

179 柔胜刚,讷止辩①,让愧争,谦伏傲。是故退者得常倍,进者失常倍。

【译文】柔弱能胜刚强,少言能止辩口,退让能愧争夺,谦逊能伏傲慢。因此谦退的人得到的常常加倍,而躁进的人失去的常常加倍。

【注释】①讷：口迟，慎言。

180 余少时曾泄当密之语，先君责之。对曰："已戒闻者，使勿泄矣。"先君曰："子不能必子之口，而能必人之口乎？且戒人与戒己孰难？小子慎之。"

【译文】我小的时候曾泄露了应当保密的话，父亲责备我，我回答说："我已告诫听话的人，让他不要泄露给别人。"父亲说："你不能管住自己的口，还能管住别人的口吗？况且你可以想一想，管住自己和管住别人哪个难？小孩子一定要谨慎。"

181 中孚①，妙之至也。格天动物不在形迹言语事为之末，苟无诚以孚之，诸皆糟粕耳，徒勤无益于义。鸟抱卵曰孚②，从爪从子，血气潜入，而子随母化，岂在声色？岂事造作？学者悟此，自不怨天尤人。

【译文】中孚，即诚信无所不在。《易经》的这一卦，是非常之妙啊！格天动物不表现在形迹、语言、做事这些末节上，如果没有诚意而使人信服，这些表现在形迹上的东西只是糟粕而已，徒有辛苦而于义无益。鸟孵卵叫孚，孚字由爪子二字组成，血气潜入，子随母化，岂有声色？岂有造作？学者体悟到这点，自然就不会怨天尤人了。

【注释】①中孚：诚信无所不在。　②孚：通"孵"。

182 应万变，索万理，惟沉静者得之。是故水止则能照，衡定则能称。世亦有昏昏应酬而亦济事，梦梦谈道而亦有发明者，非资质高，则偶然合也，所不合者何限？

【译文】应万变，求万理，只有沉静的人才能得到。因此水在静止时则能照物，秤在平衡时才能称物。世上也有昏昏应酬也成功了的，有胡乱谈道也有所阐明的，如果不是资质高，就是偶然相合，但不合者就不可胜数了。

183 祸莫大于不体人之私而又苦之，仇莫深于不讳人之短而又讦之①。

【译文】祸莫大于不体谅别人内心的隐秘，还要增加他的苦恼；仇莫深于不避讳别人的短处，还要进行揭发攻击。

【注释】①讦（jié）：斥责别人的短处或揭发别人的阴私。

184 肯替别人想,是第一等学问。

【译文】肯替别人着想,是第一等的学问。

185 不怕千日密,只愁一事疏。诚了再无疏处,小人掩著,徒劳尔心矣。譬之于物,一毫欠缺,久则自有欠缺承当时。譬之于身,一毫虚弱,久则自有虚弱承当时。

【译文】不怕千日密,只愁一事疏。诚了就不会有疏失处,小人遮掩着,只是徒费心思而已。譬如物品,只要有一毫欠缺,久了自有欠缺承当的时候。譬如身体,只要有一毫虚弱,久了自有虚弱承当的时候。

186 置其身于是非之外,而后可以折是非之中;置其身于利害之外,而后可以观利害之变。

【译文】置身于是非之外,而后才可以判断是非;置身于利害之外,而后才可以观利害之变。

187 余观察晋中①,每升堂,首领官凡四人,先揖堂官,次分班对揖,将退,则余揖手,四人又一躬而行。一日三人者以公出,一人在堂,偶忘对班之无人,又忽揖下,起愧不可言,群吏忍口而笑。余揖手谓之曰:"有事不妨先退。"揖者退,其色顿平。昔余令大同日②,县丞到任,余让笔揖手,丞他顾而失瞻,余面责簿吏曰:"奈何不以礼告新官?"丞愧谢,终公宴不解容。余甚悔之。偶此举能掩人过,可补前失矣,因识之以充忠厚之端云。

【译文】我在晋中任按察史的时候,每当升堂时,首领官共四人,先向堂官作揖,然后分班对揖。将退时,我拱手作揖,四人鞠一躬退出去。一天,三个人因公外出,一个人在堂上,偶然忘记对班无人,又作揖行礼,起来以后愧不可言,群吏也掩口而笑。我拱手作揖说:"有事不妨先退。"作揖的人退下,脸色顿时平和下来。从前我任大同守令时,县丞到任,我让笔拱手作揖,县丞看别处而没看到我作揖,我就当面斥责簿吏说:"为什么不把礼节告诉新官?"县丞惭愧地谢罪,直到公宴结束面色都不自然。我很后悔。这次偶然遇到这件能掩人过错的机会,可以弥补我以前的过失了。因此记下来,以扩充忠厚品德的端绪。

【注释】①观察晋中:吕坤于明神宗万历十七年(1589)任山西按察吏。②令大同日:吕坤于明神宗万历三年(1575)由襄垣令调任大同。

188 善用人底是个人都用得,不善用人底是个人用不得。

【译文】善于用人的人,是个人都可以用;不善用人的人,是个人都用不得。

189 以多恶弃人,而以小失发端,是藉弃者以口实,而自取不韪之讥也。曾有一隶,怒挞人,余杖而恕之。又窃同舍钱,又杖而恕之,且戒之曰:"汝慎,三犯不汝容矣!"一日在宴,醉而寝。余既行矣,而呼之不至,既至托疾,实醉也。余逐之。出语人曰:"余病不能从,遂逐我。"人曰:"某公有德器,乃以疾逐人耶?"不知余恶之也,以积愆而逐之也。以小失则余之拙也。虽然,彼藉口以自白,可为他日更主之先容,余拙何悔!

【译文】因为一个人作恶太多而不用他,但以小错作为借口,是给不用者造成口实,自己也会被人认为不对而遭受讥讽。曾有一仆隶,发怒打人,我让人打了他几杖饶恕了他。他又偷同屋人的钱,我又让人打了他几杖饶恕了他,并且告诉他说:"你要小心,第三次再犯错误,我就要将你赶走。"一天宴会时,他喝醉酒去睡觉,我要走了,叫他他不到,一会儿又假托有病,实际上是喝醉了。因此我驱逐了他。他出去以后对人说:"我因为有病不能跟随,就被赶了出来。"别人说:"吕公是位有德器的人,怎能因为生病就把人赶走呢?"不知我厌恶他,是因他屡犯过失才把他赶走的。这次因小过将他赶走,我的做法是多么笨拙啊!虽然如此,他以此为借口自我表白,如果可以为他以后找到新主人创造条件,我对自己的笨拙又有什么可后悔的呢?

190 手段不可太阔,太阔则填塞难完;头绪不可太繁,太繁则照管不到。

【译文】赏赐时出手不可太大,太大则难以满足对方的要求。做事时头绪不可太繁,太繁则照管不到。

191 得了真是非,才论公是非。而今是非不但捉风捕影,且无风无影,不知何处生来。妄听者遽信是实,以定是非,曰我无私也。噫!固无私矣,《采苓》止棘①,暴公《巷伯》②,孰为辩之?

【译文】看清了真是真非,才能公开地评论是非。而现在对是非的分辨不但是捕风捉影,且无风无影,不知从何处生来的议论。而妄听的人又立刻相信是实事,并以此来判断是非,还要说"我没有私心啊"。唉,固然没有私心,《诗经》中《采苓》、《黄鸟》、《巷伯》等篇中记载的那些遭谗受谤的人,谁为他们辩护呢?

【注释】①《采苓》止棘:《采苓》,《诗经·唐风》篇名。毛序:"《采苓》,刺献公也,献公好听谗焉。"止棘,《诗经·秦风·黄鸟》:"交交黄鸟,止于棘。"诗刺秦穆公以子车、奄息殉葬事。这里比喻处于是非不明的境地。 ②暴公《巷伯》:暴公,《诗·小雅·何人斯》:"彼何人斯,其心孔艰。胡逝我梁,不入我门。伊谁云从,维暴之云。"朱熹注:"我,旧说以为苏公也。暴,暴公,皆畿内诸侯也。""旧说暴公为卿士而谮苏公,故苏公作诗以绝之。然不欲直斥暴公,故但指其从行者而言。"《巷伯》,《诗经·小雅》篇名,毛序:"《巷伯》,刺幽王也,寺人伤于谗,故作是诗也。"诉说人处于遭谗不能申辩的境地。

192 固可使之愧也,乃使之怨;固可使之悔也,乃使之怒;固可使之感也,乃使之恨。晓人当如是邪?

【译文】本来可以使他惭愧,却使他产生了怨恨;本来可以使他悔恨,却使他产生了愤怒;本来可以使他感激,却使他产生了仇恨。明白人能把事办成这样吗?

193 不要使人有过。

【译文】不要使人产生过错。

194 谦忍皆居尊之道,俭朴皆居富之道。故曰卑不学恭,贫不学俭。

【译文】谦虚忍让是居于尊位的处世之道,节俭朴素是居于富位的处世之道。所以说处于卑下地位不要学谦恭之态,处于贫贱的境地不要学俭朴之态。

195 豪雄之气,虽正多粗,只用他一分便足济事,那九分都多了,反以偾事矣。

【译文】豪雄的气概,虽然很正,但往往比较粗,只使用其气概中的一分便足以成事,剩下的九分都是多余的,用了反而会坏事。

196 君子不受人不得已之情,不苦人不敢不从之事。

【译文】君子不接受别人不得已之情,不强迫人做不敢不服从的事。

197 教人十六字:诱掖、奖劝、提撕、警觉、涵育、薰陶、鼓舞、兴作。

【译文】教育人的十六个字为：诱掖、奖劝、提撕、警觉、涵育、熏陶、鼓舞、兴作。

198 水激逆流，火激横发，人激乱作，君子慎其所以激者。愧之则小人可使为君子，激之则君子可使为小人。

【译文】水一激就要逆流，火一激就要横发，人一激就要作乱，所以君子对待激发的事要慎重。使人感到惭愧，小人可以变成君子；如果去激他，君子可以成为小人。

199 事前忍易，正事忍难；正事悔易，事后悔难。

【译文】事前忍耐容易，事情进行中忍耐就困难；事情进行中反悔容易，事后再反悔就难了。

200 说尽有千说，是却无两是。故谈道者必要诸一是而后精，谋事者必定于一是而后济。

【译文】说法尽管有千种，正确的道理却只有一个。因此谈论道理的人必须紧紧抓住一个正确的道理才能更加精深，谋划事情的人必须确定一个正确的方案才能获得最后的成功。

201 世间事各有恰好处，慎一分者得一分，忽一分者失一分。全慎全得，全忽全失。小事多忽，忽小则失大；易事多忽，忽易则失难。存心君子自得之体验中耳。

【译文】世间的各种事情都有各自的恰好处，谨慎一分就能得到一分，疏忽一分就会失去一分。全都谨慎就会全部得到，全都疏忽就会全部失去。在小事上，多会产生疏忽，疏忽了小的就会失去大的；在容易的事上，多会产生疏忽，疏忽了容易的就会失去难得的。用心思考的人自然会从自身的体验中领悟到这个道理。

202 到一处问一处风俗，果不大害，相与循之，无与相忤。果于义有妨，或不言而默默转移，或婉言而徐徐感动。彼将不觉而同归于我矣。若疾言厉色，是己非人，是激也，自家取祸不惜，可惜好事做不成。

【译文】到一处问一处风俗，如果不会有大的害处，就可以入乡随俗，不要违背。如果对义有妨害，或者不说而默默加以转移，或者婉言相劝使慢慢感动,对方会在不知不觉中同意我的意见。如果疾言厉色,是己非人,是激他的做法,自己受祸还不足惜,可惜的是好事做不成。

203 事有可以义起者,不必泥守旧例;有可以独断者,不必观望众人。若旧例当、众人是,莫非胸中道理而彼先得之者也。方喜旧例免吾劳,方喜众见印吾是,何可别生意见以作聪明哉!此继人之后者之所当知也。

【译文】事有为了义而做的,这时就不必拘泥于旧例;有可以独自决定的,就不必观望众人。如果旧例确实妥当,众人确实正确,只不过是我胸中的道理别人先明白罢了。这时正高兴旧例可以免得我再去思考的劳累,正高兴众见可以印证我的意见的正确,哪还能再生出别的意见自作聪明呢!这是继承别人事业的人应当知道的。

204 善用明者用之于暗,善用密者用之于疏。

【译文】善于在光明中做事,也要把光明推到暗处;做事计划周密,也要把这种精神用在容易疏漏的地方。

205 你说底是,我便从,我不是从你,我自从是,何私之有?你说底不是,我便不从,不是不从你,我自不从不是,何嫌之有?

【译文】你说得正确,我便听从,我不是听从你,我是听从正确的意见,这有什么私心呢?你说得不对,我便不听从,不是不听从你,是不听从不对的意见,有什么嫌疑呢?

206 日用酬酢,事事物物要合天理人情。所谓合者,如物之有底盖,然方者不与圆者合,大者不与小者合,欹者不与正者合。覆诸其上而不广不狭,旁视其隙而若有若无。一物有一物之合,不相苦瘘①;万物各有其合,不相假借。此之谓天则,此之谓大中,此之谓天下万事万物各得其所。而圣人之所以从容中,贤者之所以精一求,众人之所以醉心梦意错行乱施者也。

【译文】日常交往,事事物物要合天理人情。所谓合,就如同物品有底有盖,然而方的不会和圆的合,大的不会与小的合,斜的不与正的合。盖在上面不大不小,旁边看看,那缝隙若有若无。一物有一物之合,不相凑合;万物各有其合,不相假借。这叫做天则,这叫做大中,这叫做天下万事万物各得其所。这就是圣人能够从容地做到符合中庸之道,贤人能够做到精粹纯一,而众人则只会醉心梦意、错行乱施的原因。

【注释】①苦窳(yǔ):粗劣。

207 事有不当为而为者,固不是;有不当悔而悔者,亦不是。圣贤终始无二心,只是见得定了,做时原不错,做后如何悔? 即有凶咎,亦是做时便大拚如此①。

【译文】事有不当为而为者,固然不对;有不当悔而悔者,也不对。圣贤始终无二心,只是因为见识确定,做的时候就不错,做后怎么会后悔? 即使有危险,做的时候就不计后果了。

【注释】①拚(pīn,旧读pān):舍弃,不顾惜。

208 心实不然而迹实然,人执其然之迹,我辨其不然之心,虽百口不相信也。故君子不示人以可疑之迹,不自诬其难辨之心。何者? 正大之心,孚人有素;光明之行,无所掩覆也。倘有疑我者,任之而已,哓哓何为?

【译文】心中想的不是这样,而行迹表现出来的却是这样,人们抓住表现出来的形迹,我辨白不是如此的心迹,虽然长出百张口来,人们也不会相信。所以君子不示人以可疑之迹,不自诬其难辨之心。为什么呢? 正大之心,平时就会被人相信;光明之行,没什么可以掩盖。假如有怀疑我的,只能任他怀疑而已,何必还要不停地辩解呢!

209 大丈夫看得生死最轻,所以不肯死者,将以求死所也。死得其所,则为善用死矣。成仁取义,死之所也,虽死贤于生也。

【译文】大丈夫把生死看得最轻,所以不愿意死,是为了找到一个可以为之死的事情。死得其所,就是善用死了。成仁取义,就是应死之所,虽死也比活着强。

210 将祭而齐①,其思虑之不齐者,不惟恶念,就是善念也是不该动底。这三日里,时时刻刻只在那所祭者身上,更无别个想头,故曰"精白一心"。②才一毫杂,便不是精白;才二,便不是一心。故君子平日无邪梦,齐日无杂梦。

【译文】将要祭祀时举行斋戒,有人思想意念上不斋戒,不只是有恶念,就是善念也不该产生。斋戒这三天中,时时刻刻思虑要在那被祭者的身上,更不要有别的想法,因此称作"精白一心"。才有一毫杂念,便不是精白;才有两个念头,便不是一心。所以君子平日无邪梦,斋日无杂梦。

【注释】①齐:通"斋",斋戒。　②精白:纯洁。一心:专一。

211　彰死友之过,此是第一不仁。生而告之也,望其能改,彼及闻之也,尚能自白。死而彰之,夫何为者? 虽实过也,吾为掩之。

【译文】彰显死友的过错,这是第一等的不仁。生时告诉他,是希望他能改过,这时他还能听到,还可以自我表白。死了以后才揭发,是为了什么呢? 虽然他实有过错,我也要为他遮掩。

212　争利起于人各有欲,争言起于人各有见。惟君子以淡泊自处,以知能让人,胸中有无限快活处。

【译文】争利起于人各有欲望,争言起于人各有见解。只有君子能以淡泊自处,以智能让人,胸中有无限快活处。

213　吃这一箸饭是何人种获底? 穿这一匹帛是何人织染底? 大厦高堂如何该我住居? 安车驷马如何该我乘坐? 获饱暖之休,思作者之劳;享尊荣之乐,思供者之苦。此士大夫日夜不可忘情者也。不然,其负斯世斯民多矣。

【译文】吃的这一碗饭是何人种收的? 穿的这一匹帛是何人织染的? 大厦高堂如何该我居住? 安车驷马如何该我乘坐? 获得饱暖的生活,应思劳作者的辛苦;享受尊荣的快乐,应思供给者的辛劳。这是士大夫日夜不可忘记的啊! 不然,有负这世界、这人民的就太多了。

214　只大公了,便是包涵天下气象。

【译文】只大公无私了,便有包涵天下的气象。

215　定、静、安、虑、得①,此五字时时有,事事有,离了此五字,便是孟浪做。

【译文】定、静、安、虑、得,这五个字时时有、事事有,离了这五个字,便是孟浪的做法。

【注释】①定、静、安、虑、得:《大学》第一章:"知止而后有定,定而后能静,静而后能安,安而后能虑,虑而后能得。"

216 公人易,公己难;公己易,公己于人难。公己于人易,忘人己之界而不知我之为谁难。公人处人,能公者也。公己处己,亦公者也。至于公己于人,则不以我为嫌,时当贵我富我,泰然处之,而不嫌于尊己;事当逸我利我,公然行之,而不嫌于厉民。非富贵我、逸利我也。我者,天下之我也。天下之名分纪纲于我乎寄,则我者名分纪纲之具也,何嫌之有?此之谓公己于人。虽然,犹未能忘其道未化也。圣人处富贵逸利之地而忘其身,为天下劳苦卑困而亦忘其身,非曰我分当然也,非曰我志欲然也。譬痛者之必呻吟,乐者之必谈笑,痒者之必爬搔,自然而已。譬蝉之鸣秋,鸡之啼晓,草木之荣枯,自然而已。夫如是,虽负之使灰其心,怒之使薄其意,不能也。况此分不尽,而此心少怠乎?况人情未孚,而惟人是责乎?夫是之谓忘人己之界而不知我之为谁。不知我之为谁,则亦不知人之为谁矣。不知人我之为谁,则六合混一而太和元气塞于天地之间矣。必如是而后谓之仁。

【译文】用公心待人易,用公心处己就难了;用公心处己易,把用公心处己的情况公之于人就难了;把用公心处己的事公之于人易,忘记人己的界限而不知我之为谁就难了。能以公心处人的人,是有公心的人;能以公心处己的人,也是有公心的人。至于把用公心处己的情况公之于人,不怕别人对我有什么猜疑,时势使我富使我贵,我泰然处之,而不怕别人认为是为了使自己尊贵;事情使我安逸使我得利,我公然行之,也不怕有害民之嫌。这不是要富贵我、逸利我,因为我是天下的我。天下的名分纪纲寄托在我的身上,那我就成为名分纪纲的体现,还怕什么猜嫌呢?这就叫做公己于人。虽然如此,仍然不能忘记这种修养还未达到出神入化的程度。圣人处于富贵逸利之地而忘其身,为了天下劳苦卑困而忘其身,不说这是自己本分应该如此,也不说我的志向就是如此。圣人对此的态度就好比痛苦必然要呻吟,快乐必然要谈笑,痒了必然要爬搔,出于自然而已。就如同蝉之鸣秋,鸡之啼晓,草木之荣枯,都出于自然一样。能做到这一点,虽然辜负了他要使他灰心,激怒他要使他意志消沉,都是不可能的。况且自己的本分还没尽到,心中怎能有稍许怠惰呢?何况人情还未信服,怎么能责备别人呢?这就叫做忘记了人己的界限而不知我之为谁。不知我为之谁,也不知人之为谁了。不知人我之为谁,则六合混为一体而太和元气充塞于天地之间了。必须做到这样,才能叫做仁。

217 才下手,便想到究竟处。

【译文】才下手,便想到终了处。

218 理势数皆有自然,圣人不与自然斗,先之不敢干之,从之不敢迎之,待之不敢奈之,养之不敢强之。功在凝精,不撄其锋;妙在默成,不揭其名。夫是以理势数皆为我用而相忘于不争。噫!非善济天下之事者不足以语此。

【译文】理、势、数都有它自然的规律,圣人不与自然斗,让其作为先导而不敢干涉它,跟从它而不能逆着它,等待它而不敢奈何它,养着它而不敢强迫它。功用在于凝聚它的精华,而不能触犯它的锋芒;妙用在于默默成功,而不显露其名。这样,把理、势、数都为我所用而相忘于不争。噫!除非善于成就天下大事的人,不能和他谈论这个道理。

219 心一气纯,可以格天动物,天下无不成之务矣。

【译文】心专一,气纯粹,可以感天动物,天下没有干不成功的事情。

220 握其机使自息①,开其窍使自噭,发其萌使自峥,提其纲使自张,此老氏之术乎?曰:非也。二帝三王御世之大法不过是也。解其所不得不动,投其所不能不好,示其所不得不避,天下固有拚死而惟吾意指者,操之有要而战掇其心故也②。化工无他术,亦只是如此。

【译文】掌握其生机使其自己繁殖,开启其孔道使其自己叫喊,启发其萌芽使其自己生长,提挈其纲领使其自我扩张。这是老子的学说吗?回答说:不是。二帝三王治世之大法不会超出这些。解其所不得不动,投其所不得不好,示其所不得不避,天下就会有拚死也按照我的指挥行动的人,这是因为掌握了他的要害而又能估量他的心意的缘故。教化的功夫没有其他的办法,也只有这些而已。

【注释】①息:生长。 ②战掇(diānduō):估量物体轻重,引申为估量利害。

221 对忧人勿乐,对哭人勿笑,对失意人勿矜。

【译文】对忧愁的人不要欢乐,对哭的人不要笑,对失意的人不要自夸。

222 "与禽兽奚择哉?于禽兽又何难焉①!"此是孟子大排遣。初爱敬人时,就安排这念头,再不生气。余因扩充排遣横逆之法,此外有十：一曰与小人处，进德之资也。彼侮愈甚，我忍愈坚，于我奚损哉！《诗》曰："他山之石，可以攻玉②。"二曰不遇小人，不足以验我之量。《书》曰："有容，德乃大③。"三曰彼横逆者至，于自反而忠，犹不得免焉，其人之玩悖甚矣，一与之校，必起祸端。兵法云："求而不得者，挑也无应④。"四曰始爱敬矣，又自反而仁礼矣，又自反而忠矣，我理益直，我过益寡，其卒也，乃不忍于一逞以掩旧善而与彼分恶，智者不为。太史公曰："无弃前修而崇新过⑤。"五曰是非之心，人皆有之，彼固自昧其天而责我无已，公论自明，吾亦付之不辩。古人云："桃李无言，下自成蹊⑥。"六曰自反无阙，彼欲难盈，安心以待之，缄口以听之，彼计必穷。兵志曰："不应不动，敌将自静⑦。"七曰可避则避之，如太王之去邠⑧；可下则下之，如韩信之胯下⑨。古人云："身愈诎，道愈尊⑩。"又曰："终身让畔，不失一段⑪。"八曰付之天。天道有知，知我者其天乎！《诗》曰："投畀有昊⑫。"九曰委之命。人生相与，或顺或忤，或合或离，或疏之而亲，或厚之而疑，或偶遭而解，或久构而危。鲁平公将出而遇臧仓⑬，司马牛为弟子而有桓魋⑭，岂非命耶！十曰外宁必有内忧，小人侵陵则惧患防危，长虑却顾，而不敢侈然有肆心，则百祸潜消。孟子曰："出则无敌国外患者⑮，国恒亡。"三自反后⑯，君子之存心犹如此。彼爱人不亲、礼人不答而遽怒，与夫不爱人、不敬人而望人之爱敬己也，其去横逆，能几何哉！

【译文】孟子说："那些对我横蛮无理的人，同禽兽有什么区别？对于禽兽又有什么可以责备的呢？"这是孟子排遣愤懑最好的办法。当初和人相爱相敬时，就存有这种想法，再不会有使你生气的事。因此我把对付横蛮无理之人的方法扩而大之，除孟子讲的以外，还有十种方法：第一，与小人相处，可以有助我品德的长进。他对我侮辱得愈厉害，我的忍耐心愈坚定，这对我有什么损害呢？《诗经》说："他山之石，可以攻玉。"借用别的山上的石头，可以打磨我的玉石。第二，不遇小人，不足以验证我的气量。《尚书》说："有容，德乃大。"能够宽容，品德才能增大。第三，那横蛮无理的人使我反躬自问，我已经做到忠心耿耿了，仍然不能避免那种横蛮无理的对待，说明那种人也太顽固不讲理了，一和他较量，必起祸端。兵法说："求而不得者，挑也无应。"请求得不到的，挑战也不要回应。第四，开始我对他的态度是爱和敬,后来我又反躬自问,我的做法都合乎仁、合于礼,我又反躬自问,自己是忠心耿耿的,这时我的理更直,我的错误更少,最终忍耐不住,想使自己痛快一下,而与他较量,这样做遮掩了自己以前那些好的做法,而和他共同承担了错误,有智慧的人不这样做。太史公说:"无弃前修而崇新过。"不要抛弃以前的修养功夫而增加新的过失。第五,是非之心,人皆有之,他固然昧着良心对我责求无已,对这些,自有公论为我辨明,我不必自我辨白。古人说:"桃李无言,下自成蹊。"桃李不会说话,但它的花和果实吸引着人们,树下自然会踏出一条小路。第六,我反躬自问没有什么错误,但他的欲望难以满足,我就只能以安定的心情对待他,闭着口听他说,这样他终究会有黔驴技穷的时候。兵法说:"不应不动,敌将自静。"不应战,按兵不动,敌人会自己安静下来。第七,可以躲避就避开他,这就如同周朝的古公亶父为躲避戎狄的攻击离开邠地一样。可以退让就退让,如同韩信从侮辱他的人的胯下钻过去一样。古人说:"身愈诎,道愈尊。"本身愈受冤屈,你提倡的道理愈能尊显。又说:"终身让畔,不失一段。"终生都在田界上让着别人,不会失去一点儿田地。第八,托付给上天。天道若是有知,了解我的不是还有天嘛!《诗经》说:"投畀有昊。"把他交付给上天吧!第九,听凭命运的安排。人的相互往来,有时顺利有时忤逆,有时与人相合有时会背离;有时疏远了反而会更加亲近,有时厚待他反而会遭到怀疑;有时偶然相遇而和解,有时长久结怨而形成危险;鲁平公将要出去会见孟子,而受到臧仓的阻挡;司马牛是孔子的弟子,但他却有桓魋这样一个作乱的哥哥,难道这不是命运安排的吗?第十,外部安宁内部必生忧患,小人来侵扰,则可以使你产生惧患防危、长虑却顾的忧患意识,而不敢放纵,这样百祸就会潜消。孟子说:"出则无敌国外患者,国恒亡。"经过三次反躬自问以后,君子还要有如此的用心。那些爱他人而他人不亲爱自己、礼遇他人而他人不回敬自己于是就发怒的人,还有那些不爱别人、不敬别人而希望别人爱他敬他的人,他们距离那些以横蛮态度待人的人又有多远呢?

【注释】①"与禽兽奚择哉"二句:《孟子·离娄下》:孟子曰:"君子所以异于人者,以其存心也。君子以仁存心,以礼存心。仁者爱人,有礼者敬人。爱人者人恒爱之,敬人者人恒敬之。有人于此,其待我以横逆,则君子必自反也:我必不仁也,必无礼也,此物奚宜至哉? 其自反而仁矣,自反而有礼矣,其横逆由是也,君子必自反也:我必不忠,自反而忠矣,其横逆由是也,君子曰:此亦妄人也已矣。如此则与禽兽奚择哉? 于禽兽又何难焉!"朱熹注:"奚择,何异也。又何难焉,言不足与之校也。" ②他山之石,可以攻玉:语出《诗经·小雅·鹤鸣》。朱熹注:"程子曰:玉之温润,天下之至美也。石之粗厉,天下之至恶也。然两玉相磨,不可以成器,以石磨之,然后玉之为器得以成焉。犹君子之与小人处也,横逆侵加,然后修省畏避,动心忍性,增益预防,而义理生焉,道德成焉。吾闻诸邵子云。" ③有容,德乃大:语出《尚书·君陈》。疏:"有所宽容,其德乃能大。" ④求而不得者,挑也无应:意谓以和平的方式追求而不能得到的,用挑战的方式去求得,也不会得到相应的回报。 ⑤无弃前修而崇新过:意谓不要丢弃以前的美德,而增加自己新的过失。 ⑥桃李无言,下自成蹊:《史记·李将军列传》:"太史公曰:传曰:'其身正,不令而行;其身不正,虽令不从。'其李将军之谓也? 余睹李将军悛悛如鄙人,口不能道辞。及死之日,天下知与不知,皆为尽哀。彼其忠实心诚信于士大夫也! 谚曰:'桃李不言,下自成蹊。'此言虽小,可以谕大也。"《索引》:"按:姚氏云'桃李本不能言,但以华实感物,故人不期而往,其下自成蹊径也。'" ⑦不应不动,敌将自静:意谓不作回答,不采取行动,敌人将会自行停止进攻。 ⑧太王之去邠:太王,指周朝古公亶父。《史记·周本纪》:"薰育戎狄攻之,欲得财物,予之。已复攻,欲得地与民。民皆怒,欲战。古公曰:'有民立君,将以利之。今戎狄所为攻战,以吾地与民。民之在我与其在彼何异? 民欲以我故战,杀人父子而君之,予不忍为。'乃与私属遂去豳……止于岐下。"邠,本作"豳",地在陕西彬县。《周本纪》又载:文王"追尊古公为太王"。 ⑨韩信之胯下:韩信为西汉诸侯王,年少不得志时,曾被里中少年所欺,据《史记·淮阴侯列传》载:"淮阴屠中少年有侮信者,曰:'若虽长大,好带刀剑,中情怯耳。'众辱之曰:'信能死,刺我;不能死,出我袴下。'于是信熟视之,俯出袴下,蒲伏。一市人皆笑信,以为怯。" ⑩身愈诎,道愈尊:意谓愈是曲身自我反求,道德愈会高尚。 ⑪终身让畔,不失一段:畔,田界。意谓一生都把田界让给他人(不与他人争田界),但却一块田土都没失掉。 ⑫投畀有昊:语出《诗·小雅·巷伯》。其文为:"彼谮人者,谁适与谋。取彼谮人,投畀豺虎。豺虎不食,投畀有北。有北不受,投畀有昊。"投,扔、弃。畀,赐、与。有昊,有,语助词。昊,昊天。朱熹注:"投畀昊天,使制其罪,此皆设言,以见欲其死亡之甚也。" ⑬鲁平公将出而遇臧仓:《孟子·梁惠王下》:"鲁平公将出,嬖人臧仓者请曰:'他日君出,则必命有司所之。今乘舆已驾矣,有司未知所之。敢请。'公曰:'将见孟子。'曰:'何哉? 君所为轻身以先于匹夫者,以为贤乎? 礼义由贤者出。而孟子之后丧逾前丧。君无见焉。'公曰:'诺。'" ⑭司马牛为弟子而有桓魋:《论语·颜渊》:"司马牛问仁。"朱熹注:"司马牛,孔子弟子,名犁,向魋之弟。"又《颜渊》篇"司马牛问君子。子曰:'君子不忧不惧。'"朱熹注:"向魋作乱,牛常忧惧。故夫子告之以此。"向魋即桓魋。 ⑮出则无敌国外患者,国恒亡:语出《孟子·告子下》。 ⑯自反:自我省察。参见《注》①。

223 过责望人,亡身之念也。君子相与①,要两有退心,不可两有进心。自反者,退心也。故刚两进则碎,柔两进则屈,万福皆生于退反。

【译文】过分地责备别人,是危害自己的做法。君子和人相交,要双方都有退心,不能都有进心。反躬自问,就是退心。因此刚两进则碎,柔两进则屈,万福都生于退反。

【注释】①相与:相互交接。

224 施者不知,受者不知,诚动于天之南,而心通于海之北,是谓神应。我意才萌,彼意即觉,不俟出言,可以默会,是谓念应。我以目授之,彼以目受之,人皆不知,两人独觉,是谓不言之应。我固强之,彼固拂之,阳异而阴同,是谓不应之应。明乎此者,可以谈兵矣。

【译文】施与的不知道,接受的也不知道,诚恳表现于天之南,而诚心通于海之北,这叫神应。我刚萌发一种意念,对方马上领悟,不等出言,已经默会,这叫念应。我用目光授意,他用目光接受,别人都未觉察,只有我二人独知,这叫不言之应。我固执地勉强他,他固执地反对,表面上意见不同,暗中却是相同的,这叫不应之应。明白这些道理的人,就可以谈论用兵之道了。

225 卑幼有过,慎其所以责让之者:对众不责,愧悔不责,暮夜不责,正饮食不责,正欢庆不责,正悲忧不责,疾病不责。

【译文】地位低、年龄小的人有过失,责备他们一定要慎重:当着众人的面不责备,他已惭愧了不责备,黑夜不责备,正在吃饭时不责备,正在欢庆时不责备,正在悲伤时不责备,生病的时候不责备。

226 举世之议论有五:求之天理而顺,即之人情而安,可揆圣贤①,可质神明,而不必于天下所同,曰公论。情有所便,意有所拂,逞辩博以济其一偏之说,曰私论。心无私曲,气甚豪雄,不察事之虚实、势之难易、理之可否,执一隅之见,狃时俗之习,既不正大,又不精明,蝇哄蛙嗷,通国成一家之说,而不可与圣贤平正通达之识,曰妄论。造伪投奸,谮訾诡秘[2],为不根之言,播众人之耳,千口成公,久传成实,卒使夷、由为跻、跖[3],曰诬论。称人之善,胸无秤尺,惑于小廉曲谨,感其煦意象恭[4],喜一激之义气,悦一霎之道言,不观大节,不较生平,不举全体,不要永终,而遽许之,曰无识之论。呜呼!议论之难也久矣,听之者可弗察与?

【译文】 举世的议论有五种:按天理来衡量符合天理,用人情来要求符合人情,可以让圣贤来度量,可以请神明来评定,而不必让天下的人都认同,这叫公论。所议论的事情对有些人有利,所讲的意见与有的人不合,旁征博引,以激烈的辩说来成就其偏向某一方的议论,这叫私论。心无私心,气甚豪雄,不观察事情的虚实、势的难易、理的可否,执一偏之见,拘泥于当时的习俗,既不正大,又不精明,如蝇哄蛙叫,使全国都变成了一种论调,但又不和圣贤平正通达的见识相合,这叫妄论。造伪投奸,诋毁诽谤,隐秘难测,造不根之言,播众人之耳。千口传说,似成公论;长久传播,好像实事。从而使伯夷、许由这样的贤者被诬为庄跻、盗跖那样的恶人,这叫诬论。称赞人家的好处,但胸中没有标准,迷惑于小处的廉洁谨慎,感动于和乐的貌似恭敬,喜欢他一时激发的义气,悦服他一时合于道理的言论,不观大节,不察其平生为人,不看全体,不要求永久,而马上称许,这叫无识之论。啊!议论之难是长久以来的事了,听的人可以不明察吗?

【注释】 ①揆:度察。 ②谮訾(xìzǐ)诡秘:谮訾,诋毁诽谤。诡秘,隐秘难测。 ③夷、由、跻、跖:即伯夷、许由、庄跻、盗跖。庄跻,楚庄王弟,为盗者。见《史记·西南夷列传》索隐。 ④象恭:貌似恭敬。《尚书·尧典》:"象恭滔天。"即指共工貌似恭敬而心傲狠。

227 简静沉默之人,发用出来不可当。故停蓄之水一决不可御也,蛰处之物其毒不可当也,潜伏之兽一猛不可禁也。轻泄骤举,暴雨疾风耳,智者不惧焉。

【译文】 简静沉默的人,爆发起来不可阻挡。因此滞留蓄积的水一决口不可抵挡,蛰伏动物的毒人们难以经受,潜伏的野兽凶猛起来不可禁止。轻易发出,骤然出现的东西,如同暴雨疾风一样,一会儿就会过去,有智慧的人不怕这些。

228 平居无事之时,则丈夫不可绳以妇人之守也;及其临难守死,则当与贞女列妇比节。接人处众之际,则君子未尝示人以廉隅之迹也①;及其任道徙义,则当与壮士健卒争勇。

【译文】平居无事的时候,对大丈夫不可用妇人的操守来衡量;及其临难赴死时,则应当与贞女烈妇比节。接人处众之际,君子未尝显示出品德方正的行迹;及其任道徙义,则应当与壮士健卒争勇。

【注释】①廉隅:棱角,比喻人的品行端方不苟。

229 祸之成也,必有渐;其激也,奋于积。智者于其渐也绝之,于其积也消之,甚则决之。决之必须妙手,譬之痈然,郁而内溃,不如外决;成而后决,不如早散。

【译文】祸患的形成,必然是渐渐来的;它的突然发生,也是长久积累造成的。有智慧的人要决其渐,消其积,甚至要断决祸根。断决祸根必须妙手,譬如脓疮,养着它让它在内部化脓,还不如从外面切开它;形成了脓疮再动手术,不如让它早早消散。

230 涵养不定底,恶言到耳,先思驭气,气平再没错底;一不平,饶你做得是,也带着五分过失在。

【译文】涵养不定的人,听到恶言先想想如何控制胸中的怒气,气平了再不会出现错误;气一不平,饶你做得对,其中也带着五分过失。

231 疾言遽色、厉声怒气,原无用处。万事万物只以心平气和处之,自有妙应。余褊,每坐此失,书以自警。

【译文】疾言遽色、厉声怒气,原本就没什么用处。万事万物只以心平气和处之,自然有好的反响。我这个人性情急躁,每每犯这个错误,写在这里以自警。

232 尝见一论人者云:"渠只把天下事认真做,安得不败?"余闻之甚惊讶。窃意天下事尽认真做去还做得不像,若只在假借面目上做工夫,成甚道理?天下事只认真做了,更有甚说?何事不成?方今大病痛,正患在不肯认真做,所以大纲常、正道理无人扶持,大可伤心。嗟夫!武子之愚①,所谓认真也与?

【译文】曾经听到一个评论人的人说:"他只把天下事认真做,安能不败?"我听到这话甚为惊讶,暗想天下事尽量认真去做还做得不像,若只在虚假表面上做功夫,成个什么道理?天下事只要认真去做,还有什么可说,还有何事不成？现今的大毛病，正在于不肯认真做，所以大纲常、正道理无人扶持，太让人伤心了。唉！宁武子的愚，正是所说的认真啊！

【注释】①武子之愚：《论语·公冶长》："宁武子邦有道则知，邦无道则愚。其知可及也，其愚不可及也。"朱熹注："宁武子，卫大夫，名俞。按《春秋传》，武子仕卫，当文公、成公之时，文公有道，而武子无事可见，此其知之可及也。成公无道，至于失国，而武子周旋其间，尽心竭力，不避艰险。凡其所处，皆智巧之士所深避而不肯为者，而能卒保其身以济其君，此其愚之不可及也。"

233　人人因循昏忽，在醉梦中过了一生，坏废了天下多少事！惟忧勤惕励之君子常自惺惺爽觉。

【译文】人人因循昏忽，在醉梦中过了一生，坏废了天下多少事！惟有忧愁劳苦心存戒惧的君子才是常常清醒和警觉的。

234　明义理易，识时势难。明义理，腐儒可能；识时势，非通儒不能也。识时易，识势难。识时，见者可能；识势，非早见者不能也。识势而早图之，自不至于极重，何时之足忧？

【译文】明白义理容易，识时势难。弄明义理，腐儒也能做到；识时势，非博通古今、学识渊博的儒者不能做到。识时易，识势难。识时，看到的人就可做到；识势，非有预见的人不能做到。认清了势又能提早谋划，自然不会到极其严重的形势，还忧时做什么呢？

235　只有无迹而生疑，再无有意而能掩者，可不畏哉！

【译文】只有无迹生疑的人，没有心中有意而能掩饰的人，能不畏惧谨慎吗？

236　令人可畏，未有不恶之者，恶生毁。令人可亲，未有不爱之者，爱生誉。

【译文】令人害怕的人，没有不让人痛恨的，痛恨就会产生诽谤。让人可亲的人，没有不让人喜爱的，喜爱就会称赞。

237　先事体怠神昏，事到手忙脚乱，事过心安意散，此事之贼也，兵家尤不利此。

【译文】事前体怠神昏，事情临头手忙脚乱，事过心安意散，这是做事的大害,对用兵的尤为不利。

238 善用力者,举百钧若一羽①;善用众者,操万旅若一人。

【译文】善用力的人,举起百钧重的东西如举起一根羽毛;善于指挥众多兵士的人,带领万旅之众如同领着一个人。

【注释】①钧:古代重量单位,三十斤曰钧。

239 没这点真情,可惜了繁文侈费;有这点真情,何嫌于二簋一掬①。

【译文】如果没一点儿真情,有多少繁文侈费来招待也是白白浪费;如果有了真情,即使只有两碗饭一杯水也不嫌少。

【注释】①二簋(guǐ)一掬:形容饮食不丰盛。簋,古代祭祀宴享时盛黍稷的器皿。掬,《小尔雅·广量》:"一手之盛为之溢,两手为之掬。"注:"掬,半升也。"

240 百代而下,百里而外,论人只是个耳边纸上,并迹而诬之,那能论心?呜呼!文士尚可轻论人乎哉?此天谴鬼责所系,慎之。

【译文】百代以后,百里以外,评论人只是凭言语和文章,他的行迹也会被歪曲,还能评论到人的真实思想吗?啊!文士可以轻易地评论人吗?这是上天和鬼神都要谴责的事啊,一定要慎重。

241 或问:"怨尤之念,底是难克,奈何?"曰:"君自来怨尤,怨尤出甚底?天之水旱为虐,不怕人怨,死自死耳,水旱自若也。人之贪残无厌,不怕你尤,恨自恨耳,贪残自若也。此皆无可奈何者。今且不望君自修自责,只将这无可奈何事恼乱心肠,又添了许多痛苦,不若淡然安之,讨些便宜。"其人大笑而去。

【译文】有人问:"怨天尤人的情绪,确实难以克服,怎么办呢?"我说:"你从来只是怨天尤人,怨尤出什么来了?天不下雨,造成旱灾危害百姓,它不怕人怨,老百姓饿死就饿死,天照样干旱无雨。有的人贪得无厌,他不怕你恨,你恨就自己去恨吧,他照旧贪得无厌。这些都是无可奈何的事情。现在不希望你能自修自责,只用这些无可奈何的事惹恼自己,搅乱心肠,又添了许多痛苦,还不如淡然处之,活得舒心一些。"这人听了我这番话,大笑而去。

242 见事易,任事难。当局者只怕不能实见得,果实见得,则死生以之,荣辱以之,更管甚一家非之,一国非之,天下非之。

【译文】观察事容易,做起来就难了。当事人只怕不能认识清楚,果然认清了,不怕死生,不畏荣辱,都要做下去,更管它什么一家的非议,一国的非议,天下人的非议!

243 人事者,事由人生也;清心省事,岂不在人!

【译文】人事,事是由人生出来的;清心省事,难道不在人为吗?

244 闭户于乡邻之斗,虽有解纷之智,息争之力,不为也,虽忍而不得谓之杨朱①。忘家于怀襄之时②,虽有室家之忧,骨肉之难,不顾也,虽劳而不得谓之墨翟③。

【译文】乡邻发生争斗,自己闭户不出,虽然有解决纠纷的智慧,有停止争斗的力量,但也不管不问。虽然有点儿狠心,也不能称作不愿拔一毛以利天下的杨朱。为了解救洪水的灾难,虽然家庭有了忧患,骨肉至亲发生危难,也不管不顾。这样的人即使再劳苦,也不能称作墨翟。

【注释】①杨朱:战国时魏人,字子居。后于墨翟,先于孟子,其说重在爱己,不以物累,不拔一毛以利天下。《孟子·尽心上》:"杨子取为我,拔一毛而利天下,不为也。" ②怀襄:洪水浸陵环绕。《尚书·尧典》:"汤汤洪水方割,荡荡怀山襄陵。"《传》:"怀,包;襄,上也。"即淹没山陵之意。 ③虽劳而不得谓之墨翟:墨翟,墨子名。墨子讲勤俭、兼爱。《孟子·尽心上》云:"墨子兼爱,摩顶放踵,利天下为之。"但《滕文公下》又云:"杨氏为我,是无君也;墨氏兼爱,是无父也。无父无君,是禽兽也。"朱熹注:"杨朱但知爱身,而不复知有致身之义,故无君。墨子爱无差等,而视其至亲无异众人,故无父。无父无君,故人道灭绝,是亦禽兽而已。"吕坤认为"忘家于怀襄之时"与墨子的兼爱不同。

245 流俗污世中真难做人,又跳脱不出,只是清而不激就好。

【译文】流俗污世中真难做人,又跳不出去,只要做到自身清白,不再激起污泥浊水就好。

246 恩莫到无以加处,情薄易厚,爱重成隙。

【译文】恩情不要重到无以复加的程度,情薄容易加厚,爱太重了就容易产生怨恨。

247 欲为便为,空言何益?不为便不为,空言何益?

【译文】要做就做,光说空话有什么用!不做便不做,只说空话有什么用!

248 以至公之耳听至私之口,舜跖易名矣。以至公之心行至私之间,黜陟易法矣①。故兼听则不蔽,精察则不眩,事可从容,不必急遽也。

【译文】以大公无私之耳听那些私心很重的话,舜和跖名字就会颠倒。以大公无私之心走到那些私心很重的人中间,升降的标准就改变了。所以说兼听则不蔽,精察则不眩,事可以从容,就不必急遽。

【注释】①黜陟(chùzhì):黜,贬退;陟,晋升。指人才的贬斥和晋升。

249 某居官厌无情者之多言,每裁抑之。盖无厌之欲,非分之求,若以温颜接之,彼恳乞无已,烦琐不休,非严拒则一日之应酬几何?及部署日看得人有不尽之情,抑不使通,亦未尽善。尝题二语于私署云:要说底尽着都说,我不嗔你;不该从未敢轻从,你休怪我。或曰:毕竟往日是。

【译文】我居官的时候,讨厌那些虚伪不实的人的多言乱语,每每制止和抑制他们。对那些无止的欲望,非分的要求,如果以温和的态度来对待,他们就恳求不已,繁琐不休,除非严厉地拒绝,否则一天的应酬何时休止?直到在部里做官的时候,才看到人家还有没有讲完的情况,如果不让他说完,觉得也不太好。曾经在私宅题两句话:要说的尽着都说,我不嗔你;不该从未敢轻从,你休怪我。有人说:还是以前做得对。

250 同途而遇,男避女,骑避步,轻避重,易避难,卑幼避尊长。

【译文】同路相遇,男的要让女的先走,骑马的要让步行的先走,负担轻的要让负担重的先走,善行走的人要让行走不便的人先走,卑幼要让尊长先走。

251 势之所极,理之所截,圣人不得而毫发也。故保辜以时刻分死生①,名次以相鳞分得失。引绳之绝,堕瓦之碎,非必当断当敝之处,君子不必如此区区也。

【译文】判断时势是否到了极点,事情是否合乎道理,圣人不能不在毫发之间斟酌。所以"保辜"这条法律,判断是算打伤人还算打死人,都规定了时限;而排列名次,相挨着的就分出了前后得失。至于牵引的绳子断了,掉下来的瓦碎了,不必弄清是在何处断的、碎的,对这类事情,君子不必区区计较。

【注释】 ①保辜:古代刑律规定,凡打人致伤者,官府立限,责令被告为伤者治疗。如伤者在期限内因伤致死,则以死论罪。不死,以伤论罪。叫"保辜"。《唐律义疏》二一《斗讼》一:"诸保辜者,手足殴伤人限十日,以他物殴伤人者二十日,以刃及汤火伤人者三十日,折跌支体及破骨者五十日。"

252 制礼法以垂万世绳天下者,须是时中之圣人斟酌天理人情之至而为之,一以立极,无一毫矫拂心,无一毫惩创心,无一毫一切心。严也而于人情不苦,宽也而于天则不乱,俾天下肯从而万世相安,故曰:"礼之用,和为贵①。""和"之一字,制礼法时,合下便有,岂不为美?《仪礼》不知是何人制作,有近于迂阔者,有近于迫隘者,有近于矫拂者,大率是个严苛繁细之圣人所为,胸中又带个惩创矫拂心而一切之。后世以为周公也,遂相沿而守之,毕竟不便于人情者,成了个万世虚车。是以繁密者激人躁心,而天下皆逃于阔大简直之中;严峻者激人畔心,而天下皆逃于逍遥放恣之地。甚之者乃所驱之也。此不可一二指。余读《礼》,盖心不安而口不敢道者不啻百余事也,而宋儒不察礼之情,又于节文上增一重锁钥②,予小子何敢言?

【译文】 制定礼法,是为了能够流传万世,作为衡量天下人行为的准则。制定礼法的人必须是立身行事都能合乎时宜、无过与不及的圣人,斟酌天理人情的最细微处来确定,有一定的标准,无一毫纠正谁或拂逆谁的意思,无一毫惩罚谁或伤害谁的意思,又不一概而论。严格,但符合人情;宽容,但又不违背自然法则,使天下的人肯于遵从而万世相安,所以说"礼之用,和为贵"。"和"这个字,制定礼法的时候,当时就有,岂不好吗?《仪礼》不知是什么人制定的,有接近迂阔的地方,有接近狭隘的地方,有接近纠正拂逆的地方,大概是个严苛繁细的圣人制定的,心中又有个惩罚、纠正的思想而一概而论。后世以为是周公制定的,遂相沿而遵守,毕竟不便于人情,成了个万世虚设的东西。因此说繁琐细密的东西激发人的躁心,天下人就都会逃到那些阔大简直的地方去;严苛峻刻的东西激发人的叛心,天下人就都会逃到那些逍遥放任的地方去。说得更严重点,简直是逼着人们叛离。《仪礼》中有这样问题的不只一二处。我读《礼》,内心不安而口不敢说的不只有百余事,而宋儒不察礼之情,又在礼节仪式上增加了一层锁钥,我作为后生小子,又怎么敢说呢?

【注释】①礼之用,和为贵:语出《论语·学而》,其文为:"有子曰:礼之用,和为贵。先王之道,斯为美。小大由之,有所不行,知和而和,不以礼节之,亦不可行也。" ②节文:礼节仪式。

253 礼无不报,不必开多事之端;怨无不酬,不可种难言之恨。

【译文】礼尚往来可以回报,但是不必开多事之端;对怨恨也可以回报,但不可种下难言之恨。

254 舟中失火,须思救法。

【译文】舟中失了火,要想一个救火的办法。

255 象箸夹冰丸,须要夹得起。

【译文】象牙筷夹冰丸,须要夹得起来。

256 相嫌之敬慎,不若相忘之怒詈。

【译文】互相厌恶的人表面上又相互尊敬,不若相忘之怒骂。

257 士君子之相与也,必求协诸礼义,将世俗计较一切脱尽。今世号为知礼者全不理会圣贤本意,只是节文习熟,事体谙练,灿然可观,人便称之,自家欣然自得,泰然责人。嗟夫!自繁文弥尚而先王之道湮没,天下之苦相责,群相逐者,皆末世之靡文也。求之于道,十九不合,此之谓习尚。习尚坏人,如饮狂泉。

【译文】士君子相交,必要求合乎礼义,和世俗的一套脱离干净。现在号称知礼的人全不理会圣贤的本意,只是熟习一些礼节仪式,办事老练,看着很能干,人们便称赞他,自己也欣然自得,泰然责备别人。唉!自从繁琐的礼仪增加,先王之道湮没,天下苦苦地相互责难,群起而追求的东西,都是国家到了末日的那一套虚伪繁琐的形式,用道理一衡量,十有九不相符合,这叫做习尚。习尚对人的危害,如饮狂泉之水。

258 学者处事处人,先要识个礼义之中。正这个中正处,要析之无毫厘之差,处之无过不及之谬,便是圣人。

【译文】学者处事处人,先要识个礼义之中。在这个中正处,要分析得不差毫厘,处理时不要犯过之和不及的错误,这便是圣人。

259 当急遽冗杂时,只不动火,则神有余而不劳,事从容而就理。一动火,种种都不济。

【译文】当急遽冗杂时,只要不动火,就能做到神有余而不劳,事从容而合理。一动火,种种事都办不成。

260 予平生处人处事,激切之病十居其九,一向在这里克,只愿消磨不去。始知不美之质变化甚难,而况以无恒之志、不深之养,如何能变化得?若志定而养深,便是下愚也移得一半。

【译文】我平生处人处事,犯急躁毛病的十有九次,我一向在这方面克制自己,只是克制不掉。以此知道不美的品质变化很难,况且又没有恒心,修养不深,怎么能改变呢?如果信念坚定,修养深厚,就是下愚之人也能改正一半。

261 予平生做事发言,有一大病痛,只是个"尽"字,是以无涵蓄,不浑厚,为终身之大戒。

【译文】我平生做事发言,有一个大毛病,只是个"尽"字,因此缺乏涵养,不浑厚,这是终身的大戒。

262 凡当事,无论是非邪正,都要从容蕴藉①。若一不当意便忿恚而决裂之②,此人终非远器。

【译文】凡遇到事,无论是非邪正,都要从容宽和有涵养。如果一不合意就愤怒暴发表现出决断的样子,这个人终究不会有远大的前途。

【注释】①蕴藉:亦作"温籍"、"酝籍",宽和有涵容。 ②忿恚(huì):愤怒,怨恨。

263 以激而发者,必以无激而废,此不自涵养中来,算不得有根本底学者。涵养中人,遇当为之事,来得不陡,若懒若迟,持得甚坚,不移不歇。彼攘臂抵掌而任天下之事,难说不是义气,毕竟到尽头处不全美。

【译文】由激励爆发出来的,必然会因无激励而停止,因这种行为不是从涵养中来的,算不得有根本的学者。从涵养中修养出来的人,遇到应当做的事,做起来不突然,表面好像懒好像迟缓一样,但坚持得很坚决,不移不歇。

那些振臂抵掌说能担当天下大事的人，难说没有义气，但毕竟到尽头处不会全部完满。

264 天地万物之理，皆始于从容，而卒于急促。急促者尽气也，从容者初气也。事从容则有余味，人从容则有余年。

【译文】天地万物的道理都自从容开始，以急促告终。急促是结束时的气，从容是开始、初生时的气。做事从容就会有回旋的余地，做人从容就会长寿一些。

265 凡人应酬多不经思，一向任情做去，所以动多有悔。若心头有一分检点，便有一分得处，智者之忽固不若愚者之详也。

【译文】普通人在应酬时大都不加思考，一向随意去做，所以就会常有悔心。如果心中多加一点儿思考，就能多有一些益处。有智慧，但是疏忽，不如愚笨之人多加思考。

266 日日行不怕千万里，常常做不怕千万事。

【译文】日日都行不怕千万里路，常常去做不怕千万种事。

267 事见到无不可时便斩截做，不要留恋，儿女子之情不足以语办大事者也。

【译文】看事情到了不做不行的时候，就要斩钉截铁地去做，不要留恋。那些儿女之情不可和办大事的人说。

268 断之一事，原谓义所当行，却念有牵缠，事有掣碍，不得脱然爽洁。才痛煞煞下一个"断"字，如刀斩斧齐一般。总然只在大头脑处成一个"是"字，第二义都放下，况儿女情、利害念，那顾得他？若待你百可意、千趁心，一些好事做不成。

【译文】下决断的事，是指按道义应当去做，但思想有牵挂、事情有阻碍，不能脱离干净，才痛快地下一个"断"字，如刀斩斧齐一般。总的看来要在主要的地方是正确的，其他的都放下不提，况且儿女情、利害念，哪顾得上？若等你百可意、千趁心才去干，那就一样好事也干不成了。

269 先众人而为，后众人而言。

【译文】做事要先于众人而为，说话要后于众人而言。

270 在邪人前发正论,不问有心无心,此是不磨之恨。见贪者谈廉道,已不堪闻;又说某官如何廉,益难堪;又说某官贪,愈益难堪;况又劝汝当廉,况又责汝如何贪,彼何以当之?或曰:当如何?曰:位在,则进退在我,行法可也。位不在,而情意相关,密讽可也。若与我无干涉,则钳口而已①。礼入门而问讳,此亦当讳者。

【译文】在邪人面前发正论,不论有心无心,都会产生磨灭不掉的仇恨。见贪者谈廉洁,贪者已不爱听;又说某官如何廉洁,贪者更难堪;又说某官如何贪,贪者愈加难堪;何况再劝他"你应当廉洁",再责备他为什么这样贪婪,贪者如何承担得了?有人问:那该怎么办呢?我说:如果你居于官位,用他不用他,你自己可以决定,按原则办事就可以了。你如果没有官职,和贪者比较友好,可以在私下里劝导他。如果贪者与你毫无关系,就要钳口不言。礼中有一条,就是入门问讳,这也是应当避讳的。

【注释】①钳口:封住嘴不讲话。

271 天下事最不可先必而豫道之,已定矣,临时还有变更,况未定者乎?故宁有不知之名,无贻失言之悔。

【译文】天下事最不可先声称一定做到并把这事声扬出来。已经定下来的事,临时还有变动,何况未定的事呢?因此说宁有不知之名,无贻失言之悔。

272 举世嚣嚣兢兢不得相安,只是抵死没自家不是耳。若只把自家不是都认,再替别人认一分,便是清宁世界,两忘言矣。

【译文】举世吵吵闹闹,争来争去,不能相安,只不过是坚决认为自己没有一点儿不是。如果只把自己的不是都承担下来,再替别人承担一分,便是清宁世界,双方都不会争吵了。

273 人人自责自尽,不直四海无争,弥宇宙间皆太和之气矣。

【译文】人人自责自尽,不只是四海无争,整个宇宙间都会充满太平气象。

274 担当处都要个自强不息之心,受用处都要个有余不尽之意。

【译文】担当处都要有个自强不息之心,受用处都要有个有余不尽之意。

275 只一个耐烦心,天下何事不得了?天下何人不能处?

【译文】只要有个耐烦心,天下何事干不好?天下何人不能相处?

276 规模先要个阔大,意思先要个安闲,古之人约己而丰人,故群下乐为之用,而所得常倍。徐思而审处,故己不劳而事极精详。"褊急"二字,处世之大碍也。

【译文】规模先要个阔大,心思先要个安闲,古人约束自己而宽以待人,所以部下都愿意为他效力,收获常常加倍。徐思而审处,才能做到己不劳而事情办得极妥当。狭隘急躁,是处世的大障碍。

277 凡人初动一念是如此,及做出来却不是如此,事去回顾又觉不是如此,只是识见不定。圣贤才发一念,始终如一,即有思索,不过周详此一念耳。盖圣贤有得于豫养,故安闲;众人取办于临时,故眩惑。

【译文】凡是人初动念头是如此,到做出来却不是如此,事完后一回顾又觉不是如此,这都是识见不定的缘故。圣贤才产生一个念头,始终如一,即使还需思索,不过是使这个念头更加周详罢了。圣贤因为有事先的修养,所以安闲;众人在临时才办,所以昏惑。

278 处人不可任己意,要悉人之情;处事不可任己见,要悉事之理。

【译文】处人不要只顺着自己的意思,要体恤别人的感情;处事不可只按照自己的意见去办,要了解事物的道理。

279 天下无难处之事,只消得两个"如之何";天下无难处之人,只消得三个"必自反"①。

【译文】天下无难处理的事,只需要问两次"怎么办";天下无难相处的人,只需要三次反躬自问。

【注释】①自反:自我反省。

280 人情要耐心体他,体到悉处,则人可寡过,我可寡怨。

【译文】人情要耐心体会,体会到无微不至的地方,则人可少过,我可少怨。

281 事不关系都歇过,到关系时悔之何及?事幸不败都饶过,到败事时惩之何益?是以君子不忽小,防其败也;不恕败,防其再也。

【译文】事情和自己无关时都放过,到有关系时,后悔也来不及了。事情侥幸不失败都饶过,到失败时再惩罚有什么用处?因此君子对小的事情不疏忽,以防失败,失败了吸取教训,防止其再失败。

282 人只是怕当局,当局者之十,不足以当旁观者之五。智虑以得失而昏也,胆气以得失而夺也,只没了得失心,则志气舒展。此心与旁观者一般,何事不济?

【译文】人就怕身当其事,十个当事人,也抵不上五个旁观者看得清楚。智虑因为得失的问题会昏惑,胆量因得失的问题会丧失,只要丢掉了得失心,就会志气舒展。如果心情和旁观者一样,何事不成功?

283 世道、人心、民生、国计,此是士君子四大责任。这里都有经略,都能张主,此是士君子四大功业。

【译文】世道、人心、民生、国计,这是士君子四大责任。这里面都有筹划,都能做主,这是士君子四大功业。

284 情有可通,莫于旧有者过裁抑,以生寡恩之怨;事在得已,莫于旧无者妄增设,以开多事之门。若理当革、时当兴,合于事势人情,则非所拘矣。

【译文】情理可以行得通,不要对已有的过分裁抑,以免生寡恩之怨;事情可以停止,不要对原来没有的妄加增设,以免开多事之门。如果按理当革,于时当兴,合于事势人情,则不要拘泥这些。

285 毅然奋有为之志,到手来只做得五分;确然矢不为之操,到手来只守得五分。渠非不自信,未临事之志向虽笃,既临事之力量不足也。故平居观人以自省,只可信得一半。

【译文】毅然奋有为之志,到头来只成功了五分;确然守不为之操,到头来只守住了五分。他不是不自信,而是因为没遇事时志向虽笃,到遇事时却力量不足。所以平时看人也要自省,只可相信一半。

286 办天下大事,要精详,要通变,要果断,要执持。才松软怠弛,何异虎头蛇尾?除天下大奸,要顾虑,要深沉,要突猝,要洁绝,才张皇疏慢,是撄虎冀龙鳞①。

【译文】办天下大事,要精详,要通变,要果断,要执持。才松软怠弛,就是虎头蛇尾。除天下大奸,要顾虑,要深沉,要突卒,要洁绝,才张皇疏慢,是拔虎须逆龙鳞。

【注释】①撄虎鬒(zhěn):撄,触。鬒,虎头上的毛。

287　利害死生间有毅然不夺之介,此谓大执持。惊急喜怒事无卒然遽变之容,此谓真涵养。

【译文】处于利害死生之间,有毅然不变的操守,这叫做大执持。遇到惊急喜怒之事,无猝然遽变的面容,这叫做真涵养。

288　力负邱山未足雄,地负万山,此身还负地。量包沧海不为大,天包四海,吾量欲包天。

【译文】力大担负丘山未足称雄,地担负万山,此身还要担负地。量大包容沧海不为大,天包容四海,吾量欲包容天。

289　天不可欺,人不可欺,何处瞒藏些子?性分当尽,职分当尽,莫教欠缺分毫。

【译文】天不可欺,人不可欺,何处能瞒藏什么?性分当尽,职分当尽,不要欠缺分毫。

290　何是何非,何长何短,但看百忍之图。不喑不瞽,不痴不聋,自取一朝之忿。

【译文】何是何非,何长何短,只看百忍之图。不喑不瞽,不痴不聋,自取一朝之忿。

291　值万古纲常,先立定自家地步;做两间事业,先推开物我藩篱。

【译文】树立万古纲常,先立定自家地步;做天地间事业,先推开物我藩篱。

292　捱不过底事,莫如早行;悔无及之言,何似休说。

【译文】拖不过的事,不如早做;悔无及之言,不如不说。

293　苟时不苟真不苟,忙处无忙再无忙。

【译文】苟且时不苟且真不苟且,忙碌处无忙碌再无忙碌。

294　《谦》六爻①,画画皆吉;"恕"一字,处处可行。

【译文】《谦卦》六爻,画画皆吉;"恕"这个字,处处可行。

【注释】①《谦》六爻:《谦》指《周易·谦卦》。六爻,《周易·上经》:"谦☷☷,谦,亨。君子有终。初六,谦谦君子,用涉大川,吉。六二,鸣谦,贞吉。九三,劳谦,君子有终,吉。六四,无不利,☷谦。六五,不富以其邻,利用侵伐,无不利。上六,鸣谦,利用行师,征邑国。"六爻即指初六、六二、九三、六四、六五、上六,都是吉爻。

295 才逢乐处须知苦,既没闲时那有忙?

【译文】才逢乐处须知苦,既没闲时哪有忙?

296 生来不敢拂吾发,义到何妨断此头。

【译文】身体发肤受之父母,生来不敢动一根头发;但为了人间正义,就是掉脑袋也不怕。

297 量嫌六合隘,身负五岳轻。

【译文】气量比宇宙还要大,责任即使像五岳那样重也嫌轻。

298 休买贵后贱,休逐众人见。

【译文】不要买贵后贱,也不要在见识方面从众盲从。

299 难乎能忍,妙在不言。

【译文】最难的是忍耐,有时不讲话才见高妙。

300 休忙休懒,不懒不忙。

【译文】不要太忙乱,也不要太懒惰,要恰到好处。

养　生

001 夫水,遏之乃所以多之,泄之乃所以竭之。惟仁者能泄,惟智者知泄。

【译文】水被阻遏了就增多,流泄了就涸竭。只有仁者能泄,只有智者知泄。

002 天地间之祸人者,莫如多;令人易多者,莫如美。美味令人多

食,美色令人多欲,美声令人多听,美物令人多贪,美官令人多求,美室令人多居,美田令人多置,美寝令人多逸,美言令人多入,美事令人多恋,美景令人多留,美趣令人多思,皆祸媒也。不美则不令人多,不多则不令人败。予有一室,题之曰"远美轩",而扁其中曰"冷淡"。非不爱美,惧祸之及也。夫鱼见饵不见钩,虎见羊不见阱,猩猩见酒不见人,非不见也,迷于所美而不暇顾也。此心一冷,则热闹之景不能入;一淡,则艳冶之物不能动。夫能知困穷抑郁、贫贱轗轲之为祥①,则可与言道矣。

【译文】天地间害人的,就是多;让人想多要的,就是美。美味令人多食,美色令人多欲,美声令人多听,美物令人多贪,美官令人多求,美室令人多居,美田令人多置,美寝令人多逸,美言令人多听,美事令人多恋,美景令人多留,美趣令人多思,这些都是灾祸的媒介。不美则人不会多要,不多则不会带来灾祸。我有一室,题名为"远美轩",其中有一匾,题"冷淡"二字,非不爱美,而是害怕灾祸临头。鱼见饵不见钩,虎见羊不见阱,猩猩见酒不见人,不是看不见,而是迷于所喜欢的东西而无暇顾及其余。此心一冷,则热闹之景不能入;一淡,则艳冶之物不能动。如果能认识到困穷抑郁、贫贱坎坷是吉祥,则可以和他谈道了。

【注释】①轗轲:同"坎坷",道路不平貌,比喻不得志。

003 以肥甘爱儿女而不思其伤身,以姑息爱儿女而不恤其败德,甚至病以死,犯大辟而不知悔者,皆妇人之仁也。噫!举世之自爱而陷于自杀者又十人而九矣。

【译文】以美味的食品让儿女吃,而不想到会伤害他们的身体;以姑息爱儿女,而不怕他们品德败坏。甚至生病而死,犯了杀头的大罪而不知悔恨,这都是妇人之仁。唉!举世之自爱而陷于自杀的人,又十有九人啊!

004 五闭,养德养生之道也。或问之间:视、听、言、动、思将不启与?曰:常闭而时启之,不弛于事可矣,此之谓夷夏关。

【译文】耳、目、口、心、四肢都处于封闭的状态,是养德养生之道。有人问:视、听、言、动、思都不开启吗?回答说:经常关闭而有时开启,只要不使事情荒废懈怠就可以了。这是夷、夏的区别。

005 今之养生者,饵药①、服气②、避险、辞难、慎时、寡欲,诚要法也。嵇康善养生③,而其死也,却在所虑之外,乃知养德尤养生之第一要也。德在我而蹈白刃以死,何害其为养生哉?

【译文】 现在养生的人,饵药服气、避险辞难、慎时寡欲,的确是重要的方法。嵇康是善于养生的人,但他的死却是因为养生之外的事,以此可知养德尤其是养生第一重要的。我有很高的品德,冒着刀枪的危险而死,怎能说没有养生呢?

【注释】①饵:食。 ②服气:一作"食气",一种古代养生方法,同吐纳相似。嵇康《养生论》:"呼吸吐纳,服气养身。" ③嵇康善养生:嵇康,三国魏著名文学家、哲学家。谯郡(今安徽宿县)人,为竹林七贤之一,讲求养生服食之道。后因不满当时黑暗政治,并遭钟会构陷,被司马昭所杀。

006 愚爱谈医,久则厌之。客言及者,告之曰:"以寡欲为四物①,以食淡为二陈②,以清心省事为四君子③,无价之药,不名之医,取诸身而已。"

【译文】 我爱谈医,时间长就厌烦了。客人问到医学的问题,我告诉他说:以寡欲为四物汤,"以食淡为二陈汤,以清心省事为四君子汤。无价之药,不名之医,从自身寻找就可以了。"

【注释】①四物:四物汤,《太平惠民和剂局方》中有此方。四物为当归、川芎、白芍药、熟地黄,功能为调经补血。 ②二陈:二陈汤,成分为半夏、陈皮、茯苓、炙甘草、生姜、乌梅等,功能为燥湿化痰,理气和中。 ③四君子:四君子汤,成分有人参、炙甘草、茯苓、白术等,功能为益气健脾。

007 仁者寿,生理完也;默者寿,元气定也;拙者寿,元神固也。反此皆夭道也,其不然,非常理耳。

【译文】 具仁德之心的长寿,是因为对人生的道理了解得清楚;沉默的人长寿,是因为元气安定;愚拙的人长寿,是因为元神牢固。与此相反的都是夭折之道,如果不是这样,就不符合常理。

008 盗为男戎,色为女戎。人皆知盗之劫杀为可畏,而忘女戎之劫杀,悲夫!

【译文】 盗是手持兵器的男人,色是带着武器的女人。人们都知道强盗杀人劫物的可怕,而忘记了女色也会杀人,可悲啊!

009 太朴①,天地之命脉也,太朴散而天地之寿夭可卜矣,故万物蕃则造化之元精耗散。木多实者根伤,草出茎者根虚,费用广者家贫,言行多者神竭,皆夭道也。老子受用处,尽在此中看破②。

【译文】元气,是天地的命脉,元气散了,天地是长寿还是夭折就可以推测了。因此万物繁茂,造化的元气精神就会耗散。树木果实多了就会伤根,草长出茎叶根就虚弱,花费多家就贫穷,言行多精神就会衰竭,这都是夭折之道。老子受用处,都是看到了这些道理。

【注释】①太朴:元气。 ②老子主张自然无为,不言寡欲。

010 饥寒痛痒,此我独觉,虽父母不觉也。衰老病死,此我独当,虽妻子不能代也。自爱自全之道不自留心,将谁赖哉!

【译文】饥寒痛痒,只有我自己体会得到,即使是父母也体会不到。衰老病死,只能自己承当,即使是妻子儿女也无法代替。自爱自全的方法不自己留心,将依赖谁呢!

011 气有为而无知,神有知而无为,精者无知无为,而有知有为之母也。精,天一也,属水①,水生气;气,纯阳也,属火,火生神;神,太虚也,属无,而丽于有②。精盛则气盛,精衰则气衰,故甑涸而不蒸。气存则神存,气亡则神亡,故烛尽而火灭。

【译文】气有作为而无知觉,神有知觉而无作为,精无知觉无作为,但它是有知有为之本。精为天一,属水,水生气;气为纯阳,属火,火生神;神为太虚,属无,而附丽于有。精盛则气盛,精衰则气衰,因此蒸锅中的水干了就不会冒出蒸气。气存则神存,气亡则神亡,因此蜡烛烧尽了火就熄灭。

【注释】①天一也,属水:《周易·系辞上》:"天数五,地数五,五位相得而各有合。"韩康伯注:"天地之数各五,五数相配以合成金木水火土。"孔颖达疏:"若天一与地六相得合为水,地二与天七相得合为火。" ②丽:附。

012 气只够喘息底,声只够听闻底,切莫长余分毫,以耗无声无臭之真体①。

【译文】气只够喘息的,声只够听闻的,切不要多余分毫,来消耗无声无臭的真体。

【注释】①真体:指元气。

013 语云:"纵欲忘身。""忘"之一字最宜体玩。昏不省记谓之忘,欲迷而不悟,情胜而不顾也。夜气清明时,都一一分晓,着迷处,便思不起,沉溺者可以惊心回首矣。

【译文】俗话说:"纵欲忘身。""忘"这个字最应该体玩。昏惑记不住叫做忘,被欲望迷住了不醒悟,感情强烈了就会不顾及其他事情。夜气清明时,件件记得清楚,着迷时,便想不起来。沉溺其中者应该惊心回首啊!

014 在箧香韫①,在几香损,在炉香烬。

【译文】在盒子里的香会发出阵阵香气,在小桌子上的香容易折损,插在香炉上烧着的香容易烧尽。

【注释】①韫:蕴藏,包含。

015 书室联:曙枕酣余梦,旭窗闲展书。

【译文】书室联:天刚刚亮仍在枕上自在地酣睡,太阳升起了在窗下闲适地看书。

华夏国学经典文库【全文解读本】

王国轩 王秀梅 著

呻吟语正宗 下

珍藏经典

华夏出版社

外 篇

卷 四

天 地

001 湿温生物,湿热长物,燥热成物,凄凉杀物,严寒养物。湿温,冲和之气也;湿热,蒸发之气也;燥热,燔灼之气也。凄凉,杀气,阴壮而阳微也;严寒,敛气,阴外激而阳内培也。五气惟严寒最仁。

【译文】气候湿温,植物出生;气候湿热,植物生长;气候燥热,植物成熟;气候凄凉,植物死亡;严寒时,把果实收藏。湿温,是冲和之气;湿热,是蒸发之气;燥热,是燔灼之气。凄凉,是肃杀之气,这时阴壮而阳微;严寒,是收敛之气,这时阴外激而阳内培。五种气只有严寒最仁。

002 浑厚,天之道也,是故处万物而忘言①。然不能无日月星辰以昭示之②,是寓精明于浑厚之中③。

【译文】浑厚,是天之道,所以使万物处于其中而天不说话。然而不能没有日月星辰把天道显示出来,这就是寓精明于浑厚之中。

【注释】①忘言:《庄子·外物》:"言者所以在意,得意而忘言。"指不须用言语来表达。 ②昭示:明示。 ③寓:寄。

003 精存则生神①,精散则生形。太乙者②,天地之神也;万物者,天地之形也。太乙不尽而天地存,万物不已而天地毁③,人亦然。

【译文】精气存在就会产生精神,精气离散就会产生形体。太乙,是天地的精神;万物,是天地的形体。太乙之气不尽天地就会存在,万物生长不已天地就会毁灭,人也是这样。

【注释】①精:精气。神:精神。 ②太乙:同"太一",指形成天地万物的元气。《礼记·礼运》:"大一者,谓天地未分混沌之元气也。""大一"同"太一"。　③已:停止。

004 天地只一个光明,故不言而人信。

【译文】天地只是一个光明,所以不言而人信。

005 天地不可知也,而吾知天地之所生。观其所生,而天地之性情形体俱见之矣。是故观子而知父母,观器而知模范。天地者,万物之父母而造物之模范也①。

【译文】天地不可知,而我知天地所生出的东西。观察天地所生的东西,就可以知道天地的性情形体了。因此观子而知父母,观器而知模子。天地,就是万物的父母,是造物的模子。

【注释】①模范:模型,俗称模子。

006 天地之气化生于不齐而死于齐①,故万物参差,万事杂糅,势固然耳。天地亦主张不得②。

【译文】天地的气化,生于不齐死于齐,所以万物参差不齐,万事杂糅在一起,这是势使之然也,天地也做不了主。

【注释】①气化:指阴阳之气的变化。张载《正蒙·太和》:"由太虚,有天之名;由气化,有道之名;合虚与气,有性之名;合性与知觉,有心之名。"王夫之注:"气化者,气之化也。阴阳具于太虚絪缊之中,其一阴一阳,或动或静,相与摩荡,乘其时位以著其功能,五行万物之融结流止,飞潜动植,各自成其条理而不妄。"　②主张:主宰。

007 观七十二候者①,谓物知时,非也,乃时变物耳。

【译文】观察七十二个节候的变化,认为物知时,这是不对的,而是时使物变化。

【注释】①七十二候:据《逸周书》、《吕氏春秋》、《礼记·月令》等书,古时以五日为一候,月为六候,三候为一节气。一年二十四节气,共七十二候。物候是根据动植物及其他自然现象变化的征候,说明节气的变化,作为农事依据。这里吕坤反对物知时的说法,强调季节的变化引起物变。

008 天地盈虚消息是一个套子①,万物生长收藏是一副印板。

【译文】天地盈虚消息的变化是固定不变的,万物的生长收藏也是相同的。

【注释】①盈虚消息：指天地万物变化现象，如日月星辰的升落，动植物的生长死亡等。

009 天积气所成，自吾身以上皆天也。日月星辰去地八万四千里，囿于积气中，无纤隔微障、彻地光明者，天气清甚，无分毫渣滓耳，故曰太清。不然虽薄雾轻烟，一里外有不见之物矣。

【译文】天是气积蓄形成的，从我的身体以上都是天。日月星辰距离地面八万四千里，都包围在积气之中，无丝毫的隔障，而是彻地光明的。天气非常清，无丝毫的渣滓，所以叫太清。不然，虽然只有薄雾轻烟，一里以外就看不见物体了。

010 地道好生之至也，凡物之有根种者必与之生，尽物之分量，尽己之力量，不至寒凝枯败不止也，故曰坤①，称母。

【译文】地道是特别的好生，凡物有根有种子的必然让它生长，尽到物的力量，尽到地的力量，不到严寒枯败不会停止，所以叫坤，称母。

【注释】①故曰坤：《周易·坤卦·象》曰："至哉坤元，万物资生，乃顺承天。坤厚载物，德合无疆，含弘光大，品物咸亨。"《象》曰："地势坤，君子以厚德载物。"《说卦》："坤为地，为母。"

011 四时惟冬是天地之性，春夏秋皆天地之情，故其生万物也，动气多而静气少。

【译文】四时只有冬季是天地之性，春夏秋都是天地之情，性静情动，所以天地生万物，动气多而静气少。

012 万物得天地之气以生，有宜温者，有宜微温者，有宜太温者，有宜温而风者，有宜温而湿者，有宜温而燥者，有宜温而时风时湿者。何气所生则宜何气，得之则长养，失之则伤病。气有一毫之爽①，万物阴受一毫之病，其宜凉宜寒宜暑无不皆然，飞潜、动植、蠉蠕之物无不皆然。故天地位则万物育，王道平则万民遂。

【译文】万物得天地之气而生，有适宜温的，有适宜微温的，有适宜太温的，有适宜温而有风的，有适宜温而湿润的，有适宜温而干燥的，有适宜温而又有时有风有时湿润的。什么气生的就适宜何种气候，得到就会生长保养，失去则会受伤生病。气有一毫之差失，万物暗受一毫之病，宜凉宜寒宜暑之物都是如此,飞的游的、动物植物、蠛蠓之物都是如此。所以天地安于其位则万物生长发育,王道得到实行则万民遂顺。

【注释】①爽:差。

013　六合中洪纤动植之物都是天出气、地出质①,熔铸将出。都要消磨无迹,还他故物。不怕是金石,也要归于无②,盖从无中生来,定要都归无去。譬之一盆水,打搅起来大小浮沤以千万计,原是假借成底,少安静时还化为一盆水。

【译文】天地四方中的大小动植之物,都是由天上的气、地上的质熔铸出来的。都要消磨得毫无痕迹,回到它原来的状态。即使是金石也要归于无,因为是从无中生出来的,一定要归到无当中去。譬如一盆水,搅动起来大小泡沫有千万个,原来都是靠搅动形成的,等水平静时还是一盆水。

【注释】①洪纤:洪,粗大。纤,细微。质:指质料,如金、木、水、火、土等。　②归于无:指归于气、质,而不是空无。

014　先天立命处是万物自具底①,天地只是个生息培养。只如草木原无个生理,天地好生,亦无如之何。

【译文】先天能够成为生命的是万物自身具有的东西,天地只是起个生息培养的作用。比如草木,原来如果没有生长的道理,即使天地好生,也没有办法。

【注释】①先天立命处:指物自身原来所具的性质。

015　天地间万物都是阴阳两个共成底。其独得于阴者,见阳必避,蜗牛壁薛之类是也。其独得于阳者,见阴必枯,夏枯草之类是也。

【译文】天地间万物都是由阴阳两方面构成的。那些独得阴的东西,见到阳必然躲避,蜗牛壁薛就是这类东西。那些独得阳的东西,见到阴必然枯萎,夏枯草就是这类东西。

016　阴阳合时只管合,合极则离①;离时只管离,离极则合。不极则不离不合,极则必离必合。

【译文】阴阳会合时只管会合,合到极点则离;离时只管离,离到极点则合。不到极点则不离不合,到极点必离必合。

【注释】①极:尽头。

017 定则水,燥则火,吾心自有水火。静则寒,动则热,吾身自有冰炭。然则天地之冰炭谁为之？亦动静为之。一阴生而宇宙入静,至十月闭塞而成寒;一阳生而宇宙入动,至五月薰蒸而成暑。或曰:五月阴生矣,而六月大暑。十一月阳生矣,而十二月大寒,何也？曰:阳不极则不能生阴,阴不极则不能生阳,势穷则反也。微阴激阳则阳不受激而愈炽,微阳激阴则阴不受激而愈溢,气逼则甚也。至七月、正月则阴阳相战,客不胜主,衰不胜旺,过去者不胜方来,故七月大火西流而金渐生水①,正月析木用事而水渐生火②。盖阴阳之气续接非直接,直接则绝。父母死而子始生,有是理乎？渐至非骤至,骤至则激。五谷种而能即熟,有是理乎？二气万古长存,万物四时咸遂,皆续与渐为之也。惟续故不已,惟渐故无迹。

【译文】定则为水,燥则为火,我心中自有水火。静则寒,动则热,我身体自有冰炭。然而天地的冰炭是谁造成的？也是动和静造成的。一阴产生而宇宙入静,到十月闭塞而成寒;一阳产生而宇宙入动,到五月薰蒸而成暑。有人问:五月阴生,而六月大暑;十一月阳生,而十二月大寒,这是为什么呢？回答说:阳不到极点则不能生阴,阴不到极点则不能生阳,势穷了就会走向相反方向。没有阴去激发阳,阳就不会受激而愈发炽烈;没有阳激发阴,阴就不会受激而愈散阴气,气要逼迫得厉害则更为厉害。到了七月、正月,则阴阳交战,客不胜主,衰不胜旺,过去不胜将来,所以七月营惑星向西流动而金渐生水,正月析木星次当事的时候而水渐生火。阴阳之气是续接不是直接的,直接则绝。父母死后孩子才出生,有这样的道理吗？阴阳之气是渐渐来的,不是骤然来的,骤至则激。五谷种下去马上成熟,有这样的道理吗？阴阳之气万古长存,万物四时都顺遂,这都是连续不断与渐渐变化造成的。只有续才能不断,只有渐才无痕迹。

【注释】①大火:星名,即营惑星。《诗经·豳风·七月》:"七月流火。" ②析木:星宿或星次名。

018 既有个阴气,必有聚结,故为月。既有个阳气,必有精华,故为日。晦是月之体①,本是纯阴无光之物,其光也映日得之,客也,非主也。

【译文】既有个阴气,必有聚结,所以就成了月亮。既有个阳气,必有精华,所以就有了太阳。晦暗是月亮的本体,本来是纯阴无光的东西,它的光是太阳光映照出来的,因而是客,不是主。

【注释】①晦是月之体:月的本体,即本来状态,就是暗的。

019　天地原无昼夜,日出而成昼,日入而成夜①。星常在天,日出而不显其光,日入乃显耳。古人云:"星从日生。"细看来星不借日之光以为光。嘉靖壬寅日食②,既满天有星,当是时日且无光,安能生星之光乎?

【译文】天地原来没有昼夜,太阳出来说是昼,太阳落下就是夜。星星经常悬在天空,太阳出来它的光就不显了,太阳落了它的光就显现出来。古人说:星光是由日光照射产生的。仔细看来,星星不是借太阳光来发光的。嘉靖二十一年日食发生时,满天有星,这时太阳都无光,怎么能使星生光呢!

【注释】①入:原作"久",据《吕新吾全集》改。　②嘉靖壬寅:即,嘉靖二十一年,公元1542年。

020　水静柔而动刚,金动柔而静刚,木生柔而死刚,火生刚而死柔。土有刚有柔、不刚不柔,故金木水火皆从钟焉,得中故也,天地之全气也。

【译文】水静的时候是柔的,而动的时候则是刚的;金动的时候是柔的,而静的时候是刚的;木活着的时候是柔的,而枯死以后是刚的;火生着的时候是刚的,而灭了的时候是柔的;土有刚有柔而又不刚不柔,所以金木水火都归附于土,这是因为土得到中道的缘故,天地之气它都具备了。

021　嘘气自内而之外也,吸气自外而之内也。天地之初,嘘为春,嘘尽为夏,故万物随嘘而生长。天地之初,吸为秋,吸尽为冬,故万物随吸而收藏。嘘者上升,阳气也,阳主发。吸者下降,阴气也,阴主成。嘘气温,故为春夏。吸气寒,故为秋冬。一嘘一吸,自开辟以来,至混沌之后,只是这一丝气,有毫发断处,万物灭,天地毁。万物,天地之子也,一气生死,无不肖之。

【译文】嘘气是从内向外发出的,吸气是自外向内吸进的。天地开始的时候,嘘气为春季,嘘尽为夏季,因此万物随着嘘气而生长。天地开始的时候,吸气为秋季,吸尽为冬季,因此万物随吸气而收藏。嘘气上升,是阳气,阳气主发。吸气下降,是阴气,阴气主成。嘘气温,所以为春夏;吸气寒,所以为秋冬。一嘘一吸,从天地开辟以来,到天地恢复为混沌状态之后,只是这一丝气,这气有丝毫断绝的地方,万物就要死亡,天地就要毁灭。万物,是天地的儿子,气的嘘吸以及生死的道理,无不和天地的道理一样。

022 风惟知其吹拂而已,雨惟知其淋漓而已,霜雪惟知其严凝而已,水惟知其流行而已,火惟知其燔灼而已。不足则屏息而各藏其用,有余则猖狂而各恣其性,卒然而感则强者胜,若两军交战,相下而后已。是故久阴则权在雨而日月难为明,久旱则权在风而云雨难为泽,以至水火霜雪莫不皆然。谁为之?曰:阴阳为之。阴阳谁为之?曰:自然为之。

【译文】风只是吹拂而已,雨只是淋漓而已,霜雪只是严凝而已,水只是流行而已,火只是燔灼而已。它们不充足的时候就会屏住气息而收藏它们的作用,有余的时候则猖狂地任意尽其性能;它们相互遇到,强者就取胜,有如两军交战,分出胜负才能结束。因此,天气久阴,说明雨在主宰,而日月难以发出光明;天气久旱,说明风在主宰,而云雨难以润泽土地。至于水、火、霜、雪的道理,都是如此。这些现象又是谁造成的呢?是阴阳。阴阳是怎么形成的?是自然形成的。

023 阴阳征应①,自汉儒穿凿附会,以为某灾祥应某政事,最迂。大抵和气致祥,戾气致妖,与作善降祥,作恶降殃,道理原是如此。故圣人只说人事,只尽道理,应不应、在我不在我都不管。若求一一征应,如鼓答桴②,尧舜其犹病矣。大段气数有一定的,有偶然的,天地不能违,天地亦顺之而已。旱而雩③,水而荥④,彗孛而禳⑤,火而袯⑥,日月食而救,君子畏天威谨天戒当如是尔。若云随祷辄应,则日月盈亏岂系于救不救之间哉?大抵阴阳之气,一偏必极,势极必反。阴阳乖戾而分,故孤阳亢而不下阴则旱无其极。阳极必生阴,故久而雨。阴阳和合而留故淫,阴升而不舍阳则雨无其极。阴极必生阳,故久而晴。草木一衰不至遽茂,一茂不至遽衰。夫妇朋友失好不能遽合,合不至遽乖。天道、物理、人情自然如此,是一定的。星殒、地震、山崩、雨血、火见、河清,此是偶然底。吉凶先见,自非常理。故臣子以修德望君,不必以灾异恐之。

若因灾而惧,固可修德,一有祥瑞,便可谓德已足而罢修乎?乃若至德回天,灾祥立应,桑榖枯、彗星退、冤狱释而骤雨[7],忠心白而反风,亦间有之,但曰必然事,吾不能确确然信也。

【译文】阴阳征应,自从汉儒穿凿附会,认为上天出现某种祸福的征兆,就应在某件政事上,这是最迂腐的。大体说来和气致祥,戾气致妖,这与做善事降福,做恶事降灾的道理是一样的,都是气的作用。因此圣人只谈人事,只尽道理,应不应,应在我身上不应在我身上都不管。如果要求一一应验,如鼓槌儿敲下去鼓就响,尧舜也做不到。仔细说来气数有一定的,有偶然的,天地不能违背,天地也只能顺着而已。天旱去求雨,水灾去祭神,彗星出现去祈祷免祸,火灾发生去祈求保佑,发生日食月食想法救助,君子害怕天威,谨慎地对待天戒,只应当这样做。如果说祈祷就能应验,那日月的盈亏难道是系于救与不救之间吗?大体说来,阴阳之气,一偏必到达极点,到达极点必然又要返回。阴阳不合就要分离,因此阳气上升而不下降与阴气相合,天气就会一直干旱。阳气上升到极点阴气必然会出现,所以天旱的时间久了就会下雨。阴阳会合而滞留,形成大片的阴云,阴气上升而不和阳气分离,雨就会下个不停。阴气达到极点必然有阳气出现,所以下雨的时间长了就会转晴。草木枯萎不会遽然茂盛,茂盛时也不会遽然枯萎。夫妇朋友感情不好不会遽然和好,感情和好也不会遽然背离。天道、物理、人情自然就是如此,是有一定的。星殒、地震、山崩、雨血、火星出现、黄河水清,这都是偶然的。吉凶的征兆预先就能显现,这不符合常理。所以臣子应该盼望君主修德,不要以灾异来恐吓他。如果因为有了灾害感到害怕,固然可以促使修德,但一有祥瑞,就可以认为德已足而停止修德吗?至于高尚的道德使天意回转,灾害和祥瑞这些征兆立即得到回应,象征有灾的生于朝廷的桑榖二木枯死、彗星消失、冤狱得到平反,上天就突然下雨,忠心得以剖白而风向发生变化,这种事情也偶而有之,但如果说必然会发生这样的事,我不能确确然相信这一点。

【注释】①征应:有某种预兆,就会出现某种灾祥。 ②桴:鼓槌儿。 ③雩(yú):古代为求雨而举行的祭祀。 ④荥(yíng):《左传》昭公元年:"山川之神,则水旱疠疫之灾,于是乎荥之;日月星辰之神,则雪霜风雨之不时,于是乎荥之。"《说文》:"设绵蕝为荥,以禳风雨雪霜水旱疠疫于日月星辰山川也。"即为消除水灾而举行祭祀。 ⑤彗孛:彗星亦称孛星,俗称扫帚星。以曳长如彗故名。《晋书·天文志》:"孛亦彗属,偏指曰彗,芒气四出曰孛。"古人以为彗星出现不祥,故祷之,以求免灾。 ⑥祓(fú):除灾祈福的仪式。

《左传》昭公十八年:"祓禳于四方,振除火灾,礼也。" ⑦桑穀:《尚书·咸有一德》:"伊陟相太戊,亳有祥,桑穀共生于朝。"孔颖达疏:"桑穀二木,共生于朝。朝非生木之处,是为不善之征。"古时以桑穀二木共生于朝为不祥。

024　气化无一息之停,不属进就属退。动植之物,其气机亦无一息之停,不属生就属死,再无不进不退而止之理。

【译文】气的变化没有一刻是停止的,不属于进就属于退。动物植物气的变化也没有一刻停止,不属于生就属于死,没有不进不退而停止的道理。

025　形生于气,气化没有底,天地定然没有。天地没有底,万物定然没有。

【译文】形体产生于气,气的变化没有的,天地定然没有;天地没有的,万物定然没有。

026　生气醇浓混浊①,杀气清爽澄澈②;生气牵恋优柔,杀气果决脆断;生气宽平温厚,杀气峻隘凉薄。故春气絪缊,万物以生;夏气薰蒸,万物以长;秋气严肃,万物以入;冬气闭藏,万物以亡。

【译文】生气是醇厚浑浊的,杀气是清爽澄澈的;生气是牵恋优柔的,杀气是果决脆断的;生气是宽平温厚的,杀气是峻隘凉薄的。因此春气温暖和煦,万物得以生长;夏气炎热蒸腾,万物得以成长;秋气严峻肃杀,万物得以收获;冬气闭塞收藏,万物就会消亡。

【注释】①生气:生物之气,指春气、夏气。　②杀气:肃杀之气,指秋气、冬气。

027　一呼一吸,不得分毫有余,不得分毫不足;不得连呼,不得连吸;不得一呼无吸,不得一吸无呼。此盈虚之自然也。

【译文】一呼一吸,不能有分毫的多余,也不能有分毫的不足;不能连呼,不能连吸;不能一呼无吸,不能一吸无呼。这是天地盈虚的自然法则。

028　水,质也①,以万物为用②;火,气也,以万物为体。及其化也,同归于无迹。水性徐,火性疾,故水之入物也,因火而病。水有定气,火无定气,故火附刚则刚,附柔则柔,水则入柔不入刚也。

【译文】水是有质体的,通过万物发生作用;火是一种气,它以万物为本体。

水、火消融之后,都不留痕迹。水性徐,火性疾,因此水进入物体中,遇到火就会发生困顿。水有定气,火无定气,所以火附刚则刚,附柔则柔;水则入柔不入刚。

【注释】 ①质:质体。 ②用:作用。

029 阳不能藏,阴不能显。才有藏处,便是阳中之阴;才有显处,便是阴中之阳。

【译文】 阳是不能藏的,阴是不能显的。阳刚有藏的地方,便是阳中之阴;阴刚有显的地方,便是阴中之阳。

030 水能实虚①,火能虚实②。

【译文】 水能使虚的东西变实,火能使实的东西变虚。

【注释】 ①水能实虚:实为动词,水为流体,可使虚空处充实。 ②火能虚实:虚为动词,火能燃物,物体着火,由实变虚。

031 乾坤是毁底,故开辟后必有混沌;所以主宰乾坤是不毁底,故混沌还成开辟。主宰者何?元气是已。元气亘万亿岁年终不磨灭①,是形化气化之祖也。

【译文】 天地是会毁灭的,所以天开地辟以后必然又会回到混沌的状态;能够主宰天地的东西是不会毁灭的,所以混沌状态以后还要成为天开地辟的状况。是什么在主宰它呢?是元气罢了。元气从古至今直到亿万年始终也不会磨灭,它是形体的变化和阴阳二气变化的根源。

【注释】 ①亘:贯穿。

032 天地全不张主,任阴阳;阴阳全不摆布,任自然。世之人趋避祈禳,徒自苦耳。其夺自然者,惟至诚①。

【译文】 天地什么都不主宰,任凭阴阳变化;阴阳什么也不摆布,任凭自然变化。世上的人趋利避祸、求福禳灾,只是白白自讨苦吃罢了。能剥夺自然功力的只有至诚之心。

【注释】 ①其夺自然者,惟至诚:夺,改变。至诚,指真实,符合事物发展规律。

033 天地发万物之气,到无外处止;收敛之气,到无内处止。不至而止者,非本气不足则客气相夺也。

【译文】天地发育万物之气,扩散到无处再扩散的地方才停止;天地收敛之气,聚结到无处可聚结的地方才停止。没达到这种地步而停止的,不是本气不足就是外来的气侵犯的结果。

034 静生动长,动消静息,息则生,生则长,长则消,消则息。

【译文】静生动长,动消静息。停息则出生,出生则成长,成长后则会消减,消减则会停息。

035 万物生于阴阳,死于阴阳。阴阳于万物原不相干,任其自然而已。雨非欲润物,旱非欲熯物①,风非欲挠物,雷非欲震物。阴阳任其气之自然,而万物因之以生死耳。《易》称"鼓之以雷霆,润之以风雨"②,另是一种道理。不然是天地有心而成化也。若有心成化,则寒暑灾祥得其正乃见天心矣。

【译文】万物由阴阳二气化生而成,又因为阴阳二气的变化而死。阴阳二气对万物不予干涉,只是任其自然而已。雨不是想润物,旱不是想燥物,风不是想扰物,雷也不是想震物。阴阳任其气之自然,而万物凭借阴阳以生死。《易》说"鼓之以雷霆,润之以风雨",说的是另一种道理。不然的话,就成了天地有意识地化成万物了。如果是有意识地化成万物的话,那么寒暑灾祥的发生就该正当其时,这才能看出上天是有心这样做的。实际并非如此。

【注释】①熯(hàn):以火烘物使干。 ②"鼓之以雷霆"二句:语出《周易·系辞上》:"鼓之以雷霆,润之以风雨。日月运行,一寒一暑。"

036 天极从容,故三百六十日为一嘘吸;极次第,故温暑凉寒不蓦越而杂至①;极精明,故昼有容光之照而夜有月星;极平常,寒暑旦夜生长收藏万古如斯而无新奇之调;极含蓄,并包万象而不见其满塞;极沉默,无所不分明而无一言;极精细,色色象象条分缕析而不厌其繁;极周匝②,疏而不漏;极凝定,风云雷雨变态于胸中、悲欢叫号怨德于地下而不恶其扰;极通变,普物因材,不可执为定局;极自然,任阴阳气数理势之所极所生而已不与;极坚耐,万古不易而无欲速求进之心、消磨曲折之患;极勤敏,无一息之停;极聪明,亘古今无一人一事能欺罔之者;极老成,有亏欠而不隐藏;

极知足，满必损、盛必衰；极仁慈，雨露霜雪无非生物之心；极正直，始终计量，未尝养人之奸、容人之恶；极公平，抑高举下，贫富贵贱一视同仁；极简易，无琐屑曲局示人以繁难；极雅淡，青苍自若更无炫饰；极灵爽，精诚所至，有感必通；极谦虚，四时之气常下交；极正大，擅六合之恩威而不自有；极诚实，无一毫伪妄心虚假事；极有信，万物皆任之而不疑。故人当法天。人，天所生也，如之者存，反之者亡，本其气而失之也。

【译文】 天是非常从容的，因此三百六十日为一嘘吸；天是极有次第的，因此温暑凉寒不会突然而杂至；天是极精明的，因此白天能容纳阳光照耀而夜间有月亮星星；天是极平常的，因此寒暑旦夜、生长收藏，万古如此而没有新奇的变化；天是极含蓄的，包罗万象而看不到满塞；天是极沉默的，什么都能分明但不发一言；天是极精细的，色色象象条分缕析而不厌其繁；天是极周密的，疏而不漏；天是极凝定的，风云雷雨在胸中变幻，悲欢呼号在地下感戴、抱怨，而不怕烦忧；天是极通变的，所有的物品都因材而用，不作为定局；天是极自然的，任凭阴阳、气数、理势之所极所生，而不干预；天是极坚耐的，万古不变而没有欲速求进之心，没有消磨、曲折之患；天是极勤敏的，无一刻停止；天是极聪明的，从古至今无一人一事可以欺骗它；天是极老成的，有亏欠而不隐藏；天是极知足的，满必损、盛必衰；天是极仁慈的，降下雨露霜雪都是生物之心；天是极正直的，始终在计量，未尝养人之奸、容人之恶；天是极公平的，抑高举下，贫富贵贱一视同仁；天是极简易的，没有琐屑曲局之事，不向人表现出繁难之状；天是极雅淡的，青苍之色一样自如，更无炫饰；天是极灵爽的，精诚所至，有感必通；天是极谦虚的，四时之气常下交；天是极正大的，掌握着六合的恩威而不据为己有；天是极诚实的，无一毫伪妄心、虚假事；天是极有信用的，任凭万物发展而不疑。所以人应当效法天。人，是上天所生，顺天者存，逆天者亡，本来禀受到上天的元气又会失去。

【注释】 ①驀（mò）越：忽然，突然。 ②周匝：周密。

037 春夏后，看万物繁华，造化有多少淫巧，多少发挥，多少张大。元气安得不斫丧[1]，机缄安得不穷尽[2]？此所以虚损之极成否塞[3]，成混沌也。

【译文】 春夏之后，看那万物繁华的景象，自然的创造化育有多少淫巧，有多少发挥，有多少张大。元气怎能不伤耗，气运怎能不穷尽？这就是虚损到了极点就变成否塞不通,成为混沌不分的状态。

【注释】①斫(zhuó)丧:伤耗。 ②机缄:指推动事物动作的造化力量。《庄子·天运》:"天其运乎,地其处乎,日月其争于所乎。孰主张是,孰维纲是,孰居无是,推而行是。意者,其有机缄而不得已邪?" ③否塞:闭塞不通。

038 形者,气之囊橐也;气者,形之线索也。无形,则气无所凭藉以生;无气,则形无所鼓舞以为生。形须臾不可无气,气无形则万古依然在宇宙间也。

【译文】形,就是气的囊橐;气,就是形的线索。无形,则气无所凭借以生;无气,则形无所鼓舞以为生。形须臾不可无气,气无形则万古依然存在于宇宙之间。

039 要知道雷霆霜雪都是太和。

【译文】要知道,雷霆霜雪也都是阴阳会和、冲和的元气。

040 浊气醇,清气漓;浊气厚,清气薄;浊气同,清气分;浊气温,清气寒;浊气柔,清气刚;浊气阴,清气阳;浊气丰,清气啬;浊气甘,清气苦;浊气喜,清气恶;浊气荣,清气枯;浊气融,清气孤;浊气生,清气杀。

【译文】浊气是醇的,清气是漓的;浊气是厚的,清气是薄的;浊气是同的,清气是分的;浊气是温的,清气是寒的;浊气是柔的,清气是刚的;浊气属阴,清气属阳;浊气丰厚,清气吝啬;浊气是甘的,清气是苦的;浊气是喜悦的,清气是厌恶的;浊气是繁茂的,清气是枯萎的;浊气是融合的,清气是孤独的;浊气能生,清气能杀。

041 "一阴一阳之谓道"①,二阴二阳之谓驳②。阴多阳少、阳多阴少之谓偏。有阴无阳、有阳无阴之谓孤。一阴一阳,乾坤两卦,不二不杂,纯粹以精,此天地中和之气,天地至善也。是道也,上帝降衷③,君子衷之,是故继之即善,成之为性,更无偏驳,不假修为,是一阴一阳属之君子之身矣,故曰"君子之道"。"仁者见之谓之仁,智者见之谓之智",此之谓偏。"百姓日用而不知",此之谓驳。至于孤气所生,大乖常理。孤阴之善,慈悲如母,恶则险毒如魃④。孤阳之善,疾恶如仇,恶则凶横如虎。此篇夫子论性纯以善者言之⑤，与"性相近"也稍稍不同⑥。

【译文】一阴一阳叫做道，二阴二阳叫做驳。阴多阳少、阳多阴少叫做偏。有阴无阳、有阳无阴叫做孤。一阴一阳，《乾》《坤》两卦，不二不杂，纯粹以精，这是天地间的中和之气，是天地间至善的。这个道，是上帝降下来的善性，君子接受了其善性，所以继承下来的就是善，成就它的就是性，没有偏驳，不依靠修养。因此说一阴一阳之道归于君子，所以称为君子之道。仁者见了叫做仁，智者见了叫做智，这叫偏。百姓日常使用它，而不知它是什么，这叫驳。至于孤气生出来的东西，和常理极为违背。孤阴之善，慈悲时像母亲，恶毒起来则如毒蛇。孤阳之善，疾恶如仇，凶恶起来则如老虎。"一阴一阳之谓道"的问题，孔子在此篇中专以善论性，与"性相近"的看法稍有不同。

【注释】①一阴一阳之谓道：语出《周易·系辞上》。 ②驳：混杂、不纯 ③上帝降衷：《尚书·汤诰》："惟皇上帝，降衷于下民，若有恒性。"孔氏传："皇天上帝，天也。衷，善也。" ④虺(huǐ)：毒蛇。 ⑤此篇夫子论性纯以善者言之：夫子，指孔子。此篇，指《周易·系辞上》"一阴一阳之谓道"章。其文曰："一阴一阳之谓道，继之者善也，成之者性也。仁者见之谓之仁，知者见之谓之知。百姓日用而不知，故君子之道鲜矣。" ⑥性相近：《论语·阳货》："子曰：性相近也，习相远也。"

042　天地万物，只是一个渐，故能成，故能久。所以成物悠者，渐之象也。久者，渐之积也。天地万物不能顿也，而况于人乎？故悟能顿，成不能顿。

【译文】天地万物只是一个"渐"，所以能成，能久。物的形成时间久远，这是渐的缘故。长久，是"渐"积累起来的缘故。天地万物不能顿成，况且是人呢？所以悟可以在顿时做到，而成不能在顿时形成。

043　盛德莫如地，万物于地，恶道无以加矣。听其所为而莫之憾也，负荷生成而莫之厌也。故君子卑法地，乐莫大焉。

【译文】没有比地的盛德更广大的了，万物从地上生长出来，恶的东西不能加在万物的身上。听任万物自己作为而不去动摇它，载负着万物任它生长壮大而不厌烦它。所以君子谦逊的品德就是效法地的，没有比这更快乐的了。

044　日正午，月正圆，一呼吸间耳。呼吸之前，未午未圆；呼吸之后,午过圆过。善观中者,此亦足观矣。

【译文】日正当午,月亮正圆,只是一呼一吸之间的事。呼吸之前,日还未午,月还未圆;呼吸之后,午已过,圆已过。善于观察"中"的,从这就足以观察到了。

045 中和之气,万物之所由以立命者也,故无所不宜。偏盛之气,万物之所由以盛衰者也,故有宜有不宜。

【译文】中和之气,是万物赖以存在的,所以无不适宜。偏盛之气,是引起万物盛衰的,所以有时适宜,有时不适宜。

046 禄位名寿、康宁顺适、子孙贤达,此天福人之大权也,然尝轻以与人。所最靳而不轻以与人者①,惟名。福善祸淫之言,至名而始信,大圣得大名,其次得名,视德无分毫爽者。恶亦然。禄位寿康在一身,名在天下;禄位寿康在一时,名在万世。其恶者备有百福,恶名愈著;善者备尝艰苦,善誉日彰。桀、纣、幽、厉之名②,孝子慈孙百世不能改,此固天道报应之微权也。天之以百福予人者,恃有此耳。彼天下万世之所以仰慕钦承疾恶笑骂,其祸福固不小也。

【译文】禄位名寿、康宁顺适、子孙贤达,这是天拥有的降给人们福祉的权力,然而有时也轻易地给予人。天所最吝惜而不轻易给人的,就是名声。做善降福,为祸降殃的话,从名声上来看,才开始让人相信:大圣人得到大的名声,其次得到名声的大小,和他的德行分毫不差。对具有恶德的人也是如此。禄位寿康都集中在一个人身上,就会名满天下;禄位寿康只在一个时期具有,就会名留万世。有恶德的人享有百福,恶名更加昭著;有善德的人又备尝艰辛,美名日益彰显。桀、纣、周幽王、周厉王的坏名声,即使到百世之后,他的孝子贤孙也无法改变。这就是天道报应的小小权力。上天能以百福给予人类,也是依仗这一点。一个人能被天下万世的人所仰慕钦承或疾恶笑骂,他得到的福或祸已经不算少了。

【注释】①靳:吝惜。　②桀、纣、幽、厉:指夏桀、商纣王、周幽王、周厉王,皆为昏庸暴虐之君。

047 以理言之,则当然者谓之天,命有德讨有罪,奉三尺无私是已。以命言之,则自然者谓之天,莫之为而为,莫之致而至,定于有生之初是已。以数言之,则偶然者谓之天,会逢其适,偶值其际是已。

【译文】从道理来讲,当然的事叫做天,就如同命令有德的人讨伐有罪的人,只能依照铁面无私的法律去执行。从命来说,自然的事叫做天,这是说没有想要做就做了,没有招呼它,它就来了,这种事是在出生的当初就已经定下来的。以数言之,偶然的事叫做天,这是偶然遇到,偶然有这样的际遇罢了。

048 造物之气有十:有中气,有纯气,有杂气,有戾气,有似气,有大气,有细气,有闲气,有变气,有常气,皆不外于五行。中气,五行均调精粹之气也,人钟之而为尧、舜、禹、文、武、周、孔,物得之而为麟凤之类是也。纯气,五行各俱纯一之气也,人得之而为伯夷、伊尹、柳下惠,物得之而为龙虎之类是也。杂气,五行交乱之气也。戾气,五行粗恶之气也。似气,五行假借之气也。大气,旁薄浑沦之气也。细气,纤蒙浮渺之气也。闲气,积久充溢会合之气也。变气,偶尔遭逢之气也。常气,流行一定之气也。万物各有所受以为生,万物各有所属以为类,万物不自由也,惟有学问之功变九气以归中气。

【译文】造物之气有十种:有中气,有纯气,有杂气,有戾气,有似气,有大气,有细气,有闲气,有变气,有常气,都不在金、木、水、火、土这五行之外。中气,是五行均调的精粹之气。人得到中气,就会成为尧、舜、禹、周文王、周武王、孔子那样的圣人;动物得到中气,就是麟、凤之类的瑞兽。纯气,是五行中的一种纯一之气。人得到纯气,就会成为伯夷、伊尹、柳下惠一类的贤人;动物得到纯气,就是龙、虎之类的动物。杂气,是五行交乱之气。戾气,是五行粗恶之气。似气,是五行假借之气。大气,是磅礴浑沦之气。细气,是纤蒙浮渺之气。闲气,是积久充溢会合之气。变气,是偶尔遭逢之气。常气,是流行一定之气。万物各禀受某种气形成生命,万物因气各有所属成为某类的人或物,万物的这种禀受都不是由自己决定的,只有学问的功力才能改变九气归入中气。

049 火性发扬,水性流动,木性条畅,金性坚刚,土性重厚,其生物也亦然。

【译文】火性发扬,水性流动,木性条畅,金性坚刚,土性重厚,它们所生成的物质,其性也和它们一样。

050 太和在我,则天地在我,何动不臧,何往不得?

【译文】太和之气集中在我的身上,天地也包容在我的胸中,哪个行动不是善的?到何处不会成功?

051 弥六合皆动气之所为也,静气一粒伏在九地之下以胎之。故动者,静之死乡;静者,动之生门。无静不生,无动不死。静者常施,动者不还。发大造之生气者,动也;耗大造之生气者,亦动也。圣人主静以涵元理①,道家主静以留元气②。

【译文】整个六合都是动气在起作用,静气只如同孕育在九地之下的一粒胚胎。所以说,动,是静的死地;静,是动的生门。无静不生,无动不死。静者常施,动者不还。使天地间的生气发扬的是动气,消耗天地之生气的也是动气。所以圣人主张静,以涵养元理;道家主张静,以保留元气。

【注释】①元理:指先天的至善之性。 ②元气:指构成人之形体的混一之气,即生命力之本原。

052 万物发生,皆是流于既溢之余;万物收敛,皆是劳于既极之后。天地一岁一呼吸,而万物随之。

【译文】万物发生,都是在满溢之后;万物收敛,都是在生长尽极之后。天地一年一呼一吸,而万物也随着生长发育收敛闭藏。

053 天地万物到头来皆归于母,故水火金木有尽而土不尽,何者?水火金木,气尽于天,质尽于地,而土无可尽。故真气无归,真形无藏,万古不可磨灭,灭了更无开辟之时。所谓混沌者,真气与真形不分也,形气混而生天地,形气分而生万物。

【译文】天地间的万物,到头来都要回到它出生的地方,所以水火金木有尽而土不尽。为什么呢?水火金木,他们的气尽了归于天,质尽了归于地,而土不会尽。所以真气不会回归,真形无处收藏,万古不可磨灭,灭了就没有产生的时候了。所说的混沌,指真气与真形不分的时候,真气与真形相混就产生了天地,真气与真形分开就产生了万物。

054 天欲大小人之恶,必使其恶常得志。彼小人者,惟恐其恶之不遂也,故贪天祸以至于亡。

【译文】上天想要增大小人的恶名,必然使他的恶行常常得逞。那小人又惟恐他的恶行不能顺遂,所以就会得到上天降下的祸殃,以至于灭亡。

055 自然谓之天,当然谓之天,不得不然谓之天。阳亢必旱,久旱必阴,久阴必雨,久雨必晴,此之谓自然。君尊臣卑,父坐子立,夫唱妇随,兄友弟恭,此之谓当然。小役大,弱役强,贫役富,贱役贵,此之谓不得不然。

【译文】自然叫做天,当然叫做天,不得不然叫做天。阳气极盛天气必然干旱,干旱的时间长了天气必然要阴,阴的时间长了必然要下雨,下雨的时间长了必然转晴,这叫做自然。君尊臣卑,父坐子立,夫唱妇随,兄友弟恭,这叫做当然。小的被大的奴役,弱的被强的奴役,贫的被富的奴役,贱的被贵的奴役,这叫做不得不然。

056 心就是天,欺心便是欺天,事心便是事天,更不须向苍苍上面讨。

【译文】心就是天,欺心就是欺天,侍奉心就是侍奉天,更不要向上苍去寻找。

057 天者未定之命,命者已定之天。天者大家之命,命者各物之天。命定而吉凶祸福随之也,由不得天,天亦再不照管。

【译文】天,就是没有确定的命;命,就是已经确定的天。天,就是大家的命;命,就是各种生物的天。命已经定了,吉凶祸福就跟随而来,这时就由不得天了,天也再不照管了。

058 天地万物只是一气聚散,更无别个。形者气所附,以为凝结;气者形所托,以为运动。无气则形不存,无形则气不住。

【译文】天地万物只是一气聚散,没有别的。形体是气所依附的东西,是靠气凝结成的;气依托于形体,依靠形体来运动。无气则形不存,无形则气不住。

059 天地即生人物,则人物各具一天地,天地之天地由得天地,人物之天地由不得天地。人各任其气质之天地至于无涯[1],梏其降衷之天地几于澌尽[2],天地亦无如之何也已。其吉凶祸福率由自造,天何尤乎而怨之?

【译文】天地既然生了人、物,人、物也就各自具有了一小片天地。天地之天地可以由天地做主，人、物之天地由不得天地做主。人们即使把他的气质之性扩充得无边无际，把它的义理之性消磨殆尽，天地也无可奈何罢了。人的吉凶祸福都是自己造成的，天有什么错误而要怨恨它呢？

【注释】①气质之天地：指气质之性。吕坤认为，气质之性有善有恶。　②降衷之天地：《尚书·汤诰》所说"上帝降衷之性"即指义理之性，义理之性则为至善。

060　吾人浑是一天，故日用起居食息，念念时时事事，便当以天自处。

【译文】我们这些人都是禀受了天地之气而生的，所以日用起居食息，念念时时事事，都要以天自处。

061　朱子云：天者，理也。余曰：理者，天也。

【译文】朱熹说：天者，理也。我说：理者，天也。

062　有在天之天，有在人之天。有在天之先天，太极是已①；有在天之后天，阴阳五行是已；有在人之先天，元气元理是已；有在人之后天，血气心知是已。

【译文】有在天之天，有在人之天。有在天之先天，就是太极；有在天之后天，就是阴阳五行。有在人之先天，就是元气、元理；有在人之后天，就是血气心智。

【注释】①太极：指混沌未分之状。

063　问：天地开辟之初，其状何似？曰：未易形容。因指斋前盆沼，令满贮带沙水一盆，投以瓦砾数小块，杂谷豆升许，令人搅水浑浊，曰此是浑沌未分之状，待三日后再来看开辟。至日而浊者清矣。轻清上浮，曰此是天开于子①。沉底浑泥，此是地辟于丑。中间瓦砾出露，此是山陵。是时谷豆芽生，月余而水中小虫浮沉奔逐，此是人与万物生于寅。彻底是水，天包乎地之象也。地从上下，故山上锐而下广，象量谷堆也。气化日繁华，日广侈，日消耗，万物毁而生机微，天地虽不毁，至亥而又成混沌之世矣。

【译文】有人问：天地开辟之初，其状态和什么相似？我说：不好形容。就指着房前的一个低洼的盆地，让人装满了带沙子的水，里边又投放了数小块瓦砾,搀杂了一升左右谷子、豆子,让人把水搅拌浑,说:这就是混沌未分时的状态,等三日以后再来看开辟之初的状态。过了三天,浑浊的水已经变清了。清水浮在上面,这就相当子时天开始时的情状。浑浊的泥沙之物沉在下面,这就相当地辟于丑时的情状。中间还有瓦砾露出来,这是山陵。这时谷、豆都发出小芽。过了一个多月,水中生出的小虫在浮沉奔逐,这就相当人和万物出生在寅时的情状。从上至下,是一幅水天包着地的形象。地是从上到下的,所以山上尖而下广,像一个谷堆。气的变化日益繁华,日益广侈,日益消耗,万物逐渐走向毁灭而生机日益微弱。天地虽然不毁,到亥时又成了个混沌世界了。

【注释】①子:子及下文之丑、寅、亥等,指十二时,以地支表示生成之顺序。邵雍曾说:"天开于子,地辟于丑,人生于寅。"(引自蔡元定《皇极经世指要》附录)并说三者各相隔万余年,这当然是没有根据的。元儒吴澄说:"当子会之中,轻轻之气腾上,有日有月,有星有辰,日、月、星、辰四者成象共为天……故曰天开于子。……当丑会之中……水、火、土、石而共为地,故曰地辟于丑。……当寅会之中,两间人物始生,故曰人生于寅也。"(引自王植《皇极经世全书解》卷首)吕坤采用了"天开于子"等说法,而舍弃臆断内容,把天、地、人的形成置于实验、观察之中。

064 雪非薰蒸之化也,天气上升,地气下降,是干涸世界矣。然阴阳之气不交则绝,故有留滞之余。阴始生之,嫩阳往来交结,久久不散,而迫于严寒,遂为雪、为霰。白者,少阴之色也,水之母也,盛则为雪,微则为霜。冬月片瓦半砖之下著湿地皆有霜,阴气所呵也,土干则否。

【译文】雪不是由于气的薰蒸变化来的,天气上升,地气下降,这就成了干涸的世界了。然而阴阳之气不相交就会断绝,所以有留滞下来多余的气。阴气刚出来,嫩阳去和它交接,久久不散,而迫于严寒,就变成了雪和霰。白色,是少阴之色,是水的根源,多则成雪,少则为霜。冬天在片瓦半砖之下接近湿的地方都有霜,这是阴气呵出来的,土干则没有。

065 两间气化,总是一副大蒸笼。

【译文】天地间气的变化,好像一副大蒸笼。

066 天地之于万物,因之而已①,分毫不与焉。

【译文】天地对于万物,因循而已,分毫不参与。

【注释】①因：由也，从也。

067 世界虽大，容得千万人忍让，容不得一两个人纵横。

【译文】世界虽大，容得下千万人忍让，容不得一两个人纵横。

068 天地之于万物，原是一贯。

【译文】天地对于万物，只是一个一贯的中道。

069 轻清之气为霜露，浓浊之气为云雨。春雨少者，薰蒸之气未浓也。春多雨则泄夏之气，而夏雨必少；夏多雨者，薰蒸之气有余也。夏少雨则积气之余，而秋雨必多，此谓气之常耳。至于有霪潦之年，必有亢阳之年，则数年总计也。蜀中之漏天，四时多雨；云中之高地，四时多旱；吴下之水乡，黄梅之雨为多，则四方互计也。总之，一个阴阳，一般分数，先有余则后不足，此有余则彼不足，均则各足，是谓太和，太和之岁，九有皆丰①。

【译文】轻清之气变为霜露，浓浊之气变为云雨。春雨少，是因为熏蒸之气不浓的缘故。春天多雨则会泄露夏天之气，到夏天雨水必少；夏天多雨，是因为熏蒸之气有余的缘故。夏天少雨，夏气积蓄有余，到秋天雨水必多，这就叫做气有常数。至于有霪潦之年，必定有干旱之年，这是从数年总计来说的。蜀地好像天漏了一样，四时都多雨；云中高原地带，四时多干旱；吴地水乡，下黄梅雨的时候最多，这是从全国四方比较着来计算的。总之，天地之间只有一个阴阳，是同样的分数，先有余则后不足，此有余则彼不足，均衡了各自都足，这就叫太和。太和之岁，天下九州都会丰收。

【注释】①九有：九州。《诗经·商颂·玄鸟》："奄有九有。"传："九有，九州也。""有"通"域"，九有即九域，亦即九州。

070 冬者，万物之夜，所以待劳倦养精神者也。春生、夏长、秋成，而不培养之以冬，则万物之灭久矣。是知大冬严寒，所以仁万物也。愈严凝则愈收敛，愈收敛则愈精神，愈精神则生发之气愈条畅。譬之人须要安歇，今夜能熟睡，则明日必精神。故曰：冬者万物之所以归命也。

【译文】冬季，是万物的黑夜，是等待疲劳的人休息养神的季节。春生、夏长、秋成，而不在冬季培养，万物早就毁灭了。因此知道大冬严寒，是对万物施行的仁惠。愈严凝则愈收敛,愈收敛则愈精神,愈精神则生长发育之气愈舒畅。譬如人须要安歇,今夜能熟睡,则明天必定有精神。所以说,冬季是万物生命回归的季节。

世　运

001　势之所在,天地圣人不能违也。势来时,即摧之未必遽坏;势去时,即挽之未必能回。然而圣人每与势忤而不肯甘心从之者,人事宜然也。

【译文】势存在的时候,天地和圣人也不能违背。势来的时候,即使去摧毁它,也未必能立刻将它毁坏;势去的时候,即使挽救它,也未必有挽回的可能。然而圣人每每与势相对抗而不肯甘心顺从,这是人事应当这样做的。

002　世人贱老而圣王尊之,世人弃愚而君子取之,世人耻贫而高士清之,世人厌淡而智者味之,世人恶冷而幽人宝之,世人薄素而有道者尚之。悲夫!世之人难与言矣。

【译文】世俗的人轻视老人,而圣王尊重他们;世俗的人抛弃愚笨的人,而君子收留他们;世俗的人以贫为耻,而品德高尚的人以贫为清;世俗的人讨厌淡味,而有智慧的人认为淡味才可品尝;世俗的人厌恶冷清,而喜欢幽静的人认为冷清可贵;世俗的人鄙薄平常的东西,而有道的人崇尚平常的东西。可悲啊!难以和世俗的人讲话。

003　坏世教者,不是宦官宫妾,不是农工商贾,不是衙门市井,不是夷狄。

【译文】败坏世教的人,不是宦官宫妾,不是农工商贾,不是衙门市井中的普通民众,也不是边境地区的少数民族。

004　古昔盛时,民自饱暖之外无过求,自利用之外无异好,安身家之便而不恣耳目之欲。家无奇货,人无玩物。余珠玉于山泽而不知宝,赢茧丝于箱箧而不知绣。偶行于途而知贵贱之等,创见于席而知隆杀之理。农于桑麻之外无异闻,士于礼义之外无美谈[①],公卿大夫于劝课训迪之外无簿书[②]。知官之贵而不知为民之难,知贫之可忧而不知人富之可嫉。夜行不以兵,远行不以粮[③]。施人者非欲其我德,施于人者不疑其欲我之德。欣欣浑浑④,其时之春乎,其物之胚蘖乎⑤? 吁! 可想也已。

【译文】 古代繁盛的时候,人民在温饱之外别无他求,在自己应用的以外无其他爱好,只求自身和家庭安定方便,不奢求耳目声色的欲望。家中没有奇珍异物,人们没有观赏的物品。多余的珠玉遗留在山泽之中不懂得宝贵,赢余的蚕丝放在箱箧中不知纺织。偶然在路途上行走知道了贵贱有等级,初次在筵席上见到才知道丰盛和俭薄的道理。农民于种植桑麻之外听不到其他的议论,读书人除礼义之外不谈论多余的话题,公卿大夫在鼓励农民耕种纳税、教诲开导民众以外无其他文书。知道当官尊贵而不知为民艰难,知道贫穷让人发愁而不知嫉妒富人。夜行不带兵器,远行不带干粮。对别人施以恩惠并不想让别人报答,接受人恩惠的人也不会怀疑对方想要我报答。这时的人都高高兴兴,浑厚朴实。这个时期就相当于季节中的春天吧! 就是万物孕育生长的时期吧! 啊! 真让人向往啊!

【注释】 ①羡谈:余谈。 ②劝课训迪:劝,鼓励生产。课,纳税。训迪,教训开导。前者是养民之事,后者是教民之事。 ③糇(hóu):干粮。 ④欣欣浑浑:欣欣,喜悦貌。浑浑,浑厚质朴貌。 ⑤胚蘖:胚芽。

005 伏羲以前是一截世道,其治任之而已,已无所与也。五帝是一截世道,其治安之而已,不扰民也。三王是一截世道,其治正之而已,不使纵也。秦以后是一截世道,其治劫之而已,愚之而已,不以德也。

【译文】 伏羲氏以前是一截世道,其治世之道,是听凭民众按自己的意愿行事而已,一切都不干涉。五帝时代是一截世道,其治世之道,是使民众安定生活而已,不去扰民。三王时期是一截世道,其治世之道,是使民众按正道而行而已,不使其放纵。秦以后是一截世道,其治世之道,是劫掠民众,愚弄民众而已,不用道德来治理。

006 世界一般是唐虞时世界,黎民一般是唐虞时黎民,而治不古若,非气化之罪也。

【译文】 世界还是和唐虞时代一样的世界,黎民还是和唐虞时代一样的黎民,而社会的治理却不如古代,这不是气化的罪过。

007 终极与始接,困极与亨接①。

【译文】终极与开始相接,困极与亨通相接。

【注释】①亨:通。

008 三皇是道德世界,五帝是仁义世界,三王是礼义世界,春秋是威力世界,战国是智巧世界,汉以后是势利世界。

【译文】三皇时代是道德世界,五帝时代是仁义世界,三王时代是礼义世界,春秋时期是威力世界,战国时期是智巧世界,汉代以后是势利世界。

009 士鲜衣美食、浮谈怪说、玩日愒时①,而以农工为村鄙;女傅粉簪花、冶容学态、袖手乐游,而以勤俭为羞辱;官盛从丰供、繁文缛节、奔逐世态,而以教养为迂腐,世道可为伤心矣。

【译文】读书人鲜衣美食,浮谈怪说,日日游玩,虚度时光,而以农民工匠为粗俗鄙陋;女子傅粉簪花,冶容学态,袖手乐游,而以勤俭为羞辱;官吏随从众多,供给丰盛,繁文缛节,奔逐世态,而以教养为迂腐,这样的世道真让人伤心啊!

【注释】①愒(kài)时:旷废时日。

010 喜杀人是泰,愁杀人也是泰。泰之人昏惰侈肆,泰之事废坠宽罢,泰之风纷华骄蹇①。泰之前如上水之篙,泰之世如高竿之顶,泰之后如下坡之车,故否可以致泰,泰必至于否。故圣人忧泰不忧否,否易振,泰难持。

【译文】人喜欢得要死的是安宁顺泰,人愁得要死的也是安宁顺泰。安宁顺泰的人昏庸懒惰,奢侈放肆;安宁顺泰的事废弛坠毁,松缓罢息;安宁顺泰的风气纷华骄蹇。安宁顺泰之前如逆水划船而上,安宁顺泰的世道如已达高竿之顶,安宁顺泰之后如下坡的车,下滑而不可止。因此说否可以致泰,泰也必至于否。所以圣人忧泰不忧否,否易振起,泰难持久。

【注释】①骄蹇:傲慢不顺。

011 世之衰也,卑幼贱微气高志肆而无上,子弟不知有父母,妇不知有舅姑,后进不知有先达,士民不知有官师,郎署不知有公卿,偏裨军士不知有主帅,目空空而气勃勃,耻于分义而敢于陵驾。呜呼!世道至此,未有不乱不亡者也。

【译文】世道衰败的时候,卑贱、幼小、低微的人就气高志扬而眼中没有尊长上级，子弟不知有父母，媳妇不知有公婆，后进不知有先达，士民不知有官师，郎署不知有公卿，偏将副将士兵不知有主帅，这些人目空一切，野心勃勃，耻于以义行事而敢于凌驾尊长之上。唉！世道到了如此地步，没有不乱不亡的。

012 节文度数①，圣人之所以防肆也。伪礼文不如真爱敬，真简率不如伪礼文。伪礼文犹足以成体，真简率每至于逾闲；伪礼文流而为象恭滔天②，真简率流而为礼法扫地。七贤八达③，简率之极也，举世牛马而晋因以亡。近世士风崇尚简率，荡然无检，嗟嗟！吾莫知所终矣。

【译文】节制修饰，限制数量，这是圣人为了防止恣纵放肆。虚伪的礼文，不如真心敬爱；真正的简慢轻率，不如虚伪的礼文。虚伪的礼文还能够有个体统，真正的简慢轻率每每就要超越界限。伪礼文虽然内心傲慢，表面看来还恭敬，真正的简慢轻率就要使礼法扫地。魏晋时期的竹林七贤和八位达人，简率达到了极点，举世如牛马一般而晋因此灭亡。近世士风崇尚简率，行为放荡，毫不检点，唉！唉！我不知道结果会怎样啊！

【注释】①节文度数：节文，节制修饰。度数，限度、程度。 ②象恭滔天：《尚书·尧典》："象恭滔天。"传："言共工……貌象恭敬而心傲很，若漫天。" ③七贤八达：七贤，即"竹林七贤"，三国魏晋时，阮籍、嵇康、山涛、向秀、阮咸、王戎、刘伶相与友善，狂放不羁，宴集于竹林之下，时人称之为"竹林七贤"。八达，八位通达之士。《晋书·光逸传》："（光逸）初至，属辅之（胡毋辅之）与谢鲲、阮放、毕卓、羊曼、桓彝、阮孚散发裸裎，闭室酣饮已累日。逸将排户入，守者不听，逸便于户外脱衣露头于狗窦中窥之而大叫。辅之惊曰：'他人决不能尔，必我孟祖（光逸）也。'遽呼入，遂与饮，不舍昼夜。时人谓之'八达'。"吕坤此处指七贤八达的简率不守礼法。

013 天下之势，顿可为也，渐不可为也。顿之来也骤，骤多无根；渐之来也深，深则难撼。顿著力在终，渐著力在始。

【译文】天下的形势，突然发生的问题，还可以想法挽救，如果是渐渐衰败的，就没法挽救了。突然发生的问题来得快，来得快的事情大多没太深的根源；逐渐来的问题根底深厚，深则难以动摇。对待突然发生的事，处理时在结果上用力；对逐渐加深的问题，在开始时就要用心处理。

014 造物有涯而人情无涯，以有涯足无涯，势必争，故人人知足则

天下有余。造物有定而人心无定,以无定撼有定,势必败,故人人安分则天下无事。

【译文】上天创造的物质是有一定的,而人的欲望无边无际,以有限的东西来满足无限的欲望,必然要发生争夺,所以只有人人知足,天下的东西才能有余。上天创造的物质是有一定的,而人心是不定的,以不定的东西去动摇有定的东西,其势必败,所以说人人安于其分天下才能安定。

015　天地有真气,有似气,故有凤凰则有昭明①,有粟谷则有稂莠②。兔葵似葵,燕麦似麦,野菽似菽,槐蓝似槐之类。人亦然,皆似气之所钟也。

【译文】天地之间有真气,有似气,所以凤凰就有和凤凰相似的昭明鸟,有粟谷就有和其相似的稂莠这样的杂草。兔葵和葵很相似,燕麦和小麦很相似,野菽很像菽,槐蓝很像槐,都是相似的情况。人也是这样,都是由于聚结了相似之气的缘故。

【注释】①昭明:从上下文意看,指一种小鸟、劣鸟,与凤凰相对而言。　②稂莠:指两种有害禾苗生长的杂草。

016　六合是个情世界,万物生于情死于情。至人无情,圣人调情,君子制情,小人纵情。

【译文】六合是个感情的世界,万物生于情死于情。至人无情,圣人调节自己的感情,君子抑制自己的感情,小人放纵自己的感情。

017　变民风易,变士风难;变士风易,变仕风难。仕风变,天下治矣。

【译文】改变民风易,改变读书人的风气难;改变读书人的风气易,改变官风难。官风变,天下治矣。

018　古之居官也,在下民身上做工夫;今之居官也,在上官眼底做工夫。古之居官也尚正直,今之居官也尚觳觫①。

【译文】古代做官的人,在下民的身上做功夫;现在做官的人,在上官的眼底下做功夫。古代做官的人崇尚正直,现在做官的人崇尚依违随人,没有主见。

【注释】①觳觫:依违随人,没有主见。

019　任侠气质皆贤者也,使入圣贤绳墨,皆光明俊伟之人。世教不明,纪法陵替①,使此辈成此等气习,谁之罪哉!

【译文】具有爱打抱不平、负气仗义气质的人都是贤者,如果进入圣贤人的范围中,用圣贤的标准进行修养要求,都会成为光明俊伟之人。世教不明,纪法废弛,上下失序,使这些人成了现在这种气习,这是谁的罪过呢?

【注释】①纪法陵替:纪纲废弛,上下失序。《左传》昭公十八年:"于是下陵上替,能无乱乎?"

020　世界毕竟是吾儒世界,虽二氏之教杂出其间①,而纪纲法度、教化风俗,都是二帝三王一派家数。即百家并出,只要主仆分明,所谓元气充实,即风寒入肌,疮疡在身,终非危症也。

【译文】这世界毕竟还是儒家的世界,虽然佛、道二教也搀杂其间,但社会上的纪纲法度、教化风俗,都还是尧、舜二帝和夏禹、商汤、周文王这三王一派的路数。即使百家并出,但只要主次分明,即所谓的元气充实,即使风寒进入肌肤,疮病长在身上,终究不是危险的症候。

【注释】①二氏:指佛道二教。

021　一种不萌芽①,六尘不缔构②,何须度万众成罗汉三千③?九边无夷狄,四海无奸雄,只宜销五兵铸金人十二④。

【译文】一种不萌芽,六尘不缔构,何须度万众成罗汉三千?九边无夷狄,四海无奸雄,只应销毁天下兵器铸金人十二。

【注释】①种:即种子,佛教用语。佛教一些宗派,以植物种子能产生相应的果实,比喻本识中储藏有产生世界上一切事物的因素。　②六尘:佛教称色、声、香、味、触、法六者为尘。六尘六根相接,产生种种嗜欲,导致种种烦恼。　③罗汉:即阿罗汉,小乘佛教修行的最高果位。达到此境界,可以灭绝烦恼,可受天人供养,永远进入涅槃,不再进行生死轮回。　④铸金人十二:《史记·秦始皇本纪》:"收天下兵(兵器),聚之咸阳,销以为钟镰,金人十二,重各千石,置廷宫中。"

圣　　贤

001　孔子是五行造身,两仪成性①。其余圣人,得金气多者则刚明果断,得木气多者则朴素质直,得火气多者则发扬奋迅,得水气多者则明彻圆融,得土气多者则镇静浑厚,得阳气多者则光明轩豁,得阴气多者则沈默精细。气质既有所限②,虽造其极,终是一偏底圣人。此七子者,共事多不相合,共言多不相入,所同者大根本、大节目耳。

【译文】孔子禀受了金木水火土这五行的气质,由天地两仪形成了他的性情。其余的圣人,得金气多者则刚明果断,得木气多者则朴素质直,得火气多者则发扬奋迅,得水气多者则明彻圆融,得土气多者则镇静浑厚,得阳气多者则光明轩豁,得阴气多者则沉默精细。气质既然受到限制,虽然修养达到极点,终究还是偏于某一方面的圣人。这七种人,他们要一起共事,大多不会相合;要一起谈话,大多不会投机,相同的只是大根本、大原则而已。

【注释】①两仪:指天、地。 ②气质:气指阴阳二气,质指五行,即金、木、水、火、土。由气与质合成人的气质之性。

002 孔颜穷居①,不害其为仁覆天下,何则？仁覆天下之具在我,而仁覆天下之心未尝一日忘也。

【译文】孔子和颜渊贫穷困顿,一生未受到任用,但这并不妨害他们的仁德传遍天下、覆盖天下。为什么呢？覆盖天下的仁德在他们身上,而以仁德覆盖天下的思想,他们一天也没有忘记。

【注释】①孔颜穷居:孔,孔子。颜,颜渊。穷居,贫困,不显达。

003 圣人不落气质。贤人不浑厚便直方,便著了气质色相①。圣人不带风土。贤人生燕赵则慷慨②,生吴越则宽柔③,就染了风土气习。

【译文】圣人不坠入气质之性之中。贤人的性格不是浑厚便是耿直方正,这便沾染了气质的色相。圣人不带风土气习。贤人生于燕赵之地则慷慨激昂,生于吴越之地则宽厚温柔,这就是沾染了风土气习。

【注释】①色相:佛教用语。佛教主万物皆空,以无相为归。这里指人或物一时显现于外的形式。 ②燕赵:春秋战国时燕、赵二国,地居今河北、山西一带。古称燕赵多慷慨之士。 ③吴越:古代的吴国、越国。地居今江苏、安徽、浙江一带。

004 性之圣人只是个与理相忘①,与道为体,不待思维,横行直撞,恰与时中吻合②。反之圣人常常小心③,循规蹈矩,前望后顾,才执得中字④,稍放松便有过不及之差,是以希圣君子心上无一时任情恣意处。

【译文】 天生的圣人,只是个忘记了自己也忘记了天理,与道融为一体,不用思维就横行直撞,而恰恰与中道相合的人。依靠后天修养而成的圣人,常常是小心谨慎,循规蹈矩,前望后顾,才掌握了中道,稍一放松,便出现过或不及的错误。因此,希望自己能修养成为圣人的那些君子,心上一刻也没有任情恣意的地方。

【注释】 ①性之圣人:指先天就具有至善之性的圣人。 ②时中:指行事时皆无过与不及者。 ③反之圣人:指后天经修养达到至善之性的圣人。《孟子·尽心下》:"尧舜,性之也;汤武,反之也。"朱熹注:"性者,得全于天,无所污坏,不假修为,圣之至也。反之者,修为以复其性,而至于圣人也。" ④执得中字:中,朱熹《中庸章句》:"中者,不偏不倚、无过不及之名。"又引子程子曰:"不偏之谓中,不易之谓庸。中者,天下之正道;庸者,天下之定理。"

005 圣人一①,圣人全②,一则独诣其极,全则各臻其妙。惜哉!至人有圣人之功而无圣人之全者,囿于见也。

【译文】 圣人的身心专一,圣人的才德全面。专一,则会达到最高的境界;全面,则各方面都会达到美好的境况。可惜啊!那些道德修养达到极高境界的至人,他们可以建立圣人的功业,却没有圣人那样全面,这是见识束缚了他们啊!

【注释】 ①圣人一:朱熹《中庸序》:"一则守其本心之正而不离也。" ②圣人全:指圣人德全。

006 所贵乎刚者,贵其能胜己也,非以其能胜人也。子路不胜其好勇之私,是为勇字所伏,终不成个刚者。圣门称刚者谁?吾以为恂恂之颜子①,其次鲁钝之曾子而已②,余无闻也。

【译文】 刚的品德所以可贵,可贵在于用刚来战胜自己,并不是用刚来战胜别人。子路不能战胜自己好勇的缺点,被"勇"字所降伏,最终也没有成为刚者。圣人门下能称为刚者的是谁呢?我以为信实恭顺的颜渊可称为刚者,其次只有笨拙迟顿的曾参而已,其他的就没听说了。

【注释】①恂恂(xún)：信实恭顺貌。　②鲁钝之曾子：《论语·先进》"柴也愚，参也鲁。"朱熹注："鲁，钝也。"参即曾参。

007　天下古今一条大路，曰大中至正，是天造地设底。这个路上，古今不多几人走，曰尧、舜、禹、汤、文、武、周、孔、颜、曾、思、孟。其余识得底，周、程、张、朱，虽走不到尽头，毕竟是这路上人。将这个路来比较古今人，虽伯夷、伊、惠，也是异端，更那说那佛、老、杨、墨、阴阳、术数诸家。若论个分晓，伯夷、伊、惠是旁行底，佛、老、杨、墨是斜行底，阴阳、星数是歧行底，本原处都从正路起，却念头一差走下路去，愈远愈谬。所以说异端，言本原不异，而发端异也。何也？佛之虚无，是吾道中寂然不动差去①；老之无为，是吾道中守约施博差去；为我，是吾道中正静自守差去；兼爱，是吾道中万物一体差去；阴阳家，是吾道中敬授人时差去②；术数家，是吾道中至诚前知差去③。看来大路上人，时为佛，时为老，时为杨，时为墨，时为阴阳术数，是合数家之所长。岔路上人，佛是佛，老是老，杨是杨，墨是墨，阴阳术数是阴阳术数，殊失圣人之初意。譬之五味不适均，不可以专用也；四时不错行，不可以专令也。

【译文】天下古今的一条大路，叫做大中至正，这条路是天造地设的。在这条路上走的，古今只有不多的几个人，这几个人就是尧、舜、禹、汤、周文王、周武王、周公、孔子、颜渊、曾参、子思、孟子。其余认识这条大路的，有周敦颐、二程、张载、朱熹，虽然没有走到尽头，毕竟是这条路上的人。用这条路来比较一下古今的人，即使是伯夷、伊尹、柳下惠，也是异端，更不要说那佛、老、杨朱、墨翟、阴阳、术数各家了。如果再仔细分析，伯夷、伊尹、柳下惠是在大路旁边行走的，佛、老、杨、墨是斜行的，阴阳星术是歧行的。本来的出发点都是从正路开始的，却因为念头一差，走下路去，便愈远愈谬。所以称作异端，是说本源不异，出发以后就不同了。为什么这么说呢？佛教的虚无，就是从儒家的寂然不动差出去的；老子的无为，就是从儒家的守约施博差出去的；杨朱的为我，就是从儒家的正静自守中差出去的；墨子的兼爱，就是从儒家的万物一体中差出去的；阴阳家，是从儒家的敬授人时差出去的；术数家，是从儒家的至诚前知差出去的。看来走在大路上的人，有时为佛，有时为老，有时为杨朱，有时为墨翟，有时为阴阳家，有时为术数家，是综合了众家之所长。而岔路上的人，佛是佛，老是老，杨是杨，墨是墨，阴阳术数是阴阳术数，背离了圣人当初的意愿。就好比甜咸苦辣酸这五味没调好，不能备用。又好比春夏秋冬四季不分别先后来临,不能成为季节。

【注释】①寂然不动:《易·系辞上》:"易,无思也,无为也,寂然不动,感而遂通天下之故。" ②敬授人时:《尚书·尧典》:"乃命羲和,钦若昊天,历象日月星辰,敬授人时。" ③至诚前知:《中庸》第二十四章:"至诚之道,可以前知。"

008 圣人之道不奇,才奇便是贤者。

【译文】圣人之道平常而不奇特,才奇特便是贤人。

009 战国是个残酷底气运、巧伪底世道。君非富强之术不讲,臣非功利之策不行。六合正气独钟在孟子身上,故在当时疾世太严,忧民甚切。

【译文】战国时代是个残酷的气运、巧伪的世道。君非富强之术不讲求,臣非功利之策不实行。天地四方的正气独钟在孟子身上,认为自己独担天下之大任,所以在当时对世俗的一套愤恨得太厉害,对民众的忧虑也很深切。

010 "清"、"任"、"和"、"时"是孟子与四圣人议定底谥法①,"祖述尧舜,宪章文武,上律天时,下袭水土"②,是子思作仲尼底赞语③。

【译文】清、任、和、时,是孟子对伯夷、伊尹、柳下惠、孔子这四位圣人做出的评价。"祖述尧舜,宪章文武,上律天时,下袭水土",这是子思称赞孔子的话。

【注释】①"清"、"任"、"和"、"时"是孟子与四圣人议定底谥法:《孟子·万章下》:"孟子曰:伯夷,圣之清者也;伊尹,圣之任者也;柳下惠,圣之和者也;孔子,圣之时者也。" ②"祖述尧舜,宪章文武"四句:语出《中庸》第三十章。朱熹注:"祖述者,远宗其道。宪章者,近守其法。律天时者,法其自然之运。袭水土者,因其一定之理。" ③子思作仲尼底赞语:一般认为《中庸》为子思所作。朱熹《中庸章句》:"此篇乃孔门传授心法,子思恐其久而差也,故笔之于书,以授孟子。"

011 圣贤养得天所赋之理完,仙家养得天所赋之气完,然出阳脱壳,仙家未尝不死,特留得此气常存。性尽道全,圣贤未尝不死,只是为此理常存。若修短存亡①,则又系乎气质之厚薄,圣贤不计也。

【译文】圣贤把上天赋予他们的理修养得完全,仙家把上天赋予他们的气修养得完全。然而仙家修得出阳脱胎,但也未尝不死,只是留得上天赋予他们的气常存罢了。圣贤只能做到尽自己的本性使天道更为完备,圣贤也未尝不死,只是上天赋予他们的理常存罢了。至于寿命的长短、生命的存亡,又在于气质的厚薄,圣贤是不放在心上的。

【注释】①修短:长短,指寿命之长短。

012 贤人之言视圣人未免有病,此其大较耳。可怪俗儒见说是圣人语,便回护其短,而推类以求通。见说是贤人之言,便洗索其疵,而深文以求过。设有附会者从而欺之,则阳虎、优孟皆失其真而不免徇名得象之讥矣①。是故儒者要认理,理之所在,虽狂夫之言不异于圣人,圣人岂无出于一时之感而不可为当然不易之训者哉?

【译文】贤人的话和圣人比较,不免会有毛病,这是从整体上来说的。奇怪的是那些俗儒,只要听说是圣人的话,便想方设法护短,类推以求说明其正确。听说是贤人说的话,便想方设法吹毛求疵,旁引博征,来证明其错误。假使有喜欢搞附会的人想欺骗人,因为阳虎貌似孔子,优孟貌似孙叔敖,如果按名认人,就难免会认错人而受到别人讥笑。因此儒者要认理,只要有理,即使是狂夫的言论,也和从圣人口中说出的一样。难道圣人就没有因一时有所感动而说出不能成为千古不变之训的言论吗?

【注释】①阳虎、优孟皆失其真而不免徇名得象之讥矣:《史记·孔子世家》:"(孔子)将适陈,过匡,颜刻为仆,以其策指之曰:'昔吾入此,由彼缺也。'匡人闻之,以为鲁之阳虎。阳虎尝暴匡人,匡人于是遂止孔子。孔子状类阳虎,拘焉五日。"《史记·滑稽列传》:"优孟,故楚之乐人也。……楚相孙叔敖知其贤人也,善待之,病且死,属其子曰:'我死,汝必贫困。若往见优孟,言我孙叔敖之子也。'居数年,其子穷困负薪,逢优孟,与言曰:'我,孙叔敖子也。父且死时,属我贫困往见优孟。'优孟曰:'若无远有所之。'即为孙叔敖衣冠,抵掌谈语,岁余,像孙叔敖,楚王及左右不能别也。……欲以为相。优孟曰:'请归与妇计之,三日而为相。'……三日后,优孟复来。王曰:'妇言谓何?'孟曰:'妇言慎无为,楚相不足为也。如孙叔敖之为楚相,尽忠为廉以治楚,楚王得以霸。今死,其子无立锥之地,贫困负薪以自饮食。必如孙叔敖,不如自杀。'……于是庄王谢优孟,乃召孙叔敖之子,封之寝丘,四百户,以奉其祀。"阳虎、优孟貌似他人,而实则"失其真",这就是所谓

"徇名得象"。

013 尧舜功业如此之大,道德如此之全,孔子称赞不啻口出。在尧舜心上有多少缺然不满足处,道原体不尽,心原趁不满,势分不可强,力量不可勉,圣人怎放得下?是以圣人身囿于势分力量之中,心长于势分力量之外,才觉足了,便不是尧舜。

【译文】尧、舜的功业如此之大,道德如此之全,孔子对他们的称赞不绝于口。但是在尧、舜的心中还有不少对自己感到不满意的地方。道,原本是体会不尽的;心,原本也是不会满足的。有时是形势不允许,有时是力量做不到,圣人怎能完全满足呢?因此圣人只能身处于势分力量之中,而心向往于势分力量之外。才觉得满足,便不是尧、舜。

014 伊尹看天下人无一个不是可怜底,伯夷看天下人无一个不是可恶底,柳下惠看天下人无一个不是可与底。

【译文】伊尹看天下人没一个不是可爱的,伯夷看天下人没一个不是可恶的,柳下惠看天下人没一个不是可以相交的。

015 浩然之气①,孔子非无,但用底妙耳。孟子一生受用全是这两字。我尝云孟子是浩然之气,孔子是浑然之气。浑然是浩然底归宿,浩然是浑然底作用,惜也孟子未能到浑然耳。

【译文】浩然之气,孔子不是没有,只是使用的巧妙罢了。孟子一生受用的全是"浩然"二字。我曾说,孟子是浩然之气,孔子是浑然之气。浑然是浩然的归宿,浩然是浑然的作用。可惜啊!孟子未到达浑然呀!

【注释】①浩然之气:《孟子·公孙丑上》:"'敢问夫子恶乎长?'曰:'我知言,我善养吾浩然之气。''敢问何谓浩然之气?'曰:'难言也,其为气也,至大至刚,以直养而无害,则塞于天地间。其为气也,配义与道;无是,馁也。是集义所生者,非义袭而取之也。'"

016 圣学专责人事,专言实理。

【译文】圣人的学说只要求尽到人事,只讲实实在在的道理。

017 二女试舜①,所谓书不可尽信也②。且莫说玄德升闻,四岳共荐,以圣人遇圣人,一见而人品可定,一语而心理相符,又何须试?即帝艰知人,还须一试,假设舜不能谐二女,将若之何?是尧轻视骨肉，以二女为市货也，有是哉！

【译文】史书记载，尧把自己的两个女儿嫁给舜，来观察他处理家庭事务的才能。这就是人常说"书不可尽信"啊！且不说舜内在的美好品德尧早已知道、管理四方诸侯的官吏也共同推荐，退一步说，圣人遇到圣人，一见面就可看清对方的人品，一说话心就相通，又何须试验呢？即使尧不善知人，还需要试验，如果舜与尧的二女不能和谐相处，那该怎么办呢？这样做，是尧轻视自己的骨肉，而以她们作为交换条件了，能有这样的事吗？

【注释】①二女试舜：《史记·五帝本纪》："舜年二十以孝闻，三十而帝尧问可用者，四岳咸荐虞舜，曰：'可。'于是尧乃以二女妻舜以观其内，使九男与处以观其外。" ②书不可尽信：《孟子·尽心下》："尽信书，则不如无书。"

018　自古功业，惟孔孟最大且久。时雍风动，今日百姓也没受用处。赖孔孟与之发挥，而尧舜之业至今在。

【译文】自古以来的功业，只有孔子、孟子最大并且长久。尧舜时代天下太平安定，教化所及，如风鼓动，四方响应，但今天的百姓却没有享受到那样的好时光。依赖孔、孟把尧、舜的功业阐发出来，才使尧、舜的业绩流传至今。

019　尧、舜、周、孔之道如九达之衢，无所不通。如代明之日月，无所不照。其余有所明必有所昏，夷、尹、柳下惠昏于清任和，佛氏昏于寂，老氏昏于啬，杨氏昏于义，墨氏昏于仁，管商昏于法。其心有所向也，譬之鹘鸼知南[1]；其心有所厌也，譬之盍旦恶夜[2]。岂不纯然成一家人物？竟是偏气。

【译文】尧、舜、周、孔之道如四通八达的大道，无所不通。如世代光明的日月，无所不照。其余的人，有明的地方也有昏的地方，伯夷、伊尹、柳下惠昏于清、任、和，佛氏昏于寂，老氏昏于啬，杨朱昏于义，墨氏昏于仁，管子、商鞅昏于法。他们的心都有所偏向，好比鹘鸼只知南方；他们的心都有厌恶的事情，好比盍旦鸟害怕黑夜。有人问：难道这不是纯粹代表一家的人物吗？我看这竟是偏气。

【注释】①鹘鸼（gǔzhōu）：鸟名。似山雀而小，短尾，青黑色，多声。又名辖鸠、鹘鸠、鸣鸠、鹘雕、鹘嘲。 ②盍旦：鸟名。《礼记·坊记》："《诗》云：'相彼盍旦，尚犹患之。'"郑玄注："盍旦，夜鸣求旦之鸟也。"

020　尧、舜、禹、文、周、孔，振古圣人，无一毫偏倚。然五行所钟，各有所厚,毕竟各人有各人气质。尧敦大之气多,舜精明之气多,禹收敛之气多,文王柔嘉之气多,周公文为之气多,孔子庄严之气多,熟读经史自见。若说"天纵圣人",如太和元气流行,略不沾著一些四时之气,纯是德性用事,不落一毫气质,则六圣人须索一个气象,无毫发不同方是。

【译文】尧、舜、禹、文、周、孔,这些自古以来的圣人,无一毫偏倚。然而他们都是五行所钟,各有所厚,毕竟各人有各人的气质。尧敦厚博大,舜精明之气多,禹收敛之气多,文王柔嘉之气多,周公文明作为之气多,孔子庄严之气多,熟读经史自己便会看出来。如果说天生的圣人,如同太和元气流行,不沾一点四时之气,纯粹是根据德性来行事,不带一毫气质之性,那么六位圣人应该一个气象,无毫发不同才对啊。

021 读书要看圣人气象性情,《乡党》见孔子气象十九①。至其七情②,如回非助我③,牛刀割鸡④,见其喜处。由之瑟⑤,由之使门人为臣⑥,怃然于沮溺之对⑦,见其怒处。丧予之恸⑧,获麟之泣⑨,见其哀处。侍侧言志之问⑩,与人歌和之时⑪,见其乐处。山梁雌雉之叹⑫,见其爱处,斥由之佞⑬,答子贡君子有恶之语⑭,见其恶处。周公之梦⑮,东周之想⑯,见其欲处。便见他发而皆中节处。

【译文】读书要能看到圣人的气象、性情,读《论语·乡党》篇,对孔子的景况情态可以看出十之八九。至于孔子的七情,如孔子说"回也非助我也",又说"割鸡焉用牛刀",可以看出孔子高兴的情态。子路在孔子门口鼓瑟,子路使门人为臣,孔子对长沮、桀溺的答话感到怃然不悦,这些地方可以看到孔子发怒的情态。颜渊死后孔子的悲恸,鲁哀公时,打猎捕获了麟,孔子为之而泣,这里可看到孔子悲哀的情态。弟子在孔子身边侍奉时,孔子让他们每人谈谈自己的志向,别人唱歌,孔子相唱和的时候,可以看到孔子欢乐的神态。孔子赞叹山梁上雌雉的美丽,可以看出他喜爱时的神态。孔子斥责子路为佞人,回答子贡关于君子是否有厌恶之情的话,可以看出他厌恶的神态。孔子梦见周公,向往东周时代,这些地方可以看到他的欲望之处。从这些记载中,都可以看出孔子发出的情感都合乎节度。

【注释】①《乡党》:指《论语·乡党》篇,记孔子容色言动日常生活。 ②七情:喜、怒、哀、乐、爱、恶、欲。 ③回非助我:《论语·先进》:"子曰:回也非助我者也,于吾言无所不说。"朱熹注:"颜子于圣人之言,默识心通,无所疑问,故夫子云然。其辞若有憾焉,其实乃深喜之。" ④牛刀割鸡:《论语·阳货》:"子之武城,闻弦歌之声,夫子莞尔而笑,曰:'割鸡焉用牛刀?'子游对曰:'昔者偃也闻诸夫子曰:君子学道则爱人,小人学道则易使也。'子曰:'二三子,偃之言是也,前言戏之耳。'" ⑤由之瑟:《论语·先进》:"子曰:'由之瑟奚为于丘之门?'门人不敬子路。子曰:'由也升堂矣,未入于室也。'"《家语》曰:"子路鼓瑟,有北鄙杀伐之声。"朱熹注:"盖其气质刚勇,而不足于中和,故其发于声音如此。" ⑥由之使门人为臣:《论语·子罕》:"子疾病,子路使门人为臣。病间,曰:'久矣哉!由之行诈也,无臣而为有臣。吾谁欺,欺天乎!'"朱熹注:"夫子时已去位,无家臣。子路欲以家臣治其丧,其意实尊圣人,而未知所以尊也。" ⑦怃然于沮溺之对:《论语·微子》:"长沮、桀溺耦而耕,孔子过之,使子路问津焉。长沮曰:'夫执舆者为谁?'子路曰:'为孔丘。'曰:'是鲁孔丘与?'曰:'是也。'曰:'是知津矣。'问于桀溺。桀溺曰:'子为谁?'曰:'为仲由。'曰:'是鲁孔丘之徒与?'对曰:'然。'曰:'滔滔者天下皆是也,而谁以易之?且而与其从辟人之士也,岂若从辟世之士哉?'耰而不辍。子路行以告。夫子怃然曰:'鸟兽不可与同群,吾非斯人之徒与而谁与?天下有道,丘不与易也。'"朱熹注:"怃然,犹怅然,惜其不喻己意也。" ⑧丧予之恸:《论语·先进》:"颜渊死,子曰:'噫!天丧予!天丧予!'"恸,悲伤。 ⑨获麟之泣:《史记·孔子世家》:"鲁哀公十四年春,狩大野,叔孙氏车子鉏商获兽,以为不祥。仲尼视之,曰:'麟也。'取之。……曰:'吾道穷矣。'" ⑩侍侧言志之问:《论语·先进》:"子路、曾皙、冉有、公西华侍坐。子曰:'以吾一日长乎尔,毋吾以也。居则曰"不吾知也",如或知尔,则何以哉?'子路率尔而对曰:'千乘之国,摄乎大国之间,加之以师旅,因之以饥馑,由也为之,比及三年,可使有勇,且知方也。'夫子哂之。'求!尔何如?'对曰:'方六七十,如五六十,求也为之,比及三年,可使足民。如其礼乐,以俟君子。''赤!尔何如?'对曰:'非曰能之,愿学焉。宗庙之事,如会同,端章甫,愿为小相焉。''点!尔何如?'鼓瑟希,铿尔,舍瑟而作。对曰:'异乎三子者之撰。'子曰:'何伤乎,亦各言其志也。'曰:'莫春者,春服既成,冠者五六人,童子六七人,浴乎沂,风乎舞雩,咏而归。'夫子喟然叹曰:'吾与点也。'" ⑪与人歌和之时:《论语·述而》:"子与人歌而善,必使反之,而后和之。" ⑫山梁雌雉之叹:《论语·乡党》:"色斯举矣,翔而后集。曰:'山梁雌雉,时哉!时哉!'子路共之,三嗅而作。" ⑬斥由之佞:《论语·先进》:"子路使子羔为费宰。子曰:'贼夫人之子。'子路曰:'有民人焉,有社稷焉。何必读书,然后为学?'子曰:'是故恶夫佞者。'"朱熹注:"贼,害也。言子羔质美而未学,遽使治民,适以害之。"

"子路之言,非其本意,但理屈辞穷,而取辨于口以御人耳。故夫子不斥其非,而特恶其佞也。" ⑭答子贡君子有恶之语:《论语·阳货》:"子贡曰:'君子亦有恶乎?'子曰:'有恶。恶称人之恶者,恶居下流而讪上者,恶勇而无礼者,恶果敢而窒者。'曰:'赐也亦有恶乎?''恶徼以为知者,恶不孙以为勇者,恶讦以为直者。'" ⑮周公之梦:《论语·述而》:"子曰:'甚矣吾衰矣,久矣吾不复梦见周公。'"朱熹注:"孔子盛时,志欲行周公之道,故梦寐之间,如或见之。" ⑯东周之想:《论语·阳货》:"公山弗扰以费畔,召,子欲往。子路不说,曰:'末之也已,何必公山氏之之也。'子曰:'夫召我者,而岂徒哉?如有用我者,吾其为东周乎?'"朱熹注:"岂徒哉,言必用我也。为东周,言兴周道于东方。"

022 费宰之辞①,长府之止②,看闵子议论,全是一个机轴,便见他和悦而诤。处人论事之法,莫妙于闵子,天生底一段中平之气。

【译文】孔子的弟子闵子骞,让人为他辞去费宰之任,禁止长府改变以前的做法,从这两件事可以看出闵子的议论,全是从一点出发的,就是以和悦的态度达到规劝的目的。处人论事的方法,没有比闵子再巧妙的了,是天生的一股中正严和之气。

【注释】①费宰之辞:《论语·雍也》:"季氏使闵子骞为费宰。闵子骞曰:'善为我辞焉。如有复我者,则吾必在汶上矣。'"朱熹注:"闵子骞,孔子弟子,名损。……闵子不欲臣季氏,令使者善为己辞,言若再来召我,则当去之齐。" ②长府之止:《论语·先进》:"鲁人为长府。闵子骞曰:'仍旧贯,如之何?何必改作?'子曰:'夫人不言,言必有中。'"朱熹注:"长府,藏名。藏货财曰府。为,盖改作之。""言不妄发,发必当理,惟有德者能之。"

023 圣人妙处在转移人不觉。贤者以下便露圭角,费声色做出来,只见张皇。

【译文】圣人的妙处在于转移了人们却没有发觉。贤人以下便会露出棱角,费心费力做出来,只看见张狂。

024 或问:孔孟周流①,到处欲行其道,似技痒底②。曰:圣贤自家看底分数真,天生出我来,抱千古帝王道术,有旋乾转坤手段,只兀兀家居③,甚是自负,所以遍行天下以求遇夫可行之君。既而天下皆无一遇,犹有九夷浮海之思④,公山佛肸之往⑤。夫子岂真欲如此?只见吾道有起死回生之力,天下有垂死欲生之民,必得君而后术可施也。譬之他人孺子入井,与己无干,既在井畔,又知救法,岂忍袖手?

【译文】 有人问:孔子、孟子周游各地,到处欲行其道,好像是技痒难忍似的。回答说:圣贤把自己本分该做的事看得真切,认为天生出我来,怀有千古辅佐帝王之术,有旋转乾坤的手段,只是静静地在家中坐着,辜负了这身才能,所以遍行天下以求遇到能施行其道的君主。但普天下没有遇到一个这样的君主,尚有远走九夷、乘船渡海的想法,还想到叛臣公山弗扰和佛肸那里去。孔子难道是真心想到那里去吗?只是认为自己的治国之道有起死回生之力,看到天下有垂死欲生之民,只有受到君主的任用,这些治国之道才能施行。这就好比别人的孩子掉入井中,本来与自己无关,但自己既身在井边,又知救的方法,岂能忍心袖手旁观?

【注释】 ①周流:周游,指孔孟周游各国。 ②技痒:指长于某种技艺,急于有所表现。 ③兀兀:静止的样子。 ④有九夷浮海之思:《论语·子罕》:"子欲居九夷。或曰:'陋如之何?'子曰:'君子居之,何陋之有?'"又《论语·公冶长》:"子曰:'道不行,乘桴浮于海。从我者其由与?'子路闻之喜。子曰:'由也好勇过我,无所取材。'" ⑤公山佛肸(bìxī)之往:"公山"事见021则注⑯。"佛肸"事见《论语·阳货》。其文为:"佛肸召,子欲往。子路曰:'昔者由也闻诸夫子曰:"亲于其身为不善者,君子不入也。"佛肸以中牟畔,子之往也,如之何?'子曰:'然。有是言也。不曰坚乎,磨而不磷;不曰白乎,涅而不缁。吾岂匏瓜也哉?焉能系而不食?'"朱熹注:"张敬夫曰:'子路昔者之所闻,君子守身之常法。夫子今日之所言,圣人体道之大权也。然夫子于公山佛肸之召皆欲往者,以天下无不可变之人,无不可为之事也。其卒不往者,知其人之终不可变而事之终不可为耳。一则生物之仁,一则知人之智也。'"

025 明道答安石能使愧屈①,伊川答子由遂激成三党②,可以观二公所得。

【译文】 王安石执政时,议论更改法令,有的大臣反对此事,王安石刚要发怒,脸色很难看,程颢说:"天下事非一家私议,愿平气以听。"安石为之愧屈。程颐以天下为己任,议论褒贬,无所顾虑,与苏轼政见不同,遂分为三个党派。以此可以看出程颢、程颐二人的修养差别。

【注释】 ①明道答安石能使愧屈:明道,程颢号。安石,王安石。《宋元学案·明道学案》:"王安石执政,议更法令,言者攻者甚力。先生(程颢)被旨赴中堂议事,安石方怒言者,厉色待之。先生徐曰:'天下事非一家私议,愿平气以听。'安石为之愧屈。" ②伊川答子由遂激成三党:伊川,程颐号。子由,苏辙字。疑子由当为子瞻,子瞻为苏轼字。《宋元学案·伊川学案》:"神宗丧未除,冬至百官表贺,先生(程颐)言:'节序变迁,时思方切,乞改贺为慰。'既除丧,有司请开乐置宴,先生又言:'除丧而用吉礼,当因事用乐。今特设宴,是喜之也。'吕申公、范尧夫入侍经筵,闻先生讲说,退而叹曰:'真侍讲也!'士人归其门者甚盛,而先生亦以天下自任,议论褒贬,无所顾避。方是时,苏子瞻轼在翰林,有重名,一时文士多归之。文士不乐拘检,迁先生所为,两家门下迭起标榜,遂分党为洛、蜀。"又《宋史·道学传一》载:"苏轼不悦于颐,颐门人贾易、朱光庭不能平,合攻轼。"《宋元学案》卷九十九《苏轼蜀学略》载:"苏东坡轼策馆职,为朱光庭所论,轼亦乞补郡,争辩不已。先生(吕陶)言:'台谏当询至公,不可假借事权以报私隙。议者皆谓轼尝戏薄程颐,光庭乃其门人,故为报怨。'"以上三则史料,均为颐、轼交恶,不谓子由。又据载:宋哲宗时,"吕公著独当国,群贤咸在朝,不能不以类相从,遂有洛党、蜀党、朔党之语。洛党以颐为首,而朱光庭、贾易为辅;蜀党以苏轼为首,而吕陶等为辅;朔党以刘挚、王岩叟、刘安世为首,而辅之者尤众。"(《宋史纪事本末》卷四十五《洛蜀党议》)

026 休作世上另一种人,形一世之短。圣人也只是与人一般,才使人觉异样,便不是圣人。

【译文】不要做世上另一种人,因为自己来显现世上其他人的短处。圣人也只和普通人一样,刚使人觉出异样,便不是圣人。

027 平生不作圆软态,此是丈夫。能软而不失刚方之气,此是大丈夫,圣贤之所以分也。

【译文】一生也不表现出圆滑软弱的态度,这是丈夫。能够软弱但又不失刚直方正的气概,此是大丈夫。这就是圣人和贤人的区别。

028 圣人于万事也,以无定体为定体,以无定用为定用,以无定见为定见,以无定守为定守。贤人有定体,有定用,有定见,有定守。故圣人为从心所欲,贤人为立身行己自有法度。

【译文】圣人对于世上的万事,以无定体为定体,以无定用为定用,以无定见为定见,以无定守为定守。贤人有定体,有定用,有定见,有定守。所以圣人能从心所欲,贤人是立身行事都有自己的法度。

029 圣贤之私书可与天下人见,密事可与天下人知,不意之言可与天下人闻①,暗室之中可与天下人窥。

【译文】圣贤私人的书信可以让天下人看,圣贤的机密事情可以让天下人知道。他们不经意说出的话可以让天下人听,他们的内室也可以让天下人看。

【注释】①不意之言:不经意说出的话。

030 好问好察时著一"我"字不得①,此之谓能忘;执两端时著一"人"字不得,此之谓能定;欲见之施行略无人己之嫌,此之谓能化。

【译文】喜欢发问,爱好省察,这时不要带着主观的见解,这叫做能忘。执两端而用中的时候,不要考虑别人的看法,这叫做能定。把自己的主张付诸实行的时候,没有为人为己的嫌疑,这叫做能化。

【注释】①好问好察:语见《中庸》第六章。原文为:"子曰:'舜其大知也与!舜好问而好察迩言,隐恶而扬善,执其两端,用其中于民,其斯以为舜乎!'"

031 无过之外更无圣人,无病之外更无好人。贤智者于无过之外求奇,此道之贼也。

【译文】从没有过错的人以外去寻找圣人,是找不到的;从没有病的人以外去寻找好人,是找不到的。贤者、智者想在没过失的人以外去寻求奇人,这是对道的危害。

032 积爱所移,虽至恶不能怒,狃于爱故也①。积恶所习,虽至感莫能回,狃于恶故也。惟圣人之用情不狃。

【译文】由于长期喜爱某一事物,以至改变了性情,此后喜爱的事物虽然达到了让人极其厌恶的程度,也不会发怒,这是已经习惯了爱的缘故。长期厌恶某一事物,已经形成了习惯,此后虽然受到深切的感动,也不能挽回厌恶的情绪,这是已经习惯了厌恶的缘故。只有圣人用情不拘泥于一端。

【注释】①狃:习惯。此则最后一"狃"字,意为固守习惯。

033 圣人有功于天地,只是"人事"二字。其尽人事也不言天命,非不知回天无力,人事当然,成败不暇计也。

【译文】圣人有功于天地，只在"人事"这两个字上。圣人只要求尽到人为的努力而不讲天命，并不是不知道回天无力，而是因为人事必须这样做，而顾不上再计较成败。

034 或问：狂者动称古人①，而行不掩言②，无乃行不顾言乎？孔子奚取焉？曰：此与行不顾言者人品悬绝，譬之于射，立拱把于百步之外，九矢参连，此养由基能事也③。孱夫拙射④，引弦之初，亦望拱把而从事焉，既发不出十步之远，中不近方丈之鹄⑤，何害其为志士？又安知日关弓、月抽矢，白首终身，有不为由基者乎？是故学者贵有志，圣人取有志。狷者言尺行尺⑥，见寸守寸，孔子以为次者，取其守之确而恨其志之隘也。今人安于凡陋，恶彼激昂，一切以行不顾言沮之⑦，又甚者以言是行非谤之，不知圣人岂有一蹴可至之理？希圣人岂有一朝径顿之术？只有有志而废于半途，未有无志而能行跬步者⑧。或曰：不言而躬行何如？曰：此上智也。中人以下须要讲求博学、审问、明辨，与同志之人相砥砺奋发，皆所以讲求之也，安得不言？若行不顾言，则言如此，而行如彼，口古人，而心衰世，岂得与狂者同日语哉！

【译文】有人问：努力进取的所谓狂人动不动就讲古人如何如何，而他自己说出的话却不一定能够做到，这不是行不顾言吗？孔子为什么还要对这种人有所肯定呢？回答说：这种人和行不顾言的人，人品完全不同，比如射箭，把靶子立在百步之外，九矢连发都能射中，这是养由基能够做到的事。如果一个身体虚弱而又不善射箭的人来射，开始拉弓的时候，他也希望能射中靶子，可是箭射不到十步远，连一丈见方大的目标也射不着，怎能说他就没有想射中的志向呢？如果他日日拉弓，月月射箭，练到头发白了的时候，又怎知他不会成为养由基那样的好射手呢？因此学者贵在有志，圣人赞许有志的人。狷介的人说多少就做多少，见识有多少就坚守多少，孔子认为这种人是次一等的，他们不如努力进取的狂者，认为他们可取的地方是认识到的就能坚决做到，遗憾的是志向不够远大。现在的人安心处于凡陋之地，还讨厌那些有进取心的人，把他们的所作所为说成是行不顾言，甚至诽谤他们言是行非，不知修养成圣人不能一蹴而就，想要成为圣人，哪能一个早晨就会成功？哪有捷径和快速的方法？有志的人可能会半途而废，没志的人连半步也迈不出去。又问：不说话，只是身体力行怎么样？回答说：这是上智之人才可以做到的。中等以下的人必须要讲求博学、审问、明辨，与志向相同的人相互鼓励奋发,这也是讲求的一种方法,怎能不说话呢?如果是行不顾言,说的是一套,行的是另一套,口中谈的是古人,心中想的是衰世,这种人怎能与努力进取的所谓狂者同日而语呢!

【注释】①狂者动称古人:《论语·子路》:"子曰:不得中行而与之,必也狂狷乎?狂者进取,狷者有所不为也。"《孟子·尽心下》:"(万章)问曰:'敢问何如斯可谓狂矣?'曰:'如琴张、曾皙、牧皮者,孔子之所谓狂矣。''何以谓之狂也?'曰:'其志嘐嘐然,曰:"古之人,古之人。"夷考其行而不掩焉者也。'" ②而行不掩言:参见上注。又朱熹注曰:"狂者,志极高而行不掩。"行不掩,行为做不到。 ③养由基:春秋时楚大夫,善射,百步射柳叶,百发百中。 ④孱(chán)夫:懦弱的人。 ⑤鹄:箭靶中心。 ⑥狷者:《论语·子路》:"狂者进取,狷者有所不为也。"朱熹注:"狷者,智未及而守有余。"旧注又称"狷者守节无为"。 ⑦沮:败坏。 ⑧跬步:半步。

035 君子立身行己,自有法度,此有道之言也。但法度自尧、舜、禹、汤、文、武、周、孔以来只有一个,譬如律令,一般天下古今所共守者。若家自为律,人自为令,则为伯夷、伊尹、柳下惠之法度。故以道为法度者,时中之圣①;以气质为法度者,一偏之圣。

【译文】君子立身行事,自有法度,这是很有道理的话。但法度自尧、舜、禹、汤、文、武、周、孔以来只有一个,就好像法令条文,是天下古今一般人共同遵守的东西。如果每一家自订法律,每一人自有法令,这就是伯夷、伊尹、柳下惠之类人的法度了。所以说以道为法度的人,是任何时候都能按中道而行的时中之圣;以气质为法度的人,就是一偏之圣。

【注释】①时中之圣:时时都能按理行事的圣人。《中庸》第二章:"君子而时中。"朱熹注:"随时而处中。"又"中无定体,随时而在,是乃平常之理也。"

036 圣人是物来顺应,众人也是物来顺应。圣人之顺应也,从廓然大公来,故言之应人如响,而吻合乎当言之理;行之应物也,如取诸宫中,而吻合乎当行之理。众人之顺应也,从任情信意来,故言之应人也,好莠自口①,而鲜与理合;事之应物也,可否惟欲,而鲜与理合。君子则不然,其不能顺应也,不敢以顺应也。议之而后言,言犹恐尤也②;拟之而后动,动犹恐悔也。却从存养省察来。噫!今之物来顺应者,人人是也,果圣人乎?可哀也已。

【译文】圣人是事物来临了就顺应而行,众人也是事物来临了就顺应而行。

圣人的顺应,是从廓然大公出发的,所以答应别人的问话时,应之如响,而又合乎当说之理;行为的适应事物,如从宫中取来的物品,而又符合当行之理。众人的顺应,是从任情信意发出的,所以回答别人的话时就好话坏话都说,很少与理相合;行为的适应事物,是否合适也是随心所欲,而很少与理相合。君子则不是这样,不能顺应的时候,就不敢去顺应,商议后才说话,说了以后仍怕有错;计划好才行动,行动开始了仍怕会后悔。这些都是从修养和省察中得来的。唉!现在事来而顺应的人,人人都能做,果然都是圣人吗?真是可悲啊!

【注释】①好莠自口:好,好话。莠,坏话,恶言。《诗经·小雅·正月》:"好言自口,莠言自口。"朱熹注:"言之好丑,皆不出于心,而但出于口。" ②尤:差错。

037 圣人与众人一般,只是尽得众人底道理;其不同者,乃众人自异于圣人也。

【译文】圣人与众人是一样的,圣人只是完全得到了众人的道理,所不同的,是众人自己要表现得和圣人不同。

038 天道以无常为常,以无为为为。圣人以无心为心,以无事为事。

【译文】天道是以无常为常,以无为为为的。圣人是以无心为心,以无事为事的。

039 万物之情各求自遂者也,惟圣人之心则欲遂万物而忘自遂①。

【译文】万物都是希望自己的要求得到实现,只有圣人的心希望万物遂顺,而忘记了自己遂顺。

【注释】①此则和上则都可以看出吕坤受到老子思想的影响。

040 为宇宙完人甚难,自初生以至属纩①,彻头彻尾无些子破绽尤难,恐亘古以来不多几人。其余圣人都是半截人,前面破绽后来修补,比至终年晚岁,才得干净,成就了一个好人,还天付本来面目。故曰汤、武反之也,曰反,则未反之前便有许多欠缺处。今人有过便甘自弃,以为不可复入圣人境域,不知盗贼也许改过从善,何害其为有过哉?只看归宿处成个甚人,以前都饶得过。

【译文】在宇宙间做个完人很难,从出生到死亡,做到彻头彻尾没有一点儿破绽就更难,恐怕自古以来这样的人没有几个。其余的圣人都是半截人,前面有破绽,后来进行修补,到了终年晚岁,才干净,成为了一个好人,回归到上天赋予的本来面目上来。所以说商汤、周武是靠后天修养成为圣人的,没有修养成圣人以前,也有许多欠缺处。现在人有了错误便自暴自弃,以为不能修养到圣人的境地,不懂得盗贼也允许改过从善,有了过错又有什么可怕的呢?只要看归宿处成了个什么人,以前的过错都可以饶过。

【注释】①属纩:纩,新丝绵,质轻,遇气即动,人将死,在口鼻上放丝绵,以观察呼吸,叫属纩,后称病重将死为属纩。

041 圣人低昂气化,挽回事势,如调剂气血,损其侈不益其强,补其虚不甚其弱,要归于平而已。不平则偏,偏则病,大偏则大病,小偏则小病。圣人虽欲不平,不可得也。

【译文】圣人参于气化,挽回事势,如同调剂气血,损其侈不益其强,补其虚不甚其弱,只要求归于平而已。不平则偏,偏则要生病,大偏则生大病,小偏则生小病。圣人即使想不平,也不可能。

042 圣人绝四[①],不惟纤尘微障无处著脚,即万理亦无作用处,所谓顺万事而无情也。

【译文】圣人克服了四种毛病,这就是不凭空猜测、不绝对肯定、不拘泥固执、不惟我独是。做到这样,不仅纤尘微障无处落脚,即使万种道理也没法起作用,这就是所说的顺万事而无感情色彩。

【注释】①圣人绝四:《论语·子罕》:"子绝四:毋意,毋必,毋固,毋我。"朱熹注:"绝,无之尽者。毋,《史记》作'无',是也。意,私意也。必,期必也。固,执滞也。我,私己也。"

043 圣人胸中万理浑然,寂时则如悬衡鉴[①],感之则若决江河,未有无故自发一善念。善念之发,胸中不纯善之故也。故惟有旦昼之梏亡[②],然后有夜气之清明[③]。圣人无时不夜气,是以胸中无无,故自见光景。

【译文】圣人胸中,万种道理都混在一起,寂静的时候,如同秤和镜悬挂在高处,感动时则如江河决水,不会无故发一个善念。善念的发生,是因为胸中不是纯善的缘故。因此,惟有白天不使夜间和平旦所发出来的善念和清明之气消亡,然后才可以保持住清明的夜气。圣人无时不处于清明的夜气之中,所以胸中没有一点儿空缺,自然能看清各种事物。

【注释】①寂时则如悬衡鉴:寂时,静的时候。衡鉴,即衡、镜。衡可以量轻重,镜可以照美丑,指辨别是非丑恶的尺度。 ②旦昼之梏亡:《孟子·告子上》:"其日夜之所息,平旦之气,其好恶与人相近也者几希,则其旦昼之所为,有梏亡之矣。"朱熹注:"梏,械也。……言人之良心虽已放失,然其日夜之间,亦必有所生长。故平旦未与物接,其气清明之际,良心犹必有发见者。但其发见至微,而旦昼所为之不善,又已随而梏亡之。"朱熹解释"梏亡",是指善的行为的亡失。吕坤则相反,专指用强制克服掉不善的行为。 ③夜气:指清明之气。

044 法令所行,可以使土偶奔趋①;惠泽所浸,可以使枯木萌蘖;教化所孚②,可以使鸟兽伏驯;精神所极,可以使鬼神感格③,吾必以为圣人矣。

【译文】法令颁行,可以使土制作的偶人遵照执行;惠泽所浸,可以使枯木萌芽;教化推行,可以使鸟兽驯服;精神所感,可以使鬼神感通,我认为做到这些的一定是圣人。

【注释】①土偶:"土"原作"士",据文意改。土偶,以土制作的偶人,土偶奔趋,形容法令作用之大。 ②孚:孚育。 ③感格:感通。

045 圣人不强人以太难,只是拨转他一点自然底肯心。

【译文】圣人不强人所难,只是拨动他一点儿肯于自我努力的心。

046 参赞化育底圣人①,虽在人类中,其实是个活天,吾尝谓之人天。

【译文】参与、协助天地化生长育万物的圣人,虽然生活在人类当中,其实是一个活着的天,我曾称他为人天。

【注释】①参赞化育:《中庸》第二十二章:"惟下至诚,为能尽其性;能尽其性,则能尽人之性;能尽人之性,则能尽物之性;能尽物之性,则可以赞天地之化育;可以赞天地之化育,则可以与天地参矣。"朱熹注:"赞,犹助也。"

047 孔子只是一个通,通外更无孔子。

【译文】孔子只是一个贯通,除贯通外就不会有孔子。

048 圣人不随气运走①,不随风俗走,不随气质走。

【译文】圣人不要跟着气数和命运走(要明知不可而为之),不要随着风俗走(要转变风俗),不随先天气质走(要变化气质)。

【注释】①气运:这里指气数和命运。

049 圣人平天下不是夷山填海,高一寸还他一寸,低一分还他一分。

【译文】圣人治理天下不是像削平山垫平海那样,高一寸削掉一寸,低一分补上一分。

050 "圣而不可知之之谓神"①,不可知,可知之祖也。无不可知,做可知不出;无可知,则不可知何所附属?

【译文】圣德到了神妙不可知的境界叫做神。不可知,是可知之祖。无不可知,就不能做到可知;无可知,不可知就无所附属。

【注释】①圣而不可知之之谓神:《孟子·尽心下》:"……充实而有光辉之谓大,大而化之之谓圣,圣而不可知之之谓神。"朱熹注:"程子曰:圣不可知,谓圣之至妙,人所不能测。非圣人之上,又有一等神人也。"

051 只为多了这知觉,便生出许多情缘,添了许多苦恼。落花飞絮岂无死生,他只恁委和委顺而已。或曰:圣学当如是乎?曰:富贵贫贱、寿夭宠辱,圣人未尝不落花飞絮之耳,虽有知觉心,不为知觉苦。

【译文】世人只因为有了知觉,就生出了很多情缘,增添了许多苦恼。落花飞絮就没有生死吗?它只是任凭自然的安排而已。有人问:圣人的主张也应当这样吗?回答说:对于富贵贫贱、寿夭宠辱,圣人也任凭其自然来去而已,虽然也有知觉,但不被知觉所苦恼。

052 圣人心上再无分毫不自在处。内省不疚,既无忧惧;外至之患,又不怨尤。只有一段不释然,却是畏天命悲人穷也。

【译文】圣人心上没有丝毫不自在的地方。反省内心没有内疚的地方,就没有忧愁恐惧;外面有了祸患,又不怨天尤人。圣人只有一件事不能放宽胸怀,这就是敬畏天命、悲伤民众的穷困。

053 定静安虑①，圣人无一刻不如此。或曰：喜怒哀乐到面前何如？曰：只恁喜怒哀乐，定静安虑胸次无分毫加损。

【译文】《大学》中说的定、静、安、虑，圣人没有一刻不是这样。有人问：喜怒哀乐来到面前会怎么样呢？回答说：任凭它喜怒哀乐，圣人那定、静、安、虑的胸次不会有分毫的增加或减少。

【注释】①定静安虑：《大学》第一章："大学之道，在明明德，在新民，在止于至善。知止而后有定，定而后能静，静而后能安，安而后能虑，虑而后能得。"

054 有相予者，谓面上部位多贵，处处指之。予曰：所忧不在此也，汝相予一心要包藏得天下理，相予两肩要担当得天下事，相予两脚要踏得万事定，虽不贵，予奚忧①？不然予有愧于面也。

【译文】有一个给我相面的人，说我的脸上有很多贵相，并一处处指出来。我说：我的忧虑不在这里，你要能相出我这颗心中能包藏住天下的道理，相出我的两肩能担当起天下的大事，相出我的两脚能在万事面前站得坚定，即使不会富贵，我还有什么忧愁呢？不然的话，就愧对我这张脸了。

【注释】①奚：疑问辞，何。

055 物之入物者染物，入于物者染于物。惟圣人无所入，万物亦不得而入之。惟无所入，故无所不入；惟不为物入，故物亦不得而离之。

【译文】一种物进入另一种物中，就会沾染另一种物，进入物的也会被另一种物所沾染。惟有圣人不会去沾染任何东西，万物也不能沾染圣人。所以说，只有无所入，才能无所不入；只有不被物入，所以物也不能离开。

056 人于吃饭穿衣，不曾说我当然不得不然，至于五常百行，却说是当然不得不然，又竟不能然。

【译文】人对于吃饭穿衣，从来不说我当然不得不这样做，但对于仁义礼智信这五常和自己的各种行为，却说当然不能不这样做，可是又做不到。

057 孔子七十而后从心①，六十九岁未敢从也。众人一生只是从心，从心安得好？圣学战战兢兢只是降伏一个"从"字，不曰"戒慎恐惧"②，则曰"忧勤惕励"③，防其从也。岂无乐时？乐也只是乐天。

众人之乐则异是矣。任意若不离道,圣贤性不与人殊,何苦若此?

【译文】孔子说他七十岁以后才能够做到从心所欲,任何念头也不会越过规矩,六十九岁还不能做到这一点。普通人一生只是从心所欲,那怎能学好呢?圣人的学问战战兢兢只是为了克服一个"从"字,不谈要戒慎恐惧,则说要忧勤惕励,就是防止从心所欲。难道没有快乐的时候?乐也只是乐天知命。而普通人的快乐则和圣人不同。如果能做到从心所欲又不离开道,如果圣贤的本性不和普通人一样,何苦还要修养克制呢?

【注释】①孔子七十而后从心:《论语·为政》:"子曰:'吾十有五而志于学,三十而立,四十而不惑,五十而知天命,六十而耳顺,七十而从心所欲,不逾矩。'" ②戒慎恐惧:《中庸》第一章:"道也者,不可须臾离也,可离非道也。是故君子戒慎乎其所不睹,恐惧乎其所不闻。" ③忧勤惕励:忧愁劳苦,心存戒惧。《周易·乾卦》:"君子终日乾乾,夕惕若厉,无咎。"

058 日之于万形也,鉴之于万象也,风之于万籁也,尺度权衡之于轻重长短也,圣人之于万事万物也,因其本然,付以自然,分毫我无所与焉,然后感者常平,应者常逸。喜亦天,怒亦天,而吾心之天如故也。万感劻勷①,众动轇轕②,而吾心之天如故也。

【译文】日光对于万种形体,镜子对于万种景象,风对于万种声音,尺度权衡对于轻重长短,圣人对于万事万物,顺着它们的本性,交付于自然,分毫不加以干预,然后感动的常常平静,响应的常常安闲。喜悦也自然,发怒也自然,而我心中的自然依然如故。万种事物因受到感动而急迫不安,万众躁动而矛盾纵横交错,但我心之自然依然如故。

【注释】①劻勷(kuāngráng):急迫不安的样子。 ②轇轕(jiāojé):纵横交错貌。

059 平生无一事可瞒人,此是大快乐。

【译文】平生无一事可瞒人,这是很大的快乐。

060 尧舜虽是生知安行①,然尧舜自有尧舜工夫学问。但聪明睿智千百众人,岂能不资见闻、不待思索?朱文公云:"圣人生知安行,更无积累之渐②。"圣人有圣人底积累,岂儒者所能测识哉!

【译文】尧舜虽然是生而知之、安而行之的圣人,然而尧舜也自有尧舜的功夫学问。但是他们的聪明睿智超过普通人千百倍,岂能不依靠见闻,不需要思索？朱文公说："圣人生知安行，更无积累之渐。"圣人有圣人的积累，这哪是儒者所能知道的呢？

【注释】①生知安行：《中庸》第二十章："或生而知之，或学而知之，或困而知之，及其知之一也；或安而行之，或利而行之，或勉强而行之，及其成功一也。"后人概括为生知安行。朱熹注："不思而得，生知也。不勉而中，安行也。" ②"朱文公云"一句：语出《论语·为政》"吾十有五而志于学"章之朱熹注。其文曰："愚谓圣人生知安行，固无积累之渐，然其心未尝自谓已至此也。是其日用之间，必有独觉其进而人不及知者。故因其近似以自名，欲学者以是为则而自勉，非心实自圣而姑为是退诧也。后凡言谦辞之属，意皆放此。"吕坤对此持异议。

061 圣人不矫①。

【译文】圣人不故意违背人情以显高明。

【注释】①矫：故意违背人情以示高异。

062 圣人一无所昏。

【译文】圣人没有昏惑的地方。

063 孟子谓文王"取之而燕民不悦，则勿取①"，虽非文王之心，最看得时势定。文王非利天下而取之，亦非恶富贵而逃之，顺天命之予夺，听人心之向背，而我不与焉。当是时，三分天下才有其二，即武王亦动手不得。若三分天下有其三，即文王亦束手不得。《勺》之诗曰："遵养时晦，时纯熙矣，是用大介②。"天命人心，一毫假借不得。商家根深蒂固，须要失天命人心到极处；周家积功累仁，须要收天命人心到极处。然后得失界限决绝洁净，无一毫粘带，如瓜熟自落，栗熟自坠，不待剥摘之力。且莫道文王时动得手，即到武王时，纣又失了几年人心，武王又收了几年人心，《牧誓》、《武成》取得何等费唇舌③，《多士》、《多方》守得何等耽惊怕④，则武王者生摘劲剥之所致也。又譬之疮落痂，鸡出卵，争一刻不得。若文王到武王时定不犯手，或让位微、箕⑤，为南河、阳城之避⑥，徐观天命人心之所属，属我我不却之使去，不属我我不招之使来，安心定志，任其自去来耳。此文王之所以为至德。使安受二分之归，不惟至德有损，若纣发兵而问叛人，即不胜，文王将

何辞？虽万万出文王下者亦不敢安受商之叛国也。用是见文王仁熟智精，所以为宣哲之圣也。

【译文】孟子说，如果有的国家想吞并燕国，而燕国的百姓不高兴，那就不要吞并它，周文王就是按照这个原则去做的。孟子的话虽然不一定符合周文王的本心，但对时势却看得很清楚。文王不是为了对天下有利才去攻取的，也不是为了厌恶富贵而要逃避，只是顺应天命的予夺，听从人心的向背，自己却不置身其间。在当时，如果三分天下才有二分，即使是武王也不敢动手去攻打，如果三分天下有其三，文王也不会束手不动。《诗经·周颂·酌》说："遵养时晦，时纯熙矣，是用大介。"意思是说退而养精蓄锐，等待时机，时机成熟，一戎衣天下就可大定。天命人心一毫也不能借助别的。商朝根深蒂固，须要等到天命人心丧失到极处；周朝积功累仁，须要收天命人心到极处。然后得失的界限才能完全决定，无一毫粘带，如同瓜熟蒂落、栗子熟自坠一样，不等人去剥去摘。且不说文王时能不能动手，即使到了武王的时候，商纣王又失了几年人心，武王又收了几年人心，《尚书》中《牧誓》、《武成》二篇，记载武王欲伐纣的事，费了多少唇舌去动员民众。《多士》、《多方》两篇记载守业的情况，又是何等的担惊受怕。这都是由于武王在时机还未成熟时生摘硬剥地去攻取商纣的结果。又好比疮痂脱落，母鸡下蛋，早一刻也不行。如果是文王处于武王的时代，定然不会下手，或者会让位给微子、箕子、像舜、禹那样做，自己避居到南河、阳城去，慢慢地观察天命人心之所属。属我，我不让它失去；不属我，我也不招之使来。只是安心定志，任其自去自来而已。这就是文王之所以称为有至德的原因。假使文王安于接受那二分人心的归向，不只有损至德，如果殷纣王出兵讨伐叛变的人，即使不胜，文王怎能辞掉叛变的罪名呢？即使是比文王相差万倍的人也不敢接受背叛商朝的罪名啊！以此可见周文王的仁熟智精，所以是明智的圣人。

【注释】①孟子谓文王"取之而燕民不悦，则勿取"：《孟子·梁惠王下》："齐人伐燕，胜之。宣王问曰：'或谓寡人勿取，或谓寡人取之。以万乘之国伐万乘之国，五旬而举之，人力不至于此。不取，必有天殃。取之，何如？'孟子对曰：'取之而燕民悦，则取之。古之人有行之者，武王是也。取之而燕民不悦，则勿取。古之人有行之者，文王是也。以万乘之国伐万乘之国，箪食壶浆以迎王师，岂有他哉？避水火也。如水益深，如火益热，亦运而已矣。'"②《·勺》之诗：即《诗经·周颂·酌》。朱熹注："酌，即勺也。"原诗为："于铄王师，遵养时晦。时纯熙矣，是用大介。我龙受之，蹻蹻王之造。载用有嗣，实维尔公允师。"朱熹释此诗曰："此亦颂武王之师。言其初有于铄之师而不用,退自循养,与时皆晦,既纯光矣,然后一戎衣而天下大定。" ③《牧誓》、《武成》:皆《尚书·周书》篇名。《牧誓》,武王伐纣战于牧野时的誓言。《武成》,《书序》云:"武王伐殷,往伐归兽,识其政事,作《武成》。"从此二篇可见取得天下的不易。 ④《多士》《多方》:皆《尚书·周书》篇名。《多士》,《书序》:"成周既成,迁殷玩民;周公以王命诰,作《多士》。"《多方》,《书序》:"成王归自奄,在宗周,诰庶邦,作《多方》。"孔氏传:"周公归政之明年,淮夷奄又叛鲁,征淮夷,作《费誓》,王亲征奄,灭其国,五月还至镐京。" ⑤微、箕:微子、箕子。微子,商纣王庶兄,名启。因谏纣王不听,去国。周灭商,封于宋。箕子,商纣王的诸父,封于箕,故称箕子。纣暴虐,箕子谏不听,乃披发伴狂为奴,为纣所囚。周灭商,释箕子之囚,使归镐京。 ⑥南河、阳城之避:《史记·五帝本纪》:"尧崩,三年之丧毕,舜让辟丹朱于南河之南。诸侯朝觐者不之丹朱而之舜,狱讼者不之丹朱而之舜,讴歌者不讴歌丹朱而讴歌舜。舜曰:'天也。'夫而后之中国践天子位焉。"又载:"三年丧毕,禹亦乃让舜子,嘲舜让尧子。"正义曰:"禹居洛州阳城者,避商均,非时久居也。"

064 汤祷桑林①,以身为牺②,此史氏之妄也。按汤世十八年旱,至二十三年祷桑林,责六事③,于是旱七年矣天乃雨。夫农事冬旱不禁三月,夏旱不禁十日,使汤待七年而后祷,则民已无孑遗矣。何以为圣人?即汤以身祷而天不雨,将自杀与,是绝民也;将不自杀与,是要天也④。汤有一身,能供几祷?天虽享祭,宁欲食汤哉?是七年之间,岁岁有旱,未必不祷;岁岁祷雨,未必不应。六事自责,史臣特纪其一时然耳。以人祷,断断乎其无也。

【译文】 史书记载,商汤曾在桑林中祈祷,许愿以身为祭品,求天降雨。这是史书记载的错误。商汤十八年时天旱,到二十三年时,汤才在桑林中祈祷,责备自己犯了六种错误,那么旱了七年天才下雨。农耕之事,冬旱经不住三个月,夏旱经不住十天,假如汤等旱了七年才去祈祷,那人民早死光了,他怎么能称得上圣人呢?如果汤以身许愿而天不下雨的话,他要自杀,是自绝于民;如不自杀,是要挟上天。商汤只有一个身体,能供几次祈祷呢?天虽然愿意享受祭祀,能以汤为食品吗?看来七年之间,年年有旱灾,汤未必不是年年祈祷;岁岁祈雨,未必都不回应。以六事自责的事,可能只是史臣记载某一次祈祷的事罢了。以身为祷,一定是没有的事。

【注释】 ①汤祷桑林:《淮南子·主术》:"汤之时,七年旱,以身祷于桑林之际,而四海之云凑,千里之雨至。" ②牺:古时祭祀用的纯色牲畜。这里指汤以身为祭品。 ③责六事:《荀子·大略篇》:"汤旱而祷曰:'政不节与？使民疾与？何以不雨至斯极也。宫室荣与？妇谒盛与？何以不雨至斯极也。苞苴行与？谗夫兴与？何以不雨至斯极也。'"苞苴,指贿赂。杨倞注:"货贿必以物苞裹,故总谓之苞苴。" ④要:胁迫、要挟。

065 伯夷见冠不正,望望然去之,何不告之使正？柳下惠见袒裼裸裎,而由由与偕,何不告之使衣？故曰不夷不惠,君子居身之珍也。

【译文】伯夷看到一个人的帽子戴得不正,看一看就离开了,为什么不告诉他要戴正呢？柳下惠见一位女子赤身露体,还怡然自得地与她待在一起,为什么不告诉她要穿上衣服呢？所以既不要像伯夷那样,又不要像柳下惠那样,是君子立身的要道。

066 亘古五帝三王不散之精英铸成一个孔子,余者犹成颜、曾以下诸贤,至思、孟而天地纯粹之气索然一空矣。春秋、战国君臣之不肖也,宜哉！后乎此者无圣人出焉,靳孔、孟诸贤之精英而未尽泄与①?

【译文】从古至今五帝三王不散之精英铸成一个孔子,剩余的精英之气又成就了颜子、曾子以下的一些贤人,到子思、孟子,天地纯粹之气就完全没有了。春秋战国时期,君臣都没有才德,也是和这种情况相合的啊！从此以后就没有圣人出现,是上天吝惜形成孔、孟诸贤的精英之气而不让它发泄吗？

【注释】①靳:吝惜。

067 周子谓:"圣可学乎？曰无欲①。"愚谓圣人不能无欲,七情中合下有欲。孔子曰己欲立欲达②。孟子有云:"广土众民,君子欲之③。"天欲不可无,人欲不可有。天欲,公也;人欲,私也。周子云"圣无欲",愚云:不如圣无私。此二字者,三氏之所以异也④。

【译文】周敦颐说:"圣人可以学习吗？要学的重要一点,就是无欲。"我认为圣人不能无欲,七情中当初就包含"欲"这一情。孔子说:"己欲立而立人,己欲达而达人。"孟子说:"广土众民,君子欲之。"天欲不可无,人欲不可有。天欲是公,人欲是私。周子说"圣人无欲",我说:不如说圣人无私。无欲还是无私,这正是儒、道、释三家不同的地方。

【注释】①圣可学乎？曰无欲：语出周敦颐《通书·圣学》，原文为："圣可学乎？曰：可。曰：有要乎？曰：有。请闻焉。曰：一为要，一者，无欲也。" ②己欲立欲达：语出《论语·雍也》："子曰：……夫仁者，己欲立而立人，己欲达而达人。" ③广土众民，君子欲之：语出《孟子·尽心上》。 ④三氏各有所主，道主虚，佛主空，儒主有。

068 圣人没自家底见识。

【译文】圣人没有自家的见识。

069 对境忘情，犹分彼我，圣人可能入尘不染，则境我为一矣。而浑然无点染，所谓"入水不溺，入火不焚"，非圣人之至者不能也。若尘为我役，化而为一，则天矣。

【译文】对着美妙的境界忘了自己的存在，但还可以分出哪是境哪是我。但圣人能够做到入尘不染，则是境我为一了。而又浑然一体，没有任何沾染，这就是常说的"入水不溺，入火不焚"，不是至高的圣人是不能做到这样的。如果凡尘能受我役使，尘我化而为一，则只有天能够这样。

070 圣人学问只是人定胜天。

【译文】圣人的学问只是人定胜天。

071 圣人之私，公；众人之公，私。

【译文】圣人的私也是为公，众人的公也是为私。

072 圣人无夜气[①]。

【译文】圣人不需要修养清明纯净的夜气[①]。

【注释】①夜气：黎明前清纯静谧的情状，喻人的纯洁精明的心境。

073 "衣锦尚絅[①]"，自是学者作用，圣人无尚。

【译文】穿上织锦的衣服，外面再加单衣，这是为己之学的学者做法，圣人不会在锦衣外再穿单衣。

【注释】①衣锦尚絅：语出《诗经·国风·硕人》。絅，罩在外面的单衣。《中庸》第三十三章："《诗经》曰'衣锦尚絅'，恶其文之著也。"朱熹注："尚，加也。古之学者为己，故其立心如此。尚絅故暗然，衣锦故有日章之实。"

074 圣王不必天而必我，我之天定而天之天随之。

【译文】圣王不要求天一定要助我,而要求自己一定要做到。只有自己做到了,而天之天也会随之。

075　生知之圣人不长进。

【译文】天生的圣人不会长进。

076　学问到孔子地位才算得个通,通之外无学问矣。

【译文】学问到了孔子的地步才算贯通了,除了贯通之外就没有学问。

077　圣人尝自视不如人,故天下无有如圣人者,非圣人之过虚也,四海之广,兆民之众,其一才一智未必皆出圣人下也。以圣人无所不能,岂无一毫之未至;以众人之无所能,岂无一见之独精。以独精补未至,固圣人之所乐取也。此圣人之心日歉然不自满足,日汲汲然不已于取善也。

【译文】圣人常常自视不如众人,所以天下的人都不如圣人,这不是圣人过分谦虚,四海如此广大,人民如此众多,人们的一才一智未必都在圣人之下。以圣人的无所不能,岂无一毫之未至;以众人之无所能,岂无一见之独精。以独精来补未至,这是圣人乐于采取的,这也是圣人之心每天感到歉然不足,每天都汲汲努力学习别人长处的原因。

078　圣人不示人以难法,其所行者,天下万世之可能者也;其所言者,天下万世之可知者也。非圣人贬以徇人也,圣人虽欲行其所不能,言其所不知,而不可得也。道本如是其易知易从也。

【译文】圣人不告诉人难行的办法,他所采取的,都是天下万世能够做到的办法;他所说的,都是天下万世可理解的言论。这不是圣人有意贬低自己来顺应别人,而是圣人想实行那些别人难以做到的事、说那些别人难以理解的话也做不到。因为天下的道理本来就是这样容易理解、容易遵行的。

品　藻

001　独处看不破,忽处看不破,劳倦时看不破,急遽仓卒时看不破,惊忧骤感时看不破,重大独当时看不破,吾必以为圣人。

【译文】一个人,他独处的时候,别人看不出他有什么毛病,在他疏忽的时候也看不出有什么毛病,在他劳倦时看不出有什么毛病,在他急遽仓猝时也看不出他有什么毛病,在他惊扰骤感时看不出什么毛病,在他独当大事时也看不出有什么毛病,我认为他一定是圣人。

002 圣人做出来都是德性,贤人做出来都是气质,众人做出来都是习俗,小人做出来都是私欲。

【译文】圣人做出来的事都是从德性中发出来的,贤人做出来的事都是从气质上发出来的,众人做出来的事都是从习俗中发出来的,小人做出来的事都是从私欲中发出来的。

003 汉儒杂道,宋儒隘道。宋儒自有宋儒局面,学者若入道,且休著宋儒横其胸中,只读六经、四书而体玩之,久久胸次自是不同。若看宋儒,先看濂溪、明道①。

【译文】汉儒使道杂驳,宋儒使道狭隘。宋儒自有宋儒局面,但学者如果要学道,先不要把宋儒的主张放在胸中,只要读《六经》《四书》而仔细体会玩味,时间长了,心胸自然不同。如要学习宋儒,先学习周敦颐、程颢。

【注释】①濂溪、明道:濂溪,周敦颐号。明道,程颢号。

004 一种人难悦亦难事,只是度量褊狭,不失为君子;一种人易事亦易悦,这是贪污软弱,不失为小人。

【译文】有一种人,难以使他高兴,也难以和他共事,这只是说明他度量狭小,还不失是个君子。还有一种人,容易和他共事,也容易使他高兴,这种人是贪心软弱,不能不称之为小人。

005 为小人所荐者辱也,为君子所弃者耻也。

【译文】受到小人的举荐是可耻的,被君子遗弃是可耻的。

006 小人有恁一副邪心肠,便有一段邪见识;有一段邪见识,便有一段邪议论;有一段邪议论,便引一项邪朋党,做出一番邪举动。其议论也,援引附会,尽成一家之言,攻之则圆转迁就而不可破。其举动也,借善攻善,匿恶济恶,善为骑墙之计。击之则疑似牵缠而不可断,此小人之尤而借君子之迹者也,此藉君子之名而济小人之私者也,亡国败家,端是斯人。若明白小人,刚戾小人,这都不足恨,所以《易》恶阴柔。阳只是一个,惟阴险伏而多端,变幻而莫测,驳杂而疑似。譬之光天化日,黑白分明,人所共见;暗室晦夜,多少埋伏,多少类象,此阴阳之所以别也。虞廷黜陟①,惟曰幽明,其以是夫?

【译文】小人有怎样的一副邪心肠,便有一些邪见识;有一些邪见识,便有一番邪议论;有一番邪议论,便引进一些邪朋友、做出一番邪举动。小人的言论,援引附会,竟然能成一家之言,反驳他,他就圆转迁就,也反驳不倒。他的举动是借善攻善,藏恶济恶,善为骑墙之计。攻击他,这些事又似是而非、牵缠连绕而难以解决。这是小人中比较突出的借用君子行迹的人,这是借用君子之名来成就小人的私利的人。亡国败家,都是这些人造成的。若说那些明白的小人、刚戾的小人,这些人还不够可恨,所以《易经》最厌恶阴柔。阳只是一个,惟有阴,阴险隐藏在里边又有多种情况,变幻莫测,驳杂而疑似。比如在光天化日之下,黑白分明,人都能看得见;而在暗室黑夜之中,有多少埋伏,多少东西,就看不清楚了。这就是阴阳的区别。舜在决定官吏升降的时候,退其幽者,升其明者,大概就是因为这个道理吧!

【注释】①虞廷黜陟(chùzhì):《尚书·舜典》:"三载考绩,三考;黜陟幽明。"孔氏注:"三年有成,故以考功,九岁则能否、幽明有别,黜退其幽者,升进其明者。"黜,罢免、革除。陟,登高,引申为晋升。

007 富于道德者不矜事功①,犹矜事功,道德不足也。富于心得者不矜闻见,犹矜闻见,心得不足也。文艺自多,浮薄之心也;富贵自雄,卑陋之见也。此二人者皆可怜也,而雄富贵者更不数于丈夫行。彼其冬烘盛大之态②,皆君子之所欲呕者也,而彼且志骄意得,可鄙孰甚焉!

【译文】富于道德的人不夸事功,仍然夸耀事功,说明他的道德修养还不够。富于心得的不夸见闻,仍然夸耀见闻,是心得不足的缘故。因为有写作的才能就很自负,这是轻浮浅薄之心;因为有钱有势就傲视他人,这更是卑鄙浅陋的见识。这两种人都是可怜虫,而以有财有势就傲视他人的就更不属于大丈夫之列了。他那糊涂迂腐端着架子的神态,君子看了简直要呕吐出来,而他还志骄意得,还有比这更为可鄙的人吗?

【注释】①矜:自夸。 ②冬烘:迂腐。

008 士君子在尘世中摆脱得开,不为所束缚;摆脱得净,不为所污蔑,此之谓天挺人豪。

【译文】士君子在尘世中能摆脱得开,不为世俗之态所束缚;摆脱得净,不受世俗之人的污蔑,这叫做顶天立地的人中豪杰。

009　藏名远利,夙夜汲汲乎实行者,圣人也。为名修,为利劝,夙夜汲汲乎实行者,贤人也。不占名标,不寻利孔,气昏志惰,荒德废业者,众人也。炫虚名、渔实利,而内存狡狯之心,阴为鸟兽之行者,盗贼也。

【译文】藏名远利,夙夜汲汲努力做那些不求名利的事,这是圣人。为了名声而加强修养,为了利益而努力工作,夙夜汲汲努力实行这一目标的人,是贤人。不争名,不求利,气昏志惰,荒德废业的人,这是众人。炫耀虚名,贪图实利,而内心狡猾阴险,暗地里行为如同禽兽的人,就是盗贼一样的人。

010　圈子里干实事,贤者可能。圈子外干大事,非豪杰不能。或曰:圈子外可干乎?曰:世俗所谓圈子外,乃圣贤所谓性分内也。人守一官,官求一称,内外皆若人焉,天下可庶几矣,所谓圈子内干实事者也。心切忧世,志在匡时,苟利天下,文法所不能拘[①];苟计成功,形迹所不必避,则圈子外干大事者也。识高千古,虑周六合,挽末世之颓风,还先王之雅道,使海内复尝秦、汉以前之滋味,则又圈子以上人矣。世有斯人乎,吾将与之共流涕矣。乃若硁硁狙众见,惴惴循弊规,威仪文辞灿然可观,勤慎谦默居然寡过,是人也,但可为高官耳,世道奚赖焉?

【译文】在世俗允许的圈子里能干实事,贤人可以做到。在世俗允许的圈子外干大事,非豪杰不能。有人问:圈子外的事可以干吗?回答说:世俗所谓圈子外,就是圣贤所谓的性分内。一个人担当了一定的官职,能够尽到职守,这样的人到处都可找到,天下差不多都是这样的人,这就是所说的在圈子内干实事的人。心在忧世,志在匡时,如果是对天下人有利的事,条文规则也拘束不住;如果为了成功,嫌疑也不避讳,这就是圈子外干大事的人。识高千古,虑周六合,挽末世之颓风,回先王之正道,使海内之人又能体会到秦、汉以前世道的滋味,这又是圈子以上的人了。世上还有这样的人吗?我要和他们一起为现今的世道而痛哭啊!如果固执地守着众人的见识,小心地遵循那些有弊病的旧规,表面看来威仪文辞灿然可观,勤慎谦默居然寡过,这种人,只可以当高官,世道的治理怎能依靠他们呢!

【注释】①文法:法制,法令条文。

011 达人落叶穷通,浮云生死。高士睥睨古今①,玩弄六合。圣人古今一息,万物一身。众人尘弃天真,腥集世味。

【译文】通达的人看待贫困显达,如同深秋的落叶,任其自然;对待生死,如同天上浮云,任其飘浮。高士傲视古今,玩弄六合。圣人看待古今如一呼一吸的瞬间,看待万物如与自己合为一体。众人抛弃天真,奔趋世俗。

【注释】①睥睨:斜视,形容看不起的样子。

012 阳君子取祸,阴君子独免。阳小人取祸,阴小人得福。阳君子刚正直方,阴君子柔嘉温厚。阳小人暴戾放肆,阴小人奸回智巧。

【译文】阳君子取祸,阴君子独免。阳小人取祸,阴小人得福。阳君子刚正方直,阴君子柔嘉温厚。阳小人暴戾放肆,阴小人奸回智巧。

013 古今士率有三品:上士不好名,中士好名,下士不知好名。

【译文】古今的士人大体可分为三等:上士不好名,中士好名,下士不知好名。

014 上士重道德,中士重功名,下士重辞章,斗筲之人重富贵①。

【译文】读书人之上等者重道德,中等者重功名,下等者重辞章。才识短浅、气量狭小的人重富贵。

【注释】①斗筲之人:《论语·子路》:"斗筲之人,何足算也。"比喻人才识短浅,气量狭小。这里指平庸之人。

015 人流品格以君子小人定之大率有九等:有君子中君子,才全德备,无往不宜者也。有君子,优于德而短于才者也。有善人,徇雅温朴仅足自守,识见虽正而不能自决,躬行虽力而不能自保。有众人,才德识见俱无足取,与世浮沉,趋利避害,碌碌风俗中无自表异。有小人,偏气邪心,惟己私是殖①,苟得所欲,亦不害物。有小人中小人,贪残阴狠,恣意所极,而才足以济之,敛怨怙终②,无所顾忌。外有似小人之君子,高峻奇绝,不就俗检,然规模弘远,小疵常颣不足以病之③。有似君子之小人,老诈浓文,善藏巧借,为天下之大恶,占天下之大名,事幸不败,当时后世皆为所欺,而竟不知者。有君子小人之间,行亦近正而偏,语亦近道而杂,学

圆通便近于俗,尚古朴则入于腐,宽便姑息,严便猛鸷,是人也,有君子之心,有小人之过者也,每至害道。学者戒之。

【译文】人流品格用君子和小人的标准来确定大体有九等:有君子中君子,此等人才全德备,做任何事都合乎中道。有君子,此等人德优而才短。有善人,此等人诚信文雅、温和朴实的品德仅能自守,识见虽正但不能自己决断,躬行虽力而不能保证成功。有众人,此等人才德识见俱无足取,只能与世浮沉,趋利避害,在碌碌风俗中没有特出的表现。有小人,此等人气偏心邪,只顾自己的私利,如果欲望能够实现,也对事情无害。有小人中小人,此等人贪残阴狠,任意胡为,而才能还能使他的欲望得逞,招致怨恨,依靠奸邪而终不改悔,毫无顾忌。另外还有貌似小人的君子,此等人高峻奇绝,不遵世俗,然而规模弘远,一些小的缺点毛病不足以影响他的人品才能。有貌似君子的小人,此等人老练奸诈,工于文饰,善于隐藏,巧于假借,是天下的大恶之人,如果能占据天下的大名,有幸事情没有败露,当时后世都会受到他的欺骗而竟不能发现。有处于君子小人之间的人,这等人行为接近正确而稍偏,言谈也似乎符合道理而稍杂,学识圆通但近于俗,崇尚古朴又有些迂腐,宽容就成了姑息,严格就成了猛鸷,这种人既有君子之心,也有小人之过,每每害道。学者谨戒,不要成为这样的人。

【注释】①殖:孳生,增殖。 ②敛怨怙(hù)终:敛怨,招致怨恨。怙终,仗恃奸邪而终不改悔。 ③颣(lèi):缺点,毛病。

016 有俗检,有礼检。有通达,有放达。君子通达于礼检之中,骚士放达于俗检之外,世之无识者专以小节细行定人品,大可笑也。

【译文】有按照世俗的一套来约束自己的,有依礼法来约束自己的。有通达,有放达。君子通达在礼法的约束之中,风雅之士放达于礼法的约束之外。世上无见识的人专以小节细行定人品,太可笑了。

017 上才为而不为,中才只见有为,下才一无所为。

【译文】上才之人有所为又有所不为,中才之人只是有为,下才之人一无所为。

018 心术平易,制行诚直,语言疏爽,文章明达,其人必君子也。心术微暧,制行诡秘,语言吞吐,文章晦涩,其人亦可知矣。

【译文】心术平和简易,行为诚恳正直,语言直率爽朗,文章明白晓畅,这样的人必定是君子。心术隐微暧昧,行为诡秘,语言吞吐,文章晦涩,这种人的人品也就可想而知了。

019 有过不害为君子。无过可指底,真则圣人,伪则大奸,非乡愿之媚世①,则小人之欺世也。

【译文】有过失的人,不妨害他成为君子。无过可指的人,真正无过就是圣人,伪装出来的就是大奸。这种大奸,如果不是像乡愿那样的媚世,就是像小人那样的欺世。

【注释】①乡愿:外似谨顺,实与流俗合污者。

020 从欲则如附膻,见道则若嚼蜡,此下愚之极者也。

【译文】追逐欲望就如同蝇蚁逐附腥膻,见到道义则味如嚼蜡,这是愚蠢到极点的人。

021 有涵养人,心思极细,虽应仓卒,而胸中依然暇豫,自无粗疏之病。心粗便是学不济处。

【译文】有涵养的人心思极细,即使应付突然发生的事情,心中也依然悠闲逸乐,没有一点儿粗心疏漏的毛病。心粗就是学问还不到家。

022 功业之士,清虚者以为粗才,不知尧、舜、禹、汤、皋、夔、稷、契功业乎①?清虚乎?饱食暖衣而工骚墨之事②、话玄虚之理,谓勤政事者为俗吏,谓工农桑者为鄙夫,此敝化之民也,尧舜之世无之。

【译文】对于建功立业的人,清静虚无的人认为这是粗才,不知尧、舜、禹、汤、皋、夔、稷、契这些人,是属于建功立业的人呢?还是清静虚无的人?饱食暖衣,吟诗作赋、高谈玄虚的人,称努力于政事的人为俗吏,说耕田植桑的人为鄙夫,这是一些败坏世道的人,尧舜之世没有这样的人。

【注释】①皋、夔、稷、契:皋,皋陶(又称咎繇),传说为舜时主管刑狱之臣。夔,舜时乐官。稷,舜时农官。契,舜时主管教化之官。事见《尚书·尧典》。 ②骚墨之事:即骚人墨客之事,即如登高临文,对景赋诗的风流雅事。

023 观人括以五品:高、正、杂、庸、下。独行奇识曰高品,贤智者流。择中而执曰正品①,圣贤者流。有善有过曰杂品,劝惩可用。

无短无长曰庸品,无益世用。邪伪二种曰下品,慎无用之。

【译文】观察人可以概括为五品,这就是高、正、杂、庸、下。具有独行奇识的人为高品,这是贤智一类的人物。处理任何事物都合乎中道的人为正品,这是圣贤一类的人物。有善行善德也有过失的人为杂品,这类人,鼓励其向善,惩戒其过失,还可以对社会有用。没有短处也没有长处的人为庸品,这种人在世上没一点儿用处。奸邪虚伪的人为下品,对这类人一定要谨慎,不要任用。

【注释】①择中而执:选择中道而执持之。

024 气节信不过人,有出一时之感慨,则小人能为君子之事。有出一念之剽窃,则小人能盗君子之名。亦有初念甚力,久而屈其雅操;当危能奋,安而丧其平生者。此皆不自涵养中来。若圣贤学问,至死更无破绽。

【译文】在危难或紧急时刻表现出来的气概和节操,不能完全让人相信,因为小人有时出于一时的感慨,也能做出君子才能做出的事情。小人有了一时冒充君子的念头,也会盗用君子的名义。也有当初的念头很好,也很努力,但时间长了这种努力就松懈了;也有在危难时能够奋起,而在安定中丧失了平生的志向。这些人的气概和节操都不是从长期的修养中得来的。至于圣贤的学问,至死也不会出现破绽。

025 无根本底气节,如酒汉殴人,醉时勇,醒时索然无分毫气力。无学问底识见,如庖人炀灶①,面前明,背后左右无一些照顾。而无知者赏其一时,惑其一偏,每击节叹服,信以终身。吁!难言也。

【译文】缺乏根本的气概和节操,就如同醉汉打架,醉时勇敢而有力,醒了以后就胆怯而无力了。没有学问的识见,就如同厨师在灶前烤火,前面是亮的,背后左右一点儿也照不到。而无知的人赞赏那一时的行动,被那片面的学问所迷惑,每每拍手叹服,还以为是一贯的气节呢。唉,真是难说啊!

【注释】①炀(yáng)灶:在灶前烤火。《韩非子·内储上》:"夫灶,一人炀焉,则后人无从见矣。"

026 众恶必察,是仁者之心。不仁者闻人之恶,喜谈乐道。疏薄者闻人之恶,深信不疑。惟仁者知恶名易以污人,而作恶者之好为诬善也。既察为人所恶者何人,又察言者何心,又察致恶者何由,耐心留意,独得其真。果在位也,则信任不疑;果不在位也,则举辟无贰①;果为人所中伤也,则扶救必力。呜呼!此道不明久矣。

【译文】 对人们所说的各种坏话一定要调查清楚,这就是仁者的用心。不仁的人听到说人的坏话,就喜闻乐道;疏陋浅薄的人听到说人的坏话,就深信不疑。惟有仁者知道恶名容易损害人,而作恶的人又喜欢诬蔑好人,所以仁者首先要了解被别人说坏话的是什么人,又分析说坏话的人是何用心,又调查为什么会让人说他坏话,耐心留意地调查分析,得出正确的结论。被中伤的人如果在官位上,则信任不疑;不在官位上,则竭力举荐;确实是被人中伤,则努力扶救。唉!这个道理已经很久没人知道了。

【注释】 ①举辟:推举辟用。

027 党锢诸君只是褊浅无度量,身当浊世,自处清流,譬之泾渭,不言自别。正当遵海滨而处,以待天下之清也。却乃名检自负①,气节相高,志满意得,卑视一世而践踏之,讥谤权势而狗彘之,使人畏忌。奉承愈炽愈骄,积津要之怒②,溃权势之毒,一朝而成载胥之凶③,其死不足惜也。《诗》称"明哲保身④",孔称"默足有容"、"免于刑戮"⑤,岂贵货清市直,甘鼎镬如饴哉?申、陈二子得之郭林宗几矣⑥,"顾"、"厨"、"俊"、"及"吾道中之罪人也⑦,仅愈于卑污耳。若张俭则又李膺、范滂之罪人⑧,可诛也夫。

【译文】 因议论朝政而被诬为朋党遭受禁锢的这些君子,只是一些识见偏浅、度量狭小的人。出生在浊世,自己独守清白,就如同泾水浊、渭水清一样,不用说话就能分别得很清楚。所以这些君子应当隐居海滨,等待天下清明。而他们却自负有名声有操守,互相推崇气节高尚,志满意得,鄙视世上的一切恶人恶行,想把这些都踩在脚下,讥谤权势,认为这些人狗彘不如。他们的做法使人惧怕而又有所顾虑。人们对他们大加奉承,而他们的气势也就越来越壮,激起了当权者早就积蓄在心中的怒气,发泄出来,党锢的君子一下子就被杀戮或流放,他们的死,真不足让人可惜啊!《诗经》说"明哲保身",意思是说既要洞察又要有智慧,以保护自己。孔子说"默足有容"、"免于刑戮",意思是用沉默的方法来保护自己,免于遭受刑罚和杀戮。怎能为了换取清白正直的名声,而遭受鼎镬煎烹的酷刑而甘之如饴呢?能像申、陈二地的学子得到郭林宗这样高尚之士教诲的人太少了,"八顾"、"八厨"、"八俊"、"八及",这些东汉时期的天下名士,都是儒家的罪人,仅比卑污的人高出一点儿而已。张俭又是危害李膺和范滂的罪人,真该杀啊!

【注释】①名检:有名声有操守。　②津要:此指居于要位的人。　③成载胥之凶:指遭受胥吏的杀戮。胥,古代官府中的小吏。　④《诗》称"明哲保身":《诗经·大雅·烝民》:"既明且哲,以保其身。"哲,智也。　⑤孔称"默足有容"、"免于刑戮":孔,指孔子。默足有容,语见《中庸》第二十七章。其文为:"国有道其言足以兴,国无道其默足以容。"默,沉默。容,自容其身免于祸患。免于刑戮,《论语·公冶长》:"子谓南容:'邦有道,不废;邦无道,免于刑戮。'"南容,孔子弟子。　⑥申、陈二子得之郭林宗几矣:申,古国名,此指申地,即今陕西、山西一带。陈,古国名,此指陈地,亦指今山西一带。二子,指申、陈二地的学子。郭林宗,名泰,字林宗,东汉太原介休人。东汉末为太学生首领,博通典籍,善谈论,与河南尹李膺友善。不就官府供召,回归故里,闭门教授生徒,名震京师。虽善品题海内人士,但不为危言核论,故党锢时独免于难。几,细微。以上可参见《后汉书》卷六十八《郭符许列传》。⑦"顾"、"厨"、"俊"、"及"吾道中之罪人也:即指"八顾"、"八厨"、"八俊"、"八及",东汉党锢时对名士的称号。事见《后汉书·党锢列传》。其文为:"自是正直废放,邪枉炽结,海内希风之流,遂共相标榜,指天下名士,为之称号。上曰'三君',次曰'八俊',次曰'八顾',次曰'八及',次曰'八厨',犹古之'八元'、'八凯'也。窦武、刘淑、陈蕃为'三君'。君者,言一世之所宗也。李膺、荀翌、杜密、王畅、刘祐、魏朗、赵典、朱宇为'八俊'。俊者,言人之英也。郭林宗、宗慈、巴肃、夏馥、范滂、尹勋、蔡衍、羊陟为'八顾'。顾者,言能以德行引人者也。张俭、岑、刘表、陈翔、孔昱、苑康、檀敷、翟超为'八及'。及者,言其能导人追宗者也。度尚、张邈、王考、刘儒、胡毋班、秦周、蕃向、王章为'八厨'。厨者,言能以财救人者也。"⑧张俭则又李膺、范滂之罪人:张俭,东汉高平(今山东邹县西南)人,字元节。初为山阳东部督邮,因劾宦官侯览及其家人的罪恶,为太学生所景仰。后党锢祸起,他只得逃亡。据《后汉书·党锢列传》:"俭得亡命,困迫遁走,望门投止,莫不重其名行,破家相容。……其所经历,伏重诛者以十数,宗亲并皆殄灭,郡县为之残破。"吕坤批评他,也是指他贻祸他人这一点。李膺,东汉颍川襄城(今属河南)人,字元礼。桓帝时为司隶校尉,与郭泰等结交,反对宦官专权,太学生称为"天下模楷李元礼"。延熹九年,被诬为诽谤朝廷,逮入狱,释放后禁锢终身。灵帝立,又起用为长乐少府,后又被废。据《后汉书·党锢列传》载:"后张俭事起,收捕钩党,乡人谓膺曰:'可去矣。'对曰:'事不辞难,罪不逃刑,臣之节也。吾年已六十,死生有命,去将安之?'乃诣诏狱。考死,妻子徙边,门生、故吏及其父兄,并被禁锢。"范滂,东汉汝南征羌(今河南郾城东南)人,字孟博。初为清诏使,迁光禄勋主事。后为汝南太守宗资属吏,抑制豪强,反对宦官,延熹九年(166),与李膺等一齐被捕入狱,次年释放还乡。后张俭乡人朱并上书告发,再度被逮,死狱中。时年三十三。李膺、范滂都因张俭案而死,所以吕坤认为张俭为李膺、范滂之罪人。

028 问:严子陵何如①?曰:富贵利达之世不可无此种高人。但朋友不得加于君臣之上,五臣与舜同僚友②,今日比肩,明日北面而臣之,何害其为圣人?若有用世之才,抱忧世之志,朋时之所讲求,正欲大行竟施以康天下,孰君孰臣正不必尔。如欲远引高蹈,何处不可藏身?便不见光武也得。既见矣,犹友视帝而加足其腹焉,恐道理不当如是。若光武者则大矣。

【译文】有人问:子陵这个人怎么样?回答说:富贵利达的朝代,不能没有这种人。但朋友的关系不可高于君臣,舜的五位大臣和舜原为同僚,今天和舜并肩同行,明日北面而称臣,这并不妨碍他们成为圣人。如果有用世之才,抱忧世之志,作为朋友时所讲论的道理,正好大力推行,以致天下太平,谁为君谁为臣,不必去计较。如想远行隐居,何处不可藏身?即使不去见光武帝也可以,既然见了,仍然以朋友来看待光武帝,还把脚放在他的肚子上,恐怕道理上就说不过去了。若说光武帝,胸怀可够开阔的了。

【注释】①严子陵:即严光,东汉初会稽余姚(今属浙江)人,字子陵。少曾与光武帝刘秀同学,有高名。刘秀即位后,严光改名隐君。刘秀派人觅访,征召到京,夜与之同床而眠,严加足刘秀腹上。任为谏议大夫,不受,归隐于富春山。事见《后汉书·隐逸传》。 ②五臣与舜同僚友:《论语·泰伯》:"舜有臣五人而天下治。"五臣指禹、稷、契、皋陶、伯益。参见《史记·五帝本纪》。

029 见是贤者就着意回护,虽有过差,都向好边替他想。见是不贤者,就着意搜索,虽有偏长,都向恶边替他想。自宋儒以来,率坐此失,大段都是个偏识见,所谓好而不知其恶,恶而不知其美者。惟圣人便无此失,只是此心虚平。

【译文】见是贤人,就多方用心袒护,虽有过错,也向好的一边替他想。见是不贤的人,就着意搜寻他的过错,虽有长处,也向坏的一边想。自宋儒以来,大都犯此毛病,主要因为有个偏识见,说好就不知有坏,说坏就看不到一点儿好处。只有圣人才没有这样的失误,这是因为圣人的心是虚空和公平的。

030 蕴藉之士深沉①,负荷之士弘重②,斡旋之士圆通③,康济之士精敏④。反是皆凡才也,即聪明辩博无补焉。

【译文】含蓄宽容的人深沉,能肩负重任的人弘重,善于调解的人圆通,能安民济众的人精敏。反之都是凡才,即使聪明博学有辩才也无补于事。

【注释】①蕴藉:含蓄宽容。 ②负荷:背负肩担,指肩负重任。 ③斡旋:调解。 ④康济:安民济众。

031 君子之交怕激,小人之交怕合。斯二者,祸人之国,其罪均也。

【译文】君子相交怕偏激,小人相交怕苟合。这二者,害人害国,罪过是一样的。

032 圣人把得定理,把不得定势。是非,理也;成败,势也。有势不可为而犹为之者,惟其理而已。知此,则三仁可与五臣比事功①,孔子可与尧舜较政治。

【译文】圣人能把持住理,把持不住势。是非,是理;成败,是势。有势不可为而仍要为之的,只是因为合乎道理而已。知道了这一点,那么,殷代的三位仁人微子、箕子、比干就可以与舜的五名大臣禹、稷、契、皋陶、伯益比事功,孔子就可以和尧、舜比政治。

【注释】①三仁:指殷代的微子、箕子、比干。《论语·微子》:"微子去之,箕子为之奴,比干谏而死。孔子曰:'殷有三仁焉。'"

033 未试于火皆纯金也,未试于事皆完人也。惟圣人无往而不可。下圣人一等,皆有所不足,皆可试而败。夫三代而下人物岂甚相远哉?生而所短不遇于所试,则全名定论,可以盖棺。不幸而偶试,其所不足则不免为累。夫试不试之间不可以定人品也。故君子观人不待试而人物高下终身事业不爽分毫,彼其神识自在世眼之外耳。

【译文】未经火烧的考验都可以说成是纯金,没经过事情的考验皆可以说成是完人。只有圣人无往而不可,比圣人低一等的,都有所不足,都可能在考验中失败。三代以后的人物难道是久远的事吗？他们活着的时侯，短处没有遇到考验，就可以保全名声盖棺而论定。不巧而遇到考验，他不免会为不足所累。在考验和不考验之间就可以定人品了。因此君子观察人，不等考验，人物的高下和终身事业就看得不差分毫，他们的慧眼神识自然在世人的眼光之外了。

034 世之颓波，明知其当变，狃于众皆为之而不敢动；事之义举，明知其当为，狃于众皆不为而不敢动，是亦众人而已。提抱之儿得一果饼未敢辄食，母尝之而后入口，彼不知其可食与否也。既知之矣，犹以众人为行止，可愧也夫。惟英雄豪杰不徇习以居非，能违俗而任道，夫是之谓独复①。呜呼！此庸人智巧之士所谓生事而好异者也。

【译文】世道衰败，明知应当改变，但拘于众人都是那样做的而不敢动；合于道义的事，明知当做，但拘于众人都不去做而不敢动。这样的人也只是普通人而已。领着抱着的小孩，得到一个果饼不敢马上就吃，母亲尝了后才敢入口，这是因为他不知果饼是否能吃。既已知道能吃，仍然看众人的行动决定自己的行止，真让人感到羞愧啊！只有英雄豪杰不因循习俗而居于被人非议的地位，能违反世俗而担当重任，这叫做独往独来。唉，这就是被庸人智巧的人称之为爱生事和爱标新立异的人。

【注释】①独复：指特立独行而从道者。《易·复卦》六四爻："中行，独复。"《象》曰："中行独复，以从道也。"

035 士气不可无，傲气不可有。士气者，明于人己之分，守正而不诡随①。傲气者，昧于上下之等，好高而不素位。自处者每以傲人为士气，观人者每以士气为傲人，悲夫！故惟有士气者能谦己下人，彼傲人者昏夜乞哀或不可知矣。

【译文】士气不可无，傲气不可有。士气，就是明于人己之分，守正而不放肆谲诈。傲气，是不明上下之等，好高位而不愿居于常位。看自己每以傲视别人为士气，观察他人每以士气为傲人，可悲啊！因此惟有具有士气的人能谦虚地居于人下，那傲视别人的人，可能会在黑夜乞求别人的哀怜，也未可知。

【注释】①诡随：放肆谲诈。

036 体解神昏,志消气沮,天下事不是这般人干底。攘臂抵掌,矢志奋心,天下事也不是这般人干底。干天下事者,智深勇沉,神闲气定。有所不言,言必当;有所不为,为必成。不自好而露才,不轻试以幸功。此真才也,世鲜识之。近世惟前二种人乃互相讥,识者胥笑之①。

【译文】身体懈怠,神志昏迷,志气消沮,天下事不是这种人干的。振臂抵掌,发誓赌咒,天下事也不是这种人干的。干天下事的人智深勇沉,神闲气定。他们有的话不说,说了必然恰当;有的事不做,做了必然成功。不喜欢显露自己的才能,不轻易做事以求侥幸成功。这才是真才,而世人很少能够识别。世上只有前两种人互相讥讽,看得清楚的人都觉得他们可笑。

【注释】①胥:皆。

037 贤人君子那一种人里没有?鄙夫小人那一种人里没有?世俗都在那爵位上定人品,把那邪正却作第二着看。今有仆隶乞丐之人,特地做忠孝节义之事,为天地间立大纲常,我当北面师事之,环视达官贵人似俯首居其下矣。论到此,那富贵利达与这忠孝节义比来岂直太山鸿毛哉?然则匹夫匹妇未可轻,而下士寒儒其自视亦不可渺然小也。故论势分,虽抱关之吏亦有所下以伸其尊;论性分,则尧舜与途人可揖让于一堂。论心谈道,孰贵孰贱,孰尊孰卑?故天地间惟道贵,天地间人惟得道者贵。

【译文】贤人和君子在哪一种人里没有?鄙夫和小人在哪一种人里没有?世俗都用官爵的大小来定人品,把那邪正看做第二位。现在如果有仆隶乞丐这样的人,专做忠孝节义的事情,为天地间确立大纲常,我就把他们当做老师来侍奉,环视周围的达官贵人似应低头甘居其下。说到这里,可知那富贵利达和忠孝节义相比,岂只是鸿毛和泰山之差呢?所以对那些普通的男女百姓不可轻视,而那些下士寒儒也不要小看自己。因此从地位上来看,即使是守城门的小吏也有使人居下而伸其尊严之处;从性分上来看,那尧舜也可以和路途上的人在一个屋中行礼交谈。在一起论心谈道,谁贵谁贱?谁尊谁卑?天地间只有道贵,天地间的人只有得道者贵。

038 山林处士常养一个傲慢轻人之象,常积一腹痛愤不平之气,此是大病痛。

【译文】山林处士常养成一个傲慢轻视人的形象,常积成一腹痛愤不平的怨气,这是大毛病。

039 好名之人充其心,父母兄弟妻子都顾不得,何者?名无两成,必相形而后显,叶人证父攘羊①,陈仲子恶兄受鹅②,周泽奏妻破戒③,皆好名之心为之也。

【译文】人要有了好名之心,连父母妻子都顾不得,为什么呢?名不能双方都得到,必须相比才能显示出来。《论语》记载,一个叶地的人证明他的父亲偷了人家的羊;《孟子》记载,陈仲子反对其兄接受别人送的鹅;《后汉书》记载,周泽向皇帝上奏,说他的妻子干犯他斋禁,这都是因为有好名之心才做出来的事。

【注释】①叶人证父攘羊:《论语·子路》:"叶公语孔子曰:'吾党有直躬者,其父攘羊,而子证之。'孔子曰:'吾党之直者异于是。父为子隐,子为父隐,直在其中矣。'"攘,盗。 ②陈仲子恶兄受鹅:《孟子·滕文公下》:"仲子,齐之世家也。兄戴,盖禄万钟。以兄之禄为不义之禄而不食也,以兄之室为不义之室而不居也,辟兄离母,处于于陵。他日归,则有馈其兄生鹅者,已频顣曰:'恶用是鶃鶃者为哉?'他日,其母杀是鹅也,与之食之。其兄自外至,曰:'是鶃鶃之肉也。'出而哇之。以母则不食,以妻则食之;以兄之室则弗居,以于陵则居之。是尚为能充其类也乎?若仲子者,蚓而后充其操者也。" ③周泽奏妻破戒:《后汉书·儒林列传》:"周泽字稚都,北海安丘人。……十二年,以泽行司徒事,如真。泽性简,忽威仪,颇失宰相之望。数月,复为太常。清洁循行,尽敬宗庙。常卧疾斋宫,其妻哀泽老病,窥问所苦。泽大怒,以妻干犯斋禁,遂收送诏狱谢罪。当世疑其诡激。"

040 世之人常把好事让与他人做,而甘居己于不肖,又要掠个好名儿在身上,而诋他人为不肖。悲夫!是益其不肖也。

【译文】世上的人常常把好事让给他人做,而自己甘居于不肖的地位;可是又要抢个好名声,而诋毁他人不正派。可悲啊!这是更增加了他的不正派。

041 理圣人之口易,理众人之口难。圣人之口易为众人,众人之口难为圣人。岂直当时之毁誉,即千古英雄豪杰之士、节义正直之人,一入议论之家,彼臧此否①,各骋偏执,互为雌黄,譬之舞文吏出入人罪,惟其所欲,求其有大公至正之见,死者复生而响服者几人?是生者肆口而死者含冤也。噫!使臧否人物者而出于无闻之士，犹昔人之幸也。彼擅著作之名号，为一世人杰，而立言不慎，则是狱成于廷尉，就死而莫之辩也，不仁莫大焉。是故君子论人，与其刻也宁恕。

【译文】调理圣人的口容易，调理众人的口困难。圣人之口可以变为众人之口，众人之口难以变成圣人之口。不仅当世人的毁誉，即使是千古英雄豪杰之士、节义正直的人，一被人议论，这个赞扬那个批评，各执一偏之见，互相雌黄，就如那些用玩弄法令条文的方法来给人定罪的官吏，只根据他的需要来解释法律，要求这种人中有大公至正见解的，如令死者复生，能对他的判决表示心服口服的，能有几个人呢？这样做只能使活着的人议论纷纷而死的人含冤九泉而已。唉！假使品评人物的人是些无名之辈，还是被品评者的幸事。那些享有文名、为一世人杰的人，如果写文章时不慎重，那就如同案子经廷尉审讯一样，被审的人到死也无法辩白，不仁没有比这个再大的了。因此君子评论人，与其苛刻，毋宁宽恕。

【注释】①臧否：赞扬与批评。

042 正直者必不忠厚，忠厚者必不正直。正直人植纲常，扶世道；忠厚人养和平，培根本。然而激天下之祸者，正直之人；养天下之祸者，忠厚之过也。此四字兼而有之，惟时中之圣。

【译文】正直的人必定不忠厚，忠厚的人必定不正直。正直的人能够树纲常、扶世道；忠厚的人可以养和平、培根本。然而激起天下祸端的人，是正直的人；滋养天下祸害的人，是忠厚的人。正直忠厚的品德能兼而有之的，只有立身行事合乎时宜，没有过和不及毛病的时中之圣人才能做到。

043 露才是士君子大病痛，尤莫甚于饰才①。露者不藏其所有也，饰者虚剿其所无也。

【译文】显露自己的才能，是士君子的大祸患，但比假装有才还好一点。显露自己的才能只是不掩藏自己所具有的，假装有才能是用虚假的办法来显示自己没有的东西。

【注释】①饰才：装作有才能的样子。

044 士有三不顾：行道济时人顾不得爱身，富贵利达人顾不得爱德，全身远害人顾不得爱天下。

【译文】读书人有三不顾：追求行道济时的人顾不得爱身，追求富贵利达的人顾不得爱德,追求全身远害的人顾不得爱天下。

045 其事难言而于心无愧者,宁灭其可知之迹,故君子为心爱恶,太伯是已①。情有所不忍而义不得不然者,宁负大不韪之名,故君子为理受恶,周公是已②。情有可矜而法不可废者,宁自居于忍以伸法③,故君子为法受恶,武侯是已④。人皆为之而我独不为,则掩其名以分谤,故君子为众受恶,宋子罕是已⑤。

【译文】事情难以对别人说而心中无愧的,宁可消掉可能会被人知道的痕迹。所以君子为了隐藏内心的事而会遭到人们的误解或诽谤,周代古公亶父的儿子太伯就是这样。情有所不忍而义不得不然的,宁可担当大不是的名声,所以君子会因为坚持真理而受到人们的误解或诽谤,周公就是这样。情有可怜而法不可废的,宁可自居残忍之名而要伸法,所以君子会因依法办事而受到人们的误解或诽谤,诸葛亮就是这样。人们都去做而只有我不去做,宁可为掩盖自己的美名而分担诽谤,所以君子会因为保护众人而受到人们的误解,宋国的子罕就是这样。

【注释】①太伯:古公亶父子。《史记·周本纪》:"古公有长子曰太伯,次曰虞仲。太姜生少子季历,季历娶太任,皆贤妇人,生昌,有圣瑞。古公曰:'我世当有兴者,其在昌乎?'长子太伯、虞仲知古公欲立季历以传昌,乃二人亡如荆蛮,文身断发,以让季历。" ②周公:周武王之弟,名旦,亦称叔旦,因采邑在周,称为周公。《史记·周本纪》:"成王少,周公恐诸侯畔周,公乃摄行政当国,管叔、蔡叔群弟疑周公,武庚作乱,畔周。周公奉成王命,伐诛武庚、管叔,放蔡叔。" ③忍:残忍。 ④武侯:即诸葛亮,封武乡侯。治蜀、治军以法。事见《三国志·蜀书·诸葛亮传》。 ⑤宋子罕:即司城子罕,名乐喜。《左传》襄公十五年:"宋人或得玉,献诸子罕,子罕弗受。献玉者曰:'以示玉人,玉人以为宝也,故敢献之。'子罕曰:'我以不贪为宝,尔以玉为宝。若以与我,皆丧宝也,不若人有其宝。'"又《左传》襄公十七年:"宋皇国父为大宰,为平公筑台,妨于农功。子罕请俟农功之毕,公弗许。筑者讴曰:'泽门之晳(指面白的皇国父),实兴我役。邑中之黔(指面黑的子罕),实慰我心。'子罕闻之,亲执朴(竹鞭)以行(巡行督察)筑者,而抶按(鞭打)其不勉者。曰'吾侪小人皆有阖庐,以避燥湿寒暑。今君为一台,而不速成,何以为役?'讴者乃止。或问其故。子罕曰:'宋国区区,而有诅有祝,祸之本也。'"

046 不欲为小人,不能为君子,毕竟作什么人?曰:众人。既众人,当于众人伍矣,而列其身名于士大夫之林,可乎?故众人而有士大夫之行者荣,士大夫而为众人之行者辱。

【译文】既不想当个小人,也不能成为君子,到底想做个什么人呢?回答说:想做个普通人。既然是个普通人,就应当与普通人在一起,而又想列身排名于士大夫之列,可以吗?因此说,普通人而有士大夫品德的是光荣的,士大夫而只有普通人品德的是耻辱的。

047 天之生人,虽下愚亦有一窍之明。听其自为用而极致之,亦有可观,而不可谓之才。所谓才者,能为人用,可圆可方,能阴能阳,而不以己用者也。以己用皆偏才也。

【译文】上天让人降生在世上,虽然是下愚之人,也要让他有一窍之明,听凭他自己运用,发挥到极点,也有可观,但不能称之为才。所谓才,是能被别人运用,可圆可方,能阴能阳,而不是为了自己使用。为了自己使用的都是偏才。

048 心平气和而有强毅不可夺之力,秉公持正而有圆通不可拘之权,可以语人品矣。

【译文】心平气和而又具有强毅不可夺的力量,秉公持正而又具有圆通可变的能力,这种人可以说是有人品的。

049 从容而不后事,急遽而不失容,脱略而不疏忽,简静而不凉薄,真率而不鄙俚,温润而不脂韦①,光明而不浅浮,沈静而不阴险,严毅而不苛刻,周匝而不烦碎②,权变而不谲诈,精明而不猜察,亦可以为成人矣。

【译文】从容而不耽误事情,急遽而不改变容色,洒脱而不疏忽,简静而不冷淡薄情,真率而不粗俗,温润而不圆滑,光明而不浅浮,沉静而不阴险,严毅而不苛刻,周密而不繁琐,权变而不欺诈,精明而不揣测,这样的人就是德才兼备的成熟之人了。

【注释】①脂韦:脂,油脂;韦,软皮,喻阿谀圆滑。 ②周匝:周密、周到。

050 厚德之士能掩人过,盛德之士不令人有过。不令人有过者,体其不得已之心,知其必至之情而预遂之者也。

【译文】厚德之士能够掩盖别人的过失,盛德之士不让人出现过失。不让人出现过失的人，能体会别人不得已的心情，知道别人想要那样做的心情，而预先使他的心愿实现。

051 烈士死志，守士死职，任士死怨，忿士死斗，贪士死财，躁士死言。

【译文】烈士为志向而死，守士为职守而死，任士为怨愤而死，忿士为争斗而死，贪士为财而死，躁士为言而死。

052 知其不可为而遂安之者，达人智士之见也。知其不可为而犹极力以图之者，忠臣孝子之心也。

【译文】知道事情不可为而安于现状的，这是达人智士的见识。知道事情不可为仍要努力去做的，这是忠臣孝子的用心。

053 无识之士有三耻：耻贫、耻贱、耻老。或曰：君子独无耻与？曰：有耻。亲在而贫，耻。用贤之世而贱，耻。年老而德业无闻，耻。

【译文】无见识的人有三耻：耻贫、耻贱、耻老。有人问：君子难道没有感到羞耻的事情吗？回答说：有感到羞耻的事：父母还健在时，自己贫穷，感到羞耻。处于任贤用能的世道而地位卑贱，感到羞耻。年老而德业不为人所知，感到羞耻。

054 初开口便是煞尾语，初下手便是尽头著，此人大无含蓄，大不济事，学者戒之。

【译文】刚一开口说话就是结束语，刚下手做就是尽头处，这种人太不含蓄，太不能成事，学者应警惕犯这种毛病。

055 一个俗念头，一双俗眼目，一口俗话说，任教聪明才辩，可惜错活了一生。

【译文】一个人，总是一个俗念头，一双俗眼目，一口俗话说，任凭再聪明有才辩，也是可惜错活了一生。

056 或问：君子小人，辩之最难。曰：君子而近小人之迹，小人而为君子之态，此诚难辩。若其大都，则如皂白不可掩也。君子容貌敦大老成，小人容貌浮薄琐屑。君子平易，小人跷蹊①。君子诚

实,小人奸诈。君子多让,小人多争。君子少文,小人多态。君子之心正直光明,小人之心邪曲微暧。君子之言雅淡质直、惟以达意,小人之言鲜秾柔泽、务于可人。君子与人亲而不昵,直谅而不养其过②;小人与人狎而致情,谀悦而多济其非。君子处事可以盟天质日,虽骨肉而不阿;小人处事低昂世态人情,虽昧理而不顾。君子临义,慷慨当前,惟视天下国家人物之利病,其祸福毁誉了不关心;小人临义,则观望顾忌,先虑爵禄身家妻子之便否,视社稷苍生漫不属己。君子事上礼不敢不恭,难使枉道;小人事上身不知为我,侧意随人。君子御下防其邪,而体其必至之情;小人御下遂吾欲,而忘彼同然之愿。君子自奉节俭恬雅,小人自奉汰侈弥文。君子亲贤爱士,乐道人之善;小人嫉贤妒能,乐道人之非。如此类者,色色顿殊。孔子曰"患不知人"③,吾以为终日相与,其类可分,虽善矜持,自有不可掩者在也。

【译文】有人问:君子和小人,最难区分的是什么。回答说:君子而有近似小人的行迹,小人而装出君子的形态,这确实难以分辨。若说大概,则如同黑白一样不能掩盖。君子的容貌敦大老成,小人的容貌浮薄琐屑。君子平易,小人难测。君子诚实,小人奸诈。君子多让,小人多争。君子少文饰,小人多伪态。君子之心正直光明,小人之心邪曲微暧。君子之言雅淡质直,只求表达自己的意思;小人之言鲜秾柔泽,务求能适合别人的心意。君子和人交往亲而不昵,正直诚实,不助长别人的过错;小人和人交往狎而致情,阿谀取悦,而助长别人的错误。君子处事可以盟天质日,虽骨肉而不阿;小人处事随着世态人情变化,虽昧理而不顾。君子临义,慷慨向前,只看对天下国家人民事物是否有利,而把祸福毁誉丝毫不放在心上;小人临义,则观望顾忌,先考虑对爵禄身家妻子是否有利,而把社稷苍生丝毫不放在心上。君子对待上级,礼不敢不恭,但难以让他干那些不合道理的事;小人对待上级,身不知为我,只是为顺从上司。君子治理下级,防止其走邪路,而能体谅他内心应有的感情;小人治理下级,按照自己的欲望,而忘记他们也有相同的愿望。君子自己的日常应用节俭恬淡素雅,小人自己的日常应用奢侈过度。君子亲贤爱士,乐意说人的优点;小人嫉贤妒能,爱说别人的缺点。像这一类的,样样不同。孔子说:"不患人之不己知,患不知人也。"我认为终日相处,能够分辨出是君子还是小人,小人虽然善于文饰,也有掩藏不住的地方。

【注释】①跷蹊:奇怪,可疑。 ②直谅:正直、诚信。《论语·季氏》:"友直、友谅、友多闻,益矣。" ③患不知人:《论语·学而》:"子曰:'不患人之不己知,患不知人也。'"

057 今之论人者,于辞受,不论道义,只以辞为是,故辞宁矫廉而避贪爱之嫌。于取与,不论道义,只以与为是,故与宁伤惠而避吝啬之嫌。于怨怒,不论道义,只以忍为是,故礼虽当校而避无量之嫌。义当明分,人皆病其谀,而以倨傲矜陵为节概。礼当持体,人皆病其倨①,而以过礼足恭为盛德。惟俭是取者,不辩礼有当丰;惟默是贵者,不论事有当言。此皆察理不精,贵贤知而忘其过者也。噫!与不及者诚有间矣②,其贼道均也③。

【译文】现在评论人物的人,对于别人赠送的东西是推辞还是接受,不看合不合道义,只认为推辞不受就是对的,因此宁肯不合情理地推辞不受来博取廉洁的名声,也要避贪爱之嫌。对于收取还是给予,也不论是否合乎道义,只认为给予是对的,因此宁肯显示大方也要避免吝啬之嫌。对于怨和怒,也不管是否合乎道义,只以忍为正确,因此按理应当计较的事也不计较而要避免没有度量的嫌疑。根据义应当明辨是非,人们都认为奉承别人是不好的,因而就以傲慢自大夸耀陵人为志节气概。按照礼应该自尊得体,人们都认为倨傲是不好的,就以过度的礼节和谦恭为盛德。认为只有节俭才是可取的,就不分辨按礼有时应该丰盛。认为只有沉默才是可贵的,就不论有的事应当说话。这些都是对于是否合理认识不清,以贤智为可贵而忘记他们已超过了界限。唉!超过与不及确实有差别,但对道的危害却是一样的。

【注释】①倨:傲慢无礼。 ②间:距离,引申为差别。 ③贼道均也:贼道,害道。均,一样、相同。

058 狙浅识狭闻,执偏见曲说,守陋规俗套,斯人也,若为乡里常人不足轻重,若居高位有令名①,其坏世教不细。

【译文】拘泥于浅识狭闻,固执于偏见曲说,遵守那陋规俗套,这种人啊,如果是乡下的普通人还无足轻重,若居于高位又有好名声,对世教的损害肯定不小。

【注释】①令名:美名。

059 以粗疏心看古人亲切之语,以烦躁心看古人静深之语,以浮泛心看古人玄细之语,以浅狭心看古人博洽之语,便加品骘①,真孟浪人也②。

【译文】 用粗疏心去看古人亲切的语言，用烦躁心去看古人静深的语言，用浮泛心看古人玄细的语言，用浅狭心看古人博洽的语言，这样便加以品评，真是个鲁莽轻率的人啊！

【注释】 ①品骘(zhì)：评定。　②孟浪：疏略、轻率。

060　文姜与弑桓公①，武后灭唐子孙②，更其国庙，此二妇者，皆国贼也，而祔葬于墓③，祔祭于庙，礼法安在？此千古未反一大案也。或曰：子无废母之义。噫！是言也，闾阎市井儿女之识也。以礼言，三纲之重，等于天地，天下共之。子之身，祖庙承继之身，非人子所得而有也。母之罪，宗庙君父之罪，非人子所得而庇也。文姜、武后，庄公、中宗安得而私之以情④？言弑吾身者与我同邱陵，易吾姓者与我同血食，祖父之心悦乎？怒乎？对子而言，则母尊；对祖父而言，则吾母臣妾也。以血属而言，祖父我同姓，而母异姓也。子为母忘身可也，不敢仇；虽杀我可也，不敢仇。宗庙也，父也，我得而专之乎？专祖父之庙以济其私，不孝；重生我之恩而忘祖父之仇，亦不孝。不体祖父之心，强所仇而与之共土同牢⑤，亦不孝。二妇之罪当诛，吾为人子不忍行亦不敢行也。有为国讨贼者，吾不当闻亦不敢罪也。不诛不讨，为吾母者遹戮之元凶也⑥。葬于他所，食于别宫，称后夫人而不系于夫，终身哀悼以伤吾之不幸而已。庄公、中宗皆昏庸之主，吾无责矣。吾恨当时大臣陷君于大过而不顾也。或曰："葬我小君文姜。"⑦夫子既许之矣，子何罪焉？曰：此胡氏失仲尼之意也⑧。仲尼盖伤鲁君臣之昧礼而特著其事以示讥尔。曰"我"，言不当我而我之也。曰"小君"，言不成小君而小君之也，与历世夫人同书而不异其词，仲尼之心岂无别白至此哉？不然姜氏会齐侯，每行必书其恶，恶之深如此，而肯许其为"我小君"耶？或曰：子狃于母重而不敢不尊，臣狃于君命而不敢不从，是亦权变之礼耳。余曰：否！否！宋桓夫人出耳⑨，襄公立而不敢迎其母，圣人不罪襄公之薄恩而美夫人之守礼。况二妇之罪弥漫宇宙，万倍于出者。臣子忘祖父之重而尊一罪大恶极之母以伸其私，天理民彝灭矣。道之不明一至是哉？余安得而忘言。

【译文】 鲁桓公的夫人文姜，参与了杀害桓公的事；武则天皇后杀了不少李唐的子孙，还更改了国号和宗庙，这两个妇人，都是国家的奸贼，而死后还与其丈夫合葬在一起，还合祭于祖庙，这样做，礼法安在？这是千古没有翻过来的一个大案。有人说：没有儿子废除母亲的道理。唉，这种话，是民间市井儿女的见识。以礼来说，君为臣纲、父为子纲、夫为妻纲，这三纲之重，等于天地，天下要共同遵守。人子之身，是要承继祖庙的，不是人子自己所独有的。母之罪，是对宗庙君父犯了罪，不是人子所应庇护的。对于文姜、武后，鲁庄公、唐中宗怎么能以私人感情来庇护她们呢？如果说杀我的人可以和我同埋一个墓穴，更改我国号的人可以与我同享庙祭，祖先和父亲的心会高兴呢？还是会发怒呢？对于儿子来说，母亲是值得尊重的人；对祖宗和父亲来说，我的母亲只是臣妾。从血统而言，祖宗、父亲是和我同姓的亲人，而母亲则是异姓。儿子为了母亲可以忘记自身，不敢与母亲为仇；母亲即使杀了儿子也行，儿子也不敢与母亲为仇。但是对于宗庙的事，对于父亲的事，我能独自做主吗？以个人的感情来决定宗庙和父亲的事，这是不孝；只看重母亲生我的恩情而忘记了祖宗、父亲的仇恨，也是不孝。不体恤祖宗、父亲的心，强使他们与仇人同墓共穴，也是不孝。按这两个妇人的罪行，应当诛杀，但作为人子，不忍心这样做，也不敢这样做。有人为了国家而讨伐我的母亲，我不应当过问这件事，也不敢给他们加什么罪名，因为，如果过问了而对讨贼者不诛不罚，就成为帮助杀我母亲罪犯的元凶。所以只能将母亲葬于别的地方，在那里祭祀她，称作后或夫人，而不将她与其丈夫合葬。终生都哀悼她，为我的不幸伤心而已。鲁庄公、唐中宗都是昏庸的君主，我不责备他们。我只恨当时的大臣使国君陷于大的过错中而不管不顾。有人问：《春秋》记载"葬我小君文姜"，孔子都认可的事，你为什么还要责怪呢？我回答说："这是胡安国误解了孔子的意思。孔子是为鲁国君臣的不懂礼而忧伤，特意这样写，是用来表示讽刺的。称"我"，是说不配当我的小君，才用了"我"字。称"小君"，是说称不起是小君，才用了"小君"，如果用与历代夫人同样的称呼而不改变，孔子的内心不能分辨是非到了如此地步了吗？事实并非如此，文姜每次和齐侯相会，每写到这些，孔子必书写其恶行，孔子对文姜厌恶得如此厉害，而肯称许她为"我小君"吗？又问：有时儿子拘泥于对母亲的尊重，而不敢有不尊的表示；臣子拘泥于国君的命令，而不敢不服从，这也是权变的礼节啊！我说：不是这样的！不是这样的！宋桓夫人被赶出了国门，她的儿子宋襄公继承了王位也不敢把她接回来，圣人不以襄公之薄恩为错误,而赞美他能够守礼。况且文姜和武则天这两个妇人的罪恶弥漫宇宙,比宋桓夫人的罪恶大一万倍,臣子如果忘记了祖父的重要而尊崇一个罪大恶极的母亲,用来表示个人的爱心,连天理伦常都没有了,道的不明已到了这种地步了吗?我怎么能不把这个道理讲出来呢?

【注释】①文姜与弑桓公:文姜,鲁桓公夫人,齐僖公女。桓公与文姜如齐,文姜兄襄公与文姜私通,桓公怒,文姜告襄公,襄公杀桓公。事见《左传》桓公十八年。 ②武后灭唐子孙:武后,武则天,唐高宗后。弘道元年(683)中宗即位,她临朝称制。次年,废中宗,立睿宗。载初元年(690)废睿宗,改国号为周,称圣神皇帝,大杀唐宗室。 ③祔:合葬。下祔字为祭名,指新死者与祖先合享之祭。 ④庄公、中宗:庄公,鲁庄公,文姜之子。中宗,唐中宗,武则天之子。 ⑤牢:祭祀用的牺牲。 ⑥逋戮:逋,逃。戮,杀。指逃避杀戮。 ⑦葬我小君文姜:语出《春秋经》庄公二十二年:"癸丑,葬我小君文姜。"孔子作《春秋》,故说"夫子既许之矣"。小君,诸侯的妻子。 ⑧胡氏:指胡安国,字康侯,宋崇安人。著《春秋传》、《通鉴举要补正》等。 ⑨宋桓夫人出:宋桓夫人,为卫文公妹,宋桓公之妻,宋襄公之母。宋桓公夫人出归卫国,襄公立,夫人思之而义不可往。一般认为《诗经·卫风》中的《河广》之诗是宋桓夫人思宋之作。

061 平生无一人称誉,其人可知矣。平生无一人诋毁,其人亦可知矣。大如天,圣如孔子,未尝尽可人意。是人也,无分君子小人皆感激之,是在天与圣人上,贤耶,不肖耶?我不可知矣。

【译文】平生没有一个人称赞的人,这个人的人品就可知了。平生没有一个人诋毁的人,这个人的人品也可知了。大如天,圣明如孔子,也不能尽合人意;而一个人,无论小人或君子都感激他,这个人就在天和圣人之上了,这种人是贤呢?还是不贤呢?我就不知道了。

062 寻行数墨是头巾见识,慎步矜趋是钗裙见识,大刀阔斧是丈夫见识,能方能圆、能大能小是圣人见识。

【译文】只会背诵文句而不明义理,这是书生的见识;谨慎地走路,拘谨地快行,这是女人的见识。大刀阔斧,这是大丈夫的见识。能方能圆、能大能小,这是圣人的见识。

063 春秋人计可否,畏礼义,惜体面。战国人只是计利害,机械变诈,苟谋成计得,顾甚体面,说甚羞耻。

【译文】春秋时期的人，要计划一件事是否可行，还要考虑是否合乎礼义，还要顾及体面。战国时期的人，只是计算利害，利用机械变诈的手段，如能谋成计得，还顾什么体面，说什么羞耻。

064 太和中发出，金石可穿，何况民物，有不孚格者乎①？

【译文】阴阳会合发出来的太和之气，可以穿透金石，何况民和物呢？民众受到太和之气的感通，能不诚信吗？

【注释】①孚格：信通。

065 自古圣贤孜孜汲汲，惕励忧勤，只是以济世安民为己任，以检身约己为先图，自有知以至于盖棺，尚有未毕之性分，不了之心缘。不惟孔、孟，虽佛、老、墨、申、韩皆有一种毙而后已念头，是以生不为世间赘疣之物，死不为幽冥浮荡之鬼。乃西晋王衍辈一出①，以身为懒散之物，百不经心，放荡于礼法之外，一无所忌，以浮谈玄语为得圣之清，以灭理废教为得道之本，以浪游于山水之间为高人，以衔杯于糟曲之林为达士。人废职业，家尚虚无，不止亡晋，又开天下后世登临题咏之祸，长惰慢放肆之风，以至于今。追原乱本，盖开衅于庄列，而基恶于巢由②，有世道之责者宜知所戒矣。

【译文】自古以来，圣贤们孜孜汲汲，忧心忡忡，辛勤劳苦，只是以济世安民为己任，以检身约己为首务，从有知到盖棺，不停努力，尚有未能完满的本性分内之事，尚有不了的内心愿望。不只是孔子、孟子，即使佛、老、墨翟、申不害、韩非，也有一种死而后已的念头，使活着时不至成为世间赘疣之物，死了以后不至成为阴间浮荡之鬼。自从西晋王衍之辈出现，认为身体是懒散之物，做任何事都漫不经心，放荡于礼法之外，毫无忌惮，以为浮谈玄语就是得到了圣人清高的品德，以为灭理废教就是得到了道的根本，以为浪游于山水之间就是高人，以为无节制地狂饮就是放达之士。使人人荒废职业，家家崇尚虚无。这种风气，不仅使晋朝灭亡了，而且开启了天下后世登临题咏的祸害，滋长了惰慢放肆的风气，以至到如今。追究混乱的根本，祸端开始于庄子、列子，最早基于巢父与许由。对世道负有责任的人，应该知道有所戒惧。

【注释】①王衍：西晋人，字夷甫。官至尚书令、太尉。后被石勒所杀。据《晋书·王衍列传》载："衍初好论纵横之术，故尚书卢钦举为辽东太守，不就，于是口不论世事，唯雅咏玄虚而已。……衍既有盛才美貌，明悟若神，常自比子贡。兼声名藉甚,倾动当世。妙善玄言,唯谈老庄为事。……累居显职,后进之士,莫不景慕放效。选举登朝,皆以为称首。矜高浮诞,遂成风俗焉。" ②巢由:巢父、许由。《史记·伯夷列传》正义引皇谧《高士传》云:"许由字武仲。尧闻致天下而让焉,乃退而遁于中岳颍水之阳、箕山之下隐。尧又召为九州长,由不欲闻之,洗耳于颍水滨。时有巢父牵犊欲饮之,见由洗耳,问其故。对曰:'尧欲召我为九州长,恶闻其声,是故洗耳。'巢父曰:'子若处高岸深谷,人道不通,谁能见子?子故浮游,欲闻求其名誉,污吾犊口。'牵犊上流饮之。许由殁,葬此山,亦名许由山。"

066 微子抱祭器归周①,为宗祀也。有宋之封,但使先王血食,则数十世之神灵有托,我可也,箕子可也②,但属子姓者一人亦可也。若曰事异姓以苟富贵而避之嫌,则浅之乎其为识也。惟是箕子可为夷齐③,而《洪范》之陈④,朝鲜之封⑤,是亦不可以已乎。曰:系累之臣,释囚访道,待以不臣之礼,而使作宾,固圣人之所不忍负也。此亦达节之一事,不可为后世宗臣借口。

【译文】殷纣王的哥哥微子,在殷纣灭亡之后,抱着祖庙的祭器归顺了周武王,是为了祖宗有人祭祀。微子被封到宋地,使已逝的君主有人祭祀,那么数十世的神灵就有了托身之地。这样做,微子可以,箕子也可以,凡是同姓的,任何人都可以。如果说微子侍奉异姓是为了贪图富贵,避免嫌疑,这样的见识就太浅薄了。惟有箕子,本来可以像伯夷、叔齐那样逃避深山,但他写了《洪范》一篇,向周武王陈述天地之大法,被封到朝鲜,是不是也有不可已之隐衷呢?回答说:被拘囚的异国臣子,被释放后,国君向他询问治国之道,不用对待臣下的礼节来对待,而作为宾客以礼相待,是圣人不忍心辜负这种善心美意。这也是通情达理的事情,但不应该成为后世同宗大臣归服他朝的借口。

【注释】①微子抱祭器归周:微子,周代宋国的始祖,名启(一作开),商纣王庶兄。《史记·宋微子世家》:"微子开者,殷帝乙之首子而帝纣之庶兄也。纣既立,不明,淫乱于政,微子数谏,纣不听。……遂亡。……周武王伐纣克殷,微子乃持其祭器造于军门,肉袒面缚,左牵羊,右把茅,膝行而前以告。于是武王乃释微子,复其位如故……周公既承成王命诛武庚,杀管叔,放蔡叔,乃命微子开代殷后,奉其先祀。作《微子之命》以申之,国于宋。" ②箕子:商代贵族,纣王叔父。纣淫佚,箕子谏,不听,乃被发佯狂而为奴。武王克殷,访问箕子,封箕子于朝鲜。事亦见《史记·宋微子世家》。 ③夷齐:

伯夷、叔齐。事见《史记·伯夷列传》。 ④《洪范》之陈：《洪范》，《尚书》篇名。传说为箕子所作，以此向周武王陈述天地之大法。近人疑为战国时人伪托之作。 ⑤朝鲜之封：见注②。

067 无心者公，无我者明，当局之君子不如旁观之众人者，有心、有我之故也。

【译文】出于自然而不着意，就会公平；不存成见，摆脱自我，就能明察。即使当局的人是君子，也不如旁观的普通人看得清楚，这是因为有心、有我的缘故。

068 君子豪杰战兢惕励，当大事勇往直前；小人豪杰放纵恣睢，拼一命横行直撞。

【译文】君子中的豪杰，战战兢兢，心存戒惧，遇到大事能勇往直前；小人中的豪杰，放纵狂妄，遇事拼着性命横行直撞。

069 老子犹龙不是尊美之辞①，盖变化莫测，渊深不露之谓也。

【译文】称老子为犹龙，不是溢美之词，这是指老子之道变化多端，难以揣测，渊深不露。

【注释】①老子犹龙不是尊美之辞：《史记·老子列传》："孔子去，谓弟子曰：'……吾今日见老子，其犹龙耶！'"本意为老子之道深邃如龙之不可见。

070 乐要知内外。圣贤之乐在心，故顺逆穷通随处皆泰①。众人之乐在物，故山溪花鸟遇境才生。

【译文】快乐要知道分个内外。圣贤的快乐在内心，因此无论是顺境还是逆境，是穷困还是通达，任何时候都泰然自若。普通人的快乐在外物，因此遇到山溪花鸟这样的美景才会产生。

【注释】①穷通：贫困与显达。《庄子·让王》："古之得道者，穷亦乐，通亦乐，所乐非穷通也。"

071 可恨读底是古人书，作底是俗人事。

【译文】可恨啊！读的是古人书，做的是俗人事。

072 言语以不肖而多。若皆上智人，更不须一语。

【译文】没有才能的人，话就多。如果是智慧很高的人，根本不用说一句话。

073 能用天下而不能用其身,君子惜之。善用其身者,善用天下者也。

【译文】能够利用天下的人才、事物,而不能很好地利用自己的才能,这样的人,君子很为他惋惜。只有善于运用自己才能的人,才善于利用天下的事物。

074 粗豪人也自正气,但一向恁底便不可与入道①。

【译文】粗疏豪放的人也自有他的正气,但一贯如此,便不能进入理性的境界。

【注释】①恁底:即恁地,如此之意。

075 学者不能徙义改过,非是不知,只是积慵久惯,自家由不得自家,便没一些指望。若真正格致了,便由不得自家,欲罢不能矣。

【译文】学者不能徙义改过,不是不知道该如何做,只是因为懒散成了习惯,自己也由不得自己,这样的人便没有一点儿指望了。如果真正懂得了徙义改过的道理,便会不由自主地努力向善,想停止都不可能。

076 孔孟以前人物只是见大,见大便不拘挛。小家势人寻行数墨,使杀了,只成就个狷者。

【译文】孔子、孟子以前的人物,是从大处着眼,从大处着眼便不会拘泥。那种小家子气的人只会循规蹈矩,即使杀身致死,也只是个拘谨自守的狷介之人。

077 终日不歇口,无一句可议之言,高于缄默者百倍矣。

【译文】终日不停地说话,没有一句可以让人非议的话,这比闭口不谈要高出百倍。

078 越是聪明人越教诲不得。

【译文】越是聪明的人越教诲不得。

079 强恕须是有这恕心才好,勉强推去,若视他人饥寒痛楚漠然通不动心,是恕念已无,更强个甚?还须是养个恕出来,才好与他说强。

【译文】勉强人推行恕道,必须是这人具有推己及人的恕心才行,如果勉强他去做,他对别人的饥寒痛苦全都漠然不视,毫不动心,这是恕的念头已经没有了,还要勉强他做什么？还是先培养个推己及人的心,才好去勉强他。

080 盗莫大于瞒心昧己,而窃劫次之。

【译文】违背自己的良心,有意去做奸诈的事情,比盗贼还坏,而抢劫和偷窃还是差一等的。

081 明道受用处阴得之佛老①,康节受用处阴得之庄列②,然作用自是吾儒,盖能奴仆四氏而不为其作用者③。此语人不敢道,深于佛老庄列者自默识得。

【译文】程颢的学问,暗中受益于佛、老；邵雍的学问,暗中受益于庄子、列子,然而从功用上看,自然还是儒学。他们二人是能运用佛、老、庄、列而又不会为这四家所利用的人。这样的话别人不敢说,对佛、老、庄、列了解深刻的人自会默认这一点。

【注释】①明道:程颢号。 ②康节:邵雍,字尧夫,谥康节。 ③四氏:指佛、老、庄、列。

082 乡原是似不是伪,孟子也只定他个"似"字①。今人却把"似"字作"伪"字看,不惟欠确,且未减了他罪。

【译文】与流俗合污的乡愿,他们所表现出来的与忠厚老实相似,而不是伪装成忠厚老实,孟子也只定他个"似"字。现在的人们却把"似"字看做"伪"字,不只欠确切,而且也没有减少乡愿的罪责。

【注释】①孟子也只定他个似字:事见《孟子·尽心下》。其文为:"万子曰:'一乡皆称原人焉,无所往而不为原人,孔子以为"德之贼",何哉？'曰:'非之无举也,刺之无刺也,同乎流俗,合乎污世。居之似忠信,行之似廉洁,众皆悦之,自以为是,而不可与入尧舜之道,故曰"德之贼"也。'"

083 不当事不知自家不济,才随遇长,识以穷精,坐谈先生,只好说理耳。

【译文】不遇事不知道自己不行。才能随着遇到的事情多了才会增长,识见只有深入研讨才能精进。坐而论道的先生,只是喜欢空谈而已。

084 沉溺了,如神附,如鬼迷,全由不得自家,不怕你明见真知,眼见得深渊陡涧,心安意肯底直前撞去。到此翻然跳出,无分毫粘带,非天下第一大勇不能,学者须要知此。

【译文】沉溺于其中了,如同有神附体,有如鬼迷心窍,完全由不得自己,哪怕你有明见真知,眼看得前面是深渊陡涧,也心甘情愿地直向前行。如果到了这种地步,还能翻然跳出,没有分毫的黏滞,非天下第一等的大勇不能做到。学者须要知道这个道理。

085 巢父、许由,世间要此等人作甚?荷蒉、晨门、长沮、桀溺知世道已不可为①,自有无道则隐一种道理。巢、由一派有许多人,皆污浊尧舜,哕吐皋夔②,自谓旷古高人,而不知不仕无义,洁一身以病天下,吾道之罪人也。且世无巢、许,不害其为唐、虞;无尧、舜、皋、夔,巢、许也没安顿处,谁成就你个高人?

【译文】像巢父、许由这样的人,世间还要他们做什么?《论语》中说的荷蒉、晨门、长沮、桀溺这些人,知道世道已不可改变,本身还体现了无道则隐的这样一种道理。巢父、许由这一派隐士,有许多人都认为尧、舜是污浊的,把皋、夔看做是肮脏的,自认为是旷世高人,而不知道在无义的时代不去做官来改变天下,只知洁身自好,这也是儒道的罪人。况且世上没有巢父、许由这样的人,不妨害世道成为唐尧、虞舜的盛世;如果没有尧、舜、皋、夔这样的圣贤来治理天下,巢父、许由连个安顿的地方都没有,谁能成就你个高人?

【注释】①荷蒉、晨门、长沮、桀溺知世道已不可为:荷蒉、晨门、长沮、桀溺,皆指隐士。《论语·宪问》:"子击磬于卫,有荷蒉而过孔氏之门者,曰:'有心哉,击磬乎!'既而曰:'鄙哉,硁硁乎!莫己知也,斯已而已矣。深则厉,浅则揭。'子曰:'果哉!末之难矣。'"朱熹注:"荷,担也,蒉,草器也。此荷蒉者,亦隐士也。"又《论语·宪问》:"子路宿于石门,晨门曰:'奚自?'子路曰:'自孔氏。'曰:'是知其不可而为之者与?'"朱熹注:"晨门,掌晨启门,盖贤人隐于抱关者也。"《论语·微子》:"长沮、桀溺耦而耕,孔子过之,使子路问津焉。长沮曰:'夫执舆者为谁?'子路曰:'为孔丘。'曰:'是鲁孔丘与?'曰:'是也。'曰:'是知津也。'问于桀溺,桀溺曰:'子为谁?'曰:'为仲由。'曰:'是鲁孔丘之徒与?'对曰:'然。'曰:'滔滔者天下皆是也,而谁以易之?且而与其从辟人之士也,岂若从辟世之士哉?'耰而不辍。子路行以告。夫子怃然曰:'鸟兽不可与同群,吾非斯人之徒与而谁与?天下有道,丘不与易也。'" ②哕(yuě)吐皋夔:哕吐,鄙视。皋、夔,皆尧舜之臣子,管礼乐刑狱之事。

086 而今士大夫聚首时,只问我辈奔奔忙忙、熬熬煎煎,是为天下国家,欲济世安民乎?是为身家妻子,欲位高金多乎?世之治乱,民之死生,国之安危,只于这两个念头定了。嗟夫!吾辈日多而世益苦,吾辈日贵而民日穷,世何贵于有吾辈哉!

【译文】现在士大夫聚会的时候,应该问一问:我们这些人成天奔奔忙忙、熬熬煎煎,到底是为了天下国家,想救世安民呢?还是为了身家妻子,想位高钱多呢?世道的治乱,民众的生死,国家的安危,就系在这两个念头上。唉!我们这一类的人,如果一天天增加的话,世人就越加困苦;我们这一类的人,如果一天天的富贵,民众就会越来越穷。世上有了我们这些人又有什么好处呢?

087 只气盛而色浮,便见所得底浅。邃养之人安详沉静,岂无慷慨激切、发强刚毅时?毕竟不轻恁底。

【译文】只是气盛,而面上又露出浮薄的神态,便可以看出他的修养是很浅的。有深邃修养的人安详沉静,难道没有慷慨激切、奋发刚毅的时候吗?他们毕竟不会轻易这样做。

088 以激为直,以浅为诚,皆贤者之过。

【译文】以激昂为正直,以浮浅为诚恳,这都是贤者的过失。

089 评品古人,必需胸中有段道理,如权平衡直①,然后能称轻重。若执偏见曲说,昧于时不知其势,责其病不察其心,未尝身处其地,未尝心筹其事,而曰某非也,某过也,是瞽指星,聋议乐,大可笑也。君子耻之。

【译文】品评古人,必须自己心中有一番道理,如同秤那样平,衡器那样直,然后才能称出轻重。如果用的是偏见曲说,看不清时势,只是责备其毛病而不考察其用心,未能身处其地,又未能参与筹划其事,而评论这个非,那个错,这就如同瞎子指示天上的星星,聋子谈论音乐一样,未免太可笑了。君子认为这样做是可耻的。

【注释】①权平衡直:权,秤。衡,尺。

090 小勇嗷躁,巧勇色笑,大勇沉毅,至勇无气。

【译文】小勇呼号急躁,巧勇面上带笑,大勇沉着坚毅,至勇无声无息。

091 为善去恶是趋吉避凶,惑矣,阴阳异端之说也。祀非类之鬼,禳自致之灾,祈难得之福,泥无损益之时日,宗趋避之邪术,悲夫!愚民之抵死而不悟也。即悟之者,亦狃天下皆然而不敢异,至有名公大人尤极信尚。呜呼!反经以正邪慝①,将谁望哉?

【译文】认为为善去恶就是趋吉避凶,这种看法太糊涂了,这实际只是阴阳异端之说罢了。祭祀那些与自己不同族类的鬼,祈祷避免那些自己招致的灾祸,祈求得到难以得到的福分,泥守那不能增加不能减去的固定时日,遵崇那些所谓能够趋吉避害的邪术,可悲啊!愚蠢的人至死也不醒悟啊!即使是醒悟了,也拘于天下人都那样做而不敢改变,甚至有些有名的人物、居于高位的人物还更相信这一套。唉,回归到正道上,改正那些邪恶的做法,把希望寄托在谁的身上呢?

【注释】①反经以正邪慝(tè):《孟子·尽心下》:"君子反经而已矣。经正,则庶民兴;庶民兴,斯无邪慝矣。"朱熹注:"反,复也。经,常也,万世不易之常道也。"邪慝,奸恶。

092 夫物,愚者真,智者伪;愚者完,智者丧。无论人,即乌之反哺①,雉之耿介,鸤鸠均平专一,睢鸠和而不流,雁之贞静自守,驺虞之仁,獬豸之秉正嫉邪,何尝有矫伪哉?人亦然,人之全其天者皆非智巧者也。才智巧则其天漓矣,漓则其天可夺。惟愚者之天不可夺,故求道真,当求之愚;求不二心之臣以任天下事,亦当求之愚。夫愚者何尝不智哉?愚者之智,纯正专一之智也。

【译文】那些生物,愚蠢的真诚,聪明的虚伪;愚蠢的能保全自己,聪明的容易丧失生命。不要说人类,即使乌鸦的反哺,野雉的耿介,鸤鸠的均平专一,睢鸠的和而不流,大雁的贞静自守,驺虞的仁爱,獬豸的秉正嫉邪,何尝是掩饰真情伪装出来的呢?人也是这样,人能够保持其天性的都不是智巧之人。刚一运用智巧就离开了天性,离开了天性,先天具有的善性就会改变。只有愚者的善性不会改变,所以真心求道应当向那些愚者去学习;寻求那些没有二心的大臣来担当天下的大事,也应当寻求愚者。那些愚者何尝没有智慧?愚者的智慧,是纯正专一的智慧。

【注释】①"乌之反哺"数句:此数句专讲鸟兽之德。吕坤曾著《无如》,有《兽类》、《禽类》卷,专讲各种禽兽类的德行。云:"兽四足而走,在地成形,五脏六腑,耳目口鼻,有肖人者,其性情视人犹近。鸟林栖而天行,性情益远于人矣。然而五常百行,或得其一焉者,今古称之。如凤之为瑞,鹤之为清,慈乌之母子,鸿雁之夫妇,雉之耿介,鹭之修洁,鸤鸠之专一纯朴,皆德鸟也。"又云:"天之生人,最为灵秀。至于兽,则称蠢矣。嗟嗟,言何容易哉!龙神兽,麟瑞兽,鹰直兽,驺虞仁兽,狻猊无畏兽,此兽中贤圣也。"

093 面色不浮,眼光不乱,便知胸中静定,非久养不能。《礼》曰:"俨若思,安定辞①。"善形容有道气象矣。

【译文】面色不浮,眼光不乱,便知胸中是平静安定的,达到这一步,非有长久的修养不能做到。《礼》说:"俨若思,安定辞。"即思考时面容庄重,说话时言语谨慎。这真是善于形容那些道德高尚之人的神情形态啊!

【注释】①《礼》曰:"俨若思,安定辞。"语出《礼记·曲记上》。俨若思,郑玄注:"俨,矜庄貌。人之坐思,貌必俨然。"安定辞,郑玄注:"审言语也。"

094 于天理汲汲者,于人欲必淡。于私事耽耽者,于公务必疏。于虚文烨烨者,于本实必薄。

【译文】汲汲追求天理的人,对人欲必淡。沉溺于私事的人,对公务必疏,崇尚虚文的人,对实际必不用心。

095 圣贤把持得"义"字最干净,无分毫"利"字干扰。众人才有义举,便不免有个"利"字来扰乱,"利"字不得,便做"义"字不成。

【译文】圣贤对"义"字把持得最为干净,没有分毫"利"字来干扰。普通人才有义举,便不免有个"利"字来扰乱,得不到"利"字,便做不成"义"字。

096 道自孔孟之后,无人识三代以上面目,汉儒无见于精,宋儒无见于大。

【译文】对于道,从孔子、孟子以后,就没有人认清夏、商、周三代以前的面目。汉儒没有看到它的精微之处,宋儒没有看到它的博大之处。

097 有忧世之实心,泫然欲泪;有济世之实才,施处辄宜。斯人也,我愿为曳履执鞭。若聚谈纸上微言,不关国家治忽①,争走尘中众辙,不知黎庶死生,即品格有清浊,均于宇宙无补也。

【译文】有忧世的真心,泫然欲泪;有济世的真才,实施辄宜。这种人,我即使为他提鞋执鞭也心甘情愿。如果只是聚谈书本上的精微之言,不关心国家是治理还是荒乱;争着按众人的脚印走路,不知黎民的生死。这种人不论品格清浊,都对世事无补。

【注释】①治忽:谓治理与忽怠。引申为国家治理与荒乱。

098 安重深沉是第一美质,定天下之大难者此人也,办天下之大事者此人也。刚明果断次之。其他浮薄好任,翘能自喜,皆行不逮者也。即见诸行事,而施为无术,反以偾事,此等只可居谈论之科耳。

【译文】安重深沉是第一等美好的品质,定天下大难的,是这种人;办天下大事的,是这种人。刚明果断是第二等美好的品质。其他浮薄勇于任事,夸耀才能沾沾自喜,都是行动跟不上的人。即使能见之于行动,但办事无方,也反而会败坏事情。这些人只会谈论而已。

099 任有七难,繁任要提纲挈领,宜综核之才。重任要审谋独断,宜镇静之才。急任要观变会通,宜明敏之才。密任要藏机相可,宜周慎之才。独任要担当执持,宜刚毅之才。兼任要任贤取善,宜博大之才。疑任要内明外朗,宜驾驭之才。天之生人,各有偏长,国家之用人,备用群长。然而投之所向辄不济事者,所用非所长,所长非所用也。

【译文】有七种困难的责任:繁任要提纲挈领,宜用综核之才。重任要审谋独断,宜用镇静之才。急任要观变会通,宜用明敏之才。密任要藏机相可,宜用周慎之才。独任要独自担当、坚持不懈,宜用刚毅之才。兼任要任贤取善,宜用博大之才。疑任要内明外朗,宜用驾驭之才。天之生人,各有偏长,国家用人,要用有各种专长的人才。然而任用以后不能把事情办成功,就是所用非所长,所长非所用。

100 操进退用舍之权者要知大体,若专以小知观人,则卓荦奇伟之士都在所遗。何者?敦大节者不为细谨,有远略者或无小才,肩钜任者或无捷识。而聪明才辩敏给圆通之士、节文习熟闻见广洽之人,类不能禆缓急之用。嗟夫!难言之矣。士之遇不遇,顾上之所爱憎也。

【译文】掌握任用和罢免大权的人要识大体,如果专以小智小识来观察人的话,则卓绝出众、奇特杰出的人才都会被遗漏。为什么呢?注重修养大节的人不注意小节,有远见卓识的人或没有小才,肩负巨任的人或缺少敏捷的识见能力。而那些具有聪明才辩且敏捷圆通的人,礼节仪式习熟、见闻广博的人,紧急时都不堪任用。唉!真难说啊!读书人能不能遇到赏识的人,就看居上位者的爱憎了。

101 居官念头有三用:念念用之君民,则为吉士;念念用之套数,则为俗吏;念念用之身家,则为贼臣。

【译文】居于官位的人,他们的念头有三个用处:每个念头都用在君和民的身上,这是吉士;每个念头都用在日常的俗套上,这是俗吏;每个念头都用在自己和家庭上,这是贼臣。

102 小廉曲谨之士,循途守辙之人,当太平时使治一方、理一事,尽能奉职。若定难决疑,应卒蹈险,宁用破绽人,不用寻常人。虽豪悍之魁,任侠之雄,驾御有方,更足以建奇功,成大务。噫!难与曲局者道。

【译文】小处廉洁谨慎的人,循途守辙的人,在太平年代让他治理一个地方,办一件事情,能尽心尽力地忠于职守。如果是平定祸乱,解决疑难,应付突发事件,从事危险的事,宁可用有毛病的人,也不用这种寻常人。有毛病的人,即使是最强横勇猛的人,是狂放的豪侠之士,如果驾驭有方,更足以建立奇功,成就大事。唉!这点难以和那些墨守成规、没有远见的人说啊!

103 圣人悲时悯俗,贤人痛世嫉俗,众人混世逐俗,小人败常乱俗。呜呼!小人坏之,众人从之,虽悯虽疾,竟无益矣。故明王在上则移风易俗。

【译文】圣人悲时悯俗,贤人痛世嫉俗,众人混世逐俗,小人败常乱俗。啊!小人败坏世俗,众人追随世俗,虽然哀怜,虽然痛恨,终无用处。所以圣明的君主治理国家则移风易俗。

104 观人只谅其心[①]。心苟无他,迹皆可原。如下官之供应未备,礼节偶疏,此岂有意简傲乎?简傲上官以取罪,甚愚者不为也。何怒之有?供应丰溢,礼节卑屈,此岂敬我乎?将以悦我为进取之地也。何感之有!

【译文】观察人,只要体谅他的心,如果用心是好的,其他问题都可以原谅。比如处于下位的官吏供给不够完备,礼节偶有疏忽,这哪是有意要简忽傲慢呢?因对上级官员简忽傲慢而获罪,再愚蠢的人也不会这样做。对这样的人,有什么可发怒的呢? 对上级官吏供应丰富,礼节卑屈,这难道是为了表示尊敬吗? 这是为了讨好上级希望得到提拔,有什么可感动的呢?

【注释】①谅:体谅。

105 今之国语乡评,皆绳人以细行。细行一亏,若不可容于清议。至于大节都脱略废坠,浑不说起。道之不明亦至此乎? 可叹也已!

【译文】现在朝野之中对人的评价,都看那细微小节。细微小节有些亏损,就被社会的公正舆论所不容。至于大节,即使脱略败坏,也不提不说。道的不明已到这种地步了吗? 真让人可叹可哀啊!

106 凡见识出于道理者第一,出于气质者第二,出于世俗者第三,出于自私者为下。道理见识可建天地,可质鬼神,可推四海,可达万世。正大公平,光明易简,此尧、舜、禹、汤、文、武、周、孔相与授受者是也。气质见识,仁者谓之仁,智者谓之智。刚气多者为贤智、为高明,柔气多者为沉潜、为谦忍。夷、惠、伊尹、老、庄、申、韩各发明其质之所近是已。世俗见识狃于传习之旧,不辩是非,安于耳目之常,遂为依据,教之则薮不相入,攻之则牢不可破,浅庸卑陋而不可谈王道。自秦汉唐宋以来,创业中兴往往多坐此病。故礼乐文章因陋就简,纪纲法度缘势因时,二帝三王旨趣漫不曾试尝,邈不入梦寐,可为流涕者。此辈也,己私见识利害荣辱横于胸次,是非可否迷其本真,援引根据亦足成一家之说,附会扩充尽可眩众人之听。秦皇本游观也,而托言巡狩四岳;汉武本穷兵也,而托言张皇六师。道自多歧,事有两端,善辩者不能使服,不知者皆为所惑。是人也,设使旁观,未尝不明;惟是当局,便不除己。其流之弊,至于祸国家、乱世道而不顾,岂不大可忧、大可惧哉! 故圣贤蹈险履危,把自家搭在中间;定议决谋,把自家除在外面,即见识短长不敢自必,不害其大公无我之心也。

【译文】凡是见识从道理中来的,为第一。见识从气质中来的,为第二。见识从世俗中来的,为第三。见识出于自私的目的,为最下。道理见识可以让天地知道,可以请鬼神评定,可推之四海,可传之万世。正大公平,光明易简,尧、舜、禹、汤、周文王、周武王、周公、孔子传授的就是这类见识。从气质中得来的见识,仁者称之为仁,智者称之为智。刚气多的就是贤智之见、高明之见,柔气多的就是沉潜之见、谦忍之见,伯夷、柳下惠、伊尹、老子、庄子、申不害、韩非各自发扬他们的气质形成的主张就接近这种见识。世俗见识拘泥于流传学习的旧套,不辨是非,安于日常的见闻,以此作为依据,传授其他的道理则听不进去,批判它则牢不可破,浅庸卑陋,不能与之谈论实行王道的道理。自秦、汉、唐、宋以来,那些创业和中兴的君主多犯这个毛病。因此礼乐文章因陋就简,纪纲法度循势因时,对二帝三王的治国之道一点儿也不愿尝试,梦中都不会想一想,真可让人为之伤心流泪啊!这种人,把自己的浅见和利害荣辱放在心中,而对是非可否则认识不清。援引根据也足成一家之说,附会扩充还能迷惑众人之听。秦始皇本来是游玩观赏,而假托是巡狩四岳;汉武帝本来是穷兵黩武,而假托是为了扩大兵力。道路本来就有歧路,事物本来就有两端,即使善辩者也不能使人信服,不知内情的就会被迷惑。这种人,如果是个旁观者,未尝看不清楚,只因是当事人便不能不考虑自己,这样做的流弊,导致祸国家、乱世道,他们仍不管不顾,这不是太让人忧虑、太可怕了吗?因此圣贤之人,在奔赴危险之地时,把自己搭在中间;在定议决谋的时候,把自己除在外面。即使不敢肯定他们的见识是否正确,也不妨害他们有一颗大公无我的心啊!

107 凡为外所胜者,皆内不足也;为邪所夺者,皆正不足也。二者如持衡,然这边低一分,那边即昂一分,未有毫发相下者也。

【译文】凡是被外物战胜的,都是内部有不足的地方;凡是被邪枉改变的,都是正确的方面不足。这双方就如同用秤称物一样,这边低一分,那边就高一分,不会有分毫差错。

108 善为名者,借口以掩真心;不善为名者,无心而受恶名。心迹之间,不可以不辩也,此观人者之所忽也。

【译文】善于为自己制造名声的,会以种种借口掩盖他的真实想法;不善为自己制造名声的,会因为无意而蒙受恶名。所以,一个人的内心和行为到底如何,不可不分辨清楚,这是观察人的时候容易忽视的。

109 自中庸之道不明[1],而人之相病无终已。狷介之人病和易者为熟软,和易之人病狷介者为乖戾。率真之人病慎密者为深险,慎密之人病率真者为粗疏。精明之人病浑厚者为含糊,浑厚之人病精明者为苛刻。使质于孔子,吾知其必有公案矣。孔子者,合十圣于一身,萃万善于一心,随事而时出之,因人而通变之,圆神不滞,化裁无端,其所自为不可以教人者也。何也? 难以言传也。见人之为不以备责也,何也? 难以速化也。

【译文】自从中庸之道不明,人们相互指责就没完没了。狷介的人指责和易的人为软弱,和易的人指责狷介的人为乖戾。率真的人指责谨慎细致的人为深险,谨慎细致的人指责率真的人为粗疏。精明的人指责浑厚的人为含糊,浑厚的人指责精明的人为苛刻。如果向孔子请教,我知道一定会有公平的判断。孔子这个人,合千圣于一身,集万善于一心,随事的变化而提出见解,因人的不同而变通方法,圆神不滞,化裁无端,自己的所作所为又不能教给别人。为什么呢? 是因为难以用言语表达出来。看到别人的所作所为,又不求全责备。为什么呢? 因为知道难以使别人迅速变化。

【注释】①中庸:朱熹《中庸章句》注:"中者,不偏不倚,无过不及之名。庸,平常也。"

110　观操存在利害时,观精力在饥疲时,观度量在喜怒时,观存养在纷华时,观镇定在震惊时。

【译文】观察一个人的操守、志向,要在利害相关的时候;观察一个人的精力,要在饥饿疲劳的时候;观察一个人的度量,要在喜或怒的时候;观察一个人的存心养性,要在繁华兴盛的时候;观察一个人是否镇定,要在震惊的时候。

111　人言之不实者十九,听言而易信者十九,听言而易传者十九。以易信之心,听不实之言,播喜传之口,何由何跖①? 而流传海内,记载史册,冤者冤,幸者幸,呜呼! 难言之矣。

【译文】人们说的话,不实的有十分之九;听话的人,容易相信的有十分之九;听了而喜欢传播的人有十分之九。以容易相信的心去听那些不实之言,再从喜欢传话的人口中传播出来,那么被传者是许由还是盗跖,就弄不清了。而这些话流传到海内,记载在史册,被冤枉的受冤,幸运者幸运。唉! 真是难说啊!

【注释】①何由何跖:由,许由。跖,盗跖。

112　孔门心传惟有颜子一人,曾子便属第二等。

【译文】孔子的门人弟子中,得到孔子的心传的只有颜渊一人,曾子便属第二等。

113 名望甚隆,非大臣之福,如素行无愆①,人言不足仇也。

【译文】名望很高,并非是大臣的福气。如果平时的行为没有过失,对人们的议论不必理会。

【注释】①愆(qiān):过失。

114 尽聪明底是尽昏愚,尽木讷底是尽智慧①。

【译文】聪明到顶了,也就是昏愚到家了;木讷到头了,也就是智慧绝顶了。

【注释】①木讷:质朴而不善言辞。

115 透悟天地万物之情,然后可与言性。

【译文】能够透彻地理解天地万物之情,然后才可以和他谈性。

116 僧道、宦官、乞丐,未有不许其为圣贤者,我儒衣儒冠且不类儒,彼顾得以嗤之,奈何以为异类也而鄙夷之乎?

【译文】僧人、道士、宦官、乞丐,没有不许他成为圣贤的,我们这些儒生,穿戴着儒者的衣冠又和儒家的主张背道而驰,僧道、宦官、乞丐当然可以耻笑我们,怎么能把他们看做异类而鄙夷他们呢?

117 盈山宝玉,满海珠玑,任人恣意采取,并无禁厉榷夺①,而束手裹足,甘守艰难,愚亦至此乎?

【译文】遍山都是宝玉,满海都是珠玑,可以任人随意去拿,既不禁止也不专卖收税,可是却束手裹足,甘守艰难而不取,愚蠢到这种程度了吗?

【注释】①榷:专利、专卖。

118 告子许大力量①,无论可否,只一个不动心。岂无骨气人所能,可惜只是没学问,所谓"其至尔力也"②。

【译文】告子有那么大的力量,无论可否,只是一个不动心。这难道是没有骨气的人能做到的吗?可惜告子没有学问,他能够做到不动心,如孟子所说的那样,只是依靠力量而已。

【注释】①告子许大力量:《孟子·公孙丑上》:"公孙丑问曰:'夫子加齐之卿相,得行道焉,虽由此霸王不异矣。如此,则动心乎?'孟子曰:'否,我四十不动心。'曰:'若是,则夫子过孟贲远矣。'曰:'是不难,告子先我不动心。'"朱熹注:"孟贲,勇士。告子,名不害。孟贲血气之勇,丑盖借之以赞孟子不动心之难。孟子言告子未为知道,乃能先我不动心,则此亦未足为难也。" ②其至尔力也:《孟子·万章下》:"孟子曰:'伯夷,圣之清者也;伊尹,圣之任者也;柳下惠,圣之和者也;孔子,圣之时者也。孔子之谓集大成。集大成也者,金声而玉振之也。金声也者,始条理也;玉振之也者,终条理也。始条理者,智之事也;终条理者,圣之事也。智,譬则巧也;圣,譬则力也。由射于百步之外也,其至,尔力也,其中,非尔力也。'"朱熹注:"此复以射之巧力,发明智、圣二字之义,见孔子巧力俱全,而圣智兼备,三子则力有余而巧不足,是以一节虽至于圣,而智不足以及乎时中也。"

119 千古一条大路,尧、舜、禹、汤、文、武、孔、孟由之。此是官路古路,乞人盗跖都有分,都许由,人自不由耳。或曰:须是跟着数圣人走。曰:各人走各人路,数圣人者走底是谁底路?肯实在走,脚踪儿自是暗合。

【译文】千古以来一条大路,尧、舜、禹、汤、周文王、周武王、孔子、孟子,都是走的这条路。这是一条官路、古路,乞丐、盗贼都有份儿,都可以走,只是有人不走罢了。有人问:必须跟着这几个圣人走吗?回答说:各人走各人的路,这几个圣人又是走的谁的路呢?如果肯实实在在地走,与圣人的脚迹自然暗合。

120 功士后名,名士后功,三代而下真功名之士绝少。圣人以道德为功名者也,贤人以功名为功名者也,众人以富贵为功名者也。

【译文】注重功绩的人把声名放在后边,注重声名的人把功绩放在后边,夏、商、周三代以后,真正注重功绩和声名的人很少。圣人以道德为功名,贤人以功名为功名,一般人以富贵为功名。

121 建天下之大事功者,全要眼界大,眼界大则识见自别。

【译文】建立天下的大事业、大功绩的人,全靠眼界开阔。眼界开阔,见识自然与一般人不同。

122 谈治道,数千年来只有个唐、虞、禹、汤、文、武,作用自是不侔①。衰周而后直到于今,高之者为小康,卑之者为庸陋。唐虞时光景,百姓梦也梦不着。创业垂统之君臣,必有二帝五臣之学术而后可。若将后世眼界立一代规模,如何是好!

【译文】谈论治国之道,数千年来只有个唐尧、虞舜、禹、汤、周文王、周武王,他们的作为各自不同。自从周朝衰微之后直到今天,高明一点儿的君王可以使国家达到小康,低的只是一些庸陋之辈而已。尧、舜时的光景,百姓连做梦也梦不着。要想成为创建功业并传给子孙的君臣,必须具有二帝五臣的学术才有可能。如果按照后世眼界建立一种规模、格局,如何是好呢!

【注释】①侔:齐等。

123 一切人为恶犹可言也,惟读书人不可为恶,读书人为恶更无教化之人矣。一切人犯法犹可言也,做官人不可犯法,做官人犯法更无禁治之人矣。

【译文】任何人为恶,都还可说,只有读书人不可为恶,读书人为恶就没有教育感化别人的人了。任何人犯法,都还可说,只有做官人不可犯法,做官人犯了法就没有去禁止纠正的人了。

124 自有书契以来①,穿凿附会、作聪明以乱真者不可胜纪。无知者借信而好古之名,以误天下后世苍生,不有洞见天地万物之性情者出而正之,迷误何有极哉?虚心君子宁阙疑可也。

【译文】自有文字以来,穿凿附会、自作聪明、以假乱真者不可胜计。无知的人借用信而好古的名义贻误天下后世百姓,如果没有能够透彻地看清天地万物性情的人出来纠正,迷误哪有终止的时候呢?所以虚心的君子宁肯对那些疑难不解的事物不做评论。

【注释】①书契:文字。《经典释文》:"书者,文字。契者,刻其木而书其侧。"

125 君子当事则小人皆为君子,至此不为君子,真小人也。小人当事则中人皆为小人,至此不为小人,真君子也。

【译文】在君子掌权的时候,小人都会成为君子,到这时还不能成为君子的话,那就是真正的小人了。在小人掌权的时候,平常人也变成了小人,到这时还不变成小人的话,那就是真正的君子了。

126 小人亦有好事,恶其人则并疵其事①;君子亦有过差,好其人则并饰其非,皆偏也。

【译文】小人有时也会做好事,厌恶他的为人,就认为他做的好事也是坏事;君子有时也出现过错,喜欢他的为人,就掩饰他的错误,这两种态度都是偏颇的。

【注释】①疵:瑕疵。这里用作动词,即以其事为瑕疵。

127 无欲底有,无私底难。二氏能无情欲而不能无私。无私无欲,正三教之所分也。此中最要留心理会,非狃于闻见章句之所能悟也。

【译文】有无欲的人,要做到无私就难了。释、道二家,可以做到无情无欲,却不能做到无私。无私无欲,正是儒、释、道三教的分水岭。对这点一定要用心理会,这不是拘泥于闻见和寻章摘句的人所能领悟的。

128 道理中作人,天下古今都是一样;气质中作人,便自千状万态。

【译文】按照道理做人,天下古今的人都是一样的;听凭气质做人,便会表现出千状万态。

129 论造道之等级①,士不能越贤而圣,越圣而天。论为学之志向,不分士圣贤便要希天②。

【译文】若论达道的等级,士人不能超越贤人而成为圣人,不能超越圣人而知天。若论为学的志向,则不分士人、贤人、圣人,都要向知天的境界努力。

【注释】①造道:达到道的境界。 ②希天:即理学所谓尽心、知性、知天。

130 颜渊透彻,曾子敦朴,子思缜细,孟子豪爽。

【译文】颜渊是一个彻底醒悟的人,曾参是一个敦厚淳朴的人,子思是一个缜密细致的人,孟子是一个豪爽的人。

131 多学而识,原是中人以下一种学问。故夫子自言"多闻择其善而从之,多见而识之"①,教子张"所闻阙疑","多见阙殆"②,教人"博学于文"③,教颜子"博之以文"④。但不到一贯地位,终不成究竟⑤,故顿渐两门各缘资性⑥。今人以一贯为入门,上等天资自是了悟,非所望于中人,其误后学不细。

【译文】多学习,而且要记牢,这是普通人以下的人的一种学问。孔子说自己是"多听,选择其中好的而接受,多看,全记在心里"。教导子张"多听,有怀疑的地方加以保留","多看,有怀疑的地方加以保留"。教导人们要"广泛地学习古代文献"。教导颜渊用各种文献来丰富自己的知识。但不能达到用仁、恕贯穿到底的地步,终究没有到达极点,所以能够顿悟还是渐悟,根据各人的资质性情。现在的人把用一种道理贯穿于事物之中的方法作为入门的学问,具有上等天资的人还可以领悟,但对中等资质的人就不能抱这样的希望,这样做,贻误后学不浅。

【注释】①"夫子自言'多闻择其善而从之'"二句:语见《论语·述而》。 ②"教子张'所闻阙疑'"二句:《论语·为政》:"子张学干禄。子曰:'多闻阙疑,慎言其余,则寡尤;多见阙殆,慎行其余,则寡悔。言寡尤,行寡悔,禄在其中矣。'" ③教人"博学于文":《论语·颜渊》:"子曰:'博学于文,约之以礼,亦可以弗畔矣夫!'" ④教颜子"博之以文":《论语·子罕》:"颜渊喟然叹曰:'仰之弥高,钻之弥坚;瞻之在前,忽焉在后。夫子循循然善诱人,博我以文,约我以礼,欲罢不能,既竭吾才,如有所立卓尔。虽欲从之,末由也已。'" ⑤究竟:终极,穷极。 ⑥顿渐两门:原是佛教用语,顿,即顿悟,指无需长期修习,一旦把握佛教"真理",即可突然觉悟。渐,即渐悟,与顿悟相对,指需经长期修习才能达到佛教的觉悟。这里指两种修养方法。

132 无理之言不能惑世诬人,只是他聪明才辩附会成一段话说,甚有滋味。无知之人欣然从之,乱道之罪不细。世间此种话十居其六七,既博且久,非知道之君子孰能辨之!

【译文】没有道理的话不能惑世欺人,只是因他聪明、有才能而又善辩,附会成一种说法,很有滋味。如果无知的人欣然顺从,惑乱道的罪不小。世间此种话居十之六七,议论的内容广博,流传的也长久,不是对道有深刻认识的君子,谁能辨别清楚呢?

133 间中都不容发,此智者之所乘而愚者之所昧也。

【译文】有些间隙,细小得容不下一根头发,但智者能利用这个间隙,而愚者却昏昧不知。

134 明道在朱、陆之间①。

【译文】程颢的学说,在朱熹和陆九渊之间。

【注释】①明道在朱、陆之间:明道,程颢;朱,朱熹;陆,陆九渊。朱主"性即理",陆主"心即理"。

135 明道不落尘埃①,多了看释、老。伊川终是拘泥②,少了看庄、列。

【译文】程颢不沾尘埃,是对佛教、老子的学说看得比较多。程颐终究还有些拘泥,是对庄子、列子的学说看得少了一些。

【注释】①不落尘埃:指具有空明脱俗之处。 ②伊川:程颐号。

136 迷迷易悟,明迷难醒。明迷愚,迷明智。迷人之迷,一明则跳脱;明人之迷,明知而陷溺。明人之明,不保其身;迷人之明,默操其柄。明明可与共太平,明迷可与共忧患。

【译文】迷惑人之迷容易醒悟,明白人之迷难以醒悟。明白人的迷惑是愚蠢的,迷惑人的明白是明智的。迷惑人之迷,一旦明白,就可以从迷中跳出来;明白人之迷,明知迷之所在,还要陷入其中。明白人的明,不能保护自身;迷惑人的明,能够自己操纵命运的权柄。明白人的明可以共享太平,迷惑人明白了可以共度忧患。

137 巢、由、披、卷、佛、老、庄、列①,只是认得我字真,将天地万物只是成就我。尧、舜、禹、汤、文、武、孔、孟,只是认得人字真,将此身心性命只是为天下国家。

【译文】巢父、许由、披衣、善卷、佛、老、庄、列,只是对"我"字认得真,把天地万物都用来成就我。尧、舜、禹、汤、周文王、周武王、孔子、孟子,只是把"人"字认得真,把自己的身心性命都用于天下国家。

【注释】①巢、由、披、卷:巢,巢父。由,许由。已见前注。披,披衣,亦作被衣,传说尧时贤人。《庄子·知北游》:"啮缺问道于被衣,被衣曰:'若正汝形,一汝视,天和将至。摄汝知,一汝度,神将来舍。德将为汝美,道将为汝居,汝瞳焉如新出之犊,而无求其故。'言未卒,啮缺睡寐,被衣大说,行歌而去之。"卷,善卷,传说古代隐者。《庄子·让王》:"舜以天下让善卷,善卷曰:'余立于宇宙之中,冬日衣皮衣,夏日衣葛绨。春耕种,形足以劳动;秋收敛,身足以休息。日出而作,日入而息,逍遥于天地之间而心意自得,吾何以天下为哉?悲夫,子之不知余也。'遂不受,于是去而入深山,莫知其处。"又见《荀子·成相》。《吕氏春秋·下贤》作"善绻"。

138 闻毁不可遽信,要看毁人者与毁于人者之人品。毁人者贤,则所毁者损;毁人者不肖,则所毁者重。考察之年,闻一毁言如获拱璧,不暇计所从来,枉人多矣①。

【译文】听到说人坏话,不可马上相信,要看看说话的人和被说的人的人品如何。如果说话的人是贤者,那么被说的人应该受到贬损;如果说话的人是不贤的人,那么被说的人就应被重视。考察官吏的时候,听到说别人的坏话,便如同得到了一块大的宝玉,顾不上考虑这话从何而来,这样,受冤枉的人就多了。

【注释】①枉:冤屈。

139 是众人即当取其偏长,是贤者则当望以中道。

【译文】只是个普通人,就要采用他的有偏颇的长处;是个贤人,就希望他做事合乎中道。

140 士君子高谈阔论,语细探玄,皆非实际,紧要在适用济事。故今之称拙钝者曰不中用,称昏庸者曰不济事。此虽谚语口头,余尝愧之。同志者盍亦是务乎?

【译文】士君子高谈阔论,言语细密,探微钩玄,都不切实际,紧要的是能适用,能成事。因此现今把拙钝的人称作"不中用",把昏庸的人称作"不济事"。这虽然是口头谚语,我对此也感到愧疚。同志者何不向这方面努力呢?

141 秀雅温文,正容谨节,清庙明堂所宜①。若蹈汤火,衽金革,食牛吞象之气,填海移山之志,死孝死忠,千捶百折,未可专望之斯人。

【译文】秀雅温文、正容谨节,适宜在宗庙和宣明政教的明堂任职。若是赴汤蹈火,金革铁马,具有食牛吞象的气概,怀有移山填海的志向,为忠孝而献身,千捶百折而不挠,就不能把希望寄托在这类人身上了。

【注释】①清庙明堂:清庙,宗庙之通称。明堂,古代帝王宣明政教之处。

142 不做讨便宜底学问,便是真儒。

【译文】不做讨便宜的学问便是真儒。

143 千万人吾往,赫杀老子①,老子是保身学问。

【译文】千万人挡住了我前进的道路我仍然前进,就会吓死老子,因为老子的学问是要保身。

【注释】①老子主张自然无为,以柔胜刚。

144 亲疏生憎,爱憎生毁誉,毁誉生祸福,此智者之所耽耽注意,而端人正士之所脱略而不顾者也。此个题目,考人品者不可不知。

【译文】对人态度的亲或疏,就会产生出爱和憎;有了爱憎之情,就会产生诽谤或赞扬;诽谤或赞扬,就可能招致祸福。所以智者对这种事情非常注意,而端人正士对此却轻慢不顾。这个问题,考察人品的人不可不知道。

145 精神只顾得一边,任你聪明智巧,有所密必有所疏。惟平心率物,无毫发私意者,当疏当密,一准于道,而人自相忘。

【译文】一个人的精神只能顾到一头,任凭你如何聪明智巧,有所密必有所疏。只有以平和的心情,依循事物的规律而行,不要搀杂一点儿个人的私意,应当疏应当密,都以道为标准,自然会人我相忘。

146 读书要看三代以上人物是甚学识、甚气度、甚作用。汉之粗浅便著世俗,宋之局促便落迂腐,如何见三代以前景象?

【译文】读书要看三代以上人物是什么学识、什么气度、什么作用。汉代学者学识粗浅便沾染了世俗气,宋代学者显得拘束窘迫便沾染了迂腐气,怎能看到三代以前的景象呢?

147 真是真非,惟是非者知之,旁观者不免信迹而诬其心,况门外之人,况千里之外、百年之后乎? 其不虞之誉①,求全之毁,皆爱憎也,其爱憎者皆恩怨也。故公史易,信史难。

【译文】真是真非,只有处于是非之中的人才能知道,旁观者不免只相信一些行迹而使他的心受到诬枉,何况是门外的人,又何况远在千里之外、百年之后的人呢? 那些出乎意料的赞誉,求全的责备,都是从爱或憎的感情生发出来的,他们的爱憎也是由于当时的恩恩怨怨造成的。因此,写一部官方的史书比较容易,写一部信实的史书就困难了。

【注释】①不虞之誉:没有预料到的赞誉。

148 或问某公如何,曰:可谓豪杰英雄,不可谓端人正士。问某公

如何,曰:可谓端人正士,不可谓达节通儒。达节通儒乃端人正士中豪杰英雄者也。

【译文】 有人问:某公怎么样?回答说:此人可以说是英雄豪杰,不可称作端人正士。又问:某公如何?回答说:此人可说是端人正士,不可称作达节通儒。达节通儒乃是端人正士中的英雄豪杰。

149 名实如形影,无实之名,造物所忌,而矫伪者贪之,暗修者避之。

【译文】 名和实如同形和影,没有实际的名声,连造物主也要忌讳。但那些矫饰虚伪的人却贪图它,而闭门修养的人却避开它。

150 遗葛牛羊,亳众往耕①,似无此事。圣人虽委曲教人,未尝不以诚心直道交邻国。桀在则葛非汤之属国也,奚问其不祀?即知其无牺牲矣,亳之牛羊岂可以常遗葛伯耶?葛岂真无牛羊耶?有亳之众自耕不暇,而又使为葛耕,无乃后世市恩好名沾沾煦煦者之所为乎?不然葛虽小,亦先王之建国也,宁至无牛羊粢盛哉?即可以供而不祭,当劝谕之矣,或告之天子以明正其罪矣,何至遗牛羊往为之耕哉?可以不告天子而灭其国,顾可以不教之自供祭事而代之劳且费乎?不然是多彼之罪而我得以藉口也,是伯者假仁义济贪欲之所为也。孟子此言其亦公刘、太王好货色之类与②?

【译文】《孟子》一书记载:商汤把牛羊送给邻国的葛伯,还派亳地的百姓为他耕田种谷,以便作为祭品用来祭祀。历史上恐怕没有这样的事。圣人虽然善于使用曲折婉转的方法教导人,但未尝不以诚心直道结交邻国。夏桀当时还在,葛国不是商汤的属国,商汤怎么会过问他不祭祀的事呢?即使知道葛伯没有牛羊作祭品,亳地的牛羊能够经常送给葛伯吗?葛伯真的是没有牛羊吗?亳地的民众耕种自己的土地还忙不过来,而又派他们为葛伯去耕种,这种事,恐怕是后世那些用小恩惠换了点儿好名声就沾沾自喜的人干的吧?不然的话,葛国虽小,也是先王的封国,至于没有供祭祀用的牛羊谷米吗?既然有可供祭祀的祭品,葛伯不祭祀,就应当规劝他,给他讲道理,或者报告天子,让天子公开惩治他,何至于送给他牛羊、让老百姓去为他耕种呢?能够做出不报告天子就消灭他的国家的事,难道不能教他自己准备祭品而要费钱费力去代劳吗?不然的话,这样做就是为了加重葛伯的罪名而有了攻打他的借口,这是主张霸道的人借仁义之名而实现自己贪欲的所作所为。孟子这样说,也和把公刘、太王说成是好财好色之人是同类的说法。

【注释】①遗葛牛羊,亳众往耕:《孟子·滕文公下》:"孟子曰:'汤居亳,与葛为邻,葛伯放而不祀。汤使人问之曰:"何为不祀?"曰:"无以供牺牲也。"汤使遗之牛羊。葛伯食之,又不以祀。汤又使人问之曰:"何为不祀?"曰:"无以供粢盛也。"汤使亳众往为之耕,老弱馈食。葛伯率其民,要其有酒食黍稻者夺之,不授者杀。有童子以黍肉饷,杀而夺之。《书》曰:"葛伯仇饷。"此之谓也。为其杀是童子而征之,四海之内皆曰:"非富天下也,为匹夫匹妇复仇也。""汤始征,自葛载",十一征而无敌于天下。'" ②孟子此言其亦公刘、太王好货色之类与:事见《孟子·梁惠王下》。其文为:"王曰:'寡人有疾,寡人好货。'对曰:'昔者公刘好货。……故居者有积仓,行者有裹囊也,然后可以爰方启行。王如好货,与百姓同之,于王何有?'王曰:'寡人有疾,寡人好色。'对曰:'昔者太王好色,爱厥妃。……当是时也,内无怨女,外无旷夫。王如好色,与百姓同之,于王何有?'"

151 汉以来儒者一件大病痛,只是是古非今。今人见识、作为不如古人,此其大都。至于风会所宜,势极所变,礼义所起,自有今人精于古人处。二帝者,夏之古也。夏者,殷之古也。殷者,周之古也。其实制度文为三代不相祖述,而达者皆以为是。宋儒泥古,更不考古昔真伪,今世是非。只如祭祀一节,古人席地,不便于饮食,故尚簠簋笾豆①,其器皆高。今祭古人用之,从其时也。子孙祭祖考只宜用祖考常用所宜,而簠簋笾豆是设,可乎?古者墓而不坟,不可识也,故不墓祭。后世父母体魄所藏,巍然邱垅。今欲舍人子所睹记者而敬数寸之木,可乎②?则墓祭似不可已也。诸如此类甚多,皆古人所笑者也。使古人生于今,举动必不如此。

【译文】汉代以来的儒者有一个大毛病,就是认为一切都是古代的好,今天的什么都不如古代。现在人的见识、作为不如古代,这只是从大体上说的。至于风云际会时适宜的行动,形势发展到极点就会变化,礼义的兴起,今人自有比古人精通的地方。尧、舜二帝的时代,对夏朝来说就是古代;夏朝,对殷朝来说就是古代;殷朝,又是周朝的古代。这些朝代实行的制度、法律条文,夏、商、周三代也不是完全效法前代,而通达的人认为他们的做法都是正确的。宋儒认为古代的东西都是好的,不知变通,更不考察那些东西是真是伪,也不考察现在的做法是对是错。比如祭祀这件事,古人是席地而坐,饮食很不方便,所以崇尚簠、簋、笾、豆这些器皿,这些器皿都是有高座的。现在祭祀古人仍用这种器皿,是顺从古代的习俗。子孙祭祀祖先只应当用那些祖先活着时常用的器皿就行了,而使用古代的簠、簋、笾、豆,行吗?在古代,死者只有埋葬的墓地而没有坟头,不能识别哪个是要祭祀的对象,所以不举行墓祭。后世在埋葬父母的地方堆成一个高大的坟头,现在如果不让子孙到能够看到和能够识别的坟头上去祭祀,而去祭祀那数寸长的木牌位,这样做行得通吗?所以到坟墓前去祭祀的做法是不会停止的。诸如此类的事例很多,都是使古人感到可笑的事,假使古人生活在今天,他们的做法也会和古代不同。

【注释】①簠(fǔ)簋(guǐ)笾(biān)豆:簠,古代祭祀宴享时盛稻粱的器皿。簋,祭祀宴享时盛黍稷的器皿。笾,祭祀宴享时盛果脯等的竹编食器。豆,古代食器,初以木制,形似高足盘。 ②数寸之木:指木主,即供祭祀用的先人牌位。

152 儒者惟有建业立功是难事,自古儒者成名多是讲学著述。人未尝尽试所言,恐试后纵不邪气,其实成个事功,不狼狈以败者,定不多人。

【译文】对儒者来说,惟有建功立业是难事,自古以来,儒者能够成名的,大多是讲学和著书立说的人。人们没有对自己的言论都加以试验,恐怕试验以后纵然不是歪门邪道,真正能成就个事功,又不狼狈失败的,也一定没有多少人。

153 而今讲学不为明道,只为角胜①,字面词语间拿住一点儿半点儿错,便要连篇累牍辩个足。这是什么心肠?讲甚学问?

【译文】现今的人,讲学不是为了讲明道理,而是为了争个高低胜负,只要在字面词语之间拿到对方一星半点儿错,就连篇累牍辩个没完。这是什么心肠?讲的是什么学问?

【注释】①角胜:争夺胜利。

154 得人不敢不然之情易,得人自然之情难。秦、汉而后皆得人不敢不然之情者也。

【译文】得到人们的不敢不然的感情容易,而得到人发自内心的自然感情就难了。秦汉以后,所得到的,都是不敢不然的感情。

155 众人但于"义"中寻个"利"字,再没于"利"中寻个"义"字。

【译文】普通人只是想在"义"中找个"利"字,再没有从"利"中寻个"义"字的。

156 性分、名分不是两项,尽性分底不傲名分。召之见,不肯见之;召之役,往执役之事。今之讲学者,陵犯名分,自谓高洁。孔子乘田委吏何尝不折腰屈膝于大夫之庭乎①?噫!道之不明久矣。

【译文】性分和名分,即人的天性和人的地位身份,这二者不是两个东西,能尽到性分的人不以高傲的态度对待名分,比如处于上位者要召见,可以不去见;但召去服役,就要前往服役。现在讲学的人,侵犯了名分还自认为高洁。孔子担任乘田、委吏这样的小官时,何尝不在大夫庭前折腰屈膝呢?唉!道的不明也很久了。

【注释】①"孔子乘田委吏"句:《孟子·万章下》:"孔子尝为委吏矣,曰:'会计当而已矣。'尝为乘田矣,曰:'牛羊茁壮,长而已矣。'位卑而言高,罪也;立乎人之本朝,而道不行,耻也。"朱熹注:"委吏,主委积之吏也。乘田,主苑囿牧之吏也。"

157 中高第,做美官,欲得愿足,这不是了却一生事。只是作人不端,或无过可称而分毫无补于世,则高第美官反以益吾之耻者也。而世顾以此自多①,予不知其何心。

【译文】科举高中,做了美官,欲望实现,心满意足,这并不是一生的事情就完成了。如果做人不正派,或者只是无过错,但对世事丝毫没有补益,那么高第美官反而只能增加耻辱而已。而世上人还因此而自负,我不知他的心是什么样的。

【注释】①自多:自负。

158 隐逸之士只优于贪荣恋势人,毕竟在行道济时者之下。君子重之,所以羞富贵利达之流也。若高自标榜,尘视朝绅而自谓清流,傲然独得,则圣世之罪人也。夫不仕无义,宇宙内皆儒者事,奈之何洁身娱己弃天下理乱于不闻,而又非笑尧舜稷契之俦哉?使天下而皆我也,我且不得有其身,况有此乐乎?予无用世具,行将老桑麻间,故敢云。

【译文】隐逸之士只优于贪荣恋势的人,毕竟得排在行道济时的人之下。

君子尊重隐逸之士,是要以他们来羞辱那些富贵利达之流啊!如果隐逸者自我标榜清高,把朝中官吏视作尘土,自称清流,傲然自得,则是圣世中的罪人了。如果遵循不义的时代不出仕的原则,可宇宙内的事情都是儒者该管的事,怎么能洁身自乐、对世道的治乱不闻不问,还要嘲笑尧、舜、稷、契这类的圣贤呢?如果天下都是隐逸的人,那么这些人连生活下去都不可能,哪还会有隐逸的快乐呢?我没有用世的才能,很快就要老死在故乡的田园中,所以才敢说这些话。

159 古之论贤不肖者,不曰幽明则曰枉直,则知光明洞达者为贤,隐伏深险者为不肖。真率爽快者为贤,斡旋转折者为不肖。故贤者如白日青天,一见即知其心事。不肖者如深谷晦夜,穷年莫测其浅深。贤者如疾矢急弦,更无一些回护。枉者如曲钩盘绳,不知多少机关。故虞廷曰"黜陟幽明",孔子曰"举直错枉"①。观人者之用明,舍是无所取矣。

【译文】古代评论一个人是贤还是不肖,不是用"幽""明"这两个字,就是用"枉""直"这两个字,以此可知,光明洞达者为贤,隐伏深险者为不肖;真率爽快者为贤,斡旋转折者为不肖。因此贤人就如同白日青天,一见就知道他的心事;不肖者如深谷晦夜,穷年也不测其深浅。贤人如疾矢急弦,更无一点儿回护;邪恶的人如曲钩盘绳,不知有多少机关。所以《尚书·舜典》说"黜陟幽明",就是要提升那些光明的人,降黜那些幽暗的人。孔子说"举直错诸枉",就是说要把正直的人提拔上来放在枉屈的人之上。观察人的时候,要看一个人是否光明洞达,如果不光明洞达,就没什么可说的了。

【注释】①举直错枉:错,舍置。意为举荐正直的人,舍弃邪曲之人。语出《论语·为政》。其文为:"哀公问曰:'何为则民服?'孔子对曰:'举直错诸枉,则民服;举枉错诸直,则民不服。'"

160 品第大臣率有六等,上焉者宽厚深沉,远识兼照,造福于无形,消祸于未然,无智名勇功,而天下阴受其赐。其次刚明任事,慷慨敢言,爱国如家,忧时如病,而不免太露锋芒,得失相半。其次恬静逐时,动循故事①,利不能兴,害不能除。其次持禄养望,保身固宠,国家安危,略不介怀。其次贪功启衅,怙宠张威,愎是任情,扰乱国政。其次奸险凶淫,煽虐肆毒,贼伤善类,蛊惑君心,断国家命脉,失四海人望。

【译文】评论大臣的品第,大概可分为六等:最上等的宽厚深沉,远识兼照,造福于无形,消祸于未然,没有智者的名声,也没有勇者的功劳,但天下暗暗地受到他的恩惠。其次一等的刚明任事,慷慨敢言,爱国如家,忧时如病,而不免太露锋芒,这种人得失各半。其次一等的恬静逐时,动循旧规,不能兴利,不能除害。其次一等的持禄养望,保身固宠,国家安危,略不介怀。其次一等的贪功启衅,怙宠张威,刚愎任情,扰乱国政。其次一等的奸险凶淫,煽虐肆毒,残害善类,蛊惑君心,断国家命脉,失四海人望。

【注释】①故事:旧例。

161 极宽过厚足恭曲谨之人,乱世可以保身,治世可以敦俗。若草昧经纶①,仓卒筹画,荷天下之重,襄四海之难②,永百世之休,旋乾转坤,安民阜物③,自有一等英雄豪杰,渠辈当束之高阁。

【译文】过于宽厚、过于谦恭委曲谨慎的人,乱世可以保身,治世可以使风俗淳厚。若是在混乱的时势下筹划治国的大计,在仓猝之间提出治国的措施,担负治理天下的重任,消除四海之内的灾难,永保百世之安宁,扭转乾坤,安民阜物,自然需要一种英雄豪杰来担当,上面讲的这种人就应当束之高阁了。

【注释】①草昧经纶:草昧,天地初开时的混沌状态,亦指混乱的时势。此处指后者。经纶,筹划治理国家大事。 ②襄:除去。 ③阜:生长。

162 弃此身操执之常而以圆软沽俗誉,忘国家远大之患而以宽厚市私恩,巧趋人所未见之利,善避人所未识之害,立身于百祸不侵之地,事成而我有功,事败而我无咎,此智巧士也,国家奚赖焉!

【译文】抛弃了自己一贯的操守而以圆软的态度来讨世俗的赞誉,忘记国家长远的祸患而以宽厚的态度来博取别人的感激,巧趋人所未见之利,善避人所未识之害,立身于百祸不侵之地,事成而我有功,事败而我无咎,这就是智巧之士,国家怎么能依靠这种人呢!

163 委罪掠功,此小人事。掩罪夸功,此众人事。让美归功,此君子事。分怨共过,此盛德事。

【译文】把罪过推给别人,把功劳抢归自己,这是小人做出来的事。掩盖自己的罪过,夸大自己的功劳,这是普通人常做的事。把美名让给别人,把功劳归于他人,这是君子常做的事。分担人们的怨恨,共同来承担过失,这是具有盛德的人才能做的事。

164 士君子立身难,是不苟;识见难,是不俗。

【译文】士君子立身最难做到的就是不苟且,识见最难达到的就是不凡俗。

165 十分识见人与九分者说,便不能了悟,况愚智相去不翅倍蓰①。而一不当意辄怒而弃之,则皋、夔、稷、契、伊、傅、周、召弃人多矣②。所贵乎有识而居人上者,正以其能就无识之人,因其微长而善用之也。

【译文】有十分见识的人和有九分见识的人讲话,有九分见识的人便不能完全领悟,何况愚者和智者相差还不只几倍呢?而别人一不合你的意,就怒而弃之,那么皋、夔、稷、契、伊尹、傅说、周公、召公舍弃的人就多了。可贵的是那些有识见而又居于上位的人,用其识见接近那些无识见的人,并根据他们微小的长处而发挥其作用。

【注释】①不翅倍蓰(xǐ):翅,只。蓰,五倍为蓰。 ②伊、傅、周、召:伊,指伊尹,名挚,商汤臣,佐汤伐夏桀,被尊为阿衡(相当后世宰相)。傅,指傅说,殷相,相传他曾筑城于傅岩,武丁访得,举以为相,从而出现了殷中兴的局面。周,即周公。召,即召公,姓姬名奭,曾佐周武王灭商,成王时任太保,与周公一起辅佐成王。

166 大凡与人情不近,即行能卓越,道之贼也。圣人之道,人情而已。

【译文】大体说来,凡是不近人情的人,即使行为能力多么卓越,也是败坏道的人。圣人之道,就是合乎人情而已。

167 以林皋安乐懒散心做官①,未有不荒怠者。以在家治生营产心做官,未有不贪鄙者。

【译文】以隐居在山林水畔那种安乐懒散的心思来做官,政事没有不荒怠的。以居家经营家业积累财富的心思做官,没有不贪鄙的。

【注释】①皋:水边。

168 守先王之大防,不为苟且人开蹊窦①,此儒者之操尚也。敷先王之道而布之宇宙②,此儒者之事功也。

【译文】能够守住先王的大防,不为苟且之人开门路,这是儒者的操尚。推广先王之道而遍布宇宙,这是儒者的事功。

【注释】①蹊窦:蹊,小路。窦,小孔。蹊窦,指门径。 ②敷:施、布,此指推广。

169 士君子须有三代以前一副见识,然后可以进退古今,权衡道法,可以成济世之业,可以建不世之功。

【译文】士君子须要有三代以前的见识,然后才能够评论古今,权衡道法,才可以成就济世之业,建立不世之功。

170 矫激之人加卑庸一等,其害道均也。吴季札、陈仲子、时苗、郭巨之类是已①。君子矫世俗只到恰好处便止,矫枉只是求直,若过直则彼左枉而我右枉也。故圣贤之心如衡,处事与事低昂,分毫不得高下,使天下晓然知大中至正之所在,然后为不诡于道。

【译文】偏激的人比卑庸的人高出一等,但对道的危害却是一样的。吴国的季札、陈仲子、时苗、郭巨等就是这类的人。君子矫正世俗,到恰好处便停止,矫枉只是为了求直,若超过了直,那就是他向左弯曲而我向右弯曲了。因此圣贤的心如同秤一样,处理事情,把分量称得准确,分毫不得差误,使天下人明确地知道大中至正之道是什么,然后他们的作为才不违背道。

【注释】①吴季札、陈仲子、时苗、郭巨之类是已:吴季札,春秋时吴公子,吴王寿梦之季子,吴王传以位,辞不受,逃去。后封于延陵(今江苏常州),又称延陵季子。事见《史记·吴太伯世家》。陈仲子,战国时人,居于陵,又称于陵子终。楚王闻子终贤,欲聘之,子终谢而不许,与妻一起出逃为人灌园。时苗,《三国志·魏书·和常杨杜赵裴传》注:"时苗字德胄,钜鹿人也。少清白,为人疾恶。……出为寿春令。……苗以初至往谒(蒋)济,济素嗜酒,适会其醉,不能见苗。苗恚恨还,刻木为人,署曰'酒徒蒋济',置之墙下,旦夕射之。……又其始之官,乘簿笨车,黄牸牛,布被囊。居官岁余,牛生一犊。及其去,留其犊,谓主簿曰:'令来时,本无此犊,犊是淮南所生有也。'群吏曰:'六畜不识父,自当随母。'苗不听,时人皆以为激,然由此名闻天下。"郭巨,勾道兴《搜神记》:"昔有郭巨者,字文气,河内人也。家贫,养母至孝。"有一子,始二岁,与母急供养,拟埋子,掘地得金,子得存而未死。

171 曲如炼铁钩,直似脱弓弦,不觅封侯贵,何为死道边。

【译文】像炼铁钩子一样曲而不折,像放出的箭一样直而不弯,并不是为了富贵官位,为何不敢拼死寻道。

172 雅士无奇名,幽人绝隐愿。

【译文】高雅之士不会去猎取奇名,内心寻求幽静的人不会过隐居生活。

173 题汤阴庙末联①:千古形销骨已朽,丹心犹自血鲜鲜。

【译文】题汤阴庙末联:历经千古形体已经消失了,但爱国赤心仍然鲜艳无比。

【注释】①汤阴庙:汤阴,属河南省,宋抗金英雄岳飞故里,有岳王庙。此汤阴庙,即指岳王庙。

174 寄所知云:道高毁自来,名重身难隐。

【译文】寄友人:道高毁自来,名重身难隐。

卷 五

治 道

001 庙堂之上以养正气为先①,海宇之内以养元气为本。能使贤人君子无郁心之言,则正气培矣;能使群黎百姓无腹诽之语②,则元气固矣。此万世帝王保天下之要道也。

【译文】君王治理天下,在朝廷,应该以养正气为先,在海内,应该以养元气为本。使贤人君子没有闷在心里的话,正气就可得到培养了;使黎民百姓心中没有怨言,元气就坚固了。这是历代帝王保持天下太平的要道啊!

【注释】①庙堂:朝廷。 ②腹诽:口虽不语,而内心非之。

002 六合之内,有一事一物相陵夺假借而不各居其正位,不成清世界;有匹夫匹妇冤抑愤懑而不得其分愿,不成平世界。

【译文】天地四方之内,有一事一物被陵压、强夺、假借而不能居于正当的地位,就成不了清静世界;有一个平民百姓冤抑愤懑而得不到他应得到的东西,就成不了公平的世界。

003 天下万事万物皆要求个实用,实用者与吾身心关损益者也。凡一切不急之物,供耳目之玩好,皆非实用也。愚者甚至丧其实用以求无用,悲夫!是故明君治天下,必先尽革靡文而严诛淫巧。

【译文】天下的万事万物都要讲求实用,实用指对我的身心有益的东西。凡一切不急需的东西,专供耳听目视的玩好,都不是实用的。一些愚蠢的人甚至抛弃实用的东西而寻求无用的东西,实在是可悲呀!因此,贤明的君主治理天下,必须先除掉繁文缛节而严厉制裁那些制造过分奇巧东西的人。

004 当事者若执一簿书,寻故事①,循弊规,只用积年书手也得。

【译文】 主持政事的官吏,如果只是拿着一本文书,寻找那些已做过的事例,遵循错漏百出的陈规陋习的话,只要用一个任职多年的书记官就行了。

【注释】 ①簿书:官署文书。

005 兴利无太急,要左视右盼;革弊无太骤,要长虑却顾①。

【译文】 兴利是好事,但做起来不要太急,要左右都看一看;革弊是应当做的事,但不要太突然,要有长远的打算,并且要经常回过头来总结。

【注释】 ①却顾:反顾。

006 苟可以柔道理,不必悻直也①;苟可以无为理,不必多事也。

【译文】 如果能用柔的方法解决问题,就不要采取固执的态度;如果事情不必做,就不要再多事了。

【注释】 ①悻直:固执、任性。

007 经济之士一居言官①,便一建白②,此是上等人,去缄默保位者远。只是治不古若,非前人议论不精,乃今人推行不力。试稽旧牍③,今日我所言,昔人曾道否?若只一篇文章了事,虽奏牍如山,只为纸笔作孽障④,架阁上添鼠食耳。夫士君子建白岂欲文章奕世哉⑤?冀谏行而民受其福也⑥。今诏令刊布遍中外,而民间疾苦自若⑦,当求其故。故在实政不行而虚文搪塞耳。综核不力,罪将谁归?

【译文】 经世济民的人一当上言官,便向皇帝进言,这是上等的人,同那些缄口不言只想保住官位的人大不相同。这时天下治理得仍不理想,那么,不是前人的见解不正确,就是现在人推行得不力。应该查查过去的文书档案,看我今天所说的,从前的人讲过没有。如果只做一篇文章便算了事,虽然上的奏章堆积如山,只不过是糟蹋纸笔,给架楣上的老鼠多放一些食物罢了。士君子向皇帝建言,难道只是想使文章代代相传吗?是希望进谏的事能够推行,使老百姓得到好处啊!现在皇帝的诏书到处颁布,而民间的疾苦仍和原来一样,我们应当找一下原因。我看原因就在于做官的不努力推行那实用的措施,只是用一纸虚文来搪塞罢了。对这种状况综合考察很不得力,这些罪责应归于谁呢?

【注释】 ①经济之士:经世济民之士。言官:谏官。 ②建白:建,建议;白,说明。指陈述意见。　③试稽旧牍:稽,考查。牍,原指木简、书版,这里指文书。　④孽障:罪恶。　⑤奕世:累世,指文章一代一代相传。　⑥冀:希望。　⑦自若:依旧,保持原样。

008 为政之道,以不扰为安,以不取为与,以不害为利,以行所无事为兴废起弊。

【译文】处理政事的原则,应该以不扰民为安民,以不向民额外索取为给予,以不害民为利民,以民能安居乐业为兴废除弊。

009 从政自有个大体,大体既立,则小节虽有抵牾,当别作张弛,以辅吾大体之所未备,不可便改弦易辙。譬如待民贵有恩,此大体也。即有顽暴不化者,重刑之,而待民之大体不变。待士有礼,此大体也。即有淫肆不检者,严治之,而待士之大体不变。彼始之宽也,既养士民之恶;终之猛也,概及士民之善①,非政也,不立大体故也。

【译文】从事政治自然有个大体,大体已立,小节虽有不顺畅的地方,可以另外想些或松或紧的办法,以补大体的不足,决不可改弦易辙大动干戈。譬如对待民众要以恩德为主,这就是大体。民众中即使有顽暴不听教化的人,应当加以重刑,但待民以恩德的大本不能改变。又如对待读书人要讲求礼节,要尊重他们,这是大体。即使其中有淫乱放肆而不加检点的人,应当严厉地制裁他,但待士的大体不应改变。开始治理时很宽容,就使民众和读书人养成了许多恶习;最后又实行严政,伤及了他们中的好人,这不是好的治理原则,其原因在于没有确立大体。

【注释】①概:关涉。

010 为政先以扶持世教为主,在上者一举措间而世教之隆污、风俗之美恶系焉。若不管大体如何而执一时之偏见,虽一事未为不得,而风化所伤甚大,是谓乱常之政,先王慎之。

【译文】处理政事应该以民众得到教化为主要目的,在上位的人一举一动都关系着教化的兴衰、风俗的好坏。如果不考虑大的方面如何做,而守着一时的偏见,虽然一件事也许干成了,对风化的破坏却很大。这就是人们常说的扰乱常规的政治,先王对此是十分慎重的。

011 人情之所易忽,莫如渐;天下之大可畏,莫如渐。渐之始也,虽君子不以为意。有谓其当防者,虽君子亦以为迂。不知其极重不反之势,天地圣人亦无如之奈何,其所由来者渐也。周郑交质①,若出于骤然,天子虽屏懦甚,亦必有恚心。诸侯虽豪横极,岂敢生此念?迨积渐所成,其流不觉至是。故步视千里为远,前步视后步为近。千里者,步步之积也。是以骤者,举世所惊;渐者,圣人独惧。明以烛之,坚以守之,毫发不以假借②,此慎渐之道也。

【译文】人之常情,容易被忽视的就是"渐",天下最可怕的就是"渐"。"渐"开始时,即使是君子也不在意。有人说这事应当做些防备,君子也认为这种说法不合时宜。不知到了积重难返的形势,天地圣人也没有办法,这是因为问题是渐渐积累起来的。春秋时期周王朝和郑国相互交换人质,如果发生得很突然,天子虽然十分懦弱,也会有羞愧之心;诸侯虽然极端蛮横,怎敢有这种念头!这种形势是渐渐积累成的,不知不觉地到了这种程度。以走路来说,看那一千里的路程十分遥远,而前步看后步却是近的。千里的路程,是靠一步步走过来的。因此,对突然发生的事,举世都会感到震惊;对渐渐形成的事,只有圣人才会惧怕。对那些渐渐发生的事要明察审辨,坚决堵住小的缺口,不让错误的东西以任何借口来达到目的,这就是谨慎地对待"渐"的原则。

【注释】①周郑交质:《左传》隐公三年:"王贰于虢,郑伯怨王,王曰:'无之。'故周郑交质。王子狐为质于郑,郑公子忽为质于周。"质,留作保证的人质。 ②假借:宽容。

012 君子之于风俗也,守先王之礼而俭约是崇,不妄开事端以贻可长之渐。是故漆器不至金玉而刻镂之不止,黼黻不至庶人锦绣被墙屋不止①。民贫盗起不顾也,严刑峻法莫禁也。是故君子谨其事端,不开人情窦而恣小人无厌之欲。

【译文】君子对待风俗,应坚守先王之礼而崇尚节俭,不乱开事端来造成渐渐滋长的弊病。现在出现了这样的现象:日常使用的漆器不改成金玉之器、不雕刻上花纹不会停止,礼服上绘绣的花纹不成为普通人的服装、不用来装饰房屋墙壁不会停止。民众贫穷、盗贼蜂起没有人管,用严刑峻法也无法禁止风俗的衰败。因此君子慎重地对待事情的开端,不开启人的情欲,不让小人永不满足的欲望无限膨胀。

【注释】①黼黻(fǔfú):黼,古代礼服上绣的半白半黑的花纹。黻,古代礼服上绣的半青半黑的花纹。

013 著令甲者,凡以示天下万世①,最不可草率,草率则行时必有滞碍。最不可含糊,含糊则行者得以舞文②。最不可疏漏,疏漏则出于吾令之外者无以凭借,而行者得以专辄③。

【译文】制定法令,都是为了昭示天下而留传万世,是最不能草率的事,草率了,实行时一定会滞碍难通。最不能含糊其辞,含糊了,实行的人就会玩弄法令条文而为奸作弊。最不可疏漏,疏漏了,那些在法令条文规定之外的事情,就没有法律条文作为凭借,实行的人就会根据自己的意思专断擅行。

【注释】①令甲:原指法令的第一篇,后泛指法令。 ②舞文:玩弄法令条文为奸作弊。 ③专辄:专断,擅自裁决。

014 筑基树臬者①,千年之计也。改弦易辙者,百年之计也。兴废补敝者,十年之计也。垩白黝青者②,一时之计也。因仍苟且,势必积衰;助波覆倾,反以裕蛊③。先天下之忧者可以审矣。

【译文】打好基础,定好标准,这是千年的大计。改弦易辙,这是百年之计。兴废补敝,这是十年之计。在黑色的外面再涂上一层白色,这只是一时之计。因循旧规,苟且度日,形势必然一天天衰败下去;推波助澜,反而纵容了小人培植了坏事。这是先天下之忧而忧的人应该明察的。

【注释】①臬:门橛,在地及门中者为臬。 ②垩(è)白黝青:垩,白土。黝,微青黑色。指刷上青色或白色。 ③裕蛊:宽纵小人。

015 气运怕盈,故天下之势不可使之盈。既盈之势,便当使之损。是故不测之祸、一朝之忿,非目前之积也,成于势盈。势盈者,不可不自损;捧盈卮者①,徐行不如少挹②。

【译文】气运害怕满盈,所以天下的形势不可使之达到极点。到了极点,便应当使它降低减少。因此说突然发生的灾祸、猛然爆发的愤怒,都不是目前积累起来的,是事情发展到极点的结果。因此事情发展到极端,应该自我加以削减,捧着盛满酒杯的人慢慢地前行,还不如少舀点酒好。

【注释】①卮(zhī):酒杯。 ②挹:舀。

016 微者正之,甚者从之,从微则甚,正甚愈甚。天地万物气化人事莫不皆然。是故正微从甚,皆所以禁之也,此二帝三王之所以治也。

【译文】衰微了的事物,还想扶植起来;事情已过头了,还听凭它发展;任凭事情衰微下去,事情就越来越坏;想纠正越变越坏的事,只能助长其发展。天地万物、气的变化、人为的事情,莫不是这个道理。因此扶植那些衰微的事物、听任形势向坏的方面发展,都是应该禁止的,这是二帝三王能够使世道得到治理的道理所在。

017 圣人治天下,常令天下之人精神奋发,意念敛束。奋发则万民无弃业,而兵食足、义气充,平居可以勤国,有事可以捐躯。敛束则万民无邪行,而身家重、名检修①,世治则礼法易行,国衰则奸盗不起。后世之民怠惰放肆甚矣,臣民而怠惰放肆,明主之忧也。

【译文】圣人治理天下,常常使天下的人精神奋发、意念敛束。精神奋发则万民都努力从事自己的工作,就能兵壮粮足,义气风发,平时可以努力于国事,战时勇于为国捐躯。意念敛束则民众没有邪恶的行为而看重身家性命,注意自身的名声修养,世道兴盛时礼法就容易推行,国势衰微时奸盗也不会兴起。后世的民众怠惰放肆得太厉害了,臣子和民众都怠惰放肆,这是英明君主最大的忧虑啊!

【注释】①名检:名声规矩。

018 能使天下之人者,惟神、惟德、惟惠、惟威。神则无言无为而妙应如响,德则共尊共亲而归附自同。惠则民利其利,威则民畏其法。非是则动众无术矣。

【译文】能够使天下人服从的,只有神、只有德、只有惠、只有威。神不说话也没有作为,而妙应如响。德是大家共同尊崇、共同亲近的东西,自然都愿意归附。惠能使民众得到利益,威则使民众害怕法律的制裁。除此以外,没有别的办法使民众听从你的指挥。

019 只有不容已之真心①,自有不可易之良法。其处之未必当者,必其思之不精者也。其思之不精者,必其心之不切者也。故有纯王之心,方有纯王之政。

【译文】只要有不懈努力的真心,必然会有不可改变的好办法。处理得不恰当的事,必然是思考得不够精审。思考得不够精审,必然是用心不够急切。因此只有具有纯粹博大实行王道的心,才会有纯粹实行王道的政治。

【注释】①不容已:不停止。

020 《关雎》是个和平之心①,《麟趾》是个仁厚之德②,只将和平仁厚念头行政,则仁民爱物③,天下各得其所。不然《周官》法度以虚文行之④,岂但无益,且以病民。

【译文】《诗经》中《关雎》这首诗表现了一种和平的心境,《麟趾》这首诗表现出仁厚的品德。只要把这和平仁厚的念头用于治理国家,则会仁民爱物,天下人就能各得其所。不然《周礼》中所讲的法度只能作为一纸虚文在世上流传,不仅没有益处,还会使人民感到不方便。

【注释】①关雎:《诗经·国风·周南》之首篇。《毛诗·序》:"《关雎》,《麟趾》之化,王者之风,故系之周公。"《论语·八佾》:"子曰:《关雎》,乐而不淫,哀而不伤。" ②麟趾:即《麟之趾》,《诗经·国风·周南》之末篇。《毛诗·序》:"《麟之趾》,《关雎》之应也。《关雎》之化行,则天下无犯非礼,虽衰世之公子,皆倍厚如麟趾之时也。" ③仁民爱物:《孟子·尽心上》:"孟子曰:'君子之于物也,爱之而不仁;于民也,仁之而不亲。亲亲而仁民,仁民而爱物。'"朱熹注:"物,谓禽兽草木;爱,谓取之有时,用之有节。" ④周官:即《周礼》。

021 "民胞物与"①,子厚胸中合下有这段著痛著痒心②,方说出此等语。不然只是做戏的一般,虽是学哭学笑,有甚悲喜?故天下事只是要心真。二帝三王亲亲仁民爱物,不是向人学得来,亦不是见得道理当如此。曰亲,曰仁,曰爱,看是何等心肠,只是这点念头恳切殷浓,至诚恻怛③,譬之慈母爱子,由不得自家,所以有许多生息爱养之政。悲夫,可为痛哭也已。

【译文】"民胞物与",即把民众看做同胞,把事物看做朋友,张载心中当初就有这种关心人民痛痒的心情,才能说出这样的话,不然就如同演戏一样,虽然学哭学笑,心中哪有什么真正悲喜的感情呢?因此天下的事只应该真心实意去做。二帝三王对亲人亲,对人民仁慈,对万物博爱,这不是向人学来的,也不只是认为道理应当如此。称作亲,称作仁,称作爱,看这是何等宽厚仁爱的心肠?只要这点念头恳切殷浓、至诚而又为民的痛苦忧伤,就如同慈母爱自己的子女,是不由自主的,所以就有许多生存养护的办法。可悲啊!现在的当政者真可以让人为之痛哭啊。

【注释】①民胞物与:张载《正蒙·乾称篇》(又称《西铭》):"民,吾同胞;物,吾与也。"与,党与。张载认为,所有人类都是同一父母(天地)所生的亲兄弟,其他万物者是人类的朋友。 ②子厚:张载字。宋代著名哲学家。原籍大梁(今河南开封)。生于长安(今陕西西安),随父侨寓横渠镇(今陕西眉县横渠镇),后即在此讲学,人称"横渠先生"。弟子多为关中人,后人称他的学派为"关学"。　③恻怛:忧伤。

022　为人上者,只是使所治之民个个要聊生,人人要安分,物物要得所,事事要协宜,这是本然职分。遂了这个心,才得畅然一霎欢,安然一觉睡。稍有一民一物一事不妥帖,此心如何放得下。何者？为一郡邑长,一郡邑皆待命于我者也。为一国君,一国皆待命于我者也。为天下主,天下皆待命于我者也。无以答其望,何以称此职？何以居此位？夙夜汲汲图维之不暇,而暇于安富尊荣之奉,身家妻子之谋,一不遂心而淫怒是逞耶？夫付之以生民之寄,宁为盈一己之欲哉？试一反思,便当愧汗①。

【译文】居于官位的人,应该使治下之民个个要能维持生活,人人要安守本分,物物要得其所用,事事要协调适宜,这是本身职务应该完成的事。做到这些,才能畅快地欢乐一番,安然地睡上一觉。稍有一民一物一事不妥帖,心里如何放得下。为什么呢？作为一个郡邑的长官,一郡邑都得听从我的管理。作为一国之君,一国人都得听从我的管理。作为天下之君主,天下都得听从我的管理。如果不能满足民众的愿望,怎么能称职呢？怎么还能坐在这个位置上呢？每天从早到晚努力想方设法把事情干好都来不及,哪有空暇去享受尊荣富贵呢？哪有时间去考虑身家妻子呢？哪能一不顺心就大逞淫威呢？民众把希望寄托在我的身上,难道只为满足自己的私欲吗？这样一反思,就会惭愧得流汗。

【注释】①愧汗:因羞愧而流汗。

023　王法上承天道,下顺人情,要个大中至正,不容有一毫偏重偏轻之制。行法者要个大公无我,不容有一毫故出故入之心,则是天也。君臣以天行法,而后下民以天相安。

【译文】国家制定的法令上承天道,下顺人情,要大中至正,不容有一毫偏重偏轻的制度,执行法令的人要大公无我,不容有一毫故意出入不合法令的想法,这就是上天的法则。君臣按照天道来执行法令,而后民众才能按照天道安定地生活。

024　人情天下古今所同,圣人惧其肆,特为之立中以防之,故民易从。有乱道者从而矫之^①,为天下古今所难为之事,以为名高,无识者相与骇异之,崇奖之,以率天下。不知凡于人情不近者,皆道之贼也。故立法不可太激,制礼不可太严,责人不可太尽。然后可以同归于道,不然是驱之使畔也^②。

【译文】天下古今人们的感情都是相同的,圣人怕人们放肆,特地制定了一个中道来防备,所以民众容易遵从。有扰乱中道的人来强行改变它,做一些天下古今难以做到的事,来抬高自己的名声,没有见识的人就一起表示惊异,进行吹捧,想率领天下的人都这样做。不知道凡是不近人情的事,都是危害中道的。因此立法不可太过,制礼不可太严,责备人不可太尽。然后才能同归于中道,不然是驱使民众叛变啊!

【注释】①矫:改变。 ②畔:通"叛"。

025 振玩兴废用重典^①,惩奸止乱用重典,齐众摧强用重典。

【译文】使玩忽的人奋起,让衰废的事振兴,要使用重法。惩治奸邪,镇压暴乱,要使用重法。使民众一齐听从号令,摧毁强大的敌对势力,要使用重法。

【注释】①振玩兴废用重典:玩,玩忽。重典,重法。

026 民情有五,皆生于便。见利则趋,见色则爱,见饮食则贪,见安逸则就,见愚弱则欺,皆便于己故也。惟便,则术不期工而自工;惟便,则奸不期多而自多。君子固知其难禁也,而德以柔之,教以谕之,礼以禁之,法以惩之。终日与便为敌而竟不能衰止。禁其所便与强其所不便,其难一也。故圣人治民如治水,不能使不就下,能分之使不泛溢而已。堤之使不决,虽尧、舜不能。

【译文】有五种民情,都是因为便利自己才产生的。见利则趋,见色则爱,见饮食则贪,见安逸则就,见愚弱则欺。这都因为对自己方便有利的缘故。只因为方便有利,对那些权术,不希望它玩弄得巧妙,它自会巧妙;只因为方便有利,对那些奸伪的人和事,不希望它多,它自然就多。君子固然知道这些都难以禁止,就用德来感化,用教育的方法来开导,用礼仪来禁止,用法令来惩治,终日与便利作斗争而竟然不能使它衰歇停止。禁止人们感到便利的东西与强迫人们使用不便利的东西,困难程度是相同的。所以圣人治民如治水,不能使水不向下流,而是把其分成几个支流,使其不泛滥而已。想筑一道堤防,不让水把它冲垮,即使是尧、舜也做不到。

027 尧、舜无不弊之法,而恃有不弊之身,用救弊之人,以善天下之治,如此而已。今也不然,法有九利不能必其无一害,法有始利不能必其不终弊。嫉才妒能之人,惰身利口之士,执其一害终弊者讪笑之,谋国不切而虑事不深者从而附和之,不曰"天下本无事,安常袭故何妨";则曰"时势本难为,好动喜事何益"。至大坏极弊,瓦解土崩而后付之天命焉。呜呼!国家养士何为哉?士君子委质何为哉①?儒者以宇宙为分内何为哉?

【译文】尧、舜也没有毫无弊病的法令,只有依仗自己没有任何私念而又一心为民的心,使用挽救弊病的人,来管理好天下,只是如此而已。现在则不然,法有九分益处,不能保证没有一分有害的地方;执法的开端是好的,也不能保证终了没有弊病。但那些嫉才妒能的人,身懒口利之士,抓住这一分有害的地方和最终时的弊病,就大肆嘲笑变革的人;而那些对国家的大策谋划得不切合实际,考虑事情又不周密的人,就附和着一起攻击,不是说"天下本来没事,安于常规、因袭过去的办法又有何妨"?就是说"时势本来难以改变,喜欢变动多事又有什么好处"?直到法律弊端百出,坏到了极点,乃至整个形势瓦解土崩,这时又说是天命决定的。唉!国家养了这么多的官吏到底为什么呢?士君子把自己交给国家又是为什么呢?儒者把治理天下作为自己的责任,但又干了些什么呢?

【注释】①委质:《史记·仲尼弟子传》:"子路后儒服委质。"《索隐》引服虔注《左传》:"古者始事,必先书其名于策,委死之质于君,然后为臣,亦必死节于其君也。"

028 官多设而数易,事多议而屡更,生民之殃未知所极。古人慎择人而久任,慎立政而久行,一年如是,百千年亦如是,不易代不改政,不弊事不更法。故百官法守一,不敢作聪明以擅更张。百姓耳目一,不至乱听闻以乖政令。日渐月渍,莫不遵上之纪纲法度以淑其身,习上之政教号令以成其俗。譬之寒暑不易,而兴作者岁岁有持循焉①;道路不易,而往来者年年知远近焉。何其定静,何其经常,何其相安,何其易行,何其省劳费。或曰:法久而弊,奈何?曰:寻立法之本意而救偏补弊耳。善医者去其疾不易五脏,攻本脏不及四脏。善补者缝其破不剪余完,浣其垢不改故制②。

【译文】官吏设立得很多,但经常换来换去;事情多次商议,但经常变来变去。民众的灾难不知何时到头。古人谨慎地选择人才,这样才能长久地任职;慎重地对待立法,法律才能长久通行。每一年都依照这些法令行事,百千年也如此,只要不改朝换代就不改变政令,不妨碍事情就不更改法律。因此百官都遵守统一的法令,不敢自作聪明而擅自更改。百姓听到的也是统一的法令,不至于使听闻混乱以扰乱政令。天长日久,没有人不依照法律来行事的,慢慢地遵守法令就成了习惯。就好比寒往暑来不变一样,耕作的人岁岁按时劳作;道路不改,而往来的人年年都知道路的远近。这样做,何其定静,何其经常,何其相安,何其易行,何其节省劳力费用! 有人问:时间长了,法令有了弊病,怎么办呢? 回答说:根据立法的本意来救偏补弊罢了。善于治病的医生,治好了病而不换五脏,只治有病的部位而不涉及其他器官。善于缝补的人,补好了破洞而不剪掉那些完好的,洗掉上面的污垢而不改换它的样式。

【注释】①兴作者:指从事农业生产的人。 ②浣(huàn):洗去污垢。

029 圣明之世,情、礼、法三者不相忤也。末世情胜则夺法,法胜则夺礼。

【译文】在政治清明的世道,情、礼、法这三者不是互相对立的。到了衰败的世道,人情胜过了法律,法律就不起作用了;法胜过于礼,礼就不存在了。

030 汤、武之诰、誓[①],尧、舜之所悲,桀、纣之所笑也。是岂不示信于民而白己之心乎? 尧、舜曰:何待哓哓尔示民[②],民不忍不从。桀、纣曰:何待哓哓尔示民,民不敢不从。观《书》之诰、誓而知王道之衰矣。世道至汤、武,其势必有桀、纣,又其势必至有秦、项、莽、操也[③]。是故维持世道者不可不虑其流。

【译文】商汤讨伐夏桀时动员民众诏告天下所作的《汤诰》、《汤誓》以及周武王讨伐殷纣王时所发的誓言《泰誓》,如果尧、舜看到了会感到很可悲,桀、纣看到了会感到很可笑。难道这不是为了取信于民而在表白自己的心迹吗? 尧、舜会说:何必这样不厌其烦地劝说呢? 民众不忍心不服从命令。桀、纣会说:何必要说这么多废话,民众不敢不服从。看一看《尚书》中的《汤诰》、《汤誓》和《泰誓》,就可以知道,当时王道已经衰微了。世道到了汤、武的时代,势必会出现桀、纣这样的人,发展下去必然会有秦始皇、项羽、王莽、曹操这样的人。因此维持世道的人不能不考虑世道的发展趋势。

【注释】①汤、武之诰、誓：汤，商汤。武，周武王。诰，国君告知天下的文书。誓，战时誓师之词。如《尚书》中的《汤誓》、《仲虺之诰》、《汤诰》、《泰誓》等。　②哓哓：不厌其烦地说。　③秦、项、莽、操：秦，秦始皇。项，项羽。莽，王莽。操，曹操。

031 圣人能用天下，而后天下乐为之用。圣人以心用天下，以形用心，用者，无用者也，众用之所恃以为用者也。若与天下竞智勇，角聪明，则穷矣。

【译文】圣人能对天下的治理发挥作用，然后天下人才乐于为圣人所用。圣人是用心来治理天下，以行为来为心所用。圣人的用，也就是不用，即不用自己亲自去做，而是作为众人的依靠来发挥作用的。如果是和天下之人竞智斗勇，比赛谁聪明，圣人是没有办法的。

032 后世无人才，病本只是学政不修，而今把作万分不急之务，才振举这个题目，便笑倒人。官之无良，国家不受其福，苍生且被其祸，不知当何如处？

【译文】后世缺乏人才，根本原因是因为不重视教育。现在把教育看成万分不紧急的事，才有人提出要振兴教育，就使人笑得东倒西歪。国家没有贤良的官吏，国家就得不到益处，老百姓也跟着遭受祸殃，不知面对这种情况应该怎么办？

033 圣人感人心，于患难处更验。盖圣人平日仁渐义摩，深恩厚泽入于人心者化矣。及临难处仓卒之际，何暇思图，拿出见成的念头来①，便足以捐躯赴义。非曰我以此成名也，我以此报君也，彼固亦不自知其何为而迫切至此也。其次捐躯而志在图报，其次易感而终难，其次厚赏以激其感。噫！至此而上下之相与薄矣，交孚之志解矣②。嗟夫！先王何以得此于人哉！

【译文】圣人能感化人的心，在患难的时候，这点更能得到验证。这是因为圣人平日就以仁义之心对待一切，他的深恩厚泽早已深入人心，人们早已被教化了。这时，遇到危难或紧急的事情，人们哪有时间思考呢？只要拿出一个现成的念头来，便足以捐躯赴义，不会想到我要以此成名、我要以此来报答君王，他本来也不知道自己为什么要这么勇敢地去慷慨赴义。其次一等的，捐躯是为了报答别人的恩惠。再次一等的，容易受到感动，最初能奋起，但不能坚持到底。又次一等的，只能用丰厚的奖赏才能激发他去赴义。唉！

到了这种地步,上下关系就淡薄了,彼此信任的精神也没有了。啊!先王是怎么得到使人捐躯赴义这样教化成果的呢?

【注释】①见成:现成。 ②交孚之志解矣:交孚,互相信任,意气相投。解,同"懈"。

034 圣人在上,能使天下万物各止其当然之所,而无陵夺假借之患,夫是之谓各安其分而天地位焉①。能使天地万物各遂其同然之情而无抑郁倔强之态②,夫是之谓各得其愿而万物育焉。

【译文】圣人在上,能使天下万物各自处于他应该处于的地方,而没有陵压、掠夺、假借的祸患,这就叫做万物各安其分而天地各安其位。能使天地万物各顺其同然之情,而没有抑郁或倔强的情态,这就叫做万物各得其愿而万物才能生长发育。

【注释】①各安其分:安居于各自的等级名分。 ②同然之情:如生存、食色、显荣逸乐等。前者强调差别,后者强调同一。

035 民情既溢,裁之为难。裁溢如割骈拇赘疣①,人甚不堪。故裁之也欲令民堪,有渐而已矣。安静而不震激,此裁溢之道也。故圣王在上,慎所以溢之者,不生民情,礼义以驯之,法制以防之,不使潜滋暴决,此慎溢之道也。二者帝王调剂民情之大机也,天下治乱恒必由之。

【译文】民情已经超过了限度,裁减抑制是很难的。裁减抑制超过限度的东西如同割掉多长出来的手指头或赘瘤,人们一定忍受不了。所以裁抑的做法要使民众能够忍受,只有渐渐地一点点减少才行。民众安静而不震惊激怒,这是裁抑超过限度的东西的原则。所以圣明的君王在位时,对超过限度的事情非常慎重,不让民众有不合法度的愿望,用礼义来教导他们;用法制来防止发生过分的事,不让过分的事在暗中滋长或突然爆发,这是防止发生过度的事情的原则。这两个原则是帝王调剂民情的主要关键,天下治理还是混乱,就看这两个原则掌握得好不好。

【注释】①骈拇:《庄子·骈拇》:"骈拇枝指,出乎性哉。"唐成玄英疏:"骈,合也,大也。谓足大拇指与第二指相连合为一指也。"比喻多余无用之物。

036 创业之君,当海内属目倾听之时,为一切雷厉风行之法,故令行如流,民应如响。承平日久,法度疏阔,人心散而不收,惰而不振,顽而不爽。譬如熟睡之人,百呼若聋;久倦之身,两足如跛。惟是盗贼所追,水火所迫,或可猛醒而急奔。是以诏令废格①,政事颓靡,条上者纷纷,申饬者累累,而听之者若罔闻。知徒多书发之劳、纸墨之费耳。即杀其尤者一人以号召之②,未知肃然改视易听否,而迂腐之儒犹曰宜崇长厚,勿为激切。嗟夫!养天下之祸、甚天下之弊者,必是人也。故物垢则浣,甚则改为;室倾而支,甚则改作。中兴之君,综核名实,整顿纪纲,当与创业等而后可。

【译文】 创业的君主,正处于四海的臣民瞩目而视、倾耳而听的时候,所以他实行的一切雷厉风行的措施,都能迅速推行,民众奋勇响应。可是太平的日子长了,法度就会疏忽而不精密,人心就会涣散不能凝聚,人们就会疏惰而不振奋,顽钝而不明快。就好比熟睡的人,百呼若聋;又如同长久疲倦的身体,两腿如同瘸了一样。惟有被盗贼追赶、被洪水大火所迫时,或许可以猛醒而急奔。因此诏令被废止或搁置不用,政事颓废,上书言事的人纷纷不断,皇帝的告诫诏书也累累下达,而听的人却置若罔闻,知道多次上书、下诏都是徒劳,只是白白浪费纸墨而已。即使杀了一个最怠惰顽钝的人用来号召天下,也不知是否能迅速改变人们的视听,而那些迂腐的儒生还说应崇尚宽厚精神,不要激切。唉!养天下之祸,加重天下弊病的正是这种人啊!因此物品污浊了就要洗涤,甚至应该更换;房屋倾斜了就要支撑,甚至应该重建。中兴的君主,应综核名实,整顿纪纲,和创业之君一样的雷厉风行、令行禁止,这样才可以有成就。

【注释】 ①废格:停止,搁置。汉律有废格罪,指对诏令搁置,行之不力。 ②尤者:突出者。

037 先王为政全在人心上用工夫,其体人心在我心上用工夫。何者?同然之故也。故先王体人于我而民心得、天下治。

【译文】 先王为政全在人心上用功夫,体恤人心要在自己的内心上用功夫。为什么呢?我的心和别人的是一样的啊!所以先王能从自己的心愿出发体恤民众的愿望,就可以得到民心,使天下大治。

038 天下之患,莫大于苟可以而止。养颓靡不复振之习,成极重不可反之势,皆"苟可以"三字为之也。是以圣人之治身也勤励不息,其治民也鼓舞不倦,不以无事废常规,不以无害忽小失。非多事,非好劳也,诚知夫天下之事,廑未然之忧者尚多或然之悔①,怀太过之虑者犹贻不及之忧,兢慎始之图者不免怠终之患故耳。

【译文】 天下之祸患没有比"苟可以"就停止再大的了,养成颓靡不振的习气,形成积重难返的形势,都是由"苟可以"这三个字造成的。因此圣人修养自己的身心勤励不息,治理人民鼓舞不倦,不因为没事就废掉常规,也不因为没有害处就忽略小的失误,这不是多事,也不是喜欢劳累,是真正认识到天下的事情,勤谨地对待未必出现的祸患,尚且还会有很多偶然产生的懊悔之事;怀着过分的忧虑,还会留下来不及补救的忧患;在开始时兢兢业业小心谨慎地谋划,还不免在最终时出现怠惰的祸患。

【注释】 ①廑(qín):同"勤"。

039　天下之祸,成于怠忽者居其半①,成于激迫者居其半。惟圣人能销祸于未形,弭患于既著,夫是之谓知微知彰②。知微者不动声色,要在能察几③;知彰者不激怒涛,要在能审势。呜呼!非圣人之智,其谁与于此。

【译文】 天下的祸由怠忽造成的有一半,由激迫造成的有一半。只有圣人能在祸患未成形时就消除它,在祸患已显著时让它停止。这就叫做知微知彰。知微,就是不动声色,主要是在事物有了征兆时就能察觉;知彰,就是不激怒涛,主要是能够审时度势。啊!如果不是具有圣人的智慧,谁能做到这样呢?

【注释】 ①怠忽:怠惰玩忽。　②彰:显著。　③察几:明察事之迹兆。

040　精神爽奋则百废俱兴,肢体怠弛则百兴俱废。圣人之治天下,鼓舞人心,振作士气,务使天下之人如含露之朝叶,不欲如久旱之午苗。

【译文】 精神爽朗振奋则百废俱兴,身体怠惰松懈则百兴俱废。圣人治理天下,鼓舞人心,振作士气,务必使天下人像含露的朝叶,而不像久旱的午苗。

041　而今不要掀揭天地,惊骇世俗,也须拆洗乾坤,一新光景。

【译文】 现在即使不做掀天揭地、惊世骇俗的事,也必须拆洗乾坤,使光景一新。

042　无治人则良法美意反以殃民,有治人则弊习陋规皆成善政。

故有文武之政,须待文武之君臣。不然,青萍结绿非不良剑也[1],乌号繁弱非不良弓矢也[2],用之非人,反以资敌。予观放赈、均田、减粜、检灾、乡约、保甲、社仓、官牛八政而伤心焉。不肖有司,放流有余罪矣。

【译文】没有好的君臣,即使有良好的办法、美好的愿望,反而会给民众带来祸殃,有了好的君臣,即使是弊习陋规也能变成善政。因此要想有周文王、周武王那样的政治局面,必须有周文王、周武王时代的君臣。青萍、结绿都是有名的良剑,乌号、繁弱都是著名的良弓,如果没有好的箭手使用,反而会帮助了敌人。我观察放赈、均田、减粜、检灾、乡约、保甲、社仓、官牛这八项本来对治国有利的政令得不到正确的施行,真为之伤心啊!对那些无德无能的有关官吏,把他们判以流放的处罚也还有余罪啊!

【注释】[1]青萍结绿:青萍,剑名。《抱朴子·博喻》:"青萍、豪曹,剡锋之精绝也。"结绿,用美玉装饰的剑。　[2]乌号繁弱:乌号,良弓。《淮南子·原道》:"射者扜乌号之弓,弯棋卫之箭。"繁弱,亦良弓。《荀子·性恶》:"繁弱钜黍,古之良弓也。"

043　振则须起风雷之益[1],惩则须奋刚健之乾[2],不如是,海内大可忧矣。

【译文】振奋,就要像《周易·益卦》所讲的那样如风雷迅起;惩治,就要像《周易·乾卦》所讲的那样刚健奋发。不这样做,天下就太让人忧虑了。

【注释】[1]振则须起风雷之益:益,《益卦》。《周易·益卦·象》曰:"风雷,益,君子以见善则迁,有过则改。"《彖》曰:"益动而巽,日进无疆,天施地生,其益无方。"　[2]惩则须奋刚健之乾:乾,《乾卦》。《周易·乾卦·文言》曰:"大哉乾乎!刚健中正,纯粹精也。"

044　一呼吸间,四肢百骸无所不到;一痛痒间,手足心知无所不通,一身之故也。无论人生,即偶,提一线而浑身俱动矣,一脉之故也。守令者,一郡县之线也;监司者,一省路之线也;君相者,天下之线也。心知所及,而四海莫不精神;政令所加,而万姓莫不鼓舞者何?提其线故也。令一身有痛痒而不知觉,则为痴迷之心矣。手足不顾,则为痿痹之手足矣[1]。三代以来,上下不联属久矣，是人各一身而家各一情也，死生欣戚不相感②，其罪不在下也。

【译文】一呼一吸之间，气息会流通到四肢百骸；身体有一个地方痛痒，手足心脑各个器官都会感通，这是因为肢体百骸、手足等器官都长在一个身体上。不仅活生生的人是这样，即使是木偶，提起一根线，全身都会动作，这是因为用一根线相连的缘故。郡守县令，就是一郡一县之线；监、司，就是一省一路之线；君、相，就是天下之线。他们的思虑所及，四海都会为之振奋；政令所到之地，百姓莫不鼓舞。这是为什么呢？是因为提起了线的缘故。如果自身有痛痒而不知，这就是得了痴呆症了；手足都不会动，就是得了痿痹病了。三代以后，上下不相联属已经很久了，是人人各顾自身，而家家各有自己的情境。死生欢悲都不相互关心，造成这种情况，罪责不在下面的民众。

【注释】①痿痹：肢体不能动作之病。　②欣戚：欢乐与忧愁。

045　夫民怀敢怒之心，畏不敢犯之法，以待可乘之衅①，众心已离而上之人且恣其虐以甚之，此桀、纣之所以亡也。是以明王推自然之心，置同然之腹，不恃其顺我者之迹，而欲得其无怨我者之心，体其意欲而不忍拂②，知民之心不尽见之于声色而有隐而难知者在也。此所以固结深厚而子孙终必赖之也。

【译文】民众内心怀着愤怒，但因惧怕法律的制裁而不敢行动，只是在等待有可乘的机会。这说明民众已离心离德了，而居于上位的人还要肆虐，来加剧民众的不满，这是桀、纣所以走向灭亡的原因。因此，英明的君主能够以自己那出于自然的心情愿望，去体会别人同样会有的心愿，不是只看别人顺从我的表面现象，而要得到他对我没有怨恨的真心，体会他的心意和欲望而不去违背。知道人们内心的想法不可能完全表露在语言和容色上，而是有隐藏在内心深处很难了解的思想。做到这些，上下的团结才能紧密牢固，为子孙后代打下良好的基础。

【注释】①衅：缝隙、裂痕。　②拂：违逆。

046　圣主在上，只留得一种天理民彝经常之道在，其余小道曲说、异端横议，斩然芟除，不遗余类。使天下之人易耳改目、洗心濯虑于一切乱政之术，如再生，如梦觉，若未尝见闻。然后道德一而风俗同，然后为纯王之治。

【译文】圣明的君主在位,只留下一种天理人伦这种永久不变的道理,其余的小道曲说、异端横议,断然铲除,不留余类。使天下人易耳改目,洗心涤虑,从一切乱政之术中脱离出来,如同再生,如同从睡梦中醒来,如同从未听到、看到这些乱政之术一样。然后才能道德一致,风俗同一,然后才能成就纯粹的王业。

047 治世莫先无伪,教民只是不争。

【译文】治理国家没有比无伪再重要的了,教育民众只要做到不争就行了。

048 任是权奸当国,也用几个好人做公道,也行几件好事收人心。继之者欲矫前人以自高,所用之人一切罢去,所行之政一切更张。小人奉承以干进,又从而巧言附和,尽改良法而还弊规焉。这个念头为国为民乎?为自家乎?果曰为国为民,识见已自聋瞽。果为自家,此之举动,二帝三王之所不赦者也,更说什么事业?

【译文】即使是奸臣当道,也要任用几个好人假装公道,也要做几件好事收买人心。继承其位的人,想矫正前任的错误表示比他高明,把以前任用的人一律罢免,把以前执行的政令一律改变。小人又乘机奉承以为进身之阶,用花言巧语来附和,把那些好的措施也改掉,而恢复那些有弊病的旧规。这样的念头是为国为民呢?还是为了自己呢?果然是为国为民,识见已经出了毛病;果然是为了自己,这样的举动,即使二帝三王也不会饶恕,还说什么事业呢!

049 圣人无奇名,太平无奇事,何者?皇锡此极①,民归此极,道德一,风俗同,何奇之有?

【译文】圣人无奇名,太平年月无奇事。为什么呢?上天赐予应该遵循的最高法则,民众都遵守这些法则,道德统一,风俗相同,何奇之有?

【注释】①皇锡此极:锡,赐。极,标准。

050 势有时而穷,始皇以天下全盛之威力受制于匹夫①,何者?匹夫者,天子之所恃以成势者也。自倾其势,反为势所倾。故明王不恃萧墙之防御而以天下为藩篱②。德之所渐,薄海皆腹心之兵③;怨之所结,衽席皆肘腋之寇④。故帝王虐民是自虐其身者也,爱民是自爱其身者也。覆辙满前而驱车者接踵,可恸哉!

【译文】权势也会有穷尽的时候,秦始皇以天下全盛的威力受制于普通的百姓,为什么会这样呢?普通百姓,本来是天子所赖以形成权势的力量。自己倾覆了所依赖的力量,反而会被所依赖的力量所倾覆。所以英明的君主不依靠宫廷内部的防御,而要预防天下发生祸患。受到德政的润泽,沿海之地也会成为腹心之兵;结下了仇怨,卧席之内也会成肘腋之寇。因此说,帝王残酷地虐待民众,实际也是自残其身;爱护民众,也就是爱护自身啊!前面的路上已经翻了很多车,而赶着车在这条道上行进的人还是接连不断,真让人感到可悲啊!

【注释】①始皇以天下全盛之威力受制于匹夫:指秦被陈胜、吴广所灭。 ②萧墙:古代宫室用以分隔内外的当门小墙。后以萧墙之患比喻内部潜在的祸害。 ③薄海:接近海边,后泛指海内外广大地区。 ④衽席:卧席。引申为寝处之所。

051 如今天下人,譬之骄子,不敢热气,唐突便艴然起怒①。缙绅稍加综核则曰苛刻,学校稍加严明则曰寡恩,军士稍加敛戢则曰陵虐②,乡官稍加持正则曰践踏。今纵不敢任怨,而废公法以市恩独不可已乎?如今天下事,譬之敝屋,轻手推扶便愕然咋舌③,今纵不敢更张,而毁拆以滋坏独不可已乎?

【译文】现今天下的人,如同娇生惯养的孩子,不敢对他有一点儿冒犯,不然他就会勃然大怒。官吏稍加考核,就说是苛刻;学校的纪律稍微严明一些,就说是寡恩;兵士稍加管束,就说是凌虐;乡官稍加纠正,就说是践踏。现在纵然不敢要求这些人做到任劳任怨,但不做用违法乱纪的手段来取得个人恩惠的事总是可以吧!现在天下的事情好比已经破旧的房屋,轻轻用手推扶一下,都让人害怕得要命,现在纵然不能重新改建,但不再做毁坏它、增加它的破损程度的事总是可以吧!

【注释】①唐突:冒犯,亵渎。艴然,怒貌。 ②敛戢:收敛约束。 ③愕然咋舌:愕然,惊慌貌。咋舌,形容不敢说话或说不出话。

052 公、私两字是宇宙的人鬼关,若自朝堂以至闾里,只把持得"公"字定,便自天清地宁、政清讼息。只一个"私"字,扰攘的不成世界。

【译文】公、私两字是宇宙的人鬼关,如果从朝堂到民间,人人都把持住了这个"公"字,便会天清地宁、政清讼息。只是一个"私"字,扰乱得不成个世界。

053 王道感人处,只在以我真诚恻怛之心,体其委曲必至之情,是故不赏而劝,不激而奋。出一言而能使人致其死命,诚故也。

【译文】王道感动人的地方,只是用我真诚恻隐的心去体会民众曲折婉转至极的真情,因此能使民众做到没有奖赏也会努去做,不用激励就会奋发向前。一个命令就可以让民众赴汤蹈火,这是以诚相待的结果。

054 人君者,天下之所依以忻戚者也[1]。一念怠荒,则四海必有废弛之事;一念纵逸,则四海必有不得其所之民。故常一日之间,几运心思于四海,而天下尚有君门万里之叹。苟不察群情之向背而惟己欲之是恣,呜呼!可惧也。

【译文】一国的君主,普天下的人能够过上快乐的日子还是只能悲伤度日,就依靠他了。他一个念头懈怠荒忽,则四海必有废弛之事;一个念头放纵安逸,则四海必有不得其所之民。因此在一天之内,几次都想到四海之内的政事和民众,天下人仍然有君门远于万里的感叹。如果不了解民情的向背,而只是放纵自己的私欲,唉!那就太可怕了。

【注释】[1]忻戚:忻,通"欣"。欢欣与忧愁。

055 天下之存亡系两字,曰"天命"。天命之去就系两字,曰"人心"。

【译文】天下的存亡系在两个字上,叫做"天命"。天命的去留系在两个字上,叫做"人心"。

056 耐烦则为三王[1],不耐烦则为五霸。

【译文】耐烦就会成为三王,不耐烦则会成为五霸。

【注释】[1]耐烦:忍受麻烦。

057 一人忧则天下乐[1],一人乐则天下忧。

【译文】君王一人有忧患意识则天下百姓快乐,君王一人享受快乐,则天下百姓忧愁。

【注释】[1]一人:这里指君王。

058 圣人联天下为一身,运天下于一心。今夫四肢百骸、五脏六腑皆吾身也,痛痒之微无有不觉、无有不顾,四海之痛痒,岂帝王所可忽哉！夫一指之疔如粟，可以致人之死命，国之存亡不在耳目闻见时，闻见时则无及矣。此以利害言之耳。一身麻木若不是我，非身也。人君者，天下之人君；天下者，人君之天下。而血气不相通，心知不相及，岂天立君之意耶！

【译文】圣人把天下视为自己的身体，心中总在思考天下的事情。一个人的四肢百骸、五脏六腑，都是自己身体的一部分，稍有一点儿小的痛痒就会感觉出来，就会想到医治，而对四海民众的痛痒，帝王难道可以忽视吗？在手指上长了米粒大的一个疔疮，可以致人以死命，国家的存亡不表现在耳闻目见的事上，等到耳闻目见时已经来不及了。这是从利害方面来讲的。一个人身体麻木了，好像不是自己的，实际上这已经不是自己的身体了。君主是天下的君主，天下是君主的天下，如果血气不相通，心智不相连，这是上天立君的本意吗？

059　无厌之欲，乱之所自生也；不平之气，乱之所由成也。皆有国者之所惧也。

【译文】无厌的欲望，是产生混乱的根源；不平的怨气，是混乱形成的原因。这都是君主应当惧怕的。

060　用威行法，宜有三豫，一曰上下情通，二曰惠爱素孚，三曰公道难容。如此，则虽死而人无怨矣。

【译文】用权势来推行法令，应该做好三种准备：一是上下的感情相通，二是恩惠仁爱向来使民信服，三是不容忍不公道的事情发生。这样做，即使被判处死刑的人也不会有怨恨了。

061　第一要爱百姓，朝廷以赤子相付托，而士民以父母相称谓，试看父母之于赤子是甚情怀，便知长民底道理①。就是愚顽梗化之人②，也须耐心，渐渐驯服。王者必世而后仁③，揣我自己德教有俄顷过化手段否④，奈何以积习惯恶之人而遽使之帖然我顺⑤，一教不从而遽赫然武怒耶⑥？此居官第一戒也。有一种不可驯化之民，有一种不教而杀之罪，此特万分之一耳，不可以立治体。

【译文】第一要爱护百姓，朝廷把民众看做赤子付托给你，民众把你称作父母，请看父母对待子女是什么样的情怀，便会知道为民长官的道理。就是对待顽固不化的人，也须耐心，渐渐使他服从。实行王道的君主，一定需要三十年才能使仁政大行,因此要考虑一下我自己的德教有没有顷刻就使错误改正的手段,怎么能使作恶成性的人马上就驯服呢?怎能教育一次不能使他顺从就赫然大怒呢?这是居官者第一要警戒的事。有一种不能教育好的人,有一种不必教育就可杀头的罪行,但这样的情况只有万分之一,不能以此来决定治国的大政方针。

【注释】①长民:为民之长,指管理民众。 ②梗化:强硬难化。 ③王者必世而后仁:《论语·子路》:"如有王者,必世而后仁。"朱熹注:"三十年为一世,仁,谓教化浃也。" ④俄顷:一会儿,顷刻。 ⑤贴然:顺从貌。 ⑥赫然武怒:赫然,怒貌。武怒,急怒。

062 天下所望于圣人,只是个"安"字;圣人所以安天下,只是个"平"字。平则安,不平则不安矣。

【译文】天下人希望圣人能做到的,是个"安"字;圣人所以能使天下安定,只在于一个"平"字。平则安,不平就不安了。

063 三军要他轻生,万姓要他重生。不轻生不能戡乱①,不重生易于为乱。

【译文】对于三军的将士,要让他们轻生;对于天下的百姓,要让他们重生。将士不轻生不能平定叛乱,百姓不重生容易发生暴乱。

【注释】①戡乱:平定叛乱。

064 太古之世,上下相忘,不言而信。中古上下求相孚,后世上下求相胜。上用法胜下,下用欺以避法。下以术胜上,上用智以防术。以是而欲求治,胡可得哉①?欲复古道,不如一待以至诚,诚之所不孚者,法以辅之,庶几不死之人心尚可与还三代之旧乎②!

【译文】远古之世,居于上位和处于下位的人都忘记了自己所处的地位,不用说话,人们就会相信。中古之世,居于上位和处于下位的人都希望诚信,后世的人上下都想互相战胜。居上位的人用法来统治下民,居下位的民众用欺骗的方法来躲避法律的制裁。居下位的人想尽办法来胜过居上位的人,居上位的人运用智巧来防备居下位的人的各种办法。这样做想要求得国家治理,怎么可能呢?想要恢复古道,不如用真诚的态度来对待一切,真诚还不能使人信服,再辅以法律,或许那些还没有完全失望的人心可以恢复到三代的旧貌。

【注释】①胡：怎么。　②庶几：也许。表示希望或推测之词。

065　治道尚阳①，兵道尚阴②；治道尚方③，兵道尚圆④。是惟无言，言必行；是惟无行，行必竟。易简明达者，治之用也。有言之不必行者，有言之即行者，有行之后言者，有行之竟不言者，有行之非其所言者，融通变化，信我疑彼者，兵之用也。二者杂施，鲜不败矣。

【译文】治国之道崇尚阳，用兵之道崇尚阴；治国之道崇尚方，用兵之道崇尚圆。要不就不说话，说了就要实行；要不就不实行，实行了就要坚持到底。容易、简单、明白、通达，这是治国必须用的方法。有说了不必做的，有说了马上做的，有做了以后再说的，有做了以后也不说的，有所做的并非是所说的，这些方法融会贯通交替使用，不断变化，让我方的将士相信，让敌人发生怀疑，这是用兵的方法。把治国的方法和用兵的方法混合使用，很少有不败的。

【注释】①治道尚阳：治道，治民之道。尚，尊崇。阳，和阴相对。这里指政治要公开、显明。　②兵道尚阴：兵道，治兵用兵之道。阴，和阳相对，这里指用兵要隐秘，诡变。　③方：指有规矩、有原则。　④圆：指要灵活，善权变。

066　任人不任法，此惟尧、舜在上，五臣在下可矣。非是而任人，未有不乱者。二帝三王非不知通变宜民、达权宜事之为善也，以为吾常御天下，则吾身即法也，何以法为？惟夫后世庸君具臣之不能兴道致治①，暴君邪臣之敢于恣恶肆奸也，故大纲细目备载具陈，以防检之，以诏示之。固知夫今日之画一必有不便于后世之推行也，以为圣子神孙自能师其意而善用于不穷，且尤足以济吾法之所未及。庸君具臣相与守之而不敢变，亦不失为半得。暴君邪臣即欲变乱而弁髦之②，犹必有所顾忌，而法家拂士亦得执祖宗之成宪以匡正其恶而不苟从③，暴君邪臣亦畏其义正事核也而不敢遽肆，则法之不可废也明矣。

【译文】用人治而不用法治，这只有尧、舜在位，五位贤臣辅佐的时候才能这样做，不是这种情况，只采用人治没有不出乱子的。二帝三王并非不知道通权达变对民对事都有好处，认为长久治理天下，自己的行为就是法律，哪还需要制定法律呢？但又怕后世的庸君和不称职的大臣不能治理好国家，那些暴君邪臣敢于恣恶肆奸,所以将法律的大纲细目详细地记载下来,来防备和约束这些君臣,以诏示后世。二帝三王知道今天制定了统一的法律,必然有不便于后世推行的地方,认为后世的圣子贤孙必然能效法他们的本意而妥善地运用而不会滞碍,并且还能补救原来法律没有规定的方面。那些庸君和不称职的大臣能够遵守而不敢改变,也算达到了一半目的。那些暴君奸臣即使想改变这些法律或弃置不用,必定还有所顾忌。那些法度之士、辅弼之臣,也可以拿着祖宗制定的成法来纠正暴君邪臣的恶行而不苟从,暴君邪臣也畏惧法度之士辅弼之臣所说的都合乎正义合乎事实而不敢恣意肆虐。以此看来,法律不能废弛是很明白的事了。

【注释】①具臣:具位充数,不称职之臣。 ②弁髦:弁,缁布冠;髦,幼童垂发。古时男子成人,行冠礼,不用缁布冠,剪去垂发。后用以比喻弃置不用之物。 ③法家拂士:《孟子·告子下》:"入则无法家拂士,出则无敌国外患者,国恒亡。"朱熹注:"法家,法度之世臣也。拂士,辅弼之贤士也。"

067 善用威者不轻怒,善用恩者不妄施。

【译文】善用威严的人不轻易发怒,善用恩惠的人不胡乱施与。

068 居上之患莫大于赏无功、赦有罪,尤莫大于有功不赏而罚及无罪。是故王者任功罪不任喜怒,任是非不任毁誉。所以平天下之情而防其变也。此有国家者之大戒也。

【译文】居于上位者最大的忧患是奖赏那些无功的人而赦免那些有罪的人,最大的过错是有功不赏而罚及无罪。因此君王只论功罪,不按个人的喜怒行事;只看是非,不看人们是诽谤还是称誉。这是为了使天下人心情平定而不发生变乱。这是治国治家都应注意的。

069 事有知其当变而不得不因者,善救之而已矣。人有知其当退而不得不用者,善驭之而已矣。

【译文】事情有知道应当变更而不得不因袭的,在善于挽救而已。人有知道应当罢免而不得不任用的,在善于驾驭而已。

070 下情之通于上也,如婴儿之于慈母,无小弗达。上德之及于下也,如流水之于间隙,无微不入。如此而天下乱亡者,未之有也。故壅蔽之奸①,为亡国罪首。

【译文】下情能够上达,就如同婴儿对于慈母,没有一件小事不上达的。上德施于下,如流水进入缝隙,无微而不入。如此而天下混乱或灭亡的,从来是没有的。因此堵塞上下之间通道的奸臣,是亡国的罪魁祸首。

【注释】①壅蔽:壅,堵塞;蔽,遮盖。《韩非子·孤愤》:"今有国者,虽地广人众,然而人主壅蔽,大臣专权,是国为越也。"此指人主受蒙蔽,耳不聪、目不明。

071 不齐,天之道也,数之自然也。故万物生于不齐而死于齐。而世之任情厌事者乃欲一切齐之,是益以甚其不齐者也。夫不齐其不齐则简而易治,齐其不齐则乱而多端。

【译文】不齐,是天的运行法则,是自然的道理。因此万物生于不齐而死于齐。而世上那些任意而为,不好好干事的人却想使万事整齐划一,这是更增加其不齐了。不使不齐的事物整齐,则简单而容易治理;要使不齐的事物整齐,则混乱而多事。

072 宇宙有三纲,智巧者不能逃也。一王法,二天理,三公论。可畏哉!

【译文】宇宙有三纲,即使智巧的人也不能逃脱,一王法,二天理,三公论。应该感到畏惧啊!

073 《诗》云:"乐只君子,民之父母。"①又曰:"岂弟君子,民之父母②。"君子观于《诗》而知为政之道矣。

【译文】《诗经》说:"乐只君子,民之父母。"意思是说:"快乐的君子,民爱你如同父母。"又说:"岂弟君子,民之父母。"意思是说:"和乐平易的君子,民爱你如同父母。"君子看一看《诗经》,就可以知道为政之道了。

【注释】①"《诗》云"句:语出《诗经·小雅·南山有台》。《大学》传第十章引此句,朱熹注:"只,语助辞,言能絜矩而以民心为己心,则是爱民如子,而民爱之如父母矣。" ②岂弟君子,民之父母:语出《诗·大雅·泂酌》。岂弟,同"恺悌",和乐平易。

074 既成德矣,而诵其童年以小失;既成功矣,而笑其往日之偶败,皆刻薄之见也,君子不为。

【译文】已经成就了德业,还要记着他童年的小错;已经成就了大功,还要笑他往日的偶然失败,这都是刻薄的见识,君子不这样做。

075 任是最愚拙人,必有一般可用,在善用之者耳。

【译文】即使是最愚蠢笨拙的人,也一定有可用之处,在善于用他罢了。

076 公论,非众口一词之谓也。满朝皆非而一人是,则公论在一人。

【译文】公论并不是指众口一词,满朝的人都说错了,只有一个人说得正确,公论就在这一个人身上。

077 为政者非谓得行即行,以可行则行耳。有得行之势而昧可行之理,是位以济其恶也,君子谓之贼。

【译文】处理政务,不是说能够实行就实行,而是应该实行的时候才实行。有能够实行的形势而不明应该实行的道理,处在这个官位上只能把事情办坏,君子称这样的人为贼。

078 使众之道,不分职守则分日月,然后有所责成而上不劳,无所推委而下不奸。混呼杂命,概怒偏劳,此不可以使二人,况众人乎?勤者苦,惰者逸,讷者冤①,辩者欺,贪者饱,廉者饥,是人也,即为人下且不能,而使之为人上,可叹也夫。

【译文】役使众人的方法,不是分清每人的职责,就是限定日期,然后才能督责其完成任务而在上位者又不劳累,使被役者无所推诿而不能耍奸弄滑。胡乱支使,乱下命令,对所有的人都发怒,只让一部分人劳累,这样做连两个人也无法役使,何况是众多的人呢?使勤者苦,惰者逸,讷者冤,辩者欺,贪者饱,廉者饥,这样的人,做一个被役使的人也做不好,而让他居人之上管理政事,真是可悲可叹啊!

【注释】①讷:木讷,出言迟钝。

079 世教不明,风俗不美,只是策励士大夫。

【译文】世教不明,风俗不美,只应该督促勉励士大夫身体力行。

080 治病要择良医,安民要择良吏。良吏不患无人,在选择有法而激劝有道耳。

【译文】治病要择良医,安民要择良吏。不怕没有良吏,而在于有好的选择办法和好的激励劝勉的方法而已。

081 孔子在鲁,中大夫耳,下大夫侪侪也①,而犹侃侃②。今监司见属吏,煦煦沾沾③,温之以儿女子之情。才正体统,辄曰示人以难堪;才尚综核,则曰待人以苛刻。上务以长厚悦下官心,以树他日之桃李;下务以弥文涂上官耳目,以了今日之簿书。吏治安得修举?民生安得辑宁④?忧时者伤心恸之。

【译文】孔子在鲁国,只是个中大夫而已,和那些下大夫是同僚,与他们说话的时候刚直而有礼。现在监司见了下属的官吏,温温和和,好像对待儿女的情态。刚一按规矩办事,就说是为了让人难堪;刚想加以考核,就说待人苛刻。居于上位的人努力做到宽厚以讨下级的欢心,以便树立他将来的党羽;在下位的人以繁多的形式来迷惑上官的耳目,以了结每天文书规定的任务。这样做吏治怎能清明振举?民生怎得和睦安宁?为时世忧心的人真可为之伤心痛哭啊!

【注释】①侪:辈,类。 ②侃侃:《论语·乡党》:"与下大夫言,侃侃如也。"朱熹注:"许氏《说文》,侃侃,刚直也。"后把理直气壮、直抒己见称为侃侃而谈。 ③煦煦(xù):和悦惠爱貌。 ④辑宁:和睦安宁。

082 据册点选,据俸升官,据单进退,据本题覆,持至公无私之心,守画一不二之法,此守常吏部也。选人严于所用,迁官定于所宜,进退则出精识于抚按之外,题覆则持定见于科道之中,此有数吏部也。外而与士民同好恶,内而与君相争是非,铨注为地方不为其人①,去留为其人不为其出身与所恃②,品材官如辨白黑,果黜陟不论久新。任宇宙于一肩,等富贵于土苴③,庶几哉其称职矣。呜呼!非大丈夫孰足以语此?乃若用一人则注听宰执口吻④,退一人则凝视相公眉睫,借公名以济私实,结士口而灰民心,背公市誉,负国殖身⑤,是人也,吾不忍道之。

【译文】根据考试名册点名选拔,任职期满按例提升,根据考绩的名单升职降职,根据文书的内容题写覆文,以大公无私之心,守画一不二之法,这是遵守常法的吏部。根据需要严格选拔,升迁官吏合乎标准,升职降职的精确判断出于巡抚之外,题写覆文则拿出自己的定见交付监察部门,这是不可多得的吏部。在朝廷之外与士民的好恶相同,在朝廷之内与君王和宰相争论是非,量才授官是为地方选拔人才而不是为官吏个人,留任或免官看官吏本人的才德而不看取得官位的途径和有没有靠山。品评官吏的才能如同辨别黑白,果然应该升降,不论其任职时间的长短。吏部的官员要担当起这宇宙的大任,把富贵视若粪土,差不多可算称职了。唉! 不是有志气有作为的人,我能和谁说这些话呢? 如果用一个人,只看宰相的意见办事,退一个人,也只看宰相的脸色行事,借公名来济私,堵塞士人的言路使民众灰心,违背公理,沽名钓誉,辜负国家,树立自身,对这种人,我真无法说他啊!

【注释】①铨注:选择录用官吏。 ②出身:指取得官位的途径,如科举、恩荫、吏员等。 ③土苴:泥土和枯草,比喻微贱之物。 ④宰执:宰相。 ⑤殖身:以身为货,卖身。

083 藏人为君守财①,吏为君守法,其守,一也。藏人窃藏以营私谓之盗,吏以法市恩不曰盗乎? 卖公法以酬私德,剥民财以树厚交,恬然以为当然,可叹哉! 若吾身家慨以许人,则吾专之矣。

【译文】管理府库的人为国君守护财产,官吏为国家保护法律,他们守护的职责都是一样的。管理府库的人盗窃国库的财产据为己有称作盗,官吏用法律来换取别人对他的感激不是盗吗? 出卖公法来换取别人对他私人的赞誉,剥夺民众的财产来树立私党,还恬不知耻地以为是应该的事,真让人为之叹息啊! 如果我把身家性命慷慨地许给了别人,那么我一定专心一意地把事办好。

【注释】①藏人:管理府库的人。

084 弭盗之末务莫如保甲①,弭盗之本务莫如教养。故斗米十钱,夜户不闭,足食之效也。守遗待主,始于盗牛,教化之功也。夫盗,辱名也。死,重法也。而人犹为之,此其罪岂独在民哉? 而惟城池是恃,关键是严,巡缉是密②,可笑也已。

【译文】消除盗贼的一般措施没有比保甲更好的了,消除盗贼的根本措施没有比加强教育和给他一定的生活条件重要的了。因此一斗米只要十个钱的时候,就能够做到夜不闭户,这是粮食充足的结果。守着别人丢失的财物等待失主来领取的人,曾是原来偷过牛的人,这就是教化的功效。盗,是一个可耻的名称;死,是很重的刑罚。但人还要去为盗,罪责难道都在民众的身上吗? 只是依仗坚固的城池,严密守卫要害的地方,加强巡察缉捕,认为可以弭盗,太可笑了。

【注释】①弭盗:止盗。保甲:古代一种户籍制度,以十家为一保,保有保正,家按人口出保丁,同保有犯法者,保丁检举,追捕。 ②巡缉:巡察缉捕。

085 整顿世界,全要鼓舞天下人心。鼓舞人心,先要振作自家神气。而今提纲挈领之人奄奄气不足以息,如何教海内不软手折脚、零骨懈髓底?

【译文】整顿世界,全要鼓舞天下人心;鼓舞人心,先要自己振作精神。而现在提纲挈领的人精神奄奄不振,如何使海内之人不手软脚折、零骨懈髓呢?

086 事有大于劳民伤财者,虽劳民伤财亦所不顾;事有不关利国安民者,虽不劳民伤财亦不可为。

【译文】事情有比劳民伤财还要大的,即使是劳民伤财也顾不上了;事情有对利国安民无关的,虽不劳民伤财也不可做。

087 足民,王政之大本。百姓足,万政举;百姓不足,万政废。孔子告子贡以"足食"①,告冉有以"富之"②。孟子告梁王以"养生送死无憾"③,告齐王以"制田里、教树畜"④。尧舜舍此无良法矣。哀哉!

【译文】使百姓的衣食充足,这是实行王政的根本。百姓衣食充足,万种政事都能振举;百姓不足,万政堕废。孔子告诉子贡为政之道是"足食",告诉冉有是"富之"。孟子告诉梁惠王实行王道的开始是使民对于养生送死都没有不满,告诉齐王要治理好家园,让民多种树多养家禽家畜。尧、舜除了这些也没有其他好办法。但现在当政的人连这个道理都不懂,真是可悲啊!

【注释】①孔子告子贡以"足食":《论语·颜渊》:"子贡问政。子曰:'足食,足兵,民信之矣。'子贡曰:'必不得已而去,于斯三者何先?'曰:'去兵。'子贡曰:'必不得已而去,于斯二者何先?'曰:'去食。自古皆有死,民无信不立。'" ②告冉有以"富之":《论语·子路》:"子适卫,冉有仆。子曰:'庶矣哉!'冉有曰:'既庶矣,又何加焉?'曰:'富之。'曰:'既富矣,又何加焉?'曰:'教之。'" ③孟子告梁王以"养生送死无憾":《孟子·梁惠王上》:"不违农时,谷不可胜食也;数罟不入洿池,鱼鳖不可胜食也;斧斤以时入山林,材木不可胜用也。谷与鱼鳖不可胜食,材木不可胜用,是使民养生丧死无憾也。养生丧死无憾,王道之始也。" ④告齐王以"制田里、教树畜":《孟子·梁惠王上》:"五亩之宅,树之以桑,五十者可以衣帛矣;鸡豚狗彘之畜,无失其时,七十者可以食肉矣;百亩之田,勿夺其时,八口之家可以无饥矣;谨庠序之教,申之以孝悌之义,颁白者不负戴于道路矣。老者衣帛食肉,黎民不饥不寒,然而不王者,未之有也。"

088　百姓只干正经事,不怕衣食不丰足。君臣只干正经事,不怕天下不太平。试问百司庶府,所职者何官?终日所干者何事?有道者可以自省矣。

【译文】百姓只干正经事,不怕衣食不丰足。君臣只干正经事,不怕天下不太平。试问朝廷大臣和管理各种事务的官府,你们担任的是什么官职?终日所干的是什么事情?懂得一些道理的都可以自我反省检查一下啊!

089　法至于平①,尽矣,君子又加之以恕②。乃知平者,圣人之公也;恕者,圣人之仁也。彼不平者加之以深,不恕者加之以刻③,其伤天地之和多矣。

【译文】法律做到公平,已经很完满了,君子又加上恕道。以此可知,平,是圣人的公平;恕,是圣人的仁爱。处理得已经不公平了,又加深这个不平;已经不宽容了,更加上苛刻,这样做,太伤天地万物和谐的气氛了。

【注释】①平:公平。　②恕:宽恕。　③刻:严酷、刻薄。

090　化民成俗之道,除却身教再无巧术,除却久道再无顿法。

【译文】教化民众改变民俗的方法,除了身教再无更巧妙的办法,除了常久坚持再没有使其骤变的方法。

091　礼之有次第也,犹堂之有阶,使人不得骤僭也①。故等级不妨于太烦。阶有级,虽疾足者不得阔步;礼有等,虽倨傲者不敢陵节。

【译文】礼讲究等级,如同房屋有台阶一样,是为了让人不能骤然超越。因此等级不妨定得多一些。台阶有级,即使走得快的人也不能阔步向前;礼有差等,即使傲慢的人也不敢做违反礼节的事。

【注释】①僭(jiàn):越分。

092　人才邪正,世道为之也;世道污隆①,君相为之也。君人者何尝不费富贵哉?以正富贵人,则小人皆化为君子;以邪富贵人,则君子皆化为小人。

【译文】人才的邪正,是世道造成的;世道的好坏,是君相造成的。君主何尝不把富贵给人呢?以正当的原则使人富贵,则小人都会变成君子;以邪曲的途径使人富贵,则君子皆化为小人。

【注释】 ①污隆:指时世风俗的盛衰。

093 满目所见,世上无一物不有淫巧,这淫巧耗了世上多少生成底财货,误了世上多少生财底工夫。淫巧不诛而欲讲理财,皆苟且之谈也。

【译文】 满目所见,世上无一物不是过度奇巧的,这淫巧耗费了世上多少人生产出来的财富?耽误了世上多少生财的工夫?过度奇巧的东西不废除而谈理财,都是得过且过的道理。

094 天地之财要看他从来处,又要看他归宿处。从来处要丰要养,归宿处要约要节。

【译文】 天地之间的财物要看它是从何处来的,又要看它用在什么地方。财物的来源要丰富要保护,财物的使用要约束要节俭。

095 将三代以来陋习敝规一洗而更之,还三代以上一半古意,也是一个相业。若改正朔,易服色,都是腐儒作用。葺倾厦①,逐颓波,都是俗吏作用。于苍生奚补?噫,此可与有识者道。

【译文】 把夏、商、周三代以来的陋习弊规全部扫清更改,回复到三代以前一半的淳朴习俗,这是宰相可以辅佐帝王成就的事业。至于改正历法,变换服色,这都是腐儒干的事。修理倾倒的房屋,随波逐流,都是俗吏的事。做这些事,对百姓有什么好处呢?唉!这些话只可以和有识见的人谈。

【注释】 ①葺:原指用茅草覆盖房屋,这里指修理。

096 御戎之道,上焉者德化心孚,其次讲信修睦,其次远驾长驱,其次坚壁清野,其次阴符智运,其次接刃交锋,其下叩关开市,又其下纳币和亲。

【译文】 抵御外族的办法,最上等的策略是以德来感化他们,使他们心悦诚服,其次是讲信修睦,其次是远驾长驱,其次是坚壁清野,其次是用谋略智慧,其次是接刃交锋,下策是打开关门开放市场,最下等的是送给他钱财,用和亲的办法。

097 为政之道,第一要德感诚孚,第二要令行禁止。令不行,禁不

止,与无官无政同,虽尧舜不能治一乡,而况天下乎?

【译文】治理国家的原则,第一要用德来感化,使百姓认为诚实可信。第二要令行禁止。令而不行,禁而不止,与无官无政一样,即使是尧、舜也不能使一个乡村得到治理,何况是天下呢?

098 防奸之法,毕竟疏于作奸之人。彼作奸者,拙则作伪以逃防,巧则就法以生弊,不但去害而反益其害①。彼作者十而犯者一耳,又轻其罪以为未犯者劝,法奈何得行? 故行法不严,不如无法。

【译文】防止奸邪的方法,毕竟比作奸的人要疏陋。作奸的人,笨一些的可以制造假象逃脱防备,巧一些的还利用防奸之法制造出弊端,不但不能去害,反而又增加了害处。作奸的人,十人犯法只能抓到一人,又从轻处罚来劝勉没有抓到的人,这样法令如何能执行呢? 因此说,执法不严不如无法。

【注释】①不但去害:疑"但"字下脱"不"字。

099 世道有三责:责贵、责贤、责坏纲乱纪之最者。三责而世道可回矣。贵者握风俗教化之权而首坏,以为庶人倡,则庶人莫不象之。贤者明风俗教化之道而自坏,以为不肖者倡,则不肖者莫不象之。责此二人,此谓治本。风教既坏,诛之不可胜诛,故择其最甚者以令天下,此谓治末。本末兼治,不三年而四海内光景自别。乃今贵者、贤者为教化风俗之大蠹,而以体面宽假之①,少严则曰苛刻以伤士大夫之体,不知二帝三王曾有是说否乎? 世教衰微,人心昏醉,不知此等见识何处来? 所谓淫朋比德相为庇护以藏其短,而道与法两病矣,天下如何不敝且乱也!

【译文】世道治理不好,要责备三种人:责贵人、责贤人、责对纲纪破坏最严重的人。谴责和处罚了这三种人,世道就可以扭转过来了。那些处于高位的贵者,握有教化之权却首先破坏教化,给普通人做了倡导,普通人没有不效法他们的。那些贤明的人,本来是倡明风俗教化的人,却自己去破坏风俗教化,给那些不肖之徒做了倡导,不肖之徒没有不效法他的。谴责这两种人,这是治本。风俗教化已坏,责罚都来不及责罚,因此就责罚对风俗教化破坏最严重的人以号令天下,这叫做治末。本末兼治,不到三年,四海之风俗教化就会变成另一种景象了。现在贵者、贤者成了破坏风俗的大蛀虫,但为了维护他们的体面还要宽容他们,稍严一点儿,则说苛刻,伤了士大夫的体面,不知二帝三王时代有这种说法没有?世教衰微,人心昏醉,不知这种见识是从何处来的?这些败坏风俗教化的人互相勾结,推崇对方有德,相互包庇来掩盖其罪责,这样世道与法律都被破坏了,天下怎能不衰败混乱呢?

【注释】①宽假:宽贷、宽容。

100 印书先要个印板真,为陶先要个模子好。以邪官举邪官,以俗士取俗士,国欲治,得乎?

【译文】印书先要个印板清楚,制作陶器先要有个好模子。任用邪官来举荐邪官,任用俗士来选拔俗士,想把国家治理好,能做到吗?

101 不伤财,不害民,只是不为虐耳。苟设官而惟虐之虑也,不设官其谁虐之?正为家给人足,风移俗易,兴利除害,转危就安耳。设①廉静寡欲,分毫无损于民,而万事废弛,分毫无益于民也,逃不得"尸位素餐"四字②。

【译文】不伤财,不害民,只是没有残暴地伤害民众罢了。如果设官只考虑到他们不残害民众就行了,那么不设官的话,有谁去残害百姓呢?设官正是为了能使民众家给人足,风俗淳厚,兴利除害,转危就安而已。如果官吏只是廉静寡欲,分毫不损害民众,但万事荒废怠弛,对民众又没有分毫的益处,逃不掉"尸位素餐"这四个字。

【注释】①设:假设。 ②尸位素餐:谓居位食禄而不尽职。《论衡·量知》:"无道艺之业,不晓政事,默坐朝廷,不能言事,与尸无异,故曰尸位。然则文吏所谓尸位素餐者也。"《诗经·魏风·伐檀》:"彼君子兮,不素餐兮。"后多指无功食禄。

102 天地所以信万物,圣人所以安天下,只是一个"常"字。常也者,帝王所以定民志者也。常一定,则乐者以乐为常,不知德;苦者以苦为常,不知怨。若谓当然,有趋避而无恩仇。非有大奸巨凶不敢辄生餍足之望①、忿恨之心。何则?狃于常故也。故常不至大坏极敝,只宜调适,不可轻变。一变则人人生觊觎心②,一觊觎则大家引领垂涎,生怨起纷,数年不能定。是以圣人只是慎常,不敢轻变。必不得已,默变不敢明变,公变不敢私变,分变不敢溷变③。

【译文】天地所以能取信于万物,圣人之所以能安天下,就在于一个"常"

字。常道,是帝王用来安定民志的方法。经常处于固定不变的环境中,快乐的人以为快乐是天经地义不会改变的,不会因此感谢谁;痛苦的人以为痛苦也是天经地义不可改变的,不会去怨恨谁。对于苦乐,人们会看做是当然的,虽有趋乐避苦的事出现,但不会感激谁,仇恨谁。不是大奸巨凶不敢产生不满足的欲望和忿恨的情绪,为什么呢? 只是习惯于常道罢了。因此常道如果没有到大坏极弊的程度,只宜适当调节,不可轻易改变。一变则人人会产生非分的希望,一有了非分的希望,则会人人引领垂涎、生怨起纷,几年都安定不了。因此圣人只是慎重地对待常道,不敢轻易变更。迫不得已时,暗暗地改变,不敢明显地改变;公开改变,不敢私下里改变;分步改变,不敢杂乱地改变。

【注释】①餍足:满足。"餍"上疑脱一"无"字。 ②觊觎(jìyú):非分的希望或企图。 ③溷(hùn):混乱。

103 纪纲法度整齐严密,政教号令委曲周详,原是实践躬行,期于有实用,得实力。今也自贪暴者奸法①,昏惰者废法,延及今日,万事虚文。甚者迷制作之本意而不知,遂欲并其文而去之。只今文如学校,武如教场,书声军容非不可观可听,将这二途作养人用出来,令人哀伤愤懑欲死。推之万事,莫不皆然,安用缙绅簪缨塞破世间哉②! 明王不大振作,不苦核实,势必乱亡而后已。

【译文】纪纲法度整齐严密,政教号令委曲周详,原来都是为了实践躬行,期于有所实用,得到实利。现在自从贪暴者破坏纪法,昏惰者废弛纪法,到了今天,万种规定都成了虚文。甚至有的人对制定法度的本意也迷惑不清了,还想把这些条文都丢弃不要。现在文的方面比如学校,武的方面比如教场,这里的书声很好听,军容很可观,但把这两个地方培养的人来使用一下,真让人哀伤愤懑欲死! 以此来推看其他事情,莫不皆然。那些缙绅簪缨的高官显贵塞满了世间有什么用呢? 君主如果不努力振作,不加紧考察核实,这种状况势必继续到国家混乱灭亡才会停止。

【注释】①奸法:破坏法律,钻法律的空子。 ②簪缨:簪和缨都是古代贵族的冠饰,因而作显贵之称。

104 安内攘外之略,须责之将吏,将吏不得其人,军民且不得其所,安问夷狄? 是将吏也,养之不善则责之文武二学校,用之不善则责吏兵两尚书①。或曰:养有术乎? 曰:何患于无术。儒学之大坏极矣,不十年不足以望成材。武学之不行久矣,不十年不足以求名将。至于遴选于未用之先②,条责于方用之际,综核于既用之后,黜陟于效不效之时,尽有良法,可旋至而立有验者。

【译文】制定安内攘外的策略,必须责成将吏完成,将吏选择不当,军民将不得其所,哪还管得了夷狄呢?对于将吏,培养得不好则应责备文武两个学校,用的不当则应责备吏部、兵部两部的尚书。有人问:有培养的方法吗?回答说:怎怕没有办法呢?儒学已经颓衰到极点了,没有十年不足以成材;武学的废弛也很久了,没有十年不能得到名将。至于在未用之前谨慎选拔,在使用之际根据各条律令规章一项项提出要求,在使用之后再综合加以考核,根据有没有政绩功劳决定升降罢免,这些好的办法多得很,有些办法可以立刻看到效果。

【注释】①吏兵两尚书:吏部主选官,兵部主选将,尚书为吏兵二部之长。　②遴选:审慎选拔。

105　而今举世有一大迷,自秦汉以来,无人悟得。官高权重,原是投大遗艰,譬如百钧重担,须寻乌获来担①;连云大厦,须用大木为柱。乃朝廷求贤才,借之名器以任重②;非朝廷市私恩,假之权势以荣人也。今也崇阶重地,用者以为荣人,重以予其所爱,而固以吝于所疏,不论其贤不贤。其用者以为荣己,未得则眼穿涎流以干人,既得则损身镂骨以感德,不计其胜不胜。旁观者不论其官之称不称,人之宜不宜,而以资浅议骤迁,以格卑议冒进,皆视官为富贵之物,而不知富贵之也欲以何用。果朝廷为天下求人耶?抑君相为士人择官耶③?此三人者皆可怜也。叔季之世④,生人其识见固如此可笑也。

【译文】现在举世有一个大迷惑,从秦汉以来,就没人体悟到。官高权重,原只为了让他担当重大的责任、完成艰难的任务,就如同百钧的重担,需要找乌获这样的大力士来担当;高耸入云的大厦,需要大木当梁柱一样。这是朝廷求贤才,借用这种等级、地位、爵号等名器来委以重任,并不是朝廷要换取私人的感激,借用权势来使人荣耀啊!现在高官重位授给别人,以为是为了使人荣耀,因此对所爱的人给以重用,而对疏远的人则小气吝啬,不管这人贤还是不贤。被任用的人以为是为了使自己荣耀,没得到高官时则眼穿流涎去求人,已得到高官时则刻骨献身以感德,不考虑自己能不能胜任。旁观的人不论当上高官的人称不称职,人选合适不合适,认为资历浅的就是升得太快,原来官位低的就是冒进,都把官位看做富贵的东西,而不知道使当高官的人富贵是为了什么。这样的做法,是朝廷为治理天下寻找人才呢?还是君相为读书人寻找官位呢?任用高官的人、被任用的人和旁观者,这三种人都够可怜了。到了一个朝代的末世,人们的见识竟然如此可笑啊!

【注释】 ①乌获:战国时秦国力士。与任鄙、孟说皆以勇力仕秦武王至大官。后也用作力士的通称。 ②名器:指等级、地位的爵号和车服仪制。 ③抑:还是。 ④叔季之世:指国家衰乱将亡之时代。叔,指衰世;季,指将亡之世。

106 汉始兴,郡守某者御州兵,常操之内免操二月,继之者罢操。又继之者常给之外,冬加酒银人五钱。又继之者加肉银人五钱。又继之者加花布银人一两。仓库不足,括税给之。犹不足,履亩加赋给之。兵不见德也而民怨。又继之者曰:"加,吾不能;而损,吾不敢。"竟无加。兵相与鼓噪曰:"郡长无恩。"率怨民以叛,肆行攻掠。元帝命刺史按之①。报曰:"郡守不职②,不能抚镇军民而致之叛。"竟弃市③。嗟夫!当弃市者谁耶?识治体者为之伤心矣。

【译文】 汉朝刚建立的时候,一名郡守统率着州兵,在士兵规定的操练时间内免去了两个月时间的操练,继任的郡守又免去了操练。又继任的郡守在每个士兵规定的供给之外,冬天每人又增加酒银五钱。又继任的人又给每人增加肉银五钱,再继任的人又给每人增加花布银一两。仓库的银两不够,就用收税的办法来解决;还不足,就按亩增加田赋。士兵并不感恩戴德而老百姓却怨声载道。后来又继任的人说:"再增加,我做不到;而减少,我也不敢。"最终没有增加。这时士兵就群起喧闹说:"郡守对我们没有恩惠。"带领着怨声载道的百姓举行叛乱,大肆地攻打抢掠。汉元帝命令刺史去审查这个案件,刺史报告说:"郡守不称职,不能镇抚军民而导致叛乱。"最后郡守被杀了头。唉,应该被杀头的是谁呢?懂得治道的人真为之伤心啊!

【注释】 ①元帝:汉元帝刘奭,公元前48年至公元前33年在位。 ②不职:不称职。 ③弃市:处死刑。《礼记·王制》:"刑人于市,与众弃之。"

107 人情不论是非利害,莫不乐便己者,恶不便己者。居官立政,无论殃民,即教养谆谆①,禁令惓惓②,何尝不欲其相养相安,免祸远罪哉！然政一行而未有不怨者，故圣人先之以躬行，浸之以口语，示之以好恶，激之以赏罚。日积月累，耐意精心，但尽熏陶之工，不计俄顷之效。然后民知善之当为、恶之可耻，默化潜移而服从乎圣人。今以无本之令，责久散之民，求旦夕之效，逞不从之怒，忿疾于顽而望敏德之治，即我且亦愚不肖者，而何怪蚩蚩之氓哉③。

【译文】人之常情，不论是非利害，都喜欢对自己便利的事，讨厌不便利自己的事。设官立政，不要说不应给民众带来祸殃，即使对他们再三教导，恳切地禁止，何尝不是想让他们相安无事，安心度日而免祸远灾呢？然而政令一实行，没有不抱怨的。因此圣人先以身躬行，再对民众谆谆教导，告诉他们哪些是好的，哪些是不好的，然后用赏罚去激励他们。日积月累，耐意精心，只想尽到熏陶的功夫，不指望很快就见到成效。然后民众才知道应当为善，为恶可耻，潜移默化，服从圣人的教导。现在用没有依据的政令来要求长久涣散的民众遵守，指望旦夕即可奏效，民众不服从则大逞淫威，对顽钝愚妄的人大发脾气，希望他聪明有德。这些做法，说明我也是愚蠢缺乏才能的人，怎么能责怪那普通的民众呢！

【注释】①谆谆：教导不倦貌。 ②惓惓：同"拳拳"，恳切貌。 ③蚩蚩之氓：蚩蚩，敦厚貌。《诗经·卫风·氓》："氓之蚩蚩，抱布贸丝。"这里含贬义，即愚蠢之意。氓，普通民众，草野小民。

108 嘉靖间①，南京军以放粮过期、减短常例，杀户部侍郎，散银数十万以安抚之。万历间②，杭州军以减月粮又给以不通行之钱，欲杀巡抚不果。既而军骄，散银万余乃定。后严火夫夜巡之禁③，宽免士夫而绳督市民，既而民变，杀数十人乃定。郧阳巡抚以风水之故④，欲毁参将公署为学宫，激军士变，致殴兵备副使几死，巡抚被其把持，奏疏上，必露章明示之乃得行。陕西兵以冬操太早，行法太严，再三请宽不从，谋杀抚按总兵，不成。论者曰：兵骄卒悍如此，奈何？余曰：不然。工不信度而乱常规，恩不下究而犯众怒，罪不在军也。上人者体其必至之情，宽其不能之罪，省其烦苛之法，养以忠义之教，明约束，信号令，我不负彼而彼奸，吾令即杀之，彼有愧惧而已。鸟兽未必无知觉，而谓三军之士无良心，可乎？乱法坏政以激军士之暴，以损国家之威，以动天下之心，以开无穷之衅,当事者之罪不容诛矣。裴度所谓"韩弘舆疾讨贼,承宗敛手削地⑤,非朝廷之力能制其死命,特以处置得宜,能服其心故耳"。"处置得宜"四字,此统大众之要法也。

【译文】嘉靖年间,因为给南京军发放粮饷超过了规定的期限,按常例又有短缺,判处户部侍郎死刑,发放数十万银两来安抚军士。万历年间,杭州军因为被减少了月粮,又发的是不通行的钱币,欲杀巡抚,没有成功。不久军队骚动,散放了万余两银子才平静下来。后来加强了火夫巡夜的命令,对士大夫从宽或豁免,而只是要求监督市民去做,不久市民发生变乱,杀了数十人才平定下来。郧阳的巡抚因风水的缘故,想拆毁参将的公署来修学宫,激起军士哗变,兵士殴打了兵备副使,几乎打死,巡抚被军士控制,向皇帝上奏书时,军士要求把奏章的内容公开宣读才允许送给朝廷。陕西的兵士因为冬天出操的时间太早,法规太严,再三请求放宽,将吏没有听从,兵士谋划刺杀抚按使和总兵,没有成功。评论这些事的人说:兵骄卒悍到了如此程度,怎么办呢? 我说:你说得不对。工匠不按尺度办事就会破坏常规,只讲恩惠不追究大臣的错误则促使民众怨怒,罪责不在军士。居于上位的人能体谅军士必定会有的感情,宽恕其因不能做到而犯的过错,废除烦冗苛刻的法规,用忠义进行教导,明确规约,申明号令,我不亏负他们,而他们作奸犯科,即使我下令杀死他们,他们只有愧惧而已。鸟兽未必无知觉,而说三军之士无良心,可以吗? 乱法坏政以激军士之变,以损国家之威,以动摇天下人心,以开无穷事端,那些主事的人罪不容诛啊! 裴度曾说:"韩弘带病讨贼,王承宗敛手交出管辖的土地,并非朝廷的力量能制其死命,只是因为处理得宜,能使其心服而已。""外置得宜"四个字,这是统率众人的要法。

【注释】①嘉靖:明世宗朱厚熜年号。 ②万历:明神宗朱翊钧年号。 ③火夫:夜间提灯护送官员的差役。此时又增加守夜巡逻的任务,引起民众不满。 ④郧阳:府名,辖境相当今湖北郧县、保康以西地区。 ⑤"裴度所谓韩弘舆疾讨贼"数句:裴度,唐代河东闻喜(今属山西)人,由监察御史累迁御史中丞,后升为宰相,力主削除藩镇。晚年因宦官专权,辞官居洛阳。裴度此语见《资治通鉴》卷二百四十唐宪宗元和十三年裴度所上奏章。韩弘,唐匡城人,唐宪宗时,用兵淮西,韩弘为诸军行营都统使,吴元济平,以功加兼侍中。新、旧《唐书》未载他舆疾讨贼事,只说他有足疾。承宗,即王承宗,其父王士真为成德军节度使,恒、冀、深、赵、德、棣等州观察使。父死,王承宗总留后事,朝廷伺其变,累月不问。承宗惧,累上表陈谢,请割德、棣二州,朝廷始封,并以王承宗亲将授二州军政事,以分其权,承宗抗命。及吴元济平,裴度以辩士胁说,王承宗始献二州,并遣二子入侍,诏许其自新。事见《旧唐书》卷一四三,《新唐书》卷二一一。

109 霸者,豪强威武之名,非奸盗诈伪之类。小人之情,有力便挟力,不用伪;力不足而济以谋,便用伪。若力量自足以压服天下,震慑诸侯,直恁做将去,不怕他不从,便靠不到智术上,如何肯伪?王霸以诚伪分,自宋儒始①,其实误在"五伯假之"②、"以力假仁"③二"假"字上,不知这"假"字只是"借"字。二帝三王以天德为本,便自能行仁,夫焉有所倚?霸者要做好事,原没本领,便少不得借势力以行之,不然令不行,禁不止矣。乃是借威力以行仁义。故孟子曰:"以力假仁者霸。"以其非身有之,故曰假借耳。人之服之也,非为他智能愚人,没奈他威力何,只得服他。服人者以强,服于人者以伪。管、商都是霸佐④,看他作用都是威力制缚人,非略人略卖人者,故夫子只说他"器小"⑤,孟子只说他"功烈如彼其卑"⑥。而今定公孙鞅罪,只说他惨刻⑦,更不说他奸诈。如今官府教民迁善远罪,只靠那刑威,全是霸道,他有甚诈伪?看来王霸考语自有见成公案⑧,曰以德以力所行底,门面都是一般仁义,如五禁之盟⑨,二帝三王难道说他不是?难道反其所为?他只是以力行之耳。"德""力"二字最确⑩,"诚""伪"二字未稳,何也?王霸是个粗分别,不消说到诚伪上,若到细分别处,二帝三王便有诚伪之分,何况霸者?

【译文】霸,是豪强威武的称呼,不是指奸盗诈伪之类。小人的情态,有力量就依仗力量而不用诈伪,力量不足才利用智谋,便是诈伪。若力量足以压服天下、震慑诸侯,就会一直干下去,不怕对方不服从,便用不着智术,如何肯用诈伪呢?王道、霸道用诚、伪来区别是从宋儒开始的,其实误在"五伯假之"、"以力假仁"这两个"假"字上,不知道这"假"字是"借"的意思。二帝三王以天德为本,便自能实行仁政,哪儿都可实行,哪儿也无阻挡。霸者要做好事,原来没什么本领,便少不得借势力以推行,不然就令不行禁不止了。这就是借威力以行仁义,所以孟子说:"以力假仁者霸。"因为不是他自身有的,所以说假借。人们所以服从他,不是因为他的智慧能愚弄人,而是对他的威力无可奈何,只得服他。使别人屈服使用的是强力,屈服的人只是表面伪装出来的。管仲、商鞅都是辅佐霸主的,他们使用的都是用威力来制服人，并不是抢掠钱财或掠卖人口，所以孔子只说他气量狭小，孟子只说他功绩那样地卑小。而现在定商鞅的罪，只说他惨刻，而不说他奸诈。如今官府教民迁善远罪只靠刑威，全是霸道，他有什么诈伪？看来对王道和霸道的评语自有现成的公案，二者的分别，在于是以德推行还是以力推行，而门面上推行的都是仁义。如五霸之一的齐桓公在葵丘的一次盟会上，订立了五条禁令，即使二帝三王在世，难道能说他不对吗？难道会反其所为吗？他只不过是以力推行罢了。用"德"、"力"二字区别王、霸最为准确，用"诚"、"伪"二字不太妥当，为什么这样说呢？王、霸只是个粗分别，还说不到诚、伪上去，如果分到细微处，二帝三王便有诚、伪之分，何况霸呢？

【注释】①王霸以诚伪分，自宋儒始：《孟子·公孙丑上》："孟子曰：'以力假仁者霸，霸必有大国；以德行仁者王，王不待大。汤以七十里，文王以百里。以力服人者，非心服也，力不赡也；以德服人者，中心悦而诚服也，如七十子之服孔子也。《诗》云："自西自东，自南自北，无思不服。"此之谓也。'"朱熹注："《诗·大雅·文王有声》之篇，王霸之心，诚伪不同。故人所以应之者，其不同亦如此。" ②五伯假之：语出《孟子·尽心上》。其文为："孟子曰：'尧舜，性之也；汤武，身之也；五霸，假之也。久假而不归，恶知其非有也。'"朱熹注："归，还也。有，实有也。言窃其名以终身，而不自知其非真有。或曰：'盖叹世人莫觉其伪者。'亦通。" ③以力假仁：参见注①。 ④管、商：管仲，商鞅。管仲，名夷吾，字仲，颍上（颍水之滨）人，春秋初期政治家。由鲍叔牙推荐，被齐桓公任命为卿，以"尊王攘夷"口号为号召，使齐国成为春秋时第一霸主。商鞅，战国卫人，姓公孙，称公孙鞅，又称卫鞅。初为魏相公叔痤家臣，后入秦，说秦孝公以强国之术，秦孝公六年，被任为左庶长，并开始变法，即有名的"商鞅变法"，奠定了秦国富强的基础。 ⑤故夫子只说他"器小"：《论语·八佾》："子曰：'管仲之器小哉！'或曰：'管仲俭乎？'曰：'管氏有三归，官事不摄，焉得俭？''然则管仲知礼乎？'曰：'邦君树塞门，管氏亦树塞门，邦君为两君之好，有反坫，管氏亦有反坫。管氏而知礼，孰不知礼？'" ⑥孟子只说他"功烈如彼其卑"：《孟子·公孙丑上》："公孙丑问曰：'夫子当路于齐，管仲晏子之功，可复许乎？'孟子曰：'子诚齐人也，知管仲、晏子而已矣。'或问乎曾西曰：'吾子与子路孰贤？'曾西蹴然曰：'吾先子之所畏也。'曰：'然则吾子与管仲孰贤？'曾西艴然不悦，曰：'尔何曾比予于管仲？管仲得君，如彼其专也；行乎国政，如彼其久；功烈，如彼其卑也。尔何曾比予于是？'"曰："管仲，曾西之所不为也，而子为我愿之乎？" ⑦而今定公孙鞅罪，只说他惨刻：《史记·商君列传》载商鞅事。司马迁评论说："商君，天资刻薄人也。"刘向《新序》云："今商鞅内刻刀锯之刑，外深悑钺之诛,步过六尺者罚,弃灰于道者被刑,一日临渭而论囚七百人,号哭之声动于天地,畜怨积仇比于丘山。所逃莫之隐,所归莫之容,身死车裂,灭族无姓,其去霸王之佐亦远矣。" ⑧王霸考语:指对王道、霸道的评语。 ⑨五禁之盟:《孟子·告子下》:"五霸,桓公(齐桓公)为盛。葵丘之会诸侯,束牲载书而不歃血。初命曰:'诛不孝,无易树子,无以妾为妻。'再命曰:'尊贤育才,以彰有德。'三命曰:'敬老慈幼,无忘宾旅。'四命曰:'士无世官,官事无摄,取士必得,无专杀大夫。'五命曰:'无曲防,无遏籴,无有封而不告。'曰:'凡我同盟之人,既盟之后,言归于好。'今之诸侯,皆犯此五禁。"又《春秋谷梁传》僖公九年:"葵丘之盟,陈牲而不杀,读书,加于牲上,壹明天子之禁,曰:'毋雍泉,毋讫籴,毋易树子,毋以妾为妻,毋使妇人与国事。'" ⑩"德""力"二字最确:参见注①孟子语。

110 骤制则小者未必贴服,以渐则天下无豪杰皆就我羁靮矣①。明制则愚者亦生机械,默制则天下无智巧皆入我范围矣。此驭夷狄、待小人之微权,君子用之则为术知,小人用之则为智巧,舍是未有能济者也。或曰:何不以至诚行之? 曰:此何尝不至诚? 但不浅露轻率耳。孔子曰:"机事不密则害成②。"此之谓与?

【译文】骤然去制服,弱小者也未必服帖;用逐渐的方法,天下的豪杰也都会受我束缚。明着去制服,愚蠢的人也要反抗;暗中制服,天下人无论智巧都会进入我的范围。这是驾驭夷狄、对待小人的小权术,君子运用就是道术才智,小人运用则为机智巧诈,除此之外没有使事情成功的办法。有人问:为何不用至诚之道呢? 回答说:这样做何尝不至诚? 只不过不浅露不轻率而已。孔子说:"机事不密则害成。"就是说的这种情况吧!

【注释】①羁靮:马络头与马缰绳,指束缚。 ②孔子曰:"机事不密则害成":《易·系辞上》:"子曰:乱之所生也,则言语以为阶。君不密则失臣,臣不密则失身,几事不密则害成,是以君子慎密而不出也。"几,同"机",机事,机密之事。

111 迂儒识见看得二帝三王事功只似阳春雨露,姁煦可人,再无一些冷落严肃之气。便是慈母也有诃骂小儿时,不知天地只恁阳春成甚世界? 故雷霆霜雪不备,不足以成天威怒;刑罚不用,不足以成治。只五臣耳①,还要一个皋陶,而二十有二人,犹有四凶之诛②。今只把天德王道看得恁秀雅温柔③,岂知杀之而不怨便是存神过化处④,目下作用,须是汗吐下,后服四君子、四物百十剂,才是治体⑤。

【译文】迂儒的识见只看那二帝三王事业像阳春雨露,温暖滋润可人之意,没有一点儿冷落严肃之气。其实即使是慈母也有呵骂小儿的时候,不知天地只有阳春会成个什么世界?因此说没有雷霆霜雪,不足以显示天的威怒;刑罚不用,不足以治理国家。舜有五位大臣,其中还有皋陶主持刑狱;舜封臣子二十二人,还诛杀了四凶。现在把天德王道看得那样秀雅温柔,岂知被杀而不怨便是圣人神妙的教化所起的作用。现在起作用的办法,必须是出汗呕吐以后再服四君子汤、四物汤百十剂,才是治病的良方。

【注释】①五臣:《论语·泰伯》:"舜有臣五人而天下治。"五臣指禹、稷、契、皋陶、伯益。皋陶主治刑狱。 ②二十有二人,犹有四凶之诛:《史记·五帝本纪》称舜封臣子二十二人而天下大治。四凶之诛,指舜流放浑敦、穷奇、梼杌、饕餮四凶族。 ③天德王道:《荀子·不苟》:"变化代兴,谓之天德。"吕坤在这里指天生之善性。王道,实行仁政爱民而王天下之道。 ④存神过化:《孟子·尽心上》:"夫君子所过者化,所存者神,上下与天地同流,岂曰小补之哉!"朱熹注:"所过者化,身所经历之处,即人无不化,如舜之耕历山而田者逊畔,陶河滨而器不苦窳也。所存者神,心所存主处便神妙不测,如孔子之立斯立,道斯行,绥斯来,动斯和,莫知其所以然而然也。是其德业之盛,乃与天地之化同运并行,举一世而甄陶之,非如霸者但小小补塞其罅漏而已。此则王道之所以为大,而学者所当尽心也。"吕坤所讲的"存神过化"与朱熹说法不同。 ⑤四君子:即"四君子汤"。四物:指"四物汤"。

112 三公示无私也①,三孤示无党也②,九卿示无隐也③。事无私曲,心无闭藏,何隐之有?呜呼!顾名思义,官职亦少称矣④。

【译文】辅佐君王、掌握军政最高大权的官吏称为三公,是表示无私的意思。三公的副手称作三孤,表示不结成党派。中央政权的九个最高长官称作九卿,是表示没有隐私。事无私曲,心无闭藏,何隐之有?唉!顾名思义,也得稍微称点儿职吧!

【注释】①三公:辅佐国君掌握军政大权的最高官员。有以太师、太傅、太保为三公者,有以大司马、大司徒、大司空为三公者。 ②三孤:三公之副,《尚书·周官》:"少师、少傅、少保曰三孤。" ③九卿:指中央政府九个高级官职。周代以少师、少傅、少保、冢宰、司徒、宗伯、司马、司寇、司空为九卿。此后历代都有九卿,但名称不尽一致。 ④少称:稍微称职。

113 要天下太平,满朝只消三个人,一省只消两个人。

【译文】要想天下太平,满朝只要三个官,一省只要两个官。

114 贤者只是一味,圣人备五味。一味之人其性执、其见偏,自有用其一味处,但当因才器使耳。

【译文】贤者只是一味,圣人备五味。一味之人性格固执、见解偏颇,自有能用到一味的地方,但应当因才使用而已。

115 天之气运有常,人依之以作事而百务成,因之以长养而百病少。上之政体有常,则下之志趋定而渐可责成,人之耳目一而因以寡过。

【译文】天的气运有常道,人按照天的常道办事,百事可以成功;按照天的常道养生,百病减少。上面的政体有常规,下面人的志向就可确定并渐渐走向成功。人的耳目能专心一意,则能减少过失。

116 君子见狱囚而加礼焉,今以后皆君子人也,可无敬与?噫!刑法之设,明王之所以爱小人而示之以君子之路也。然则囹圄者,小人之学校与!

【译文】君子看到狱囚也以礼相待,因为从今以后这些囚犯也都可能成为君子一样的人,能不尊敬吗?噫!刑法的设立,是英明的君主用以表示爱小人并给他们指出一条通向君子的道路啊!所以说囹圄,就是小人的学校。

117 小人只怕他有才,有才以济之,流害无穷。君子只怕他无才,无才以行之,斯世何补!

【译文】小人只怕他有才,有才能帮助他成事,流害无穷。君子只怕他无才,无才来干事,对世界有什么补益?

118 事有便于官吏之私者,百世常行,天下通行,或日盛月新,至弥漫而不可救。若不便于己私,虽天下国家以为极便,屡加申饬,每不能行,即暂行亦不能久。负国负民,吾党之罪大矣。

【译文】对官吏私人有利的事,百世也会通行,普天下都能通行,甚至会日盛月新,以至弥漫天下而不可挽救。如果是对官吏私人不便的事,虽然天下人和国家认为极其便利,屡加告诫,每每不能通行,即使暂时执行也不会长久。辜负国家、辜负民众,我们这些官吏的罪责就大了。

119 恩威当使有余,不可穷也。天子之恩威止于爵三公、夷九族①,恩威尽而人思以胜之矣。故明君养恩不尽,常使人有余荣;养威不尽,常使人有余惧。此久安长治之道也。

【译文】恩和威的使用都应该留有余地,不可用尽。天子的恩赏对臣子最高可以授于三公的官爵,其威严最厉害的可以灭九族。恩威用尽了,人们就会想方设法来胜过这些恩威。因此英明的君主不把恩赏用尽,常使人想得到余荣;不把威严用尽,常使人感到还有余惧。这就是久安长治的道理。

【注释】①夷九族:夷,灭。九族,历代说法不一,一说指父族四、母族三、妻族二。一说指同姓亲族,谓从自身起,上至高祖,下至玄孙,共九族。

120 封建自五帝已然①,三王明知不便,势与情不得不用耳。夏继虞,而诸侯无罪②,安得废之?汤放桀③,费征伐者十一国,余皆服从,安得而废之?武伐纣④,不期而会者八百,其不会者或远或不闻,亦在三分有二之数,安得而废之?使六国尊秦为帝⑤,秦亦不废六国,缘他不肯服,势必毕六王而后已⑥。武王之兴灭继绝⑦,孔子之继绝举废⑧,亦自其先世曾有功德,及灭之,不以其罪言之耳。非谓六师所移及九族无血食者,必求复其国也⑨。故封建不必是,郡县不必非⑩。郡县者无定之封建,封建者有定之郡县也。

【译文】分封诸侯建立邦国,从五帝时代就是如此,三王明知不便于治理,但碍于势和情,不得不用这种办法罢了。夏朝继承虞朝,诸侯没有罪责,怎么能废除呢?商汤放逐夏桀,需要用武力去征伐的只有十一个诸侯国,其余的都服从了,怎么能废除呢?周武王讨伐商纣,没有约定好日期就赶来相会的有八百个诸侯,没有来会的,或者因为道路遥远,或者没有听到消息,这些诸侯占三分之二,怎么能废除呢?假使六国都尊秦国为帝,秦也不会废除六国,只因为六国不肯服从,势必只能灭掉六国为止。周武王复举已灭亡的诸侯国,为已衰败灭亡的贵族世家寻求继嗣,孔子复举已灭绝的黄帝、尧、舜、夏、商的后代,也是因为其先世曾有功德,灭亡的时候,又不是按他真正的罪名来论处的。并不是被六军消灭掉的、九族都被杀掉无人祭祀的诸侯国一定都要恢复。因此说对封建制也不必说它一定正确,对郡县制也不必一概予以否定。郡县制就是没有固定下来的封建制,封建制就是固定下来的郡县制。

【注释】①封建:古代帝王把爵位、土地赐给诸侯,在封定的区域内建立邦国称封建。　②夏继虞:夏指夏禹,虞指虞舜。舜传位于禹。　③汤放桀:汤即商汤,商朝的建立者。桀即夏桀,夏代最后的君主,被商汤打败,出奔而死,夏灭亡。《尚书·仲虺之诰》:"成汤放桀于南巢。"　④武伐纣:武,周武王。纣,殷纣王。《史记·周本纪》:"九年,武王上祭于毕。东观兵,至于盟津……是时,诸侯不期而会盟津者八百诸侯。诸侯皆曰:'纣可伐矣。'……居二年,闻纣昏乱暴虐滋甚……于是武王遍告诸侯曰:'殷有重罪,不可以不毕伐。'……以东伐纣。"　⑤使六国尊秦为帝:使,假使。六国,指战国时齐、楚、燕、韩、赵、魏六国。　⑥毕:结束,终止。　⑦武王之兴灭继绝:《论语·尧曰》篇述周武王事曰:"兴灭国,继绝世,举逸民,天下之民归心焉。"朱熹注:"兴灭继绝,谓封黄帝、尧、舜、夏、商之后。"　⑧孔子之继绝举废:《中庸》第二十章:"哀公问政,子曰:'……继绝世,举废国,治乱持危,朝聘以时,厚往而薄来,所以怀诸侯也。'"　⑨血食:古代杀牲取血,用以祭祀,故曰血食。此指祭祀其社稷。　⑩郡县:指郡县制。秦始皇统一六国,分全国为三十六郡,为郡县制度之始。

121　刑、礼非二物也,皆令人迁善而去恶也,故远于礼则近于刑。

【译文】刑罚和礼法不是两件东西,都是为了让人迁善去恶的,因此和礼距离远了和刑就接近了。

122　上德默成,示意而已。其次示观,动其自然。其次示声色,其次示是非,使知当然。其次示毁誉,使不得不然。其次示祸福,其次示赏罚,其次示生杀,使不敢不然。盖至于示生杀,而御世之术穷矣。叔季之世,自生杀之外无示也,悲夫!

【译文】最高的道德是默默显示的,只要示意就可以了。其次要让人看到打动人内心自然之情。其次表现于声色。其次要明确地说明是非,使人知道应当怎么做。其次表示出赞扬或反对,使人不得不这样做。其次示明是祸是福,其次用赏罚,其次用生杀,使人不敢不这样做。到了用生杀的程度,治世的方法也就用尽了。一个王朝的末世,除了用生杀的办法就不会有更好的办法了,可悲啊!

123　权之所在,利之所归也。圣人以权行道,小人以权济私。在上者慎以权与人。

【译文】权力所在的地方,也是利益归向的地方。圣人用权来推行道,小人用权来满足自己的私欲。居于上位的人要慎重对待授权于人的事。

124 太平之时,文武将吏习于懒散,拾前人之唾余,高谈阔论,尽似真才。乃稍稍艰大事到手,仓皇迷闷,无一干济之术①。可叹可恨! 士君子平日事事讲求,在在体验,临时只办得三五分,若全然不理会,只似纸舟尘饭耳②。

【译文】太平的时日,文武将吏习惯于懒散,拾前人之余唾,高谈阔论,好像都是真才。刚遇到稍微艰难一点或大一点的事,便仓皇迷闷,没有一点儿顶用的办法。真是可叹可恨啊! 士君子平日事事讲求,处处体验,临事时只能办个三五分,或全然不会办,这种人如同纸船和尘土做的饭一样没有用。

【注释】①干济:干练的办事能力。 ②纸舟尘饭:以纸作舟,以尘作饭,比喻以伪当真或毫无用处的东西。

125 圣人之杀,所以止杀也。故果于杀而不为姑息,故杀者一二而所全活者千万。后世之不杀,所以滋杀也。不忍于杀一二以养天下之奸,故生其可杀而生者多陷于杀。鸣呼! 后世民多犯死,则为人上者,妇人之仁为之也。世欲治,得乎?

【译文】圣人主张的杀,是为了止杀,所以对该杀的就十分果断,毫不姑息,因为杀了一两个却保存了千万人的生命。后世主张不杀,是助长了杀人的事,不忍杀一两个人却姑息了天下的奸邪之人,因此让该杀的活下来而活着的许多人就陷入了被杀的危险。唉! 后世的民众有很多犯了死罪,就是因为居于上位的人,以妇人之仁姑息了坏人而造成的。想使世道得到治理,怎能达到目的呢?

126 天下事不是一人做底,故舜五臣、周十乱①,其余所用皆小德小贤,方能兴化致治。天下事不是一时做底,故尧舜相继百五十年,然后黎民于变;文武周公相继百年,然后教化大行。今无一人谈治道,而孤掌欲鸣;一人倡之,众人从而诋訾之②;一时作之,后人从而倾圮之③。呜呼! 世道终不三代耶? 振教铎以化吾侪④,得数人焉相引而在事权,庶几或可望乎!

【译文】天下事不是一个人可以完成的,因此舜有五臣辅佐,周朝有十位治世的能臣,其余所用的都是小德小贤之人,这样才能兴化致治。天下事不是一时可以完成的,因此尧、舜相继一百五十多年,然后黎民才有所改变;周文王、周武王、周公又相继百年,然后教化大行。现在没有一个人谈治道,而孤掌欲鸣;一个人提倡,很多人都阻挠反对;一时开始做了,后人又把这些推翻。唉!世道终究达不到三代的教化程度吗?如果实行教化从我们这些人开始,再得到几个志同道合的人掌握教化的事权,大概还有些希望吧!

【注释】 ①十乱:乱,治臣。《尚书·泰誓》:"予有乱臣十人。"疏:"《尔雅释诂》云:'乱,治也。'治理之臣有十人也。" ②诋訾:毁谤。 ③倾圮:排挤、败坏。 ④振教铎:古代宣布政教法令时,即振铎以警众。铎,有舌的大铃。教,教化。振教铎意指振兴教化。

127 两精、两备、两勇、两智、两愚、两意,则多寡强弱在所必较①。以精乘杂,以备乘疏,以勇乘怯,以智乘愚,以有余乘不足,以有意乘不意,以决乘二三;以合德乘离心,以锐乘疲,以慎乘怠,则多寡强弱非所论矣。故战之胜负无他,得其所乘与为人所乘,其得失不啻百也。实精也,而示之以杂;实备也,而示之以疏;实勇也,而示之以怯;实智也,而示之以愚;实有余也,而示之以不足;实有意也,而示之以不意;实有决也,而示之以二三;实合德也,而示之以离心;实锐也,而示之以疲;实慎也,而示之以怠,则多寡强弱亦非所论矣。故乘之可否无他,知其所示,知其无所示,其得失亦不啻百也。故不藏其所示,凶也;误中于所示,凶也。此将家之所务审也。

【译文】 双方都精明、双方都有准备、双方都勇敢、双方都有智慧、双方都愚蠢、双方都有意图,那么双方在多寡强弱方面必有一番较量。以精对杂,以备对疏,以勇对怯,以智对愚,以有余对不足,以有意对不意,以决断对犹豫,以合德对离心,以锐对疲,以慎对怠,那么双方谁强谁弱谁多谁寡自然不必说了。因此是否能战胜对方,没有其他的方法,主要看能乘人之隙还是被人所乘,这样做得失相差不只百倍。实际很精明,却显示出杂乱的样子;实际已做好准备,却显示出疏忽的样子;实际很勇敢,却表现出很怯懦的样子;实际很聪明,却显示出愚蠢的样子;实际有富余,却表现出不足的样子;实际有准备,却显示出没有准备;实际有决断,却显示出拿不定主意的样子;实际同心同德,却显示出离心离德的样子;实际兵力很精锐,却显示出疲劳的样子;实际很谨慎,却显示出松懈的样子,那么双方的强弱多寡也不必说了。能否做到利用对方的弱点,这没有其他的方法,主要应弄清他显示出来的是什么,而掩饰的又是什么,这样双方的得失相差就不只百倍了。因此说,不掩藏好所要掩饰的事情,是很危险的;误中了对方的圈套,以为他显示的就是真实的情况,也是很危险的。这是带兵的将领必须要仔细认真对待的事。

【注释】①较:较量。

128 守令于民,先有知疼知热如儿如女一副真心肠,什么爱养曲成事业做不出?只是生来没此念头,便与说绽唇舌,浑如醉梦。

【译文】郡守县令等官吏对于民众,先有知疼知热,如待儿待女的一副真心肠,什么爱民养民、艰难困苦难以成功的事业做不出来?只是生来没有这个念头,就是和他说破唇舌,他也如在醉梦之中。

129 兵、士二党,近世之隐忧也。士党易散,兵党难驯。看来亦有法处,我欲三月而令可杀,杀之可令心服而无怨,何者?罪不在下故也。

【译文】兵和士这两种人,是近世隐藏的忧患啊!读书人容易离心离德,兵士难以驯服。看来也有办法改变这种状况,我能做到三个月可以让他们听从号令,如不听从的,即使将他们处死,也可以做到让他们心服口服而无怨言。为什么呢?因为罪责不在下面的人,我就是要从治理上面的人入手。

130 或问宰相之道,曰:无私有识。冢宰之道①,曰:知人善任使。

【译文】有人问怎样才能当好宰相。我回答说:无私有识。又问怎样才能当好吏部尚书,我回答说:善于知人善于任用。

【注释】①冢宰:指吏部尚书,掌管官吏的任免、考课、升降、调动等事务。

131 当事者须有贤圣心肠、英雄才识。其谋国忧民也,出于恻怛至诚;其图事揆策也①,必极详慎精密。踌躇及于九有②,计算至于千年。其所施设安得不事善功成、宜民利国。今也怀贪功喜事之念,为孟浪苟且之图,工粉饰弥缝之计,以遂其要荣取贵之奸,为万姓造殃不计也,为百年开衅不计也,为四海耗蠹不计也,计吾利否耳。呜呼!可胜叹哉!

【译文】当权的人须有圣贤心肠、英雄才识。为国家谋划,为人民担忧,出于至诚和同情;计议事情,筹划策略,必须极其详慎精密。周密地考虑,要从九域着眼;精确地计算,要想到千年久远。这样做,所提出的措施办法怎能不事善功成、宜民利国呢?现在当权的人只怀着贪功喜事的念头,做那些鲁莽苟且的事情,工于那些粉饰和涂抹的表面事情,来实现其要荣取贵的奸谋,是否会给百姓带来祸殃,他们是不考虑的。是否会给百年大计造成不好的开端,他们不放在心上。也不计算消耗了天下多少财力,只计算对自己有利无利。唉!对这种情况,真是感叹不尽啊!

【注释】①揆策:筹度策略。 ②踌躇及于九有:踌躇,来回走动貌,此处引申为多方筹划考虑。九有,九域。

132 为人上者最怕器局小、见识俗,吏胥舆皂尽能笑人,不可不慎也。

【译文】居于人上的人最怕气量小、见识俗。那些官府的小吏、轿夫和仆隶也都会笑话人,所以不能不谨慎。

133 为政者立科条、发号令,宁宽些儿,只要真实行,永久行。若法极精密而督责不严、综核不至,总归虚弥,反增烦扰。此为政者之大戒也。

【译文】治理国政的人制定法律条规,发布号令,宁肯宽松一些,只要求认真实行,永久执行。如果法令极其严密而督责不严、考核不到,总归还是一纸虚文,这样做只会增添烦扰而已。这是为政者的大戒。

134 民情不可使不便,不可使甚便。不便则壅阏而不通①,甚者令之不行,必溃决而不可收拾。甚便则纵肆而不检,甚者法不能制,必放溢而不敢约束。故圣人同其好恶以体其必至之情,纳之礼法以防其不可长之渐,故能相安相习而不至于为乱。

【译文】对于民情,不可使之不便利,又不能太便利。不便利则壅塞不通,甚至命令不能实行,必溃决不可收拾。太便利则放纵恣肆而不加检点,甚至法律都不能控制,必放溢而不敢约束。因此圣人和民众好恶相同,以体会民众不得已之情,并纳于礼法之中,防止那些不可滋长的错误苗头,因此能相安相习而不至于为乱。

【注释】①壅阏(è):堵塞。

135 居官只一个快性,自家讨了多少便宜,左右省了多少负累,百姓省了多少劳费。

【译文】居官如果养成一个快性的话,自己讨了多少便宜,左右的人省了多少负累,百姓省了多少劳费。

136 自委质后①,终日做底是朝廷官,执底是朝廷法,干底是朝廷事。荣辱在君,爱憎在人,进退在我。吾辈而今错处把官认作自家官,所以万事顾不得,只要保全这个在,扶持这个尊。此虽是第二等说话,然见得这个透,还算五分人。

【译文】自从把自己的一切都交给国家以后,终日做的是朝廷的官,执的是朝廷的法,干的是朝廷的事。是使我光荣还是耻辱,权力在君;是爱我还是恨我,这在于别人;是努力于政务还是回家为民,这在于自己。我们这些当官的人现在错把这个官当作自家的官,因此万事都顾不得,只要保全住这个官,保住这个尊严。这虽是说的第二等的话,然而对这点能看清楚,还算是五分人。

【注释】①委质:此指做官。

137 铦矛而秫梃①,金矢而秸弓②,虽有《周官》之法度而无奉行之人,典谟训诰何益哉③!

【译文】锋利的矛,而用秫秆做梃;金属的箭头,而用秸秆做弓。虽然有《周礼》所规定的严谨的法度,而没有奉行的人,这些典谟训诰又有什么用处呢?

【注释】①铦(xiān)矛而秫梃:铦,锐利。梃,木棒。此句意为以高粱秆作锐利之矛的柄,比喻不相称。 ②金矢而秸弓:金属的箭头而用秸秆为弓,也比喻不相称,无用处。 ③典谟训诰:重要的典章制度及文告。《尚书》中就有此四种文告。

138 二帝三王功业原不难做,只是人不曾理会,譬之遥望万丈高峰,何等巍峨,他地步原自逶迤,上面亦不陡峻,不信只小试一试便见得。

【译文】二帝三王的功业也不难达到,只是人们不好好理会罢了。比如遥望万丈高峰,何等巍峨,但登山的路原来是曲折婉转的,山上面也不陡峻,不信只要小试一下便可看到。

139 洗漆以油,洗污以灰,洗油以腻。去小人以人小,此古今妙手也。昔人明此意者几①,故以君子去小人,正治之法也。正治是堂

堂之阵,妙手是玄玄之机②。玄玄之机,非圣人不能用也。

【译文】 用油能洗掉漆,用灰能洗掉污,用腻能去掉油。用小人除去小人,这是古今的妙手啊!从前的人明白这个道理的很少,因此用君子去除小人,这是从正面治理的方法。正面治理是堂堂对阵,而妙手却是玄玄之机。玄玄之机,非圣人不能运用。

【注释】 ①几:少。 ②玄玄:深奥,神妙。

140 吏治不但错枉①,去慵懦无用之人,清仕路之最急者。长厚者误国蠹民以相培植,奈何?

【译文】 整顿吏治,不但要罢免贪赃枉法的人,除掉那些慵懦无用之辈,也是最紧迫的事情。宽厚的人对这些人加以培植而让他们误国害民,怎么办呢?

【注释】 ①错枉:《论语·为政》:"举直错诸枉,则民服;举枉错诸直,则民不服。"错,舍置也。枉,枉曲不正之人。即举荐正直的人,摒弃邪枉之人。

141 余佐司寇日①,有罪人情极可恨而法无以加者,司官曲拟重条,余不可。司官曰:"非私恶也,以惩恶耳。"余曰:"谓非私恶,诚然;谓非作恶,可乎?君以公恶轻重法,安知他日无以私恶轻重法者乎?刑部只有个'法'字,刑官只有个'执'字,君其慎之。"

【译文】 我在刑部任职的时候,有一名罪犯,案情极其可恨而根据法律又不能再重判了,有关主事人要曲意判他重刑,我认为不能这样做。主事人说:"不是我个人憎恨他,而是为了惩戒那些恶人。"我说:"你说不是你个人憎恨他,事实确实如此;但说曲意重判是对的,这行吗?您因公众对他的憎恨就加重刑罚,怎么知道他日不会以个人的憎恶而随意轻判重判呢?刑部只有个'法'字,刑官只有个'执'字,请您慎重考虑一下。"

【注释】 ①吕坤于万历二十二年(1594)任刑部侍郎。

142 有圣人于此,与十人论争,圣人之论是矣。十人亦各是己论以相持,莫不能下。旁观者至,有是圣人者,有是十人者,莫之能定。必有一圣人至,方是圣人之论,而十人者、旁观者又未必以后至者为圣人,又未必是圣人之是圣人也。然则是非将安取决哉?"旻天"诗人怨王惑于邪谋①,不能断以从善。噫!彼王也未必不

以邪谋为正谋、为先民之经、为大犹之程②,当时在朝之臣又安知不谓大夫为邪谋、为迩言也③?是故执两端而用中,必圣人在天子之位,独断坚持;必圣人居父师之尊,诚格意孚。不然人各有口,人各有心,在下者多指乱视,在上者蓄疑败谋,孰得而禁之?孰得而定之?

【译文】有一个圣人在此,与十个人论争,圣人的意见是正确的,而十个人也各自认为自己的意见正确,争论不休,谁也不能说服谁。来了一些旁观的人,有的说圣人的意见正确,有的认为十人的意见正确,是非还是定不下来。必须再来一个圣人,肯定原来那个圣人的意见是正确的,但是那十个人和旁观者又未必认为后来的人就是圣人,又未必认为肯定圣人的意见是正确的见解是正确的。那么用什么方法来判定是非呢?《诗经》中《小旻》就是诗人抱怨国君被邪谋所迷惑,不能判断是非而从善的诗篇。唉,诗中所说的国君未必不认为邪谋就是正谋,而把它作为民众遵守的法则、作为治国的大法,又怎知当时朝廷的官吏不认为大夫的主张是邪谋、是浅末之言呢?因此处事要权衡两端而用中道。只有圣人处在天子的位置,才能独断坚持;只有圣人居于父师之尊位,才能用诚意去感动。不然人各有口,人各有心,在下位的人胡乱指责扰乱视听,在上位的人心生疑虑败坏事情,谁能够禁止呢?谁来判定是非呢?

【注释】①"旻天"诗人怨王惑于邪谋:旻天,指《诗经·小雅·小旻》篇。朱熹注:"大夫以王惑于邪谋,不能断以从善,而作此诗。言旻天之疾威,布于下土,使王之谋犹邪辟,无日而止。谋之善者则不从,而其不善者反用之,故我视其谋犹,亦甚病也。" ②大犹之程:犹,朱熹注:"道。"程,朱熹注:"法。" ③迩言:浅末之言。

143 易衰歇而难奋发者,我也;易懒散而难振作者,众也;易坏乱而难整饬者,事也;易蛊敝而难久常者,物也。此所以治日常少而乱日常多也。故为政要鼓舞不倦,纲常张,纪常理。

【译文】容易衰歇而难以奋发的,是自己;容易懒散而难以振作的,是众人;容易坏乱而难以整饬的,是各种事情;容易蛊敝而难以持久的,是各种物品。这就是治日常少而乱日常多的原因。所以处理政务要鼓舞不倦,纲常张,纪常理。

144 滥准、株连、差拘、监禁、保押、淹久、解审、照提,此八者,狱情之大忌也,仁人之所隐也①。居官者慎之。

【译文】随意批准立案、狱案株连他人、随便派差役拘捕人犯、随便监禁人犯、随便批准保押、任意延长拘禁时间、解押到别地去审理、没有凭证就提取犯人,这八条是审理狱案的大忌,仁人都避免这样做。居官者一定要慎重。

【注释】①隐:怜悯。

145 养民之政,孟子云:"老者衣帛食肉,黎民不饥不寒①。"韩子云:"鳏寡孤独废疾者皆有养也②。"教民之道,孟子云:"使契为司徒,教以人伦,父子有亲,君臣有义,夫妇有别,长幼有序,朋友有信。放勋曰:'劳之来之,匡之直之,辅之翼之,使自得之,又从而振德之③。'"《洪范》曰④:"无偏无陂,遵王之义;无有作好,遵王之道;无有作恶,遵王之路;无偏无党,王道荡荡;无党无偏,王道平平;无反无侧,王道正直。会其有极,归其有极。"予每三复斯言⑤,汗辄浃背;三叹斯语,泪便交颐⑥。嗟夫!今之民非古之民乎?今之道非古之道乎?抑世变若江河,世道终不可反乎?抑古人绝德后人终不可及乎?吾耳目口鼻视古人有何缺欠?爵禄事势视古人有何靳啬⑦?俾六合景象若斯,辱此七尺之躯,觍面万民之上矣⑧。

【译文】对于养民之政,孟子主张:"七十岁以上的老人有丝棉的衣服穿有肉吃,一般百姓饿不着冻不着。"韩愈主张:"那些鳏夫、寡妇、孤老、孤儿和残废有病的人都有人抚养。"对于教民之道,孟子说:"让契这样的贤人任司徒,教给人民行为的准则和人伦道理,使父子相亲,君臣有义,夫妇有别,长幼有序,朋友有信,尧说:'督促他们,纠正他们,帮助他们,使他们各得其所,然后加以提携和教诲。'"《洪范》说:"不偏不邪,遵从王的法则;不要有所偏爱,遵循王规定的道理;不要作恶,遵循王指出的道路;没有偏私不结私党,王的道路才能平坦;不要偏袒,没有偏心,王的道路才能平易;不要反复无常不要偏斜不正,王的道路就会又正又直。天子聚合诸侯臣民要有法则,诸侯臣民归附天子也要有法则。"我每当诵习此言,便汗流浃背;每感叹此语,便泪流满面。唉!现在的民众难道和古代的民众不一样吗?现在的道理难道和古代不一样吗?还是世道的变化如长江大河一样,让人向往的世道终究不能再现呢?还是古人那高尚的道德后人终究达不到呢?我们的耳目口鼻比古人缺少了什么?爵禄事势比古人又吝惜啬刻多少?让天下成了这个样子,白白长了这七尺的身躯,处于万民之上真是面有愧色啊!

【注释】①"老者衣帛食肉"二句:语出《孟子·梁惠王上》 ②鳏寡孤独废疾者皆有养也:语出韩愈《原道》。 ③"孟子云:'使契为司徒……'"一段:语出《孟子·滕文公上》。朱熹注:"契,亦舜臣名也。司徒,官名也。人之有道,言其皆有秉彝之性也。然无教则亦放逸怠惰而失之,故圣人设官而教以人伦,亦因其固有者而道之耳。……放勋,本史臣赞尧之辞,孟子因以为尧号也。德犹惠也。尧言劳者劳之,来者来之,邪者正之,枉者直之,辅以立之,翼以行之,使自得其性矣,又从而提撕警觉以加惠焉,不使其放逸怠惰而或失之。盖命契之辞也。" ④《洪范》:《尚书》篇名。 ⑤三复斯言:三,多次,再三。复,颂。斯,此。 ⑥颐:腮,下颔。 ⑦靳啬:吝惜啬刻。 ⑧靦(miǎn)面:面有愧色。

146 智慧长于精神,精神生于喜悦,喜悦生于欢爱。故责人者,与其怒之也,不若教之;与其教之也,不若化之。从容宽大,谅其所不能而容其所不及,恕其所不知而体其所不欲,随事讲说,随时开谕。彼乐接引之诚而喜于所好,感督责之宽而愧其不材,人非木石,无不长进。故曰"敬敷五教在宽"①,又曰"无忿疾于顽"②,又曰"匪怒伊教"③,又曰"善诱人"④。今也不令而责之豫⑤,不言而责之意⑥,不明而责之喻⑦,未及令人,先怀怒意,挺诟恣加,既罪矣而不详其故,是两相仇、两相苦也,智者之所笑而有量者之所羞也⑧。为人上者切宜戒之。

【译文】智慧长于精神,精神生于喜悦,喜悦生于欢爱。因此责备人的人,与其对别人发怒,不如去教育他;与其教育他,不如去感化他。要从容宽大,体谅他不能做到的,而容忍他达不到的;宽恕他不知道的,而体贴他不想干的。随事讲解,随时开导。对方对你的诚心相待感到高兴,就会喜欢你所爱好的事;感谢你对他要求比较宽容,就会对自己不能成材而感到惭愧。人非木石,没有不长进的。因此《尚书》说:"努力地宣传五常之教,在于宽厚。"又说:"对那些愚顽不化的人不要愤怒憎恶。"又说:"不要发怒而要施教于人。"又说:"善于诱导人。"现在是:没下命令就要求人先有准备,没有说话就要求人先要会意,没有晓喻就要求人先要明白。命令还未发出,先怀有怒意,任意打骂,对方已受到责难,还不知什么原因。这种做法是使双方都互相仇视,给双方都带来痛苦啊!有智者会觉得这样做很可笑,有量者认为这样做的人应感到羞愧。居于人上的人,切记不要这样做。

【注释】①敬敷五教在宽:语出《尚书·舜典》。敷,布。五教,五常之教。

②无忿疾于顽:语出《尚书·君陈》。　③匪怒伊教:语出《诗经·鲁颂·泮水》。意谓不是对人发怒,而是教训大家。　④善诱人:《论语·子罕》:"颜渊喟然叹曰:'仰之弥高,钻之弥坚,瞻之在前,忽焉在后。夫子循循善诱人,博我以文,约我以礼。'"朱熹注:"循循,有次序貌。诱,引进也。"　⑤豫:先事为备。　⑥意:意会。　⑦喻:明晓。　⑧有量者:有度量的人。

147　德立行成了,论不得人之贵贱、家之富贫、分之尊卑。自然上下格心①,大小象指②,历山耕夫有甚威灵气焰③?故曰:"默而成之,不言而信,存乎德行④。"

【译文】道德操守修养好了,就不必再谈论人出身的贵贱、家庭的贫富、个人身份的尊卑。自然上下都能做到正心,大人小孩都听从你指挥。舜本来只是历山一个耕田的农夫,有什么威势气焰?因此《易经》说:"默默地成功了,不说话别人就会相信,主要在于要有高尚的道德品行。"

【注释】①格心:正心。《礼记·缁衣》:"夫民教之以德,齐之以礼,则民有格心。"　②象指:像指头一样听从使唤。　③历山耕夫:《史记·五帝本纪》:"舜耕历山,历山之人皆让畔。"　④"默而成之"三句:语出《周易·系辞上》。

148　宽人之恶者,化人之恶者也;激人之过者,甚人之过者也①。

【译文】宽恕别人的错误,就是帮助别人改正错误;用激烈的态度对待别人的错误,就是要让别人再错上加错。

【注释】①甚:加重。

149　五刑不如一耻,百战不如一礼,万劝不如一悔。

【译文】用五刑使人免于犯罪,不如让他懂得羞耻;用百战使他屈服,不如教他以礼;万次劝勉,不如让他知道悔恨。

150　举大事,动众情,必协众心而后济。不能尽协者,须以诚意格之,恳言入之。如不格不入,须委曲以求济事。不然彼其气力智术足以撼众而败吾之谋,而吾又以直道行之,非所以成天下之务也。古之入神谋鬼谋,以卜以筮,岂真有惑于不可知哉?定众志也,此济事之微权也。

【译文】举大事,动众情,必须众心协调一致才能成功。不能达到完全协调,必须用诚意去感动他,用恳切的话语去劝说他。如果还不行,必须用婉转曲折的办法求得事情的成功。不然对方的气力智术足以感动众人来败坏我的计划,而我又以直道推行,这不是成就天下大事的办法。古代的人声称是神的意志、鬼的谋略,又用卜筮的办法来预测,难道真是因为迷惑于不可知的力量吗?这是为了安定众人的心啊!这是使事情能够成功的微妙办法。

151 世间万物皆有所欲,其欲亦是天理人情。天下万世公共之心,每怜万物有多少不得其欲处。有余者,盈溢于所欲之外而死;不足者,奔走于所欲之内而死。二者均,俱生之道也。常思天地生许多人物,自足以养之,然而不得其欲者,正缘不均之故耳。此无天地不是处,宇宙内自有任其责者。是以圣王治天下不说均就说平,其均平之术只是絜矩①,絜矩之方只是个同好恶。

【译文】世间万物都有欲望,这些欲望都是天理人情。天下万世那些出于公心的人,每每怜悯万物有多少不能得到自己应有的欲望。欲望得到过分满足的,会因为欲望已超过了他的需要而导致死亡;欲望得不到满足的,也会为了要满足欲望到处奔波而劳累抑郁致死。二者如果均平的话,便都可以很好地生存。我常想,天地生这么多的人物,自然足以养育他们,然而有许多不能满足的,正因为不均的缘故。这里天地没什么错处,宇宙内自有应承担责任的人。因此圣王治理天下,不是说均,就是说平,均平的办法就是要有法度,实行法度的办法就是能根据共同的好恶推己及人。

【注释】①絜(xié)矩:絜,度量。矩,法度。《大学》第十章:"所谓平天下在治其国者,上老老而民兴孝,上长长而民兴弟,上恤孤而民不倍,是以君子有絜矩之道也。"朱熹注:"是以君子当因其所同,推以度物,使彼我之间各得分愿,则上下四方均齐方正,而天下平矣。"

152 做官都是苦事,为官原是苦人,官职高一步,责任便大一步,忧勤便增一步。圣人胼手胝足①,劳心焦思,惟天下之安而后乐,是乐者,乐其所苦者也。众人快欲适情,身尊家润,惟富贵之得而后乐,是乐者,乐其所乐者也。

【译文】做官都是苦事,为官原是苦人,官职高一步,责任便大一步,忧愁勤苦便增一步。圣人胼手胝足,劳心焦思,只有天下安定了才会快乐——这种快乐,是以苦为乐的人。众人快意适情,身尊家润,只有得到富贵才能快乐——这种快乐,是以快乐为乐的人。

【注释】①胼手胝足:手掌脚底生厚茧。

153 法有定而持循之不易,则下之耳目心志习而上逸。无定,则上之指授口颊烦而下乱。

【译文】法有定规,在执行和遵循时不加以改变,这样遵守的人就成了习惯,而居上位者也省去了很多麻烦。法无定规,那么居上位者每天忙于下达命令,不仅自己口舌烦乱,而在下者也感到混乱。

154 世人作无益事常十九,论有益惟有暖衣、饱食、安居、利用四者而已。臣子事君亲,妇事夫,弟事兄,老慈幼,上惠下,不出乎此。《豳风》一章①,万世生人之大法,看他举动,种种皆有益事。

【译文】世上人所做的事,无益的事常有十分之九,如果说是有益的事,只有暖衣、饱食、安居、利用四方面而已。臣子侍奉君王和父母,妻子侍奉丈夫,弟弟侍奉兄长,老人慈爱孩子,居上位者对居下位者仁惠,都属于有益的事。《诗经·豳风》一章,说出了万世人生的大事,诗中所讲的种种举动,件件都是有益的事。

【注释】①豳风一章:指《诗经·豳风·七月》,讲农事之全过程。

155 天下之事,要其终而后知君子之用心;君子之建立,要其成而后见事功之济否。可奈庸人俗识,谗夫利口,君子才一施设辄生议论,或附会以诬其心,或造言以甚其过,是以志趣不坚、人言是恤者辄灰心丧气①,竟不卒功。识见不真、人言是听者辄罢君子之所为,不使终事。呜呼!大可愤心矣。古之大建立者,或利于千万世而不利于一时,或利于千万人而不利于一人,或利于千万事而不利于一事。其有所费也似贪,其有所劳也似虐,其不避嫌也易以招摘取议。及其成功而心事如青天白日矣,奈之何铄金销骨之口夺未竟之施,诬不白之心哉?呜呼!英雄豪杰冷眼天下之事,袖手天下之敝,付之长吁冷笑,任其腐溃决裂而不之理,玩日愒月②,尸位素餐而苟且目前以全躯保妻子者岂得已哉?盖惧此也。

【译文】天下的事,到最后才能知道君子的用心;君子的建立,要等事情完成以后才能看出成功与否。无奈庸人的俗见,逸夫的利口,君子才一开始做事他们就大加议论,或者用附会的办法来诬蔑君子的用心,或者用造谣的方法来夸大君子的过失,因此那些意志不坚强的人,害怕这些议论的人就灰心丧气,竟使事情不能成功。识见不定的人,专听那些闲言碎语的人,听到了这些议论就停止了君子的作为,使事情半途而废。唉!真让人可气可恨啊!古时候建立大的功业,有的对千万世有利,而对当时不一定有利;有的对千万人有利,而对一人不利;有的对千万事有利,而对一件事不利。做事耗用的财力很多,好像有人从中贪污;对待劳作的人要求很严,有点近似于虐待;做事不避嫌疑,也容易招来议论指责。及其成功,心事如青天白日一样。怎奈那些庸人逸夫用铄金销骨之口来破坏那未完成的事业、诬蔑君子的难以剖白之心啊!唉!这使英雄豪杰冷眼观看天下之事,袖手观看天下一天天坏下去,只付以长吁冷笑,任其腐溃决裂而不管,只是贪图安逸虚度岁月,居位食禄而不理事,苟且目前以保全自己和家庭,这样做难道是出于自己的真心吗?是不得已啊!就是害怕那些庸人逸夫的逸言利口啊!

【注释】①恤:忧虑。 ②玩日愒月:贪图安逸,虚度日月。

156 变法者变时势不变道,变枝叶不变本。吾怪夫后之议法者偶有意见,妄逞聪明,不知前人立法千思万虑而后决。后人之所以新奇自喜,皆前人之所以熟思而弃者也,岂前人之见不及此哉!

【译文】变法,应该是改变时势不改变道理,改变枝叶而不改变根本。我很奇怪后世议论变法的人,偶而有什么意见,就妄逞聪明,不知前人立法的时候是经过千思万虑才决定下来的。后人认为新奇而自以为得意的见解,都是前人经过深思熟虑而弃置不用的,哪里是前人没有考虑到呢!

157 鳏寡孤独、疲癃残疾、颠连无告之失所者,惟冬为甚。故凡咏红炉锦帐之欢、忘雪夜呻吟之苦者,皆不仁者也。

【译文】鳏寡孤独、衰老龙钟、残废疾病和那些颠沛流离、无处诉苦的流离失所之人,一到冬天更为难过。因此那些咏红炉锦帐之欢的人,忘记还有在雪夜中痛苦呻吟的人,都是不仁的人啊!

158 天下之财,生者一人,食者九人;兴者四人,害者六人。其冻馁而死者,生之人十九,食之人十一。其饱暖而乐者,害之人十九,兴之人十一。呜呼!可为伤心矣。三代之政行,宁有此哉!

【译文】天下的财物,生产的只有一个人,而吃用的却有九个人;兴办的只有四个人，破坏的却有六个人。天下的人冻馁而死的，十分之九是参加生产的人，十分之一是吃用的人。那些吃饱穿暖而享乐的人，十有九是破坏事情的人，十有一是兴办的人。唉！真让人伤心啊！如果三代时的政令大行，会有这种事吗？

159 居生杀予夺之柄，而中奸细之术以陷正人君子，是受雇之刺客也。伤我天道，殃我子孙，而为他人快意，愚亦甚矣。愚尝戏谓一友人曰："能辱能荣，能杀能生，不当为人作荆卿①。"友人谢曰："此语可为当路药石②。"

【译文】掌握着生杀予夺的大权，而中了奸细的阴谋陷害了正人君子，这就是受人雇用的刺客啊！伤害天道，殃及子孙，而让他人称心快意，也太愚蠢了啊！我曾和一个朋友说了一句玩笑话："能辱能荣，能杀能生，不当为人作荆轲。"友人回答说："这句话可以作为身居要职者的药石之言。"

【注释】①荆卿：指荆轲，战国卫人。为燕太子丹客，受命刺杀秦王（秦始皇），不中，被杀。事见《史记·刺客列传》。 ②当路：权要。药石：治病的药物和砭石（经磨制而成的尖石或石片）。

160 秦家得罪于万世①，在变了井田上②。春秋以后井田已是十分病民了，但当复十一之旧，正九一之界，不当一变而为阡陌。后世厚取重敛，与秦自不相干。至于贫富不均，开天下奢靡之俗，生天下窃劫之盗，废比闾族党之法③，使后世十人九贫，死于饥寒者多有，则坏井田之祸也。三代井田之法，能使家给人足、俗俭伦明、盗息讼简，天下各得其所。只一复了井田，万事俱理。

【译文】秦始皇这个朝代，所以被万世所责难，只是因为他改变了井田制。春秋时期以后，井田已经对民众很不利了，但应该恢复十分收一的税制，而正定一分为公田、九分为私田的井田界限，不应当一下就变为开阡陌弃井田。后世的厚取重敛，与秦朝没有任何关系。至于贫富不均，开天下奢靡之俗，生天下窃劫之盗，废比、闾、族、党之法，使后世十人九贫，死于饥寒者不断，则是破坏了井田制造成的祸患啊！三代时井田的方法，能使家给人足，俗俭伦明，盗息讼简，天下人各得其所。只要一恢复井田制，万事都会得到治理。

【注释】①秦家得罪于万世：秦指战国时秦国。《汉书·食货志》载董仲舒疏："秦……用商鞅之法，改帝王之制，除井田，民得买卖。富者田连阡陌，贫者无立锥之地。" ②井田：古代的一种土地制度。以方九百亩的地为一里,划为九区,其中一百亩为公田,八家均私田百亩,同养公田。因形如井字,故称井田。《谷梁传》宣公十五年:"古者三百步为里,名曰井。井田者,九百亩,公田居一。" ③比闾族党:周代乡遂之行政区划。《周礼·地官·大司徒》:"令五家为比,使之相保;五比为闾,使之相爱;四闾为族,使之相葬;五族为党,使之相救。"

161 赦何为者？以为冤耶；当罪不明之有司；以为不冤耶,当报无辜之死恨。圣王有大庆,虽枯骨罔不蒙恩。今伤者伤矣,死者死矣,含愤郁郁莫不欲仇我者速罹于法以快吾心,而乃赦之,是何仁于有罪而不仁于无辜也。将残贼幸赦而屡逞,善良闻赦而伤心,非圣王之政也。故圣王眚灾宥过不待庆时①,其刑故也不论庆时,夫是之谓大公至正之道。而不以一时之喜滥恩,则法执而小人惧,小人惧则善良得其所。

【译文】为什么要赦免呢？如果是因为冤枉,应当治那些昏庸的审理案件官吏的罪；如果不冤,应当为那些无辜者报仇雪恨。国君有了喜庆的事,即使是枯骨也都要受到恩惠。现在受伤的受伤,死的已死,心含郁愤,都想使那些伤害自己的人很快受到法律的制裁,使我的心得到快慰。但是现在却赦免了那些罪人,为什么要对有罪的人施以仁政,而对无辜者不仁呢？让残害人的害人贼侥幸赦免的愿望屡屡得逞,让善良人听到赦免坏人就伤心痛苦,这不是圣王的政治。因此,圣王想要减轻因过失造成的灾害不要等待有喜庆的时候,在实行刑罚的时候也不论是否是喜庆的时候,这就叫做大公至正之道。不以一时的高兴滥施恩惠,法令就会得到执行,小人就会害怕；小人害怕,善良人就能安居乐业了。

【注释】①眚(shěng)灾宥过:眚,消、减。宥,宽、赦。

162 庙堂之上聚议者,其虚文也。当路者持不虚之成心,循不可废之故事,特借群在以示公耳。是以尊者嚅嗫①,卑者唯诺,移日而退。巧于逢迎者观其颐指意向而极口称道②,他日骤得殊荣；激于公直者知其无益有害而奋色极言,他日中以奇祸。

【译文】朝廷聚集大臣来议论朝政,只是一些形式而已。当权者持不虚之成心,循不可废之故事,只是借用众人来表示公正而已。因此处在高位的人欲言又止,处于低位的人唯唯诺诺,拖了很长时间,退席了事。巧于逢迎的人看国君的眼色行事,看国君赞同的则极口称道,他日就可得到殊荣；为人正直的知道逢迎者说的话是无益有害的,就极力反对,他日遭到奇祸。

【注释】①嚅嗫:欲言又止。 ②颐指:颐,面颊。颐指,口不言而以面颊示意。

163 近世士风大可哀已。英雄豪杰本欲为宇宙树立大纲常、大事业,今也,驱之俗套,绳以虚文,不俯首吞声以从,惟有引身而退耳。是以道德之士远引高蹈,功名之士以屈养伸。彼在上者倨傲成习,看下面人皆王顺长息耳①。

【译文】近世的士风真让人感到可悲啊!英雄豪杰本想为宇宙树立榜样,干一番事业,但是现在却被驱赶着干那些俗事,应付那些虚套,如果不俯首吞声服从,只有引身而退。因此有道德的人隐居远方,想成就功名的人以屈养伸。那些处于高位的人倨傲成习,希望下面的人都顺从而不提任何意见。

【注释】①王顺:"王"通"往"。往顺,顺从的样子。

164 今四海九州之人,郡异风,乡殊俗,道德不一故也。故天下皆守先王之礼,事上接下,交际往来,揆事宰物,率遵一个成法,尚安有诋笑者乎?故惟守礼可以笑人。

【译文】现在四海九州的人,州郡风尚不同,乡县习俗有异,这是因为道德不统一的缘故啊!如果天下的人都遵守先王制定的礼法,事上接下,交际往来,处理事物,都遵守一个成法,还会有人耻笑吗?因此说只有守礼的人才可以笑话别人。

165 凡名器服饰①,自天子而下庶人而上,各有一定等差,不可僭逼。上太杀是谓逼下,下太隆是谓僭上②,先王不裁抑以逼下也,而下不敢僭。

【译文】凡是名器服饰,从天子以下直到普通人,都要有一定的等级差别,不可超越。居于上位的人太降低等级,这叫逼下;处于下位的太超越等级,叫做僭上。先世的君王不裁抑以逼下,而下面的人也不敢僭上。

【注释】①名器:名分器物。表示等级身份的规定和外在标志。 ②僭:越分。

166 礼与刑二者常相资也,礼先刑后,礼行则刑措①,刑行则礼衰。

【译文】礼与刑二者是相辅相成的,先实行礼然后用刑,礼得到推行,则刑就会措置不用;只用刑,则礼就会衰微。

【注释】①措:弃置。

167 官贵精不贵多,权贵一不贵分。大都之内,法令不行,则官多权分之故也,故万事俱弛。

【译文】官吏贵精不贵多,权力贵专一不贵分散。大概说来,法令不行,是因为官多权力分散的缘故,所以万事废弛。

168 名器于人无分毫之益,而国之存亡、民之死生于是乎系。是故衮冕非暖于纶巾①,黄瓦非坚于白屋②,别等威者非有利于身,受跪拜者非有益于己,然而圣王重之者,乱臣贼子非此无以防其渐而示之殊也。是故虽有大奸恶,而以区区之名分折之,莫不失辞丧气。吁!名器之义大矣哉!

【译文】名器对人丝毫没有实际使用价值,但是却关系着国家的存亡、民众的生死。帝王、士大夫所穿的礼服、戴的礼帽不比青丝带编织的头巾暖和,黄色琉璃瓦盖的房子不一定比普通的砖瓦房坚固,表示等级威权的东西并非有利于自身,接受别人的跪拜对自己也没什么益处,然而圣王却重视这些,是因为没有这些就不能显示君王的特殊地位,以此可防微杜渐,以免乱臣贼子的出现。因此有些人虽然怀有强烈的野心,但因一个小小的名分管束着,没有不气短言少的。吁!名器的意义实在是大啊!

【注释】①衮冕非暖于纶巾:衮冕,衮衣和冠冕,古代帝王及大夫的礼服和礼帽。纶巾,古时用青丝带编织的头巾。 ②黄瓦非坚于白屋:黄瓦,指帝王的宫殿。其屋顶用黄色琉璃瓦建成。白屋,古代平民的住屋,因其不施彩,故称白屋。

169 今之用人,只怕无去处,不知其病根在来处。今之理财,只怕无来处,不知其病根在去处。

【译文】现在用人,只怕没有使用的地方,不知病根在选取的地方。现在理财,只怕钱财没来处,不知病根在这些钱财的去处。

170 用人之道,贵当其才;理财之道,贵去其蠹。人君以识深虑远者谋社稷,以老成持重者养国脉,以振励明作者起颓靡,以通时达变者调治化,以秉公持正者寄钧衡①,以烛奸嫉邪者为按察,以厚下爱民者居守牧,以智深勇沉者典兵戎,以平恕明允者治刑狱,以廉静综核者掌会计,以惜耻养德者司教化,则用人当其才矣。宫

妾无慢弃之帛,殿廷无金珠之玩,近侍绝贿赂之通,宠幸无不赀之赏②,臣工严贪墨之诛③,迎送惩威福之滥,工商重淫巧之罚,众庶谨僭奢之戒,游惰杜幸食之门,缁黄示诳诱之罪④,倡优就耕织之业,则理财得其道矣。

【译文】用人之道,贵在恰当使用其才能;理财之道,贵在去掉蛀虫。国君用识深虑远的人为国家谋划,用老成持重的人培养国本,用振励实干的人振兴颓敝,用通时达变的人调节治化,用秉公持正的人评定人才,用烛奸嫉邪的人为按察之职,用厚爱下民的人任太守州牧,用智深勇沉的人掌握兵戎,用平恕明允的人管理刑狱,用廉静综核的人主持会计,用惜耻养德的人管理教化,这样就做到人尽其才了。宫妾没有丢弃的布帛,殿廷无金银珠宝等玩好,近侍拒绝受贿帮人打通门路,宠信的人不会受到过度的赏赐,群臣百官贪财受贿会受到严厉惩治,迎送官吏时官吏滥逞威福索取财物要加重处治,工匠商人制造贩卖过分奇巧的物品要受到重罚,普通百姓做出越轨奢侈的事要严加惩戒,游侠懒汉不劳而食要坚决杜绝,佛道之徒蛊惑人心要严加追究,倡女俳优之人要从事耕织之业,这样就找到理财的办法了。

【注释】①钧衡:钧,衡量轻重。衡,测量物体重量的器具。此处借此二物喻选拔和评量人才。 ②不赀之赏:赀,计量,不赀之赏,意为奖赏无度。 ③贪墨之诛:贪墨,贪财好贿。墨,指不洁。诛,惩罚。 ④缁黄:指佛道之徒。

171 古之官人也择而后用,故其考课也常恕。何也?不以小过弃所择也。今之官人也用而后择,却又以姑息行之,是无择也,是容保奸回也。岂不浑厚?哀哉万姓矣!

【译文】古代任用官吏,经过选择以后才任命,因此在考核的时候常常比较宽。为什么呢?是因为不会因一点小过失就否定经过选择的人才。现在任命官吏,任用以后再加以选择,却又用姑息的态度来对待他们的过失,这就等于取消了选择,是用宽容保护那些奸邪的人。这样做对官吏很是宽厚,但百姓却太可悲了。

172 世无全才久矣,用人者各因其长可也。夫目不能听,耳不能视,鼻不能食,口不能臭,势也。今之用人不审其才之所堪,资格所及,杂然授之。方司会计,辄理刑名;既典文铨①,又握兵柄。养之不得其道,用之不当其才,受之者但悦美秩而不自量。以此而求济事,岂不难哉!夫公绰但宜为老而辨谌不可谋邑②,今之人才

岂能倍蓰古昔？愚以为学校养士，科目进人，便当如温公条议③，分为数科，使各学其才之所近，而质性英发能备众长者，特设全才一科，及其授官，各任所长。夫资有所近，习有所通，施之政事，必有可观。盖古者以仕学为一事，今日分体用为两截。穷居草泽，止事词章；一入庙廊，方学政事。虽有明敏之才，英达之识，岂能观政数月便得每事尽善？不免卤莽施设，鹘突支吾④。苟不大败，辄得迁升。以此用人，虽尧舜不治。夫古之明体也养适用之才，致君泽民之术固已熟于畎亩之中，苟能用我者，执此以往耳。今之学校，可为流涕矣。

【译文】世上已经很久没有出现全面的人才了，用人的人只要用每人的所长就可以了。目不能听，耳不能视，鼻不能食，口不能嗅，这是功能不同形成的。现在用人不考查其才能能够胜任什么，只要资格够了，就胡乱授给个官职。正在掌管会计又调去审理刑狱；既担当选拔文官的重任，又让其掌握兵权。培养不用适当的方法，任用又不适合他的才能，被任用的人只是喜欢高官厚禄却不衡量自己能否胜任。这样想使事情成功，不是太难了吗？孟公绰担任卿相之家的总管很适合，裨谌不能让他管理行政，现在的人才难道还会比古代多出几倍吗？我认为，用学校来培养人才，用科举的办法来选拔人才，就应当按照司马光上奏的条议，分为若干科，使每人学习和他的特长相近的科目，而天资特别聪明又有多种特长的，专门设立全才科，到授于官职的时候，各用其所长。他学习的科目和他的资质相近，他所学习的又和他未来的事业相通，这样把这些才能用在政事上，必然会做出可观的成绩。古人把做官和学习作为一件事，现在把它分开，成了两截。穷居草泽，尚未为官的时候，只学习诗词文章；一入朝廷，当上官吏，才开始学习政事。这样做，即使有聪明敏捷的才智、有英明特达的识见，也不能从政几个月就把每件政事做好，不免会有鲁莽的行动，胡乱应付的时候。如果没什么大错，还会得到提升。用这样的方法选用人才，即使是尧舜也不能治理好天下。古代以讲明治世之道来培养实用的人才，对致君尧舜、恩泽下民的方法，身为一介平民时已经熟悉，如果有任用我的人，我就怀着这一套本事去赴任。现在这样的学校，真让人为之伤心落泪啊！

【注释】①文铨：文士的选拔。 ②公绰但宜为老而裨谌不可谋邑：公绰，《论语·宪问》："孟公绰为赵魏者则优，不可以为滕薛大夫。"朱熹注："公绰，鲁大夫。赵魏，晋卿之家。老，家臣之长。大家势重，而无诸侯之事；家老望尊,而无官守之责。优,有余也。"裨谌,郑大夫。《左传》襄公三十一年:"裨谌能谋,谋于野则获,谋于邑则否。"获,得所谋;否,不得所谋。　③温公条议:温公,司马光,北宋大臣,史学家,死后追封温国公。司马光为相时,曾上条议,"欲乞朝廷设十科取士:一曰行义纯固可为师表科,有官无官人皆可举。二曰节操方正可备献纳科,举有官人。三曰智勇过人可备将帅科,举文武有官人。四曰公正聪明可备监司科,举知州以上资序。五曰经术精通可备讲读科,有官无官人皆可举。六曰学问该博可备顾问科,同上。七曰文章典丽可备著述科,同上。八曰善听狱讼尽公得实科,举有官人。九曰善治财赋公私俱便科,同上。十曰练习法令能断清谳科,同上。"(见《宋史·选举志六》)　④鹘突:即糊涂。

173 官之所居曰任,此意最可玩。不惟取责任负荷之义,任者,任也。听其便宜信任而责成也。若牵制束缚,非任矣。

【译文】官所在的位置叫"任",其中的含义最耐人寻味。不仅含有责任、负荷的意思,任,还有听任、信任之意,即听任你按照适当的方法去做、信任你责成你来完成。如果对所任者一味地牵制、束缚,就不叫"任"了。

174 厮隶之言直彻之九重①,台省以之为臧否②,部院以之为进退③,世道大可恨也。或讶之。愚曰:天子之用舍托之吏部,吏部之贤不肖托之抚按④,抚按之耳目托之两司⑤,两司之心腹托之守令⑥,守令之见闻托之皂快⑦,皂快之采访托之他邑别郡之皂快。彼其以恩仇为是非,以谬妄为情实,以前令为后官,以旧怨为新过,以小失为大辜⑧,密报密收,信如金石;愈伪愈详,获如至宝。谓夷、由污,谓跖、蹻廉,往往有之。而抚按据以上闻,吏部据以黜陟。一吏之荣辱不足惜,而夺所爱以失民望,培所恨以滋民殃,好恶拂人甚矣。

【译文】奴仆的话能一直上达到朝廷,台省的主管大臣以这些话作为考核官吏的依据,部院的主管大臣以此作为部下官吏升降的标准,这样的世道也太让人遗憾了!有人对我的看法表示惊讶,我说:天子把用人的大权交给吏部,吏部把评定人贤与不贤的权力交给巡抚,巡抚又把考察官吏政绩的权力交给布政司和按察司,两司又把想要了解的事情托付郡守县令去办,郡守县令又让皂吏和捕快去打探消息,此地的皂吏捕快又托付其他郡邑的皂吏捕快代为打探。这些皂快以恩仇为标准来评论是非,把错误虚妄的当做正确实有的,把前任官吏做的事加到后任的头上,把以前的过失当做新犯的错误,把小的失误说成大问题。密报密收,听的人深信不疑;愈是虚假不实的情况报告得愈详细,听的人如获至宝。把伯夷、许由说成品德低下的人,把庄跷、盗跖说成是廉洁的人,这种情况往往出现。而巡抚根据这些就向上报告,吏部就根据这些决定官吏的升降。一名官吏的荣辱不足惋惜,而罢免了民众热爱的官吏使民众失望,培植他们痛恨的官吏使他们遭殃,和民众的好恶背离得太远了。

【注释】①厮隶之言直彻之九重:厮隶,指下层之仆役,如皂快等。彻,达。九重,指朝廷。 ②台省以之为臧否:台省,指中央宰辅所居之地。臧否,好坏。 ③部院以之为进退:部院,六部和都察院。进退,指官阶的升降。 ④抚按:指巡抚。巡抚属都察院,负责监察风纪,参与考察官吏等事。 ⑤两司:即承宣布政使司和提刑按察使司。据《明史·职官四》:"布政使掌一省之政,朝廷有德泽、禁令,承流宣播,以下于有司。凡僚属满秩,廉其称职不称职,上下其考报抚按以达于吏部、都察院。""按察使掌一省刑名按劾之事,纠官邪,戢奸暴,平狱讼,雪冤抑,以振扬风纪,而澄清其吏治。" ⑥守令:指府、州、县官。 ⑦皂快:指皂隶和快手,皂隶为衙门中的贱役,出司呵殿,入执刑杖侍立。快手,为衙署中掌缉捕、行刑等职事的差役。 ⑧辜:罪。

175 居官有五要:休错问一件事,休屈打一个人,休妄费一分财,休轻劳一夫力,休苟取一文钱。

【译文】做官要五不:不问错一件事,不屈打一个人,不能浪费一分公家钱财,不要多劳一天役力,不能贪占一分钱。

176 吴越之战利用智,羌胡之战利用勇。智在相机,勇在养气。相机者务使鬼神不可知,养气者务使身家不肯顾,此百胜之道也。

【译文】春秋时,吴国和越国打仗是利用智慧,羌人和胡人打仗靠的是勇敢。用智在于选择时机,用勇在于培养勇气。选择时机,即使鬼神也不能让他们知道;培养勇气,务使他们能不顾身家性命。这就是百战百胜的方法。

177 兵以死使人者也。用众怒,用义怒,用恩怒。众怒仇在万姓也,汤武之师是已。义怒以直攻曲也,三军缟素是已。恩怒感激思奋也,李牧犒三军①,吴起同甘苦是已②。此三者,用人之心,可以死人之身,非是皆强驱之也。猛虎在前,利兵在后,以死殴死,不战安之？然而取胜者幸也，败与溃者十九。

【译文】兵士是用生命作代价而受人役使的人，可以用解救民众的道理来激发他，可以用正义情感来激发他，可以用恩情来激发他。为了解救民众而战就是为老百姓报仇，商汤、周武王的军队就是用的这个口号。正义情感就是以正义攻打不义，三军都穿着孝服为之报仇，就是这种情况。用恩情来激发，就会感恩图报奋勇向前，李牧犒劳三军将士，吴起与士卒同甘共苦就是这样做的。这三种情况，都能打动士卒的心，这样就可以使他们奋不顾身、视死如归。反之，都是勉强驱赶他们上战场的做法。猛虎在前，利兵在后，用死战来赶走死亡，不战怎么行呢？然而以此能取胜的，只是侥幸而已，失败溃逃的情况十有其九。

【注释】①李牧：《史记·廉颇蔺相如列传》："李牧者，赵之北边良将也。常居代雁门，备匈奴。以便宜置吏，市租皆输入莫府，为士卒费。日击数牛飨士，习射骑，谨烽火，多间谍，厚遇战士。" ②吴起：《史记·孙子吴起列传》："吴起者，卫人也，好用兵。……起之为将，与士卒最下者同衣食。卧不设席，行不骑乘，亲裹赢粮，与士卒分劳苦。卒有病疽者，起为吮之。卒母闻而哭之。人曰：'子，卒也。而将军自吮其疽，何哭为？'母曰：'非然也。往年吴公吮其父，其父战不旋踵，遂死于敌。吴公今又吮其子，妾不知其死所矣。是以哭之。'"

178 寓兵于农，三代圣王行之甚好，家家知耕，人人知战，无论即戎，亦可弭盗，且经数十百年不用兵。说用兵，才用农十分之一耳。何者？有不道之国则天子命曰："某国不道，某方伯连帅讨之①。"天下无与也，天下所以享兵农未分之利。春秋以后，诸侯日寻干戈，农胥变而为兵②，舍穑不事则吾国贫，因粮于敌则他国贫。与其农胥变而兵也，不如兵农分。

【译文】寓兵于农的办法，三代时圣明的君王实行得很好，家家都知道耕种的重要，人人都明白战争的道理，不只可以抵御外族入侵，还可以消除盗贼，并且经历了数十百年没有用兵的日子。要用兵，只用农民的十分之一而已。为什么呢？有不服从天子命令的诸侯国，天子只要下达一道命令说："某国不听从命令，某方伯连帅去讨伐他们。"天子及其他的诸侯国也不必参与，天下就可以享受兵农不分的好处。春秋以后，诸侯间的战争日益频繁，那些农夫都变成了专职的士兵，他们不种庄稼，国家就要贫穷，从敌国夺取粮食，其他国家的百姓也要贫困。看来与其把农夫都变成士兵，不如把农夫和士兵分开。

【注释】 ①方伯连帅：方伯，一方诸侯之长。《礼记·王制》："千里之外设方伯。"连帅，十国诸侯之长。《礼记·王制》："十国以为连，连有帅。"后泛指地方长官。 ②胥：都。

179 凡战之道，贪生者死，忘死者生，狃胜者败，耻败者胜。

【译文】 凡打仗的道理，贪生就可能死亡，忘死就可能生存。只想着胜利就可能失败，以失败为耻就可能胜利。

180 疏法胜于密心，宽令胜于严主。

【译文】 疏略的法律胜于严密监视，宽松的律令胜于严厉管束。

181 天下之事，倡于作俑而滥于助波鼓焰之徒①，至于大坏极敝，非截然毅然者不能救。于是而犹曰循旧安常，无更张以拂人意，不知其可也。

【译文】 天下的事情，由始作俑者提倡，由推波鼓焰之徒泛滥，到大坏极敝时，非断然毅然的人不能挽救。这时还有人说要循旧安常，不必更改以免拂逆别人的意见，不知这怎能做到。

【注释】 ①作俑：俑，古代用来陪葬的木偶人或泥偶人。作俑，制造殉葬的偶像。《孟子·梁惠王上》："仲尼曰：'始作俑者，其无后乎？'"后谓创始为作俑，一般用于贬义。

182 在上者能使人忘其尊而亲之，可谓盛德也已。

【译文】 在上位的人能让人忘记他所处的可尊敬的位置而亲近他，可以说是有盛德的人了。

183 因偶然之事，立不变之法；惩一夫之失，苦天下之人。法莫病于此矣。近日建白，往往而然。

【译文】 因一件偶然的事情，而建立不变的法令；为惩戒一个人的过错，而使天下人受苦。法令的弊病没有比这个再大的了。近来有些人的建言，往往是这一类的。

184 礼繁则难行，卒成废阁之书①；法繁则易犯，益甚决裂之罪。

【译文】 礼太繁琐则难以实行，最后终究成为放在书架上的废书。法令太繁多则容易违犯,会加重走向灭亡的罪行。

【注释】①废阁:废弃、搁置。

185 为尧舜之民者逸于尧舜之臣,唐、虞世界全靠四岳、九官、十二牧①,当时君民各享无为之业而已。臣劳之系于国家也,大哉!是故百官逸则君劳,而天下不得其所。

【译文】当尧舜之世的人民,比当尧舜之世的大臣要自在安逸,尧舜的时候全靠四岳、九官、十二牧这些官吏,当时的君和民都安享无为而治、安居乐业的生活。大臣的辛勤管理维系着国家的前途命运,真伟大啊!所以说,百官闲暇则国君劳累,而天下人还不能各得其所。

【注释】①四岳、九官、十二牧:尧舜时代官名。四岳,相传为羲和的四子,分管四方诸侯。《书·尧典》:"帝曰:咨四岳。"九官,即伯禹为司空,弃为后稷,契作司徒,皋陶作士,垂为共工,益作朕虞,伯夷作秩宗,夔为典乐,龙为纳言。十二牧,十二州之长官。参见《史记·五帝本纪》。

186 治世用端人正士,衰世用庸夫俗子,乱世用憸夫佞人①。憸夫佞人盛,而英雄豪杰之士不伸。夫惟不伸也,而奋于一伸,遂至于亡天下。故明主在上必先平天下之情,将英雄豪杰服其心志,就我羁靮②,不蓄其奋而使之逞。

【译文】治平的时代任用端人正士,衰败的时代任用庸夫俗子,混乱的时代任用奸邪谄媚之徒。奸邪谄媚之徒兴盛,英雄豪杰之士就得不到伸展。因为得不到伸展,心中郁闷,奋而一伸,天下就会灭亡。因此英明的君主当政必先使天下人心情平和,使英雄豪杰有用武之地,来为我所用,不让他积蓄愤懑,以免他逞奋时带来亡国之祸。

【注释】①憸(xiān)夫佞人:奸邪谄媚之人。 ②羁靮(dí):马络头与马缰绳。

187 天下之民皆朝廷之民,皆天地之民,皆吾民。

【译文】天下的人民都是朝廷的人民,都是天地的人民,都是我们的人民。

188 愈上则愈聋瞽,其壅蔽者众也。愈下则愈聪明,其见闻者真也。故论见闻,则君之知不如相,相之知不如监司,监司之知不如守令,守令之知不如民。论壅蔽,则守令蔽监司,监司蔽相,相蔽

君。惜哉！愈下之真情不能使愈上者闻之也。

【译文】愈处于上位的人耳目愈闭塞，是因为蒙蔽他的人太多的缘故。愈处于下位的人愈聪明，是因为他所见所闻真切的缘故。因此从见闻方面来说，君不如相知道得真切，相不如监司知道得真切，监司不如守令知道得真切，守令不如民众知道得真切。从壅蔽方面来说，守令壅蔽监司，监司壅蔽相，相壅蔽君。真让人痛惜啊！愈是下面的真情，愈不能使上边的人听到啊！

189 周公是一部活《周礼》①，世只有周公不必有《周礼》，使周公而生于今，宁一一用《周礼》哉！愚谓有周公虽无《周礼》可也，无周公虽无《周礼》可也。

【译文】周公是一部活《周礼》，世上如果有了周公就不需要《周礼》了，如果周公生活在今天，《周礼》中讲的能一一得到实行吗？我认为，有了周公，即使没有《周礼》也可以；没有周公，即使没有《周礼》也可以。

【注释】①周公是一部活《周礼》：周公即周公旦，辅佐成王治理天下，并制礼作乐。旧称《周礼》为周公所作，近人多持否定态度。有关《周礼》的成书经过、内容及影响，可参见笔者《周礼评述》(载《中国古代佚名哲学名著评述》一书)。

190 民鲜耻可以观上之德，民鲜畏可以观上之威，更不须求之民。

【译文】民不知耻，可以看出居于上位者的品德；民不知畏，可以看出居于上位者的威信，再不需要向民众去调查了。

191 民情甚不可郁也①。防以郁水，一决则漂屋推山；炮以郁火，一发则碎石破木。桀、纣郁民情而汤、武通之，此存亡之大机也。有天下者之所夙夜孜孜者也。

【译文】不能让民情郁闷压抑、堵塞不畅。用堤防来郁结洪水，堤一决则漂屋推山；用炮来郁结火，炮一炸则碎石破木。桀、纣使民情抑郁，商汤、周武王使其通畅，这是生死存亡的关键。掌握天下的人应日夜孜孜不倦地关心这件事。

【注释】①郁：郁结，堵塞。

192 天之生民非为君也，天之立君以为民也，奈何以我病百姓？

夫为君之道无他,因天地自然之利而为民开导撙节之①,因人生固有之性而为民倡率裁制之,足其同欲,去其同恶,凡以安定之使无失所,而后天立君之意终矣。岂其使一人肆于民上而剥天下以自奉哉? 呜呼! 尧舜其知此也夫。

【译文】上天生了人民并不是为了国君,而上天设立国君却是为了人民,怎么能因国君而使百姓受苦呢? 君主遵循的原则不是别的,就是依着天地自然的有利条件而为民开导和约束,遵照人生固有的人性而为民倡导裁制,满足人类都相同的欲望,除去人们共同厌恶的东西,使民众都能安定而无人流离失所,这样上天立君的意思就达到了。哪是为了让一人站在民众头上恣意而为,剥夺天下供他自己享乐呢? 唉,尧舜大概是知道这些道理的君主吧!

【注释】①撙节:约束,克制。

193 三代之法,井田、学校,万世不可废。世官、封建①,废之已晚矣。此难与不思者道。

【译文】三代的大法,井田制和建立学校,这是万世都不可废除的。官吏世袭和分封诸侯,废除得太晚了。这一点难以和不愿思考的人说。

【注释】①世官:世代相袭为官。

194 圣王同民心而出治道,此成务者之要言也。夫民心之难同久矣。欲多而见鄙,圣王识度岂能同之? 噫! 治道以治民也,治民而不同之,其何能从? 即从,其何能久? 禹之戒舜曰:"罔咈百姓以从己之欲①。"夫舜之欲岂适己自便哉? 以为民也,而曰"罔咈"。盘庚之迁殷也,再四晓譬;武王之伐纣也,三令五申。必如此而后事克有济。故曰"专欲难成,众怒难犯②"。我之欲未必非,彼之怒未必是,圣王求以济事,则知专之不胜众也,而不动声色以因之,明其是非以悟之,陈其利害以动之,待其心安而意顺也,然后行之。是谓以天下人成天下事,事不劳而底绩③。虽然,亦有先发后闻者,亦有不谋而断者,亦有拟议已成,料度已审,疾雷迅电而民不得不然者。此特十一耳、百一耳④,不可为典则也。

【译文】圣明的君王和民心相同,以此来制定治理世道的原则法规,这些是完成治国大业的根本。也许有人说:民心难与君王相同,已经是很久的事了。民众的欲望多而见识浅陋,圣王的见识度量怎能和他们相同呢？噫！治国之道就是为了治理民众,治理民众而不和他们的情欲相同,他们哪能服从呢？即使服从,哪能持久呢？禹告诫舜说:"不要违背百姓的欲望让他们服从你自己的欲望。"舜的欲望哪是为了自己安适方便呢？是为了民众啊！禹还要告诫他不要违背民众的愿望。盘庚迁殷时,再四地向民众讲明道理；周武王讨伐殷纣,三令五申。必须如此事情才能成功。所以说"专欲难成,众怒难犯"。我的欲望未必不对,众人发怒未必正确,圣王为了求得事情成功,知道只考虑自己的欲望不能使众人服从,只能先不动声色地顺着他们,然后讲明是非使他们醒悟,陈说利害来打动他们,等待他们心安意顺,然后再推行自己的主张。这叫做以天下人成天下事,不用劳累事情就会成功。虽然这样说,也有先把事情发动起来然后再告诉百姓的,也有不和百姓商量而自己决定的,也有已拟定好了意见,预料度量得已很详细,以疾雷迅电的方法实行,而民也不得不然的。这些情况只有十分之一、百分之一罢了,不可作为典范、法则。

【注释】①禹之戒舜曰:"罔咈百姓以从己之欲。"语出《尚书·大禹谟》,据该篇当做"舜之戒禹"。罔咈,不要违背。 ②专欲难成,众怒难犯:语出《左传》襄公十年,其文为:"子产曰:众怒难犯,专欲难成,合二难以安国,危之道也。" ③底:致也,达到之意。 ④特:只、仅。

195 人君有欲,前后左右之幸也。君欲一,彼欲百,致天下乱亡。则一欲者受祸,而百欲者转事他人矣。此古今之明鉴,而有天下者之所当悟也。

【译文】君王有了什么欲望,这是他前后左右官吏"幸运"的事。比如君王想要一种东西,他们却想要一百种东西,以此导致天下的混乱灭亡。结果是有一个欲望的人遭受祸殃,而有百种欲望的人又转而去侍奉新的君王了。这是古今的一面明镜,拥有天下的人应该醒悟啊！

196 "平"之一字极有意味,所以至治之世只说个天下平。或言:水无高下,一经流注无不得平。曰:此是一味平了。世间千种人,万般物,百样事,各有分量,各有差等,只各安其位而无一毫拂戾不安之意①,这便是太平。如君说则是等尊卑贵贱小大而齐之矣,不平莫大乎是。

【译文】"平"这个字极耐人寻味,所以治理得好的朝代只说"天下平"。有人说:水无论从高处流出来的还是从低处流出来的,一流出来注入一个地方没有不平的。我说:这是一味地平了。世间有千种人、万般物、百样事,各有分量,各有差等,只各安其位而没有一毫违背不安的意思,这就是太平。像你说的则是尊卑贵贱小大都拉齐了,不平没有比这个再大的了。

【注释】①拂戾:不和顺。

197 国家之取士以言也,固将曰言如是行必如是也,及他日效用,举背之矣。今闾阎小民立片纸,凭一人,终其身执所书而责之不敢二,何也?我之所言,昭然在纸笔间也,人已据之矣。吁!执卷上数千言,凭满闱之士大夫且播之天下①,视小民片纸何如?奈之何吾资之以进身,人君资之以进人,而自处于小民之下也哉?噫!无怪也。彼固以空言求之,而终身不复责券也。

【译文】国家选拔官吏是根据他的文章,本来认为他在文章中这样说的,行动必然也和说的一样,等到以后实际行动的时候,全都和他说的相反了。现在乡间的小民百姓立下一纸文书,作为一个证人,一生都按照所书写的去执行而不违背。为什么呢?我说的话,已明明白白地写在纸上了,别人已经有了凭据啊!唉!那些读书人写在卷上有数千字,凭借满考场士人之口已传播到天下,这比小民的一张纸孰轻孰重?为什么我依靠它当了官、君王依据它选择人,而我却还不如普通小民呢?唉!这并不奇怪,他本来就是以空言来求官的嘛,因而终身就不用兑现了。

【注释】①闱:考场。

198 漆器之谏①,非为舜忧也,忧天下后世极欲之君自此而开其萌也。天下之势,无必有,有必文,文必靡丽,靡丽必亡。漆器之谏,慎其有也。

【译文】舜用漆器作为食器,诸侯以为奢侈,进行劝谏,这并不是对舜有什么忧虑,而是忧虑为天下后世穷奢极欲的君王开了头。天下的形势,没有的东西,必然会有,有了必然要文饰,文饰必然要过分地美丽,过分地美丽必然会使国家灭亡。劝谏舜不要用漆器,是让人们开始具有时就要谨慎啊。

【注释】①漆器之谏:《韩非子·十过》:"尧禅天下,虞舜受之,作为食器,斩山木而财之,削锯修其迹,流漆墨其上,输之于官以为食器,诸侯以为益侈,国之不服者十三。"又《旧唐书·褚遂良传》曰:"太宗问遂良曰:'舜造漆器,禹雕其俎,当时谏舜禹者十余人。食器之间,苦谏何也?'遂良对曰:'雕琢害农事,纂组伤女工。首创奢淫,危亡之渐。漆器不已,必金为之;金器不已,必玉为之。所以诤臣必谏其渐,及其满盈,无所复谏。'太宗以为然。"

199 矩之不可以不直方也,是万物之所以曲直斜正也。是故矩无言而万物则之,无毫发违,直方故也。哀哉! 为政之徒言也。

【译文】 规矩不能不直不方,它是万物赖以保持曲直邪正的东西。所以矩不发一言,而万物以它为准则不会有丝毫的背离,这是因为它直方的缘故。可悲啊! 处理国政却没有什么规矩,只是空说一通,这怎么可以呢!

200 暑之将退也先燠①,天之将旦也先晦。投丸于壁,疾则内射,物极则反,不极则不反也。故愚者惟乐其极,智者先惧其反。然则否不害于极,泰极其可惧乎!

【译文】 暑天将要过去时先有一阵大热天气,天将要亮的时候先要暗一段时间。把弹丸投向墙壁,速度太快它就会弹过来,物极则反,不极则不反。因此愚蠢的人在事物到了极点的时候快乐,有智慧的人害怕物极则反。然而否卦极了并没有妨害,泰卦极了实在是可怕呀!

【注释】 ①燠(yù):热、暖。

201 余每食虽无肉味,而蔬食菜羹尝足。因叹曰:嗟夫! 使天下皆如此而后盗可诛也。枵腹菜色①,盗亦死,不盗亦死,夫守廉而俟死,此士君子之所难也。奈何以不能士君子之行而遂诛之乎? 此富民为王道之首务也。

【译文】 我每天吃饭虽然没有肉,但蔬食菜羹是充足的。因此感叹说:唉! 如能使天下的人都和我一样,盗贼就可以消除了。饿着肚子,面有菜色,当强盗会死,不当强盗也会死,守廉而等死,士君子也难以做到。怎能以士君子都不能做到的事情而要求民众呢? 因此,使民富足是实行王道首先要做的事情。

【注释】 ①枵(xiāo)腹:空腹,饥饿。

202 穷寇不可追也,遁辞不可攻也①,贫民不可威也。

【译文】 穷寇不可追,掩饰之言辞不可攻,对贫民不可用威力。

【注释】 ①遁辞:即"遁词",支吾搪塞之言。

203 无事时埋藏着许多小人,多事时识破了许多君子。

【译文】天下无事时埋藏着许多小人,天下多事时识破了许多君子。

204 法者,御世宰物之神器,人君本天理人情而定之,人君不得与;人臣为天下万世守之,人臣不得与。譬之执圭捧节①,奉持惟谨而已。非我物也,我何敢私?今也不然,人藉之以济私,请托公行;我藉之以市恩,听从如响。而辩言乱政之徒又借曰长厚、曰慈仁、曰报德、曰崇尊。夫长厚慈仁当施于法之所不犯,报德崇尊当求诸己之所得为,奈何以朝廷公法徇人情、伸己私哉?此大公之贼也。

【译文】法律,是治理世道、主宰事物的神器,是君王根据天理人情制定的,君王不能干预;臣下为了天下万世执行它,臣下也不能干预,就如同执圭板和捧着出使的信节一样,只能谨慎地执行而已。不是我自己的东西,我怎敢把它据为私有呢?现在则不然,有人靠它来济私,请托之事公然风行;自己借它来表示恩惠,对方立即加以回响。而用花言巧花语扰乱政治的人又借口要长厚、要慈仁、要报德、要崇尊。长厚、慈仁应该是对没犯法的人实行的,报德、崇尊应该是自己本身的行为,怎能用朝廷的公法来徇私情、报私恩呢?这是危害大公之道的做法。

【注释】①执圭捧节:圭,帝王、诸侯举行隆重仪式时所用的玉制礼器。节,出使的信物。

205 治世之大臣不避嫌,治世之小臣无横议。

【译文】治平之世,大臣不避嫌疑,小臣不横加议论。

206 姑息之祸甚于威严,此不可与长厚者道。

【译文】姑息造成的祸害比威严造成的祸害严重,这一点和那些忠厚长者是不能讲的。

207 卑卑世态,裹裹人情,在下者工不以道之悦,在上者悦不以道之工。奔走揖拜之日多,而公务填委①;简书酬酢之文盛,而民事周闻。时光只有此时光,精神只有此精神,所专在此,则所疏在彼。朝廷设官本劳己以安民,今也扰民以相奉矣。

【译文】卑卑世态,嫡嫡人情,在下位的人以不正当的手段取悦上级,居上位的人喜欢那些不合道理的谄媚。四处奔走钻营的时日多,致使公务积压堆积;书信往来应酬的文字多,对民众的事置若罔闻。时光只有这么多,一个人的精神也只有这么多,对这件事专心,就会对另一件事疏忽。朝廷设置官吏本来是为了让他们多做事使民众安定,现在则是扰乱民众让民众来奉养他们。

【注释】①填委:纷集,堆积。

208 天下存亡系人君喜好,鹤乘轩①,何损于民?且足以亡国,而况大于此者乎?

【译文】国君的喜好关系着天下国家的存亡,卫懿公喜欢白鹤,让鹤乘坐轩车,这样做本来对民众也没什么损害,但却因此而招致国家的灭亡,何况比这还大的事情呢?

【注释】①鹤乘轩:《左传》闵公二年:"狄人伐卫,卫懿公好鹤,鹤有乘轩者。将战,国人受甲者皆曰:'使鹤,鹤实有禄位。余焉能战?'"轩,大夫车。

209 动大众,齐万民,要主之以慈爱,而行之以威严,故曰"威克厥爱"①,又曰"一怒而安天下之民"②。若姑息宽缓,煦煦沾沾,便是妇人之仁,一些事济不得。

【译文】役使大众,整齐万民,要以慈爱为本,实行时却要威严,因此说:"能以威制伏所爱则必能成功。"又说:"一怒而安天下之民。"如果一味地姑息宽缓,煦煦沾沾,就是妇人之仁,一点儿事也办不成。

【注释】①威克厥爱:语出《尚书·胤征》。其文曰:"威克厥爱允济。"孔颖达注:"能以威胜所爱则必有成功。" ②一怒而安天下之民:语见《孟子·梁惠王下》,其文为:"《诗》云:'王赫斯怒,爰整其旅。以遏徂莒,以笃周祜,以对于天下。'此文王之勇也。文王一怒而安天下之民。"

210 为政以徇私、弭谤、违道、干誉为第一耻,为人上者自有应行道理,合则行,不合则去。若委曲迁就,计利虑害,不如奉身而退。孟子谓枉尺直寻①,不可推起来。虽枉一寸,直千尺,恐亦未可也。或曰:处君亲之际,恐有当枉处。曰:当枉则不得谓之枉矣,是谓权以行经,毕竟是直道而行。

【译文】处理政事,以徇私舞弊、制止诽谤、背离原则、追求个人的名声为第一等耻辱的事。居于上位的人自有应推行的道理,觉得合乎道理就做,不合乎道理就离开,如果委曲迁就,计利虑害,还不如保持自身高洁而退归。孟子认为不能把屈一尺伸八尺作为原则推行开来。即使是一寸不直,而有千尺之伸,恐怕也不能做。有人说:处理君王和父母的事,恐怕有应当屈就的地方。我说:如果应当屈就,就不能称作屈就了,这叫做用权变的办法来执行常理,毕竟还是按直道走的。

【注释】①孟子谓枉尺直寻:《孟子·滕文公下》:"陈代曰:'不见诸侯,宜若小然;今一见之,大则以王,小则以霸。且志曰:"枉尺而直寻",宜若可为也。'孟子曰:'昔齐景公田,招虞人以旌,不至,将杀之。志士不忘在沟壑,勇士不忘丧其元。孔子奚取焉?取非其招不往也,如不待其招而往,何哉?且夫枉尺而直寻者,以利言也。如以利,则枉寻直尺而利,亦可为与?'"朱熹注:"枉,屈也。直,伸也。八尺曰寻,枉尺直寻,犹屈己一见诸侯,而可以致王霸,所屈者小,所伸者大也。"又说:"此以下,正其所称枉尺直寻之非。夫所谓枉小而所伸者大则为之者,计其利耳。一有计利之心,则虽枉多伸少而有利,亦将为之耶?甚言其不可也。"

211 "与其杀不辜,宁失不经"①,此舜时狱也。以舜之圣,皋陶之明,听比屋可封之民②,当淳朴未散之世,宜无不得其情者,何疑而有不经之失哉?则知五听之法不足以尽民③,而疑狱难决自古有之,故圣人宁不明也而不忍不仁。今之决狱辄耻不明而以臆度之见、偏主之失杀人,大可恨也。夫天道好生,鬼神有知,奈何为此?故宁错生了人,休错杀了人。错生则生者尚有悔过之时,错杀则我亦有杀人之罪。司刑者慎之。

【译文】"与其诛杀无辜的人,宁愿犯不合常规的错误",这就是舜时治狱的原则。以舜的圣德,皋陶的明察,面对的是家家都有德行,人人可以表彰的民众,处于没失去淳朴的世道,应该没有蒙冤受屈的人,怎么还会怀疑有时需要做不合常规的事呢?以此可知,从耳、目、语言、容色、口气这五方面来判断案情还是不够的,难以判决的疑案自古以来就存在。因此圣人宁愿存疑也不愿冤枉好人。现在判案的人怕人说他不能明察,就以主观猜测的看法、偏离事实的错误来杀人,太可恨了。天道是好生的,鬼神也是有知的,为什么要这样做呢?因此宁可判错了而留下了该杀者的生命,也不要错误地杀害无辜。错误地使有罪者活了下来,他可能会有悔悟的时候;而错杀了,那么自己也犯了杀人之罪。掌管刑狱的人一定要慎重。

【注释】①与其杀不辜,宁失不经:语出《尚书·大禹谟》。其文为:"皋陶曰:帝德罔愆,临下以简,御众以宽。罚弗及嗣,赏延于世。宥过无大,刑故无小。罪疑惟轻,功疑惟重。与其杀不辜,宁失不经。"不经,不合常规。　②比屋可封:《尚书·大传》五:"周人可比屋而封。"形容教化成就之大,家家都有很高的德行,人人可以旌表。　③五听之法:《周礼·秋官·小司寇》:"以五声听狱讼,求民情。一曰辞听,二曰色听,三曰气听,四曰耳听,五曰目听。"

212　大纛高牙①,鸣金奏管,飞旌卷盖,清道唱驺②,舆中之人志骄意得矣。苍生之疾苦几何?职业之修废几何?使无愧于心焉,即匹马单车,如听钧天之乐③。不然是益厚吾过也。妇人孺子岂不惊炫,恐有道者笑之。故君子之车服仪从足以辨等威而已,所汲汲者固自有在也。

【译文】居高位者出行时,仪仗队高举大旗,鸣金奏管,随从们前呼后拥,旗帜飞扬,清道的高声呼喊,让行人回避。坐在车舆之中的人就觉得志骄意得了。百姓的疾苦有多少?分内应办的事兴办了多少废黜了多少?如果把这些放在心上,做到心中无愧,即使是匹马单车出巡,也如听钧天之乐一样的快乐,不然只能增加自己的过错。妇女小孩遇到出巡的官员,岂能不惊叹炫惑,但这些耀武扬威的做法只会引起有道德的人的耻笑。因此君子的车服仪从只要能表示出自己的身份威仪就可以了,应当汲汲追求的事情自然是有的,而不是这些。

【注释】①大纛(dào)高牙:大纛,古代军队中的大旗。高牙,大将的牙旗。这里泛指居高位者的仪仗队。　②唱驺(zōu):驺,开道引马的骑卒。唱驺指引马骑卒传呼开道。　③钧天之乐:指天上之乐。钧天,天之中央,上帝所居。

213　徇情而不废法,执法而不病情,居官之妙悟也。圣人未尝不履正奉公,至其接人处事大段圆融浑厚,是以法纪不失而人亦不怨。何者?无躁急之心而不狃一切之术也。

【译文】顺从人情而不违法,执行法律而不违背人情,这是居于官位的人要敏慧善悟的道理。圣人未尝不遵法奉公,到了接人处事的时候,主要的还是圆融浑厚,因此不会违背法纪而人们也没有怨言。为什么呢?是因为圣人没有急躁情绪而又不拘泥于一概而论的道理。

214　宽、简二字,为政之大体。不宽则威令严,不简则科条密。以至严之法绳至密之事,是谓烦苛暴虐之政也,困己扰民,明王戒

之。

【译文】宽、简这两个字,是处理政务的大原则。不宽,则尊严的法令使人更加畏惧;不简,则众多的条目使人更觉繁细。用过于严密的法令来督责极端繁细的事情,这就是烦苛暴虐的政治,困己扰民,圣明的君王不应该这样做。

215 世上没个好做底官,虽抱关之吏,也须夜行早起,方为称职。才说做官好,便不是做官的人。

【译文】世上没有好做的官,即使是守城门的小吏,也须要夜行早起,才叫称职。只要说做官好,便不是做好官的人。

216 罪不当笞,一朴便不是;罪不当怒,一叱便不是。为人上者慎之。

【译文】所犯之罪不应受到鞭打的刑罚,一打就是不对;所犯的错不应当受到怒斥,一叱就是不对。处于上位的人一定要慎重。

217 君子之事君也,道则直身而行,礼则鞠躬而尽,诚则开心而献,祸福荣辱则顺命而受。

【译文】君子侍奉君王,遵循原则要直身而行,遵守礼节要鞠躬而尽,要真诚地敞开胸怀说明自己的意见,至于祸福荣辱则听天由命。

218 弊端最不可开,弊风最不可成。禁弊端于未开之先易,挽弊风于既成之后难。识弊端而绝之,非知者不能;疾弊风而挽之,非勇者不能。圣王在上,诛开弊端者以徇天下,则弊风自革矣。

【译文】弊端最不可开,弊风最不可成。禁弊端于未开之先还比较容易,挽弊风在既成之后就困难了。能看清是弊端而杜绝它,除非有智的人不能做到;痛恨弊风而挽回它,除非有勇气的人不能做到。圣明的君王当政,诛杀开弊端的人向天下人宣布,弊风自然就会革除了。

219 避其来锐,击其惰归[①],此之谓大智,大智者不敢常在我。击其来锐,避其惰归,此之谓神武,神武者心服常在人。大智者可以常战,神武者无俟再战。

【译文】在敌人士气旺盛向前进攻的时候避开,等到敌人疲惫后退时再袭击,这叫做大智。这种大智的人常怀不敢之情。在敌人士气旺盛向前进攻的时候就奋力还击,等到敌人疲惫后退时就避开,这叫做神武。这种神武的用兵方法,常会使人心服。采用大智的战法需要不断地战斗,采用神武的战法就不需要再战了。

【注释】①避其来锐,击其惰归:《孙子·军争篇》:"故善用兵者避其锐气,击其惰归,此治气者也。"

220　御众之道,赏罚其小者,赏罚小,则大者劝惩。甚者,赏罚甚者,费省而人不惊。明者,人所共知。公者,不以己私。如是,虽百万人可为一将用,不然必劳、必费、必不行,徒多赏罚耳。

【译文】统治众人的方法,对小的功劳也要奖励,对小的错误也要惩罚,那样人们就会勇立大功,力戒大过。要奖励特别突出的,要惩罚特别恶劣的,这样做,奖赏多高,惩罚多重,人们也不惊骇。赏罚要明令宣布,使人们都知道。赏罚要出以公心,不以个人的意志为标准。做到这些,即使是百万之众,一个大将就可统率。不然必定劳心费力,事情还不能成功,只白用了赏罚的手段而已。

221　为政要使百姓大家相安,其大利害当兴革者不过什一,外此只宜行所无事,不可有意立名建功以求烜赫之誉①。故君子之建白,以无智名勇功为第一。至于雷厉风行,未尝不用,譬之天道,然以冲和镇静为常,疾风迅雷间用之而已。

【译文】处理政事要做到使百姓都相安无事,对百姓有大利而应当兴办的事、对百姓有大害而应当革除的事,只不过十分之一,除此以外,只适宜按照常规执行,不可有意识地建功立名来博取显赫的荣誉。因此君子在有所建树的时候,以不显露自己的智慧名声,不显示自己的勇敢功劳为第一。至于雷厉风行的办法,也不是不用,只是像天道那样,以冲和镇静为常,至于疾风迅雷,只是有时使用而已。

【注释】①烜赫:声威盛大。

222　罚人不尽数其罪,则有余惧;赏人不尽数其功,则有余望。

【译文】惩罚人的时候不要把他的罪名都罗列出来,这样他心中还会怀有恐惧;奖赏人的时候,不要把他的功劳都列举出来,这样他会怀着再次得到奖赏的希望。

223　匹夫有不可夺之志,虽天子亦无可奈何。天子但能令人死,有视死如饴者,而天子之权穷矣。然而竟令之死,是天子自取过也。不若容而遂之,以成盛德。是以圣人体群情,不敢夺人之志,以伤天下之心,以成己之恶。

【译文】一个平民百姓,如果怀着不可改变的志向,即使是天子也无可奈何。天子最终的权力是可以把人处死,如果有人把死看做是一件光荣的事而不害怕,天子的权力也就没有什么用了。如果竟然把这人处死,这是天子知错犯错。不如宽容他,让他实现自己的志向,天子也成就了盛德。因此圣人能体会众人的感情,不敢剥夺别人的志向,以免伤天下人之心,以免造成自己的错误。

224 临民要庄谨,即近习门吏起居常侍之间,不可示之以可慢。

【译文】面对着管辖的民众,态度要庄重谨慎,即使是对亲信、门生故吏或经常在身边服侍的人,也不能表现出让他们可以怠慢的地方。

225 圣王之道以简为先,其繁者,其简之所不能者也。故惟简可以清心,惟简可以率人,惟简可以省人己之过,惟简可以培寿命之原,惟简可以养天下之财,惟简可以不耗天地之气。

【译文】圣王治国的原则,以简便为前提,做那些繁盛的事,只因为不能简便,不得已而为之。因此说,只有简才可以清心,只有简才可以率领他人,只有简才可以减少自己和别人的过错,只有简才可以使寿命延长,只有简才可以增长和积蓄天下的财产,只有简才不消耗天地之气。

226 圣人不以天下易一人之命,后世乃以天下之命易一身之尊,悲夫!吾不知得天下将以何为也。

【译文】圣人不用天下来换取一个人的生命,后世的君王用天下人的生命来换取一个人的尊严,真可悲啊!我不知他得天下到底是为了什么?

227 圣君贤相在位,不必将在朝小人一网尽去之,只去元恶大奸,每种芟其甚者一二,示吾意向之所在。彼群小众邪与中人之可善可恶者莫不回心向道,以逃吾之所去。旧恶掩覆不暇,新善积累不及,而何敢怙终以自溺耶[①]?故举皋陶,不仁者远;去四凶,不仁者亦远。

【译文】圣君贤相在位,不必将朝廷中的小人一网打尽,只除掉元恶大奸,除掉每种类型奸人中最可恨的一二人即可,以表示圣君的意向所在。这样,那些小人邪人以及中等人中可善可恶的人没有不回心向善,来逃避被驱除的命运的。这时他们掩盖恶行还来不及,还要努力积累善事,哪敢自恃奸邪终不改悔呢!因此,任用了皋陶,不仁的人就离开了;除去了四凶,不仁的人也会离开。

【注释】①怙终:持奸而终不改悔。

228 有一种人,以姑息匪人市宽厚名①;有一种人,以毛举细故市精明名,皆偏也。圣人之宽厚不使人有所恃,圣人之精明不使人无所容,敦大中自有分晓。

【译文】有一种人,以姑息不该姑息的人来换取宽厚的名声;有一种人,以列举鸡毛蒜皮小事来换取精细的名声,这都是偏而不正的。圣人的宽厚,不让人依仗着去做不该做的事;圣人的精细,不使人感到不知如何是好,圣人在宽厚大度中,透露出精明的智慧。

【注释】①匪人:即"非人",这里指不能胜任或行为不正的人。

229 申、韩亦王道之一体①,圣人何尝废刑名不综核?四凶之诛,舜之申、韩也;少正卯之诛②,侏儒之斩③,三都之堕④,孔子之申、韩也。即雷霆霜雪,天亦何尝不申、韩哉?故慈父有挺诟,爱肉有针石。

【译文】申不害和韩非的学说也是王道的一个方面,圣人何尝废除刑名之学而不考核呢?诛灭四凶,就是舜的申、韩之术;杀少正卯,斩侏儒,堕毁三都,就是孔子的申、韩之术;雷霆霜雪,就是天的申、韩之术。慈父也有发怒打骂儿女的时候,爱护身体也有用针石治病的方法。

【注释】①申、韩:申指申不害,战国时郑国京人,韩昭侯用为相,国治兵强。申不害之学,本于黄老而主刑名。韩指韩非,战国时韩国人,主张循名责实,以法治国。 ②少正卯之诛:《史记·孔子世家》:"定公十四年,孔子年五十六,由大司寇行摄相事……于是诛鲁大夫乱政者少正卯。" ③侏儒之斩:事亦见《史记·孔子世家》。鲁定公十年,齐景公、鲁定公会于夹谷,景公以宫中之乐,"优倡侏儒为戏","孔子曰:匹夫而营惑诸侯者当诛,请命有司。有司加法焉,手足异处。" ④三都之堕:《史记·孔子世家》载:"定公十三年夏,孔子言于定公曰:'臣无藏甲,大夫毋百雉之城。'使仲由为季氏宰,将堕三都。"服虔注:"三都,三家之邑。"即季孙氏之费、叔孙氏之郈、孟孙氏之成。

230 三千三百①,圣人非靡文是尚而劳苦是甘也。人心无所存属则恶念潜伏,人身有所便安则恶行滋长。礼之繁文使人心有所用而不得他适也,使人观文得情而习于善也,使人劳其筋骨手足而不偷慢以养其淫也,使彼此相亲相敬而不伤好以起争也,是范身联世制欲已乱之大防也。故旷达者乐于简便,一决而溃之则大乱起。后世之所谓礼者则异是矣,先王情文废无一在,而乃习容止,多揖拜,姱颜色,柔声气,工颂谀,艳交游。密附耳蹑足之语,极笾豆筐篚之费,工书刺候问之文②,君子所以深疾之,欲一洗而入于崇真尚简之归,是救俗之大要也。虽然,不讲求先王之礼而一入于放达,乐有简便,久而不流于西晋者几希③。

【译文】礼仪三百,威仪三千,圣人并不是崇尚这些繁复的条文,也不是想让人们劳心费力,而是因为人的思想无所依托则恶念潜伏,人的身体有所方便安逸则恶行滋长。礼的繁多条文使人心归于礼而不会想其他的事情,使人看到礼的条文就想到应具有的感情,学习努力向善;使人手足筋骨疲劳而不偷懒怠慢,不会养成淫佚的毛病;使人们彼此相亲相敬而不伤和气,不致引起争斗,这是约束个人以及社会共同来抑制不合理的欲望以及防止混乱的大堤防啊!因此,那些旷达的人乐于简便,但堤防一溃,大乱就要发生。后世的所谓礼,和上述的却不一样了,把先王礼的内涵和条文全都放在一边,只是学习那些形容举止,增多作揖下拜的形式,修饰外表的美丽,装出轻柔的声气,精通歌功颂德的技巧,让人艳羡朋友之多。附耳蹑足说些悄悄密话,花费大量的财物用于祭祀和送礼,只精通书信一类问候的文字。所以君子非常厌恶这一套,想革除这些而能恢复到崇尚真情而又注重简便实用的方向,这是挽救习俗的主要办法。虽然如此,如果不讲求先王的礼制而流入放纵旷达,乐于简便,时间长了就会出现西晋时名士放达于礼法之外的情况。

【注释】①三千三百:《礼记·中庸》:"大哉圣人之道,洋洋乎,发育万物,峻极于天,优优大哉!礼仪三百,威仪三千,待其人而后行。"孔颖达疏:"礼仪三百,《周礼》有三百六十官,言三百者,举其成数也。威仪三千者,即《仪礼》行事之威仪,《仪礼》虽十七篇,其中事有三千。" ②刺:名片。 ③久而不流于西晋者几希:指会出现魏晋时轻礼法而求放达的局面。

231 在上者无过,在下者多过。非在上者之无过,有过而人莫敢言。在下者非多过,诬之而人莫敢辩。夫惟使人无心言,然后为上者真无过；使人心服，而后为下者真多过也。

【译文】居于高位的人好像就没有什么错误，而居于下位的人就好像有许多错误。这并不是说居于高位的人没有错误，而是他们有了过错别人也不敢说。也并不是说居于下位的人就有很多错误，而是因为遭到诬蔑也不敢辩解。只有使人没有隐藏在心中不敢说的话，对居于上位者提不出意见，然后说明居上位的人真的没有过错；只有使人心服，指出居下位者的过错，他们不再辩白，说明居下位者真有过错。

232 为政者贵因时。事在当因，不为后人开无故之端；事在当革，不为后人长不救之祸。

【译文】治理国政的人要懂得因袭和掌握时机。有的事应当因袭不变的，可以不变，不要为后人开无故之端；有的事应当革除的，一定要革除，不要为后人生出不可救之祸。

233 夫治水者，通之乃所以穷之，塞之乃所以决之也。民情亦然。故先王引民情于正，不裁于法。法与情不俱行，一存则一亡。三代之得天下，得民情也；其守天下也，调民情也。顺之而使不拂，节之而使不过，是谓之调。

【译文】治理水患，用疏通的办法使水流畅通才可以免除水灾，用堵塞的办法只能造成堤防崩溃洪水为患。民情也是这样。因此先王把民情引向纯正，不用法来裁治。法和情不能同时并行，一方面存在，另一方面就会灭亡。三代的君王能够得到天下，是顺应民情的缘故；三代能守住天下，是能调节民情的缘故。顺应而不拂逆，节制而不使其过分，这就叫做调节。

234 治道之衰，起于文法之盛①；弊蠹之滋，始于簿书之繁。彼所谓文法簿书者，不但经生黔首懵不见闻，即有司专职，亦未尝检阅校勘。何者？千宗百架，鼠蠹雨泡，或一事反复异同，或一时互有可否。后欲遵守，何所适从？只为积年老猾谋利市权之资耳，其实于事体无裨，弊蠹无损也。呜呼！百家之言不火而道终不明，后世之文法不省而世终不治。

【译文】治道的衰败，起于法令条文太多；弊病的滋生，始于簿籍文书太繁。那些所谓的法令条文、簿籍文书，不但熟读经书的儒生和普通百姓懵里懵懂，不曾看见听见，即使专司此职的官吏也未尝去检阅校勘。为什么呢？千万个卷宗、几百架文书,鼠啮雨淋,翻检不便;或者对一件事的结论时反时复,看法不同;或者在同一时间,有人认为正确,有人就予以否定。后来想遵守的人,按照哪种意见去执行呢?结果只能成为那些多年居于此位的老奸巨猾之徒谋利市权的工具而已,实际上对政事没有益处,弊病也不能消除。唉!百家的学说如果不焚毁的话,治道最终不会昌明;后世如果不减省法令条文的话,世道最终不会得到治理。

【注释】①文法:各种法令条文。

235 六合都是情世界,惟朝堂官府为法世界,若也只徇情,世间更无处觅公道。

【译文】天地四方都是个情的世界,只有朝堂官府是个法的世界,如果朝堂官府也徇情废法的话,世间就没有能找到公道的地方了。

236 进贤举才而自以为恩,此斯世之大惑也。退不肖之怨,谁其当之?失贤之罪,谁其当之?奉君之命,尽己之职,而公法废于私恩,举世迷焉,亦可悲矣。

【译文】举荐贤才而自以为对被荐者有恩,这是当今世界一个大的糊涂看法。如果以荐贤为恩的话,那么黜退了不贤的人,谁来担当不贤者的怨恨呢?遗漏了贤人,谁来担当失贤的罪责呢?大臣接受了君王的命令,应当尽到自己的职责,但让公法废于私恩,对于这件事举世都陷于迷惑之中,这种情况也太可悲了啊!

237 进言有四难:审人、审己、审事、审时。一有未审,事必不济。

【译文】向人进言有四难:审人难、审己难、审事难、审时难。四种情况有一种未审,事情必然不会成功。

238 法不欲骤变,骤变虽美,骇人耳目,议论之媒也。法不欲硬变,硬变虽美,拂人心志,矫抗之藉也。故变法欲详审,欲有渐,欲不动声色,欲同民心而与之反复其议论。欲心迹如青天白日,欲独任躬行不令左右借其名以行胸臆。欲明且确,不可含糊,使人得持两可,以为重轻。欲著实举行,期有成效,无虚文搪塞,反贻实害。必如是而后法可变也。不然,宁仍旧贯而损益修举之。无喜事,喜事人上者之僇也①。

【译文】法令不能骤然改变,骤然改变虽然很好,但使人惊骇,成了人们街谈巷议的事情。法令不能硬性改变,硬性改变虽然很好,但和人们的希望相违背,就成了人们违抗的借口。所以变法要经过详细周密的准备,要渐渐改变,要不动声色地改变,要和民众同心一致反复地商量议论。要心迹如青天白日一样没有夹杂私念,要能独任躬行不让身边的人借其名义随心所欲地去做。要明白确定,不能含糊其辞,使人觉得两可,可以随意改变。要想真正实行,期有成效,不能虚文搪塞,反贻实害。必须这样,才可以变法。不然,宁愿依照旧法而稍加增损修改,不要多事。喜多事是居上位者的羞辱。

【注释】①僇:羞辱。

239 新法非十有益于前,百无虑于后,不可立也。旧法非于事万无益,于理大有害,不可更也。要在文者实之,偏者救之,敝者补之,流者反之,怠废者申明而振作之。此治体调停之中策,百世可循者也。

【译文】新法,除非比以前有十倍的好处,以后又百无一虑,就不能建立。旧法,除非对事情万无一益,对事理大有妨害,就不必变更。主要在于对原来文饰过多的地方要充实,对偏颇的地方要救正,对有弊病的地方要补正,对流于形式的要实行,对怠废了的要申明而振作。这是调停治体的中策,是百代都可以遵循的。

240 用三代以前见识而不迂,就三代以后家数而不俗,可以当国矣。

【译文】用三代以前的见识而不迂阔,循三代以后的治法而不庸俗,就可以掌握治理国家的重任了。

241 善处世者,要得人自然之情。得人自然之情,则何所不得?失人自然之情,则何所不失?不惟帝王为然,虽二人同行,亦离此道不得。

【译文】善于处世的人,要了解和尊重人的自然之情。了解了人的自然之情,什么事情办不到呢?不了解人的自然之情,什么事情能办好呢?不只帝王是这样,即使两个人相处,也不能离开这个道理。

242 夫坐法堂,厉声色,侍列武卒,错陈严刑,可生可杀,惟吾所欲为而莫之禁,非不泰然得志也。俄而有狂士直言正色,诋过攻失,不畏尊严，则王公贵人为之夺气。于斯时也，威非不足使之死也，理屈而威以劫之，则能使之死而不能使之服矣。大盗昏夜持利刃而加人之颈，人焉得而不畏哉？伸无理之威以服人，盗之类也，在上者之所耻也。彼以理伸，我以威伸，则彼之所伸者盖多矣。故为上者之用威，所以行理也，非以行势也。

【译文】坐在公堂上，声色俱厉，武卒环列，刑具杂陈，可生可杀，惟我所欲为而没人敢于禁止，不能不说是泰然得志的事。突然间有一个狂士，直言正色，诋过攻失，不怕冒犯你的尊严，则王公贵人的气焰也会被压倒。在这时，用威权不是不能将他处死，但是理屈而以威权来处置他，即使把他处死也不能使他心服啊！强盗黑夜拿着利刃放在别人的脖子上，人们能够不害怕吗？依仗无理的威势使人屈服，这是强盗一类的行为，这是居于上位的人应该感到耻辱的。对方申诉道理，我只施以威风，那他所依持的东西就有利得多了。因此居上位者使用威势，是为了推行道理，而不是为了显示权势。

243 "礼"之一字，全是个虚文，而国之治乱、家之存亡、人之死生、事之成败罔不由之。故君子重礼，非谓其能厚生利用人，而厚生利用者之所必赖也。

【译文】"礼"这个字，本是个虚文，但国之治乱、家之存亡、人之死生、事之成败，无不和它有关。因此君子重礼，并不是说它能直接使人生计温厚、衣食丰足、物尽其用，但它却是达到这种境况必须依赖的东西。

244 兵革之用，德化之衰也。自古圣人亦甚盛德，即不过化存神，亦能久道成孚，使彼此相安于无事。岂有四夷不可讲信修睦作邻国耶？何至高城深池以为卫，坚甲利兵以崇诛？縻万乘之师，靡数百万之财以困民，涂百万生灵之肝脑以角力，圣人之智术而止于是耶？将至愚极拙者谋之，其计岂出此下哉！若曰无可奈何不得不尔，无为贵圣人矣。将干羽苗格①、因垒崇降，尽虚语矣乎②？夫无德化可恃，无恩信可结，而曰去兵，则外夷交侵，内寇啸聚，何以应敌？不知所以使之不侵不聚者，亦有道否也？古称"四夷来王"③，八蛮通道④，越裳重译⑤，日月霜露之所照坠者莫不尊亲，断非虚语。苟于此而岁岁求之，日日讲之，必有良法，何至困天下之半而为此无可奈何之策哉！

【译文】用战争的方法解决问题,说明道德教化已经衰微了。自古以来的圣人,都是有盛德的,即使不是所经之处人人都被感化,也会因长久地推行德治,人们都心悦诚服,使彼此都能相安无事。哪有不能和四周的邻国讲信修睦做个友好邻邦的呢?何至于用高城深池来保卫,以坚甲利兵来厮杀呢?用万辆兵车的军队,耗费数百万的财富,使人民穷困不堪,使百万生灵肝脑涂地,圣人的智术就只是这样吗?即使和至愚极拙的人谋划,他出的计策难道会比这个更坏吗?如果说是因为无可奈何,不得不这样做,那圣人还有什么可贵呢?舜禹时代,在庙堂上手执干盾、羽扇而舞蹈,三苗就来归服;周文王时,用修德的方法,只建筑了军垒,崇侯虎就降服了。这些难道都是虚妄的话吗?如果不依靠道德教化,不靠恩信和人交接,而空谈去兵,那么外夷交侵、内寇啸聚,用什么人去应敌呢?不知有没有什么办法使外夷不侵内寇不聚呢?古代记载,四夷都来归顺,八蛮也来交往,越裳国也派来了翻译,日月所照之处、霜露所降之地,莫不互相尊重亲近,这决不是虚妄的话,这都是修德所至。如果根据这个道理,岁岁探讨,日日讲求,必定会找到好的办法,何至于使天下一半的人力和财富困扰于战争之中,而行此无可奈何的策略呢?

【注释】①干羽苗格:《尚书·大禹谟》:"舞干羽于两阶,七旬有苗格。"干羽,干盾、羽扇,都是舞具。苗格,格,至。指三苗来归附。 ②因垒崇降:《左传》僖公十九年:"宋人围曹,讨不服也。子鱼言于宋公曰:'文王闻崇德乱而伐之,军三旬而不降,退修教而复伐之,因垒而降。'"杜预注:"崇,崇侯虎(纣之臣)。……垒,军垒。" ③四夷来王:《尚书·大禹谟》:"无怠无荒,四夷来王。"四夷,指东夷、西戎、南蛮、北狄。孔颖达注:"言天子常我(当作戒)慎,无怠惰荒废,则四夷归往之。" ④八蛮:指居西南部的少数民族。《周礼·夏官·职方氏》:"四夷、八蛮、七闽、九貉。" ⑤越裳重译:越裳,古南海国名。重译,翻译。《后汉书·南蛮西南夷列传》:"交阯之南有越裳国,周公居摄六年,制礼作乐,天下和平,越裳以三象重译而献白雉。"

245 事无定分则人人各诿其劳而万事废,物无定分则人人各满其欲而万物争。分也者,物各付物,息人奸懒贪得之心,而使事得其理、人得其情者也。分定,虽万人不须交一言。此修齐治平之要务,二帝三王之所不能外也。

【译文】事情没有一定的职责,就会人人推掉他该干的事情而使万事废怠;财物没有按一定的标准归属,就会人人都想满足自己的欲望而进行争夺。

分,就是该属于谁的东西就交给谁,使人们奸懒贪得的欲望得以平息,而事情就可得到治理,人情就可得到满足。把职责、标准确定下来,即使处理万人之事也不需要说一句话。这是修身、齐家、治国平天下都要重视的大事,古代的二帝三王也不能例外。

246 骄惯之极,父不能制子,君不能制臣,夫不能制妻,身不能自制。视死如饴,何威之能加?视恩为玩,何惠之能益?不祸不止。故君子情盛不敢废纪纲,兢兢然使所爱者知恩而不敢肆,所以生之也,所以全之也。

【译文】骄惯到了极点,父亲管不住儿子,君王管不住大臣,丈夫管不住妻子,自己也不能自我克制。如果骄纵到连死都不怕了,还有什么样的威势能管束他呢?如果把别人给予的恩惠视如儿戏,什么样的恩惠还能对他起作用呢?骄纵的行为不遇到灾祸时就不会停止。因此君子对于感情至深的人也不敢废除纪纲,而是安分守礼,使所爱的人知恩而不敢放肆。这才是让他很好地生存成长和保全的道理。

247 物理人情,自然而已。圣人得其自然者以观天下,而天下之人不能逃圣人之洞察;握其自然者以运天下,而天下之人不觉为圣人所斡旋。即其轨物所绳近于矫拂,然拂其人欲自然之私,而顺其天理自然之公。故虽有倔强锢蔽之人,莫不憬悟而驯服,则圣人触其自然之机而鼓其自然之情也。

【译文】物理、人情,都是自然而然的。圣人能了解和得到这种自然的人情物理,并以此来观察天下的人,天下人都不能逃脱圣人的洞察;圣人掌握了这种自然的人情物理来治理天下,天下的人不知不觉就会按圣人的要求行动。即使圣人规范事物的准则近于矫情拂逆,但只是拂逆人欲方面的自然之私情,而顺应天理方面的自然之公理。因此,虽然是那些倔强顽固蔽塞的人,莫不觉悟而驯服,这是因为圣人触动了他们自然的理念,而鼓舞了他们自然的人情的缘故。

248 监司视小民蔼然,待左右肃然,待察寀温然[①],待属官侃然[②],庶几乎得体矣。

【译文】监察地方属吏之官吏,对小民百姓和蔼可亲,对身边的人严肃而又符合礼法,对同僚温润和气,对下属官员和乐刚正,这样,差不多可以说得体了。

【注释】①寮寀(liáocǎi)：官舍，引申为官的代称。　②侃然：和乐旷达貌。

249　自委质后，此身原不属我。朝廷名分，为朝廷守之。一毫贬损不得，非抗也；一毫高亢不得，非卑也。朝廷法纪为朝廷执之，一毫徇人不得，非固也；一毫任己不得，非葸也①。

【译文】自当了朝廷命官以后，你的身体就不属于自己了。朝廷的名分，要为朝廷守护。丝毫不能贬损，这不是高傲；丝毫也不能高亢，这不是自卑。朝廷的法纪要为朝廷执掌，一毫也不能曲从他人，这不是固执；一毫也不能任己意去做，这不是怯懦。

【注释】①葸：畏惧貌。

250　未到手时，嫌于出位而不敢学①；既到手时，迫于应酬而不及学。一世业官苟且，只于虚套搪塞，竟不嚼真味，竟不见成功。虽位至三公，点检真足愧汗。学者思之。

【译文】官职未到手时，怕有越出本分的嫌疑，而不敢学习为政之道；官位到手以后，又忙于应酬而来不及学习。一世做官，只是得过且过，马虎草率，只用虚套来搪塞，竟不嚼真味，竟不见成功。这样的人即使位至三公，反省一下，也觉汗颜。学者应当思考一下这个问题。

【注释】①嫌：避嫌。出位：越出己位。

251　今天下一切人、一切事，都是苟且做，寻不著真正题目。便认了题目，尝不著真正滋味。欲望三代之治甚难。

【译文】现在天下所有的人、所有的事，都是得过且过马马虎虎去做，找不到真正的题目。即使找到了题目，也尝不到真正的滋味。这样，想达到三代时的政治局面是非常难的。

252　凡居官，为前人者，无干誉矫情立一切不可常之法以难后人；为后人者，无矜能露迹为一朝即改革之政以苦前人。此不惟不近人情，政体自不宜尔。若恶政弊规，不妨改图，只是浑厚便好。

【译文】凡为官的人，作为前任，不要为了追求名誉掩饰真情建立那些权宜不可常行的法令使后人难以遵循；作为后任，也不要为了显示自己的才能表露自己的业绩建立那些实行一个早晨就必须改革的制度来使前人难堪。这样不仅不近人情，国家的政体也不适合这样做。如果是恶政弊规，不妨改图，只要浑厚便好。

253 将古人心信今人，真是信不过；若以古人至诚之道感今人，今人未必在豚鱼下也①。

【译文】用古人那至诚的心来相信今人，真是信不过；如果以古人至诚的道理来感化今人，今人未必在豚鱼之下。

【注释】①豚鱼：《易经·中孚卦》："中孚，豚鱼吉。"《象》："豚鱼吉，信及豚鱼也。"

254 泰极必有受其否者，否极必有受其泰者。故水一壅必决，水一决必涸。世道纵极，必有操切者出，出则不分贤愚，一番人受其敝。严极必有长厚者出，出则不分贤愚，一番人受其福。此非独人事，气数固然也。故智者乘时因势，不以否为忧，而以泰为惧。审势相时，不决裂于一惩之后，而骤更以一切之法。昔有猎者入山，见驺虞以为虎也①，杀之，寻复悔。明日见虎以为驺虞也，舍之，又复悔。主时势者之过于所惩也，亦若是夫。

【译文】通泰安宁达到极点，必有闭塞不通的地方；闭塞不通到了极点，必有通泰安宁的时候。因此水一壅塞必然溃决，水一溃决必然干涸。世道放纵到了极点，必然会有办事过于急躁严厉的人出现，这种人一出现，其他人不分贤愚，都要受他害。严厉到了极点，必然会有忠厚长者出现，这种人一出现，其他人不论贤愚，都会受其福。这不只是人事使然，也是气数之固然。因此有智慧的人能够乘时因势，不以闭塞不通为忧，而以通泰安宁为惧。审察形势，观察时机，不能在惩创之后又彻底决裂而立即更改一切法令。从前有个猎人，入山打猎，看到驺虞还以为是老虎，就把它杀了，不久就后悔了。第二天看见一只老虎又以为是驺虞，而没有捕杀，又很后悔。掌握时势的人惩罚不当，也会像这样啊！

【注释】①驺虞：兽名，据说为"白虎黑文，不食生物"。

255 法多则遁情愈多①，譬之逃者，入千人之群则不可觅，入三人之群则不可藏矣。

【译文】法令太多，隐情就愈多。譬如一个逃跑的人，躲藏在千人之中则不可寻觅，躲藏在三人之中则隐藏不住。

【注释】①遁情：遁，通"徇"，徇，顺也。

256 兵,阴物也;用兵,阴道也,故贵谋。不好谋不成。我之动定敌人不闻,敌之动定尽在我心,此万全之计也。

【译文】兵,是阴物;用兵之道,是阴道,所以贵有智谋。不用智谋不能成功。自己一方的动静不要让敌人知道,敌人的动静都在我的掌握之中,这才是万全之计。

257 取天下,守天下,只在一种人上加意念,一个字上做工夫。一种人是那个?曰"民"。一个字是什么?曰"安"。

【译文】夺取天下,守住天下,只在一种人身上用心思,只在一个字上做功夫。一种人是哪个?曰"民"。一个字是什么?曰"安"。

258 礼重而法轻,礼严而法恕,此二者常相权也。故礼不得不严,不严则肆而入于法;法不得不恕,不恕则激而法穷。

【译文】礼重法就会轻,礼严法就会宽,这二者经常是相互调节的。因此礼不能不严,不严则会放纵而落入法网;法不能不宽,不宽则会激怒民众而法也不起作用。

259 夫礼也,严于妇人之守贞而疏于男子之纵欲,亦圣人之偏也。今舆隶仆僮皆有婢妾娼女,小童莫不淫狎,以为丈夫之小节而莫之问,陵嫡失所,逼妾殒身者纷纷,恐非圣王之世所宜也,此不可不严为之禁也。

【译文】礼,对妇女保守贞节要求很严,面对男子纵欲则要求很松,这也是圣人的偏向。现在车夫奴仆都有婢妾娼女,小童莫不淫狎,认为这对男人来说是小节,不必过问。欺凌妻子,使其无家可归;威逼婢妾,使其丧失性命,这种事件不断发生,恐怕不是圣明君主治理的时代应该出现的,不能不严加禁止。

260 西门疆尹河西,以赏劝民。道有遗羊,值五百,一人守而待。失者谢之,不受。疆曰:"是义民也。"赏之千。其人喜,他日谓所知曰:"汝遗金,我拾之以还。"所知者从之。以告疆曰:"小人遗金一两,某拾而还之。"疆曰:"义民也。"赏之二金。其人愈益喜。曰:"我贪,每得利则失名,今也名利两得,何惮而不为?"

【译文】西门疆治理河西的时候,以奖赏来鼓励人民。道路上有人丢了一只羊,价值五百钱。一个人看到了,就守着这只羊等待失者来认领。失者感激,要送给他礼品,捡到羊的人不接受。西门豹说:"这是义民啊!"赏给他一千钱。这个人很高兴,有一天对他的朋友说:"你假装丢失金子,我拾到还给你。"他的朋友听从了他的话,报告西门豹:"小人丢了一两金子,一个人捡到还给了我。"西门豹说:"这是义民啊!"赏给了二两金子,假装拾金的人更为高兴,说:"我这个人很贪心,但每每得了利则丢了名声,现在名利双收,还有什么可担心的而不去做呢?"

261 笃恭之所发①,事事皆纯王②,如何天下不平?或曰:才说所发,不动声色乎?曰:日月星辰皆天之文章,风雷雨露皆天之政令,上天依旧笃恭在那里。笃恭,君子之无声无臭也。无声无臭③,天之笃恭也。

【译文】从笃厚恭敬的心中发出来的,事事都是纯粹王道,哪有天下不均平的呢?有人问:才说所发,能说不动声色吗?回答说:日月星辰都是天的礼乐法度,风雷雨露都是天的政令,上天依旧笃厚恭敬地存在着。笃恭,是君子无声无臭的表现。无声无臭,就是天的笃恭。

【注释】①笃恭之所发:《中庸》第三十三章:"是故君子笃恭而天下平。"朱熹注:"笃,厚也。笃恭,言不显其敬也。笃恭而天下平,乃圣人至德渊微,自然之应,中庸之极功也。" ②纯王:纯一王道。 ③无声无臭:没有声音,没有气味。《诗经·大雅·文王》:"上天之载,无声无臭。"朱熹注:"载,事。"孔颖达疏:"上天所为之事,无声音无臭味,人耳不闻其音声,鼻不闻其香臭。"此段是解《中庸》末章的,可参看。

262 君子小人调停,则势不两立,毕竟是君子易退,小人难除。若攻之太惨,处之太激,是谓土障狂澜,灰埋烈火①。不若君子秉成而择才以使之,任使不效,而次第裁抑之。我悬富贵之权而示之的,曰:如此则富贵,不如此则贫贱。彼小人者,不过得富贵耳,其才可以偾天下之事,亦可以成天下之功;可激之酿天下之祸,亦可养之兴天下之利。大都中人十居八九,其大奸凶极顽悍者亦自有数。弃人于恶而迫之自弃,俾中人为小人,小小人为大小人,甘心抵死而不反顾者,则吾党之罪也。噫!此难与君子道,三代以还,覆辙一一可鉴。此品题人物者所以先器识也。

【译文】为君子和小人居中调停,则双方势不两立,最终还是君子容易退让,小人难以除掉。如果对小人攻之太惨、处之太激,这就叫做用土来阻挡狂澜,用灰来埋藏烈火。不如让君子秉成其事,选择有才能的小人来任用,如果做不出成绩,就降级使用。我高悬富贵的权柄作为标的,告诉他们说:如此则能取得富贵,不如此则会贫贱。那些小人,只不过为了富贵而已,他们的才干可以坏天下的事,也可以成就天下的功业,激之可酿成天下之祸,养之可兴天下之利。大体说来,世人之中,中等的人十居八九,大奸凶极顽悍的人也是少数。如果因人有点儿恶行就丢弃不管,迫使他自暴自弃,就会使中人也变成小人,小小人变为大小人,而且会甘心抵死而不回头,造成这种后果,就是我们这些人的罪过了。唉!这话难以和君子讲。三代以后,这样迫使小人自暴自弃、铤而走险的情况很多,可以一一作为借鉴。这是品评人物的人应当先具备的气量和识见。

【注释】①埋:原作"理",据《吕新吾全集》改。

263 当多事之秋,用无才之君子,不如用有才之小人。

【译文】在国家多事之秋,与其用无才之君子,不如用有才之小人。

264 肩天下之任者全要个气,御天下之气者全要个理。

【译文】肩负天下重任的人,全要有个气概;驾御天下有气概的人,全要有个道理。

265 无事时惟有邱民好踩践①,自吏卒以上,人人得而鱼肉之。有事时惟有邱民难收拾,虽天子亦无躲避处,何况衣冠?此难与诵诗读书者道也。

【译文】无事时,只有平民好踩践,从吏卒以上的人,人人都可以鱼肉他们。有事时,惟有平民难收拾,即使是天子也没有躲避的地方,何况是士大夫呢!这样的道理难以和只知诵读《诗》、《书》的人讲啊!

【注释】①邱民:"邱"同"丘",丘民,众民。

266 余居官有六自:簿赋均徭先令自审,均地先令自丈,未完令其自限,纸赎令其自催,干证催词讼令其自拘①,干证拘小事令其自处。乡约亦往往行得去,官逸而事亦理,久之可省刑罚。当今天下之民,极苦官之繁苛,一与宽仁,其应如响。

【译文】我做官时,提倡六自:簿赋均徭时,先让他自己审查。以地亩平均赋税时,先让他自己丈量土地。没有交纳完的租税,让他自己限定期限。有契约的事,让他自己去催办。诉讼的时候,让他自己找证人。处理小事时,让他找证人自己处理。这样,乡约也往往行得通,官府不用劳累事情就处理好了。久而久之,可减省刑罚。现在天下的人民最苦官吏的繁苛,一实行宽仁之政,民众就会群起响应。

【注释】①干证:诉讼双方的证人。

267 自井田废而窃劫始多矣。饱暖无资,饥寒难耐,等死耳。与其瘠僵于沟壑无人称廉,不若苟活于旦夕未必即犯。彼义士廉夫尚难责以饿死,而况种种贫民半于天下乎?彼膏粱文绣坐于法堂而严刑峻法以正窃劫之罪者,不患无人,所谓"哀矜而勿喜"者谁与①?余以为,衣食足而为盗者,杀无赦;其迫于饥寒者,皆宜有以处之。不然,罪有所由而独诛盗,亦可愧矣。

【译文】自井田制废除以后,偷窃抢劫的事情就开始增多了。没了土地,就无法做到饱暖,饥寒难以忍耐,就和等死差不多了。与其冻饿死于沟壑而无人称颂廉洁,不如以窃劫的方法苟活于旦夕而未必会被发现。对于那些义士廉夫尚难以要求他们挨饿等死,何况那些半布天下的各种各样的贫民呢?那些吃着精美的食物、穿着锦绣的衣服、高坐于法堂之上、用严刑峻法来审理窃劫之罪的人,不怕没有,但是能够同情人民,看到人们犯了罪而能够哀怜的又有谁呢?我认为,对那些衣食丰足而为盗的人,可以处以死刑而不要赦免;对于迫于饥寒而为盗的人,都应根据具体情况有不同的处理方法。不然的话,他们犯罪是有原因的,而只是惩治他们,这是让人感到羞愧的事啊!

【注释】①哀矜而勿喜:《论语·子张》:"上失其道,民散久矣。如得其情,则哀矜而勿喜。"朱熹注:"民散,谓情义乖离,不相维系。谢氏曰:'民之散也,以使之无道,教之无素。故其犯法也,非迫于不得已,则陷于不知也。故得其情,则哀矜而勿喜。'"哀矜,哀怜,同情。

268 余作《原财》一篇,有六生十二耗。六生者何?曰垦荒闲之田,曰通水泉之利,曰教农桑之务,曰招流移之民,曰当时事之宜,曰详积贮之法。十二耗者何?曰严造饮之禁,曰惩淫巧之工,曰重游手之罚,曰绝倡优剧戏,曰限在官之役,曰抑僭奢之俗,曰禁寺庙之建,曰戒坊第游观之所刻无益之书,曰禁邪教之倡,曰重迎送供张之罪,曰定学校之额、科举之制,曰诛贪墨之吏。语多愤世,其文不传。

【译文】 我曾经写了《原财》这样一篇文章,里面谈到六生十二耗。六生指六种生财之道,是什么呢? 一垦荒闲之田,二通水泉之利,三教农桑之务,四招流移之民,五当时事之宜,六详积贮之法。十二耗指治理十二种耗费的办法,是什么呢? 一严造饮之禁,二惩淫巧之工,三重游手之罚,四绝倡优剧戏,五限在官之役,六抑僭奢之俗,七禁寺庙之建,八戒坊第游观之所刻无益之书,九禁邪教之倡,十重迎送供张之罪,十一定学校之额、科举之制,十二诛贪墨之吏。文章多愤世嫉俗之语,所以没有流传。

269 太和之气虽贯彻于四时,然炎徼以南常热①,朔方以北常寒,姑无论。只以中土言之,纯然暄燠②而无一毫寒凉之气者,惟是五月半后、八月半前九十日耳。中间亦有夜用夹绵时。至七月而暑已处,八月而白露零,九月寒露霜降,亥子丑寅其寒无俟言矣③。二三月后犹未脱绵,谷雨以后始得断霜。四月已夏,犹谓清和,大都严肃之气岁常十八。而草木二月萌芽,十月犹有生意,乃生育长养不专在于暄燠,而严肃之中,正所以操纵冲和之机者也。圣人之为政也法天,当宽则用春夏,当严则用秋冬,而常持之体则于严威之中施长养之惠。何者? 严不匮,惠易穷,威中之惠鼓舞人群,惠中之惠骄驰众志。子产相郑④,铸刑书⑤,诛强宗,伍田畴⑥,褚衣冠⑦。及语子太叔,犹有莫如猛之言⑧,可不谓严乎? 乃孔子之评子产,则曰惠人也⑨,他日又曰子产众人之母⑩。孔子之为政可考矣。彼沾沾煦煦,尚姑息以养民之恶,卒至废弛玩愒⑪,令不行,禁不止,小人纵恣,善良吞泣,则孔子之罪人也。故曰居上以宽为本,未尝以宽为政。严也者,所以成其宽也。故怀宽心不宜任宽政,是以懦主杀臣,慈母杀子。

【译文】 虽然春夏秋冬四季都有阴阳会合的太和之气,但是边远的南方经常很热,偏远的北方经常寒冷,这些姑且不谈。只以中原来说,纯然温暖而无一点儿寒凉之气的天气,只是五月十五以后至八月十五以前这九十天而已。中间也有夜间需要穿夹衣的时候。七月处暑,八月白露,九月寒露霜降,十月至一月天气寒冷就不必说了。二三月以后还不能脱掉棉衣,谷雨以后才开始断霜,四月进入夏季,还是清和天气,大体说来,严寒肃杀的天气一年常有十分之八。而草木二月萌芽,十月还在生长,可见生育长养不只在温暖的气候下,在严寒肃杀之中,正掌握着冲和温暖的生机。圣人处理国政要效法上天,应该宽的时候,就如同春夏,应当严的时候,就如同秋冬,而经常掌握的准则应该是在严威之中施行长养之恩惠。为什么要这样呢?严不会匮乏,恩惠容易穷尽,威严之中的恩惠容易给人以鼓舞,恩惠之中的恩惠容易放纵众志。春秋时期郑国的宰相子产,铸刑书,诛强宗,按田亩纳赋,按财物交税。实行了这样一些措施,与子太叔谈话时,还说不够严厉,子产这样治国还能说不严吗?可是孔子评价子产时,则说他是"惠人",后来又说子产是"众人之母",意思是说对民众慈爱。以此可考见孔子为政的原则了。那些对民温和的人,用姑息的办法来养民之恶,最终使政令废弛,民众贪图安逸,虚度岁月,令不行禁不止,小人放纵恣睢,善良的人忍气吞声,这些人是孔子的罪人啊!因此,在上位的人应该以宽为本,不能以宽为政。严厉的做法,正是为了达到宽的目的。所以应该有宽厚的胸怀,不应当用宽厚的政令,俗话说"懦主杀臣,慈母杀子",就是这个意思。

【注释】①炎徼:徼,境,边界。炎徼,南方边远之地。 ②暄燠(yù):暄,(太阳)温暖;燠,热、暖。 ③亥子丑寅:分别指农历十月、十一月、十二月、一月。 ④子产相郑:子产,春秋郑国人,名侨。《左传》襄公三十年:"郑子皮授子产政。……子产使都鄙有章,上下有服,田有封洫,庐井有伍。大人之忠俭者,从而与之,泰侈者,因而毙之。……从政一年,舆人诵之,曰:'取我衣冠而褚之,取我田畴而伍之。孰杀子产,吾其与之。'及三年,又诵之,曰:'我有子弟,子产诲之;我有田畴,子产殖之。子产而死,谁其嗣之?'" ⑤铸刑书:《左传》昭公六年:"三月,郑人铸刑书。"杜预注:"铸刑书于鼎,以为国之常法。" ⑥伍田畴:伍,"赋"之借字,纳田税。田畴,耕地。参见注④。 ⑦褚衣冠:褚同贮,财物税(见杨宽《古史新探》)。参见注④。 ⑧"及语子太叔"二句:《左传》襄公二十五年:"晋程郑卒,子产始知然明,问为政焉。对曰:'视民如子,见不仁者,诛之,如鹰鹯之逐鸟雀也。'子产喜,以语子太叔,且曰:'他日,吾见蔑之面而已,今吾见其心矣。'"然明,春秋郑大夫,名鬷蔑,其面丑恶,其心甚有见识。 ⑨乃孔子之评子产,则曰惠人也:《论语·宪问》:"或问子产。子曰:'惠人也。'"朱熹注:"子产之政,不专于宽,然其心则一以爱人为主。故孔子以为惠人,盖举其重而言也。"惠人,宽厚,有恩惠。 ⑩他日又曰子产众人之母:《礼记·仲尼燕居》:"子曰:'师尔过,而商也不及。子产犹众人之母也。能食之,不能教之。'"孔颖达疏:"言父义母慈,父能教而不能爱,母则能爱而不能教,言子产若众人之母,但能恩慈食之,不能严厉教之。" ⑪玩愒(kài):"玩岁愒日"之省语,指贪图安逸,虚度岁月。

270 余息而在沟壑,斗珠不如升糠;裸裎而卧冰雪,败絮重于绣縠。举世用人,皆珠縠之贵也,有甚高品,有甚清流?不适缓急之用,即真非所急矣。

【译文】饥饿得躺倒在沟壑之中,有一斗珍珠不如有一升谷糠;赤身裸体冻倒在冰雪之地,破棉旧絮重于精美的轻纱。如果举世用人皆以如珍珠和轻纱这样的人为贵,还有什么高品?还有什么清流?在国家紧急时刻不能发挥作用,就不是真正急需的人才。

271 盈天地间只靠二种人为命,曰农夫、织妇。却又没人重他,是自戕其命也①。

【译文】整个天地之间,只靠两种人才能生存,就是农夫和织妇。但是却没有人重视他们,这是自己在戕害自己的生命啊!

【注释】①戕(qiāng):杀害,残害。

272 一代人才自足以成一代之治,既作养无术而用之者又非其人①,无怪乎万事不理也。

【译文】一个时代产生的人才,足以使这个时代得到治理,然而培养他们没有方法,而又用非其人,什么事都治理不好就不奇怪了。

【注释】①作养:兴作、生养。

273 三代以后,治天下只求个不敢。不知其不敢者,皆苟文以应上也。真敢在心,暗则足以蛊国家,明之足以亡社稷,乃知不敢不足恃也。

【译文】夏、商、周三代以后,治理天下的人只要求天下人做到不敢。不知他们的不敢,只是表面装装样子来应付上司的。真敢藏在心中,如果他们暗中活动,则足以蛊惑国家;明着反抗,足以使社稷灭亡。以此可知,"不敢"是不可靠的。

274 古者国不易君,家不易大夫,故其治因民宜俗,立纲陈纪。百姓与己相安,然后从容渐渍,日新月盛,而治功成。故曰"必世后仁"①,曰"久道成化"②。譬之天地,不悠久便成物不得。自封建变而为郡县,官无久暖之席,民无尽识之官,施设未竟而谗毁随之,建官未久而黜陟随之。方朘熊蹯而夺之薪③,方缲茧丝而截其

绪④。一番人至，一度更张，各有性情，各有识见。百姓闻其政令，半不及理会；听其教化，尚未及信从，而新者卒至，旧政废阁。何所信从？何所遵守？况加以监司之掣肘，制一帻而不问首之大小⑤，都使之冠；制一衣而不问时之冬夏，必使之服。不审民情便否，先以簿书督责，即高才疾足之士，俄顷措置之功，亦不过目前小康，一事小补。而上以此为殿最⑥，下以此为欢虞⑦。呜呼！伤心矣。先正有言：人不里居，田不井授，虽欲言治，皆苟而已。愚谓建官亦然，政因地而定之，官择人而守之，政善不得更张，民安不得易法。其多事扰民，任情变法，与惰政慢法者斥逐之⑧，更其人不易其治，则郡县贤于封建远矣。

【译文】在古代，国家不更换君主，诸侯不更换大夫，因此他们能因民宜俗，立纲陈纪。百姓与己相安无事，国家渐渐得到治理，日新月盛，大功告成。所以说一定需要三十年才能使仁政大行，又说时间长了人民才能受到教化。就好像天地一样，不悠久便不能化成万物。自从封建制变为郡县制以后，官无久暖之席，民无尽识之官，官吏到任以后，政令还未推行完毕，逸言诽谤随之而到，为官时间不长，就遭到罢黜。这就如同正在烹煮熊掌，突然撤掉了柴火；正在缫丝，突然把丝剪断一样。来了一批人，改换一种章法，来的人各有性情，各有识见。百姓听到政令，还有一半没有理解；听到教导，还没来得及相信，又换成了新的官吏，原来的政令即刻废止。百姓到底该听从谁的？该遵守什么呢？何况官吏还有监察人员的掣肘，就如同制帽子不问脑袋大小，都要戴同一型号；制衣服不管冬夏，必须穿着同种服式一样。不管对于民情是否便利，都先用官署的文书去催促督办，这种做法，即使是才能很高、办事迅速的人，顷刻之间推行的办法，其功效也不过对目前稍有用处，对某件事小有补益而已。但是居上位的人却以此作为考察政绩的标准，居下位的人也以此为快乐。唉！真让人伤心啊！前代的贤人曾经说过：人民不比户相连按里居住，田地不按照井田的办法分配，即使想使国家得到治理，也只能得过且过而已。我认为设立官吏也是如此，政令要因地而制定，官吏要选择人来担任，政令执行起来能见实效就不必再改变，人民能安居乐业就不必再变法。对那些多事扰民，任意改变法令的官吏，以及懒于政事、怠忽法令的官吏，都要罢免。更换官吏不改变法令，这样，郡县制就比封建制优越多了。

【注释】①必世后仁：《论语·子路》："如有王者，必世而后仁。"朱熹注："三十年为一世。仁,谓教化浃也。"浃,遍。 ②久道成化:《周易·恒卦·象辞》:"圣人久于其道而天下化成。" ③胹(ér)熊蹯(fán):胹,煮。蹯,兽足。熊蹯,熊掌。 ④绪:开头。 ⑤帻(zé):古代的一种头巾。 ⑥殿最:古代考核政绩时,以上等为最,以下等为殿。 ⑦欢虞:欢乐。 ⑧慢法:轻忽法令。

275 法之立也,体其必至之情,宽以自生之路,而后绳其逾分之私,则上有直色而下无心言。今也小官之俸不足供饔飧①,偶受常例而辄以贪法罢之,是小官终不可设也。识体者欲广其公而闭之私,而当事者又计其私,某常例、某从来也。夫宽其所应得而后罪其不义之取,与夫因有不义之取也遂俭于应得焉孰是?盖仓官月粮一石而驿丞俸金岁七两云。

【译文】法度的建立,要体察民众内心必然会有的感情,放宽谋生的道路,然后才能纠正那超越本分的私念,这样,居上位的人有公平正直的态度,民众心中才不会有怨言。现在小官的俸禄还不够他们吃饭,偶然接受一些依例应收的钱财,就会以贪赃枉法的罪名被罢免,这样一来,小官就无法设立了。识大体的人想增加朝廷发放的俸禄,来减少私下收受钱财的做法,而当事人又计算他的私利,认为某项是常例当取,某项从来就是如此,不愿改变私下接受钱财的做法。增加应该得到的俸禄,然后对他取得不义之财的过错进行惩处,与因为他能取得不义之财就减少他的俸禄,哪个正确呢?管理仓库的官吏每月俸粮一石,而驿丞等小官一年的俸银只有七两。

【注释】①饔飧(yōngsūn):熟食也。朝曰饔,夕曰飧。

276 顺心之言易入也,有害于治;逆耳之言裨治也,不可于人。可恨也!夫惟圣君以逆耳者顺于心,故天下治。

【译文】顺心的话,人们都爱听,但对治道有害;逆耳的话,对治道有益,但人们都不爱听。真让人感到遗憾啊!只有圣明的君主才认为逆耳之言是顺心的话,所以天下才能治理。

277 使马者知地险,操舟者观水势,驭天下者察民情,此安危之机也。

【译文】骑马的人要了解地势是否险峻,驾船的人要观察水势的缓急,统治天下的人要了解民情的需要,这是国家安危的关键。

278 宇内有三权：天之权曰祸福，人君之权曰刑赏，天下之权曰褒贬。祸福不爽，曰天道之清平，有不尽然者，夺于气数。刑赏不忒，曰君道之清平，有不尽然者，限于见闻，蔽于喜怒。褒贬不诬，曰人道之清平，有不尽然者，偏于爱憎，误于声响。褒贬者，天之所恃以为祸福者也，故曰"天视自我民视，天听自我民听①"。君之所恃以为刑赏者也，故曰"好人之所恶，恶人之所好，是谓拂人之性②"。褒贬不可以不慎也，是天道、君道之所用也。一有作好作恶，是谓天之罪人，君之戮民。

【译文】宇宙之内有三种权力：天的权力叫做祸福，君王的权力叫做刑赏，天下人的权力叫做褒贬。该得祸的得祸，该得福的得福，丝毫没有差错，这就叫做天道清平。有不尽然的，是由气数造成的。赏罚公平，这叫君道清平。有不尽然的，这是限于见闻，蔽于喜怒所致。褒贬公正，这叫人道清平。有不尽然的，偏于爱憎，误于传闻所致。褒贬，这是上天依赖它降给人祸福的办法，所以说"百姓的眼睛就是天的眼睛，百姓的耳朵就是天的耳朵"。褒贬，也是君主依靠它来进行赏罚的依据，所以说"喜欢大家所厌恶的，厌恶大家所喜欢的，这叫做逆人之性"。因此褒贬不能不慎重，因为这是天道和君道所依赖的。如果好恶不符合实际，就是天的罪人，君的罪民。

【注释】①"天视自我民视"二句：语见《尚书·泰誓》和《孟子·万章上》。朱熹注："天无形，其视听皆从于民之视听。" ②"好人之所恶"三句：语出《大学》第十章。

279 而今当民穷财尽之时，动称矿税之害。以为事干君父，谏之不行，总付无可奈何。吾且就吾辈安民节用以自便者言之。饮食入腹，三分银用之不尽，而食前方丈，总属暴殄①，要他何用？仆隶二人，无三十里不肉食者，下程饭桌②，要他何用？轿扛人夫，吏书马匹，宽然有余，而鼓吹旌旗，要他何用？下筦上簟③，公座围裙，尽章物采矣，而满房铺毡，要他何用？上司新到，须要参谒，而节寿之日，各州县币帛下程，充庭盈门，要他何用？前呼后拥，不减百人，巡捕听事，不缺官吏，而司道府官交界送接，到处追随，要他何用？随巡司道，拜揖之外，张筵互款，期会不遑，而带道文卷尽取抬随，带道书吏尽人跟随，要他何用？官官如此，在在如此，民间节省，一岁尽多，此岂朝廷令之不得不如此耶？吾辈可以深省矣！

【译文】现在遇到民穷财尽的时候,动不动就声称是因矿税造成的,认为事情和皇帝有关,如果谏诤以后皇帝不予采纳,也就无可奈何了。现在且就我们这些官吏谈谈如何从自身来做到安民节用。用于饮食的费用,三分银子也用不尽,但面前摆满一桌子的食物,这就是浪费了,要这么多食物有什么必要呢?日常公务,跟随着两个仆隶,没走三十里路就会有饭食,可吃到肉菜,还要地方准备饭菜招待,有什么必要呢?出门时,轿扛人夫、吏书马匹,宽然有余,但是还要敲鼓奏乐打着旗帜,有什么必要呢?休息的地方,下面铺着蒲席,上面铺着草席,公家的坐椅围幛,已经应有尽有,华美适用,而满房还要铺上毡子,又有什么必要呢?上司到任,须要参见,但节日寿辰,各州各县还要送去厚礼,登门祝贺,有什么必要呢?出去巡视,前呼后拥,不减百人,巡捕听事也不缺官吏,而司道府官还要交界送接,到处追随,有什么必要呢?跟随出巡的司道官吏,除拜揖之外,还要相互设筵款待,不时聚会,但还要有人抬着文卷跟随在身边,还要带着书吏跟随在身边,有什么必要呢?官官如此,处处如此,如果这些都节省不用,一年就省下好多,这难道是朝廷下的命令,让你不得不这样做吗?我们这些做官的人应该深省啊!

【注释】①暴殄(tiǎn):任意残害。 ②下程饭卓:下程,接待行人的酒食。后文的"下程"则指钱财和礼物。卓,通"桌"。 ③下莞上簟:莞,草席。簟,竹席。《诗经·小雅·斯干》:"下莞上簟,乃安斯寝。"

280 酒之为害不可胜纪也,有天下者不知严酒禁,虽谈教养,皆苟道耳。此可与留心治道者道。

【译文】酒的危害,不可胜计,拥有天下的人如果不严加禁酒,即使大谈教养,也都是糊弄人罢了。这个道理可以和留心治道的人谈论。

281 簿书所以防奸也,簿书愈多而奸愈黠,何也?千册万簿,何官经眼?不过为左右开打点之门,广刁难之计,为下司增纸笔之孽,为百姓添需索之名。举世昏迷,了不经意,以为当然,一细思之,可为大笑。有识者裁簿书十分之九而上下相安,弊端自清矣。

【译文】官府的文书,本来是为了防止奸邪的,但现在文书愈多奸邪愈甚,为什么呢?千册万簿,哪个官吏去看?只不过为官吏身边的人开打点之门、广刁难之计而已,只不过给下级官吏增加了纸笔的劳累,为勒索老百姓增添了名目罢了。举世都不明白这个道理,对此毫不留意,以为就应当这样做,一细思量,真可以为之大笑。如果有识见的人能减裁掉十分之九的文书,上下就会相安,弊端就自会清除了。

282　养士用人,国家存亡第一紧要事,而今只当故事。

【译文】培养读书人,选用人才,是关系国家存亡的第一紧要的事,而现在却只当做例行公事来办。

283　臣是皋、夔、稷、契,君自然是尧、舜,民自然是唐、虞。士君子当自责我是皋、夔、稷、契否?终日悠悠泄泄,只说吾君不尧、舜,弗俾厥后惟尧、舜①,是谁之愧耻?吾辈高爵厚禄,宁不皇汗②。

【译文】如果大臣是皋陶、夔、稷、契那样的贤臣,国君自然会成为尧、舜那样的明君,人民也自然如同唐、虞时代的人民。士君子应该自责,我是不是皋陶、夔、稷、契那样的贤臣呢?如果终日悠悠泄泄,只责怪国君不是尧、舜那样的明君,不能使其国君成为尧、舜那样的明君,这是谁的耻辱呢?我们这些人享受着高官厚禄,能不羞愧流汗吗?

【注释】①弗俾厥后:弗,不。俾,使。厥,其。后,君。　②皇汗:皇,通"遑",恐惧。皇汗,因害怕而流汗。

284　惟有为上底难,今人都容易做。

【译文】惟有居上位的人比较难,现今的人都容易做。

285　听讼者要如天平,未称物先须是对针,则称物不爽。听讼之时心不虚平,色态才有所著,中证便有趋向,况以辞示之意乎?当官先要慎此。

【译文】处理诉讼的官吏要像天平一样,没称物之前必须将指针对准,称物时才不会出错。在听理诉讼的时候,如果心不虚平,面色和态度稍有倾向,证人就会看风使舵,何况用言辞示意呢?当官的对这件事一定要慎重。

286　天下之势,顿可为也,渐不可为也。顿之来也骤,渐之来也远。顿之著力在终,渐之著力在始。

【译文】天下的时势,突然出现的事还可以挽回,逐渐形成的事就不好挽回了。突然发生的事来得快,逐渐形成的事由来久远。处理突然发生的事要在后果上下功夫,处理逐渐形成的事要在开始时就下功夫。

287　屋漏尚有十目十手①,为人上者,大庭广众之中,万手千目之地,譬之悬日月以示人,分毫掩护不得,如之何弗慎?

【译文】在屋中隐蔽的地方,尚有十目所视,十手所指,为人尊长的人,处于大庭广众之中,在万手所指、千目所视之地,就好比日月悬挂在天上让人仰望,丝毫掩护不得,怎么能不慎重呢?

【注释】①屋漏尚有十目十手:屋漏,室西北隅,指独居隐蔽之地。十目十手,《大学》第六章:"十目所视,十手所指,其严乎?"形容人的一举一动都不能离开人们的耳目。

288 事休问大家行不行,旧规有不有,只看义上协不协。势不在我,而于义无害,且须勉从;若有害于义,即有主之者,吾不敢从也。

【译文】事情不要问大家行不行,旧规有没有,只看与义合不合。即使做事之权不在我手中,但与义无害,都应该努力推行。如果对义有害,即使有人主持,我也不敢遵从。

289 有美意,必须有良法乃可行。有良法,又须有良吏乃能成。良吏者,本真实之心,有通变之才,厉明作之政者也。心真则为民恳至,终始如一;才通则因地宜民,不狃于法;明作则禁止令行,察奸厘弊①,如是而民必受福。故天下好事,要做必须实做。虚者为之,则文具以扰人;不肖者为之,则济私以害政。不如不做,无损无益。

【译文】有好的用意,必须有好的方法,才可能实行。有好的方法,又必须有好的官吏,才能成功。所谓好的官吏,就是用心真诚,有通变之才,努力推行明察振作的政令。心地真诚,为民的意念就恳切,能做到始终如一;有通变之才,则能因地宜民,不拘泥于法;明察振作,则能做到令行禁止,察奸厘弊,这样人民必然能得到好处。因此,天下的好事,要做必须实实在在地做。虚假地做,只是用没有实际内容的空文来骚扰人罢了;让品德不好的人去做,只能假公济私而危害政事。不如不做,无损无益。

【注释】①厘弊:改正弊政弊事。

290 把天地间真实道理作虚套子干,把世间虚套子作实事干,吁!所从来久矣。非霹雳手段,变此锢习不得。

【译文】把天地间真实道理作虚套子干,把世间虚套子作实事干,唉!这种情况由来已久,没有霹雳手段,这种锢习改变不了。

291 自家官靠着别人做,只是不肯踏定脚跟挺身自拔,此缙绅第一耻事。若铁铮铮底做将去,任他如何,亦有不颠踬僵仆时①。纵教颠踬僵仆,也无可奈何,自是照管不得。

【译文】自己的官靠别人来做,自己不肯脚踏实地挺身自拔,这是缙绅第一可耻的事。如果铁铮铮做下去,任凭发生什么事情也不动摇,也会有成功的时候;纵然失败了,也无可奈何,不能考虑那么多。

【注释】①颠踬(zhì):被东西绊倒。

292 作"焉能为有无"底人①,以之居乡,尽可容得。只是受一命之寄,便是旷一命之官;在一日之职,便是废一日之业。况碌碌苟苟,久居高华,唐、虞、三代课官是如此否?今以其不贪酷也而容之,以其善夤缘也而进之②,国一无所赖,民一无所裨,而俾之贪位窃禄,此人何足责?用人者无辞矣。

【译文】做那种有他不为多、没他不为少的人,住在乡间,还可容身。如果接受了一个官职,就是旷废了这个官位;居官一日,便是废一日之业。何况有的人碌碌苟苟,久居高官尊位呢!唐、虞、三代时,考核官吏能这样吗?现在只因为他不贪酷就容许他久居官位,因为他善于利用关系进行钻营就得到提升,对国家没有任何用处,对民众没有任何好处,而让他仍旧居于高位窃取俸禄,对这种人还能责备什么呢?但用人者不能推卸责任。

【注释】①焉能为有无:语出《论语·子张》。其文为:"子张曰:'执德不弘,信道不笃,焉能为有,焉能为亡。'"朱熹注:"亡,读作无。有所得而守之太狭,则德孤;有所闻而信之不笃,则道废。焉能为有无,犹言不足为轻重。"指道德不高,无足轻重的人。 ②夤缘:凭借关系,攀附钻营。

293 近日居官,动说旧规,彼相沿以来,不便于己者悉去之,便于己者悉存之,如此,旧规百世不变。只将这念头移在百姓身上,有利于民者悉修举之,有害于民者悉扫除之,岂不是居官真正道理。噫!利于民生者皆不便于己,便于己者岂能不害于民?从古以来,民生不遂,事故日多,其由可知已。

【译文】近来做官的人,动辄就说某为旧规,其实这些规定相沿以来,对官吏不方便的都革除了，对官吏方便的都保存下来，这样，这些旧规百世都不改变。如果把改变不改变的标准确定为对百姓是否有利，有利于民的就全都实行，有害于民的就全部扫除，这岂不是做官的真正道理！唉！对民众有利的对官吏都不便利，便利官吏的又岂能不扰害民众？从古以来，民不聊生，意外的损失或灾祸日多，原因就可知了。

294　古人事业精专，志向果确①，一到手便做，故孔子治鲁三月而教化大行。今世居官，奔走奉承，簿书期会，不紧要底虚文，先占了大半工夫，况平日又无修政立事之心、急君爱民之志，蹉跎因循②，但以浮泛之精神了目前之俗事。即有志者，亦不过将正经职业带修一二足矣。谁始此风？谁甚此风？谁当责任而不易此风？此三人之罪不止于罢黜矣。

【译文】古人对于自己从事的事业专心一意，精益求精，志向果断坚定，事情一到手就做，因此孔子治鲁，三个月教化大行。现在人做官，只是奔走权门，奉承权贵，写写文书，定个期限，干这些不紧要的虚套，先占了一大半工夫。况且平日又没有修政立事的心思、急君爱民的志向，只是蹉跎因循，只以浮泛的精神应付目前的俗事。即使有点儿志向的人，也不过将正经事情捎带做一两件而已。这种风气是从谁开始的？又是谁让此风盛行的？谁担当纠正风气的职责而又不加改变？这三种人的罪过不只是把他们罢了官就可抵罪的。

【注释】①果确：坚定专一。　②蹉跎：失时，虚度岁月。

295　做上官底只是要尊重，迎送欲远，称呼欲尊，拜跪欲恭，供具欲丽，酒席欲丰，骖从欲都①，伺候欲谨。行部所至，万人负累，千家愁苦，即使于地方有益，苍生所损已多。及问其职业，举是誉文滥套，纵虎狼之吏胥骚扰传邮，重琐尾之文移督绳郡县②，括奇异之货币交结要津，习圆软之容辞网罗声誉。至生民疾苦，若聋瞽然。岂不骤贵躐迁，然而显负君恩，阴触天怒，吾党耻之。

【译文】做上官的人，只想着要人尊重他，迎送要远，称呼要尊，拜跪要恭，供给要华丽，酒席要丰盛，随从要美，伺候要谨。在巡行部属、考察政务时，所到之地，万人受到牵累，千家为之愁苦，即使对地方有益，苍生遭受的损失已经太多。等问他干了些什么事，全是一些虚文滥套，纵使那些虎狼之吏骚扰驿站，用琐细微末的公文来督促考察郡县的政绩，搜括奇珍异宝交结权要人物,惯用圆滑柔软的宽容之辞来网罗声誉。而对于民生疾苦,则如聋如瞽。这样的人哪能不骤然富贵、越级迁升呢?然而,他明显地辜负了国君的恩惠,暗中又触犯了天怒,这是我们这些人的耻辱啊!

【注释】①骎从欲都:骎从,显贵出行,车前后的侍卫随从。都,优美貌。②琐尾:《诗经·邶风·旄丘》:"琐兮尾兮,流离之子。"朱熹注:"琐,细。尾,末也。"指细碎微末之事。

296 士君子到一个地位,就理会一个地位底职分,无逆料时之久暂而苟且其行①,无期必人之用否而怠忽其心。入门就心安志定,为久运之计。即使不久于此,而一日在官,一日尽职,岂容一日苟禄尸位哉!

【译文】士君子到了一个地位,就要理会一个地位的职分,不要预料时间是长久还是短暂而苟且行事,不必预期能被长久任用还是被罢免而怠忽其心。入门就要心安志定,做久远打算。即使在这个地位不能持久,而一日在官,就要一日尽职,岂能容忍白拿俸禄尸位素餐呢!

【注释】①逆料:推测。

297 水以润苗,水多则苗腐;膏以助焰,膏重则焰灭。为治一宽,非民之福也。故善人百年始可去杀。天有四时,不能去秋。

【译文】水可以润苗,但水多了禾苗就会腐烂;膏可以助焰,但膏太多则会灭焰。治道一宽,也不是民众的福分。因此善人百年才能去掉杀戮。天有四季,不能没有秋天。

298 古之为人上者,不虐人以示威,而道法自可畏也;不卑人以示尊,而德容自可敬也。脱势分于堂阶而居尊之体未尝褒,见腹心于词色而防检之法未尝疏。呜呼!可想矣。

【译文】古代居于民众之上的官吏,不虐待人来显示威风,道理和法令自然会使人畏惧;不蔑视别人来表示尊严,道德和容止自然让人尊敬。离开处理政事的堂阶闲居时虽无势分而仍庄重严肃,对腹心之人和颜悦色但仍严加检束。啊,这样的人真让人思慕啊!

299 为政以问察为第一要,此尧舜治天下之妙法也。今人塞耳闭目,只恁独断,以为宁错勿问,恐蹈耳软之病,大可笑。此不求本原耳。吾心果明,则择众论以取中,自无偏听之失。心一愚暗,即

询岳牧刍荛,尚不能自决,况独断乎?所谓独断者,先集谋之谓也。谋非集众不精,断非一己不决。

【译文】处理政事以问、察为第一要务,这是尧、舜治理天下的妙法。现在的人塞耳闭目只凭独断,认为宁可错误也不必问,恐怕人家说他患了耳软的毛病,这真让人好笑啊!这就是不求本原啊!我心中果然明白,则可以听取众人的议论,来折中处理,自然没有偏听之失。心一愚暗,即使询问四岳、十二牧这样的高官和割草打柴的普通百姓,自己也做不出决断,何况独断呢?所谓独断,就是指先集中众人的智谋。智谋不从众人中来就不会精,决断不从自己出就难以决定。

300 治道只要有先王一点心,至于制度文为,不必一一复古。有好古者,将一切典章文物都要反太古之初,而先王精意全不理会,譬之刻木肖人,形貌绝似,无一些精神贯彻,依然是死底。故为政不能因民随时,以寓潜移默化之机,辄纷纷更变,惊世骇俗,绍先复古①,此天下之拙夫愚子也。意念虽佳,一无可取。

【译文】治国之道,只要有先王爱民的一点儿心意就行了,至于制度和法令条文,不必一一复古。有好古的人,将一切典章文物都要反太古之初,而对先王的精神、用意全不理解,好比刻了一个木人,形貌酷似,但没有人的精神,依然是个死的。因此处理政事不能适应民众的要求而随时施教,以达到潜移默化的目的,而是纷纷变更,做出惊世骇俗之举,承继先人的办法,恢复古代的一套,这是天下最笨拙最愚蠢的人。用意虽然不错,但方法一无可取。

【注释】①绍:接续。

301 赏及淫人则善者不以赏为荣,罚及善人则恶者不以罚为辱。是故君子不轻施恩,施恩则劝;不轻动罚,动罚则惩。

【译文】奖赏及于邪恶的人,善人也不以奖赏为荣;惩罚施于善良的人,恶人也不以惩罚为耻。因此君子不轻易施恩,施恩则对人能有鼓励;不轻易惩罚,惩罚则让人有所惧怕。

302 在上者当慎无名之赏。众皆藉口以希恩,岁遂相沿为故事,故君子恶苟恩。苟恩之人,顾一时,市小惠,徇无厌者之情,而财用之贼也。

【译文】在上位的人应该谨慎地对待那没有名目的奖赏。众人都以某种理由为借口想得到赏赐,一年年沿袭下来就成了旧例,因此君子厌恶那些没有名目的恩惠。胡乱施予恩惠的人,只顾一时,只能换取一点儿小名声,而不断地满足那些贪得无厌者的要求,是对国家财政造成危害的蠹虫啊!

303 要知用刑本意原为弼教①,苟宽能弼教,更是圣德感人,更见妙手作用。若只恃雷霆之威,霜雪之法,民知畏而不知愧,待无可畏时,依旧为恶,何能成化?故畏之不如愧之,忿之不如训之,远之不如感之。

【译文】要知道,用刑的本来用意是为了辅助教化的推行,如果刑法宽一点儿也能够辅助教化推行,更是圣德感人,更可看出妙手的作用。若只依仗雷霆之威,霜雪之法,民众只知道害怕而不知道愧悔,等到不害怕时,依旧要干坏事,教化怎能成功呢?因此说,使民众感到惧怕,不如使他们感到愧悔;只是对他们发怒,不如多讲道理;疏远他们,不如感化他们。

【注释】①弼:辅助。

304 法者,一也。法曹者,执此一也。以贫富贵贱二之,则非法矣。或曰:亲贵难与疏贱同法。曰:是也,八议已别之矣①。八议之所不别而亦二之,将何说之辞?夫执天子之法而顾忌己之爵禄,以徇高明而虐茕独②,如国法天道何?裂纲坏纪,摧善长恶,国必病焉。

【译文】法令,只有一个标准;执法的人,要掌握好这一个标准。因为贫富贵贱而有两个标准,就不是法令了。有人说:对待亲人、贵人,难以和疏远的人、低贱的人用同样的法令。回答说:是啊!八议之法已对亲、贵、贤、能等八种人分别做了减免刑罚的规定了。在八议法规定以外的还要用不同的标准来执法,还有什么理由来解释呢?如果执掌着天子的法令而顾忌个人的爵禄,屈从居于高位或贤能的人而侵害那些孤独无依靠的人,把天理国法又置于何地呢?破坏纲纪,摧残善良助长恶人,国家必然发生问题。

【注释】①八议:周代称八辟。《周礼·秋官·小司寇》:"以八辟丽邦法,附刑罚。一曰议亲之辟,二曰议故之辟,三曰议贤之辟,四曰议能之辟,五曰议功之辟,六曰议贵之辟,七曰议勤之辟,八曰议宾之辟。"郑玄注:"辟,法也。""丽,附也。"周代据此对犯罪之亲、贵、贤、能等八种人减刑或免刑。汉代八辟改为八议。 ②徇高明而虐茕(qióng)独:徇,顺从,曲从。高明,指富贵者。茕独,孤独。《尚书·洪范》:"无虐茕独而畏高明。"

305 治人治法不可相无,圣人竭耳目力,此治人也。继之以规矩准绳、六律五音,此治法也。说者犹曰有治人无治法。然则治人无矣,治法可尽废乎?夫以藏在盟府之空言,犹足以伏六百年后之霸主①,而况法乎?故治天下者以治人立治法,法无不善;留治法以待治人,法无不行。

【译文】治理国家的人才和治理国家的法令制度,这两方面都要具备。圣人竭耳目之力来治理国家,这就是治理国家的人才。接着又制定了规矩准绳、六律五音,这就是治理国家的法度。有人说:"只要有善于治国的人,可以不要那些治国的法度。"那么如果没有善于治国的人才,法律制度能够全部废除吗?周公藏在盟府中的一纸盟约,还足以制伏六百年后的霸主,何况是治国的大法呢?因此治理天下的人要利用善于治国的人才来制定治理国家的法令制度,这样制定出来的法令制度没有不适用的;保留下这些治国的大法等待治国人才的出现,法令没有不能推行的。

【注释】①"夫以藏在盟府之空言"二句:《左传》僖公二十六年:"夏,齐孝公伐我北鄙……公使展喜犒师……齐侯曰:'鲁人恐乎?'对曰:'小人恐矣,君子则否。'齐侯曰:'室如悬罄,野无青草,何恃而不恐?'对曰:'恃先王之命。昔周公、大公股肱周室,夹辅成王。成王劳之,而赐之盟,曰:"世世子孙无相害也!"载在盟府,大师职之。桓公是以纠合诸侯,而谋其不协,弥缝其阙,而匡救其灾,昭旧职也。及君即位,诸侯之望曰:"其率桓之功!"我敝邑用不敢保聚,曰:"岂其嗣世九年,而弃命废职?其若先君何?君必不然。"恃此以不恐。'齐侯乃还。"盟府,藏盟约之处。

306 君子有君子之长,小人有小人之长。用君子易,用小人难,惟圣人能用小人。用君子在当其才,用小人在制其毒。

【译文】君子有君子的特长,小人有小人的特长。使用君子比较容易,使用小人比较困难,只有圣人才能很好地使用小人。使用君子要发挥他的才能,使用小人要制止他的毒害。

307 只用人得其当,委任而责成之,不患天下不治。二帝三王急亲贤,作当务之急第一事。

【译文】只要用人得当,委任后又督责他完成,不患天下不治。二帝三王急于亲近贤人,把这件事当做当前最要紧、最紧急的第一件事来做。

308 古之圣王不尽人之情,故下之忠爱尝有余。后世不然,平日君臣相与仅足以存体面而无可感之恩,甚或拂其心而怀待逞之志,至其趋大事、犯大难,皆出于分之不得已。以不得已之心供所不欲之役,虽临时固结犹恐不亲,而上之诛求责望又复太过,故其空名积势不足以镇服人心而庇其身国。呜呼!民无自然之感而徒迫于不得不然之势,君无油然之爱而徒劫之不敢不然之威①,殆哉!

【译文】古代圣明的君王对臣下及民众有无尽的真情,所以臣下和民众对君王有无尽的忠爱。后世则不然,平日君臣相处,仅足以顾全体面,而没有可感激的恩情,甚至君王违背臣下的意愿,而臣下也暗怀着等待时机的想法。等到让臣下为国家趋危赴难,臣下只是因为臣子的职分,不得已只好服从。以不得已的心情去干不愿干的事情,即使君王临时笼络仍恐不亲,而对臣下的要求愿望又太过太高,因此只是徒有空名,其势则不足以镇服人心、庇护身国。唉!民不是出于自然的感情而只是迫于不得不然之势,君无油然之爱而只是用不敢不然的威势来胁迫,真是危险啊!

【注释】①不敢不然:不敢不这样。

309 古之学者,穷居而筹兼善之略①。今也同为僚寀,后进不敢问先达之事,右署不敢知左署之职。在我避侵职之嫌,在彼生望蜀之议②。是以未至其地也不敢图,既至其地也不及习,急遽苟且,了目前之套数而已。安得树可久之功,张无前之业哉?

【译文】古代的学者,即使在困穷家居之时仍在筹划治理天下的大略。现在,即使是同僚,后进入官场的人也不敢问先进入官场中官员的事情,右署的不敢知道左署的事务。在自己这方面要避免侵犯别人职权的嫌疑,又怕对方对自己有得陇望蜀的议论。因此在没有到任时不敢预先有什么打算,到任以后又来不及学习,只能急急忙忙马虎应付,了却眼前的一些俗套而已。这样怎能建立永久的功业?怎能做出前人没有的业绩?

【注释】①穷居而筹兼善之略:筹,谋划。兼善,兼善天下。《孟子·尽心上》:"古之人,得志,泽加于民;不得志,修身见于世。穷则独善其身,达则兼济天下。" ②望蜀:"得陇望蜀"之省语,谓贪心不足。

310 百姓宁贱售而与民为市，不贵值而与官为市①。故物满于廛，货充于肆，官求之则不得，益价而求之亦不得。有一官府欲采缯，知市值②，密使吏增直，得之。既行，而商知其官买也，追之，已入公门矣。是商也，明日逃去。人谓商曰："此公物不亏值。"曰："吾非为此公。今日得我一缯，他日责我无极。人人未必皆此公，后日未必犹此公也。减直何害？甚者经年不予直；迟直何害？甚者竟不予直；一物无直何害？甚者数取皆无直。吏卒因而附取亦无直。无直何害？甚者无是货也而责之有，捶楚乱加。为之遍索而不得，为之远求而难待。诛求者非一官，逼取者非一货，公差之需索，公门之侵扣，价银之低假又不暇论也。嗟夫！宁逢盗劫，无逢官赊。盗劫犹申冤于官，官赊则无所赴诉矣。"予闻之，谓僚友曰："民不我信③，非民之罪也。彼固求货之出手耳，何择于官民？又何亲于民而何仇于官哉？无轻取，无多取，与民同直而即日面给焉，年年如是，人人如是，又禁府州县之不如是者，百姓独非人哉？无彼尤也。"

【译文】百姓宁肯货物贱卖给普通百姓，也不愿贵一点儿卖给官府。因此货物堆满了货仓、摆满了集市，官府去购买则买不着，加价去买也买不到。有一个官府要买丝绸，了解到市场的价格，就秘密派小吏用高一些的价钱去买，买到后就走了。商人知道是官府买的，马上去追，买货的人已进了官府的大门。第二天这个商人就逃走了。有人对这个商人说："这个公差来买货，没有在价格上让你吃亏。"商人说："我逃走不是因为这名买货官吏。官府今天得到我一匹绸缎，明天要的就不知会有多少。来买货的未必人人都像这个官吏，以后来买的未必都是这个官吏。价钱低一点儿有什么关系？可是有时一年也不给钱。迟付钱有什么关系？可是有时一个钱也不给。一件货物也不给钱没什么关系，可是有时多次拿走货物也不给钱，吏卒捎带着拿走货物也不给钱。不给钱也没什么关系，甚至没有这种货物也非说有，还要胡乱打人。这时到处去寻也找不到，到远处去找，他们还不愿等。来索要的不是一个官，来逼取的也不是一种货。公差的需索，公门的侵扣，价钱低，银子是假的，还不必说。唉！宁愿遇到盗贼抢劫，也不要遇到官府来赊货啊！被盗贼抢劫了还可以到官府去伸冤，被官府强赊又到哪里去讲理呢？"我听到这些，对同僚说："民众不相信我们，这不是民众的错误啊！他们本来是希望把货卖出去的，何必还要选择是官是民呢？对民有什么亲而对官又有什么仇呢？如果不轻易地夺取,不多取,和百姓给同样的价钱而且当时就付钱,年年如此,人人如此,对州县不这样做的人要严令禁止,百姓难道不是人吗？他们就不会有那样的怨言了。"

【注释】①贵值:价钱高。　②市值:市场出售价格。　③民不我信:即民不信我。

311 "公正"二字是撑持世界底,没了这二字,便塌了天。

【译文】"公正"这两个字是撑持世界的,没了这两个字,便塌了天。

312 人臣有二惩,曰私,曰伪。私则利己徇人而公法坏,伪则弥缝粉饰而实政堕。公法坏则豪强得以横恣,贫贱无所控诉而愁怨多;实政堕则视国民不啻越秦,逐势利如同商贾而身家肥。此乱亡之渐也,何可不惩。

【译文】作为臣子,有两件事要警戒,这就是私和伪。有了私心,就会为了一己的私利去屈从别人而破坏国家的法令;有了伪念,就会弥缝粉饰而破坏实政。公法坏,豪强就可以横行无忌,贫穷的百姓就会控拆无门而愁怨多;实政遭到破坏,对国家和民众的利益就不爱护,只会像商人那样追求利润而养肥身家。这样,国家混乱灭亡就会随着到来,怎么能不加以警戒呢？

313 "与上大夫言,訚訚如也①。"朱注云:"訚訚,和悦而诤②。"只一"诤"字,十分扶持世道。近世见上大夫,少不了和悦,只欠一"诤"字。

【译文】《论语·乡党》篇记载,孔子"与上大夫言,訚訚如也"。朱熹注:"訚訚,和悦而诤。"只一"诤"字,对世道的治理会起很大的作用。近世的人见了上大夫,少不了和悦,只欠一"诤"字。

【注释】①与上大夫言,訚訚(yín)如也:语出《论语·乡党》。　②诤:直言规劝。

314 古今观人,离不了好恶,武叔毁仲尼①,伯寮愬子路②,臧仓沮孟子③,从来圣贤未有不遭谤毁者,故曰:其不善者恶之,不为不善所恶,不成君子。后世执进退之柄者,只在乡人皆好之上取人④,千人之誉不足以敌一人之毁,更不察这毁言从何处来,更不察这毁人者是小人是君子。是以正士伤心,端人丧气。一入仕途,只

在弥缝涂抹上做工夫,更不敢得罪一人。呜呼!端人正士叛中行而惟乡原是师,皆由是非失真、进退失当者驱之也。

【译文】 从古至今,观察人少不了喜好和厌恶。叔孙武叔诋毁孔子,公伯寮毁谤子路,臧仓说孟子坏话,阻止鲁平公去见孟子。以此看来,从来圣贤就没有不遭毁谤的,所以有这样的说法:要让那些不善的人痛恨你,不被不善者所恨,就不是君子。后世那些掌握用人大权的人,只选用那些人们都喜欢的人,一千个人都称赞,只有一个人诋毁的人,他们也不任用,更不考察诋毁的言论是从何处来的,不考察这诋毁人的是小人还是君子。因此使正直的人伤心,端方的人丧气。他们选用的那些人人都说好的人,一进入仕途,只会在弥缝涂抹上做功夫,更不敢得罪一个人。唉!正直端方的人违背了中正的行为而去学习乡愿的做法,都是因为掌握用人大权的人是非不分、进退失当造成的啊!

【注释】 ①武叔毁仲尼:《论语·子张》:"叔孙武叔毁仲尼。子贡曰:'无以为也,仲尼不可毁也。他人之贤者,丘陵也,犹可逾也;仲尼,日月也,无得而逾焉。人虽欲自绝,其何伤于日月乎?多见其不知量也!'" ②伯寮愬(sù)子路:愬,同"诉","进谗言"意。《论语·宪问》:"公伯寮诉子路于季孙。子服景伯以告,曰:'夫子固有惑志于公伯寮,吾力犹能肆诸市朝。'子曰:'道之将行也与,命也;道之将废也与,命也。公伯寮其如命何?'" ③臧仓沮孟子:《孟子·梁惠王下》:"鲁平公将出,嬖人臧仓者请曰:'他日君出,则必命有司所之。今乘舆已驾矣,有司未知所之,敢请。'公曰:'将见孟子。'曰:'何哉?君所为轻身以先于匹夫者,以为贤乎?礼义由贤者出。而孟子之后丧逾前丧。君无见焉!'公曰:'诺。'乐正子入见,曰:'君奚为不见孟轲也?'曰:'或告寡人曰:"孟子之后丧逾前丧",是以不往见也。'曰:'何哉,君所谓逾者?前以士,后以大夫;前以三鼎,而后以五鼎与?'曰:'否。谓棺椁衣衾之美也。'曰:'非所谓逾也,贫富不同也。'乐正子见孟子,曰:'克告于君,君为来见也。嬖人有臧仓者沮君,君是以不果来也。'曰:'行或使之,止或尼之。行止,非人所能也。吾之不遇鲁侯,天也。臧氏之子焉能使予不遇哉?'"沮,阻止。 ④"乡人皆好"之句:《论语·子路》:"子贡问曰:'乡人皆好之,何如?'子曰:'未可也。''乡人皆恶之,何如?'子曰:'未可也。不如乡人之善者好之,其不善者恶之。'"

315 图大于细,不劳力,不费财,不动声色,暗收百倍之功。用柔为刚,愈涵容,愈愧屈,愈契腹心,化作两人之美。

【译文】图谋大事从细小的事情做起,就会不劳力、不费财、不动声色,在不知不觉中收到百倍的功效。以柔为刚,就愈加涵容,愈谦逊退让,就愈加知心,双方都会舒畅。

316 铨署楹帖:直者无庸我力,枉者我无庸力,何敢贪天之功;恩则以奸为贤,怨则以贤为奸,岂能逃鬼之责。

【译文】在选授官职的吏部衙门贴着这样一副楹联:直者无庸我力,枉者我无庸力,何敢贪天之功;恩则以奸为贤,怨则以贤为奸,岂能逃鬼之责。意思是说:选用了正直的人,不要认为是我的功劳,对邪枉的人,我不去选用,不敢贪天之功据为己有;因为对自己有恩,奸邪的人也被认为是贤人;因为对自己有怨,贤人也被认为是奸邪,这样做怎么能逃避鬼的谴责。

317 公署楹帖:只一个志诚,任从你千欺百罔;有三尺明法,休犯他十恶五刑。

【译文】公署楹帖:只要有至诚之心,不怕你千欺百骗;有光明正大法律在,你不要触犯十恶五刑。

318 公署楹帖:皇天下鉴此心,敢不光明正直;赤子来游吾腹,愿言岂弟慈祥。

【译文】公署楹帖:老天爷明察我心,敢不光明正直;黎民百姓需要我关爱,我愿意和乐善良慈祥。

319 按察司署楹帖:光天化日之下,四方阴邪休行;大冬严雪之中,一点阳春自在。

【译文】按察司署楹帖:光天化日之下,四方阴暗邪僻行为休想通行;严刑峻法之中,也有关爱之情。

320 发示驿递:痛苍赤食草饭沙,安忍吸民膏以纵口腹;睹闾阎卖妻鬻子,岂容穷物力而拥车徒。

【译文】发示驿递告诫往来住宿消费官吏:悲痛老百姓吃草饭沙,怎么忍吸民众膏血满足自己口腹;看民间卖妻鬻子,怎容你穷尽物力大肆铺张。

321 发示州县:悯其饥,念其寒,谁不可怜子女,肯推毫发与苍生,不枉为民父母;受若直,怠若事,谁能放过仆童,况糜膏脂无治状,也应念及儿孙。

【译文】发示州县:哀怜其饥饿,关心其寒冷,哪个不疼子女,把这种精神推及民众,不枉做民众父母官;拿了报酬,却怠惰其事,哪个能放过这样仆人,更何况糜费了财富却无政绩,这样给子孙后代留下的是福是祸?

322 襄垣县署楹帖:百姓有知,愿教竹头生笋;三堂无事,任从门外张罗。

【译文】做襄垣县令时官署楹联:百姓知法不犯法,任凭竹头生笋供人食(不做刑具);大堂无事,任凭衙门外可以张罗捕雀。

323 莫以勤劳怨辛苦,朝庭觅你做奶母。

【译文】要勤劳不要怕辛苦,朝廷是要你来做妈妈的。

324 城门四联:东延和门:青帝布阳春①,郁郁葱葱,生气溢沙随之外②;黄堂流德泽③,融融液液,太和在梁苑之西④。南文明门:万丈文光,北射斗牛通魁柄⑤;三星物采,东联箕尾上台躔⑥。西宝成门:万宝告成,耕夫织妇白叟黄童年年歌大有;五征来备,东舍西邻南村北疃处处乐同人。北钟祥门:洪涛来万里恩波,远抱崇墉浮瑞霭;玄女注千年圣水,潜滋环海护生灵。

【译文】沙随城门四联:东面的延和门:青帝带来春天,郁郁葱葱,蓬勃生气布满沙随之外;知府大堂流布德泽,融融和和,太和之气布满梁苑之西。南面的主明门:文曲星光芒万丈,许多人要成为朝廷栋梁之才;三星华丽多彩,许多人成为国家重臣。西面宝成门:五谷丰登,耕夫织妇白发老翁黄发儿童年年歌颂大丰收;风调雨顺寒热适度,东邻西舍南村北庄共欢歌。北面的钟祥门:黄河来万里波涛,远远抱持巨堤浮动云雾;神女倾注千年圣水,流入大海深深滋润着环海生灵。

【注释】①青帝:东方之神,又为春神。 ②沙随:地名,在今河南宁陵县西北,吕坤故乡。 ③黄堂:太守办事的厅堂。 ④梁苑:园囿名,在今河南开封市东南。 ⑤魁柄:比喻朝廷大权,此指朝廷。 ⑥台躔(chán):台,官署名。台躔指朝廷高官官署。

卷　六

人　情

001　无所乐,有所苦,即父子不相保也,而况民乎!有所乐,无所苦,即戎狄且相亲也,而况民乎!

【译文】没有快乐只有痛苦,即使父子之间也不能相亲相爱,何况是民众呢!没有痛苦只有快乐,即使和戎狄相处也能相亲相爱,何况是民众呢!

002　世之人,闻人过失便喜谈而乐道之;见人规己之过,既掩护之,又痛疾之。闻人称誉便欣喜而夸张之,见人称人之善,既盖藏之,又搜索之。试思这个念头是君子乎?是小人乎?

【译文】世上的人听到谈论别人的过失便很高兴,而且津津乐道;见人规劝自己的过失便掩藏护短,而且伤心痛恨。听到人称赞自己便欣喜夸张,见称赞别人就遮盖人家的优点,搜寻人家的缺点。请想一想,这种念头是君子呢,还是小人呢?

003　乍见之患,愚者所惊;渐至之殃,智者所忽也。以愚者而当智者之所忽,可畏哉!

【译文】猛然遇见的祸患,愚蠢的人也会惊愕;渐渐而来的灾殃,聪明人也会忽略。愚蠢的人如遇到聪明的人都会忽略的渐至之殃,那就太可怕了。

004　论人情只往薄处求,说人心只往恶边想,此是私而刻底念头,自家便是个小人。古人责人每于有过中求无过,此是长厚心、盛德事。学者熟思,自有滋味。

【译文】论到人情,只往薄处想;说到人心,只往坏处想,这是自私而又刻薄的想法,这种人自己就是个小人。古人要求别人只在有过错中求无过,这是长厚心、盛德事。学者仔细想一想,自有滋味。

005 人说己善则喜,人说己过则怒,自家善恶自家真知,待祸败时欺人不得。人说体实则喜,人说体虚则怒,自家病痛自家独觉,到死亡时欺人不得。

【译文】人家说到自己的优点就高兴,说到自己的缺点就发怒,自己的优点缺点,自己心中明白,等遇到灾祸、失败时,欺骗不了别人。人家说你健康你就高兴,说你体弱你则发怒,自己有什么病痛自己知道,到死亡时,欺骗不了别人。

006 一巨卿还家,门户不如做官时,悄然不乐,曰:"世态炎凉如是,人何以堪?"余曰:"君自炎凉,非独世态之过也。平常淡素是我本来事,热闹纷华是我傥来事①,君留恋富贵以为当然,厌恶贫贱以为遭际,何炎凉如之而暇叹世情哉!"

【译文】一大官告老还家以后,门户不如原先热闹,心中悄然不乐,说:"世态炎凉到了如此地步,怎让人受得了!"我说:"这是您心中有了炎凉,并不只是世态的过错啊!平常淡素,是我们本来应该过的日子;热闹纷华,是无意得来的事情。你留恋富贵,以为这是当然应该过的日子;厌恶贫贱,以为这是遭遇不好。世态哪里像你说得这样炎凉,而你却如此感叹世情呢!"

【注释】①傥来事:偶然而来的事。

007 迷莫迷于明知,愚莫愚于用智,辱莫辱于求荣,小莫小于好大。

【译文】最迷惑的莫过于明知故犯,最愚蠢的莫过于卖弄聪明,最耻辱的莫过于利己求荣,最渺小的莫过于好大喜功。

008 两人相非,不破家忘身不止,只回头认自家一句错,便是无边受用。两人自是,不反面稽唇不止①,只温语称人一句好,便是无限欢欣。

【译文】两个人相互攻击,不到破家忘身的程度不停止,实际上只要自己认一句错,便是无边受用。两个人都自以为是,不到翻脸就不停地讥讽对方,实际上只要温和地称赞对方一句好,便是无限欢欣。

【注释】①反面稽唇:翻脸争论。《汉书·贾谊传》:"妇姑不相说(悦),则反唇而相稽。"

009 将好名儿都收在自家身上,将恶名儿都推到别人身上,此天

下通情,不知此两个念头都揽个恶名在身,不如让善引过。

【译文】把好名儿都收在自家身上,将恶名儿都推到别人身上,这是天下普遍的情况,不知道有了这两个念头,都揽了个恶名在自己身上,不如把好名声让给别人,把过错归于自己。

010 露己之美者恶,分人之美者尤恶,而况专人之美、窃人之美乎?吾党戒之。

【译文】爱显露自己优点的人让人讨厌,爱分享别人美名的人尤其让人讨厌,何况那些专享别人的美名、盗窃别人美名的人呢!我们应警戒这一点。

011 守义礼者,今人以为倨傲;工谀佞者,今人以为谦恭。举世名公达宦,自号儒流,亦迷乱相责而不悟,大可笑也。

【译文】对于遵守礼义的人,现在的人认为他们傲慢自大;对于善于阿谀奉承的人,现在的人认为他们谦虚恭敬。世上的那些名公达宦,自认为是儒者之流的人,对此也迷惑不解,乱加责求而不醒悟,太可笑了。

012 爱人以德而令之仇,人以德爱我而仇之,此二人者皆愚也。

【译文】爱人以德,还使人有了怨恨;人以德爱我,我还怨恨人家,这两种人都是愚蠢的人。

013 无可知处,尽有可知之人,而忽之谓之瞽①。可知处,尽有不可知之人,而忽之亦谓之瞽。

【译文】在认为没有人知道的地方,仍然会有知道的人,忽略了这一点叫做瞽子。对应该知道的事情,也仍然有不知道的人,忽略了这一点也叫做瞽子。

【注释】①瞽(gǔ):目盲。

014 世间有三利衢坏人心术,有四要路坏人气质,当此地而不坏者,可谓定守矣。君门,士大夫之利衢也。公门,吏胥之利衢也。市门,商贾之利衢也。翰林、吏部、台、省①,四要路也。有道者处之,在在都是真我。

【译文】世上有三条通往利益的道路坏人心术,有四种要路坏人气质,处在这样的地势而不学坏的人,可以说是操守坚定。君门,就是士大夫的利衢。

公门,就是官府小吏的利衢。市门,就是商贾的利衢。翰林、吏部、台、省,就是四个要路。有道德的人处在这个位置上,处处能表现出真正的我。

【注释】①翰林、吏部、台、省:翰林,指翰林院,唐代置此院,为内廷供奉之官。宋设翰林学士院,掌在内廷起草诏旨。此外,在内侍省下设翰林院,总天文、书艺、图画、医官四局。明将著作、修史、图书等事务并归翰林院,成为外朝官署。吏部,六部之一,主管官吏的选任、考课、升降、调动等事务。台,御吏台,属监察机关。省,指尚书省、中书省、门下省。

015 朝廷法纪做不得人情,天下名分做不得人情,圣贤道理做不得人情,他人事做不得人情,我无力量做不得人情。以此五者徇人,皆妄也,君子慎之。

【译文】朝廷法纪做不得人情,天下名分做不得人情,圣贤道理做不得人情,他人的事做不得人情,自己没力量做不得人情。用这五种事情来讨好别人以求达到自己的目的,都是白费心机,君子一定要慎重。

016 古人之相与也①,明目张胆,推心置腹。其未言也,无先疑;其既言也,无后虑。今人之相与也,小心屏息,藏意饰容,其未言也,怀疑畏;其既言也,触祸机。哀哉!安得心地光明之君子而与之披情愫论肝膈也?哀哉!彼亦示人以光明而以机阱陷人也。

【译文】古代人相互交往时,心胸坦荡,推心置腹。没说话的时候,不必先心存疑虑;已经讲了的话,也不必有后顾之忧。现在的人相互交往,小心屏息,藏意饰容。未说话的时候,就会心怀疑虑,有所畏惧;已经说了话,就会招来祸殃。真可悲啊!哪儿能找到心地光明的君子,可以与他诉衷情、披肝沥胆呢?可悲啊!有的人表面上光明正大,实际上却在设陷阱害人。

【注释】①相与:相交。

017 古之君子不以其所能者病人,今人却以其所不能者病人。

【译文】古代的君子不用自己的才能来困扰或羞辱别人,现在的人却以自己不能做到的事来困扰和羞辱别人。

018 古人名望相近则相得,今人名望相近则相妒。

【译文】古代名望相近的人能友好相处,而今名望相近的人则互相嫉妒。

019 福莫大于无祸,祸莫大于求福。

【译文】无祸就是幸福了,过分追求幸福可能招来祸患。

020 言在行先,名在实先,食在事先,皆君子之所耻。

【译文】言在行先,名在实先,食在事先,都是君子的耻辱。

021 两悔无不释之怨,两求无不合之交,两怒无不成之祸。

【译文】双方都悔过,没有解不开的怨恨;双方都希望友好,没有不合好的交往;双方都发怒,没有不造成祸患的。

022 己无才而不让能,甚则害之;己为恶而恶人之为善,甚则诬之;己贫贱而恶人之富贵,甚则倾之。此三妒者,人之大戮也。

【译文】自己没有才能,还不让位给有才能的人,甚至去害人家;自己做坏事,还讨厌别人做好事,甚至去诬蔑人家;自己贫贱还害怕别人富贵,甚至去倾轧人家。这三种爱嫉妒的人,真是害人精啊!

023 以患难时心居安乐,以贫贱时心居富贵,以屈局时心居广大,则无往而不泰然。以渊谷视康庄,以疾病视强健,以不测视无事,则无往而不安稳。

【译文】以患难时的心情对待安乐的日子,以贫贱时的心情对待富贵的日子,以委屈局促时的心情对待能够自由伸展的日子,这样就无时不处于泰然自乐之中。如果把深渊峡谷视为康庄大道,把疾病视作健康,把灾祸视作无事,任何时候都不会安稳。

024 不怕在朝市中无泉石心①,只怕归泉石时动朝市心。

【译文】不怕在朝廷做官时没有隐居的思想,只怕归隐时还有做官的心思。

【注释】①朝市:指在朝廷做官。泉石,指隐居。

025 积威与积恩二者皆祸也。积威之祸可救,积恩之祸难救。积威之后,宽一分则安,恩一分则悦。积恩之后,止而不加则以为薄,才减毫发则以为怨。恩极则穷,穷则难继;爱极则纵,纵则难堪。不可继则不进,其势必退。故威退为福,恩退为祸;恩进为福,威进为祸。圣人之非靳恩也,惧祸也。湿薪之解也易,燥薪之束也难。圣人之靳恩也①,其爱人无已之至情,调剂人情之微权也。

【译文】积威和积恩,这二者都是祸害。积威的祸可救,积恩的祸难救。积威之后,宽一分则安,恩一分则悦。积恩之后,恩惠停止而不再增加就以为薄,才减少丝毫就成为怨。恩情到了极点就穷尽了,穷尽了无以复加;爱恋到了极点就会放纵,放纵则难以收束。不能再继续给以恩惠,关系就不会进一步密切,只能逐渐减少恩或威。减少对他人的威势,对自己是福;减少对他人的恩惠,对自己是祸。增加对别人的恩惠,对自己是福;增加对别人的威势,对自己是祸。圣人并不是吝惜施给人恩惠,而是害怕带来祸患。柴禾湿了,解开捆着的绳子很容易;干燥的柴禾,捆扎起来就困难了。圣人吝惜恩惠,出于他爱人无已的至情,是调剂人情的权变之法啊!

【注释】①靳:吝啬。

026　人皆知少之为忧,而不知多之为忧也。惟智者忧多。

【译文】人们只知道少了让人担忧,不知道多了也让人担忧。只有有智慧的人知道多了也让人担忧的道理。

027　众恶之必察焉,众好之必察焉,易;自恶之必察焉,自好之必察焉,难。

【译文】对众人都讨厌的人,一定去调查了解;对众人都喜欢的人,一定去调查了解,做到这点比较容易。对自己讨厌的人,一定去调查了解;对自己喜欢的人,一定去调查了解,做到这点比较困难。

028　有人情之识,有物理之识,有事体之识,有事势之识,有事变之识,有精细之识,有阔大之识。此皆不可兼也,而事变之识为难,阔大之识为贵。

【译文】有人对人情了解得比较透彻,有人对物理了解得比较透彻,有人对事体了解得比较透彻,有人对事势了解得比较透彻,有人对事变了解得比较透彻,有人对精细的事情看得比较清楚,有人对阔大的事情看得比较清楚。但一个人不可能兼有几种识见,而能看清楚事情的变化的见识是比较难得的,有阔大见识的是难能可贵的。

029　圣人之道本不拂人,然亦不求可人①。人情原无限量,务可人不惟不是,亦自不能,故君子只务可理。

【译文】圣人提倡和遵循的道理本来不是背离人情的,然而也不是为了迎合人意的。人情原本没有边际、没有限量,一定要力求适合人意,不只是不对,也做不到,因此君子只求合乎道理。

【注释】①可人:可人意,使人惬意。

030　施人者虽无已,而我常慎所求,是谓养施。报我者虽无已,而我常不敢当,是谓养报。此不尽人之情而全交之道也。

【译文】施与人的人虽然没有限量,但被施的人也要慎重地提出要求,不能没完没了,这叫做养施。报答人的人虽然觉得永远也报答不完,但被报答的人常应该觉得不敢当,不能认为受之无愧,这叫做养报。相互之间要保留着用不尽的人情,这是使交情长久、友谊长存的道理。

031　攻人者,有五分过恶只攻他三四分,不惟彼有余惧,而亦倾心引服,足以塞其辩口。攻到五分已伤浑厚,而我无救性矣。若更多一分,是贻之以自解之资,彼据其一而得五,我贪其一而失五矣。此言责家之大戒也。

【译文】指出别人缺点错误的时候,对方有五分错误,只指出三四分就可以了。这样做,不只使对方心有余惧,而且会心服口服,不再辩解。如果指出五分,就有伤厚道,而自己也无回旋的余地了。假如再多一分,这就给了对方辩解的口实,他根据这不符合实际的一分来辩解那实际存在的五分;我只多说了一分,而那符合实际的五分也等于白说了。这是责备人的人尤其要引以为戒的。

032　见利向前,见害退后,同功专美于己,同过委罪于人,此小人恒态,而丈夫之耻行也。

【译文】见利向前,见害退后,把和别人共同建立的功劳归为己有,把同别人共同犯的错误推给别人,这是小人的常态,对于大丈夫来说,却是可耻的行为。

033　任彼薄恶,而吾以厚道敦之,则薄恶者必愧感,而情好愈笃。若因其薄恶也而亦以薄恶报之,则彼我同非,特分先后耳,毕竟何时解释①?此庸人之行,而君子不由也。

【译文】任凭对方对我如何薄情,态度如何恶劣,我都要以厚道来对待他,这样,对你态度薄恶的人必然会受到感动而愧悔,双方感情会更加深厚。如果因为对方对我薄情,对我态度不好,自己也用同样的态度来报复他,那样,双方都错了,只不过有个先后之分而已。这样做,两个人的怨恨何时才能消除呢？这是庸人的做法，君子是不会这样做的。

【注释】①解释：解除，消释。

034 恕人有六[①]：或彼识见有不到处，或彼听闻有未真处，或彼力量有不及处，或彼心事有所苦处，或彼精神有所忽处，或彼微意有所在处。先此六恕，而命之不从，教之不改，然后可罪也已。是以君子教人而后责人，体人而后怒人[②]。

【译文】有六种情况，可以宽恕别人：或者因为他识见不到，或者因为他听闻不真，或者因为他力量不够，或者因为他心中有难言之苦，或者因为他精神有所疏忽，或者因为他另有微妙的用意。先考虑这六种情况予以宽恕，而后不服从命令，不听从教育的，可以进行惩处。因此君子先教育人，然后才责罚人；先体谅人，然后才怪罪人。

【注释】①恕人：宽恕人。 ②体人：体谅人。

035 直友难得，而吾又拒以讳过之声色；佞人不少，而吾又接以喜谀之意态。呜呼！欲不日入于恶也，难矣。

【译文】正直的朋友很难得到，而我又表现出讳疾忌医的样子来拒绝他；奸佞的人不少，而我又以喜爱阿谀奉承的态度来接交他。唉！想使人们不一天一天坏下去也难啊！

036 笞、杖、徒、流、死，此五者，小人之律令也。礼、义、廉、耻，此四者，君子之律令也。小人犯律令刑于有司，君子犯律令刑于公论。虽然，刑罚滥及，小人不惧，何也？非至当之刑也。毁谤交攻，君子不惧，何也？非至公之论也。

【译文】笞刑、杖刑、徒刑、流放、死刑，这五种刑罚，是对待小人的法令。礼、义、廉、耻，这四者，是对待君子的法令。小人违犯了法令由官府判刑，君子违反了法令由公论惩罚。虽然如此，如果滥施刑罚，小人也不惧怕，为什么呢？因为不是恰当的惩罚。如果毁谤交加，君子也不害怕，为什么呢？因为不是公正的评论。

037 情不足而文之以言，其言不可亲也。诚不足而文之以貌，其貌不足信也。是以天下之事贵真，真不容掩而见之言貌，其可亲可信也夫。

【译文】感情不深厚而用言语来文饰,这样的言语也不会使人感到亲近。诚恳不够而用外貌来文饰,这样的外貌也不会让人相信。因此,天下的事情贵真,真实的感情是掩饰不住的,而是表现在面容和语言上,这就让人感到可亲可信了。

038 势、利、术、言,此四者,公道之敌也。炙手可热,则公道为屈;贿赂潜通,则公道为屈;智巧阴投,则公道为屈;毁誉肆行,则公道为屈。世之冀幸受诬者不啻十五也,可慨夫!

【译文】势、利、术、言,这四者,是公道的敌人。炙手可热,公道就会为之屈服;贿赂暗通,公道就会为之屈服;智巧阴投,公道就会为之屈服;毁誉肆行,公道就会为之屈服。世上怀着侥幸希望之心而受到诬陷的人只十分之五,真让人感慨不已啊!

039 圣人处世,只于人情上做工夫,其于人情,又只于未言之先、不言之表上做工夫。

【译文】圣人处世,只在人情上做功夫。对于人情,又只在未言之前、不言之表上做功夫。

040 美生爱,爱生狎,狎生玩,玩生骄,骄生悍,悍生死。

【译文】对美的东西就会产生喜爱,喜爱了就想亲近,亲近过分了就会轻慢,轻慢就会产生骄横,骄横就会产生凶悍,凶悍就会毫无顾忌,以致导向死亡。

041 礼是圣人制底,情不是圣人制底。圣人缘情而生礼,君子见礼而得情。众人以礼视礼而不知其情,由是礼为天下虚文,而崇真者思弃之矣。

【译文】礼是圣人制定的,情不是圣人制定的。圣人根据情制定了礼,君子见礼而知情。普通人只把礼看做是一种合乎礼的行为而看不到情,因此礼就成了一种虚设的东西,而崇尚真实的人就想抛弃这些虚设的形式。

042 人到无所顾惜时,君父之尊不能使之严,鼎镬之威不能使之惧,千言万语不能使之喻,虽圣人亦无如之何也已。圣人知其然也,每养其体面,体其情私,而不使至于无所顾惜。

【译文】人到无所顾惜时,君父的威严也不能使他震慑,下锅煎烹这样的酷刑也不会使他害怕,千言万语也不能使他醒悟,即使是圣人对他也无可奈何。圣人知道这个道理,所以每每要保持人的体面,体贴他们内心的隐曲,而不让人沦于无所顾惜的境地。

043 称人以颜子,无不悦者,忘其贫贱而夭。称人以桀、纣、盗跖,无不怒者,忘其富贵而寿。好善恶恶之同然如此,而作人却与桀、纣、盗跖同归,何恶其名而好其实耶?

【译文】称赞别人像孔子的弟子颜渊,人家没有不高兴的,而忘记了颜渊的贫贱和短寿。用桀、纣、盗跖来比喻别人,人家一定会大怒,而忘记了桀、纣、盗跖的富贵和长寿。人们喜好善、厌恶恶的心理相同到如此的地步,而做人却和桀、纣、盗跖一样,怎能只厌恶他的恶名而喜欢他的实际呢?

044 今人骨肉之好不终,只为看得"尔、我"二字太分晓。

【译文】现在的人,骨肉之亲都不能终生和好相处,只是因为把"你、我"两个字看得太分明了。

045 圣人制礼,本以体人情,非以拂之也。圣人之心非不因人情之所便而各顺之,然顺一时便一人,而后天下之大不顺便者因之矣。故圣人不敢恤小便拂大顺,徇一时弊万世,其拂人情者乃所以宜人情也。

【译文】圣人制定礼仪制度,本来是为了体恤人情,而不是为了违背人情。圣人的心思并不是不想因人情的方便而使各方面都顺应,然而顺应一时、方便一人,以后天下就会出现大多数人不方便、不顺利的情况。因此,圣人不敢为了顾惜少数人的便利而违背大多数人的顺便,顺人一时的方便而造成万世的弊病。圣人违背人情的地方正是为了适合人情啊!

046 好人之善,恶人之恶,不难于过甚。只是好己之善,善己之恶,便不如此痛切。

【译文】喜好别人的优点,痛恨别人的缺点,显示出特别激烈的感情并不难。但是喜好自己的优点,痛恨自己的缺点,便不能有如此激烈的感情。

047 诚则无心,无心则无迹,无迹则人不疑,即疑,久将自消。我一著意,自然著迹,著迹则两相疑,两相疑,则似者皆真,故著意之害大。三五岁之男女终日谈笑于市,男女不相嫌,见者亦无疑于男女,两诚故也。继母之慈,嫡妻之惠,不能脱然自忘,人未必脱然相信,则著意之故耳。

【译文】内心是真诚的,做出的事就出于自然,不是成心所为。出于自然就没有形迹,没有形迹人们就不会产生怀疑,即使有了怀疑,时间长了自会消失。一用心着意,自然会露出形迹,露出形迹双方都会怀疑,双方都有了怀疑,相似的东西也成了真的,因此说刻意而为,害处很大。三五岁的男孩女孩终日在街上玩耍谈笑,没有男女的嫌疑,看见的人也不会认为有什么嫌疑,这是因为内心真诚的缘故。继母对孩子的慈爱,嫡妻对婢妾的恩惠,自己不能轻易自忘,别人也未必轻易相信,这就是用心着意的缘故。

048 一人运一甓①,其行疾;一人运三甓,其行迟;又二人共舆十甓,其行又迟。比暮而较之,此四人者,其数均。天下之事苟从其所便而足以济事,不必律之使一也,一则人情必有所苦。先王不苦人所便以就吾之一而又病于事。

【译文】一个人一次运一块砖,行走的速度很快;一个人一次运三块砖,行走的速度比较慢;两个人共抬着十块砖,行走的速度就更慢了。到了晚上一计算,这四个人运的砖数相同。因此说,天下的事如果按照人们方便的办法去做而又能够成功的话,不必勉强用同一个办法。如果用同一个办法,必然会对一些人造成不便。先王不在人们方便的事上制造麻烦使统一于自己的规定,而又于事不利。

【注释】①甓(pì):砖。

049 人之情有言然而意未必然,有事然而意未必然者,非勉强于事势则束缚于体面。善体人者,要在识其难言之情而不使其为言与事所苦,此圣人之所以感人心而人乐为之死也。

【译文】人的感情,有说的是这样,而内心并不是这样的;有事是这样,而内心并不是这样的。出现这种情况,不是由于事势不得不如此,就是为了保持体面。善于体谅人的人,要能体会到别人的难言之情,而不让他被言和事所困扰,这就是圣人能够感动人心而人们乐于为圣人赴死的原因。

050 人情愈体悉愈有趣味,物理愈玩索愈有入头。

【译文】深入地体悉人情会增加智慧乐趣,物理越是求索越是会深入。

051 不怕多感,只怕爱感,世之逐逐恋恋,皆爱感者也。

【译文】不怕被各种感情所感染,只怕被爱的情绪感染,世上人逐逐恋恋,都是受到爱的感染的缘故。

052 人情之险也极矣,一令贪,上官欲论之而事泄,彼阳以他事得罪,上官避嫌,遂不敢论,世谓之钳口计。

【译文】人情的险恶真是到了极点啊!一个县令贪污了钱财,上司想治他的罪,事情泄露了出去。那县令就公开用别的事得罪了上司,上司为了避嫌,就不敢治县令的罪了。世人称此为钳口计。

053 有二三道义之友,数日别,便相思。以为世俗之念,一别便生;亲厚之情,一别便疏。余曰:君此语甚有趣,向与淫朋狎友滋味迥然不同,但真味未深耳。孔、孟、颜、思,我辈平生何尝一接,只今诵读体认间,如朝夕同堂对语,如家人父子相依,何者?心交神契,千载一时,万里一身也。久之,彼我且无,孰离孰合、孰亲孰疏哉?若相与而善念生,相违而欲心长,即旦暮一生,济得甚事?

【译文】有几个道义之交的朋友,分别了几天,便相互思念。他们认为,世俗的念头,一分别便会产生;亲厚的情义,一分别便会疏远。我说:你们的话很有趣味,与那些淫朋狎友的滋味迥然不同,但真味还不深。孔子、孟子、颜子、子思,我们平生没有和他们接触,现在诵读和体会他们的著作时,就如同朝夕相处、同堂对语一般,如同家人父子相互依靠。为什么呢?这是因为心交神合,相距千载而如同生活在一个时代,相距万里而如同一个人一样。时间久了,没有了彼此之分,哪还有谁离谁合、谁亲谁疏之分呢?如果在一起则善念生,一分开则欲心长,这样即使一生都在一起,又有什么用呢?

054 受病于平日,而归咎于一旦。发源于脏腑,而求效于皮毛。太仓之竭也①,责穷于囷底。大厦之倾也,归罪于一霖。

【译文】得病在平时,而往往归罪于一旦。发源于脏腑,往往求效于皮毛。太仓储备的粮食空竭了,往往责穷于囷底。大厦倒塌了,往往归罪于一场大雨。

【注释】①太仓:京城储粮之大仓。

055 世之人,闻称人之善辄有妒心,闻称人之恶辄有喜心,此天理忘而人欲肆者也。孔子所恶,恶称人之恶①;孔子所乐,乐道人之善②。吾人岂可另有一副心肠。

【译文】 世上的人,听到称赞别人的优点就有妒心,听到说别人的缺点就有喜心,这是忘记了天理而让人欲肆行造成的。孔子所厌恶的,就是讨厌说别人的坏话;孔子所喜欢的,就是喜欢说别人的优点。我们怎能有另外一副心肠呢?

【注释】 ①恶称人之恶:语出《论语·阳货》。 ②乐道人之善:语出《论语·季氏》。

056 人欲之动,初念最炽,须要迟迟,就做便差了。天理之动,初念最勇,须要就做,迟迟便歇了。

【译文】 人欲萌动,开始时最为炽烈,这时就需要迟一迟,马上做就会出错。天理的念头,初念最勇,须要立即就做,迟一迟便会停歇。

057 凡人为不善,其初皆不忍也,其后忍不忍半,其后忍之,其后安之,其后乐之。呜呼!至于乐为不善而后良心死矣。

【译文】 大凡人做不善的事,开始时都不忍去做,后来忍和不忍之情各有一半,后来就忍心去做了,后来就心安理得了,最后就乐于去做了。唉!到了乐于做坏事的地步,良心已经死了。

058 闻人之善而掩覆之,或文致以诬其心;闻人之过而播扬之,或枝叶以多其罪。此皆得罪于鬼神者也,吾党戒之。

【译文】 听到别人的优点就掩盖,或者罗织罪名来诬蔑人家的用心;听到别人的缺点就传播,或者添枝加叶来夸大别人的缺点。这都是得罪鬼神的做法啊!我们一定要以此为戒。

059 "恕"之一字,是个好道理,看那推心者是什么念头。好色者恕人之淫,好货者恕人之贪,好饮者恕人之醉,好安逸者恕人之惰慢,未尝不以己度人,未尝不视人犹己,而道之贼也。故行恕者,不可以不审也。

【译文】 "恕"这个字,本来是个好道理,但还要看那推己及人的人是个什么念头。好色者恕人之淫,好货者恕人之贪,好饮者恕人之醉,好安逸者恕人之惰慢,未尝不是以己度人,未尝不是视人犹己,但这只是害道之贼而已。因此对推行恕道的人,不能不仔细考查。

060 心怕二三,情怕一。

【译文】心要专一怕纷乱,喜怒哀乐等情怕专一。

061　别个短长作己事,自家痛痒问他人。

【译文】有的人总把别人的短长当做自己的事,自家的痛痒却要问别人。

062　休将烦恼求恩爱,不得恩爱将烦恼。

【译文】休用烦恼去求恩爱,得不到恩爱还添烦恼。

063　利算无余处,祸防不意中。

【译文】对利害要考虑到不能再仔细的地步,对祸患要预防到不能预料到的地方。

物　理

001　鸱鸦其本声也如鹊鸠,然第其声可憎①,闻者以为不祥,每弹杀之。夫物之飞鸣何尝择地哉?集屋鸣屋,集树鸣树,彼鸣屋者,主人疑之矣,不知其鸣于野树,主何人不祥也?至于犬人行,鼠人言,豕人立,真大异事,然不祥在物,无与于人。即使于人为凶,然亦不过感戾气而呈兆,在物亦莫知所以然耳。盖鬼神爱人,每示人以趋避之几,人能恐惧修省,则可转祸为福。如景公之退孛星②,高宗之枯桑穀③,妖不胜德,理气必然。然则妖异之呈兆,即蓍龟之告,繇是吾师也,何深恶而痛去之哉?

【译文】猫头鹰的叫声也如同喜鹊和斑鸠的叫声一样,只是因为叫声难听,听到的人就认为是不祥之兆,每每要射杀它们。鸟类飞翔的时候鸣叫,何尝会选择地点呢?落到屋上就在屋上鸣叫,落在树上就在树上鸣叫。落在屋上鸣叫的,主人就怀疑会给自己带来祸殃,不知在野外树上鸣叫的,会主何人不祥?至于犬如人行,鼠如人言,豕如人立,真是非常奇异的事情,然而不祥只表现在动物的身上,和人没有关系。即使对人是个凶事,也不过是物感受了乖戾之气而呈现出来的凶兆罢了,动物本身也不知其所以然。鬼神爱人,每每向人显示趋福避灾的征兆,人能够心存恐惧而注意修养省察,则可以转祸为福。如齐景公没用祭祀就消除了彗星出现可能带来的灾祸,殷高宗用修德的方法来避免桑穀生于朝可能会带来的祸殃,这是因为妖不胜德,理气必然的道理。然而出现了妖异的征兆,就如同占卜时的预告,可以视作我们的老师啊!为什么还要深恶痛绝地除掉它们呢?

【注释】①第:只。 ②景公之退孛星:景公,齐景公。孛星,彗星。《左传》昭公二十六年:"齐有彗星,齐侯使禳之。晏子曰:'无益也,只取诬焉。天道不谄,不贰其命,若之何禳之?且天之有彗也,以除秽也。君无秽德,又何禳焉?若德之秽,禳之何损?……'公说,乃止。" ③高宗之枯桑榖:高宗,殷高宗。《史记·殷本纪》:"帝太戊立伊陟为相。亳有祥桑榖共生于朝,一暮大拱。帝太戊惧,问伊陟。伊陟曰:'臣闻妖不胜德,帝之政其有阙与?帝其修德。'太戊从之,而祥桑枯死而去。……殷复兴,诸侯归之,故称中宗。"

002 春夏秋冬不是四个天,东西南北不是四个地,温凉寒热不是四种气,喜怒哀乐不是四张面。

【译文】春夏秋冬不是四个天,东西南北不是四个地,温凉寒热不是四种气,喜怒哀乐不是四张脸。

003 临池者不必仰观,而日月星辰可知也;闭户者不必游览,而阴晴寒暑可知也。

【译文】临池者不必仰视,就可以看到日月星辰;闭门者不必游览,就可以知道阴晴寒暑。

004 有国家者要知真正祥瑞,真正祥瑞者,致祥瑞之根本也。民安物阜,四海清宁,和气熏蒸而祥瑞生焉,此至治之符也。至治已成,而应征乃见者也。即无祥瑞,何害其为至治哉!若世乱而祥瑞生焉,则祥瑞乃灾异耳。是故灾祥无定名,治乱有定象。庭生桑榖未必为妖,殿生玉芝未必为瑞。是故圣君不惧灾异,不喜祥瑞,尽吾自修之道而已。不然,岂后世祥瑞之主出二帝三王上哉!

【译文】拥有国家的人应该知道什么是真正的祥瑞,真正的祥瑞,就是能带来祥瑞的根本。民安物阜,四海清宁,和气熏蒸,祥瑞就会出现,这是达到最完美政治的征兆。完美的政治形成了,祥瑞的征兆就会出现。即使没有祥瑞,对完美的政治也没有什么妨害。如果乱世而出现了祥瑞,这祥瑞就是灾异。因此说灾异和祥瑞并没有固定的名称,而治世和乱世却有固定的景象。朝廷上长出桑榖未必是妖,殿堂上长出玉芝未必为瑞。因此圣明的君主不害怕灾异,不喜欢祥瑞,只是尽到自我修治的办法而已。如果不是这样,后世曾出现祥瑞的那些君王难道比古代的二帝三王还贤明吗?

005　先得天气而生者,本上而末下,人是已。先得地气而生者,本下而末上,草木是已。得气中之质者飞,得质中之气者走。得浑沦磅礴之气质者为山河、为巨体之物,得游散纤细之气质者为蠛蠓蚊蚁蠢动之虫、为苔藓萍蓬蘩节之草。

【译文】先得到天气而产生的,本在上而末在下,这就是人类。先得到地气而生长的,本在下而末在上,这就是草木等植物。得到气中之质的能飞,得到质中之气的会走,得到天然的磅礴气质的就成为山河、成为巨大形体的东西。得到游散纤细气质的就成为蠛蠓蚊蚁等蠢动的虫类和苔藓萍蓬蘩节之类的小草。

006　入钉惟恐其不坚,拔钉惟恐其不出。下锁惟恐其不严,开锁惟恐其不易。

【译文】钉钉子时惟恐它不牢靠,拔钉子时惟恐它不出来。锁的时候惟恐不严,开锁的时候惟恐不好开。

007　以恒常度气数,以知识定窈冥,皆造化之所笑者也。造化亦定不得,造化尚听命于自然,而况为造化所造化者乎?堪舆星卜诸书①,皆屡中者也。②

【译文】以永恒不变的东西来度量节气和运数,以知识来确定深远奥妙不可知的东西,都会被造化所笑。对于这些,造化都不能确定,造化尚听命于自然,何况为造化所造化的东西呢?相地看风水占卜星相等书,都是多次被它猜中的。

【注释】①堪舆:相地看风水。　②屡中:《论语·先进》:"赐不受命,而货殖焉,亿则屡中。"

008　古今载籍莫滥于今日,括之有九:有全书,有要书,有赘书;有经世之书,有益人之书,有无用之书;有病道之书,有杂道之书,有败俗之书。《十三经注疏》、《二十一史》①,此谓全书。或撮其要领,或类其俊腴②,如《四书》、《六经》集注、《通鉴》之类③,此谓要书。当时务,中机宜,用之而物阜民安,功成事济,此谓经世之书。言虽近理,而掇拾陈言,不足以羽翼经史,是谓赘书。医技农卜,养生防患，劝善惩恶，是谓益人之书。无关于天下国家，无益于身心性命，语不根心，言皆应世，而妨当世之务，是谓无用之书，又不如赘。佛、老、庄、列，是谓病道之书。迂儒腐说，贤智偏言，是谓杂道之书。淫邪幻诞、机械夸张，是谓败俗之书。有世道之责者，不毅然沙汰而芟锄之，其为世教人心之害也不小。

【译文】古今书籍没有像今天这样泛滥的，概括起来有九种：有全书，有要书，有赘书；有经世之书，有益人之书，有无用之书；有病道之书，有杂道之书，有败俗之书。《十三经注疏》、《二十一史》，这叫做全书。或摘其大要，或聚其精华，如《四书》、《六经》集注、《通鉴》之类，这叫要书。适应当世的要务，适合时机的决策，采用它可以物阜民安、功成事济，这叫做经世之书。言论虽然近理，但是掇拾陈言，不足以解说经史，叫做赘书。医技农卜，养生防患，劝善惩恶，叫做益人之书。无关于天下国家，无益于身心性命，语言不是发自内心，说出来是为了应付世事，而又妨害当世要务的，这叫做无用之书，还不如赘书。佛、老、庄、列，叫做病道之书。迂儒腐说，贤智偏言，叫做杂道之书。淫邪幻诞、机械夸张，叫做败俗之书。对世道负有责任的人如果不毅然对这些书籍进行淘汰或禁毁，会对世教人心造成不小的危害。

【注释】①《十三经注疏》：十三种所谓儒家经典的经文、注文合刊本。宋绍熙间，三山黄唐始有合刊本，明代有嘉靖年间的闽本，万历间据闽本重刻的监本。十三经为《周易正义》、《尚书正义》、《毛诗正义》、《周礼注疏》、《仪礼注疏》、《礼记正义》、《春秋左传正义》、《春秋公羊传注疏》、《春秋谷梁传注疏》、《论语注疏》、《孝经注疏》、《尔雅注疏》、《孟子注疏》。《二十一史》：明万历国子监刊行的史书，包括《史记》、《汉书》、《后汉书》、《三国志》、《晋书》、《宋书》、《南齐书》、《梁书》、《陈书》、《魏书》、《北齐书》、《后周书》、《南史》、《北史》、《隋书》、《唐书》、《五代史》十七史，加宋、辽、金、元四史。 ②俊腴：肥美，此指精华。 ③《通鉴》：指《资治通鉴》，北宋司马光编。上起周威烈王二十三年（公元前403），下迄后周世宗显德六年（公元959）。内容以政治、军事为主，目的在于从历代兴亡中取得借鉴。

009　火不自知其热，冰不自知其寒，鹏不自知其大，蚁不自知其小，相忘于所生也。

【译文】火不知道自己热，冰不知道自己寒，鹏鸟不知道自己大，蝼蚁不知道自己小，因为它们不了解自己的生存。

010 声无形色,寄之于器。火无体质,寄之于薪。色无著落,寄之草木。故五行惟火无体而用不穷。

【译文】声音没有形状和颜色,它是寄托在器物上的。火没有体质,它是寄托在柴薪上的。颜色没有着落,它寄托在草木上。因此金、木、水、火、土这五种物质只有火没有形体而能用之不穷。

011 大风无声,湍水无浪,烈火无焰,万物无影。

【译文】大风听不到声音,急流的水看不到波浪,猛烈的火看不到火苗,万物是个总概念,无影无形。

012 万物得气之先。

【译文】万物是先得气的。

013 无功而食,雀鼠是已。肆害而食,虎狼是已。士大夫可图诸座右。

【译文】无功而食,只是雀鼠而已;肆害而食,只是虎狼而已。士大夫可以把这几句话作为座右铭。

014 薰香莸臭①,莸固不可有薰也,是多了底,不如无臭。无臭者,臭之母也。

【译文】薰草味香,莸草味臭,莸草本来不可能有香味,多出的气味还不如无味。无味,可变化出各种气味。

【注释】①薰香莸臭:薰,香草。莸,臭草。

015 圣人因蛛而知网罟,蛛非学圣人而布丝也。因蝇而悟作绳,蝇非学圣人而交足也。物者天能,圣人者人能。

【译文】圣人因看到蜘蛛结网而懂得了编织罗网的道理,并不是蜘蛛向圣人学习才会结网的。圣人因苍蝇交足而明白结绳的道理,并不是苍蝇向圣人学习才会交足的。动物的这些本领是天生的,圣人的本领是学习的。

016 执火不焦指,轮圆不及下者,速也。

【译文】拿着火而没有烧手,轮子转动不掉下去,这是速度快的缘故。

017 柳炭松弱无力,见火即尽。榆炭稍强,火稍烈。桑炭强,山栗

炭更强。皆逼人而耐久。木死成灰，其性自在。

【译文】柳木烧的炭松弱无力，见火即尽。榆木烧的炭稍强一些，火也稍旺。桑木烧的炭强，山栗木烧的炭更强，皆烈焰逼人而且烧得时间长久。木死变成灰炭时，它的本性还在。

018　莫向落花长太息，世间何物无终尽。

【译文】莫向落花长叹息，世间何物无终尽。

广　　喻

001　剑长三尺，用在一丝之铦刃①。笔长三寸，用在一端之锐毫，其余皆无用之羡物也②。虽然，使剑与笔但有其铦者锐者焉，则其用不可施。则知无用者，有用之资；有用者，无用之施。易牙不能无爨子③，欧冶不能无砧手④，工输不能无钻厮⑤。苟不能无，则与有用者等也，若之何而可以相病也？

【译文】剑长三尺，用的只是一丝宽的利刃；笔长三寸，用的只是一端的锐毫，其余都是没用的多余的东西。虽然如此，假使剑和笔只有利刃和锐毫，其作用就无法发挥。因此可知，无用的东西，是有用的东西所依托的；而有用的东西，是靠无用的东西来发挥作用。善于烹调的易牙不能没有帮厨人，善于铸剑的欧冶子不能没有砧手，善于做木工的公输般不能没有钻工。如果不能缺少，就和有用是一样的，为何还认为它是多余的赘物呢！

【注释】①铦（xiān）：锐利。　②羡物：多余之物。　③易牙不能无爨（cuàn）子：易牙，春秋齐桓公幸臣。喜逢迎，善调味。爨子，灶下帮厨之人。　④欧冶不能无砧手：欧冶，既欧冶子，春秋时著名冶工，曾为越王、楚王铸剑。砧手，锻铁工，指欧冶子的助手。　⑤工输不能无钻厮：工输，即公输般，鲁人，又称鲁班，春秋时著名巧匠，木工奉之为祖师。钻厮，钻手，指工输的帮手。

002　坐井者不可与言一度之天，出而四顾，则始觉其大矣。虽然，云木碍眼，所见犹拘也。登泰山之巅，则视天莫知其际矣。虽然，不如身游八极之表①，心通九垓之外②，天在胸中，如太仓一粒，然后可以语通达之识。

【译文】对坐在井里的人，不可和他谈一度大的天，他从井里出来四下一望,才能知道天的广大。虽然如此,如果被云彩和树木遮住了视线,所看到的天空也会受到限制。登上泰山之巅,看天空则感到无边无际。虽然如此,不如身游八方极远的地方,心通九重天之外,天在胸中有如太仓中的一粒米一样,才可以谈论通达的见识。

【注释】①八极:八方极远处。　②九垓:天空极高远处。

003　著味非至味也,故玄酒为五味先①。著色非至色也,故太素为五色主。著象非至象也,故无象为万象母。著力非至力也,故大块载万物而不负②。著情非至情也,故太清生万物而不亲③。著心非至心也,故圣人应万事而不有。

【译文】着上了味并不是最美的味,因此白水为五味之先。着上了色并不是最美的颜色,因此无色为五色之主。着了象并不是最好的象,因此无象为万象之母。着了力并非最大的力,因此大地载着万物就像没有负载一样。着了情并非至情,因此天生万物而不亲。着了心并非最用心,因此圣人应万事如同不用心一样。

【注释】①玄酒:上古祭祀用的水。《礼记·礼运》:"故玄酒在室,醴醆在户。"疏:"玄酒,谓水也。以其色黑,故谓之玄,而太古无酒,此水当酒所用,故谓之玄酒。"后引申为薄酒。　②大块:指地。　③太清:指天。

004　凡病人,面红如赭,发润如油者不治,盖萃一身之元气血脉尽于面目之上也。呜呼!人君富,四海贫,可以惧矣。

【译文】凡病人面红如赭,发润如油的,就治不好了,因为一身的元气血脉都集中在面目上了。唉!人君富,四海贫,就让人感到可怕了。

005　有国家者,厚下恤民非独为民也。譬之于墉①,广其下削其上乃可固也。譬之于木,溉其本剔其末乃可茂也②。夫墉未有上丰下狭不倾,木未有露本繁末而不毙者。可畏也夫!

【译文】拥有国家的人,使民众富足,体恤民情,并不只是为了人民。这就好比修筑城墙,下部宽厚上边狭窄才会坚固。又如同种树,浇灌根部,修剪树冠,树木才会茂盛。城墙没有上宽下窄而不倾倒的,树木没有根部外露树梢繁茂而不死亡的。这种情况真可怕啊!

【注释】①墉:城墙。　②溉:浇灌。

006 天下之势,积渐成之也。无忽一毫,舆羽折轴者①,积也;无忽寒露,寻至坚冰者,渐也。自古天下国家身之败亡,不出"积渐"二字。积之微,渐之始,可为寒心哉!

【译文】天下的形势,都是渐渐积累而成的。不要忽略一丝一毫,装载羽毛的车而折断了车轴,这是长期使用造成的;不要忽略寒冷的露水,不久坚冰就会出现,这也是渐渐积累的结果。自古以来天下、国家、自身的败亡,不出"积渐"二字。积累之初哪怕是微小的,逐渐形成的东西哪怕是开始的,都让人心中害怕啊!

【注释】①舆:装载。

007 火之大灼者无烟,水之顺流者无声,人之情平者无语。

【译文】火烧旺了就无烟,水顺流就无声,人心情平静就无语。

008 风之初发于谷也,拔木走石,渐远而减,又远而弱,又远而微,又远而尽,其势然也。使风出谷也,仅能振叶拂毛,即咫尺不能推行矣。京师号令之首,纪法不可以不振也。

【译文】风刚从山谷发出来的时候,非常强劲,能拔木走石。渐远而减,又远而弱,又远而微,又远而尽,其势然也。如果风从山谷中发出来的时候,仅能振叶拂毛,那就咫尺也不能推行了。京城是号令发出的地方,纪法不可不振。

009 背上有物,反顾千万转而不可见也。遂谓人言不可信,若必待自见,则无见时矣。

【译文】背上有物,反顾千万转而不可见,因此就认为人言不可信,如果必须等自己看见才相信,就没有看见的时候了。

010 人有畏更衣之寒而忍一岁之冻,惧一针之痛而甘必死之疡者。一劳永逸,可与有识者道。

【译文】人有害怕换衣服时的寒冷而宁愿忍受一年的寒冷,有惧怕一针之痛而甘心保留那致自己于死地的脓疮。一劳永逸的事,只可与有见识的人谈。

011 齿之密比不嫌于相逼①,固有故也。落而补之,则觉有物矣。夫惟固有者,多不得,少不得。

【译文】牙齿紧密地排列在一起,不嫌相互逼迫,因为是原来固有的。如果脱落了再补上,就觉得有了异物。只有固有的东西,既多不得,也少不得。

【注释】①密比:紧密排列在一起。

012　婴珠佩玉,服锦曳罗,而饿死于室中,不如丐人持一升之粟。是以明王贵用物,而诛尚无用者。

【译文】戴珠佩玉,穿锦曳罗,而饿死在屋中,不如乞丐有一升小米。因此圣明的君王珍贵那些有用的东西,而诛灭那些崇尚无用东西的人。

013　元气已虚而血肉未溃,饮食起居不甚觉也。一旦外邪袭之,溘然死矣①。不怕千日,怕一旦;一旦者,千日之积也。千日可为,一旦不可为矣。故慎于千日,正以防其一旦也。有天下国家者可惕然惧矣。

【译文】元气已虚而身体外表还没有看出什么病变,饮食起居也没有大的感觉。一旦外邪侵入身体,马上就会丧命。不怕千日,怕一旦;一旦,是千日积累的结果。千日可以过去,一旦就过不去了。因此慎于千日正是要预防一旦。拥有天下国家的人应提高警惕引以为戒啊!

【注释】①溘然:忽然。

014　以果下车驾骐骥①,以盆池水养蛟龙,以小廉细谨绳英雄豪杰,善官人者笑之。

【译文】让骐骥这样高大的良马驾着果树下行走的小马车,用一盆水来养蛟龙,以小廉细谨来要求英雄豪杰,善于选择和使用人才的人会认为这是可笑的事情。

【注释】①以果下车驾骐骥:果下车,矮小牛马驾的车,乘之可行于果树之下。骐骥,良马。

015　水千流万派始于一源,木千枝万叶出于一本,人千酬万应发于一心,身千病万症根于一脏。眩于千万,举世之大迷也。直指原头,智者之独见也。故病治一而千万皆除,政理一而千万皆举矣。

【译文】水千流万派始于一源,木千枝万叶出于一本,人千酬万应发于一心,身千病万症根于一脏。眩惑于千万,这是举世人的大迷惑。直接找到源头,只有智者才能做到。因此治好了一种病,千万种症候都消除了;治理好一种政事,千万种事物都兴起了。

016 水、鉴、灯烛、日月、眼,世间惟此五照宜谓五明。

【译文】 水、镜子、灯烛、日月、眼睛,世间只有这五种东西的照耀称作五明。

017 毫厘之轻,斤钧之所藉以为重者也;合勺之微,斛斗之所赖以多者也;分寸之短,丈尺之所需以为长者也。

【译文】 毫厘那样的轻物,斤钧是凭借它成为重量的;一合一勺的微量,斛斗是靠这些增多的;一分一寸那么短,丈尺就是靠它形成的。

018 人中黄之秽①,天灵盖之凶,人人畏恶之矣。卧病于床,命在须臾,片脑、苏合、玉屑、金箔,固有视为无用之物,而惟彼之巫巫者,时有所需也。胶柱用人于缓急之际②,良可悲矣。

【译文】 人粪便那样污秽的东西,天灵盖那样可怕的东西,人人都害怕厌恶。卧病在床,命在旦夕,片脑、苏合、五屑、金箔这些贵重的药,竟然被视为无用之物,而只是寻找人粪便、天灵盖这些秽物,这是有所需要。在急需用人之际还不采取灵活的态度,那就太可悲了。

【注释】 ①人中黄:人粪便。　②胶柱:柱,弦柱,乐器上用以调音,如用胶粘住,则无从调节,比喻拘泥而不知变通。

019 长戟利于锥而戟不可以为锥,猛虎勇于狸而虎不可以为狸。用小者无取于大,犹用大者无取于小,二者不可以相诮也。

【译文】 长戟比锥子要锋利,但长戟不能作为锥子使用;猛虎比狐狸勇猛,但不能把老虎当做狐狸。用小的就不能选大的,就如同用大的不能选小的一样,二者都不能相互讥诮。

020 夭乔之物利于水泽①,土燥烈,天旱干,固枯槁矣。然沃以卤水则黄,沃以油浆则病,沃以沸汤则死。惟井水则生,又不如河水之王②。虽然,倘浸渍汪洋、泥淖经月,惟水物则生,其他未有不死者。用恩顾不难哉③!

【译文】 茂盛的植物适合生长在水边,土燥烈,天干旱,就会枯槁。如果浇上碱水,则会发黄;浇上油水,则会生病;浇上沸水,则会烫死。只有浇上井水,才能生长,又不如浇上河水长得茂盛。虽然如此,如果河水浸渍汪洋、泥淖经月,只有生长在水中的生物才能成活,其他没有不死的。以此看来,施以恩惠实在是件很难的事啊!

【注释】①夭乔:盛貌。《尚书·禹贡》:"厥草惟夭,厥木惟乔。" ②王:通"旺"。 ③顾:乃。

021　鉴不能自照,尺不能自度,权不有自称,囿于物也①。圣人则自照自度自称,成其为鉴为尺为权,而后能妍媸、长短、轻重于下。

【译文】镜子不能自照,尺子不能自量,秤不能自称,这是受物体本身限制的缘故。圣人则能自照、自度、自称。使自己成为镜子、成为尺子、成为秤,而后才能衡量出美丑、长短,才能称量出天下事物的轻重。

【注释】①囿:局限。

022　冰凌烧不熟,石沙蒸不粘。

【译文】冰凌是烧不熟的,石头沙子是蒸不黏的,物各自有性。

023　火性空,故以兰麝投之则香,以毛骨投之则殠①。水性空,故烹茶则清苦,煮肉则腥膻。无我故也。无我故能物物②,若自家有一种气味杂于其间,则物矣。物与物交,两无宾主,同归于杂,如煮肉于茶,投毛骨于兰麝,是谓浑淆驳杂,物且不物,况语道乎?

【译文】火性空,因此把兰麝投入火中则会发出香味,把毛骨投入火中则会发出臭味。水性空,因此用来烹茶则清苦,煮肉则腥膻。这都是因为无我的缘故。无我故能使原物气味不变,如果自家有一种气味杂于其间,就又是一物了。物与物相交,分不出宾主,而同归于杂,如用茶煮肉,把毛骨投入兰麝中,就是混淆驳杂,不知是什么物了,何况谈论道理呢?

【注释】①殠:臭。 ②物物:支配他物。上"物"字为动词。《庄子·山木》:"物物而不物于物,则胡可得而累耶?"

024　大车满载,蚊蚋千万集焉,其去其来,无加于重轻也。

【译文】载满东西的大车,千万蚊虫飞集其上,飞来飞去,不会影响车的重轻。

025　苍松古柏与夭桃秾李争妍,重较鸾镳与冲车猎马争步①,岂直不能,亦可丑矣。

【译文】苍松古柏与夭桃艳李争妍,卿士所乘的系着鸾铃的马车与攻城用的良马拉的战车争步,岂只不能,也是可羞的事情。

【注释】①重较鸾镳与冲车猎马争步:重较,古代卿士所乘之车。鸾镳,系鸾铃的马衔,指贵族出游所骑之马。冲车,攻城用的战车。猎马,指打猎者所骑的马。

026 射之不中也,弓无罪,矢无罪,鹄无罪。书之弗工也,笔无罪,墨无罪,纸无罪。

【译文】射不中目标,弓无罪,矢无罪,鹄无罪。字写得不好,笔无罪,墨无罪,纸无罪。

027 锁钥各有合,合则开,不合则不开。亦有合而不开者,必有所以合而不开之故也。亦有终日开,偶然抵死不开,必有所以偶然不开之故也。万事必有故,应万事必求其故。

【译文】锁和钥匙各相合,合则开,不合则不开。也有合而不开的,必然有不开的原因。也有总是能开,偶而怎么也开不开的,必然有偶而不开的原因。万事必有原因,处理万事必求其原因。

028 窗间一纸,能障拔木之风;胸前一瓠,不溺拍天之浪。其所托者然也。

【译文】窗户上糊的一层纸,能挡住掀起大浪的风;胸前有一个葫芦,不会沉溺于波涛翻滚的大水。这都是有所依托的缘故。

029 人有馈一木者,家僮曰:"留以为梁。"余曰:"木小不堪也。"僮曰:"留以为栋。"余曰:"木大不宜也。"僮笑曰:"木一也,忽病其大,又病其小。"余曰:"小子听之:物各有宜用也,言各有攸当也,岂惟木哉!"他日为余生炭满炉烘人,余曰:"太多矣。"乃尽湿之,留星星三二点,欲明欲灭。余曰:"太少矣。"僮怨曰:"火一也,既嫌其多,又嫌其小。"余曰:"小子听之:情各有所适也,事各有所量也,岂惟火哉!"

【译文】有人送来一根木头,家僮说:"留下可以当做房梁。"我说:"木头太小,不能做房梁。"家僮说:"可以做栋。"我说:"木头太大,不宜做栋。"家僮笑着说:"同一根木头,一会儿嫌它大,一会儿又嫌它小。"我说:"小子,你听我说,物品各有它的用处,言语也看什么情况讲妥当,岂只木材呢!"有一天家僮又为我生炉子,装了满炉子炭,热得烘人,我说:"炭太多了。"他把炭都用水浇灭了,只留下三两个火星,欲灭不灭。我说:"炭太少了。"家僮抱怨说:"同一个火炉,既嫌炭多,又嫌火小。"我说:"小子听着,事情各有所适合的,事物各有其定量的,岂只火是这样!"

030 海,投以污秽,投以瓦砾,无所不容。取其宝藏,取其生育,无所不与。广博之量足以纳触忤而不惊①,富有之积足以供采取而不竭。圣人者,万物之海也。

【译文】大海,把污秽的东西投到里面,把瓦砾投到里面,无所不容。取其宝藏,取其中生长的东西,无不给予。大海的广博之量足以容纳触犯它忤逆它的东西而不惊,它富有的积蓄足以供采取而不竭。圣人,就是万物的大海。

【注释】①触忤:冒犯。

031 镜空而无我相,故照物不爽分毫。若有一丝痕,照人面上便有一丝;若有一点瘢,照人面上便有一点,差不在人面也。心体不虚而应物亦然。故禅家尝教人空诸有①,而吾儒惟有喜怒哀乐未发之中②,故有发而中节之和。

【译文】镜子空净而没有一丝其他的影像,照物才能分毫不差。若有一丝痕,照人面上便有一丝;若有一点瘢,照人面上便有一点,这种差别的原因不在人的面孔上。如果人的内心不是虚静的,回应事物也会出现这种情况。因此禅家教导人把所有形形色色的东西都看成虚空的,而我们儒家却有喜怒哀乐未发之中,因此有发而中节之和。

【注释】①诸有:所有有形色之物。 ②"吾儒惟有喜怒哀乐未发之中"二句:《中庸》第一章:"喜怒哀乐之未发,谓之中;发而皆中节,谓之和。"朱熹注:"喜怒哀乐,情也;其未发,则性也。无所偏倚,故谓之中。发皆中节,情之正也,无所乖戾,故谓之和。"

032 人未有洗面而不闭目,撮红而不虑手者,此犹爱小体也。人未有过檐滴而不疾走,践泥涂而不揭足者,此直爱衣履耳。七尺之躯顾不如一履哉?乃沉之滔天情欲之海,拼于焚林暴怒之场,粉身碎体甘心焉而不顾,悲夫!

【译文】人没有洗脸时不闭眼的,没有抓取了红色而不洗手的,这还是爱护身体的一小部分。人没有走在滴水的屋檐下而不快走的,没有踩在泥上不赶快抬起脚的,这只是爱护衣服和鞋子罢了。七尺的身躯难道还不如一只鞋子吗?而沉溺在滔天的情欲之海中,拼搏于焚林暴怒的场所,即使粉身碎骨也心甘情愿而不管不顾,真是可悲啊!

033　恶言如鸱枭之叫①,闲言如燕雀之喧,正言如狻猊之吼②,仁言如鸾凤之鸣。以此思之,言可弗慎与!

【译文】恶言如猫头鹰的叫声,闲言如燕雀的喧叫,正言如狮子的吼声,仁言如鸾凤的鸣叫。从此看来,说话能不谨慎吗?

【注释】①鸱枭(chīxiāo):鸱为猛禽,枭,传说食母。一说鸱枭为猫头鹰,古人以此为恶鸟。　②狻猊(suānní):狮子。

034　左手画圆,右手画方,是可能也。鼻左受香,右受恶;耳左听丝,右听竹;目左视东,右视西,是不可能也。二体且难分,况一念而可杂乎?

【译文】左手画圆,右手画方,这是可以做到的。左边的鼻孔接受香味,右边的鼻孔接受恶味;左边的耳朵听弦乐,右边的耳朵听管乐;左边的眼睛看东边,右边的眼睛看西边,这是不可能做到的。两个器官尚且不能分别干不同的事,况且是一个思想,怎能杂乱呢?

035　掷发于地,虽乌获不能使有声;投核于石,虽童子不能使无声。人岂能使我轻重哉? 自轻重耳。

【译文】把头发扔在地上,即使是乌获那样的大力士,也不能使它发出声音;把核桃扔到石头上,即使是小孩子也不能使它没声音。别人怎能使我轻重呢? 只是自轻自重罢了。

036　泽、潞之役①,余与僚友并肩舆②,日莫矣③,僚友问舆夫:"去路几何?"曰:"五十里。"僚友怃然④。少间又问⑤:"尚有几何?"曰:"四十五里。"如此者数问,而声愈厉,意迫切不可言,甚者怒骂。余少憩车中,既下车,戏之曰:"君费力如许,到来与我一般。"僚友笑曰:"余口津且竭矣,而咽若火,始信兄讨得便宜多也。"问卜筮者亦然,天下岂有儿不下迫而强自催生之理乎? 大抵皆揠苗之见也⑥。

【译文】到泽州、潞州办事时,我和同僚都乘坐轿子而行,天已经晚了,同僚问舆夫:"前面的路程还有多远?"舆夫答:"五十里。"同僚听了茫然自失的样子。过了一会儿又问:"还有多少里?"舆夫答:"四十五里。"如此问了数次,而声音愈加严厉急迫,一副急不可耐的样子,甚而怒骂。我则在轿中安然休息。到了目的地下了轿,我和同僚开玩笑说:"你费了这么大力气,不是和我一齐到的吗?"同僚笑着说:"我口里的唾沫都干了,咽喉火辣辣的,才知道老兄你可得到不少便宜啊!"喜欢卜筮的人也如此,天下哪有孩子不自然出生而强行催生的道理呢?这大都是拔苗助长的见识。

【注释】①泽、潞:指泽州、潞州。泽州,州治在今山西省晋城县。潞州,州治在今山西省长治县。 ②肩舆:类似滑杆的轿子。 ③莫:同暮"。④怃然:茫然自失貌。 ⑤少间:一会儿。 ⑥揠苗:拔苗,即拔苗助长之意。

037 进香叫佛,某不禁,同僚非之。余怃然曰:"王道荆榛而后蹊径多,彼所为诚非善事,而心且福利之,为何可弗禁?所赖者缘是以自戒而不敢为恶也①。故岁饥不禁草木之实,待年丰彼自不食矣。善乎孟子之言曰:'君子反经而已矣②。''而已矣'三字,旨哉妙哉,涵蓄多少趣味。"

【译文】对烧香拜佛的事,我不禁止,同僚批评我的做法。我感慨地说:"王道被荆棘堵塞了,小路就多起来了。他们烧香拜佛固然不是好事,而且内心只是为了想求得福和利,但为什么不禁止呢?其理由是:由此还可以使他们自我警戒而不敢做恶事。因此,饥荒之年不禁止人们吃草根树皮,到了丰年他们自然不吃了。孟子说得好啊!他说:'君子反经而已矣。'意思是说,君子只是为了使事物回到常规上来罢了。'而已矣'三字,很有意味,很是高妙,蕴涵蓄积了多少趣味。"

【注释】①缘是:因此,由此。 ②君子反经而已矣:语出《孟子·尽心下》。经,常规。

038 日食脍炙者,日见其美,若不可一日无。素食三月,闻肉味只觉其腥矣。今与脍炙人言腥,岂不讶哉!

【译文】每天吃佳肴美味,要求一天比一天精美,好像一天也不能离开美味佳肴。吃素食三个月,闻到肉味只觉得腥膻。现在和吃精美食品的人谈腥膻,他哪会不惊讶呢!

039 钩吻砒霜也都治病①,看是什么医手。

【译文】钩吻这样的毒草、砒霜这样的毒药,都能治病,只看医生高明不高明。

【注释】①钩吻:毒草名。晋张华《博物志》七:"太阴之草,名曰钩吻,不可食,入口立死。"

040 家家有路到长安,莫辨东西与南北。

【译文】家家都有路通到长安,不论你住在长安的东西南北。

041 一薪无焰,而百枝之束燎原;一泉无渠,而万泉之会溢海。

【译文】一根柴草烧不成火焰,而百枝之束则能燎原;一眼泉水流不成河渠,而万泉之会则会溢海。

042 钟一鸣,而万户千门有耳者莫不入其声,而声非不足。使钟鸣于百里无人之野,无一人闻之,而声非有余。钟非人人分送其声而使之入人人,非取足于钟之声以盈吾耳,此一贯之说也。

【译文】钟一鸣,万户千门有耳朵的人都能听到其声,声音也不会不够。假使钟鸣于百里无人之野,没有一个人听到,声音也不会有余。钟声并不是分送到人人的耳中,而使人人都可听到;人不是把全部钟声都听进去,使其充满人的耳朵,这就是"一贯"的学说啊!

043 未有有其心而无其政者,如渍种之必苗①,爇兰之必香②。未有无其心而有其政者,如塑人之无语③,画鸟之不飞。

【译文】未有有好的用心而没有好的政治的,如浸种必然会长苗,焚兰必然会飘香一样。未有没有好的用心而有好的政治的,如塑出来的泥人不会说话,画上的鸟不会飞翔一样。

【注释】①渍种:浸种。 ②爇(ruò):焚烧。 ③塑人:泥塑之偶人。

044 某尝与友人论一事,友人曰:"我胸中自有权量。"某曰:"虽妇人孺子,未尝不权量,只怕他大斗小秤。"

【译文】我曾经和友人谈论一件事,友人说:"我胸中自有权量。"我说:"即使妇女小孩,也未尝不权量,只怕他用大斗小秤。"

045 齁齁惊邻①,而睡者不闻;垢污满背,而负者不见。

【译文】齁声惊动了邻床的人,打齁的人听不见;背上沾满了污垢,背着污垢的人看不见。

【注释】①齁(hōu)齁:熟睡时鼻息声。

046 爱虺蝮而抚摩之①,鲜不受其毒矣。恶虎豹而搏之,鲜不受其噬矣②。处小人在不远不近之间。

【译文】爱毒蛇而去抚摸它,很少有不被他毒伤的。痛恨虎豹而和它搏斗,很少有不被它咬伤的。和小人相处,要在不远不近之间。

【注释】①虺蝮(huǐfù):毒蛇。 ②噬(shì):咬。

047 玄奇之疾,医以平易;英发之疾,医以深沉;阔大之疾,医以充实。

【译文】玄奇之病,要用平易的方法来医治;表现在外部的英发之病,要用深沉的方法来医治;阔大之病,要用充实的方法来医治。

048 不远之复,不若未行之审也。

【译文】走了不远又返回来,不如不走之前就审慎。

049 千金之子,非一日而贫也。日朘月削①,损于平日,而贫于一旦。不咎其积,而咎其一旦,愚也。是故君子重小损,矜细行,防微敝。

【译文】家有千金的人,不是一天就变成贫穷的,而是由于日减月削,平日不停地损耗,而某一天早晨就成了穷人。如果不归罪于平日,只归罪这天早晨,就是愚蠢的人。因此,君子重视小的损耗,珍惜细小的行为,防止微小的弊病。

【注释】①朘(juān):减少。

050 上等手段用贼,其次拿贼,其次躲着贼走。

【译文】上等手段能用贼,其次抓住贼,再次躲着贼走。

051 曳新履者行必择地,苟择地而行,则履可以常新矣。

【译文】穿着新鞋必择地而行,如果择地而行,鞋子就可以长久保持新穿时的样子了。

052 被桐以丝,其声两相借也。道不孤成,功不独立。

【译文】在桐木上缠上丝做成琴,发出的声音互相借助。道不孤成,功不独立。

053 坐对明灯不可以见暗,而暗中人见对灯者甚真。是故君子贵处幽。

【译文】面对明灯看不到暗处的东西,而暗处的人却能将面对明灯的人看得很清楚。因此君子贵处幽。

054 无涵养之功,一开口动身便露出本相,说不得你有灼见真知。无保养之实,遇外感内伤依旧是病人,说不得你有真传口授。

【译文】无涵养之功,一开口一动身便会露出本相,不能说你有真知灼见。无保养之实,遇外感内伤依旧是病人,不能说你有真传口授。

055 磨墨得省身克己之法,膏笔得用人处事之法,写字得经世宰物之法。

【译文】研墨可以得到省身克己之法,膏笔可以得到用人处事之法,写字可以得到经世宰物之法。

056 不知天地观四时,不知四时观万物。四时分成是四截,总是一气呼吸。譬如釜水寒温热凉,随火之有无而变,不可谓之四水。万物分来是万种,总来一气薰陶。譬如一树花,大小后先随气之完欠而成,不可谓之殊花。

【译文】不知天地观四时,不知四时观万物。四时分别成四截,总的看还是由元气一呼一吸形成的。就好比锅中水的寒温热凉,随着火的有无而变化,但不是四种水。万物分别开来是万种,总的看来还是由一气熏陶出来的。就好比一树花,开放的大小先后随着气的完欠而变化,但不是不同的花。

057 阳主动,动生燥。有得于阳则袒裼可以卧冰雪。阴主静,静生寒。有得于静则盛暑可以衣裘褐。君子有得于道,焉往而不裕如哉[①]!外若可挠,必内无所得者也。

【译文】阳主动,动生燥。得到了阳气,则可以赤身露体躺在冰雪中。阴主静,静生寒。得到了静,盛暑可以穿皮衣。君子如果得到了道,到何处不自由自在呢! 外界的事能扰乱你的心,说明内心一无所得。

【注释】①裕如:从容不费力的样子。

058 或问:士希贤,贤希圣,圣希天①,何如? 曰:体味之不免有病。士、贤、圣,皆志于天,而分量有大小,造诣有浅深者也。譬之适长安者,皆志于长安,其行有疾迟,有止不止耳。若曰:跬步者希百里②,百里者希千里,则非也。故造道之等必由贤而后能圣,志之所希则合下便欲与圣人一般。

【译文】有人问:一般的读书人希望达到贤人的境界,贤人希望达到圣人的境界,圣人希望达到知天的境界,怎么样? 我回答说:仔细体味,这样讲不免有毛病。读书人、贤人、圣人都希望达到知天的境界,但每个人的分量有大小,造诣有深浅。譬如要到长安去的人,目标都是长安,但行走的速度有快有慢,还有停止和不停止的。但如果说:迈半步的人只希望行百里,行了百里的人只希望行千里,就不对了。因此学道的等级必须是由贤人而后到圣人,但内心的希望则是想即时就和圣人一样。

【注释】①士希贤,贤希圣,圣希天:语出周敦颐《通书·志学》,原文为:"圣希天,贤希圣,士希贤。" ②跬步:半步。

059 言教不如身教之行也,事化不如意化之妙也。事化信,信则不劳而教成;意化神,神则不知而俗变。螟蛉语生,言化也;鸟孚生,气化也;鳖思生,神化也。

【译文】言教不如身教推行得快,事化不如意化变化得妙。用事实来教化真实可信,真实可信则不必太费劲教化就会成功;用意向、思想来教化,效果神速,神速则是在不知不觉中发生了风尚习俗的变化。螟蛉之子,附着在蜾蠃身上,蜾蠃说:"像我! 像我!"它就变成了蜾蠃的儿子,这就是言化;鸟用蛋孵化,这就是气化;鳖用意念孵化,这就是神化。

060 天道渐则生,躐则杀①。阴阳之气皆以渐,故万物长养而百化昌遂。冬燠则生气散,夏寒则生气收,皆躐也。故圣人举事不骇人听闻。

【译文】天道,循序渐进则生长,超越次序则灭亡。阴阳之气都是逐渐生长壮大的,因此万物不断地生长繁育,百物能化成昌遂。冬天热则生气散,夏天寒则生气收,都是超越节序的缘故。因此圣人兴办事业不骇人听闻。

【注释】①躐(liè):不循次序,超越。

061 只一条线把紧,要机括提掇得醒,满眼景物都生色,到处鬼神都响应。

【译文】只要一条线把得紧,机括操纵得灵活,满眼的景物都生色,到处鬼神都响应。

062 一法立而一弊生,诚是。然因弊生而不立法,未见其为是也。夫立法以禁弊,犹为防以止水也。堤薄土疏而乘隙决溃,诚有之矣,未有因决而废防者。无弊之法,虽尧舜不能;生弊之法,亦立法者之拙也。故圣人不苟立法,不立一事之法,不为一切之法,不惩小弊而废良法,不为一时之弊而废可久之法。

【译文】设立一种法令便会产生一种弊病,确实是如此。然而因为会产生弊病而不立法的,未见得正确。立法是为了防止弊病,如同筑堤防止水患一样。因堤薄土松,水冲破了堤防,这种情况也是有的,但没有因为水冲破堤防而废掉堤防的。制定没有弊病的法令,尧、舜也做不到;制定出产生弊病的法令,也说明立法者的笨拙。因此,圣人不随便立法,不为一件事立法,不立一概之法,不因为有小的弊病而废除行之有效的良法,不因为有一时的弊病而废除可长久推行的律法。

063 庙堂之上最要荡荡平平,宁留有余不尽之意,无为一著快心之事。或者不然予言①。予曰:君见悬坠乎?悬坠者以一线系重物,下垂往来不定者也。当两壁之间,人以一手撼之,撞于东壁重,则反于西壁亦重,无撞而不反之理,无撞重而反轻之理。待其定也,中悬而止。君快于东壁之一撞,而不虑西壁之一反乎?国家以无事为福,无心处事,当可而止,则无事矣。

【译文】在朝堂之上,最要荡荡平平,宁留有余不尽之意,不做一时快心之事。有人对我的话不以为然。我说:你看见悬坠吗?悬坠就是用一条线悬系着一个重物,垂下来左右摇动不定。悬坠处于两壁之间的话,人用一只手去推动它,它重重地撞在东壁上,反弹回来撞到西壁上力量也重,没有撞而不反弹的道理,也没有撞得重而反弹的力量轻的道理。等它平静下来,中悬在两壁之间。你怎能为了撞在东壁上的称心快意,而不考虑会反弹到西壁上呢？国家以无事为福，无为而治，适可而止，国家就会平安无事了。

【注释】①或者不然予言：有的人不以我言为然。

064 地以一气嘘万物而使之生①，而物之受其气者，早暮不同，则物之性殊也，气无早暮；夭乔不同，物之体殊也，气无夭乔；甘苦不同，物之味殊也，气无甘苦；红白不同，物之色殊也，气无红白；荣悴不同②，物之禀遇殊也，气无荣悴。尽吾发育之力，满物各足之分量，顺吾生植之道，听其取足之多寡，如此而已。圣人之治天下也亦然。

【译文】地用一气嘘万物而使万物生长，万物接受地气的早晚不一样，因此万物的性质各不相同，但气没有早晚；物有茂盛的小草和高大的树木的区别，这是物体不同，但气没有盛夭之别；物有甘和苦的区别，这是物味不同，但气没有甘苦之别；物有红色和白色，这是物色不同，但气无红白之别；物有枯有荣，这是物的禀遇不同，但气无枯荣之分。只是尽到它发育万物的力量，满足万物各自需要的分量，顺着万物生长的规律，听凭万物任意吸取而已。圣人治理天下也是这个道理。

【注释】①嘘：谓大气鼓动。　②悴：衰弱，萎谢。

065 口塞而鼻气盛，鼻塞而口气盛，鼻口俱塞，胀闷而死。治河者不可不知也。故欲其力大而势急，则塞其旁流；欲其力微而势杀也，则多其支派；欲其蓄积而有用也，则节其急流。治天下之于民情也亦然。

【译文】口闭住，鼻子呼吸的气就加重了；鼻子堵住了，口中呼吸的气就加重了。鼻口都堵住了，人就会胀闷而死。这个道理，治河的人不可不知。因此想让河水流动的力量大流势急，就要堵塞支流；想让河水力微而流势减小，则要多增加支流；想使河水积蓄起来以便利用，就要把急流截断。治理天下的人，对民情也要这样处理。

066 木钟撞之也有木声，土鼓击之也有土响，未有感而不应者，如何只是怨尤？或曰：亦有感而不应者。曰：以发击鼓，以羽撞钟，何应之有？

【译文】木钟被撞击就会发出木声，土鼓被敲击就会发出土声，没有撞击而不响的，怎么只能怨天尤人呢？有人问：也有感而不应的。回答说：用头发去击鼓,用羽毛去撞钟,怎么会有响声呢?

067 四时之气先感万物而万物应,所以应者何也? 天地万物一气也。故春感而粪壤气升,雨感而础石先润,磁石动而针转,阳燧映而火生①,况有知乎? 格天动物只是这个道理。

【译文】四时之气先感通万物而万物就有了回应,为什么会有回应呢? 因为天地万物都是一气形成的。因此春气感通,粪壤之气就会上升;雨水感通,屋子的础石就会湿润;磁石转动,铁针就会跟着旋转;阳光射在凹面镜上,就会产生火苗,何况那些有知觉的东西呢? 格天动物只是这个道理。

【注释】①阳燧:以日光取火的凹面铜镜。

068 积衰之难振也,如痿人之不能起然①。若久痿须补养之,使之渐起;若新痿须针砭之,使之骤起。

【译文】积衰之难振,如同肌肉萎缩的人不能站起来一样。如果患肌肉萎缩症时间久了,必须慢慢补养,让他渐渐站起来;如果刚得了萎缩症,则可用针灸治疗,使他很快站立起来。

【注释】①痿:身体筋肉萎缩、偏枯之症。

069 器械与其备二之不精,不如精其一之为约,二而精之,万全之虑也。

【译文】器械与其准备两个不精良的,不如准备一个精良的为简便,如果两个都是精良的,则是万无一失的考虑。

070 我之子我怜之,邻人之子邻人怜之。非我非邻人之子而转相鬻育,则不死为恩矣。是故公廨不如私舍之坚,驿马不如家骑之肥,不以我有视之也。苟扩其无我之心,则垂永逸者不惮今日之一劳,惟民财与力之可惜耳,奚必我居也。怀一体者当使刍牧之常足①,惟造物生命之可悯耳,奚必我乘也。呜呼! 天下之有我久矣,不独此一二事也。学者须要打破这藩篱,才成大世界。

【译文】我的儿子我怜爱,邻人的儿子邻人怜爱。不是我的、也不是邻人的儿子,则会转卖给别人去养育,不死就算好的了。因此公廨不如私舍坚固,驿马不如家马肥壮,因为这不是属于我的。如果扩充了大公无我之心,为了永久的安逸就不会怕今日的劳苦,就会爱惜民财与民力了,何必非要把自己居住的房子修筑坚固呢！怀有万物一体思想的人,应当使那些牛马也得到满足,爱惜造物主所创造的一切生命,不必只爱惜自己骑的马匹。啊！天下人心中只想着自己的情况已经很久了,不只是这一两件事情。学者必须打破这个藩篱,才成个大世界。

【注释】①怀一体者当使刍牧之常足:一体,万物一体。刍,割草的人。牧,放牧牛羊的人。

071 脍炙之处,蝇飞满几,而太羹玄酒不至①。脍炙日增,而欲蝇之集太羹玄酒,虽驱之不至也。脍炙彻而蝇不得不趋于太羹玄酒矣。是故返朴还淳,莫如崇俭而禁其可欲。

【译文】摆放美味肉食的地方,飞满了苍蝇,却不飞到祭祀桌上摆的肉汁和清水上去。美味的肉食不断地端上来,而想让苍蝇飞到祭祀用的肉汁和清水上去,即使驱赶它,它也不去。美味的肉食都撤掉了,苍蝇就不得不飞到肉汁和清水上去。因此返朴还淳,不如崇尚俭朴而禁止那些过多的欲望。

【注释】①太羹:祭祀用的肉汁。

072 驼负百钧,蚁负一粒,各尽其力也。象饮数石,鼷饮一勺①,各充其量也。君子之用人,不必其效之同,各尽所长而已。

【注释】①鼷(xī):鼷鼠,小家鼠。

【译文】骆驼背负百钧,蚂蚁背负一粒,各尽其力而已。大象饮水数石,小家鼠饮水一勺,各尽其量而已。君子用人,不必要求人人效率相同,只要做到各尽所长就可以了。

073 古人云:"声色之于以化民,末也①。"这个末,好容易底。近世声色不行,动大声色,大声色不行,动大刑罚,大刑罚才济得一半事,化不化全不暇理会。常言三代之民与礼教习,若有奸宄,然后丽刑②。如腹与菽粟偶一失调,始用药饵。后世之民与刑罚习,若德化,不由日积月累,如孔子之"三年"③,"王者之必世"④,骤使欣然向道,万万不能。譬之刚腹硬腹之人,服大承气汤三五剂始觉⑤,而却以四物君子补之,非不养人,殊与疾悖而反生他症矣。却要在刑政中兼德礼,则德礼可行。所谓兼攻兼补,以攻为补,先攻后补。有宜攻,有宜补,惟在剂量。民情不拂不纵始得。噫!可与良医道。

【译文】古人说:"用喜怒的声调和脸色来教育民众,这是最末等的办法。"这个末等的办法,似乎很容易使用的。近世,用一般喜怒的声调和脸色来教育民众行不通,就用更加严厉的声调和脸色,严厉的声色还行不通,就动用大刑罚,大刑罚也只能管一半事,对能否达到教化则不管不问。常说夏、商、周三代的人民习惯礼教,如有作奸犯科的人,才动用刑罚。这就如同吃进了菽粟偶而不消化才用药治疗一样。后世的人民习惯刑罚,而对于用道德教化,不是日积月累,譬如孔子讲的三年才能成功、达到王道要三十年才能见效,而想骤然使人民欣然向道,是万万做不到的。就好比得了腹硬症的人,服大承气汤三五剂才有一点儿效果,如果用四物汤、四君子汤去补,不仅不养人,还与病症相背,反而会出现其他疾病。应该在刑政中兼用德和礼,这样德和礼才能施行,这就是所谓的兼攻兼补,以攻为补,先攻后补。有的病适宜攻治,有的病适合补治,只是要注意剂量。对于民情,不放纵不违背人情才算合适。唉! 这个道理可以和良医谈论。

【注释】①声色之于以化民,末也:语出《中庸》第三十三章。 ②丽刑:丽,系也。丽刑,即用刑法来惩治。 ③如孔子之"三年":《论语·子路》:"子曰:苟有用我者,期月而已可也,三年有成。"期月,一年。有成,治功成也。 ④王者之必世:《论语·子路》:"子曰:如有王者,必世而后仁。"朱熹注:"王者谓圣人受命而兴也。三十年为一世。仁,谓教化浃也。" ⑤大承气汤:《伤寒论》方,能软坚润燥,破结除满,荡涤肠胃,急下存阴。

074 得良医而挠之,与委庸医而听之,其失均。

【译文】得到了良医而阻挠他治病,和任凭庸医去胡乱治疗,二者的错误是均等的。

075 以莫邪授婴儿而使之御虏①,以繁弱授蒙瞍而使之中的②,其不胜任,授者之罪也。

【译文】把莫邪这样的宝剑交给婴儿,让他去御敌;把繁弱这样的良弓交给瞎老头,让他射中目标,二者都不能胜任,这是交给他们剑和弓的人的错误。

【注释】①莫邪(yé):古代宝剑名。 ②繁弱:良弓。

076 道途不治,不责妇人。中馈不治①,不责仆夫。各有所官也。

【译文】道路管理不好,不责备妇女。家庭饮食等事管理不好,不责备仆人。因为各人有各人的职责。

【注释】①中馈：指妻子主持饮食等事。

077　齐有南北官道，洼下者里余①，雨多行潦②，行者不便，则傍西踏人田行。行数日而成路，田家苦之，断以横墙，十步一堵，堵数十焉。行者避墙更西踏田愈广，数日又成路。田家无计，乃蹲田边，且骂且泣，欲止欲讼，而无如多人何也。或告之曰："墙之所断已成弃地矣，胡不仆墙而使之通，犹得省于墙之更西者乎？"予笑曰："更有奇法，以筑墙之土垫道，则道平矣。道平，人皆由道，又不省于道之西者乎，安用墙为？"越数日而道成，道傍无一人迹矣。

【译文】齐地有一条南北的大道，其中有一里多路是低洼地，雨水多了就成了水洼，行人很不方便，就向西从人家的庄稼地里行走。走了几天就成了路，田地的主人很苦恼，就用横墙把田里的路隔断了，每十步远就垒了一堵墙，共垒了数十道。行人避开了墙，又在墙西边踏出了一条道，占去的田地更多，过几天又形成了一条路。田地的主人没有办法，就蹲在田边，边骂边哭，一边阻挡行人，一边说要去告状，但对着众多的行人却无可奈何。有人告诉他说："墙所截断的地方已成了弃地了，何不推倒墙让人走呢？这样还可省出墙西的这些地。"我笑着说："更有好的办法，用筑墙的土垫道，道就平了。道平，人们都会走道，道西的田地也就省出来了，还用得着垒墙吗？"过了几天道垫平了，道旁的田地也没有人迹了。

【注释】①洼(wū)下：低下。　②行潦：道中积水。

078　瓦砾在道，过者皆弗见也，裹之以纸，人必拾之矣。十袭而椟之①，人必盗之矣。故藏之，人思亡之；掩之，人思揭之；围之，人思窥之；障之，人思望之。惟光明者不令人疑，故君子置其身于光天化日之下，丑好在我，我无饰也；爱憎在人，我无与也。

【译文】瓦砾扔在道上，路过的人都像没看见一样，如果用纸包裹起来，人们必然会去拾取。再用十层锦缎包裹，装在精美的木匣中，人们必然会偷盗。因此说，藏起来的东西，别人就想偷走；掩盖的东西，人们就想揭开；围起来的东西，人们就想窥视；遮挡的东西，人们就想遥望。只有放在光明之处的东西才不会让人怀疑，因此君子要置身于光天化日之下，是美是丑，都不掩饰，这样，人们喜欢我还是憎恶我，都听任别人，我不去参与。

【注释】①十袭而椟之：十袭，裹上十层锦。椟之，以木匣装之。

079 稳桌脚者,于平处着力,益甚其不平。不平有二:有两隅不平,有一隅不平,于不少处着力,必致其敧斜。

【译文】要使桌腿稳定,在本来就平的地上下功夫,桌腿会更加不稳。桌腿不平有两个原因:有两个角不平的,有一个角不平的,在不短缺的地方下功夫,必然使桌子更倾斜。

080 极必反,自然之势也。故绳过绞则反转,掷过急则反射。无知之物尚尔①,势使然也。

【译文】物极必反,这是自然的法则。因此绳子绞得过分了则会反转,东西掷得过急了则会反射。无知的东西尚且如此,这是形势使之然也。

【注释】①尚尔:尚且如此。

081 是把钥匙都开底锁,只看投簧不投簧。

【译文】是把钥匙都能开锁,只看它投簧不投簧。

082 蜀道不难,有难于蜀道者,只要在人得步。得步则蜀道若周行①,失步则家庭皆蜀道矣。

【译文】蜀道并不难行,还有比蜀道更难行的,主要看你走路的方法对不对头。走的方法得法,蜀道也如同大路一样;走的方法不对,在家庭之内也如蜀道一样。

【注释】①周行:大路。

083 未有冥行疾走于断崖绝壁之道而不倾跌者①。

【译文】在夜间快步行走在断崖绝壁之路,没有不倾跌的。

【注释】①冥行:在黑暗中行走。

084 张敬伯常经山险,谓余曰:"天下事常震于始而安于习。某数过栈道,初不敢移足,今如履平地矣。"余曰:"君始以为险,是不险;近以为不险,却是险。"

【译文】张敬伯经常走山间险路,他对我说:"天下的事开始时感到震惊害怕,习惯了就心安无事了。我多次经过栈道,开始时不敢迈脚,现在已如履平地了。"我说:"你开始时以为危险,这是不险;现在以为不危险了,这却是危险。"

085 君子之教人也，能妙夫因材之术，不能变其各具之质。譬之地然，发育万物者，其性也。草得之而为柔，木得之而为刚，不能使草之为木，而木之为草也。是故君子以人治人，不以我治人。

【译文】君子教育别人，妙在能因材施教，不能改变他天生的本质。譬如地一样，使万物发育生长，这是地的特性。草生长在地上是柔软的，树木生长在地上是坚硬的，地不能使草变成树木，也不能使树木变为草。因此君子因人的特性来教育人，而不能以我的特性来教育别人。

086 无星之秤，公则公矣，而不分明；无权之秤，平则平矣，而不通变。君子不法焉。

【译文】没有星的秤，公则公了，但不分明；无秤锤之秤，平则平了，但不能变通。君子不效法这样的秤。

087 羊肠之隘，前车覆而后车协力，非以厚之也。前车当关，后车停驾，匪惟同缓急，亦且共利害。为人也，而实自为也。呜呼！士君子共事而忘人之急，无乃所以自孤也夫。

【译文】走在羊肠小路上，前面的车翻倒了，后面的推车人一定会帮助它正过来，这不是有什么交情，这是因为前面的车挡住了去路，后面的车也不能前进，不只是关系着缓急，而且利害相同。为了别人，实际也是为了自己。唉！士君子与人共事而忘记了别人的急难，这也是自我孤立的做法啊！

088 万水自发源处入百川，容不得；入江淮河汉，容不得。直流至海，则浩浩恢恢，不知江淮几时入，河汉何处来，兼收而并容之矣。闲杂懊恼，无端谤訾，傥来横逆，加之众人不受，加之贤人不受，加之圣人则了不见其辞色，自有道以处之。故圣人者，疾垢之海也。

【译文】万水从发源处入百川，百川容纳不了；入长江、淮河、黄河、汉水，这些江河容纳不了。若一直流向大海，则浩浩恢恢，不知长江、淮河几时流入，不知黄河、汉水是从何处流来，都兼收并容了。那些闲杂的烦恼，无端的诽谤，偶然横加的灾祸，加到一般人身上都忍受不了，加到贤人身上也忍受不了，如果加到圣人身上，则不会看到圣人有不高兴的表示，圣人自有处理这些问题的办法。所以说圣人是容纳疾苦和污垢的大海。

089 两物交必有声，两人交必有争。有声，两刚之故也。两柔则无声，一柔一刚亦无声矣。有争，两贪之故也。两让则无争，一贪一让亦无争矣。抑有进焉,一柔可以驯刚,一让可以化贪。

【译文】 两物交必有声,两人交必有争。有声,两物都坚硬的缘故,两物都柔软则无声,一柔一刚也无声。有争,两人都贪心的缘故,两让则无争,一贪一让也无争。还有更高明的,一柔还可以化刚,一让还可以化贪。

090　石不入水者,坚也;磁不入水者,密也。人身内坚而外密,何外感之能入?物有一隙,水即入一隙;物虚一寸,水即入一寸。

【译文】 石头中进不去水,坚硬的缘故;磁器进不去水,紧密的缘故。如果人的身体内部健康,外部多加防护,就不会受到外感风寒。物有一个缝隙,水就会进入这个缝隙;物虚一寸,水就会浸入一寸。

091　人有兄弟争长者,其一生于甲子八月二十五者,其一生于乙丑二月初三日。一曰:"我多汝一岁。"一曰:"我多汝月与日。"不决,讼于有司,有司无以自断,曰:"汝两人者均平,不相兄,更不然递相兄可也。"此《河图》大衍对待流行之全数。

【译文】 有两兄弟,争着说自己应是兄长,其中一个生于甲子年八月二十五日,另一人生于乙丑年二月初三日。这个说:"我比你大一岁。"那个说:"我月份和日子都比你大。"争论得没有结果,就告到了官府。官府也不能判断,就说:"你们两人均平,你也不是兄他也不是弟,要不然交替着当兄也可以。"(原注:此《河图》大衍对待流行之全数。)

092　挺人者挺也,而受挺者不怨挺;杀人者刃也,而受杀者不怨刃。

【译文】 打人的工具是木棒,而被打的人不怨恨木棒;杀人的工具是刀,而被杀的人不怨恨刀。

093　人间等子多不准,自有准等儿,人又不识。我自是定等子底人,用底是时行天平法马[①]。

【译文】 人间称物的戥子大多都不准确,但自然有准确的戥子,人们又不认识。我就是定戥子的人,用的是时行的天平砝码。

【注释】 ①法马:即砝码。

094　颈擎一首,足荷七尺,终身由之而不觉其重,固有之也。使他人之首枕我肩,他人之身在我足,则不胜其重矣。

【译文】颈项支撑着头,双脚支撑着七尺身躯,终生都是如此而不觉得沉重,这是天生固有的缘故。假使他人的头枕在我的肩上,他人的身体放在我的脚上,则沉重得受不住了。

095 不怕炊不熟,只愁断了火。火不断时,炼金煮砂可使为水做泥。而今冷灶清锅,却恁空忙作甚。

【译文】不怕饭烧不熟,只愁断了火。如果火不断,可以使金子化为金水,可以把砂石煮成泥浆。而现在只有冷灶清锅,却空忙个什么?

096 王酒者,京师富店也。树百尺之竿,揭金书之帘,罗玉相之器,绘五楹之室,出十石之壶,名其馆曰"五美"。饮者争趋之也。然而酒恶,明日酒恶之名遍都市,又明日门外有张罗者①。予叹曰:嘻!王酒以"五美"之名而彰一恶之实,自取穷也。夫京师之市酒者不减万家,其为酒恶者多矣,必人人尝之,人人始知之,待人人知之,已三二岁矣。彼无所表著以彰其恶,而饮者亦无所指记以名其恶也。计所获,视王酒亦百倍焉。朱酒者,酒美亦无所表著,计所获,视王酒亦百倍焉。或曰:"为酒者将掩名以售其恶乎?"曰:"二者吾不居焉,吾居朱氏。夫名为善之累也,故藏,修者恶之。彼朱酒者无名,何害其为美酒哉!"

【译文】王家酒店,是京城的一家富店。店外竖着百尺高的旗杆,张挂着金字的帘幌,店内摆设的是玉镶的器皿,店堂是五根前柱都绘有图画的房屋,酒装在能容纳十石之量的大壶中,酒馆起了个名字叫"五美"。喝酒的人都争着到这儿来饮酒。然而他的酒却不好,第二天酒恶的名声传遍了京城,第三天就门可罗雀了。我慨叹地说:王家酒店以"五美"为名,却只彰显了酒恶这一事实,这是他自找倒楣啊!京城卖酒的不少于万家,酒不好的店也多了,但都是经过人人品尝以后,人们才开始知道酒不好的,等到人人都知道他的酒不好,已经过了二三年了。他们既没有可以表彰和显示的东西,也就不会使酒不好这一缺点更加显明地暴露出来,而饮酒的人也记不住指不出他的店有什么特点来传扬他酒恶的坏名。计算一下利润,比王家酒店多百倍。朱家酒店,酒好,也没有可以表彰和显示之处,计算利润,比王家酒店也多百倍。有人问:"卖酒的是不是应当遮掩他的名声来出售坏酒?"我说:"这两种情况我都不学,我学朱家酒店。名只能是善行的累赘,所以要藏名,如果修名的话,就会受到别人的厌恶。那个朱家酒店没有什么名声,对他的美酒又有什么妨害呢?"

【注释】①张罗:指支起罗捕捉鸟雀,形容人迹稀少。

097 有脍炙于此,一人曰咸,一人曰酸,一人曰淡,一人曰辛,一人曰精,一人曰粗,一人曰生,一人曰熟,一人曰适口,未知谁是。质之易牙而味定矣①。夫明知易牙之知味,而未必已口之信从,人之情也。况世未必有易牙,而易牙又未易识,识之而又未必信从已。呜呼!是非之难一久矣。

【译文】有一种精美的食品,一人说咸,一人说酸,一人说淡,一人说辣,一人说精,一人说粗,一人说生,一人说熟,一人说适口,不知谁说得是。让善烹调的易牙鉴定一下,到底是什么味就可以确定下来。明知易牙是懂味的,而未必适合我的口味,这是人之常情。况且世上未必有像易牙这样懂味的人,而识别是不是易牙又很难,找到了易牙又未必听从他的判断。唉!是非的难以统一是长久以来的事了。

【注释】①易牙:春秋时齐桓公幸臣。长于调味,传说曾烹其子以进桓公。

098 余燕服长公服少许①,余恶之,令差短焉。或曰:"何害?"余曰:"为下者出其分寸长,以形在上者之短,身之灾也,害孰大焉!"

【译文】我的燕服比公服长少许,我觉得很不好,就让人裁短了。有人问:"燕服长点儿又有什么关系?"我说:"处在下面的长出一分一寸,显示出在上面的短处,就会给自己带来灾祸啊!害处哪有比这更大的呢?"

【注释】①燕服:家居私服。

099 水至清不掩鱼鲕之细①,练至白不藏蝇点之缁,故"清白"二字,君子以持身则可,若以处世,道之贼而祸之薮也。故浑沦无所不包,幽晦无所不藏。

【译文】水太清,连细小的鱼苗也掩藏不住;绸子太白,有蝇屎一点儿黑也看得清楚。所以说"清白"二字,君子用来修身是可以的,如果用来处世,就会危害世道,给自己带来祸殃。因此混沌的状态无所不包,幽晦的地方无所不藏。

100 一人入饼肆,问饼直几何,馆人曰:"饼一钱一。"食数饼矣,钱如数与之。馆人曰:"饼不用面乎?应面钱若干。"食者曰:"是

也。"与之。又曰,"不用薪水乎?应薪水钱若干。"食者曰:"是也。"与之。又曰:"不用人工为之乎?应工钱若干。"食者曰:"是也。"与之。归而思于路曰:"吾愚也哉!出此三色钱,不应又有饼钱矣。"

【译文】一人到饼店,问饼多少钱一个,卖饼的人说:"一个饼卖一个钱。"这人吃了几个饼,如数给了钱。卖饼的人说:"饼不是用面做的吗?还应付面钱若干。"吃饼的人说:"对啊!"又给了面钱。卖饼的人又说:"做饼不用柴火和水吗?应给柴火和水钱若干。"吃饼的人说:"对啊!"又给了柴火和水钱。卖饼的人又说:"饼不用人工做吗?应给工钱若干。"吃饼的人说:"对啊!"又给了人工钱。在回去的路上,吃饼的人想:"我太愚蠢了,出了这三样钱,就不该再出饼钱了!"

101 一人买布一匹,价钱百五十,令染人青之。染人曰:"欲青钱三百。"既染矣,逾年而不能取,染人牵而索之曰:"若负吾钱三百[1],何久不与?吾讼汝。"买布者惧,跽而恳之曰[2]:"我布值已百五十矣,再益百五十,其免我乎!"染人得钱而释之。

【译文】一个人买了一匹布,价钱一百五十钱,让染匠染成青色。染匠说:"想染成青色,需要三百钱。"染好了,过了一年买布的人也没去取,染匠拉着他索要染钱,说:"你欠我三百钱,为什么这么长时间不还我?我要去告你。"买布人很害怕,跪着恳求说:"我的布值是一百五十钱,再给你一百五十钱,你就饶了我吧!"染匠得到钱就把他放了。

【注释】①若:你。 ②跽:跪而耸身,以示敬意。

102 无盐而脂粉[1],犹可言也;西施而脂粉[2],不仁甚矣。

【译文】无盐这样的丑女,施以脂粉,还有理由;西施这样的美女再搽上脂粉,就太不仁了。

【注释】①无盐:战国时无盐邑丑女,后人以无盐为丑女的通称。 ②西施:春秋时越地美女,后为美女的代称。

103 昨见一少妇,行哭甚哀,声似贤节,意甚怜之。友人曰:"子得无视妇女乎?"曰:"非视也,见也。大都广衢之中,好丑杂沓,情态缤纷,入吾目者,千般万状,不可胜数也。吾何尝视?吾何尝不见?吾见此妇亦如不可胜数者而已。夫能使聪明不为所留,心志不为所引,如风声日影然,何害其为见哉?子欲入市而闭目乎?将有所择而见乎?虽然,吾犹感心也,见可恶而恶之,见可哀而哀之,见可好而好之。虽性情之正,犹感也,感则人,无感则天。感之正者圣人,感之杂者众人,感之邪者小人。君子不能无感,慎其所以感之者。此谓动处试静,乱中见治,工夫效验都在这里。"

【译文】 昨日看见一位少妇,边走边哭,哭声很悲伤,声音听起来也像是贤妇节妇,我很可怜她。朋友说:"你莫非注视那个妇女了吗?"我说:"我不是注视,是看见了。大都广衢之中,美丑杂沓而过,情态缤纷,映入我目中的也是千般万状,不可胜数。我何尝注视?我何尝不见?我看见这个妇女也如同那不可胜数的其他人一样。如果能使精神不被看见的东西留住,心志不被看见的东西吸引,就如同风声日影一样,看见又有什么害处呢?你想让上街的人都闭上眼睛吗?还是有选择地去看呢?虽然这样说,见到的东西还是会使我的心感动,见到可恶的东西就会憎恶,看到可哀怜的事物就会哀怜,见到可爱的就会喜爱。即使是情性端正的人,也会感动,有感情的才是人,没感情的是天。被正事感动的是圣人,被杂事感动的是众人,被邪枉的事感动的是小人。君子不能无感,但要慎重对待受感动的事情。这叫做动处试静,乱中见治。你的修养功夫如何,效果如何,都可从这里验证。"

104 尝与友人游圃,品题众芳,渠以艳色浓香为第一①。余曰:"浓香不如清香,清香不若无香之为香。艳色不如浅色,浅色不如白色之为色。"友人曰:"既谓之花,不厌浓艳矣。"余曰:"花也而能淡素,岂不为尤难哉!若松柏本淡素,则不须称矣。"

【译文】 曾与友人一起游花园,品题众芳,友人认为色艳香浓的应为第一。我说:"浓香不如清香,清香不如以无香为香。艳色不如浅色,浅色不如以白色为色。"友人说:"既叫做花,就不嫌它浓艳。"我说:"花而能淡素,岂不是难能可贵的吗?像松柏那样本来就是淡素的,就不须称道了。"

【注释】 ①渠:他(指友人)。

105 服砒霜巴豆者,岂不得肠胃一时之快,而留毒五脏以贼元气,病者暗受而不知也。养虎以除豺狼,豺狼尽而虎将何食哉?主人亦可寒心矣。是故梁冀去而五侯来①,宦官灭而董卓起②。

【译文】 服砒霜巴豆,肠胃能得到一时的舒服,而毒气留在五脏之中伤害了元气,病人受了害还不知道。养虎用来驱除豺狼,豺狼尽了虎又吃什么呢?

主人也会心惊胆寒了。因此除掉了残暴骄横的梁冀又出现了横行不法的五侯,宦官被诛灭了,董卓又兴起了。

【注释】①梁冀去而五侯来:据《后汉书·梁统传》,梁冀字伯卓,为汉顺帝、桓帝皇后之兄,骄横不法,杀质帝立桓帝,专断朝政二十余年,荒淫残暴。后桓帝与中常侍单超、具瑗、唐衡、左悺、徐璜五人谋杀梁冀,冀自杀。又据《后汉书·宦者列传》,桓帝封单超为新丰侯,具瑗为东武阳侯,唐衡为汝阳侯,左悺为上蔡侯,徐璜为武原侯,"五人同日封,故世谓之'五侯'……自是权归宦官,朝廷日乱矣"。此后五人比之梁冀有过之无不及。 ②宦官灭而董卓起:董卓,字仲颖。汉桓帝末年,以破羌胡拜郎中,汉灵帝时为前将军。少帝时,大将军何进谋诛宦官,密召董卓。卓引兵入朝诛灭宦官,后废少帝,立献帝,自为相国,专断朝政。

106 以佳儿易一跛子,子之父母不从,非不辨美恶也,各有所爱也。

【译文】用聪明的孩子换一个跛腿的孩子,跛腿孩子的父母也不愿意,这不是辨别不清哪个孩子好,而是各人爱各人的孩子。

107 一人多避忌,家有庆贺,一切尚红而恶素。客有乘白马者,不令入厩闲①。有少年面白者,善谐谑,以朱涂面入,主人惊问。生曰:"知翁之恶素也,不敢以白面取罪。"满座大笑,主人愧而改之。

【译文】一个人避讳很多,家中有吉庆的事,一切都崇尚红色而避讳素色。客人有骑白马来的,不让马入圈。有一少年脸色很白,善于开玩笑,就涂红面孔来到这家。主人吃惊地问,为什么要弄成这样。少年说:"知您厌恶素色,不敢以白脸进来,以免您怪罪。"满座的人大笑,主人很惭愧,改正了这个毛病。

【注释】①厩闲:马棚。

108 有过彭泽者,值盛夏,风涛拍天。及其反也,则隆冬矣,坚冰可履。问旧馆人:"此何所也?"曰:"彭泽。"怒曰:"欺我哉!吾始过彭泽,可舟也,而今可车;始也水活泼,而今坚结,无一似昔也,而君曰彭泽,欺我哉!"

【译文】有一个人路过彭泽,这时正值盛夏,风涛拍天。到他返回来时,已经是隆冬天气了,可踩着坚冰过去。这个人问原来住过的旅馆主人:"这是什么地方啊?"回答说:"彭泽。"这人大怒说:"你欺骗我!我当初过彭泽的时候,可以乘船行走,而现在可以乘车;当初波浪翻滚,现在结成坚冰,无一样和从前相似,而你却说这是彭泽,这不是欺骗我吗?"

109 人有夫妇将他出者,托仆守户。爱子在床,火延寝室。及归,妇人震号,其夫环庭追仆而杖之。当是时也,汲水扑火,其儿尚可免与!

【译文】有一对夫妇将要到别处去,托仆人看守门户。他们的爱子躺在床上,家里着了火,漫延到寝室。他们回来时火正烧着,妇人大声号哭,其夫满院追打仆人。而这时如果汲水扑火,他们的爱子或者尚可免遭灾殃。

110 发去木一段,造神楱一、镜台一、脚桶一。锡五斤,造香炉一、酒壶一、溺器一。此造物之象也。一段之木,五斤之锡,初无贵贱荣辱之等,赋畀之初无心①,而成形之后各殊。造物者亦不知莫之为而为耳。木,造物之不还者,贫贱忧戚当安于有生之初;锡,造物之循环者,富贵福泽莫恃为固有之物。

【译文】砍伐了一段木材,制作了一个神楱、一个镜台、一个洗脚桶。锡五斤,造了一个香炉、一个酒壶、一个溺器。(原注:此造物之象也。一段之木,五斤之锡,起初没有贵贱荣辱的等级,禀受之初无心,而成型之后各不相同。造物者也不知木和锡会做成什么而造出了此物。木,是造成物就不能还原的,因此贫贱忧戚应当安于有生之初;锡,造物之后可以循环再用的,因此富贵福泽不要恃为固有之物。)

【注释】①赋畀:禀受,给予。

111 某尝入一富室,见四海奇珍山积,曰:"某物予取诸蜀,某物予取诸越,不远数千里,积数十年以有今日。"谓予:"公有此否?"曰:"予性无所嗜,设有所嗜,则百物无足而至前。"问:"何以得此?"曰:"我只是积钱。"

【译文】我曾进入一富有人家,看到四海奇珍堆积如山,富人说:"某物我取于蜀,某物我取于越,数千里也不以为远,积累了数十年才有今日。"问我:"你有这些东西吗?"我说:"我生性没有什么嗜好,如果有所嗜好,那么百物虽无足也会来到面前。"富人问:"如何能做到这样?"我说:"我只是积钱。"

112 弄潮于万层波面,进步于百尺竿头。

【译文】胆大艺高就可以弄潮于万层波面,不断攀升就会进步于百尺竿头。

113 人之手无异于己之手也,腋肋足底,己摸之不痒,而人摸之则

痒。补之齿不大于己之齿也,己之齿不觉塞,而补之齿觉塞。

【译文】别人的手和自己的手没有什么两样,腋肋脚底,自己摸就不痒,而别人摸则痒。补上的牙齿不比自己原来的牙大,自己的牙没有堵塞的感觉,而补上的牙齿则觉得堵塞。

114 四脚平稳,不须又加榰垫①。

【译文】四腿平稳,不须再加支垫。

【注释】①榰(zhī):支撑。

115 只见倒了墙,几曾见倒了地。

【译文】只见倒了墙,什么时候曾见倒了地。

116 无垢子浴面,拭之以巾,既而洗足,仍以其巾拭之。弟子曰:"舛矣,先生之用物也,即不为物分清浊,岂不为身分贵贱乎?"无垢子曰:"嘻!汝何太分别也。足未濯时,面洁于足;足既濯时,何殊于面?面若不浴,面同于足,洁足污面,孰贵孰贱?"予谓弟子曰:"此禅宗也。分别与不分别,此孔、释之所以殊也。"

【译文】无垢子洗完脸以后用手巾擦拭,接着又洗脚,仍用这条手巾擦拭。他的弟子说:"先生!您用错了手巾了,先生用东西,即使不把物分为清洁和污浊的,难道不区分身体各部分的贵贱吗?"无垢子说:"嘻!何必太分别呢!脚未洗时,脸比脚干净;脚洗以后,和脸有什么不同呢?脸若不洗,和脚相同,清洁的脚和污浊的脸,谁贵谁贱?"我对弟子说:"这是禅宗啊!分别与不分别,这就是孔子和佛家不同的地方。"

117 两家比舍而居①,南邻墙颓,北邻为之涂塈丹垩而南邻不归德②。南邻失火,北邻为之焦头烂额而南邻不谢劳。

【译文】两家房子紧挨着居住,南邻的墙倒塌了,北邻把它重新修好,而南邻并不赞美他的德行。南邻失火,北邻因救火而烧得焦头烂额,南邻不感谢他的劳苦。

【注释】①比舍:房子紧挨着。 ②丹垩:指红漆白土。

118 喜者大笑,而怒者亦大笑;哀者痛哭,而乐者亦痛哭。欢畅者歌,而忧思者亦歌;逃亡者走①,而追逐者亦走。岂可以形论心哉。

【译文】喜者大笑,而怒者也大笑;哀者痛哭,而乐者也痛哭。欢畅的人唱歌,而忧愁的人也唱歌;逃亡的人跑,而追逐的人也跑。岂能用外表的行为动作来说明他的心情呢!

【注释】①走:跑。

119 抱得不哭孩儿易,抱得孩儿不哭难。

【译文】抱着不哭的孩儿容易,抱着孩儿不哭难。

120 疥癣虽小疾,只不染在身上就好。一到身上,难说是无病底人。

【译文】疥癣虽然是小毛病,只是不传染在身上就好。一旦传到身上,难说是个无病的人。

121 一滴多于一斝①,一分长似一寻,谁谓细微可忽?死生只系滴分。

【译文】有时候,一滴多于一杯,一分长似一寻,谁说细微的事物可以忽视呢?死生只系在这一滴一分上。

【注释】①斝(jiǎ):大于爵的酒器。

122 四板筑墙,下面仍为上面;两杆推磨,前头即是后头。

【译文】用四个板子筑墙,下面仍为上面;两杆推磨,前头即是后头。

123 白花菜,掐不尽,一股桠十头①,一夜生三寸。

【译文】白花菜,掐不尽,一股枝上长出十个头,一夜生三寸。

【注释】①桠:当作"桠",分枝。

124 钻脑既滑忙扯索①,轧头才转紧蹬杆。

【译文】钻头滑落就要急忙拉索,轧头才转就要赶紧蹬杆。

【注释】①扯:拉。

125 谁见八珍能半饱,我欲一捷便收兵。

【译文】谁见过八珍美味能吃个半饱,我不贪婪,只取得一次胜利便收兵。

126 水银岂可荡漾,沐猴更莫教调①。

【译文】水银怎能荡漾,猕猴更不要调教。

【注释】①沐猴:猕猴。

127 赋蚕一联:苟丝纶之既尽,虽鼎镬其奚辞。

【译文】赋蚕一联:假如丝茧能够抽尽,就是在锅里煮也在所不辞。

128 咏舆夫一联:倒垂背上珍珠树①,高起肩头玛瑙峰②。

【译文】咏轿夫一联:倒垂背上珍珠树,高起肩头玛瑙峰。

【注释】①珍珠树:指背上磨出的水泡。 ②玛瑙峰:指肩上压出的血包。

词　章

001 六经之文不相师也,而后世不敢轩轾①。后之为文者,吾惑矣。拟韩临柳②,效马学班③,代相祖述,窃其糟粕,谬矣。夫文以载道也,苟文足以明道,谓吾之文为六经可也。何也?与六经不相叛也。否则发明申、韩之学术,饰以六经之文法,有道君子以之覆瓿矣④。

【译文】《六经》的内容各不相同,不相互师法,但后世不敢评论哪个高哪个低。对后世那些写文章的人,我就有些迷惑了。他们模拟韩愈,摹仿柳宗元,效法司马迁,学习班固,一代代师法前人,加以述说,承袭糟粕,太不对了。文章是用来表达思想、道理的,如果文章能讲明道理,称这文章为《六经》也是可以的,为什么呢?因为它没有违背《六经》。否则发明申不害和韩非的学术思想,却用《六经》的文法来表达,这样的著作,有道君子只能用它来盖酱罐了。

【注释】①轩轾:高低。这里作动词用,谓评论高低。 ②拟韩临柳:韩,指韩愈。唐代著名文学家,其散文在继承先秦两汉古文的基础上,加以创新发展,气势雄健,说理透彻,被列为"唐宋八大家"之首。柳,指柳宗元。唐代著名文学家,因参加主张革新的王叔文集团而受到贬斥。他的散文峭拔矫健,也被列入"唐宋八大家",与韩愈并称"韩柳"。 ③效马学班:马,指司马迁,西汉史学家,《史记》作者。班,班固,东汉史学家,《汉书》作者。 ④覆瓿:比喻价值不高,只能用来盖酱罐。

002 诗词文赋都要有个忧君爱国之意,济人利物之心,春风舞雩之趣①,达天见性之精。不为赘言,不袭余绪,不道鄙迂,不言幽僻,不事刻削,不徇偏执。

【译文】诗词文赋都要有个忧君爱国之意,有个济人利物之心,还要有春风舞雩的情趣,达天见性的精神。没有赘言,不因袭别人的东西,不说鄙俗迂阔的话,不谈幽深僻远的事,不用刻薄的言辞,不偏执一端。

【注释】①春风舞雩之趣:《论语·先进》载,孔子让子路、曾皙、冉有、公西华各言其志,曾皙(名点)曰:"莫春者,春服既成,冠者五六人,童子六七人,浴乎沂,风乎舞雩,咏而归。"孔子喟然叹曰:"吾与点也。"

003 一先达为文,示予令改之,予谦让,先达曰:"某不护短,即令公笑我,只是一人笑,若为我回护,是令天下笑也。"予极服其诚,又服其智。嗟夫! 恶一人面指①,而安受天下之背笑者②,岂独文哉! 岂独一二人哉! 观此可以悟矣。

【译文】一位前辈写了文章,拿来让我给他修改,我谦让,前辈说:"我不护短,即使你笑话我,只是你一个人笑罢了,如果你不肯改而回护我,这是让天下人笑我啊!"我佩服他态度的诚恳,又佩服他的智慧。唉! 讨厌一个人当面批评,而甘心接受天下人在背后嘲笑,哪只是文章这样的事呢! 这种人岂只是一两个人呢! 看这件事应该醒悟了。

【注释】①面指:当面批评。 ②背笑:背后讥笑。

004 议论之家,旁引根据,然而据传莫如据经,据经莫如据理。

【译文】议论的人,常常引证书中的话作为依据,然而依据传注不如依据经,依据经不如依据理。

005 古今载籍之言,率有七种,一曰天分语,身为道铸,心是理成,自然而然,毫无所为,生知安行之圣人。二曰性分语,理所当然,职所当尽,务满分量,毙而后已,学知利行之圣人。三曰是非语,为善者为君子,为恶者为小人,以劝贤者。四曰利害语,"作善降之百祥,作不善降之百殃"①,以策众人。五曰权变语,托词画策以应务。六曰威令语,五刑以防淫。七曰无奈语,五兵以禁乱。此语以外,皆乱道之谈也。学者之所务辨也。

【译文】古今书籍所记载的言论,大致可分为七种:一是天分语。写出这种话的人,他的身心都灌输着道和理,完全是自然而然的,没有一丝勉强的痕迹,这种人是生而知之、安而行之的圣人。二是性分语。写出这种话的人,做理所当然的事,尽所当尽的职,一定尽到最大的努力,死而后已,这是学而知之、利而行之的圣人。三是是非语。写出这种话的人,他们认为做善事的就是君子,做恶事的就是小人,用来劝勉那些贤良的人。四是利害语。写出这种话的人,认为做善事就会带来种种的吉祥,做不善的事就会遭到种种祸殃,这是用来鞭策一般人的。五是权变语。这些言论以种种借口谋划各种策略来应对当世的事物。六是威令语。好比使用五刑来防止违法的行为。七是无奈语。如同用武力来禁止叛乱。除了以上七种言论,其余皆是乱道之谈,学者对此务必要加以分辨。

【注释】①"作善降之百祥"二句:语出《尚书·伊训》。

006 疏狂之人多豪兴,其诗雄,读之令人洒落,有起懦之功。清逸之人多芳兴,其诗俊,读之令人自爱,脱粗鄙之态。沈潜之人多幽兴,其诗淡,读之令人寂静,动深远之思。冲淡之人多雅兴,其诗老,读之令人平易,消童稚之气。

【译文】狂放不羁的人多豪兴,他的诗雄健,读起来令人洒落,可以使懦夫振作。清高脱俗的人多芳兴,他的诗俊雅,读起来令人自爱,可以使人脱去粗鄙之态。沉静含蓄的人多幽兴,他的诗清淡,读起来令人寂静,可以使人动深远之思。平和淡泊的人多雅兴,他的诗老成,读起来感到平易,可以使人消童稚之气。

007 愁红怨绿是儿女语,对白抽黄是骚墨语①,叹老嗟卑是寒酸语,慕膻附腥是乞丐语。

【译文】愁红怨绿是表达儿女情长的话,对白抽黄是骚人墨客的话,叹老嗟卑是寒酸的话,慕膻附腥是乞丐的话。

【注释】①对白抽黄:指诗赋之对仗工稳。

008 艰语深辞,险句怪字,文章之妖而道之贼也,后学之殃而木之灾也。路本平而山溪之,日月本明而云雾之,无异理有异言,无深情有深语,是人不诚而是书不焚,有世教之责者之罪也。若曰其人学博而识深,意奥而语奇,然则孔孟之言,浅鄙甚矣。

【译文】语艰辞深,句险字怪,这是怪异的文章,对道危害最大,它会给后学带来祸殃,也给雕版印书带来灾害。路本来是平坦的,却有山谷来阻挡;日月本来是光明的,却有云雾来遮盖。没有特殊的道理,却要用特殊的言辞来表达;没有深厚的感情,却用艰深的语言来表述。对这样的人还不警诫,对这样的书还不焚烧,这是负责教化世人之人的罪责啊。如果认为这样的人是学博识深,用意深而语言奇,然而孔子、孟子的语言,岂不是浅显鄙陋了吗?

009 圣人不作无用文章,其论道则为有德之言,其论事则为有见之言,其叙述歌咏则为有益世教之言。

【译文】圣人不做无用的文章,谈论道则为有德的语言,谈论事则为有见解的语言,写诗作赋也都是有益于世教的语言。

010 真字要如圣人燕居①,危坐端庄而和气自在;草字要如圣人应物,进退存亡,辞受取予,变化不测,因事异施而不失其中。要之,同归于任其自然,不事造作。

【译文】楷体字要如同圣人在家中闲居,端庄正坐而和气自在。草体字要如同圣人应对事物,进退存亡、辞受取予、变化不测,因事不同而采取相应的措施,但又能恰到好处。总之,都要任其自然,而没有造作之态。

【注释】①真字:真书,即楷书。

011 圣人作经,有指时物者,有指时事者,有指方事者,有论心事者,当时精意与身往矣。话言所遗,不能写心之十一,而儒者以后世之事物、一己之意见度之,不得则强为训诂。呜呼!汉宋诸儒不生,则先圣经旨后世诚不得十一,然以牵合附会而失其自然之旨者亦不少也。

【译文】圣人写作经书,有指当时的事物的,有指当时的时事的,有指某一方面事情的,有表达思想的。当时不仅专心一意地写作,而且对自己的主张身体力行。他们写在文章中留给后人的话,连他们思想的十分之一也没有,而儒者却用后世的事物和一己之见来揣度圣人,不符合自己的意思则勉强解释。唉!如果没有汉代、宋代这些儒者,那么这些先圣经学的要旨,后人诚然不能得到十分之一,然而由于他们牵强附会而失去圣人自然之旨的地方也不少。

012 圣人垂世则为持衡之言,救世则有偏重之言。持衡之言,达之天下万世者也,可以示极。偏重之言,因事因人者也,可以矫枉。而不善读书者,每以偏重之言垂训,乱道也夫!诬圣也夫!

【译文】圣人流传后世的言论是作为永久准则的言论,而挽救当时世道的言论则是有所侧重的言论。作为准则的言论,可以流传天下万世,可以作为永久的准则。有所侧重的语言,是因事因人而说的,可以矫正错误。但不善于读书的人,每每把那些有所侧重的言论当做永久准则的言论,作为留给后人的训诫,这是乱道诬圣的做法。

013 言语者,圣人之糟粕也。圣人不可言之妙,非言语所能形容。汉宋以来解经诸儒,泥文拘字,破碎牵合,失圣人天然自得之趣,晦天下本然自在之道,不近人情,不合物理,使后世学者无所适从。且其负一世之高名,系千古之重望,遂成百世不刊之典。后学者岂无千虑一得,发前圣之心传而救先儒之小失?然一下笔开喙①,腐儒俗士不辨是非,噬指而惊②,掩口而笑,且曰:"兹先哲之明训也,安得妄议?"噫!此诚信而好古之义也。泥传离经,勉从强信,是先儒阿意曲从之子也。昔朱子将终,尚改《诚意》注说③,使朱子先一年而卒,则《诚意》章必非精到之语;使天假朱子数年,所改宁止《诚意》章哉!

【译文】言语,是圣人的糟粕。圣人不可言之妙,非言语所能形容。汉、宋以来解释经书的儒者,泥文拘字,破碎牵合,失掉了圣人天然自得之趣,使天下本来自然存在的道理也晦暗了,他们解经不近人情,不合物理,使后世的学者无所适从。这些儒者在当世享有高名,又负有千古之重望,他们的解释就成了百世不能改变的经典。后来的学者岂无千虑之一得?岂不能发明前圣的心意而救正先儒的小失?然而一下笔、一张口,那些腐儒俗士不分是非,或噬指而惊,或掩口而笑,并且说:"这是先哲的明训,怎能妄加议论呢!"唉!这诚然表现了信而好古的精神,但拘泥传注,违背经义,勉强信从,这只能是先儒阿意曲从的子孙啊!往昔朱子将死之前,尚且修改《大学·诚意》章的注解,假使朱子早死一年的话,那么对《诚意》章的注就不会那么精确了;假使朱子还能多活几年的话,所修改的哪只是《诚意》章呢!

【注释】①开喙:开口说话。 ②噬:咬。 ③昔朱子将终,尚改《诚意》注说:朱子,朱熹。朱熹在去世前还在修改《大学·诚意》章注。

014 圣人之言,简淡明直中有无穷之味,大羹玄酒也。贤人之言,一见便透而理趣充溢,读之使人豁然,脍炙珍羞也。

【译文】圣人的言论,在简淡明直之中有无穷的意味,就如同祭祀用的肉汁和清水一样。贤人的言论,一看便明白而又充满了理趣,读之使人豁然开朗,如同珍羞美味一样。

015 圣人终日信口开合,千言万语,随事问答,无一字不可为训。贤者深沉而思,稽留而应,平气而言,易心而语,始免于过。出此二者而恣口放言,皆狂迷醉梦语也。终日言,无一字近道,何以多为?

【译文】圣人终日随便讲的话,千言万语,就事问答,无一字不可作为准则的。贤人深沉地思考,想好了再回答,心平气和地说话,将心比心地谈话,才能避免出错。除了圣人贤人以外,而信口开合、任意讲话,都是狂迷醉梦的语言。终日不停地说,没有一个字和道理相合,说得多又有什么用呢?

016 诗,低处在觅故事寻对头,高处在写胸中自得之趣,说眼前见在之景。

【译文】作诗,低的只是寻典故作对子,高的能抒写胸中自得的情趣,描述眼前看见的景物。

017 自孔子时,便说史不阙文①,又曰文胜质则史②,把史字就作了一伪字看。如今读史,只看他治乱兴亡足为法戒,至于是非真伪,总是除外底。譬之听戏文一般,何须问他真伪,只是足为感创,便于风化有关。但有一桩可恨处,只缘当真看,把伪底当真;只缘当伪看,又把真底当伪。这里便宜了多少小人,亏枉了多少君子。

【译文】从孔子的时代,就说史之缺文,又说文胜质则史,意思是说文辞胜过了实际就不真实了,把"史"字当做"伪"字看待。如今读史书的,只看史书记载的治乱兴亡足为后世师法借鉴,至于是非真伪,则不注意。就好比看戏一样,何必问戏中演的故事是真是假,只要能使人感动,有利于风化即可。但有一件事让人遗憾,即是:只因为你把它当真的看,可能会把假的当成真的;只因为你把它当假的看,又可能把真的当成假的。这样便宜了多少小人,冤枉了多少君子。

【注释】①史不阙文：《论语·卫灵公》："吾犹及史之阙文也。有马者借人乘之，今亡矣夫。""不"，似应作"之"。 ②文胜质则史：《论语·雍也》："子曰：质胜文则野，文胜质则史。文质彬彬，然后君子。"朱熹注："吏掌文书，多闻习事，而诚或不足也。"

018 诗辞要如哭笑，发乎情之不容已①，则真切而有味。果真矣，不必较工拙。后世只要学诗辞，然工而失真，非诗辞之本意矣。故诗辞以情真切、语自然者为第一。

【译文】创作诗词要如同哭笑，出于不可抑止的感情，则真切而有味。果然表达的是真实感情，不必计较诗词的文辞写得好不好。后世只为了写诗词才学诗词，文辞虽好却没有真实感情，这就失去了创作诗词的本意了。因此诗词以情真切、语自然为第一。

【注释】①不容已：不容停止。

019 古人无无益之文章，其明道也，不得不形而为言；其发言也，不得不成而为文。所谓因文见道者也，其文之古今工拙无论。唐宋以来渐尚文章，然犹以道饰文，意虽非古而文犹可传。后世则专为文章矣，工其辞语，涣其波澜，炼其字句，怪其机轴，深其意指，而道则破碎支离，晦盲否塞矣。是道之贼也，而无识者犹以文章崇尚之，哀哉！

【译文】古人没有无益的文章，文章是为了阐明道的，所以不能不用言语来表达；用言语表达出来以后，不能不写成文章。这就是所说的因文而见道，而文章是古体还是今体，是美妙还是拙劣就不谈了。唐、宋以来渐渐崇尚文章，然而仍然把道来作为文章的内容，文章虽不是古文，仍可流传后世。而后世则专门只是为了写文章了。注意修饰义辞，形成波澜，锻炼字句，使开合转承奇巧玄妙，使文章的意旨深奥难解，这样，道则支离破碎、晦暗难通了。这样的文章，只能害道，而无识见的人仍然认为这是好文章而崇尚它，真可悲啊！

020 文章有八要：简、切、明、尽、正、大、温、雅。不简则失之繁冗，不切则失之浮泛，不明则失之含糊，不尽则失之疏遗，不正则理不足以服人，不大则失冠冕之体，不温则暴戾刻削，不雅则鄙陋浅俗。庙堂文要有天覆地载，山林文要有仙风道骨，征伐文要有吞象食牛,奏对文要有忠肝义胆。诸如此类,可以例求。

【译文】文章有八要:简、切、明、尽、正、大、温、雅。不简则失之繁冗,不切则失之浮泛,不明则失之含糊,不尽则失之疏漏,不正则理不足以服人,不大则失冠冕之体,不温则暴戾刻薄,不雅则鄙陋浅俗。朝廷上的文章要有天覆地载胸襟,隐逸的文章要有仙风道骨气象,征伐的文字要有吞象食牛的气概,奏对的文字要有忠肝义胆精神。诸如此类,可以类推。

021　学者读书,只替前人解说,全不向自家身上照一照。譬之小郎替人负货,努尽筋力,觅得几文钱,更不知此中是何细软珍重。

【译文】学者读书,只是为前人的文章作解说,全不向自家身上照一照,这就好比小孩子替别人背货物,用尽了力气,挣得几文钱,而不知身上背的是什么细软宝物。

022　《太玄》虽终身不看亦可①。

【译文】扬雄的《太玄》,即使终生不看也是可以的。

【注释】①《太玄》:汉代哲学家扬雄的著作。

023　自乡举里选之法废,而后世率尚词章。唐以诗赋求真才,更为可叹;宋以经义取士,而我朝因之。夫取士以文,已为言举人矣。然犹曰:言,心声也,因文可得其心,因心可知其人。其文爽亮者,其心必光明,而察其粗浅之病。其文劲直者,其人必刚方,而察其豪悍之病。其文藻丽者,其人必文采,而察其靡曼之病。其文庄重者,其人必端严,而察其寥落之病。其文飘逸者,其人必流动,而察其浮薄之病。其文典雅者,其人必质实,而察其朴钝之病。其文雄畅者,其人必挥霍,而察其跅弛之病①。其文温润者,其人必和顺,而察其巽软之病②。其文简洁者,其人必修谨,而察其拘挛之病③。其文深沉者,其人必精细,而察其阴险之病。其文冲淡者,其人必恬雅,而察其懒散之病。其文变化者,其人必圆通,而察其机械之病④。其文奇巧者,其人必聪明,而察其怪诞之病。其文苍老者,其人必不俗,而察其迂腐之病。有文之长而无文之病,则其人可知矣。文即未纯,必不可弃。今也但取其文而已,见欲深邃,调欲新脱,意欲奇特,句欲钉铿,锻炼欲工,态度欲俏,粉黛欲浓,面皮欲厚。是以业举之家弃理而工辞,忘我而徇世。剽窃凑泊全无自己神情⑤,口语笔端迎合主司好尚。沿习之调既成,本然之天不露。而校文者亦迷于世调,取其文而忘其人。何异暗摸而辨苍黄,隔壁而察妍媸?欲得真才,岂不难哉?隆庆戊辰⑥,永城胡君格诚登第三场,文字皆涂抹过半,西安郑给谏大经所取士也,人皆笑之。后余阅其卷,乃叹曰:涂抹即尽,弃掷不能,何者?其荒疏狂诞绳之以举业,自当落第,而一段雄伟器度、爽朗精神、英英然一世豪杰,如对其面,其人之可收自在文章之外耳。胡君不羁之才,难挫之气,吞牛食象,倒海冲山,自非寻常庸众人。惜也以不合世调,竟使沉沦。余因拈出,以为取士者不专在数篇工拙,当得之牝牡骊黄之外也⑦。

【译文】自从举贤荐能的方法废除以后,后世大都崇尚词章。唐朝以诗赋来选取真正的人才,更让人感叹不已;宋代以经义取士,而我朝因袭这个办法。用文章来选取官吏,已经是以言举人了,然而还可以说,言语是人的心声,通过他的文章可以看出他的内心,从他的内心就可以知道他的品德和才能。文章爽亮的人,其内心必然光明,而要考察一下他是否有粗浅的毛病。文章劲直的人,他的为人必然刚直方正,而要考察一下他有没有豪悍的毛病。文章华丽的人,他的为人必然多文采,而要考察一下他有没有靡丽的毛病。文章庄重的人,他的为人必然端庄严肃,而要考察一下他有没有落落寡合的毛病。文章飘逸的人,他的为人必然灵活,而要考察一下他有没有浮薄的毛病。文章典雅的人,他的为人必然朴实,而要考察一下他有没有愚钝的毛病。文章雄畅的人,他的为人必然喜欢挥霍,而要考察一下他有没有放荡不合礼法的毛病。文章温润的人,他的为人必然和顺,而要考察一下他有没有卑顺软弱的毛病。文章简洁的人,他的为人必然谨慎,而要考察一下他有没有拘束的毛病。文章深沉的人,他的为人必然精细,而要考察一下他有没有阴险的毛病。文章冲淡的人,他的为人必然恬静高雅,而要考察一下他有没有懒散的毛病。文章善于变化的人,他的为人必然圆通,而要考察一下他有没有机伪巧诈的毛病。文章奇巧的人,他的为人必然聪明,而要考察一下他有没有怪诞的毛病。文章苍老的人,他的为人必然不俗,而要考察一下他有没有迂腐的毛病。他们的文章有上述这些特长,而为人又没有上述的毛病,这人的人品就可以知道了。而文章即使没有达到尽美尽善的程度,人才也不能抛弃。现在只是取其文章而已,要求文章见解要深邃,格调要新颖,用意要奇特,句子要铺陈,炼句要精巧,态度要俏丽,修饰要浓重,脸皮要加厚。因此从事科举的人抛弃了道理而修饰文辞,忘记了自己而顺从世人的口味,剽窃拼凑,全然没有自己的风格,无论是说话还是写文章,都迎合主考官的好尚,这就形成了因循习旧的习惯,而不表露自己本来的天性。评阅文章的人也迷惑于世人的这种论调,只看其文而不看其为人。这和在黑暗中辨别是青色还是黄色,隔着墙来考察美丑有什么不同呢?这样想选取真才,岂不难吗?穆宗隆庆二年,永城人胡格诚参加第三场科举考试,文章中的文字有一半有涂抹的地方,他是西安郑大经给谏录取的,人们都讥笑他。后来我阅他的卷子,乃感叹地说:"他的文章即使涂抹干净,我也不能将他弃掷不取。"为什么呢?以他那荒疏狂诞的文辞,用科举文章的标准来要求,自然应当落第,然而他那种雄伟的气度,爽朗的精神,英气勃发,俨然是一世豪杰。看到他的文章,如同面对其人,这样的人才可以选录的理由自在文章之外啊!胡君的不羁之才,难以挫折的气概,简直可以吞牛食象,倒海排山,自然不是寻常平庸的人。可惜不符合世俗的情调,竟然沉沦。因此我把他的例子举出来,说明选取官吏不能只看几篇文章写得好坏,而要看他真正有没有才能。

【注释】①跅弛(tuòchí):放荡不循规矩。 ②巽软:卑顺软弱。巽同"逊"。 ③拘挛:拘束,不伸展。 ④机械:巧诈。 ⑤凑泊:凑合,聚结。 ⑥隆庆:明穆宗朱载垕年号。戊辰,隆庆二年(1568)。 ⑦骊:黑色马。

024 万历丙戌而后①,举业文字如晦夜浓阴封地穴,闭目蒙被灭灯光。又如墓中人说鬼话,颠狂人说疯话,伏章人说天话②。又如《楞严》、《孔雀》③,咒语真言,世道之大妖也。其名家云:"文到人不省得处才中,到自家不省得处才高中。"不重其法,人心日趋于魑魅魍魉矣。或曰:文章关什么人心世道。嗟!嗟!此醉生梦死语也。国家以文取士,非取其文,因文而知其心,因心而知其人,故取之耳。言若此矣,谓其人曰光明正大之君子,吾不信也。且录其人曰中式,进呈其文曰中式之文,试问其式安在?乃高皇帝所谓文理平通明顺典实者也④。今以编造晦涩妄诞放恣之辞为式,悖典甚矣。今之选试官者必以高科,其高科所中,便非明顺典实之文,其典试也,安得不黜明顺典实之士乎?人心巧伪,皆此文为之祟耳。噫!是言也,向谁人道,不过仰屋长太息而已。使礼曹礼科得正大光明、执持风力之士，无所畏徇，重一惩创，一两科后，无刘几矣⑤。

【译文】 万历十四年以后，应举的文字如同在黑夜里浓重的阴云又封住了地穴，又如同闭上眼睛、蒙上被子，又熄灭了灯光。又如同坟墓中的人说鬼话，颠狂的人说疯话，向天上奏章的人说天话。又如同《楞严》、《孔雀》，咒语真言，真是世道的大害呀！当时知名的人士说：文章做到人家看不懂的时候才能中，做到自己也看不懂的时候才能高中。如果对这种现象，不用重法加以纠正，人心会日益趋向魑魅魍魉啊！也许有人会说：文章怎么还会关系人心世道呢？唉！唉！这真是醉生梦死的话啊！国家用文章来选拔官吏，并不是要选他的文章，而是通过文章来了解这人的内心，再通过他的心来了解他的为人，才选取他。如果他的文章如上面所说的那样晦涩难懂，而说其人是光明正大的君子，我是不相信的。可是却说被录取的人符合标准，进呈他的文章也说是符合标准的文章，试问其标准是什么呢？应当是太祖高皇帝所说的文理平通，明白晓畅，有典有实。现在以编造晦涩妄诞放恣之词为标准，就远远背离了高皇帝的典训。现在选用主考官必以高科，他本人考中高科时，就不是明白晓畅、有典有实的文章，而他主持考试，怎能不黜退那些能写出明白晓畅、有典有实文章的人呢？现在人心巧伪，都是此类文章在作祟啊！唉，这样的话向谁讲呢！只能仰天长叹罢了。假使礼部和礼科监察的官吏能任用正大光明、坚持操守的人士，无所畏徇，对这种风气重加惩创，一两次科考以后，就不会有刘几这样善作险怪之语的人了。

【注释】 ①万历：明神宗朱翊钧年号。丙戌，万历十四年（1586）。　②伏章人：指撰写献给天神的奏章祝文之人。　③《楞严》、《孔雀》：《楞严》，佛经名，全称《大佛顶如来密因修正了义诸菩萨万行首楞严经》，十卷。经中阐述心性本体，说"一切世间诸所有物，皆即菩提妙明之心，心精遍圆，含裹十方"，众生不明自心"性净妙体"，故流转生死。当修禅定，破除障见，以达到妙觉成道。《孔雀》，即唐不空译的《大孔雀明王画像坛场仪轨》。　④高皇帝：指明太祖朱元璋，其谥号为"开天行道肇纪立极大圣至神仁文义武俊德成功高皇帝"。在位三十一年（1368—1398）。　⑤刘几：刘几事见《梦溪笔谈》："刘几为险怪之语，欧阳公深恶之，几被黜。后数年，公为乡试考官，擢第一，唱名乃刘辉，即几也，易名矣。"

025 《左传》、《国语》、《战国策》①，春秋之时文也，未尝见春秋时人学三代。《史记》、《汉书》，西汉之时文也，未尝见班、马学

《国》、《左》。今之时文安知非后世之古文,而不拟《国》、《左》则拟《史》、《汉》,陋矣,人之弃己而袭人也。《六经》、《四书》,三代以上之古文也,而不拟者何?习见也。甚矣,人之厌常而喜异也。余以为文贵理胜,得理何古何今?苟理不如人而摹仿于句字之间,以希博洽之誉,有识者耻之。

【译文】《左传》、《国语》、《战国策》是春秋时代的时文,未尝见春秋时期的人学习三代时的文风。《史记》、《汉书》是西汉的时文,未尝见班固、司马迁学习《国语》、《左传》的文风。怎知现在的时文不能成为后世的古文呢!但是现在不是模拟《国语》、《左传》,就是模拟《史记》、《汉书》,太浅薄了啊!抛弃了自己的东西而去因袭别人的东西。《六经》、《四书》,是三代以前的古文,为什么人们不模拟呢?是因为经常看到的缘故。人们厌常喜异的习惯也太厉害了。我认为文章贵在以理取胜,如果讲得有道理,何必考虑是古是今!如果讲的道理不如别人讲得深透,而只是模仿别人的文字,以此想得到博洽的称誉,有识见的人以为是可耻的事。

【注释】①《左传》、《国语》、《战国策》:《左传》,编年体春秋史。亦称《春秋左传》、《左氏春秋》,传为春秋时鲁国人左丘明所撰。《国语》,相传也为左丘明撰,以记西周末年和春秋时期周、鲁等国的贵族言论为主,可与《左传》参看。《战国策》,西汉末刘向编订,为战国时游说之士的策谋和言论汇编。

026 诗家无拘鄙之气,然令人放旷;词家无暴戾之气,然令人淫靡。道学自有泰而不骄、乐而不淫气象,虽寄意于诗词,而缀景言情皆自义理中流出,所谓吟风弄月,有"吾与点也"之意①。

【译文】诗人虽然没有拘束粗鄙之气,但是会使人放任不拘礼俗;词人虽然没有粗暴强横之气,但是会使人淫靡奢侈。道学自有泰而不骄、乐而不淫的气象,即使用诗词来寄托自己的思想情感,而写景抒情都符合义理,所谓吟风弄月,也有孔子所赞美的曾点那种悠然自得的意味。

【注释】①吾与点也:意思是"我同意曾点的主张",参见《词章》002节注①。